Velika kozmička učenja
ISUSA iz Nazareta
Svojim apostolima i učenicima
koji su ih mogli shvatiti

Život ljudi istinski ispunjenih Bogom

S Gabrielinim objašnjenjima

Vječna Riječ,
Jedan Bog, Slobodni Duh,
govori preko Gabriele,
kao i preko svih Božjih proroka –
Abrahama, Joba, Mojsija, Ilije, Izaije,
Isusa iz Nazareta,
Krista Božjega

Velika
kozmička učenja

ISUSA
iz Nazareta

Svojim apostolima i učenicima
koji su ih mogli shvatiti

Život ljudi
istinski ispunjenih Bogom

Objavljeno od Krista,
Sina Božjega
i Spasitelja svih ljudi i duša,
preko Božje proročice
Gabriele

S

Gabrielinim
objašnjenjima
za ispunjenje

vječnih zakona

Velika kozmička učenja
Isusa iz Nazareta
S Gabrielinim objašnjenjima

1. izdanje na hrvatskome jeziku, prosinac 2022.

Licencijsko izdanje s odobrenjem nakladnika
© Gabriele-Verlag Das Wort
Max-Braun-Str. 2, 97828 Marktheidenfeld, Njemačka
www.gabriele-verlag.com
www.gabriele-publishing.com

Naslov izvornika:
Die großen kosmischen Lehren
des JESUS von Nazareth
Mit Erläuterungen von Gabriele
ISBN izvornika: 978-3-96446-375-3

hrvatski – kroatisch
Broj knjige: S181krPOD

Za sva pitanja od važnosti za sadržaj
mjerodavno je izvorno njemačko izdanje.
Prevedeno s njemačkoga.

Nakladnik:
Gabriele naklada Riječ j.d.o.o., Zagreb
www.naklada-gabriele.com

Sva prava pridržana

Naklada: 1000 primjeraka

ISBN 978-953-59224-4-5

CIP zapis je dostupan u računalnome katalogu Nacionalne i
sveučilišne knjižnice u Zagrebu pod brojem 001155129.

Sadržaj

Predgovor

Bog je apsolutan. On je Apsolutni zakon beskonačnosti. Budući da smo iz Njega, i mi, svi ljudi, u svojoj najdubljoj nutrini jesmo Apsolutni zakon, ljubav prema Bogu i bližnjemu. Bog jest – a mi smo božanski. On je naše porijeklo i naš cilj.

U moćnoj prekretnici vremena, u kojoj živimo, Božji Duh u ovaj svijet izlijeva čitavo obilje Svoje istine. Sada je Duh istine, Krist, ostvario ono što je kao Isus iz Nazareta najavio: „Ali kada dođe Duh istine, tada će vas On voditi u svu istinu."

On je došao u Proročkoj riječi preko Gabriele, Svoje proročice učiteljice i izaslanice. Sva istina onoliko koliko se može objasniti našim trodimenzionalnim riječima, jest Božji Apsolutni zakon. 1991. godine Krist je preko Svoje proročice objavio Apsolutni zakon: *„Velika kozmička učenja Isusa iz Nazareta Svojim apostolima i učenicima koji su ih mogli shvatiti. Život ljudi istinski ispunjenih Bogom"*.

Učenja Apsolutnog zakona podsjećaju nas na to tko mi ustvari jesmo. Ona nam daju naslutiti naš istinski Bitak, koji glasi: u svakome od nas u dubini duše jest apsolutno, samostalno i nesebično biće. Apsolutni zakon jest porijeklo našega istinskog Bitka i naš cilj kao čovjeka i duše.

Tko to može shvatiti, neka shvati.

U godinama od 1991. do 1996. u Unutarnjoj Duh=Kristovoj crkvi, mjestu susreta otvorenom svakomu bogotražitelju, Gabriele, Božja proročica učiteljica, izlagala je učenja Apsolutnog zakona. Gabriele je također Božja izaslanica zato što crpi iz svoje otvorene duhovne svijesti, koja živi u Bogu.

Ova je knjiga moćan duhovni udžbenik. Ona sadrži poučke velikih kozmičkih učenja, najveće objave Krista Božjega, koje nam pokazuju put k našoj duhovno-božanskoj baštini, u vječni zakon ljubavi prema Bogu i bližnjemu.

Drugi dio knjige sastoji se od poučaka i njihovih objašnjenja danih od Gabriele. To su upute kako da kao ljudi primjenjujemo poučke u svojoj svakodnevnici. Ova knjiga pruža ruku svakomu tko želi da ga vodi Duh istine.

31. prosinca 1991. Krist je preko Gabriele, Božje proročice, među ostalim objavio sljedeće:

„Vidite: vi živite u divnom vremenu. To je iznimno kozmičko vrijeme; jer Duh života, Bog u Meni i Ja u Njemu, izlijeva ono najviše; Apsolutni zakon.

Ja još govorim kroz usta čovjeka. No znajte i shvatite u ovom času: duša Mojeg instrumenta, vaše sestre, živi u neposrednom izvoru. Ona crpi iz izvora, prima iz izvora – i tako vi primate Moju neposrednu riječ.

O vidite: to je vrijeme koje ljudima više nikada neće doći. Jer kada se Apsolutni zakon naučava u svim detaljima, tada je kraj pred vratima, kraj materijalističkog svijeta ...

Učenja iz Apsolutnog zakona ljudima pokazuju unutarnju baštinu, Vječni bitak duše, sveobuhvatnu svijest, Boga - vašu duhovnu baštinu. Unutarnji put postupno vas vodi u Unutarnji život, a Apsolutni zakon, koji se daje i naučava iz neposrednog izvora, Boga, pokazuje vam vaš istinski Bitak, vašu duhovnu baštinu, kako biste vrlo postupno saznali i spoznali da ste uistinu djeca Svevišnjega ...

O vidite: rog obilja se izlijeva – Unutarnji put i Apsolutni zakon. U tome prepoznajte da Apsolutni zakon dan u svim detaljima već simbolizira kraj materijalističkog vremena. Jer apsolutno je apsolutno. Izvan toga nema više ničega. ...

Blago onome tko sazrijeva u unutarnji izvor, u Vječni bitak ... On više neće iz intelekta davati ono znanje, duhovno znanje što je usvojio – on je Bitak i govori jezikom Bitka onako kako vam je već sada dano u izlaganjima iz Apsolutnog zakona. Jer čovjek preko kojeg govorim izlaže iz izvora ljubavi. On govori zakon i onda kad vam preko čovjeka ne govorim neposredno iz struje.

Tako i vi trebate postati: stvaralački, Bitak. To je moguće. Vi imate uzor i primjer. Učinite to. Slijedite Me i

ostvarujte i mnogima ćete biti primjer –odnosno uzor, jer još samo istinski uzori mogu opstati na ovoj Zemlji."
(Cjeloviti tekst ove objave Krista Božjega može se pročitati u knjizi „Poruka iz svemira", 3. knjiga.)

Gabriele je sama prošla put čišćenja duše i čovjeka. Ona poznaje dobro i zlo ljudske egzistencije, njezine teškoće i probleme; stoga nas ona može u svemu razumjeti i iz svoje otvorene duhovne svijesti dati nam pomoć i savjet. Gabriele, čija duša je svjesno kod kuće u Vječnom bitku, našim ljudskim riječima obuhvaća život Nebesa koliko je to moguće.

Ova knjiga može još mnogim tražiteljima pokazati put u njihovu nutrinu – u kraljevstvo nutrine, koje je naša prava domovina.

Gabriele-naklada Riječ

Uvod

Živimo u moćnom prijelomnom vremenu. Duh Božji izlijeva svoj rog obilja. Primamo Unutarnji put od stupnja Reda do stupnja božanske Ozbiljnosti. Osim toga, primamo Apsolutni zakon, velika kozmička učenja Isusa iz Nazareta i tako smijemo zaroniti u svoju duhovnu baštinu. Smijemo osjetiti život duboko u svojoj duši, koji je naša domovina, i tako saznati tko mi ustvari jesmo.

Dano nam je blago iz Nebesa. Ako smo spremni primiti to blago, tada ćemo ga i podići; jer blago je Bog, a Bog, život, jest u nama.

Želimo li se približiti Bogu, tada moramo ponovo naučiti božanske zakone i primjenjivati ih; inače se ne možemo sjediniti s velikim Duhom, Bogom, Vječnim, Apsolutnim.

Molimo se Bogu, našem Ocu. Slušamo o Bogu, našem Ocu, o Kristu, našem Spasitelju i o duhovnim bićima Nebesa. Za nekoga Bog je samo riječ, nešto apstraktno – osjeća se još daleko od Njega. Zašto se mnogi od nas osjećaju još daleko od Boga? Zato što si još nismo osvijestili što nam je Bog, svemirski Jedan, podario. On nam je podario besmrtnost jer je On besmrtan. On nam je podario svako kozmičko zračenje jer smo mi Njegovi baštinici. On nam se podario potpuno.

Tko je Bog?

Bog je duh, snaga, strujeći život. Bog je svjetlo koje nas prožima. Bog je sam sebi dao duhovni oblik: vječni Otac. On je duhovno biće kao što smo u čistom Bitku i mi duhovna bića. Međutim, On je po svojem zračenju nenadmašiv. Bog je dakle tekuća energija. Vječni Otac jest naprotiv biće kao što smo i mi u božanskom Bitku božanska bića.

Tek kada budemo potpuno prožeti svakim kozmičkim zračenjem, živjet ćemo kao kap u oceanu Bogu i biti ponovo sjedinjeni s Bogom, našim Ocem, biti Njegove slike i prilike.

Gabriele

*Velika
kozmička učenja*

ISUSA
iz Nazareta

*Svojim apostolima i učenicima
koji su ih mogli shvatiti*

*Život ljudi
istinski ispunjenih Bogom*

*Objavljeno od Krista,
Sina Božjega
i Spasitelja svih ljudi i duša,
preko Božje proročice
Gabriele*

Popratna misao

Ja, vječni zakon, Krist Božji, objašnjavam ti Ja Jesam, Vječni bitak, koji i ti također u Meni jesi.

To što Ja češće ponavljam, istinu, i što objašnjavam iz triju djetinjih osobina - Strpljivosti, Ljubavi i Milosrđa - za tebe je kako bi u sebi pronašao Mene, Krista Božjega.

Ja obasjavam Bitak - Mene i tebe - iz različitih perspektiva da postigneš jasnoću o Meni i o sebi i da sebe pronađeš u jednom ili u nekoliko ponavljanja, da bi također pronašao i Mene, koji Sam u svakom ponavljanju. Jer u svakom ponavljanju Ja Sam istina, koja je opet samo drugačije izgovorena, to jest drugačije objašnjena - za tebe.

JA JESAM alfa i omega, početak i kraj materijalnog univerzuma i područja duša.

Vi trebate sazreti u Meni i sa Mnom u vječni život, gdje Sam Ja u Ocu, tako ste i vi sa Mnom u Ocu. Tamo nema ni početka ni kraja, jer Bog jest i mi smo u Bogu. Jer Ja, Krist Božji, uzdižem sve u svjetlo istine.

Ja Sam život, Krist, Sin Božji. Tko u sebi dopusti da nastanem Ja, Duh života, Krist, taj je ponovo pronašao svoju duhovnu baštinu, koja je njegov vječni život. Tada se biće vraća kući Bogu, vječnom Ocu, jer je iz Njega.

Svi će uskrsnuti u Meni. Sve koji vjeruju da su izgubljeni, Ja ću pronaći. A slabi će u Meni ojačati; jer Ja Sam uzvišenost u Ocu.

On, veliki Jedan svemira, prenio Mi je zadaću, dakle Kristu, da sve što se činilo izgubljenim, dovedem natrag u Vječni bitak.

Kao Isus iz Nazareta, govorio sam onima koji su me mogli razumjeti bez poredbi o zakonu života. Onima koji Me nisu mogli razumjeti, svete riječi bile su tajne; zbog toga sam stalno govorio u slikama. No sada je došlo vrijeme kad Ja, Krist, objavljujem zakon života svima da Me nađu, jer Ja Sam na putu da podižem Svoje kraljevstvo na Zemlji.

Tko ima uši, neka čuje!

Nastaje novo čovještvo. Ja, Krist, Mojima, koji Me istinski slijede, donosim unutarnju reformu, duhovnu obnovu za Unutarnji život. Svijet osjetila propada – uzdiže se duhovni svijet i s njim svi oni koji su usmjereni na Mene, Krista. To su oni plemeniti, fini, koji donose Unutarnji život, novo čovještvo u Meni, Kristu.

Mnogi svijetu okrenuti gledat će njivu smrti i na koncu će praznih ruku ući u carstvo smrti, u kojem će živjeti kao duhovni mrtvaci. To su oni koji nisu svladali svoje zemaljsko postojanje, koji su u zemaljskoj školi zanemarili rast nutrine.

Novi čovjek njeguje zajedništvo jer je razvio smisao za zajedništvo, opće dobro: Jedan za sve i svi za Jednoga.

Novi čovjek u Meni, Kristu, ne poznaje nasilje, ne poznaje traženje vlasništva ni razmišljanje o vlasti.

On je lučonoša koji zrači svjetlo i svjetlom istine zapali sve koji doista teže istini.

Novo čovještvo i nova Zemlja imaju za nekoliko stupnjeva više titranje. To više ne može postići onaj koji je obuzet svijetom, koji je pohlepan, koji teži za vlašću i ugledom. On pada u svoje vlastite valove, u ono što je sam stvorio.

Novo čovještvo ljudi su duhovnoga plemstva, s unutarnjim vrijednostima, jer Ja, Krist, uskrsnuo Sam u njima.

Novi čovjek u dobu Duha posjedovat će Zemlju.

Vječni bitak struji kroz sva carstva i na Zemlju. Tko je probuđen za istinu, probuđen je za Bitak, za stvaralačku snagu i za stvaralački život koji preplavljuje Zemlju, koji prožima ljude što oplemenjuju svoje duše. Ti ljudi donose stvaralačke misli novoj Zemlji.

*S*hvatite vi ljudi ovog vremena: čim se čovjek obrati i odrekne materijalističkog djelovanja, on ide prema unutra u carstvo tišine. Tek što učini [čovjek] jedan korak, spoznat će da mu je Bog, Vječni, već odavna pripremio taj put.

Čovjek koji teži istinitosti ne svladava svoje nisko ja radi sebe, već da bi postao božanski.

*T*o što vam objavljujem, put je prema božanskom zakonu, a također i božanski zakon sam.

*D*ođite svi k Meni jer Ja Sam život koji vas obogaćuje.

Ja Sam unutarnje bogatstvo, Krist, koji se vama daruje. Otvorite svoja srca i postat ćete mislioci srcem, koji gledaju prema unutra dopuštajući tako da kraljevstvo nutrine dođe na Zemlju.

Ja Sam kraljevstvo nutrine. Stoga dođite u svoju nutrinu i znajte: svatko od vas jest hram Duha Svetoga. Čistite hram; tada posvećujete svoje osjećaje, misli, riječi i djela i bit ćete novi čovjek, koji ne misli statički nego dinamički, koji prožima tri dimenzije jer je dijete svemira – sin i kći Božja, koji žive sinovstvo i kćerinstvo jer žive u Bogu, svojem Ocu.

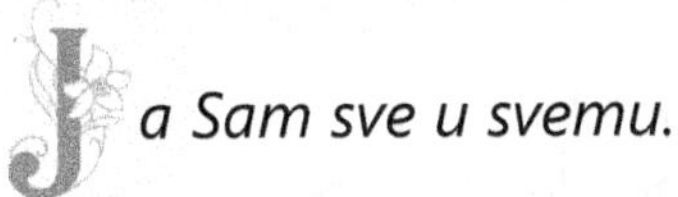 *a Sam sve u svemu.*

Pogledaj grm – i naći ćeš Mene.
Podigni kamen – i naći ćeš Mene.
Pogledaj prema zviježđima – i opazit ćeš Mene.
Gledaj duboko u čovjeka – i naći ćeš sebe
a time i Mene, Krista, sebstvo u sebi.
Promatraj životinju – i naći ćeš Mene.
Osjeti vjetar – i čut ćeš Mene.
Promatraj kap vode –
i promatrat ćeš
sebe u Meni.
Jer Ja Sam život u svemu,
i ti si život u svemu,
i sve je u Meni, i sve je u tebi.

Mi smo ujedinjeni u Njemu,
velikomu Jednomu svemira,
koji jest vječan –
rijeka Bitka i
personificirani Bitak.
On je svemirska rijeka i kap sama.

nage svemira skrivene su samo onomu koji ne poznaje svoje istinsko sebstvo. Tko želi iskusiti snage svemira, taj ih mora otkriti ostvarivanjem.

To što vidiš, u tome Sam Ja.
To što čuješ, u tome Sam Ja.
Ja Sam sve-u-svemu, cjelina.

Ako si probuđen za cjelinu,
tada si Bitak.
Ti gledaš Bitak.
Ti slušaš Bitak
i govoriš jezikom Bitka.
Ti gledaš, slušaš i govoriš Mene
jer Ja Sam cjelina u tebi.
Ja Sam cjelina u tvojemu bližnjemu, u tebi,
u cvijetu, u travki i u kamenu.
Ja Sam tvoj – ti si Moj.
Ja Sam svemir – a ti si svemir u Meni,
svemiru.

Ti ne pitaš – ti znaš.
Ti ne vidiš – ti gledaš.
Ti ne osluškuješ – ti slušaš i znaš.

Ne gledaj nikad prema van. Svjetlo je u tebi.

U tebi je istina koja zna sve, koja sve i svakoga poznaje. Ne trebaš se osvrtati za svojim bližnjim, ne trebaš stvari promatrati izvana – što jest, to je u tebi.

Sve što vidiš samo je odraz istine, dakle refleksija, koja nije apsolutna istina.

To što je unutar tebe, svjetlo, istina, što ti kao biće u Bogu, u čistom Bitku, jesi, to je na Nebu poprimilo lik i oblik u najčistijoj supstanciji.

To što je u najdubljoj nutrini tvoje utjelovljene duše, na dnu duše, to je neopteretivo svjetlo, vječna istina. To jest i vječno ostaje Bitak.

Samo je dani kvantum božanske energije odmetanjem jednog bića od Boga bio pretvoren u energiju pada, iz čega su nastala područja pada, bića pada i ljudi. Taj kvantum božanske energije Vječni je dao sljedećim bićima pada za održanje njihova života. To je naniže transformirana božanska energija. Stoga su materija i sve niže transformirane energije samo odrazi čistoga Bitka.

U cijeloj beskonačnosti postoji samo jedan princip: odašiljanje i primanje. To što odašilješ, to jesi; to zračiš. To što zračiš, to ti se vraća.

Tko živi u najdubljoj nutrini duše, u Bogu, taj je božanski. On [čovjek u Bogu] zrači vječni zakon, čisto, lijepo, fino, apsolutnu ljubav – Bitak, koji on jest.

Vječni zakon, čisto, lijepo, plemenito, fino , apsolutna ljubav, zrači ono što izlazi iz Bogom-ispunjenoga, zatim opet ulazi u njega i prolazi kroz njega.

U Bitku, koji je vječan, živi čisto biće i u Vječnom bitku postoji jer je ono samo Vječni bitak, vječni zakon, Bog: čistota, ljepota, sloboda, plemenito i fino, nesebična ljubav. Čisto biće jest Bitak u svemirskoj struji, u Bogu, u Bitku.

Opterećene duše u mjestima čišćenja i utjelovljene opterećene duše, ljudi, ne žive kao Bitak, niti se kreću u struji Bitka.

Tko ne živi u Bogu, živi u svijetu koji je sam stvorio što se sastoji od njegovih ljudskih osjećaja, misli, riječi i postupaka, koje on naziva svojim „Bitkom" i svojim „sebstvom". To je mali svijet ljudskoga ja.

U tome malom svijetu on živi, kreće se i vjeruje da je jedinio tamo njegovo postojanje.

On tada vidi samo očima svojega malog svijeta, koji se dade usporediti s čahurom. Time on vidi također samo mali učahureni svijet svojega bližnjega.

On vidi samo površinu života, odraz, jer živi samo u vanjštini i kreće se samo u svojemu malom svijetu, u svojoj čahuri, koju je sam ispleo svojim opterećenim osjećajima, mislima, riječima i postupcima. To je njegovo stanje svijesti.

Niti učahurenoga malog svijeta jesu kao zidovi koje on gleda i koje naziva „istinom". Budući da on gleda samo zidove svojega malog, vlastitog svijeta, on gleda također samo zidove malog svijeta svojega bližnjega. On dakle vidi samo u zrcalu istine, a ne gleda istinu samu.

On govori o istini misleći time na odraz istine, na ono što je sam unio, čime se sam opreo, u što vjeruje jer samo to vidi. On dakle vjeruje samo u ono što vidi i to naziva istinom.

U cijelom svemiru postoji samo jedan princip: odašiljanje i primanje. Svatko odašilje sebe samoga – to što on jest, svoje osjećanje, mišljenje, govorenje i postupanje.

Čisto biće živi i djeluje u čistome vječnom zakonu i iz njega, zakona svemira.

Nečisti živi u svojemu malom svijetu, koji je sam stvorio, što se sastoji od njegova nečistoga, dakle od nečistota njegovih osjećaja, misli, riječi i postupaka. U tome svojem učahurenom svijetu on živi i kreće se te osjeća, misli, govori i postupa onako kakav jest, od čega se njegov učahureni svijet sastoji.

Opterećeni čovjek može se usporediti s gusjenicom.

Opterećeni čovjek – gusjenica – upreda se tako dugo u svoj mali svijet dok ne spozna da se mora iščahuriti, to jest razviti, da bi postao leptir, biće svjetla koje živi i kreće se u Božjem vječnom zakonu svemira i ima vječno postoji u Vječnome, u svemirskom principu, koji jest sebstvo i koji sam sebe izražava kao sebstvo: ono čisto, fino, plemenito, lijepo, nesebična ljubav, zakon svemira, apsolutnost, Vječni bitak, vječna istina.

Stoga se svaka gusjenica mora razviti, dakle odmotati ono čime se oprela, da bi se u tome spoznala, da bi spoznato okajala, molila za oproštenje i oprostila i spoznato ne ponavljala.

Tad se razvezuju niti njegove čahure; padaju zidovi koje je dosad čovjek gledao i koje je nazivao istinom – njegov mali ja-svijet koji je bio samo odraz istine. Svijetla duša i čovjek okrenut u nutrinu, prema svetištu, gledaju tada Vječni bitak, vječnu istinu, u samima sebi.

Vječno sebstvo jest istina. Tko postane istina, sam je istina, sebstvo, Bitak, Ja Jesam, vječni zakon ljubavi.

Očima istine čovjek u sebi gleda također ono što je u vanjštini. On prožima odraz istine i u svim ljudima, događajima, razgovorima i zbivanjima gleda istinu.

Očima istine on vidi i neistinito. On ne može biti obmanut jer je on istina i gleda očima istine te sve govori, raspravlja i izvršava u istini.

On je dakle istina koja je vječni zakon svemira u kojem on živi, u kojem se kreće iz kojega crpi i kojim djeluje.

On je istina, zakon u svakom osjećaju, u svakoj misli, u svakoj riječi i u svakom postupku.

Budući da je istina, Bitak, vječni zakon, u tebi i da istinito, vječno, poprima lik i oblik ponajprije u tebi, a tek onda u vanjštini, u tvojoj okolini i u svijetu, moraš živjeti u sebi, u Presvetome, koji prebiva u tebi.

Stoga spoznaj: ti si hram Jednoga, Svetoga, koji prebiva u tebi.

Zapamti sljedeći poučak istine i po njemu živi:

Prebivaj u sebi jer ti si hram Jednoga, Svetoga, koji prebiva u tebi.

„Prebivaj u sebi" znači:

Ne dopuštaj nikakvu ljudsku, sebičnu misao.

Sve svoje osjećanje, mišljenje, govorenje i djelovanje uzdigni k Bogu.

Govori samo ako te pitaju i tada isključivo po vječnom zakonu reda hrama – ne previše i ne premalo; mjera je u tebi. Ili govori ako je važno za tvojega bližnjega, ako mu možeš dati darove života.

Ne pitaj iz radoznalosti. Ako je moguće ne pitaj uopće; jer to što trebaš čuti i znati, dobavit će Onaj koji prebiva u tebi.

A kad je tvoj bližnji pored tebe utonuo u meditaciju ili u misli, ne oslovljavaj ga da bi mu protumačio svoju ljudsku mudrost, jer ne znaš gdje se upravo nalazi, s kim ili s čim je u komunikaciji.

Ne ometaj svojega bližnjega - tada ni tebe nikada neće nitko ometati jer si sam postao budnost.

A ako tvoj bližnji jede ili radi, ne ometaj ga, osim ako mu imaš nešto važno i bitno priopćiti, jer ne znaš s kim ili s čim komunicira.

Ne rasipaj energiju jer time oslabljuješ svoju dušu i svoje tijelo. Istovremeno napuštaš sveto mjesto u svojoj najdubljoj nutrini, božanstvo u sebi, i upućuješ se izvan sebe.

Tada se počinješ oslanjati na hram svojega bližnjega i počinješ zahtijevati jer tvoja duševna i fizička energija slabi.

Tko ne prebiva u svojem hramu, postupno zaboravlja da je i sam hram Svetog Duha jer više ne održava red hrama, koji kaže:

ostani u sebi. U svetištu saznaješ i primaš sve za sebe i svojega bližnjega. U sebi razabireš sve što trebaš ili ne trebaš reći. U svetištu, u sebi, ti primaš također i snage za svoj svakodnevni rad.

Tko ne održava čistim svoj vlastiti hram, taj gradi izvanjske hramove ili ih održava svojom energijom u obliku potvrđivanja rituala, dogmi i kultova kao i svo-

jim talentima i srebrnjacima. On tada postaje zatočenikom jednog reda koji nije sveti Red, Bog.

Tko u Bogu, u svojem hramu ima dom, taj živi u najdubljoj nutrini, u svetištu, i neće nikada prodrijeti u hram svojega bližnjega i oskvrnuti ga.

Ne provaljuj dakle nikada u hram svojega bližnjega svojim nepopustljivim željama, svojim htijenjem, svojim predodžbama i mišljenjima.

Ne djeluj nikada određivanjem svojemu bližnjem i zahtijevanjem od njega i također ne prisiljavaj ga da čini ovo ili ono. Popusti li on tvojem pritisku jedino zato da bi ti učinio uslugu ili da bi imao mira od tebe, tada si postao razbojnikom i pljačkašem jer si mu oteo dio njegove životne snage.

Poštuj hram svojega bližnjega jer i on treba naučiti red hrama i preko svojih slabosti i grješaka – koje on vidi samo kad mu ti ne onemogućavaš vidik – spoznati sebe i očistiti ono čega je svjestan tako da i on može stupiti u svetište, u svoj hram koji se sve više i više čisti.

Poštuješ li zakonitosti reda hrama, tada poštuješ i sebe samoga i svojega bližnjega.

Tko ne poštuje samoga sebe, ne poštuje ni svojega bližnjega, jer se on sam ne drži reda hrama, zakona hrama.

Red hrama jest zakon hrama; to je vječni Sveti zakon; to je život u Bogu i s Bogom.

Tko se drži zakona hrama, taj uzdiže svoje čuvstvovanje, svoje osjećanje, svoje mišljenje, svoje govorenje i djelovanje k Bogu i time je on ispunjen Bogom, a ono što on osjeća, misli, govori i izvršava sadrži božansku snagu.

Tko se drži zakona, Boga, taj je jedno sa svojim bližnjim i sa svim Bitkom, jer onaj tko se drži vječnog zakona, jest Bitak.

Upamti:

ti si hram Jednoga, Svetoga, koji prebiva u tebi.

Drži dakle svoj hram čistim tako što održavaš red hrama.

Svakog dana iznova budi svjestan da u tebi prebiva Svemudri, Vječni, koji zna sve, koji je s tobom, koji ti govori, koji poznaje svaki odgovor i rješenje.

Ujutro pri buđenju, prije svakog razgovora, prije nego počneš nešto raditi, kad sretneš svojega bližnjega i s njim razgovaraš, misli pritom:

Svemudri, Vječni, koji sve zna, prebiva u tebi.

On govori tebi. On govori preko tebe. On te vodi kroz razgovore. On djeluje preko tebe u svakoj situaciji. On je snaga pri radu.

Misli na to:

ne dopusti da se u tvojoj svijesti i podsvijesti vitla beskorisno i neiskreno.

Tko živi svjesno, budan je i poznaje lutalice koje se šuljaju da bi ga zavele.

Uzmi bič unutarnje snage i otjeraj od sebe sve neiskreno što se šulja tako da nema pristupa u posvećeni hram.

Svladavanjem tvojih misli i osjetila tvoj je hram očišćen.

To što se šulja, svaku napast, otjeraj od sebe!

Međutim, prije nego otjeraš napast od sebe, pozdravi ono dobro u njoj i dopusti mu da se u tebi kreće.

Pokretanje dobra u tebi izaziva bol u zlu, u napasniku što stoji iza napasti.

Bol Napast je savjest koja kuca na vrata zla i svraća na sebe pozornost kao pomoć i snaga za preobrazbu i istovremeno se nudi za to. Time zlo ima mogućnost za samospoznaju i čišćenje. Zlo što dolazi izvana jest napast iza koje stoje napasnici koji skreću na tebe negativne snage da bi te provjerili, nisi li ipak podložan njima.

Jednako se događa u tebi, osloboditelju, samo obrnutim tijekom: dobro u tebi kuca na vrata zla da bi ga pokrenulo na uviđavnost, na samospoznaju i na obraćenje.

Doleti li dakle zlo, tad stupi pred vrata svojega unutarnjeg hrama i donesi zlu darove dobra.

Po reakciji letećih misli koje si razabrao, primijetit ćeš reakciju napasnika. Osjetiš li da su tvoji nesebični darovi našli odaziv, da su dakle bili prihvaćeni, tada dodaj još daljnje. Uputi tada napasnika na svijest Krista Božjega i ponovo stupi u unutarnje svetište, u svoj hram.

Tamo, u svojemu najunutarnjijemu, ne dopuštaj nikakve ljudske misli i reakcije. Čuvaj ono dobro u napasniku u svojemu najunutarnjijemu i pokreći ga s vremena na vrijeme; tada mu odašilješ zakon svemira. Ti mu dakle odašilješ darove nesebične ljubavi. Ti međutim nemoj ići na prijem; prepusti to Kristu Božjemu i Njegovu djetetu, napasniku.

Kako se tvoj bližnji ponaša i što odašilje tiče se jedino vječnog Oca i Njegova djeteta.

Ti održavaj red hrama: šuti!

Šutjeti znači biti u tišini.

Tko živi u svetištu, u Bogu, kroz njega živi i govori Bog.

U hramu Božjem ne mogu opstojati ljudske misli. Prebivaj u sebi bez misli, dakle šutke.

A kad misliš, tad misli božanski.

A kad govoriš, tad govori zakon, Boga – govori božanski.

Govori samo božanski i to samo onda kada tvoj bližnji želi darove iz zakona života.

Upamti:

tvoji su čisti osjećaji i tvoje čiste misli božanski.

Tvoja su nesebična, plemenita, dakle etička osjetila fina. Ona su antene u svemir, koje strše u Nebo, jer ti živiš u Bitku, u Nebu, i tako primaš i od Neba.

Nikada ne podiži pogled na svojega bližnjega, jer ćeš vidjeti samo sebe.

Tek kad naučiš gledati kroz sebe, iz svoje najdublje nutrine, iz svetišta, tada ćeš prožeti i svojega bližnjega.

Sve dok nisi u stanju prožeti svojega bližnjega, ne prihvaćaš ga ni u svojoj najdubljoj nutrini duše.

Tek kad otkriješ božansko svojega bližnjega, koje je također i u tebi, poznat ćeš svojeg brata i svoju sestru u sebi.

Sve dok nisi u stanju prožeti svojega bližnjega, on ti je tuđ jer si i ti još tuđinac, daleko od Vječnog bitka.

Kad obojica budete proželi jedan drugoga, tada ćete obojica govoriti jezikom Bitka i bit ćete svjesno ujedinjeni, a također ujedinjeni u Bogu.

Ne reci nikad: „Taj mi je čovjek tuđ."

Iako ti je omotač duše nepoznat, dakle tuđ, ipak budi svjestan: sadržaj omotača, ono čisto u nutrini duše, dio je tebe.

Ne poznaješ li svojeg brata i svoju sestru, tada ne poznaješ ni sebe samoga jer u sebi nisi otkrio čisti dio svojega bližnjega.

Sve dok razdvajaš na „poznat" i „tuđ", daleko si od Boga.

Zato nikada nemoj vidjeti sebe kao čovjeka, već gledaj sebe i svojega bližnjega kao odsjaj i sliku i priliku Božju i gledaj ga kao svojeg brata ili svoju sestru u sebi. Tada spoznaješ u sebi da je život Bitak jer je sveprisutan u tebi i u svemu – najmanje u velikome i veliko u najmanjemu.

Razmisli o sljedećoj zakonitosti:
ti si razgovarao s čovjekom kojega poznaješ samo po imenu, jer ti ne poznaješ ono od čega se on sastoji. I tvoj bližnji koji živi samo u vanjštini ne poznaje sebe samoga jer i on ne zna od čega se sastoji. On dakle ne poznaje sebe, a ni ti ga ne poznaješ. Ako se dakle obojica ne poznajete, tada ne poznajete ni Boga; stoga je svatko od vas osamljen. Bog, vječno ljubeći Otac, poznaje svakoga pojedinačno, jer on svako dijete ljubi i nosi u Svojemu velikom očinskom srcu

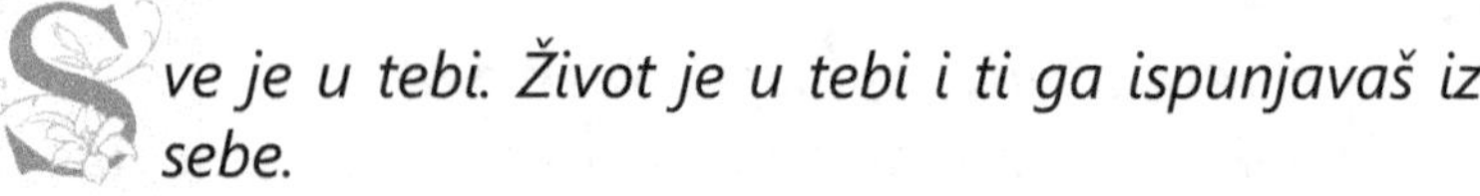

ve je u tebi. Život je u tebi i ti ga ispunjavaš iz sebe.

Budući da se sve ponajprije izvršava u tebi, Vječni bitak jest bez sjene. Stoga ne postoji ni gore i dolje, ni naprijed i natrag, ni lijevo i desno.

Svemirsko jedinstvo jest moćan kristal koji blista u svim fasetama Unutarnjeg života i svako zračenje prožima svaku fasetu.

Čovjek govori o „gore" i „dolje", o „naprijed" i „natrag", o „lijevo" i „desno", jer gleda samo izvanjskim očima i registrira samo refleksije istine. Ljudskim pogrešnim ponašanjem on je stvorio zgušnjavanje, čime je nastao način mišljenja triju dimenzija, jer on svojim fizičkim očima opet vidi samo zidove svojega učahurenog svijeta, koji je sam stvorio i prihvaća ga kao realnog i kao svoju životnu kvalitetu.

Gustoća, materija, nije ništa drugo nego naniže transformirana Božja energija, prepolarizacija svjetla u sjenu.

Tko živi u tome ljudskom svijetu sjena, ima zasjenjenu dušu i kao čovjek on je na Zemlji da otkloni ono što je duša pridonijela zasjenjenju cjelokupnosti – osim ako biće svjetla ne dolazi po nalogu Svemogućega da bi čovjeku, zasjenjenoj duši, pokazalo put izlaska iz labirinta njegova mračnoga ja.

oćeš li održavati red hrama, tada budi svjestan da je život cjelina: on je cjelina gore i dolje, sprijeda i straga, desno i lijevo. Ako to spoznaš i živiš u najdubljoj nutrini svojeg hrama, tada također crpiš iz svoje najdublje nutrine.

Ono što je čovjeku vanjštine gore i dolje, sprijeda i straga, desno i lijevo, to je čovjeku nutrine život u sebi samome, cjelina.

Održavaš li red hrama, tada živiš u hramu, u Božjem svetištu u sebi i spoznaješ sebe. Ako si sebe spoznao kao Bitak, tada poznaješ i svojega bližnjega, jer ti poznaješ svemir, Bitak.

Tada ne trebaš tražiti – ti si primio, jer Bitak daje vječno. On daje u tebi. On struji kroz tebe i objavljuje se u tebi i u ovom svijetu.

Spoznaješ li sebe kao Bitak i živiš li u Bitku, tad se ne trebaš osvrtati da bi našao istinu, Bitak, jer ti znaš da je ono što je straga jednako kao ono sprijeda. Ne trebaš gledati desno ili lijevo jer znaš da je desno i lijevo jednako kao straga i sprijeda. Ne trebaš gledati ni gore ni dolje; ti znaš da je gore i dolje jednako kao sprijeda i straga, kao desno i lijevo: život, veliko u najmanjemu i najmanje u velikome, u tebi, Bitku.

Upamti i nosi to stalno sa sobom:

Bog je sveprisutan; Bog je sve posvuda.

U najvećemu je najmanje, u najmanjemu je najveće, Bog.

Ako si našao sebe, našao si i Boga, i svemir je tvoj dom. Tada se ne trebaš osvrtati za svemirom niti gledati desno, lijevo, gore, dolje – svemir je u tebi; Bog je u tebi; tvoj bližnji je u tebi; sve su snage prirodnih carstava u tebi.

Ako si našao sebe, tada sve gledaš u sebi, jer ti si sam sve u svemu.

Upamti ponovo i nosi ovo svjesno u sebi:

držiš li svoj hram čistim, tada si otkrio sve u sebi i poštuješ hram svojega bližnjega i gajiš strahopoštovanje prema Presvetome, koji prebiva u tebi i u tvojemu bližnjemu i u svim životnim oblicima prirode.

Ti si bogat jer je svemir u tebi. Stoga nalaziš sve u samome sebi – najmanje u velikome i veliko u najmanjemu.

Te i daljnje podrobnosti vječnog zakona poučavao Sam Ja, Krist, kao Isus, one Svoje apostole i učenike koji su ih mogli shvatiti. Ali uvijek iznova morao sam im objašnjavati i put prema Vječnom bitku, zakon pada, zakon sjetve i žetve.

Zakon pada jest naniže transformirana Božja energija koju je protivnik prepolarizirao i htio upotrijebiti protiv Boga. Taj pogrešan zaključak nosio je u sebi obrat. Jer ono ljudsko što čovjek posije, to će požeti on – a ne Bog ili njegov bližnji.

Bogu ne postoji radoznalost. Tko se osvrće iz radoznalosti, taj vidi samo svoje niže sebstvo, sebe, ja, i ne gleda svoje istinsko sebstvo – zato ne poznaje ni sebe. Radoznali je u potrazi za nečim novim, da nešto dobije ili upotrijebi za sebe, jer mu nedostaje unutarnjih vrijednosti.

Radoznali je pohlepa, požuda. On vidi i čuje samo sebe.

Radoznali koji radoznalo vidi desno, lijevo, sprijeda, straga, gore i dolje, također je zaplašeni koji posvuda vidi opasnost za sebe. On ne miruje u Bogu i stoga ne živi u Bogu i time sam stvara ono čega se boji. On živi u svijetu ograničenja i gustoće.

Tko se boji drugih, taj se boji sebe samoga, on nema povjerenja u sebe samoga. Za njega je gustoća realnost i istovremeno je prijeteća. U svojoj plašljivosti on je stalno zaokupljen osvrtanjem oko sebe da mu se nešto ne dogodi. On radoznalo gleda naprijed, natrag, desno i lijevo, gore i dolje, i tako se uljuljkuje u sigurnost jer smatra da ima pogled uokolo.

Pogled uokolo, gledanje gore i dolje, desno i lijevo, straga i sprijeda u gustoći, u materiji, trebalo bi služiti jedino za orijentaciju, jer su vaše fizičke oči stvorene za materiju, za gustoću. Tko se toga drži, taj ostaje u hramu nutrine i poštuje red hrama.

Pravi mudrac jest razumni, koji ostaje u svetištu čuvajući u njemu tišinu. U hramu tišine pravi mudrac, razumni, prima neposredne upute i Božji spas.

Ako si uvježban u zakonu Unutarnjeg života, tad osjećaš i misliš božanski i govoriš Njegovu riječ, koja ti jesi – božanski.

Tko živi kao kap u oceanu Bogu, taj je postao zakonom Božjim. Kap je esencija cijelog oceana. Sve kapi čine opet ocean, Boga. Jedna je kap nalik na drugu kap jer je sve sadržano u jednome. Zato se sve kapi prožimaju međusobno i čine ocean, zakon svemira, Boga.

Zakon svemira, Bog, jest svetište u tebi. Tamo je apsolutna tišina.

iruj u sebi – ti jesi.

Ti si Bitak koji ni s čime nije u neslozi, ništa ga ne uzbuđuje, niti je protiv ičega. Ti si Bitak – ti proziteš sve i svakoga; zato ti i prožimaš sve i svakoga.

Tko se kreće u predvorju hrama ili po ulicama prema hramu, tko se dakle još nije uselio u hram, taj još živi u neredu svojeg svijeta osjećaja i misli. Zbog toga on vidi samo sebe, svoje niže sebstvo, i govori također samo o sebi, o svojemu nižem sebstvu, jer njegova svijest još nije u stanju shvatiti i prožeti nered.

Takav čovjek dakle govori samo sebe i vidi također samo sebe i čuje također samo sebe – i zato ne može svojega bližnjega gledati niti razumjeti i slušati, jer on samo sebe vidi i samo sebe govori i samo sebe čuje.

Takvi ljudi nemaju osjećaj za svoje bližnje. To što njihovi bližnji govore, ne razumiju jer ne razumiju ni sebe same, zato što ne mogu prozreti nered svojih osjećaja, misli, riječi i postupaka i svoja gruba i pohlepna osjetila. Oni su zbrkani jer je njihov svijet osjećaja i misli zbrkan.

Ono istinsko i sveprožimajuće izvršava se jedino u najunutarnjijemu tvojega hrama, u svetištu – s Presvetim i preko Presvetoga, Boga.

Jedino u sebi gledaš i spoznaješ koliko darova iz blaga najdublje nutrine možeš dati svojemu bližnjemu koje je on u stanju primiti da bi duhovno rastao i sazrijevao. U sebi dakle gledaš i slušaš količinu koju smiješ pružiti svojemu bližnjemu, koja mu tada služi na dobrobit.

Znaj: kad postaneš Bitak, tada je sve u tebi i svi su u tebi. U sebi i kroz sebe gledaš, slušaš, mirišeš, kušaš i pipaš, jer sve što izvanjsko skriva u sebi, to je život u tebi.

Zato prebivaj u sebi; tada u svemu gledaš i sebe, sebstvo, jer ti si sebstvo, Bitak, i opet sve je sebstvo, Bitak. Tada dio svojega istinskog sebstva gledaš u mineralu, u biljnom svijetu, u životinjskom svijetu i u zviježđima i opažaš sve čisto u sebi, čistome, kao svjetlo, kao snagu, kao dio sebe. Ono što gledaš u vanjštini, u nutrini ima svjetlo i snagu u sebi kao i ti, to je dakle kao esencija u tebi, i time dio tebe.

Tko živi u toj plemenitoj, finoj i čistoj svijesti, taj neće namjerno uništiti izvanjski oblik života jer bi tada poremetio taj dio života u sebi samome i tako postao poremećenim koji uništava sve ono za što vjeruje da mu ne služi. Takvim površnim postupanjem nastali su rat, umorstvo i zavada.

Spoznaj, to znači: ono što namjerno ubiješ; ljude, životinje i biljke, to zasjenjuješ u sebi, remetiš svoj vlastiti život i ostaješ poremećeni, ja-čovjek, koji djeluje razorno na svoju okolinu.

Ti gledaš Bitak u svemu jedino u sebi. Stoga ti nije potreban pogled uokolo – ti imaš obzirnost u sebi.

To što je na Nebu, to je i na Zemlji – samo odvraćeno od Boga. Zakon, Bog, jest nesebična, neosobna ljubav; On se daruje i daruje dajući svakomu jednako.

Zakon sjetve i žetve nastao je samoljubljem, ljubavlju prema osobi. Ona kaže: jedan mi je bliži od drugoga. Tko mi je bliži, dobit će više – drugi će dobiti manje. To je osobna ljubav, samoljublje, sebična ljubav.

Ono što je na Nebu, to je u promijenjenom obliku na Zemlji. Stoga su Zemlja, materijalni univerzum i razine čišćenja samo ogledalo Vječnog bitka. Zakon sjetve i žetve treba promatrati kao sliku u ogledalu.

Nebo je Bitak, čisto, sveprožimajući zakon, Bog. Zakon sjetve i žetve jest čovjekov „Bitak", koji se sastoji od „moje" i „meni", koji je proizišao i koji proizlazi iz niskoga ja.

Čisto je Bitak, sebstvo, Ja Jesam, neosobni život, zakon, Bog. Čista bića jesu čisto, sebstvo, Bitak, neosobno, Ja Jesam, zakon, Bog. Njihovo osjećanje, njihova riječ i njihov postupak jest zakon, Bog, sebstvo, Bitak, neosobno, čisto. Oni, zakon – jer je njihovo eterično tijelo zakon – osjećaju i govore sebe, čisto, Bitak, sebstvo, neosobno, zakon, Boga.

Zakon sjetve i žetve može se globalno nazvati zakonom opterećenja. On se sastoji od mnogih komponenata ljudskoga ja koje su postale zakon jastva pojedinih ljudi. Zakon jastva svakog pojedinca sastoji se od njegovih protivnih osjećaja, misli, riječi i postupaka. Zakon jastva može se nazvati i zakonom osobe jer se odnosi na osobu koja odašilje svoje ja i ponovo prima isti odašiljački potencijal.

Tko je stvorio svoj zakon osobe, taj živi u njemu i priziva ga preko svoje duše od tamo gdje je pohranjen, iz zviježđa. Tvoj bližnji ne može prisvojiti tvoj zakon jastva, osim ako ne čini jednako ili slično jednakim ili sličnim negativnim osjećajima, mislima, riječima i postupcima.

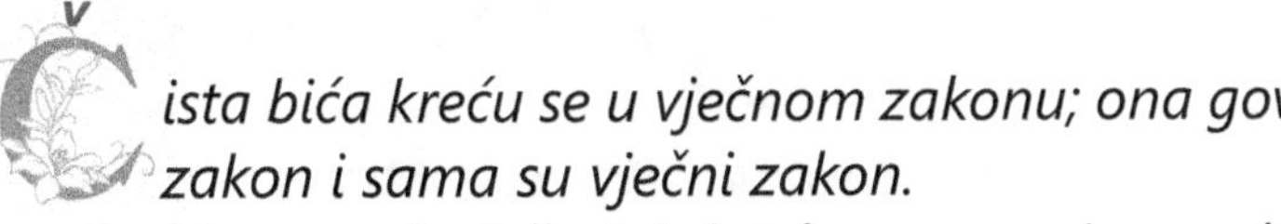

ista bića kreću se u vječnom zakonu; ona govore zakon i sama su vječni zakon.

Svaki opterećeni čovjek kreće se u svojem zakonu jastva, u svojemu malom svijetu što ga je stvorio svojim ja, „moje" i „meni". On govori svoj mali svijet, ono čime je izgradio svoj zakon jastva; odgovarajuće tomu on osjeća sebe, misli sebe, govori sebe i postupa onako kako osjeća, misli i govori, dakle odgovarajuće svojemu nižem sebstvu, svojemu nižem Bitku.

Ljudsko sebstvo, dakle nisko ja, nema ni oko, ni uho, ni osjetila za bližnjega, samo za sebe samoga.

Ljudsko sebstvo nema pristupa božanskom sebstvu, u svetište, i zato ne može niti osjetiti, niti prepoznati, niti prozreti, niti shvatiti svojega bližnjega, jer u čovjeku okrenutom vanjštini nesebičnost nije još razvijena.

Ljudsko sebstvo, nisko ja, nema ničega zajedničkoga s božanskim sebstvom, sa sveprožimajućim Ja Jesam.

Čisti govori čisto, vječni zakon, Boga. Nečisti govori svoje nečisto, svoj zakon jastva, niže sebstvo.

Svatko dakle govori sebe: čisti ono apsolutno sebstvo, Ja Jesam; a nečisti – svoje niže sebstvo, svoje nisko ja, koje je vezano samo za osobu.

Budi tih.
U unutarnjoj tišini postat ćeš svjestan da si biće iz Boga, koje je u Bogu, jer ste svevječni Otac i ti, Njegovo dijete, jedno. Ti, čisto biće, živiš u svetištu, u sebi, u sebstvu, jer ti si hram Božji i Presveti prebiva u tebi.

Budi tih.
U tebi je tišina i ti si u tišini.

Postaneš li tih, tada više nemaš ljudske osjećaje, misli, riječi, pobude i sklonosti; prožet si svemirskom tišinom, Bogom.

U tebi se razvijaju posvećeni osjećaji i misli; govoriš nadahnute riječi i postupaš neosobno za veliku cjelinu.

Istinsko sebstvo, sveobuhvatni, moćni Ja Jesam, povjerava ti se, i ti si sjaj ljepote, ti si čisto, plemenito i fino, uzvišeno – jer prebivaš u sebi, u vječnom sebstvu, u Bitku, i jer si ono što je Nebo: ljepota, čistota, plemenitost, fino, uzvišeno, dobrota, nesebična ljubav.

Sunce ljubavi ima govor svjetla. Sunce ljubavi svijetli u tebi i kroz tebe.

Tvoje je biće sjaj sunca, nesebične ljubavi.

Budi tih, sasvim tih. Nitko i ništa ne pokreće se u tebi.

Sveti red hrama, koji ti jesi, jest zračeća nesebična ljubav, sunce pravde, milina tvojeg života, Ja Jesam.

Kaniš li bilo što učiniti i ispuniti – istinsko sebstvo u tebi, Bitak, osjeća, misli, govori i postupa preko tebe.

Tvoje je uzvišeno, nesebično osjećanje i mišljenje Bitak, božansko, koji ti jesi.

Istinski Bitak odnosi se jedino na predmet i događaj i komunicira s čistim u predmetu i događaju. Čisto u predmetu i događaju kaže ti u tvojoj nutrini kako da pokreneš predmet i događaj, kako da planiraš, kako da objasniš svaku situaciju, kako da pretvoriš nered u red i kako da očistiš neočišćeno.

U svakom je pitanju Bitak, odgovor za tebe.
U svakom je odgovoru Bitak – i eventualno opet pitanje za tebe.
U svakom razgovoru djeluje Bitak – ti ga spoznaješ u sebi.
U svakoj je riječi Bitak – on govori tebi.
U svemu što vidiš i susrećeš jest Bitak
– on ti se pokazuje i govori tebi.

Ako si u svojoj najdubljoj nutrini, tada je tvoj hram čist i ti si u komunikaciji s čistim.
Čuješ što ostali ne čuju;
gledaš što ostali ne vide;
znaš što ostali ne znaju;
prepoznaješ što ostali ne prepoznaju;

osjećaš što ostali ne osjećaju;
mirišeš i kušaš što ostali ne mirišu niti kušaju;
opažaš što ostali ne opažaju –
jer ti si istina, tišina hrama,
nesebična ljubav, zakon, Bog.

Spoznaj:
svaki predmet, svaki događaj, svaka teškoća, svaki problem, svaka situacija, svaki razgovor, čak svaka riječ govori sebe.

Bitak u predmetu, u događaju, u problemu, u teškoći, u svakoj situaciji, u svakom postupku i svakoj misli govori opet moćno sebstvo, Bitak.

Omotač, ljudsko, govori sebe. Snaga u omotaču, Bitak, jednako tako govori sebe; to je Ja Jesam.
Tko postane Bitak, nesebično sebstvo, taj komunicira s čistim. On gleda očima istine; on objašnjava, sređuje, čisti, planira i govori iz Vječnog bitka, iz nesebičnog sebstva.

Nisko ja ne poznaje Ja Jesam; no Ja Jesam poznaje nisko ja, jer Ja Jesam, Bitak, prožima sve.

Čisti koji održava red hrama, trudit će se svaku situaciju objasniti zakonom, svaki razgovor voditi zakoni-

to, svaki predmet, svaki događaj, svaki problem i svaku teškoću riješiti zakonom, s Bogom.

Ako ljudsko ja hoće predmet, događaj, teškoću, problem, situaciju ili razgovor riješiti svojim niskim ja, tada će to ostati neriješeno ili će dovesti do kaosa.

Znaj:

Bitak u svemu jest Bog, koji govori; On ti govori iz predmeta, iz događaja, iz teškoće, iz problema, iz situacije, iz postupka, iz svakog razgovora.

Sve je svijest. Čisto je svijest i nečisto je svijest. Čisto govori u svetištu – u tebi, tebi i istovremeno iz tebe.

Nečisto govori nečisto; ono govori opterećenje, ono govori iz nereda. Ono govori nered i na taj način može u svijetu davati opet samo nered.

Tvoje su oči svjetlo duše.

Vidiš samo sebe, čuješ samo sebe.

Svojim čuvstvima, osjećajima, mislima, riječima i djelima crtaš sliku svoje duše.

Slika tvoje duše jest tvoja svijest.

Svako stanje svijesti opaža ono što odgovara njegovu stanju. To ulazi u njega, to ono jest, to ono zrači i istovremeno reflektira.

Može li tvoj bližnji vidjeti istu sliku koju si ti nacrtao svojim svijetom čuvstava i osjećaja, svojim riječima i postupcima?

Svatko vidi i ono što mu opisuješ opet drugačije — posve prema svojoj slikovnoj svijesti.

Svaki čovjek također i svoju okolinu vidi drugačije, opet prema slikama svoje svijesti, koje si je sam odredio.

Također i šumove koji se pojavljuju u tvojemu slikovnom životu, svatko čuje opet drugačije.

Skrećeš li pažnju svojega bližnjega na određene tonove, boje ili oblike, tada će on unatoč tvojem opisu razabirati tonove drugačije od tebe i boje i oblike vidjeti opet drugačije od tebe.

Moguće je da tvoj bližnji razabere čak više tonova od tebe ili da vidi više nijansi boja od tebe ili da oblici za njega imaju drugačiji izgled nego što ga ti vidiš.

Tko može i kome dokazati da on čuje pravi ton ili da vidi pravu boju ili oblik?

Ni jedan čovjek ne može drugome nešto dokazati jer svatko drugačije vidi, čuvstvuje, osjeća i misli.

Mnogi ljudi kažu: „Ja mogu to dokazati" kad ih netko okrade.

Može li čovjek doista dokazati da je bio pokraden – ili mu je samo oduzeto ono što je on svojemu bližnjem oteo u nekoj prijašnjoj egzistenciji?

Obojica, pokradeni i onaj koji je ukrao, ogriješili su se o Božji zakon jer ni jedan od obojice ne bi trebao svojemu bližnjemu ukrasti nešto i to nazvati svojim vlasništvom.

Kažeš da možeš dokazati da je tvoj bližnji lagao. Je li tvoj bližnji stvarno lagao – ili je samo rekao ono što ti pokrećeš u svojem svijetu čuvstava ili misli, i što konačno ti sam jesi?

Spoznaj: sve ima dvije strane – osim ako si božanski; tada si istina i živiš posve svjesno.

Tada se nećeš niti uzbuđivati, nego ćeš govoriti istinu, sve ćeš razjasniti i pri tome ostati.

Tko svojemu bližnjemu ima prigovoriti nešto što ga pokreće duže vremena, može biti siguran da je i sam zaražen tom bolešću.

Time što imaš prigovoriti svojemu bližnjemu, izlažeš se preko principa odašiljanja i primanja onim snagama koje si pozvao svojim čuvstvima, osjećajima, mislima i riječima.

Spoznaj sebe samoga i promijeni se da bi promijenjen mogao ući u mjesta blaženstva.

Dajem vam vježbu za samospoznaju:

Svatko promatra primjerice isto područje jednog krajolika. Svatko vidi u njemu druge aspekte. Što jedan vidi, to je njegova slika, a ne slika njegova bližnjega.

U slici krajolika kreće se jedna životinjica. Svatko registrira životinju – no ipak je svatko vidi i osjeća drugačije.

Opažanje pojedinca spada u njegovu sliku, a ne u sliku njegova bližnjega.

Slika svakog pojedinca jest slika stanja njegove svijesti.

Onako kako pojedinac vidi i čuje, čuvstvuje, osjeća i misli, takvo je stanje njegove svijesti kojim on registrira sliku, vidi boje i oblike i razabire tonove.

Tko može dokazati da je životinjica izgledala onako kako ju je on opazio? Sve je relativno zato što svatko iz svojeg gledišta, iz svojega trenutačnog zračenja svijesti, vidi, čuje, miriše, kuša i pipa.

Budući da svaki čovjek ima drugo stanje svijesti, on u skladu s njim opaža refleksije, koje naziva materijom.

Spoznajte: tko uvažava mnoge aspekte koji vode slobodi, taj sebi, a i svojemu bližnjemu, donosi mir. Stoga nikada nemoj utjecati na zračenje svijesti svojega bližnjega vjerujući da bi prema svojoj svijesti morao praviti red u njegovu stanu, u njegovu prostoru.

Upamti sljedeću zakonitost:

ostavi svojemu bližnjem njegovo carstvo, znači, ne mijenjaj zračenje njegove svijesti. Zračenje svijesti tvoje i tvojega bližnjega djeluje i na prostorije u kojima prebivaš ti ili tvoj bližnji. Ostavi svojemu bližnjem njegovo malo carstvo, jer on se kod kuće hoće tako osjećati. Ako uvažavaš tu zakonitost, on će se radovati tvojem posjetu.

Uđi u njegovu sobu samo onda kad si poželjan, i u njegovoj sobi ostavi da sve stoji onako kako je tvoj bližnji postavio, jer to je perspektiva njegove svijesti.

Ako sjedneš na stolac ili uzmeš neki predmet, tada ostavi stolac onako kako je stajao ili odloži ili postavi predmet na njegovo mjesto – kako je bio prije.

Ne mijenjaj ništa premda bi ti se drugačije više sviđalo, i ako vjeruješ da bi onako kako ti vidiš bilo ljepše. Time utječeš na zračenje svijesti svojega bližnjega i svojim tobožnjim redom unosiš nered u njegov život, u zračenje njegove svijesti. Jer onako kako to tvoj bližnji vidi, za njega je sada dobro. On neće da mu to mijenjaš – osim ako te on za to ne zamoli.

Tko uvažava tu zakonitost, taj poštuje svojega bližnjega, a i sebe samoga.

I u najmanjim stvarima vrijedi također sljedeća zakonitost: što ne želiš da ti drugi čine, ne čini ni ti drugima.

Nikada ne budite znatiželjni. Ne gledajte iz znatiželje ni unatrag, ni udesno, ni ulijevo, da biste vidjeli i čuli; jer to što vidite i čujete, za to ste odgovorni.

To što ste vidjeli i čuli potiče vas na razmišljanje – vi ste odgovorni za svaku misao. To što ste vidjeli i čuli potiče vas da govorite i da postupate – i za to ste odgovorni.

Čisti neće znatiželjno gledati uokolo, neće stvarati misli, neće tražiti riječi niti razmišljati kako i kada treba postupati i djelovati i što činiti. Čisti ima sve u sebi i on je u svemu, zato što je istina, koja je opet u svemu.

Gledaš li svojega bližnjega, tada gledaš svemir, gledaš vječnog Oca u sebi i gledaš svojega bližnjega u sebi – jer ste obojica slika i prilika vječnoga jednog svetog Oca, jer u Njemu ste božanski, Njegova stvorena djeca, koju On gleda u Sebi, kroz Sebe i u svemiru.

Ako si u sebi gledao svojega bližnjega, tada si gledao svojega vječnog Oca, jer su Vječni i Njegovo čisto dijete jedno.

Budući da svojega bližnjega u sebi poznaješ i gledaš kao dio sebe, ti poznaješ i vječno Jednoga, Svetoga, jer si Njegova slika i prilika, vječni zakon – koji poznaješ, jer ti to jesi, zato što si božanski.

Čisti je oko svetog hrama.

Taj koji gleda, prozire svakoga i sve.

Najunutarnjije je tišina koja se sama gleda i sve prozire. Tišina je istinski život.

Stoga budi tih. Tišina je svemudra Riječ, zakon svemira. On se objavljuje kao tišina u tišini. On gleda sam sebe u tišini kao tišinu.

Sve je zakon, koji je uzvišena, beskrajna tišina, koji govori sam sebe, Ja Jesam.

Tišina je zakon i mudrost Božja. Tko je mudar, taj je tih jer sve zna, jer sve prozire i prožima.

Apsolutno je tišina, to je red hrama koji ti, čisti, jesi.

Ako znaš tko si i ako znaš da je svijest od Ja Jesam život, tada ti živiš i ništa ti neće zasmetati. Ti također u ništa ne prodireš jer prozireš i prožimaš sve ono što je za svjetovni pogled gustoća, prepreka i smetnja.

Tko djeluje po danu, vidi uglove i rubove i neće mu to zasmetati, jer koristi svjetlo dana.

Jednako vrijedi za vječno svjetlo. Tko hoda u svjetlu, ništa mu se ne može dogoditi. Jer tko se pridržava zakona Duha Božjega, za njega će uvijek sjati svjetlo ljubavi, bio on duša ili čovjek.

Nemirni, bučni, u kojem osjećaji i misli huče i buče, jest onaj koji traži, koji vidi samo površinu istine - predmete, događaje i riječi - i tamo traži rješenje. Time on sam sebi zadaje zagonetku, jer on želi spoznaju odgonetnuti i dohvatiti.

Tko nije mudar, nije ni tih, dakle miran, jer on tako dugo želi dok ne nađe samoga sebe u praosnovi, u tišini - to što on jest, sebstvo, mudrost i ljepota iz Boga, sveznajući zakon, Bog, mudrost, koja je ujedno i istina.

Tvoj je bližnji tebi, čistomu, jednako toliko blizak, jedan koliko i drugi, jer tebi nitko ne može biti dalek i tuđ, jer je Bog u tebi i ti si u Bogu, i tvoji su bližnji u tebi i vi ste u Bogu. To je jedinstvo. Jedan je u drugome i obojica se prožimaju međusobno prožimajući sve - i svi obojicu. To je svemir i zakon ljubavi i jedinstva.

Kad bi ti jedan bio bliži od drugoga, tad bi ti gledao naprijed, natrag, desno, lijevo, gore i dolje da bi ga vidio, jer ga ne gledaš u sebi.

isti želi svojemu bližnjemu samo ono što je on sam: vječni zakon, Boga, čisto.

Nečisti, neprosvijetljeni, želi svojemu bližnjemu često ono što sam ne posjeduje: lijepo, dobro, miroljubivo, sretno - fasete vječne istine čije ostvarenje njemu samomu još nedostaje. To što on želi, ne ulazi u bližnjega jer nije prožeto snagom, istinom i ljubavlju. To su želje bez duše koje se vraćaju nečistomu, neprosvijetljenomu.

Svemirsko jedinstvo jest mudrost Božja. Bog je sve u svemu, zakon života.

U svemu što čisti kaže, on oslovljava cjelinu, veliko u najmanjemu i najmanje u velikome.

Tko svojemu bližnjemu pripisuje ili želi samo fasete iz vječnog zakona i tako u svoju riječ i svoje djelovanje ulaže samo dijelove vječnog zakona, taj daje prednost također samo dijelovima vječnog zakona i izriče o sebi da je nesavršen.

Time on svjedoči o sebi samome. On daje prednost određenim ljudima; druge naprotiv ostavlja nezapaženima. To znači da on čini iznimke kod sebe i kod svojih bližnjih.

Govor zakona jest cijeli zakon, jer je sve u svemu, najveće u najmanjemu i najmanje u najvećemu. Čisti izgovara uvijek cijeli zakon: Želi li čovjeku pored sebe nesebičnu ljubav, tada on oslovljava i sve fasete vječnoga zakona. To je govor zakona.

Želi li čisti svojim bližnjima mir, tada on ponovo oslovljava cijeli zakon. To je jezik zakona.

Čisti govori uvijek cijeli zakon i onda kad nekom bolesnom čovjeku želi zdravlje:

kad bi bolesniku poželio samo jednu fasetu zdravlja - primjerice zdravlje jednoga oboljelog organa - tad bi on oslovio također samo dio zakona koji je zasjenjen bolešću. Pritom bi ispustio iz vida djelotvornost čitavoga vječnoga zakona. Time bi on možda spriječio djelotvornost vječnog zakona u bolesnom čovjeku.

Tko želi samo fizičko ozdravljenje svojega bližnjega, taj govori bolest samu koju prema prilikama pojačava ako se bolesnik oslanja na tu izjavu. Pritom se on ne obazire na volju Boga, koji zna za Svoje dijete i želi ga voditi tako da to bude za dobrobit njegove duše.

Sebične misli djeluju samo na površini - dakle na posljedicu, simptom, bolest - i sprječavaju vječni zakon da postane djelotvoran.

Tko oslovljava samo površinu života, odraz, npr. tako što svojemu bližnjemu želi mir, a on sam nema mira, taj u svojemu bližnjemu oslovljava samo nemir, jer sam ne komunicira s mirom.

Istinski mudrac kao čovjek treba govor svijeta da bi se sporazumijevao. Unatoč ograničenosti riječi on će u riječima kao „zdravlje" i „mir" osloviti čitav sveobuhvatni zakon, Boga. Tada će vladati vječni zakon, Bog, koji svakom čovjeku dopušta slobodnu volju i vodi ga tako da to služi njegovoj duši, a ne isključivo omotaču, čovjeku.

Tko je sam bolestan, a svojemu bližnjemu želi zdravlje, taj opet oslovljava samo bolest u bližnjemu i eventualno one aspekte koji su u skladu s njegovom vlastitom bolešću; jer što iz njega izlazi, ući će ponovo u njega i eventualno i u bližnjega koji ima jednake ili slične simptome bolesti. To se događa po zakonu „Jednako privlači jednako i pojačava se".

Tko svojemu bližnjemu želi mir, a sam je nemiran, može pojačati nemirne aspekte u svojemu bližnjemu ako je ovaj nemiran, jer jednako uvijek iznova pokreće jednako i želi se ispuniti.

Tko svojemu bližnjemu želi ljubav, a sam je bez ljubavi, može još pojačati odsutnost ljubavi u svojemu bližnjemu, koji je i sam još bez ljubavi, jer jednako uvijek iznova privlači jednako i želi se ispuniti - opet prema zakonu „Jednako privlači jednako i pojačava se".

Spoznajte:
Svaki osjećaj, svaka misao, svaka riječ i svaki postupak jesu energija.
Što čovjek odašilje može postati djelotvorno kod bližnjega ako je osnova u njemu jednako ili slično. Jed-

nako ili slično vraća se opet čovjeku koji je odaslao; jer: tko odašilje, taj prima.

Tko svojemu bližnjemu želi zdravlje i mir, a sam je obolio u duši i tijelu, ili sam u sebi nosi nemir neostvarivanjem vječnih zakona, taj utječe na bolest i nemir svojega bližnjega i pojačava ih, jer svojim željama mira i ozdravljenja koje upućuje svojemu bližnjemu nije dopustio da postanu djelotvorne u njemu samome.

Želiš li svojemu bližnjemu nešto što nisi još sam ostvario, npr. čisto, plemenito, lijepo i dobro, tada to ne dolazi u njegovu nutrinu jer nije nadahnuto od tebe - ili ga prihvaća površina, privid, njegovo nisko ja i osjeća se polaskanim i počašćenim, te se tako pojačava njegovo niže sebstvo, nisko ja.

Poželi svojemu bližnjemu samo ono što sam posjeduješ u sebi i na sebi, dakle ono što je ostvareno i time nadahnuto, i u svemu oslovljavaj čitavi vječni zakon. Budući da je sve u svemu sadržano, potvrđuj u željama za svojega bližnjega čitav zakon, Boga. Ne gledaj samo površinu, ono što se treba izvršiti na tijelu bližnjega ili u njegovoj okolini. Razmisli o tome da je dobrobit duše odlučujuća i da je čisto duhovno tijelo opet čitav zakon.

Što čisti želi svojemu bližnjemu - ono što on sam ispunjava - to ide iz najveće nutrine njegova hrama i ulazi također u hram bližnjega. On ujedno nosi plodove vječnog zakona u hram bližnjega, jer on svojemu bližnjemu donosi vječni zakon kao dar ljubavi, koja je opet, zakon sam.

Ne poželi dakle svojemu bližnjemu detalje iz vječnog zakona jer ćeš u njemu i u sebi osloviti samo dijelove vječnog zakona. Time ostavljaš sve ostale fasete vječnog zakona neiskorištene. To znači da bi se ti zadovoljio s nekoliko faseta, čime svjedočiš o svojoj nečistoti, a nečistomu otvaraš vrata i kapiju da te zavede.

I kad oslovljavaš samo jedno područje materije, uloži u njega cjelinu. To je istinski život, to je život u vječnom zakonu, Bogu.

auči gledanje.

Radoznali gleda radoznalo naprijed, natrag, desno i lijevo, gore i dolje - i uvijek vidi sebe samoga, jer radoznalost poziva uvijek samo ono što sam radoznali jest. Jednako zove jednako da bi s njime komuniciralo.

Nauči gledati kroz sebe, gledati iz hrama svoje nutrine, tada ćeš upoznati u svemu, također i u svojemu bližnjemu, zakonitost - a u zakonitosti cjelinu. To je život u vječnom zakonu, to je govor zakona.

Nauči slušanje.

Čisti ne treba ništa osluškivati, on zna u sebi, u svetištu svojega hrama, ono što je važno. Sve drugo, što je još neizvjesno, nije još zrelo i nije još važno.

Tko želi prisluškivati i osluškivati, taj saznaje samo svoje nisko ja koje ga uznemirava i ponovo potiče na protivno mišljenje, govorenje i postupanje – dakle na protivno odašiljanje - time on prima opet protivno.

Nauči slušati. Ne postavljaj nikada znatiželjna pitanja jer ćeš inače oslušnuti samo sebe, svoje niže sebstvo.

Iz svega što ti se govori, slušaj zakonitost Božju i u njoj opet prepoznaj cjelinu, i iskusi je istovremeno u sebi, u svojem hramu. U zakonitosti je sadržan čitav zakon tako kao što je u čitavom zakonu sadržana zakonitost. To je život u vječnom zakonu, a to je i govor vječnog zakona.

Tko nastoji u sebi oslušnuti Vječnu riječ, Bitak, zakon, taj još nije Riječ, Bitak, vječni zakon. A tko je oslušne - prema stupnju zrelosti svoje duše, taj je samo osluškuje, a još je ne poznaje, jer još nije postao zakon Božji.

Tko želi spoznati i doživjeti Vječni bitak prema slovu, taj čita ili sluša mimo realnosti. A tko osluškuje samo ono što njegov bližnji prepričava kao istinu, stvara slikovite predodžbe iz toga što osluškuje. To nikada nije realnost života, nego privid; to je odraz zakona, a ne istina sama.

Tko dakle samo osluškuje istinu, koju tumače ljudi, bilo u sebi ili izvana - taj nije još istina sama, Bitak. Tko nije postao istina, Bitak, ne poznaje sebe kao biće istine jer nije još otkrio biće istine, svoj istinski Bitak.

Samo onaj tko jest Vječna riječ, Bitak, zakon, taj je u životu - i jest život sam, jer je on esencija svete Riječi, istina, život.

Riječ Neba jest Njegova riječ, Riječ Božja, vječni zakon. Tko je postao Riječ Božja, taj je postao biće u Bogu. On gleda i ljude, predmete, zbivanja i događaje u slici Neba, istine, u Ja Jesam - a ne više u slici svojega malog svijeta, u vidokrugu „ja hoću".

Svaka nebeska nesebična misao i svaka nebeska nesebična riječ jest nebeska slika koja sve skriva u sebi. Slično kao što jedna tjelesna stanica sadrži cijelog čovjeka, tako svaki nesebični osjećaj, svaka nesebična misao, svaka nesebična riječ i svaki nesebični postupak sadrži kao esenciju čitav svemir.

Pravi mudrac ulaže cjelinu u sve što govori - i onda kad iz cjeline priopćuje samo jednu fasetu istine tako da je dovodi do sjaja.

Bog je cjelina i nepodijeljen je. Stoga u onome tko je božanska Riječ, djeluje cjelina. On je jedan Bitak u Bitku. On nije podijeljen kao čovjek koji drugačije govori nego što misli i drugačije osjeća nego što misli i govori.

Vječni zakon djeluje i objavljuje se u tebi samome. Sve je zakon. Ti ga ne vidiš u izvanjskome; spoznaješ ga i vidiš jedino u sebi kao cjelinu.

Fizičke oči opažaju samo izvanjsko, a ne ono što je vidljivo u najunutarnjijemu, u čistom Bitku, u hramu Božjem.

Fizičke oči opažaju samo odsjaj onoga što je na Nebu.

Ono što je materija jest refleksija, a ne apsolutnost.

Onaj tko gleda, spoznaje Boga u svemu što jest; u svakom cvijetu, u svakom grmu, u svakom kamenu, u zviježđima, u ljudima. Svakim treptajem oka, svojim sluhom, okusom, njuhom i opipom, on susreće Boga.

Za onoga tko gleda, Bog je prisutan u svemu.

Kada on obavlja svoj posao, Bog je prisutan. Kada vodi razgovor, Bog je prisutan. Kada ide ovamo ili onamo, Bog je prisutan.

Ovi su ljudi pronašli kamen mudrosti; oni dopuštaju da Bog djeluje preko njih. Tko u svemu što osjeća, misli, govori i čini, održava povezanost s Bogom, taj uistinu korača u svjetlu Božjem, a Bog preko njega čini djela ljubavi.

Sačuvajte u svemu svijest: Bog je prisutan; Bog je u svemu.

Utjelovite li tu sigurnost, tada će od vas uzmaknuti osamljenost, napuštenost i potištenost; zadobit ćete zajedništvo, unutarnju sreću i daljnji uvid.

U svakoj situaciji budite svjesni ovoga: Bog je uvijek prisutan - On je uvijek ovdje. Što god činite, kamo god idete, gdje god stojite, što god mislite - Bog je ovdje, On je prisutan.

Bog je uz svakoga od vas - svejedno kako mislite, govorite i postupate.

Stojite li posred gnjevne gomile ljudi - Bog je s vama. Budite mirni, povjerite Mu se; On vas vodi.

Bog je zdravlje u bolesti, radost u tuzi.

Mislite na to: Bog je uvijek prisutan. Bog je ljubav; On ljubi svakoga od vas.

Spoznaju da je Bog prisutan, da Bog, naš vječni Otac, ljubi vas i Mene, štoviše - sve, ne ostavljajte samo kao svoje znanje. Samo ostvarenje, to jest proživljeno duhovno znanje, donosi vam sigurnost i djelotvornu snagu u Duhu Božjem - život u Bitku.

Bitak je sadašnjost. U Bitku ne postoji jučer, danas i sutra. Materija je prolaznost. Bitak je sve u svemu. Time se materija profinjuje i postaje Bitak, jer Bog je sadašnjost u svemu.

Sadašnjost u svemu jest neprolazno, Bitak. Stoga će se prolazno, jučer, danas i sutra, pretvoriti u Bitak, koji jest.

iđenje čistoga jest čisto, što on opaža isključivo u sebi, u svojemu čistom hramu. Tamo neprestano svijetli i objavljuje se presveti vječni zakon - Bog.

Čisti gleda što nečisti ne vidi.

Čisti u sebi spoznaje isključivo vječnu istinu, jer je on sam postao istina, sveobuhvatni zakon, Ja Jesam. On ne dopušta ništa nečistoga u hramu ljubavi.

Naprotiv, nečisti opaža samo nečisto, naime ono što je on sam - nečisto.

Čisti u sebi gleda i prepoznaje čisto, istinu. On govori jezikom slike, istine u sebi, jer je on sam postao istina. Riječ Božja jest zakon, ona je istina koja se kao živa slika objavljuje u najdubljoj nutrini duše. Bilo kamo čisti gledao - on u sebi gleda jedino sliku zakona, čisto, a izvan sebe vidi odraz, nečisto.

Slikovito promatranje jest istovremeno i spoznajno promatranje. To što gledaš, to proziřeš i to spoznaješ i tako znaš sve detalje. To je istina, to si ti, istinito, vječno sebstvo.

Pravi mudrac, prosvijetljeni, jest ono što govori, zakon.

Neprosvijetljeni, koji nije u stanju razlikovati crno od bijeloga, jest slijepac koji se zadovoljava prividom, a drži da je Bitak daleko.

Istinsko promatranje jest spoznajno promatranje. Ti vidiš i znaš, i unatoč svemu tomu ne možeš to dokazati, jer se najdublje, presveto, ne treba dokazivati, jer ono jest.

Samo se privid hoće dokazati jer ono što je u njemu - vječne zakonitosti - nije vidljivo.

Bitak gleda što privid ne vidi, to znači: Ja, Bitak, gledam što ti, odsjaj, ne vidiš. No ako si Bitak, tad si ujedinjen u Njemu, u svemirskome Jednome. Tada i ti gledaš što Ja gledam, i mi gledamo što privid ne vidi.

Duhovno oko gleda - zemaljsko oko vidi. Oboje se ne može uskladiti jer je duhovno oko zakon Neba, a zemaljsko oko jest samo refleksivno oko koje prenosi Bitak kao refleksiju, koja je mnogostruko izobličenje. Tko se s time zadovoljava, jest budala, koja još nije prekoračila vrata istine.

Oko istine jest Bog. Tko gleda tim okom, istinit je i božanski. On donosi u ovaj svijet svjetlo, Božje oko, istinu, vječni zakon ljubavi.

Oko istine jest svjetlo i slika tvojega čistog duhovnog tijela, koje je vjerna slika Božja.

Zemaljsko oko jest slika duše, omotanoga duhovnog tijela. Ono vidi samo omotač koji je opet teret i opterećenje duše.

Ja, Krist, kao Isus iz Nazareta, poučavao sam svoje apostole i učenike iz različitih životnih perspektiva. Uvijek iznova pokazivao sam im Apsolutni zakon i objašnjavao im zakon sjetve i žetve. Po smislu Ja sam im govorio:

More beskonačnosti jest svemirska struja. Krećite se sve više u moru beskonačnosti kao sunce ljubavi i pravednosti. Tada ćete vi biti život i nećete više pitati o životu.

Dok god čovjek dopušta da ga drugi čovjek obasjava, on ne zrači. On je tada usmjeren na privid svojega bližnjega. Ako je čovjek usmjeren na ljudski privid, tada ne poznaje sjaj sunca u sebi.

Za svakog pojedinca vječni zakon glasi: ostani istinskim sebstvom. Tada si istinsko sebstvo i ne očekuješ privid svojega bližnjega, jer ti, istinsko sebstvo, zračiš sam.

Samo se privid zadovoljava prividom. Obojica su tad u sumraku i smatraju da imaju najviše i najveće jer se međusobno obasjavaju.

Spoznajte: privid često vara i tko tomu nasjedne, može postati varalica.

Stoga se ne okružujte varkama, prividom, već postanite sunce ljubavi i pravednosti u moru beskonačnosti.

Mnoge duše i ljudi kreću se prema Bitku, no malo ih je u Bitku. Tko samo razmišlja o Bitku, taj prima samo iz privida, a ne iz izvora života, koji je Bitak.

Tko pripada prividu nosi mnoge maske. Ovisno o prilici on navlači odgovarajuću masku.

Tko živi u prividnom svijetu i ima svoje maske, ne poznaje sebe ni onoga tko nosi jednake ili slične maske kao on sam. Obojica govore samo o svojim maskama, o prividu, i ne nalaze realnost.

Masker je osamljen i sam, jer se on ne brine o svojemu bližnjemu; on misli samo na sebe i želi sačuvati svoju masku.

Onaj tko međutim živi u Unutarnjem svijetu, u Meni, Kristu, ima jasan i dalek pogled. Njemu maska nije više potrebna jer sve prozire i preko svjetla istine sve prepoznaje. To je biće u struji Bitka, personificirani Bitak, mikrokozmos u makrokozmosu.

Sve što vidiš, što te uzbuđuje, tvoje je ogledalo; ono obilježava tvojeg čovjeka. Ako ne ideš putom samospoznaje, tad opažaš još samo refleksije svojega niskoga ja i niskoga ja svojega bližnjega. Nastaviš li tako, zapletat ćeš se sve više u moje i tvoje; potom ćeš razdvajati sebe od svojega bližnjega. To je zakon ljudskoga ja. On glasi: „Razdvoji, veži i vladaj."

Božanski zakon glasi: „Poveži i budi." Znači, tko živi u povezanosti s najunutarnjijim, povezan je sa svim ljudima i bićima i sa svim životnim oblicima. On s njima tvori jedinstvo u Bogu, koje ne poznaje razlike, jer je sve sadržano u svemu, zakonu života.

Zakon uzroka i posljedice, koji je stvorio protivnik - „Razdvoji, veži i vladaj"- jest zakon osobe, zakon jastva, koji poznaje samo sebe, nisko ja.

Protivnik želi razdvajanje i vezivanje. Ljudi se trebaju vezati za ljude i stvari, stvoriti posjed i vlasništvo da bi se tako ponovno došlo do onoga što razdvaja, to jest moje i tvoje. Tko je prisvojio najviše imetka, vlada onima koji posjeduju manje.

Sotona je uzeo mač i jedinstvo Zemlje podijelio na mnoštvo. S komadima, zemljama, osnovao je vlasti i gospodstva, bogataše, koji su od komada načinili svoje države.

To je podjela koja dolazi od sotonskoga. Ja sam međutim došao da ponovno uspostavim jedinstvo zakonom ljubavi koji ujedinjuje svakoga i sve.

Granice ograničavaju i vode otvrdnjavanju. Potraju li granice duže vremena, tada narodi vjeruju da su međusobno razdvojeni granicama. Oni tad govore o različitim mentalitetima, koji imaju malo zajedničkoga. Iz toga nazora budi se ravnodušnost i neprijateljstvo prema bližnjemu, koji je po vječnim zakonima dio svake duše.

Izazove li protivnik razdvajanje među ljudima, tad on vlada i stvara daljnje izvanjske mogućnosti vezanja, primjerice kao vezanje čovjeka za vjerska pravila, rituale, dogme i kultove, istovremeno i za vlast, za podčinjene, za supruga ili suprugu, za djecu ili vrijednosti, za novac i imanje. Iz toga proizlazi kauzalni zakon u kojem prebivaju svaki sebičan čovjek i svaka sebična duša sve dok ne iziđu iz vrtloga ljudskoga ja i ne teže za božanskim, koje povezuje i koje jest.

Ovaj svijet i planet Zemlja pojavljuju se u božanskome zrcalno jer su se svijet i Zemlja preokrenuli u suprotnost.

Božja baština Svojoj djeci može se ovako objasniti: to što je Moje, to je i tvoje, to je za tebe i za svako dijete podjednako, naime sve iz svega, iz Onoga koji Jest. Protivnik je prepolarizirao tu božansku zakonitost i govori: Meni pripada moje i tvoje. Protivnik smatra da tom prepolarizacijom može sve prisvojiti i biti gospodarom svega i svakoga. On želi vlast samo za sebe i hoće pokoriti Boga jer sam želi biti Bogom.

Materijalistički, egocentričan čovjek smatra da je on vladar svijeta i svemira. Budući da vidi samo jednu malu perspektivu života, koja je k tomu omotana njegovim ljudskim ja, on vjeruje da je on sam Bog. To vjerovanje u bogove čini ga oholim tako da misli kako on može dalje razvijati stvaranje, posve prema svojoj slici i mjeri. U stvarnosti on vodi samoga sebe u ponor i razara materiju i svoje zemaljsko tijelo.

U broju osam jest božanstvo, u preziru je protivnik koji je prepolarizirao sveti Bitak, osmicu, i iz nje načinio prezir. Na taj način on je stvorio svoj zakon pada, koji će upropastiti njega samoga.

Tko ne poštuje svojega bližnjega, taj ne iskazuje počast ni vječnom Ocu ni Meni. Njegove molitve ostaju neplodne jer plod začahuren u njima ne uspije dozoriti.

Tko dopušta da mu ljudi iskazuju počast, taj ne iskazuje počast Bogu.

Protivnik vodi dušu i čovjeka u svijet osjetila. On ih zavodi prividom njihovih bližnjih. On im pokazuje to što drugi posjeduju i imaju, njihovo moje i meni, i čini ih pohlepnima i zavidnima. Na taj ih način on izvodi iz najunutarnjijega, iz Bitka, iz obilja u Bogu - u izvanjski svijet, u privid.

Tko dopusti da ga privid zaslijepi, taj postaje kao onaj koji je već zaslijepljen: pohlepan, zavidan i gramziv. Tada on svim oružjem koje mu je na raspolaganju žudi da postigne ono što mu privid bližnjega znači: izvanjski sjaj preko ugleda, sredstava i mogućnosti, koji se odražavaju u novcu i moći.

Na taj način čovjek sve više istupa iz unutarnjeg obilja i osiromašuje na unutarnjoj snazi i duhovnosti. On školuje svoj razum i uzdiže ga do intelekta da bi postao intelektualac koji posjeduje znanje o prividu, o opsjeni - i pritom više ne poznaje Bitak, svoje istinsko sebstvo, realnost života, već samo sebe, svoj mali svijet u kojemu on gospodari i vlada, a svojega bližnjega vezuje za sebe i svoje nazore, za koje je i sam vezan.

Jao onima koji upotrebljavaju razum da bi obožavali ljude. Takav čovjek neprimjetno stvara idole. On je njima odan u ovom svijetu - a nakon svoje tjelesne smrti bit će vezan za njih.

Pohlepni, sebični, koji sebe precjenjuje u sjaju privida, uvijek želi biti najveći i najbolji i gospodariti svime i svima.

Vlastoljublje ima opet cvjetove straha da bi netko drugi mogao biti veći, da bi mogao steći veći sjaj, veći ugled i bogatstvo. Gonjen strahom, on misli da njegove oči i uši moraju biti posvuda kako ne bi bio prevaren. Pojavi li se neki rival, borit će se protiv njega. Ako ovaj ima sposobnosti koje on ne posjeduje, onda istovremeno rastu zavist i neprijateljstvo i pogotovo ratobornost, težnja da se ovaj ukloni.

Strah i ratobornost donose znatiželju. Ja-čovjek hoće sve vidjeti, oslušnuti, kako bi sve znao, da bi se štitio od opasnosti koje bi ga mogle sustići od njegovih bližnjih koji imaju veći ugled i koji izgledaju bolje, pametnije i bogatije. Radi toga on se stalno orijentira. Znatiželja ga tjera da gleda naprijed, natrag, gore, dolje, desno i lijevo, da bi sve vidio i oslušnuo. Pritom on vidi i sluša samo sebe; jer to što ga tjera, njegovo ljudsko ja, dotjerava mu ponovo jednako ili slično.

Egocentričan čovjek u svakoj situaciji vidi sebe samoga. U svakoj situaciji on čuje sebe samoga. On susreće jedino samoga sebe - opet ljude koji su mu slični.

On i njegov bližnji govore jednak jezik, sebe same. To što pritom proizlazi opet su samo oni sami. Time se oni vezuju jedan za drugoga. Ono čime su se vezali, to će oni ponovo zajedno čistiti dok ne budu mogli napustiti kotač ponovnog utjelovljenja i područja duša.

Stoga, o čovječe, vježbaj nesebičnost i uči spoznati sebe kao biće u Bogu.

Ne osvrći se znatiželjno jer ćeš vidjeti samoga sebe, svoje ja, s kojim ćeš se tad morati ponovno boriti i hrvati.

Ne prisluškuj razgovore svojih bližnjih; ne slušaj kad dvoje razgovara, inače ćeš čuti samo svoje vlastito ja - osim ako te oni sami ne uključe u svoj razgovor.

Čovjek je odgovoran za ono što čuje.

Ako si u najunutarnjijemu svojega hrama kod kuće, tada ćeš govoriti Riječ istine, koja jest iz vječnosti u vječnost, život.

 iječ Božja jest svemirska struja. Ljudska riječ samo je obala. Stoga govorite samo bitno i ispunite ga snagom ostvarenja, Božjom snagom. Tada ćete dospjeti u svemirsku struju.

Riječ koju izgovorite ima samo toliko vrijednosti i snage koliko ste ono što izgovarate ostvarili. Jer u čovjeka ulazi samo ono što ste ispunili, dakle ono što ste ostvarili, a ne ono što crpite iz svojeg intelekta. Ta je riječ prazna, takoreći šuplja i ne poznaje dubinu svemira, koja Ja Jesam.

Nije dovoljno zakone svemira, Božje zakone, potvrđivati i navješćivati. Samo onaj tko ih ostvaruje, donosi dobra djela.

Morate prvo sami ostvariti ono što poučavate; to je najbolji uzor. Te riječi i djela ulaze u dušu čovjeka jer sadrže supstanciju i snagu.

Ništa ne koristi govoriti o svjetlu, a ne biti svjetlom.

Tko samo govori o svjetlu, taj je prazan jer je podijeljen. On bi želio služiti Bogu i vjeruje da je dovoljno služiti slovu. To međutim nije služenje nego podilaženje. On poučava jednu riječ, ali ne i Riječ, jer slovo ubija, međutim svjetlo u slovu oživljava.

Samo onaj može naći svjetlo i oživjeti slovo tko korača prema nutrini i postaje svjetlo.

Tko o mudrosti samo govori, a nije mudar, taj je u svijetu i živi sa svijetom i on je za svijet. On je dakle podijeljen; on govori mudrost prema slovu, a ipak je u svijetu. On hoće biti mudrim, a nije. Time on zavarava samoga sebe, a druge obmanjuje da je ono što nije: mudar.

Tko o dobrom i ljubaznom uvjerenju samo govori, taj ima samo riječi o ljubaznom uvjerenju, međutim ne donosi ono dobro i vrijedno u ovaj svijet.

Tko ostvaruje, taj donosi duhovne vrijednosti i duhovna djela u ovaj svijet. On je mislilac srcem koji daje iz svjetla života. On živi pravedno jer zna: Bog gleda u svačije srce.

Probuđeni u Duhu Božjem vide neprobuđene. Oni ih doživljavaju u njihovu ponašanju, u njihovu mišljenju i govoru. Pokušavaju im pomoći ako ovi to žele.

Probuđeni u Duhu poznaju neprobuđene, razumiju ih i bit će im od pomoći onoliko koliko je to dobro za njihovu dušu.

Neprobuđeni međutim ne prepoznaju probuđene; za njih su oni u mnogim slučajevima šarlatani i mudrijaši, ili ih svrstavaju u svijest koja odgovara njihovu biću.

Neprobuđeni, koji se orijentiraju jedino prema materiji, u duhovno probuđenome, u božanskome, vide ili smutljivca ili osobenjaka kojeg nisu u stanju dokučiti.

Oni koji svakodnevno žive s probuđenim, vide samo čovjeka i ne shvaćaju što zrači iz njega.

Kad neprobuđeni neprobuđenoga želi poučavati i voditi, tad obojica ostaju neprobuđeni jer govore samo isprazne, tako reći šuplje riječi u kojima ne plamti vatra ljubavi koja bi ih činila jasnima i onima koji vide. Obojica su slijepci koji će pasti u jamu.

Zato bdijte i molite i dopustite da vaše riječi postanu jasne, štoviše, božanske, da biste živjeli u Meni, Kristu, i bili jedno sa Mnom, Kristom; jer Me je Vječni poslao ljudima da im navijestim i donesem svjetlo i spasenje.

Tko je opustošio svoj unutarnji hram, taj gradi sve veća i raskošnija prebivališta. Time se izgubila svjesnost Božje prisutnosti i viđenje stvarnoga života. Ja sam došao da ponovno podignem unutarnji hram i dopustim da Božje sveto djelovanje postane vidljivo.

Svojom snagom Ja sam ponovo među ljudima da bih im ponovo navijestio svjetlo i spasenje. Blago onima koji pronađu Mene u srcu. Njima više nisu potrebni izvanjski hramovi - oni su sami postali hram spasenja.

Ja Sam sloboda. Ne vezujte se ni za dogme ni za propise.

Budite svjesni: na Nebu ne postoje ni dogme, propisi, ceremonije, ni vlasti i podčinjeni. Na Nebu ste svi jednaki među sobom - braća i sestre. Tko ne teži tomu cilju ili dopusti da ga odvrate od tog cilja, taj je budala i tako reći duhovni mrtvac.

Probuđeni teži za tim da dospije unutra, u carstvo života - neprobuđeni teži prema van, prema predmetima koji se zrcale u materijalističkom svijetu i koji vladaju onime koji je s ovim svijetom.

Ne dopustite nikada da vas uvuku u institucije ili da vas poučavaju farizeji i pismoznanci. Oni nemaju ključ od Kraljevstva Božjega jer ni sami nisu stupili u život. Zbog toga oni ne puštaju unutra ni one koji hoće unutra; jer ne poznaju bravu zato što nisu uvježbali nošenje ključa koji Ja Jesam, Krist.

*Č*isti gleda kroz sve. Njegovo oko, što gleda jest opažanje njegove božanske svijesti. Sve što se u njegovoj božanskoj svijesti izvršava jest istina; sve drugo je samo ogledalo, odsjaj istine, refleksija, privid istine.

Kako govoriš i što kažeš jest tvoj jezik - također i tvoje lice i tvoje tijelo.

I tvoja nutrina i tvoja vanjština, tvoja riječ, tvoje ponašanje - govori sebe. Ispunjeni govori sebstvo, jer je on sebstvo u svemirskom Ocu Bitku. Sa svijetom povezani govori svoje niže sebstvo; on govori jezikom svojega ja - to što je on sam. Sa svijetom povezani jest svijetom zaogrnuti, koji se zadovoljava onim što vidi, refleksijama svojega malog svijeta, koji su njegov vlastiti odraz.

Što ti, čisti, svjetlo u prasvjetlu, govoriš, jest supstancija i snaga, jer je izgovoreno iz svetišta, iz tebe, Bitka. To je Božji govor u tebi i preko tebe.

Govori govorom istinskoga sebstva i ti si božanski. Govor istinskog sebstva jest Bogom ispunjena riječ. On teče iz najdublje nutrine tvojega hrama.

Božansko se ne brani. Ono također ne raspravlja, jer ono jest. To Jest gleda i prozire sve, poznaje ono najunutarnjije u čovjeku kao i njegovu vanjštinu. Tko poznaje vječni zakon jer on to jest, on neće raspravljati.

Najunutarnjije je neosobno, koje osobno na neosoban način oslovljava, objašnjava i neistinito ispravlja.

Objasni svojemu bližnjemu ako postoji nešto netočno, no nikada ne prodri u njega; ne prisiljavaj ga da misli i čini ono što je istina. Ako nedokazivi unatoč objašnjenju i svjestan svega i dalje govori, tada govori on sam sebe i time nepromišljeno sebi šteti.

Ti, istinski mudrače, šuti. Ako si netočno ispravio, ako si neistinito osvijetlio iz svjetla istine i unatoč svemu te odbiju, tada šuti, jer ti poznaješ istinskog Spasitelja, Boga - i suca, koji govori samo o sebi samome. Čovjek je taj koji nedokazivošću, osvetom i pohlepom izručuje samoga sebe zakonu sjetve i žetve pri čemu u njivu svojeg života unosi ono što njemu samomu sudi. To je njegovo malo, niže sebstvo, njegov zakon jastva.

To što govoriš izvan svetišta nije uvijek govor tvojega osobnog ja, jer tvoje misli i riječi nisu uvijek tvoje misli i tvoje riječi. Ako godinama i desetljećima govoriš takozvanu nepromišljenu riječ, tada ti doduše pričaš, no netko drugi govori preko tebe. To je tuđe određenje tvojeg svijeta osjetila, u kojemu ti i živiš. Programer, onaj ili ono što te određuje, preko tebe djeluje određujuće i na druge. Tko to dopusti, rob je grijeha i grješnik.

Ti nisi vrijeme, već vječnost u Vječnome.

Ti si međutim čovjek u tijeku dana i noći, što se naziva vremenom. Stoga planiraj svoje vrijeme s Bogom, unesi tijek vremena u svoje planiranje i svoj plan u svemirski zakon, koji je u tebi. Unesi sve u unutarnji hram i predaj to redu hrama.

Budite istodobno tihi i budni, jer Presveti u vama sređuje i određuje. Presveti, koji je tvoja riječ i tvoje djelo, kreće se u tvojemu najunutarnjijemu i zrcali tebi, čovjeku, postupno odvijanje tvojeg plana. Također ga unosi u tijek vremena.

Tad ćeš u pravo vrijeme izgovoriti sadržajnu riječ koja je božanska, i u pravo vrijeme učinit ćeš ono što treba učiniti, što je opet božansko. Tada tvoj svakodnevni rad protječe po volji Presvetoga, koji je u tebi, u kojemu ti jesi.

Kao Isus iz Nazareta bio Sam često na putu sa Svojim apostolima i učenicima. Putovima i stazama od jednog mjesta do drugoga poučavao Sam ih sljedeće:

kad hodate, hodajte uspravno; kad stojite, stojte uspravno, kad sjedite, sjedite uspravno.

Svaki od vas je Bitak u strujanju Bitka.

Svaki harmoničan pokret jest ritam strujanja, ritam svemira.

Strujanje ne zna za zavoj, ni za iskrivljenost, ono ne uzmiče ni pred čim ni pred kim; ono struji nepromjenjivo kroz svemir i prožima sve i svakoga.

Idete li velikim koracima ovim svijetom, tada hodate pognuto; vaši su pogledi upravljeni na zemlju, na tlo, odakle primate ono što prianja uz tlo. Sve teško, opterećeno, plazi po tlu i ponovo opterećuje one koji svoje poglede i misli upravljaju isključivo na tlo.

Spoznajte: težak hod jest poput plaženja. Takvi ljudi vide samo sebe i ono što sami jesu - to što im s tla zrači.

Stoga hodajte uspravno; tad ćete postići dalekovidnost, uvid i pregled; i bit ćete sve više i više povezani s kozmičkim snagama. One će vam pokazati i ono što još trebate očistiti da biste s vremenom kozmički gledali, kozmički slušali, kozmički osjećali, mislili, govorili i postupali.

Kad stojite, stojte uspravno. Ne naslanjajte se na predmete i stvari. Tko se nasloni na predmete i stvari, njemu ti predmeti i stvari odašilju; vi tada primate ono što prianja na te predmete i stvari.

Tko se naslanja na predmete i stvari, taj se naslanja i na svojega bližnjega i uzima od njega ono što ovaj zrači od ljudskoga.

Oslanjaš li se na svojega bližnjega, a tvoj se bližnji oslanja na tebe, tada ćete se s vremenom oboje umoriti i zasititi jedan drugoga jer će energije koje si međusobno prenosite i oduzimate uskoro biti potrošene. Što onda?
Posljedice su sukob, svađa, razdor i nesloga. Ako ste jedno drugomu dodijali, tada svatko traži sljedeću žrtvu na koju se ponovo oslanja - i žrtva eventualno opet na njega. Tada se ponovo događa jednako što i prije.

Stojte dakle uspravno; ne oslanjajte se ni na što i ni na koga. Tada ćete sasvim postupno postati kozmička antena, koja se uzdiže u Nebo i prima od Neba.

Kad sjedite, sjedite uspravno. Vaša kralježnica nije savijena; ona je uspravna i pokazuje vam da trebate sjediti uspravno da biste primali od strujanja Bitka.
Čuli ste: strujanje Bitka, zakon, ne zna za zavoj ni iskrivljenost. Jednako tako ni zdrava kralježnica ne poznaje ni zavoj ni iskrivljenost.

Ležite li u stolici, tada ležite tako reći na podu i primate vibracije koje pužu po tlu.

Prekrstite li ruke i noge, tada blokirate strujanje Bitka u sebi i na sebi, ili ga odvraćate od sebe i privlačite druge snage.

Znajte: čovjek treba biti kozmička antena. Tko na svojoj anteni napravi čvorove ili je savije, taj ne može primati ni snage ni milost svemira. Jedino snage svemira jačaju i pokreću čovjeka, oslobađaju ga i ozdravljuju. One mu daruju dalekovidnost i uvid i pregled.

Tko ne prihvati i ne živi te zakonitosti, postaje ograničen i intelektualan. S vremenom on usvaja ono što mu lažno prikazuju njegovi bližnji koji su isto tako na ljudskoj putanji.

Ako legnete, onda lezite da biste mirovali. Mirujte svjesno i lezite vodoravno i budite svjesni da mirujete, tada ćete razabrati tišinu svemira.

Ako podupirete glavu rukama dok govorite, jedete ili inače, onda ćete govoriti samo svoje niže sebstvo, a hranu ćete proždirati kao grabežljiva zvijer svoj plijen. Onda ćete odgojiti sebe kao izjelicu koji teži za užicima i koji njeguje tjelesni užitak, tjelesnost, jer svojim nediscipliniranim ponašanjem preko iskrivljene antene prima odgovarajuće snage, dakle odašiljač.

Strujanje Bitka jest skladno, ritmičko kretanje. Stoga se krećite skladno. Skladni pokreti melodije su svemira.

Znajte: svako je tijelo zvuk, melodija. Kako ono zvuči, takav je čovjek.

Svaki je grozničavi pokret iskrivljenje antene koja je, opet, čovjek sam. Tad će se čovjek nasloniti, napola leći u stolicu, prekrižiti ruke i noge i glavu nasloniti na ruke.

Skladni pokreti jesu dinamični pokreti. Oni dovode do fleksibilnosti u mišljenju, govoru i postupanju.

Znajte: uspravan čovjek jest ujedno uspravljeni, koji zrači kozmičke zvuke svojim mišljenjem, govorenjem i postupanjem, čija gestikulacija i mimika izražavaju kozmičke simfonije.

Sjedite dakle uspravno i stavite oba stopala na pod; tako ćete odvoditi napetosti i primati skladne vibracije.

Znajte: svaki je od vas komprimirani svemir, a svemir je Bitak - on je vječna domovina, more svjetla, Bog. Zato se kao ljudi ponašajte tako da odašiljate u Nebesa i da od Nebesa primate.

Živiš li u struji svemira, tada si esencija svemira. Tada živiš u obilju i jesi obilje. Ne može te razočarati ni čovjek ni ništa drugo, jer ti ništa ne očekuješ, jer si obilje.

Spoznajte: svemir i svemirsko strujanje neprekidno odašilju. Promatrajte grmlje, cvijeće, životinje i kamenje - oni jesu. Oni su svoje antene usmjerili u svemir.

Životinje, biljke, grmlje i drveće, ne oslanjaju se na sebi slične, osim ako se čovjek ne umiješa u kozmički tijek. Ako je drveće jedno drugomu preblizu, ne može se razvijati. Slično je i s čovjekom ako se oslanja na ljude, predmete i stvari.

Razvijajte se: ne oslanjajte se ni na što i ni na koga.
Oplemenjeni čovjek mudar je čovjek koji miruje u svojoj nutrini.
Oplemenjeni, mudri čovjek ne smije se iz grla, on se smije iz srca.

Spoznajte: kultura se ne može usaditi nekom čovjeku ili zemlji. Kultura mora izrasti iz čovjeka. Gdje nema kulture ima mnogo kulta.

Ti Sam Ja, a Ja si ti.
Stoga upamti sljedeće:
Ti si fino i lijepo.
Ti si plemenito i čisto.
Ti si u Ti koje je vječno, uzvišeno.
Uzvišeni je Jedini.
Ti u Ti, Uzvišenomu, jesi uzvišeno koje sve zna, jer Uzvišeni je Otac - veličina, moć i svemir sam.
On je kultura i kulturno, jer On je Stvoritelj, Bog, Nositelj, Pokretač, Darovatelj - Bitak.
On je ljepota, sjaj, obilje.
On je tvoj Otac - ti, Njegovo dijete, baština.

Ti, čisti, jesi iskrenost i iskreni. Ti se ne oslanjaš ni na ljude ni na stvari i predmete. Ti dobivaš snagu isključivo od Presvetoga u sebi, koje ti, sebstvo u sebi, sebstvu, jesi.

Ne oslanjaj se dakle na ljude, inače ćeš postati ovisan i neiskren. Tko se oslanja na ljude, taj i odbija ljude. Ovisnik postaje privjesak svojih bližnjih. Kad ga oni prestanu nositi, on je osamljen.

Nemoj se oslanjati na stvari ili predmete ili držati se za njih jer to govori o tebi da se buniš protiv svojega bližnjega. To upozorava i na uzavrelost tvoje naravi.

Znaj: svaki čovjek zrači svoj stupanj vibracije. I stvari i predmeti zrače ono što prianja na njih. Oslanjaš li se, tada od ljudi, stvari i predmeta prizivaš ono što te potaknulo da se osloniš ili ono što je izazvala uzavrelost tvoje naravi.

Ponavljam: za ljude, stvari i predmete prianjaju bezbrojne vibracije koje ulaze u onoga i salijeću onoga koji u sebi i na sebi ima jednako ili slično. Time se pojačavaju tvoja odgovaranja, tvoje opiruće držanje i uzavrelost tvoje naravi.

Ne oslanjaj se ni na što i ni na koga, već budi postojan, iskren i čestit, tada postaješ ili jesi Ja Jesam, iskrenost, pravednost, zakon svemira.

Miruj u sebi. Štogod činiš, čini to potpuno, u potpunoj koncentraciji, usmjeren na dotičnu situaciju i stvar.

Mudrac koji živi u očišćenom hramu i u pismenom radu drži red hrama. Sada on piše. Njegovi su osjećaji i misli pri sastavljanju njegova spisa. Iz njegove najdublje nutrine, iz svetišta, u kojemu živi i iz kojega daje, on djeluje na izvanjsko, na svako slovo i na svaku riječ. Time on daje snagu napisanomu i prožima ga vječnim zakonom, Bogom.

Što god da činiš, u svemu drži red hrama. Sada ideš ovamo ili onamo, a ti si kod sebe jer si u sebi.

Sada radiš za radnim stolom i ti si kod proizvoda, a time u sebi i kod sebe.

Ti razgovaraš sa svojim bližnjim, ti si kod sebe i u sebi, i govoriš zakon riječju.

To što činiš, činiš potpuno.

Držiš li neki predmet u jednoj ruci, tada u drugoj ruci ne trebaš držati neki drugi, osim ako oba predmeta nisu uzajamno usklađena i nisu jedan s drugim u suprotnosti. Držiš li primjerice u jednoj ruci proizvod, a u drugoj ruci alat kojim obrađuješ proizvod, onda su oba instrumenta usklađena jedan s drugim, jer jedan služi drugomu.

Kad sastavljaš neki tekst, tada drži u ruci samo nešto od pribora za pisanje. Budeš li u drugoj ruci držao, npr. ravnalo ili predmet za uklanjanje napisanoga, postat ćeš dekoncentriran, a tvoja će pažnja biti podvojena jer te dvije međusobno neusklađene vibracije izazivaju u tebi nepažnju i nesklad.

Ako u drugoj ruci držiš ravnalo, tad ćeš, npr. češće podcrtavati izjave koje ne bi trebale biti podcrtane ili ćeš podcrtati ono što ti sam nisi ili još nisi. Time izražavaš i ističeš svoje ljudsko ja jer podcrtavaš samoga sebe, svoje ja. Ako u jednoj ruci imaš pribor za pisanje, a u drugoj predmet za uklanjanje napisanoga, tad ćeš u pisanju češće griješiti i to brisati.

Prepoznaj sebe u svemu i predaj sebe, svoje nisko ja, tad ćeš steći Ja Jesam, Bitak, koji je sve, koji zna sve i koji sve prozire, koji sve čuje, koji preko tebe govori.

Spoznaj uvijek iznova: čisto se izvršava isključivo u najdubljoj nutrini duše, u čistome - nečisto, isključivo u vanjštini, u svijetu osjetila.

poznaj: ljudski razum nije srce duše. Tko govori iz razuma, govori iz ljudskih programa, jer on nije kod kuće u najunutarnjijemu, u Bitku, koji sve zna, koji sve gleda, koji sve čuje, koji sam sebe govori.

Riječi izgovorene iz razuma ulaze opet samo u razum. One ne sadrže nikakvu snagu; stoga su ograničene i odnose se na materiju, gdje i postaju djelotvorne.

Onako kako se u mijeni vremena mijenja mišljenje i život čovječanstva, tako je i s riječju koja je oblikovana razumom. Ona iz epohe u epohu govori stalno samu sebe, samo drugim riječima i pojmovima.

Ljudsko, niže sebstvo nestaje, jer se rađa jedino u razumu i odatle se govori.

Površina je razum, koji opet reagira površno. Razum je dakle samo površina jezera, nije dno. Na površini je samo odraz, a ne istina.

Riječ najdublje nutrine jest Ja Jesam, Riječ vječnog zakona. Ona nije bila rođena kao riječ razuma. Riječ Božja jest od vječnosti do vječnosti i tko je govori, taj je od vječnosti do vječnosti.

Istinski mudrac, prosvijetljeni, govori Ja Jesam. To je vječni zakon, Riječ, koja u najdubljoj nutrini duše vječno govori samu sebe.

Bogom ispunjeni ne govori nikada riječ razuma, jer je on kod kuće u najdubljoj nutrini, u sebstvu, koje on govori.

Dopusti da riječ najprije nastane u tebi prije nego je izgovoriš.

Bilo da misliš ili govoriš, oboje su energije koje se ne gube.

Ono što se osjeti u najdubljoj nutrini, u posvećenom hramu, to je istovremeno i Riječ. Najunutarnjije donosi dobre plodove, jer osjećaj koji rađa misao i koji proizvodi Riječ, božanski je plod, svjetlo i snaga koji dolaze na ovaj svijet preko Kristova Duha, koji pobjeđuje tamu.

Tko je pomoću Kristove snage pobijedio samoga sebe, taj gleda ono što jest i govori Bitak, sadašnjost, Boga. Izvanjski čovjek, naprotiv, govori iz ljudske prošlosti i budućnosti, jer je sadašnjost ovoga svijeta samo dah koji se raspline čim se uhvati.

Bogočovjek, koji je u najdubljoj nutrini kod kuće, u onome što nastaje gleda to Jest, jer u najdubljoj nutrini sve je prisutno i već izvršeno. Bogočovjek živi i djeluje iz Božje sadašnjosti. Što je za izvanjskog čovjeka tek u nastajanju, to je za bogočovjeka u najdubljoj nutrini već izvršeno.

Tko živi u najdubljoj nutrini, taj u najdubljoj nutrini gleda i ono što se izvršava i što će se izvršiti u izvanjskom svijetu, te kako se to oblikuje. Svojim božanskim osjećajima on prati korake koji se moraju još načiniti u izvanjskome, no koji su u najdubljoj nutrini već napravljeni. U nastajanje on ulaže cjelinu tako da i u izvanjskome bude onako kao što to već jest u najdubljoj nutrini.

Ono što čovjek nutrine čuva i pokreće u najdubljoj nutrini, to će se ostvariti i u izvanjskome, u svijetu osjetila, jer u najdubljoj nutrini to već jest, a također se čuva i pokreće.

Govor Bitka jest neosoban. Neosobno ne očekuje ništa; ono ne želi ništa; ono govori sebe, vječno sebstvo. Vječno sebstvo jest beskonačnost i vječno obilje. Čisto biće jest oblikovano sebstvo, oblikovano obilje.

Ako si sebstvo, tada si riječ sebstva koja u tebi govori i kao zvuk i ton prodire prema van u svijet, i tamo govori sebe, i titra na uho svijeta i u uho Bitka u čovjeku, i odjekuje u njegovoj duši. Tako će se i u svijetu mnogo toga promijeniti za dobrobit cjeline.

Dopusti da to što glasno govoriš iz tebe struji i kroz tebe teče; to se samo formulira u tebi jer to je sebstvo. To je Ja Jesam, riječ Bitka, život i sadržaj života. To je apsolutno koje nikada ne prolazi, ni onda kad se vremena mijenjaju i prolaze.

Riječ, koja je Bitak, Ja Jesam, vječni zakon, koji je u struji svemira, ne pada na tebe kao tupa, energijom siromašna riječ razuma. Riječ, Bitak, ostaje u struji Bitka i prožima tebe, Bitak koji je poprimio oblik, također i Mene, Bitak koji je poprimio oblik, i sve što se nalazi u struji Bitka i tamo postoji.

Izgovaraj dakle Riječ, Bitak, u sebi.

Nauči, sve pokretati u svojoj nutrini, primati iz svoje nutrine i izgovarati iz svoje nutrine; tada govoriš jezikom Bitka.

Sve što vječno traje, izvršava se u najdubljoj nutrini duše. To je istina, to je postojanost, to je život, to je rijeka-strujanje, sebstvo, Ja Jesam. To je život i supstancija života u tebi.

Tko svojega bližnjega okrivljuje za neistinu i laž, a tu izjavu ne može dokazati, taj svjedoči o sebi da stoji na rubu rijeke i da baca kamenje na njega - i time kamenuje samoga sebe, jer njegov bližnji kojeg okrivljuje u njegovoj je nutrini dio njega.

Tko samo stoji na obali rijeke, vjeruje da je obala realnost jer ne poznaje rijeku. Tko se tako ponaša, sam svjedoči o tome što on još jest.

Tko govori Riječ, Ja Jesam, gleda istinu i neistinu. On objašnjava, ispravlja, a zatim ide svojim putom, jer zna: tko se promijeni i posveti Bogu ide putom koji vodi slobodi. Tko se međutim ne mijenja, taj ide kamenitim putom u patnju da bi se preko patnje, koja je jednaka grijehu, probudio za istinu i da bi tada mogao ući u istinu.

Ako vam potraga za istinom ne dodija, tada ćete pronaći sebe tako što prepoznate svoje grješke i slabosti i pravodobno ih očistite, prije nego vas patnja sustigne. Neka vam stoga traženje nikada ne dodija, jer ćete inače morati pretrpjeti svoje grješno.

Tko ne želi pogledati sebe, gleda uvijek svoje bližnje. Po njegovu mišljenju on je dobri, a bližnji loši. Iz takvog ponašanja nastaje sveznalica koji smatra da može upravljati tijekovima svemira jer se sebi samomu čini prepametnim.

Spoznajte: glupan zna sve bolje. Dođe li k njemu bližnji sa svojom glupošću, tada se prepiru dva glupana. Obojici nedostaje mudrost.

Suprotnost istini je glupost; njome se bave čak mnogi.

Pođe li duša kao glupan u svjetove koje je sama svojom glupošću sebi odredila, tad je sve oko nje samo glupost, jer ona živi u iluzijama svojih gluposti. Čak ako nekadašnji čovjek zna za Božje zakone, ali ih nije ispunio, ostaje glupan i rob ropstva, gluposti, koju je živio i kojom se okružio.

Tko se ne bavi svojim zemaljskim postojanjem, nema ni odnosa prema duhovnom svijetu.

Tko ne ide putom prema kraljevstvu nutrine, tko se dakle ne profinjuje u osjećajima, mislima, riječima i djelima, taj ostaje zatočen ovostranim životom u vremenu. Bilo da živi ili da umire, bilo da je budan ili da spava - ni ovo zemaljsko postojanje ni smrt neće ga naučiti nešto novo, jer je ostao onaj stari grješni čovjek, unatoč boljem znanju.

Nijedan čovjek ne može pobjeći od samoga sebe. Svatko mora pogledati sebe i otplatiti ono što je sebi nametnuo. Zadaća koju mu život postavlja njegov je život.

Jednog dana bit će mu postavljena zadaća da otplati ono što je sebi nametnuo.

To što sam uneseš u zviježđa, u moćne spremnike, stalno vreba da se obori na tebe. Ti si dakle opasnost samomu sebi.

ko se pri traženju svojega istinskog sebstva niste umorili, tada ste voljni učiti. Tko je voljan učiti, spoznat će sebe i u samospoznaji naći svoj pravi Bitak. On će ostvariti - i time biti ispunjen.

Ako duša i čovjek nisu voljni učiti, dakle ostvarenjem doći do Boga, tada život duše i čovjeka postaje okrutniji i teži.

Tako, ako patite, naslutite u patnji zašto patite. Dopustite osjećajima i mislima patnje da dođu, jer oni govore svojim jezikom. I ako se ne umorite u ispunjavanju vječnog zakona, sazret ćete u patnji i približiti se svjetlu, koje će vam donijeti mir i tišinu.

Čovjek se ne bi trebao tužiti na put svojega zemaljskog života i osuđivati svoj životni put.

Onaj tko se drzne tvrditi da poznaje svoj životni put, drzne se i tvrditi da ima kompetenciju za stvaranje.

Svi putovi koje Duh poučava vode jednomu cilju: da duša i čovjek dođu do Bitka, koji je Bog.

Nada i čežnja za Bogom bude ispunjenje nade. Tamo gdje je nada, težnja za tim ispunjenjem, tamo je Božja vladavina.

Ja, Krist, dajem vam učenja za samospoznaju da možete stalno posezati za njima kad postanete mlaki:

odlučite se u svakoj situaciji za Boga, tada ćete izbjeći tami.

Ako je čovjek čas topao, pa opet hladan, tada je neodlučan i služi tami. Tko se odluči za svijet, taj se odlučuje za opojnost ega. Tada ga inspirira svijet i inspiriraju ga oni koji pripadaju svijetu.

S čovjekom se tama poigrava: ona utječe na njega - jednom za, pa protiv Boga. Time ona hoće izrugivati Boga. Tu igru s čovjekom ona igra sve dok se ovaj ne odluči.

Daljnja učenja za samospoznaju:
zahtijevaj od sebe uvijek krajnost, ne ono što je lako dostupno; tada upoznaješ potencijal snaga svoje duše.

Opominji stalno samoga sebe tako što uvijek iznova osloviš samoga sebe kako se želiš ponašati.

Osloviš li dakle samoga sebe, tada znaš kako se želiš ponašati. Učini to - tad će se u tebi probuditi vječno sebstvo, koje ti jesi u vječnosti kao biće vječnosti.

uša u čovjeku samo je gost na Zemlji. Duša je postala čovjek da bi razvijala unutarnje blago i činila dobro. Dobro dolazi preko čovjeka - jednako kao i zlo.

Dobri čovjek, koji živi u Meni, Kristu, donosi dobre plodove. Zli čovjek, koji se zaviještao tami, donosi mračno u svijet.

Blago onima koji donose dobro, preko kojih dobro dolazi na svijet. Jao onima preko kojih mračno dolazi na svijet. Prvi idu u svjetlo - drugi pate u tami.

Znajte i osjetite u svojim srcima: što Boga više ljubite, to više će vam i Bog dati. Što radosnije razdajete darove ljubavi, to više ćete od Boga primiti. Samo nesebični prima jer nesebično razdaje. Tko nesebično daje, crpi iz Vječnog bitka, iz beskrajne tišine, koja je Bog. Time on postaje tiši i svjesniji Boga jer zna: Bog daje onomu tko nesebično razdaje darove iz blaga svojeg ostvarenja.

Ja, Krist, ključ Sam nesebičnosti, ključ Bitka. Ja, Krist, ključ Sam od vrata života. Svi prosvijetljeni idu preko Mene u Vječni bitak, jer Ja Sam svjetlo duše, istina i život.

ako kao što Ja služim svima, dušama, ljudima, životinjama, biljkama i kamenju, tako i vi trebate nesebično služiti svima oko sebe - ljudima, životinjama, biljkama i kamenju.

Nesebično služeća ljubav jest unutarnja predanost. Ona žarom ispunjava srce i raduje dušu i pulsira kroz svaku nesebičnu riječ i svako nesebično djelo. Ona olakšava i oslobađa dušu, a hodu daje polet, jer duša i čovjek utjelovljuju zakon svemira.

o što činite, činite iz Duha, jer samo nesebična djela učinjena su u Bogu i s Bogom.

Vjerujete li da je vaše djelo toliko dobro, tada preispitajte sebe, jeste li ga učinili iz Duha, dakle nesebično. Ako ste ga učinili s pogledom na svoje ljudsko „ja" i za svoje dobro, tada to može imati suprotnu posljedicu. Prije ili kasnije morat ćete trpjeti zbog toga.

Stoga živite iz Duha i budite svjesni Unutarnjeg svjetla, koje je vaš pomagač i savjetnik, Krist: Ja u vama, vi u Meni; Ja u tebi, ti u Meni.

stinski mudrac živi u Bogu, a Bog živi preko njega. To što on daje, ne daje on - to Bog daje preko njega. To što on čini, ne čini on - to Bog čini preko njega.

On govori; ali ne govori on - Bog govori preko njega. On radi, ali ne radi on, jer Bog radi preko njega.

Istinski mudrac živi u svijetu za božanski svijet i samo je transformator nesebične ljubavi, unutarnje snage - on je nesebično davanje. Stoga nije on taj koji govori i postupa, nego je to Bog preko njega.

uvaj dobro, Bitak, kao dragulj svoje najdublje nutrine, tad ćeš i ostati u svojoj najdubljoj nutrini i govorit ćeš jezikom najdublje nutrine, istinu.

Tko je začet samo od čovjeka, to znači od ljudskoga, taj će se i kao duša uvijek iznova vraćati ljudima i biti rađan od čovjeka, od ljudskoga, i govoriti jezikom ljudi - sve dok ne bude težio jednom rođenju, Bogu, jedinom mjestu rođenja, koje je Bitak. Tada će se on vratiti Bogu i živjeti vječno u Njemu, u struji Bitka. Tad će govoriti i jezikom Bitka, jer on je ponovno oblikovani Bitak, u kojemu se on kreće.

Govori jezikom Bitka!

Ništa nije izvan tebe. To nije cvijet, trava, biljka, kamen, mineral - ti si Bitak, cvijet, trava, biljka, kamen, mineral, jer ti si kao esencija u svemu i sve je kao esencija u tebi.

Svejedno kuda ideš, gdje stojiš, gdje jesi - pripadaj vječnom hramu! Održavaj red hrama; tada ćeš biti i pravedan i postići ćeš pravednost.

Zapamti:

to što ne opaziš u svojoj najdubljoj nutrini, u svojem istinskom Bitku, nisi još ni otkrio u svojoj najdubljoj nutrini.

To što nije živo u tebi, ne shvaćaš niti gledaš. Ako tvoj bližnji nije živ u tebi, tada nemaš ni pristupa k svojemu bližnjemu, a ni komunikaciju s Bogom.

Ispitaj samoga sebe: način kako govoriš pokazuje jesi li u sebi ili govoriš samo iz svojega ja, s površine.

rani se u Bogu. Onako kako zalogaj i piće ulaze u tebe, tako djeluju u tebi i tako zrače iz tebe.

Tko posvećuje zalogaj i piće, taj održava svijest jela i pića djelotvornom. Ona tad kao esencija i snaga ulazi u dušu. Jelo i piće ne jačaju tada samo tijelo nego dušu i tijelo.

Prati svojom sviješću svaki zalogaj i svaki gutljaj pića na putu u tijelo.

Osjećaji, misli i riječi kojima pratiš jela i pića na njihovu putu u organizam djeluju odgovarajuće u duši i tijelu.

Sve je energija; i jelo i piće su energija. Kako osjećaš i misliš - tim snagama magnetiziraš hranu i piće; to im daješ i za put u svoje tijelo.

Ostani dakle i pri uzimanju hrane u najdubljoj nutrini svojeg hrama, jer i jelo i piće spadaju u red hrama, u zakon hrama.

Svaki je aspekt svijesti ujedno i stanje svijesti. On ima cjelinu u sebi i govori samoga sebe prema stupnju svijesti.

I plodovi i piće - svako jelo - jesu svijest i govore jezikom stupnja svoje svijesti. To znači da su u komunikaciji sa strujom u kojoj se kreću i u kojoj postoje.

Kako ti, čovjek, postupaš s hranom i pićem, tako se to odražava i u tebi i na tebi. Sve je vibracija koja postaje uočljiva u tebi i na tebi i koja te obilježava.

Moje su riječi Duh i život, svjetlo i istina. Duhovno sazrijevajući, koji teži svjetlu, Meni, postaje senzitivniji, propusniji za Unutarnji život. Spoznajući život, on neće više uzimati mrtvu hranu. On također neće više biti proždrljiv i neće jesti velike količine hrane.

Duhovno sazrijevajući živi iznutra prema van. Odgovarajuće tomu on će uzimati hranu tako da njegovo fizičko tijelo dobije ono što mu je potrebno za život, ali ne povrh toga.

Duhovni čovjek neće živjeti u izobilju. On će svojem tijelu dati ono što mu je potrebno. On ga ne puni.

Spoznajte: mnogi vjeruju da bi se postom i trapljenjem brže približili Bogu. To je zabluda razuma.

Duhovni rast ne dolazi s načinom prehrane uz post i trapljenje; nisu nužni ni određeni načini molitve. Važno je da čovjek živi iz Duha; jer tada se sve sređuje samo od sebe, nisu potrebna pravila - potreban je dosljedan život - tako što čovjek sve više i više ide unutra prema izvoru života da bi crpio iz izvora Bitka.

Ne radi se o tjelesnoj dobrobiti, već o duhovnom stavu, o vašem činjenju ili nečinjenju.

Provjerite dakle odgovara li to što želite činiti vašoj najdubljoj nutrini i služi li vašem duhovnom rastu. Budite dakle iskreni prema sebi. Ne činite ništa što se protivi vječnoj istini, Vječnom bitku, jer pred Bogom ništa nije skriveno. Jednoga će dana to što ste zatajili postati očigledno i vi ćete sami vidjeti je li vaše mišljenje i postupanje bilo pošteno i iskreno.

Sve dok su vaši pogledi usmjereni na zemaljske stvari, niste ušli u Kraljevstvo Božje i uzdate se u neko izvanjsko kraljevstvo, koje je nestvarno.

Molite li se za ozdravljenje tijela, tad izvanjski post može biti ljekovit samo ako istovremeno odložite svoje ljudske misli, to što ste od ljudskoga prepoznali, i tako se oslobodite za zračenje svjetla.

Ako u svemu cijeniš svetište tako što ga čuvaš u sebi kao blago i život i dopuštaš mu da djeluje preko tebe, tad ćeš u svetištu sjediti i blagovati za stolom Gospodina.

Ostani dakle u svakoj situaciji, u svemu što činiš - i pri uzimanju hrane - u najdubljoj nutrini svojeg hrama; jer hram tvoje najdublje nutrine sagrađen je od esencije svih tvojih bližnjih i od esencije prirodnih carstava.

Božansko u tvojemu bližnjemu i svaka snaga u mineralu, u kamenu, u biljci, u životinji jedan je gradivni blok tvojega unutarnjeg hrama, u kojemu prebiva Presveti.

Nedostaje li jedan gradivni blok tvojeg hrama, tad nisi u slozi ili s ljudima ili s područjima prirode. Tada je i tvoj hram nesavršen. Znači da nisi u zakonu Božjem niti si zakon Božji. Tada ne možeš stupiti ni u svetište u sebi da bi tamo prebivao.

Tada nećeš ni sjediti za stolom Gospodina, već za stolom ljudi koji - kao i ti - nepromišljeno uzimaju život, darove iz Boga. Tada ćeš biti bez domovine, zalutala ovca koja se dopušta zavesti na krivi put jer je slijepa i dopušta da je često drže slijepom jer je privržena slijepcima koji je vode u hram sagrađen ljudskim rukama.

No ako si spreman svoj unutarnji hram urediti, očistiti i izgrađivati životom u Bogu, tad ćeš se i ti uspraviti i jasno vidjeti.

Onoliko koliko usavršavaš svoj unutarnji hram, toliko ćeš održavati i red hrama i naći pristup u unutarnji hram.

Ako je tvoj hram savršen, tada si i ti jedno sa svim ljudima i bićima, sa svim Bitkom. Tada si jedno i sa svemirom i njegovim zakonima i prebivaš u svetištu, jer ti si u svemiru, a on u tebi i vi ste od vječnosti do vječnosti.

Kraljevstvo Božje jest unutarnje kraljevstvo. Možeš ga opaziti samo unutarnjim očima i samo unutarnjim ušima čuti što ti kažu unutarnji zakoni.

Istinski Bitak, svoju baštinu, možeš čuti samo u nutrini. Ono govori tebi i govori s tobom jer Ja Sam „Ja Jesam" i ti si Ja Jesam. Zato si ti Ja, a Ja Sam ti, i gdje si ti, Ja Jesam, a gdje Sam Ja, tu si ti, jer svi i sve je u tebi - ti i Ja kao jedinstvo u svemu.

Ti i Ja, stapanje oboje u Ja Jesam možeš iskusiti samo u najdubljoj nutrini svojeg hrama, u svetištu, u kojem je sve - Ti u Ja i Ja u Ti. Nema ničega gdje Ti i Ja nismo kao jedinstvo, jer Bog je Ti i Ja, svijest jedinstva. Bog je Ti; ti si božansko biće. Shvatiš li to, tada nećeš tražiti svojega bližnjega - nećeš ga dozivati. On je ovdje - u tebi! Gdje god jesi, on je s tobom, jer on je u tebi - Ti i Ja stopljeni u Ti, u zakonu, Bogu, u Ja Jesam u tebi.

Božje Ti je dualnost. U Bogu dvoje postaje jedno. Svi brojevi utječu u Jedno, u Jedan Bitak, jer Bog ujedinjuje sve i svakoga i sva su bića slika i prilika Jednoga, Boga.

Ti si Moja misao, misao Oca svemira, zakon. Moje je tvoje; jer Vječni, koji Ja Jesam, i ti jesu jedno.

Ti, čisti, govoriš sebstvo, jer ti si sebstvo. Stoga ti govoriš sebe i u svemu i u svima oslovljavaš sebstvo, sebe u bližnjemu i u svim stvarima, zbivanjima i događajima.

Riječ čistoga jest sebstvo, koje je u svemu. Zakon govori samoga sebe i ponovo stvara samoga sebe, jer je sve u svemu - on je uvijek cjelina.

Ti u svemu oslovljavaš cjelinu i u svakoj faseti istine opet cjelinu. Odgovarajuće zračenje svijesti, faseta, odgovara ti u tebi i ti ponovo razabireš cjelinu u sebi.

Ne trebaš pitati za stanje svijesti. Oslovljavaj uvijek cjelinu jer je u najmanjemu - veliko i u velikome - najmanje.

Kamo god zračila misao zakona, ona tamo ozračuje opet zakon.

To što misao zakona sadrži, već je ispunjeno u tebi, jer je vječni zakon ujedno i ispunjenje.

Misao zakona ne može se niti uništiti niti preusmjeriti. Ona se već pri odašiljanju ispunila u tebi.

U izvanjskom svijetu misao zakona ispunjava se po zakonu slobodne volje onda kada nađe pristup u ljudsko srce.

Misao zakona međutim ne poznaje prepreke. Ona zrači kroz svaku zgusnutost i svaku prepreku i čeka dok ne bude primljena. Ona ide putom ispunjenja i u vanjštini jer je ona dio vječnog zakona, koji se nalazi u najdubljoj nutrini čovjeka.

Misao zakona ne poznaje vrijeme; ona je zakon i bezvremenska je. Put k čovjeku prema vanjštini može za čovjeka značiti usporavanje, jer misao zakona poznaje trenutak radnje i kao ispunjena zadržava se u polju čovjekove aure sve dok ne nađe pristup.

U zakonitom osjećaju i u zakonitoj misli nema ni pomaka unatrag ni rasplinjavanja osjećaja ili misli, jer su oni vječni zakon, snaga svemira.

a, Krist, kao Isus iz Nazareta, poučavao sam vječnim Svetim zakonima neke apostole i učenike koji su ih mogli shvatiti. Unatoč njihovu duhovnom znanju, morao sam ih uvijek iznova hvatati prije pada u ljudsko, u nerealnost, i uvijek im iznova razjašnjavati svetu misao - vječno sebstvo, koje su oni uvijek iznova ispuštali iz svoje najdublje nutrine, jer im se obmana, nerealnost, ljudska misao, činila bližom.

Ja sam im govorio po smislu:

Svetu riječ, koja je snaga Božja i koja je bila rođena u vama, samo vi možete omotati ljudskim ja, koje se izgrađuje u svijesti i podsvijesti - ako je ne čuvate kao istinsko sebstvo u sebi, ako je unatoč tomu što znate, otpustite iz svoje najdublje nutrine sumnjom, strahovima ili nestrpljivošću.

Jezgra ljudskih misli i riječi jest Riječ Božja. Ona ostaje božanska. Omotač se međutim usmjerava protiv vas i postaje vam opterećenje.

Svaki zakoniti osjećaj i svaka zakonita misao proizlazi iz vječne snage, Boga, i iz komunikacije s Bogom. Pa i ako su oni omotani ljudskim ja, jezgra, život, ostaje ipak u Bogu.

Zakon, Bog, jest: odašiljanje i primanje. Vječni zakon odašilje samoga sebe i prima samoga sebe. Zato se energija ne gubi. Vječni zakon govori dakle samoga sebe i odgovor je ponovo zakon, sebstvo, jer je sve Njegov zakon i svi su čisti životni oblici zakon i svi oni postoje u tekućem zakonu.

Ja sam Svoje apostole i učenike poučavao zakon: Bog je zakon svemira.

Zakon svemira, Bog, sastoji se od bezbrojnih faseta svijesti, koje su stupnjevi svijesti. To su duhovni životni oblici - minerali, biljke, životinje i prirodna bića - koje Bog Stvoritelj, Duh evolucije, vodi prema sljedećim višim stupnjevima svijesti. U životnim oblicima sadržani su kao nasljedne osobine od Boga Stvoritelja također i različite duhovne sposobnosti i mentalitet, kao i njihova duhovna imena.

Vječni vodi do savršenstva sve oblike Bitka. Stoga je sve sadržano u svemu.

Svaki stupanj svijesti sadrži čitav zakon svemira. Različiti stupnjevi svijesti jesu opet u komunikaciji s jednakim ili sličnim stupnjevima svijesti. Unatoč svemu tomu za životne oblike vrijedi: u svemu je ponovo sve sadržano, ali svaki aspekt nije još sveobuhvatno otkriven.

U svakome od vas međutim sve je vidljivo jer su vašemu duhovnom tijelu pristupačni svi oblici Bitka kao zakon. Stoga učite da u sebi sve u svemu opažate, gledate i da sve oslovljavate u svakom aspektu svijesti.

Ja oslovljavam svakoga pojedinoga: zašto želiš gledati u daljinu kad je ono vječno, to što smatraš da je u daljini, ipak u tebi?

Zašto hoćeš razgovarati sa svojim bratom kad je on kao snaga i svjetlo ipak u tebi?

Imaš li mu nešto bitno priopćiti, oslovi ga u sebi. Time uspostavljaš svjesnu komunikaciju sa svojim bližnjim i ako je to važno za njega, on će to primiti - tada kada te i on bude nosio u sebi kao snagu i svjetlo. Ako je tvoj brat povezan s tobom, on će se u tebi javiti ili ćeš ga ti sresti i dogovoriti s njim sastanak.

Ipak, sve nastaje prvo u tebi; to je vječni zakon, ne kauzalni zakon.

Ponavljam: preduvjet za božansku komunikaciju jest da si u sebi učinio pristupačnom božansku esenciju svojeg brata ili svoje sestre - i obrnuto, da tvoj vječni duhovni dio života bude djelotvoran u njemu.

Ja sam poučavao Svoje apostole i učenike: hoćete li uloviti ono što je u daljini, tada će vas goniti i loviti jer živite u vanjštini, u svijetu i sa svijetom, koji je samo privid, dakle odsjaj realnosti. Može vam se na kratko vrijeme približiti ugodno svjetovno - ili ćete se odmah morati hrvati s neugodnim, s onim što ste posijali. Možda ćete među staru sjetvu pomiješati novu sjetvu, nove uzroke, a time i privući na sebe događaje i snage koje ne odgovaraju zakonu Božjem, svetom redu hrama.

Tada ćete govoriti samo svoje ljudsko sebstvo i predstavljati se u svojemu ljudskomu. Vi nećete govo-

riti vječnu Riječ, koja je vječni zakon, neosobni život, Bog, jer ste osobni.

Sve što vas stavlja pod pritisak i prisilu, što vam ne ostavlja izlaz, to je osobno. Osobno hoće uvijek potvrdu - bilo da se ono predstavlja u blizini ili iz daljine. Ono ne može imati zakoniti tijek jer se osobno odnosi isključivo na osobu, a ne na neosobni, kozmički svemirski Bitak.

Osoba, ljudsko Ja, jest ljudsko sebstvo, koje vidi sebe samoga te se stoga i obazire samo na zemaljski život i osobu, na prolazno, koje traje samo u poimanju godina. Prolazno, ljudsko sebstvo, navaljuje da iskoristi godine u kojima se može potvrditi. Budući da ono nije jedinstvo i beskonačnost, navaljuje u daljinu, navaljuje u blizinu, navaljuje desno i lijevo, gore i dolje i time se sve više sužava, jer sve dovodi u vezu sa sobom, s osobom.

Svako suženje vodi ograničenju, bezizlaznosti i ograničenosti, a potom eksploziji. Svaki ograničeni udara oko sebe. To što izbije jesu posljedice: sukob, rat i pljačka.

Svi su ti aspekti eksplozije ljudskoga ja, ljudskoga sebstva, koje sve više zahtijeva za sebe. Zato često čitave vojske kreću u rat - ljudi koji podliježu istim ili sličnim ograničenostima i koji dopuste da im se njima jednaki nametnu kao tutori. Oni tad biraju svoje vođe, koji vladaju čitavim narodima.

Nisko ja nezasitno je. Ono želi posjedovati i imati dok ja-čovjek ne premine. Na sličan način to se nastavlja i u područjima duša ili u ponovljenim utjelovljenjima. Stoga se čuvajte da ne dospijete u duhovnu smrt.

Uvijek vas iznova slušam kako govorite o smrti.
Što je za vas smrt? Za mnoge ona je kraj. No smrt nije ništa drugo nego prijelaz u drugi oblik postojanja u kojem živite na jednaki način kao što ste živjeli kao čovjek.

Smrt vam neće ništa uzeti - ona vam neće ništa ni dati. Duša koja napušta tijelo ista je ona koja je bila u čovjeku i koju je čovjek zrcalio. Zato nećete uskrsnuti nakon smrti tijela.

U svjetlo ulazi samo onaj koji putuje prema svjetlu, koji putuje prema unutra. Kao što duša djeteta iz unutarnjega kraljevstva stupa u životnu školu Zemlju, tako stariji čovjek zemaljske škole treba urasti u nutrinu preko ostvarivanja i Božje blizine.

Tko otvori unutarnje kraljevstvo, Božje kraljevstvo, postat će hram spasenja i već u vlastitom hramu, u hramu od mesa i kostiju, on će uskrsnuti; tada nije potrebno da okusite smrt. No tko je duhovno mrtav, taj je i kao duša mrtav. Duhovno mrtvi neće uskrsnuti nakon fizičke smrti. Oni ostaju duhovno mrtvi, jer onako kako stablo padne, tako ostane ležati.

Zato dođite do spoznaje: u tijelu se trebate probuditi kao djeca Božja i u tijelu trebate postići uskrsnuće, jer je duša u čovjeku u životnoj školi Zemlji da bi ponovo postala ono što u Ocu jest: božanska.

Znajte: duhovno mrtvi gledaju samo na slovo, a ne shvaćaju smisao. Stoga provjerite komu govorite i što kažete, jer bisere ne trebate bacati u grob, već ih donijeti onima koji se žele probuditi.

Tko Me nije pronašao kao čovjek, neće Me pronaći ni nakon svoje tjelesne smrti. Jer tko je živio samo u ljudskome, taj će i kao duša živjeti samo svjetovno i ponovo tražiti tijelo, koje je za njega život.

Zato spoznajte: život je Bog i tko nije u sebi našao Boga, taj nije našao ni Mene, Krista Božjega. On će nakon svoje tjelesne smrti proći kroz vrata smrti i ostati duhovno mrtav - dok ne spozna samoga sebe i sebe ne nađe u Meni.

Tko Mene prepozna, taj poznaje svemir. On je u svemiru i svemir je u njemu. Tko Me ne prepoznaje, taj je vezan za Zemlju i skuplja izvanjska blaga i bogatstva jer ne opaža nutrinu, jer nije povezan s velikom cjelinom. Zato što ne poznaje Mene, ne poznaje ni sebe ni svemir, koji Ja Jesam.

Bezbrojne su snage svemira kao esencija u tebi, jer ti si, o čovječe, mikrokozmos u makrokozmosu; ti si baština beskonačnosti. U tebi je sve ujedinjeno; a to što jest, vječno je. To što je vječno, u tebi je.

Samo ono što je u najdubljoj nutrini tvoje duše, tvoje je, a što je tvoje, to je vječno. Izvanjsko je privid i prolazno. Ti to ne možeš uzeti sa sobom; moraš to ovdje i ondje ostaviti.

Spoznaj da je sva zgusnutost prolazna - a što je prolazno, to nestaje. Tako će i materija nestati jer zgusnutost niti je vječna niti je vječnost.

Vi vjerujete da biste morali uteći svijetu kako biste ga svladali. Ja vam kažem: bijegom od svijeta nećete pobijediti sebe; vi nećete prepoznati tko ste jer ste izgubili ogledala svojeg svijeta.

Sve dok u svijetu ne svladate svijet koji još prianja uz vas, bit ćete ranjivi na svijet. Morate se osloboditi sveg zrcaljenja i postati takvi kakve vas Bog vidi, kakvi ste dakle bili od početka - i kakvi ćete ponovo biti preko Mene, Krista: bića svjetla.

Jer svijet utjelovljenih bića, ljudi, istovremeno je svijet bestjelesnih bića, duša. Oba svijeta prožimaju jedan drugoga. Oni su prebivališta ljudi i duša u kojima ljudi i duše postajanjem i rastom sazrijevaju i tako se približavaju vječnom kraljevstvu da bi uronili u struju, Boga, koja je vječna.

Duhovno probuđeni sazrijevaju u vječnost - duhovno mrtvi zadovoljavaju se zrcaljenjem.

Ovaj je svijet štetna tvar za dušu i tijelo. Tko od toga jede, oboljet će.

Svaka je bolest posljedica jednoga ili više uzroka. Ona može biti i kolektivna bolest na temelju kolektivne krivice onda kad se više ljudi s istim motivom ogriješilo o ljude oko sebe. Ako im ti ljudi ne oproste, tada njihova bolest traje često inkarnacijama ili u području duša.

Bolest je slika tvoje duše. Ona je ogledalo u kojem možeš prepoznati svoj svijet čuvstava, osjećaja i misli.

Blago dušama koje su prihvatile tijelo da bi u zemaljskoj školi postale božanske.

Jao onim dušama koje su prihvatile tijelo da bi se iznova odale tjelesnom užitku.

Duša u čovjeku jest u životnoj školi Zemlji da bi ponovo postala božanska.

Što se mijenja kada duša napusti svoj smrtni omotač?

Što se mijenja kada cvijet uvene?

Što se mijenja kad godišnja doba nestaju?

Odlaze li i ne vraćaju se nikad više?

A nije li u nestajanju Bitak i ponovno postajanje, koje se oblači u još ljepše i raskošnije ruho?

Čovjek naziva jesen, ponovno postajanje u prirodi, ono što se iznova i raskošnije oblikuje: prolaznim.

Ne postoji međutim prolaznost - samo mijena i promjena.
Može li u mijeni i promjeni postojati vrijeme?
Vrijeme je prolaznost. Što prolazi?
Što je prostor ako je svijest bezgranična?
Što je prostor ako je čovjek stanica koja odašilje i prima?
Što je prostor ako su carstva prirode kozmička?
Što su dakle vrijeme i prostor?

Bogu ne postoji vrijeme, u Njemu ništa nije iz-gubljeno. U Bogu ne postoji ne-moći-shvatiti; to pripada vremenu.

Bog je prisutnost: sve je u Jednome i Jedan je u sve-mu; On se daruje u jednom zračenju, koje On jest, Bog. Zato Bog može biti samo jedinstvo.

Mnoštvo je vrijeme i onaj koji ga određuje i koji određuje one ljude što teže za količinom i masom i koji su u postojanju izgubili mjeru svih stvari, Boga.

Nestane li pojam vrijeme, tada padaju granice i ograničenost. Tada Božja vladavina postaje vidljiva. Bitak tada stupa u život ispunjenih ljudi i oni žive: smrt je tada pobijeđena jer je vrijeme nestalo.

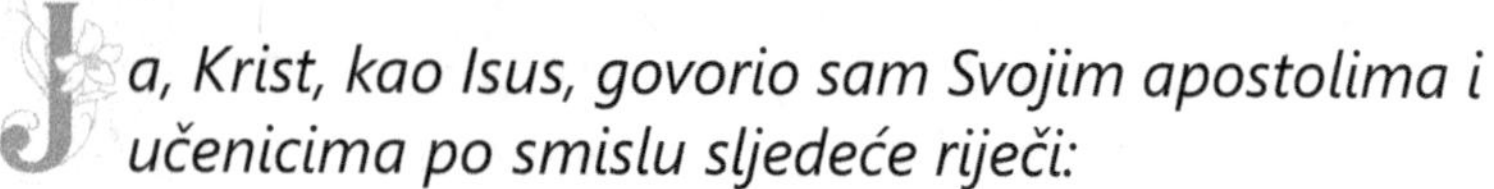

Ja, Krist, kao Isus, govorio sam Svojim apostolima i učenicima po smislu sljedeće riječi:

mnogi se ljudi svim nitima svojega zemaljskog postojanja drže zemaljskog života. Oni nisu svjesni da su već pri rođenju obukli mrtvačku odoru i da veo smrti leži preko njih.

Treba vam biti jasno da će svaki od vas umrijeti i svaki na drugačiji način. Zato trebate uspostaviti odnos prema svojem umiranju da vas takozvana smrt ne bi iznenadila.

Preko svakog čovjeka prebačen je veo smrti, koji čovjek može podignuti samo ako je duhovno probuđen - ili će mu biti skinut tek kad umre.

Suočite se dakle s činjenicom da svaki čovjek umire. Što biva nakon takozvane smrti?

Svakom pojedincu Ja postavljam pitanje: kako želiš umrijeti? Ovo „kako" - dat će vam odgovor na pitanje: Kako sam živio? - ili na pitanje: Kako želim živjeti?

Zemaljski život svakog čovjeka pokazuje mu njegovo umiranje i prema tome kako je čovjek živio, podiže veo smrti. Zemaljski život svakoga pojedinoga jest mjerilo za ono što mu se skriva iza vela smrti.

Čovjek sam određuje hoće li se naći izvan kotača ponovnog utjelovljenja ili će se držati kotača ponovnog utjelovljenja.

Moji su Me apostoli i učenici pitali: „Kako se trebamo pripremati?" Ja sam im govorio:

Spoznajte: Svaki od vas jest „danas" i „sutra"; svaki je dio svakog trenutka, svake sekunde, svake minute i svakog sata. Svaki je od vas dio dana, dio tjedna, dio mjeseca i godine.

Svaki je čovjek time sugraditelj onoga što on naziva vremenom. Čim prođu aspekti za ovaj svijet koji djeluju u trenutku, u sekundi, u minuti, u satu, u danu, u mjesecu i u godini, tada on više nije čovjek, već duša.

Ritam ljudskoga ja duša međutim zadržava dok ne nađe istinski Bitak, koji je vječan. Njega možete naći samo na putu ostvarenja.

Moji su apostoli i učenici govorili: „Pouči nas dalje! Kako možemo ispitati dubine svojega ljudskoga ja da bismo se brže oslobodili, da bismo se približili Bogu, Vječnomu?"

Objasnio sam im po smislu:

Pet čovjekovih osjetila može se usporediti s antenama. Tko te antene premalo koristi da bi spoznao i osjetio tko je i da bi osjetio tko bi još mogao biti, taj niti će doći u svoju nutrinu niti će moći pronaći samoga sebe.

Spoznajte: preko pet osjetila čovjek stvara svoje programe. Oni se nalaze u svijesti i u podsvijesti, a i u duši. Ti se programi sastoje od čuvstava, osjećaja, misli, riječi i postupaka. Stoga čovjek može u svojim mislima iščitati, ovisno o stupnju iskrenosti, tko je on. Ode li svojim mislima u svijet svojeg osjećanja, tada će saznati tko je on još.

Uzme li čovjek finije antene, koje su kao ticala, i njima uroni u svoj svijet čuvstava, tada će otkriti daljnje ljudske crte - ili će iskusiti mudrost duše, ono što je od božanskoga već otvorio.

O bilje iz Boga jest život. Tko živi u Božjem obilju, taj je ispunjen i ostaje ispunjen. On se ne treba brinuti o sutra - on je svemir i obilje svemirskog zračenja, koje struji kroz njega, iz kojega on crpi jer u njemu živi.

Obilje, Bog, ne poznaje oskudicu; ono jest i daje, ono je bogatstvo, svemir, u kojemu biće svemira živi i kao esencija jest. Tko želi primiti obilje iz Boga, mora se odreći svijeta. On će vjerojatno živjeti u svijetu i djelovati u svijetu, ali neće biti sa svijetom.

Tko odbija obilje jer se puni darovima svijeta, taj će oskudijevati iako trenutačno u vanjštini izgleda još bogat.

Ako molite Boga za zemaljske darove, klonuli ste vjerom i ne prepoznajete svoje djeteštvo u Bogu, svemirsku struju, iz koje ste proizišli i u kojoj živite.

Molite za duhovne darove, za buđenje u Duhu života, da se otvori vaša nebeska baština. Molite za ono što vam je iz Duha svojstveno, što vam je štoviše dano, tada ćete zadobiti i zemaljsko, ono što trebate - i povrh toga; jer Bog ne dopušta da nijedno dijete oskudijeva.

Čovjek je taj koji misli i teži za izvanjskim stvarima. Time on osiromašuje, jer zanemaruje svoju pravu baštinu.

Svojom zabrinutošću za sutra, svojim samoispitivanjem hoćete li ostati bolesni ili ćete se razboljeti ili kada ćete opet ozdraviti, sprječavate Boga, svemoćnog Duha da djeluje u vama i kroz vas, i sprječavate Mene, Unutarnjeg liječnika i iscjelitelja, da vam preko vaše duše donesem olakšanje i izlječenje.

Te ljudske misli, želje i čežnje udaljuju vas sve više od Boga i vode vas u vrijeme siromašno svjetlom, u zemlju koja je već siromašna - toliko koliko ste vi osiromašili. Tada ćete u budućnosti doživjeti svoju sadašnjost.

Znajte: svaki od vas nosi u sebi baštinu svemira i time je posjednik beskonačnosti.

Tko sebi prisvaja izvanjski posjed, tko je na Zemlji posjednik zemljišta koje on čuva i naziva svojim posjedom, taj će se tako dugo vraćati dok ne spozna da je Nebo njegov istinski posjed. Pustite da Zemlja i zemaljski život postanu samo most preko kojeg idete na drugu stranu. Ipak, ne stvarajte si tamo veliku imovinu

*- jer ćete si inače stvoriti mjesto za sljedeće utjelovlje-
nje.*

*Prepoznajte Me u sebi - tada ćete Me gledati kao
svojeg Brata; tada ćete gledati Nebo; jer je u svakome
od nas cijeli Bitak kao snaga i svjetlo, u svakome je od
nas beskonačnost, baština, naše duhovno vlasništvo.
Mi smo jedno kao snaga i svjetlo, jer Ja Sam u vama i
vi ste u Meni.*

*Tako je u čitavoj beskonačnosti: sve je u svemu. To je
unutarnje bogatstvo - to je naš istinski Bitak; to je naš
posjed; on je naše vlasništvo.*

*Ja vam kažem: ako vas netko moli kaput, dajte mu
uz to i kabanicu. Ali jao onima koji posjeduju kaput i
kabanicu i varajući mole za sebe drugi kaput ili ka-
banicu. Jao onima koji bi sami sebi mogli pomoći, a
unatoč tomu uzimaju. Oni će biti pozvani na odgovor-
nost - onda kada ih sustigne njihov vlastiti sud sjetve
i žetve.*

*Zato ostvarujte Svete zakone da biste postali oni što
gledaju - ujedno oni što opažaju - i prepoznali za i
protiv u čovjeku.*

og je obilje. Tko se drži svojih želja, čežnji i strasti, taj je zakriven; on nosi odjeću svojih želja i strasti - i tako ne prepoznaje Bitak, život, koji je Duh Božji. On se povjerava svijetu, a ne Vječnomu, koji prebiva u njemu.

Stoga učite crpiti iz Duha života tako da sve svoje brige i želje povjerite Bogu; On, svemirski Jedan, poznaje vas i umije vas voditi.

Tko crpi iz Duha života, taj živi u Meni, Kristu, i crpi iz Duha ljubavi i daje iz Duha ljubavi. On neće biti osobenjak, već duhovno bogat čovjek. On će živjeti na ovoj Zemlji, ali neće biti s ovim svijetom.

Čovjek Duha izvršavat će svoj posao i dati najbolje od sebe. No on nije samo građanin materijalnog svijeta - štoviše, on je građanin Kraljevstva Božjega, jer on živi u Bogu i crpi iz izvora, Boga.

Primite ove Moje riječi kao pomoć i kao životnu snagu u svoje zemaljsko postojanje. Tada ćete kao čovjek činiti djela ljubavi, stajat ćete usred svijeta i svoje obveze izvršavati s Bogom.

Dajte najbolje! To možete samo ako ste ujedinjeni s najboljim, s Bitkom. Ne zadovoljite se nikad ni osrednjim ni pogrešnim - dajte najbolje.

Trudite se svakog trenutka crpiti iz djela ljubavi i time prožeti svoj rad, svoje mišljenje i djelovanje; tada ćete biti Bitak u struji Bitka i crpit ćete iz svemira, koji je zakon, Bog.

Sjetite se Mojih riječi: nije stvar u vanjštini, nego jedino u nutrini, u tome što hram sadrži, obilje, Boga. Stoga čistite svoj hram da biste našli pristup u svetište.

Nikada ne budite zlovoljni; inače će vas zaustaviti prolazno, stvari i događaji koji pripadaju prolaznomu.

Tko živi u Bogu, živi u obilju, u vječnom zakonu, Bogu. On neće nikada pitati „kako" i „zašto", jer on je Bitak, koji zna sve.

Zlovoljni svjedoči o samome sebi, jer svoj oslonac traži još u izvanjskim stvarima.

Zlovoljan čovjek uvijek je u traganju i stoga nestalan, jer sigurnost i oslonac traži u svijetu. Materija ne nudi čovjeku trajno ni sigurnost ni oslonac, jer materija je samo privid, a ne Bitak.

Zato vježbajte sačuvati unutarnji mir u svakoj situaciji da biste prepoznali stvari i događaje u svjetlu istine.

Bog zna za svakoga pojedinoga. On poznaje Svoje dijete i pomaže mu.

ko je naučio gledati, ne optužuje svojega bližnjega, jer ga poznaje. Samo duhovni slijepac optužuje svojega bližnjega jer ne poznaje ni sebe ni svojega bližnjega.

Budeš li optužen, tada ispravi i upozori općenito na ono krivo i podmetanje, ali nikada ne imenuj tužitelja; to bi bilo osobno. Ostani neosoban, jer ako ga osloviš imenom, a on ti ne oprosti pravodobno, moguće je - ovisno o uzroku - da u nekome drugom zemaljskom životu nosiš njegovo ime. Njegovo ime, koje tada budeš nosio, prizvat će uzroke koji vas vezuju jednoga za drugoga. Zračenjem može tada biti privučena duša ili čovjek kojega si nekada poimence optužio. Ti i tvoj bližnji bit ćete dovedeni jedan drugomu preko zakona sjetve i žetve da biste očistili ono što sada, u drugom utjelovljenju, postaje djelotvorno.

Stoga se drži zlatnog pravila: šuti. Govori samo ako je bitno i zakonito.

Stoga ne budi nikada zlovoljan. Povuci se i ostani neosoban u svakoj situaciji.

Upamti: govori o sebi samo onda ako možeš dati razjašnjenje i protumačiti stvarno stanje ili ako svojom samospoznajom i njezinim ovladavanjem možeš služiti i pomoći svojemu bližnjemu. Inače ne govori nikada osobno o sebi, jer sve što govoriš o sebi, govoriš istovremeno opet sebi. To ostaje prianjati uz tebe i pojačava tvoj ja-kompleks.

Ponavljam: ostani neosoban u svakoj situaciji, tada
ćeš naći unutarnju tišinu i prebivati u hramu Božjem.

Materija ne nudi čovjeku trajno ni sigurnost ni
oslonac, jer prolazno je samo privid, a ne Bitak, stvarnost, vječno.

Svjetlo obasjava stvari i događaje koji se pokazuju u
materiji i dopušta ti da ih vidiš. No ako se hoćeš čvrsto
držati zrake svjetla, past ćeš. Stoga se nauči kretati u
zraci svjetla.

Ne oslanjaj se nikada na materiju; ne potvrđuj isključivo izvanjsko, privid, jer ćeš se prije ili kasnije okliznuti na onome na što si se naslonio - jer svako naslanjanje vodi vezanosti, a svaka vezanost je odvajanje od
povezanosti.

Vezanost je materijalna; ona biva ozračena, povezanost je zajedništvo, te je prosvijetljena.

Ako gledaš i slušaš samo izvanjsko, ti si površan
i tvoja osjetila okusa, mirisa i opipa bit će kao tvoja
osjetila vida i sluha.

Ti određuješ svoj život u vremenu ili u vječnosti, jer posjeduješ zakonitost slobode i time se možeš odluči-ti - za božansko ili za ne-božansko. Božansko te prosvjetljuje; protivno te samo osvjetljuje. Ti odlučuješ tko si, što si - i na kraju krajeva što hoćeš.

Ti si svjetlo u svjetlu; stoga se ne trebaš ničega i nikoga čvrsto držati.
Ti si sloboda u Božjoj slobodi.
Ti si mudrost u Božjoj mudrosti.
Mudrost Božja zna sve; zato ti, mudrac, niti ćeš se vezati za ljude niti grčevito držati za ljudsko i nazivati ga svojim posjedom.
Ti nisi više ni osobno u osobi; ti si čovjek i stoga osoba - ali ne više osoban.

Ti, mudrac, svjestan si svega, jer živiš svjesno u Bogu i svjestan si svih stvari - svega što jest, jer sve prozireš.
Mudrac ima pogled kroz stvari i uvid u stvari koje ga okružuju i koje mu prilaze.

naj tko miruje u Bogu i crpi iz vječnoga zakona, rijetko govori o sebi. On je neosoban jer je onaj koji prozire, on je i ono shvatljivo, i riječ svemira sama. Mudrac govori o sebi samo onda kad time može biti vodičem, ali ne da bi rekao nešto o sebi.

Govori li čovjek svoje osobno ja, tada govori svoje niže sebstvo, koje izgovara iz sebe i koje istovremeno govori opet sebi, jer ljudsko ja nije božansko i time pripada njemu, koji još nije božanski.

Nebožansko, ljudsko ja, koje izlazi iz tebe, ulazi ponovo u tebe. Tako proširuješ i pojačavaš svoj ja-kompleks, nebožansko u sebi i time stvaraš sve veća polja duše, na koja pada tvoja ja-sjetva i gdje ona niče.

Stoga razmisli prije nego progovoriš, što želiš reći, jer je svaka riječ energija koja ima svoj odjek. Ostani dakle u svakoj situaciji neosoban; tada ćeš naći unutarnju tišinu i boravit ćeš kao mudrac u hramu Božjem, u svetoj tišini.

Pravi mudrac nije pustinjak; on živi u svijetu, ali ne s ovim svijetom. Budući da je čovjek, on se obvezao dati caru što caru pripada, a Bogu će dati što pripada Bogu. Tko se drži zemaljskih zakona koji nisu suprotni božanskima, taj može obvezati i cara da mu dadne ono što mu kao čovjeku pripada.

Umnogim ponavljanjima Ja, Krist, poučavao sam, kao Isus, Svoje apostole i učenike zakon Božji i zakon sjetve i žetve. Unatoč svemu tomu oni su stalno govorili o nebitnim stvarima i o sebi samima da bi sebe pokazivali. Stalno sam im govorio i upozoravao ih na nebitno, na osobno:

kad govorite o sebi samima, tada izgovarate samo ono što vi sami još jeste. Kome želite time pomoći?

Sve što nije ostvareno - prazno je, takoreći šuplje i nije ispunjeno snagom i mudrošću. Ako ste malo ostvarili, niste ispunjeni ni snagom ni mudrošću, već ste ispunjeni ljudskim ja koje ima svoje iluzije.

Na prazne, tako reći šuplje riječi, nasjeda opet onaj koji je sam prazan i šupalj; jer on vidi samo riječ i onoga koji govori, jer on sam sebe niti čuje niti vidi. Možda će vas on izabrati za vođu i tada je - onaj zavedeni. Obojica su onda slijepci koji padaju u jamu svojega ja i tamo su prikovani jedan za drugoga jer se slijepac oslonio na slijepca.

Stoga ispraznite najprije svoju posudu od svojega ljudskoga, očistite dakle prvo svoje pehare i zdjele, čestice svoje duše i stanice svojega tijela, dakle svoj hram od mesa i kostiju, tako da nađete pristup u svetište, odakle ćete biti u stanju svojim bližnjima dati ono što im je potrebno i moći im ponuditi nesebičnu uslugu, čime ćete im pomoći u duhovnom usponu.

U svemu što vam prilazi najprije pogledajte najunutarnjije u čovjeku. Ispunite vječni zakon dakle na svakome koji vam priđe, pa makar i jednom nesebičnom riječju, nesebičnom gestom ili nesebičnim pružanjem ruke. Te su male nesebične usluge za spas njegove duše i za njegov duhovni život vrjednije nego kada mu u vanjštini mnogo toga poklonite i time mu prema prilikama pomognete da dođe do ugleda, bogatstva i moći. To zemaljsko opterećenje moglo bi ga navesti u još dublji pad.

Najmanje iz zakona Božjega, nesebično pruženo, najveće je; to služi duši i daje joj snagu. Najmanjom nesebičnom uslugom i vi ćete ostati u tišini, u sigurnosti Božjoj, u Njegovu obilju, jer ste neosobno dali.

og se daruje - ali od onoga što Bog kao cjelokupnost izlijeva, svatko može primiti samo onoliko koliko je u stanju primiti u svoju duhovnu svijest. Ako vjeruje da bi morao uzeti više da bi stekao kapital za sebe - izgubit će to, a i ono što je s mukom zaradio. Jer tko s božanskim, s istinom, teži izvanjskom ugledu i pravi poslove, taj će izgubiti samoga sebe i sve ono što je stekao za svoje osobno. Stoga provjerite što mislite i razmislite prije nego progovorite i postupite.

Čuvajte tišinu koja nije ni ljudski osjećaj ni ljudska misao.

Budi tih. Povjeri se Bogu - da, vjeruj Mu i ti ćeš od struje života primiti ono što trenutno trebaš reći i izvršiti.

U svemu što Bog dahne u tebe postoji mjera i količina. Ti primaš dakle samo onoliko koliko trenutno trebaš dati i govoriti.

Budi tih i znaj: ti si vođen. „Ti" tvoje duše zna sve; ono poznaje sve - ono je u svemu.

Kao Isus iz Nazareta, Ja sam stalno podsjećao Svoje apostole i učenike da je sve to dano samo onima koji predaju svoje ja, koji nisu više osobno u osobi, nego Bitak, istinsko sebstvo.

Tko živi u Bogu, živi u obilju i crpi iz obilja jer živi u izvoru koji je Bog, a on, biće, božanski je.

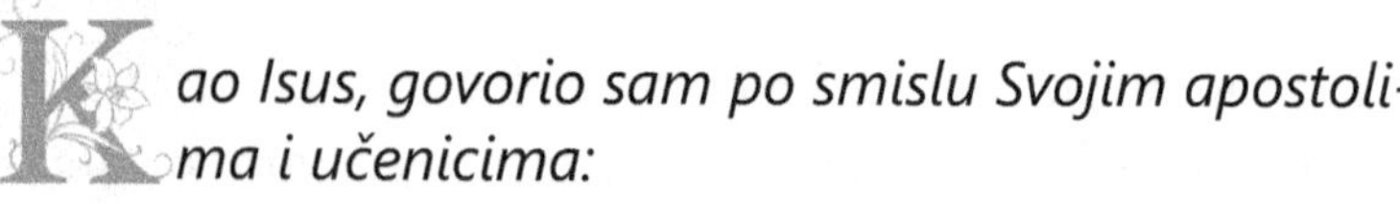

Kao Isus, govorio sam po smislu Svojim apostolima i učenicima:

vaši osjećaji, misli i riječi alati su vašeg tijela. Oni su vaši predradnici; vi ste svojim postupkom samo pomoćni radnici, prerađivači svojih osjećaja, misli i riječi. Vaši osjećaji, misli i riječi predvode vaše postupke i vaša djela.

Bez svojih predradnika, svojih osjećaja, misli i riječi, vi ne možete izvršiti ništa. Vaše osjećanje, mišljenje i govor priprema vam dakle ono što vi zatim izvršavate - ili osobno, svojim razumom, ako su vaši predradnici bili osobni, ili svojim srcem ako su vaši predradnici bili neosobni, dakle božanski.

Onako kako ti je danas, u ovom utjelovljenju, to si stekao u svojim prethodnim egzistencijama pomoću svojih predradnika, svojih osjećaja, misli i riječi, a zatim svojim prerađivanjem, svojim postupcima. Svoj rad, svoj nerad, svoje brige, svoje probleme, svoje udarce sudbine i teškoće, svoje tuge i svoje radosti, svoje zdravlje i svoju bolest stvorio si sebi već u prethodnim egzistencijama. Ništa ti ne može prići što već prije nisi unio.

Ono što si dakle unio u prethodnim egzistencijama, to si predodredio za ovo i eventualno za daljnja utjelovljenja. U svojim daljnjim zemaljskim životima ti ćeš ponovo osjećati, misliti, govoriti i činiti jednako ili slično. Nitko drugi ne može govoriti tebe; svatko govori samoga sebe, ono što je predodredio u prethodnim egzistencijama ili u ovom utjelovljenju, znači to što je utjelovio.

Svaki je ljudski osjećaj i svaka ljudska misao, svaka ljudska riječ i svaki ljudski postupak kao utjelovljenje: čovjek svojoj duši pripaja svoje ljudsko. Time on obilježava svoje sadašnje i možda svoje buduće zemaljsko tijelo.

Ono što si bio jučer, dakle u prošlom zemaljskom životu, to si ponovo danas - osim ako su duša i čovjek to pravodobno očistili snagom vječnog zakona.

U tome kružnom tijeku duša i čovjek mogli bi se nalaziti i tisućama godina. Oni stalno dolaze i stalno su oni isti. Danas oni određuju svoje sutra. Oni stalno dolaze s drugim licima i drugim tijelima, s drugim imenima i prezimenima, a u stvarnosti su oni isti, jer opet jednako osjećaju, misle, govore i čine kao jučer. Njihovo lice, njihovo tijelo, njihovo ime i prezime odgovaraju njihovim jučerašnjima, to jest zračenju njihovih prethodnih egzistencija.

Ono što čovjeka danas iskazuje, njegovo današnje mišljenje, govor i postupanje, to bi on trebao danas prepoznati, očistiti i ispuniti. Tko to ne ispuni danas, tko dakle ne iskoristi dnevnu energiju koju mu pokazuje njegovo mišljenje i postupanje, taj neće ni zemaljsku školu završiti uspješno. Takav čovjek već danas ponovno određuje što će biti sutra.

Svaki čovjek određuje svakoga jutra sebe samoga, jer što mu ovaj dan donese danas i kako će on postupiti sa sadašnjošću, takav će biti njegov dan sutra, a takav i njegov zemaljski život. Jer je dan svakoga pojedinog čovjeka njegov život, ono što je on sam unio u zviježđa.

Svaki čovjek može danas očitati na samome sebi tko ili što će biti sutra. Onako kao što će sutra, dakle u jednom daljnjem utjelovljenju - osjećati, misliti, govoriti i postupati, tako je danas - u ovom utjelovljenju - osjećao, mislio, govorio i postupao. Njegova današnja djelatnost može biti njegova sutrašnja djelatnost.

To što čovjek stvori svojom niskošću, svoja djela, nisu djela vječnosti. Ona nestaju - a s njegovim djelima i njegovo niže sebstvo.

Kružnim tijekom rođenja i smrti nastao je kotač ponovnog utjelovljenja. Čovjek uvijek iznova unosi u svoju dušu ono što iz nje izlazi, čime ju je on jednom programirao. Odgovarajuća zviježđa prihvatila su dotične programe, čime je nastala moćna kauzalna komunikacijska mreža. Ta je kauzalna komunikacijska mreža zakon uzroka i posljedice, koji iznova stvara kotač ponovnog utjelovljenja.

Kotač ponovnog utjelovljenja, zakon sjetve i žetve, sastoji se od bezbrojnih grubotvarnih i finotvarnih Sunčevih sustava. Nakon tjelesne smrti dušu magnetski privlači ona razina i onaj planet koji je pohranio njezine programe koji su aktivni i kojima predstoji čišćenje. Kotač ponovnog utjelovljenja - sa svojim finotvarnim razinama čišćenja i grubotvarnom materijom - veliko je spremište koje registrira svaki neočišćeni uzrok svake pojedine duše i svakog čovjeka i ponovo ih zrači natrag na dušu i čovjeka.

Duša koja je u onostranome očistila malo ili ništa od svoje krivice, ponovo sa sobom donosi u svoj daljnji zemaljski život ono što uz nju prianja. Ona će tada kao čovjek biti ono što je kao duša i kao čovjek bila u svojim prethodnim egzistencijama. Svaki čovjek može sam iščitati iz svojeg mišljenja, govora i ponašanja, tko je bio nekada, a možda je još i danas, i tko će biti sutra.

Uvlačenje u tijelo i izvlačenje iz njega zbivat će se sve dok čovjek uspješno ne prođe životnu školu Zemlju, a njegova duša s duhovno božanskim darovima i vrijednostima ne bude bila u stanju potražiti više svjetove, koji postoje izvan kotača ponovnog utjelovljenja.

Tada će kružni tijek rođenja i smrti doći kraju. Duhovno biće, očišćena duša, vraća se natrag svojem izvoru, Bogu, svojem Ocu, u vječni zakon, jer je ponovo postalo vječni zakon, istinsko sebstvo, koje ponovo govori jer je ono zakon.

Kao Isus iz Nazareta, Ja sam dao tu i daljnje zakonitosti Svojim apostolima i učenicima za njihov životni put na Zemlji i, kao Krist, dajem ih svim ljudima kako bi išli putom prema Unutarnjem životu, na kojem ih pratim Ja, Krist.

Sve je svijest. Tako si i ti svijest. Ti, svijest, sastojiš se od svojih aspekata svijesti, od svojih osjećaja, misli, riječi i postupaka; to si ti. Tamo kamo vuku tvoji osjećaji, misli i riječi, tamo si ti, jer si ti svijest. Tvoji predradnici, tvoje osjećanje, mišljenje i govor, i tvoji pomoćni radnici koji obrađuju, tvoji postupci, jesu svijest.

Svojim osjećajima, mislima i riječima odašilješ samoga sebe, jer tvoje osjećanje, mišljenje i govor jesi ti sam, svijest. Budući da je sve svijest, ti, svijest, bit ćeš tamo kamo ti, čovjek, odašilješ.

Kamo odašilješ, tamo jesi, tamo izgrađuješ svoj magnetizam - odatle ćeš jednom biti privučen.

Ako si odaslao jednu ljudsku misao, tada je tvoje tijelo doduše ovdje, ali je jedan dio tvoje svijesti tamo; to je onaj dio koji je u tvojem osjećanju, mišljenju i govorenju. Time si višestruko podijeljen: na ovdje, gdje je tvoje tijelo, na tamo, gdje su tvoji osjećaji, na ondje, kamo te odvlače tvoje misli i riječi. Ti možeš biti dakle višestruko podijeljen, jer tvoji osjećaji mogu biti, npr. kod tvojega bližnjega, tvoje misli, npr. na radnom mjestu, a tvoje riječi kod tvojega bližnjega s kojim govoriš.

Ta višestruka podijeljenost može dovesti do teških smetnji u čovjeku. Mogu nastupiti takozvane smetnje ravnoteže; time može biti poremećen tvoj živčani sustav; posljedica mogu biti daljnji uzroci i odgovarajuće posljedice. Zbog toga čovjek ne može više jasno i logično misliti, a njegovi su postupci tada polovični.

Spoznaj: ako si rascijepan istovremenim odašiljanjem ljudskih osjećaja, misli i riječi, tada si dakle ovdje i ondje; istovremeno si na ovim i na onim mjestima. Tim istovremenim, višestrukim odašiljanjem, koje je ljudsko, dakle osobno, ti postavljaš takozvane zemaljske postaje. U daljnjim inkarnacijama, ti ćeš - gotovo magnetski - biti tamo privučen i potražit ćeš mjesta koja si magnetizirao svojim osjećajima, mislima i riječima da bi tamo očistio ono što si prouzročio u svojim prethodnim egzistencijama, kamo si dakle odašiljao.

Hoćeš li dokučiti gdje ćeš biti sutra, u nekom drugom utjelovljenju, tada ispitaj danas svoje osjećaje, misli, riječi i djela. A ako hoćeš dokučiti s kim ćeš sutra biti zajedno u najužem prostoru, tada ispitaj svoje osjećanje, mišljenje, govorenje i postupanje prema

*svojemu bližnjemu - ispitaj dakle što te vezuje za tvo-
jega bližnjega i što veže tvojega bližnjega za tebe.*

*Tko se ne uzda u hram nutrine, već živi u vanjštini,
taj živi ovdje i ondje i u sadašnjosti kao čovjek ponovo
stvara svoja odredišta i postaje za svoje sljedeće in-
karnacije, gdje će tada prebivati ili koje će on morati
proputovati da bi uklonio ono što je stvorio u svojim
prethodnim egzistencijama.*

*Sve to i daleko više od toga poučavao sam, kao Isus,
Svoje učenike i sada, kao Krist, to poučavam sve ljude
koji su dobre volje.*

*Tko se nastanio u najdubljoj nutrini svojeg hrama,
održavat će red hrama, koji glasi: To što činiš, čini pot-
puno.*

*Tko živi u najunutarnjijemu, u Presvetome, u Bogu,
uspostavlja odnos s predmetom, s događajem i sa si-
tuacijom. Njegovi osjećaji misli i riječi istječu iz svetog
hrama; oni su vječni zakon. Zakonito osjećanje, mišlje-
nje i govorenje jesu svete snage, koje se kreću u sve-
prisutnoj struji i nalaze pristup i ulaz u ljude, stvari,
događaje i situacije.*

*Bogom ispunjeni, koji prebiva u Presvetome, odakle
odašilje nesebične osjećaje, misli i riječi, unatoč izvanj-
skom kretanju, unatoč valovima svjetskoga mora,
ostaje u najunutarnjijemu svojeg hrama jer on živi u
Bogu, u obilju, i nije podijeljen, već je ujedinjen u Bogu,
u struji života, u Bitku.*

Nesebični, Bogom ispunjeni osjećaji, misli, riječi i postupci jesu u vječnoj struji i djeluju iz vječne struje i donose opet vječno, zakonito, u Božju struju, jer sve što je čisto, vraća se ponovo u čisto. Kada će se i kako Bogom ispunjeni vratiti u vječnu struju, to pravi mudrac prepušta Vječnomu.

Što mudrac ostvaruje, to on izvršava za vječni zakon, za vječnu struju, u kojoj živi.

ve izvanjske, dakle naniže transformirane energije, moraju se transformirati i vratiti u Božju struju, gdje je njihov izvor.

Bogom ispunjeni osjećaji, misli i riječi jesu svijest jedinstva jer su zakon u struji Bitka. Ljudski osjećaji misli i riječi jesu naprotiv individualisti koji se pridružuju opet sebi srodnim osjećajima, mislima i riječima, odakle se ponovno vraćaju odašiljaču. No prije nego što pronađu odašiljač, oni će se umnožiti. Oni se umnožavaju time što prijamnici misle jednako ili slično, što se također povratno odražava. Tada se kao kompleks vraćaju odašiljaču i kao kompleks djeluju na odašiljač. Znači da će njemu, čovjeku, tada biti znatno lošije nego što mu je bilo prije toga.

Takvi su individualisti svadljivci, to su uporno navaljujuće misli koje hoće utjecati na odašiljač. One se nameću jer su im potrebne energije odašiljača da bi i nadalje ostale aktivne i dalje se aktivirale. Tko prihvati te uporno navaljujuće misli, taj misli jednako i slično. Time on pojačava uporno navaljujući kompleks, zbog čega čovjek istovremeno postaje ono što je mislio i što misli.

Tko svoj život ne posvećuje, izgubit će ga, i morat će ga, već prema opterećenju duše, ponovo steći, možda putem više rođenja u tijelo - prolazeći tada kroz svoj vlastiti pakao, kroz svoje vlastite muke i patnje, kroz ono što je unio u samoga sebe.

Stoga koristite dane i sate jer ne znate kada će duša biti pozvana i što će morati nositi i eventualno opet ponijeti sa sobom.

Želite li naslutiti što vaša duša nosi, tada možete dokučiti jedan ili više segmenata svojega duševnoga ja tako što svojem osjećanju, mišljenju, govoru i postupanju postavite mjerilo Deset zapovijedi.

Čovjek sam jest pouzdan znak ili od Ja Jesam ili od svojega ljudskoga ja. On se može sakriti samo onima pred kojima se može pretvarati - koji su sami kao i on, koji se sami prelijevaju u duginim bojama i kite mnogim riječima i gestama da bi skrenuli pozornost na sebe.

Maska takvoga čovjeka može se usporediti s kućom od karata. Jedan udar vjetra „Ne-biti-zapažen" - i kuća od karata se urušava. To što preostane je raspadajuće, zajedljivo ja, koje odjednom govori drugim jezikom; jer su maske tada pale i čovjek se ponaša onako kakav jest: razočarano i rezignirano, jer nije više zapažen, jer njegovo ja nije više visoko cijenjeno, jer on nije više središte.

maš li nešto sakriti, hoćeš li dakle sebe sakriti, potražit ćeš neko sigurno mjesto. Činiš ga svojom izabranom domovinom i nazivaš ga skrovištem u kojem ti, niži Bitak, vjeruješ da si sakriven.

Skrivenost u skrovištu je ipak vidljiva, jer zviježđima ništa nije skriveno. Ti, koji se želiš sakriti, unio si u zviježđa ono što želiš sakriti pred svijetom. Na taj si način ti s njima u stalnoj komunikaciji, svejedno gdje si.

Pred kim ili pred čim se želiš sakriti? Zviježđa u koja si unio to što jesi, naći će te u pravo vrijeme - smatrao se ti ovdje ili ondje skrivenim. Ne postoji mjesto gdje se možeš sakriti od samoga sebe; jer to što si unio u osjećaje, misli, riječi i djela, to si ti; to i nosiš sa sobom.

Či vidjeti samoga sebe u svojim osjećajima i mislima i čuti se u svojim riječima i prepoznati u svojim djelima.

Tada si sam sebi ogledalo i sve manje ćeš gledati u ogledalo svojega bližnjega, jer imaš dovoljno posla s čišćenjem svojega ljudskoga ja. Svladaj to što prepoznaš na samome sebi, tada ćeš se razvijati prema božanskome - poput cvijeta kad ga dotiču tople zrake Sunca.

Tko se otvori Unutarnjem svjetlu, taj stječe unutarnju ljepotu jer njegova duša postiže čistotu. Ljepota odnosno čistota jest atribut istinskoga Bitka. Istinska ljepota i čistota ne mogu se oponašati, jer je unutarnje ruho kozmički zračeća ljubav.

Ako je fizičko tijelo prosvijetljeno sjajem nutrine, čovjek je krepostan i nesebičan. On stječe unutarnju ljupkost, koja je ukras njegove vanjštine. Nakit duhovno sazrelog čovjeka sastoji se od skupocjenih dragulja: od nesebičnih misli, riječi i djela.

ovjek mora razviti čežnju da postane jedno s Bogom, tek onda će dospjeti u jedinstvo s Njime.

Onog dana kad budeš potpuno živio u Meni, bit ćeš uzdignut do istine i bit ćeš istina.

Istina ne treba pitati; ona ne treba više tražiti; ona zna sve, jer ona jest istina.

Ako si uzdignut do istine, tada si božanski.

Pravi mudrac zna sve, jer ima uvid u sve stvari života, jer je postao istina.

Prosvijetljenomu nisu potrebna objašnjenja; on živi vječni zakon i jest vječni zakon ljubavi. On biva prepoznat po tome što je takav kakav jest, iskren, čestit, koji nesebično ljubi – a ne po mnogim riječima ljubavi.

*Č*ovjek u svjetlu istine govori drugim jezikom. To što kaže, prožeto je svjetlom istine i time nesebično. Istinoljubivi ne poznaje samoprikazivanje - on jest.

Tko vidi samo izvanjsko, zaslijepljen je priviđenjima ovoga svijeta i obmanu smatra realnošću, a za sebe vjeruje da je realist, jer vjeruje samo u ono što njegove oči reflektiraju: privid Bitka.

Naprotiv, onaj koji gleda, koji pogled okreće prema unutra, shvaća Bitak, istinu, i vidi vanjštinu, privid.

Onaj koji gleda, gleda tebe u sebi kao dio sebe. On vidi i tvoju vanjštinu i vidi kakav si i prepoznaje te u tvojem svijetu privida. On zna odakle dolaziš i kamo ideš, jer je njemu očigledan tvoj svjetlucavi omotač koji teži samo vanjskom sjaju.

Pravi Bitak jest unutarnja svjetlo. Nisu mu potrebne mnoge riječi - on sjaji. On ne traži ulje za svoju svjetiljku – on jest jer je istinski, lijep, vječan i vječnost, svjetlo koje se nikad ne gasi, jer je božanski. To si ti u svjetlu istine.

Istina se ne razmeće; ona jest. Ona zrači i obasjava sve duše, ljude i bića, sav Bitak.

Tko žudi za istinom, taj prema svojoj duhovnoj zrelosti prima iskre iz svjetla istine. Što je više iskri u stanju primiti, to svjetlo njegove duše postaje intenzivnije i dalje doseže. Ono mu svijetli na putu prema unutra k

Bogu kako bi se sve više približavao Vječnomu. Svjetlo istine puni svjetlom osjećaje, misli, riječi i djela čovjeka koji teži Bogu tako da je njegovo mišljenje, govorenje i djelovanje istinito.

Ljudi u Duhu istine ne trebaju više šibicu bližnjega, mali plamen dizanja vrijednosti i priznanja, kojim se toliko ljudi još uvijek dopusti zavesti. Komu je taj plamičak potreban, taj se zadovoljava tim kratkim bljeskom. Njime on biva upaljen - i njime on pali opet istomišljenike.

Što čovjeku donosi taj plamičak, koji kratko zabljesne? Koliko dugo gori šibica? Ona plane i smjesta izgori.

Slično je s ljudskim ja. Ono plane i kratko svijetli; potom klone. Ponovo je mračno u onome koji se zadovoljava veličanjem i priznanjem - dok ne dođe netko drugi i opet mu ne upali na kratko plamičak veličanja i priznanja.

Ta žudnja za plamičkom veličanja i priznanja traje tako dugo dok se duša ne razvije u Meni, Kristu, i ne postane svjetlo iz Mojeg svjetla. Tada je duša upaljena na Meni i svijetli vječno u Bogu. Tko se upali na Mojem svjetlu, taj će ponovno svijetliti sam od sebe - onako kako je kao čisto biće svijetlio i kako će kao čisto biće svijetliti: sam od sebe, vječno.

Kako je međutim siromašan „donositelj šibica" i kako je siromašan onaj koji se mora upaliti na šibici da bi kratko zasjao, kako bi se mogao kratko prikazati, kako bi dakle nakratko došao na svjetlo! Obojica, donositelj i onaj koji se dopušta upaliti, još su siromašne duše, bez svjetla, duhovno mrtve, koje same sebe sažalijevaju i oplakuju i kratkotrajno se raduju plamičku veličanja i priznanja.

Tko tako misli i postupa i od bližnjega očekuje plamičak, taj ne živi. Tko ne živi, ne poznaje ni sebe, ne poznaje ni svojega bližnjega, a nema ni oko za istinito i lijepo. On govori o Bitku, a misli na svoje ja. On govori o sebstvu, a misli na sebe. On radi jedino za samoga sebe i ulaže krajnji napor da bi bio viđen.

Zamračeni, slijepi čovjek vidi samo svoje niže sebstvo, a ne gleda svoje istinsko sebstvo. On ostaje tako dugo slijepac dok ne sazna tko je i dok ne počne živjeti to što on jest - božanski.

Sve dok ne počne crpiti iz istine, čovjek želi dokazivati sebe. Postane li istina, on je tad istina i istinski Bitak, život u Meni koji je neosoban.

Tko postane istinski Bitak, istinsko sebstvo, niti se treba dokazivati niti se treba dokazivati svojemu bližnjemu, jer on je istinsko sebstvo, istinski Bitak.

Istina se ne mora dokazivati - ona jest.

Tko je iz istine, taj je istina; on ne mora za istinu ni pitati.

Istiniti svojemu bližnjemu čini samo dobro i to samo onda kad ovaj to zamoli. Istinoljubivi ostaje bližnjemu uvijek odan i dobar - i onda kad ovaj njega i njegovu pomoć odbija.

Čim duša u čovjeku postane Ja Jesam, istina, zakon svemira, tada će ona stalno i susretati Ja Jesam, jer živi u struji Ja Jesam i jer je ona oko Ja Jesam.

Ja Jesam istinsko je sebstvo; ono susreće stalno samo sebe jer je božansko i jer je sve božansko sadržano u svemu. Ti si nositelj istinskog sebstva, božanskoga, svemirskog života.

Ja Jesam jest istinsko sebstvo, to je Bitak, to je istina, to je zakon svemira. Ja Jesam jest sve u svemu; stoga je to sebstvo. Ako si opet božanski, ti si sebstvo, Bitak, istina, zakon ljubavi, jer si baštinik beskonačnosti i slika i prilika svojega vječnog Oca.

Kako na Nebu tako i na Zemlji: božansko susreće stalno božanskoga - sebe samoga. Ljudsko sebstvo, nisko ja, susreće stalno opet sebe samoga, nisko ja.

oji apostoli i učenici pitali su Me kako se mogu osloboditi vezanosti i težnje za priznanjem:

Vi ćete se osloboditi vezanosti i težnje za priznanjem ako ljudima oko sebe dopustite slobodu, a svoje razmišljanje usmjerite na sebe da biste ostvarivanjem i ispunjavanjem zakona Božjih postigli svjesno sinovstvo i kćerinstvo Božje, jer u Bogu sva bića žive slobodno. Ona nisu vezana ni za što i ni za koga. Ona su bogata jer ispunjavaju zakon Božji.

Ne ispunjavaju li duša i čovjek zakon Božji, tada će osiromašiti i vezati se za ljude i stvari koje ih okružuju i koje će im prilaziti.

Tko dopusti da njime upravljaju svakodnevna zbivanja i ljudi, taj je ispustio iz ruke svoje životno kormilo i nema dara razlikovanja. Takvi se ljudi odvajaju od jednoga i vezuju za drugoga.

Poštujte sljedeći jednostavni princip:
Uzdaj se u Boga, Vječnoga. Ne očekuj ništa od svojega bližnjega, tada se nećeš razočarati.

e trebate praviti usporedbe ni s čim i ni s kim. Jednako pretpostavlja jednako.

Spoznajte, Unutarnje svjetlo, Krist u vama, koji Ja Jesam, neusporediv je.

Tko je probuđen u svjetlu istine, on više ne uspoređuje - on jest.

Mnogi su ljudi uvijeni u tamu jer se potpuno otvaraju u vanjštini. Oni nemarno prolaze pored svojega bližnjega ne znajući da prolaze pored Boga.

Tamni, a time i slijepi, kakvi jesu, oni se ogrješuju o najviše životne snage, o zakon spasenja. Oni ne znaju za svoje najunutarnjije, za skupocjeno blago, za dragulj, koji je poput Boga, iz kojeg su duhovno rođeni i tako postali božanski.

Stoga učite hodati u svjetlu, u Vječnom bitku. Očuvajte svoj život tako što crpite iz života. Pođite u tišinu, postanite tihi i djelujte iz tišine. To je istinsko djelo; to znači biti ispunjen Bogom.

Ono što čovjek zrači, to on privlači i samo to vidi. Svatko vidi sebe samoga u bližnjemu, onaj božanski i onaj nebožanski.

Ono što čovjek misli, to on susreće, jer jednako privlači uvijek jednako i vidi jednako.

Ti vidiš sebe samoga u svojemu bližnjemu.

To što vidiš i zbog čega se uzbuđuješ, to si ti, čovjek. Tvoje fizičke oči reflektiraju samo tebe samoga i ono što je oko tebe i što te uzbuđuje - a to si opet ti.

Onaj tko istinski gleda, istinsko sebstvo, gleda i vidi istovremeno zato što duhovno oko sve prozire i ima pregled svega.

Onaj tko istinski gleda, ima oko za istinski Bitak. On gleda u dubine života i u njima vidi sebe i svojega bližnjega i sav Bitak jer duhovno oko opaža sve jer je istovremeno oko vječnog zakona: istinski Bitak, istinsko sebstvo.

Onaj tko uistinu gleda ne sudi, jer on je mudrac koji gleda u dubine života i sve prozire. No onaj tko pogleda samo površinu života, taj sudi, jer još nije dokučio dubine života.

Onaj tko gleda ne poznaje pojmove jer on ne mora ništa shvatiti - on jest.

Onaj tko gleda nema mišljenje jer je mudar.

Tko jest, taj je u Bitku, a Bitak zna sve, jer je to On sam, sam sebe gleda i sam sebe opaža, zakon svemira, koji je sve u svemu.

udući da je Bog sve u svemu, sve je također Bog - u čovjekovoj duši i u svakoj stanici fizičkog tijela. Ako čovjek osjeća, misli, govori i postupa protiv Bitka, zakona, Boga, tad on postupa protiv samoga sebe.

Tko je protiv svojega bližnjega, taj je i protiv samoga sebe, jer u bližnjemu je Bog i u njemu samome jest Bog - sve u svemu.

Podcjenjuješ li svojega bližnjega, podcjenjuješ samoga sebe. Grdiš li svojega bližnjega, tada grdiš samoga sebe. Postupaš li protiv svojega bližnjega, tada postupaš i protiv sebe.

Spoznaj: ako je u tebi svemirska snaga, Bog, tad je i u tvojemu bližnjemu svemirska snaga Bog.

Ti, Bitak, biće u Bogu, jesi esencija beskonačnosti jer je i u tvojem bratu, u tvojoj sestri esencija beskonačnosti. Ti postupaš protiv sebe ako si protiv svojeg brata.

Tko je dakle protiv svojega bližnjega, taj je i protiv sebe samoga.

Suprotni pol je protivnik, koji je protiv Boga. Tako si i ti protiv Boga ako ne poštuješ Njegove zakone. Na taj način stvaraš sebi svoj vlastiti ljudski zakon - koji ti jesi, u kojemu živiš i koji utječe i na tebe.

Htjeti se vratiti Bogu znači vratiti se ljudima, naučiti ih poštovati i nesebično ih ljubiti. To je povratak u jedinstvo, jer Bog ujedinjuje sve.

U Njemu si ti i ja sam. U Njemu su svi ljudi i bića,
zviježđa i carstva životinja, biljaka i kamenja.

Ti si moj,
ja sam tvoj,
u toj se svijesti kreće
Vječni bitak.
Ja sam u svemu,
ti si u svemu;
sve što jest,
si ti i ja sam.

Ne postoji ništa u čistoti što nije u meni.
Ne postoji ništa u čistoti što nije u tebi.
Mi smo jedno u struji Jednoga, koji je vječan,
koji tebe i mene štiti,
iz kojega sam ja i ti jesi -
jer mi smo božanski.

On je spasenje i sigurnost
On je ljubav i zaštićenost.

Iz Njega sam ja,
iz Njega si ti.
Nas povezuje ono što jest,
Vječni i vječnost;
jer ti i ja
smo vječno božanski.

Ako ti je tvoj bližnji blizak, tad si ti Bogu blizak. Ako ti je tvoj bližnji dalek, tad si ti Bogu dalek. U svakom trenutku ti sam određuješ koliko ti je Bog blizak ili dalek.

Ako si naučio unijeti se u dušu svakog čovjeka, tad ćeš u samome sebi doživjeti osnovu duše svojega bližnjega i saznati što trebaju duša i čovjek. Samo time što se staviš u položaj svojega bližnjega, možeš ga razumjeti i postati jedno s njim.

Ako si svojega brata, svoju sestru doživio i gledao u sebi, tada kao da si gledao Boga; jer Bog je božansko u tebi i tvojemu bližnjemu.

Obaraš li svojeg brata - bilo u mislima ili mačem - tad kao da obaraš samoga sebe; jer je pozitivna strana tvojeg brata božansko u tebi.

Ako si protiv svojeg brata, tada si dakle protiv dijela svojeg brata u sebi.

To što danas razoriš, moraš sutra ponovo sagraditi.

Ja, Krist, kao Isus, učio sam Svoje apostole i učenike gledanje, koje je istovremeno opažanje, jer su osjetila duše i čovjekova osjetila organi opažanja.

Tko je produhovio svoja ljudska osjetila, taj gleda i čuje najunutarnjiji Bitak, svoje istinsko sebstvo, a njegova osjetila mirisa, okusa i opipa bit će usmjerena samo na ono što je božansko.

Gledanje je opažanje Bitka u struji Bitka. Hoćete li vježbati ispravno gledanje, božansko opažanje, da biste otvorili oko istine, koje je Bitak, tad potvrđujte - isprva još slijepi – Bitak, koji je u svemu što vidite.

Na taj ćete način iskusiti u sebi da Bitak ne poznaje razlike. No on ima dar raspoznavanja te gleda i shvaća različite stupnjeve svijesti evolucijskih faza koje sazrijevaju do savršenstva.

Ne pravite razlike među svojim bližnjima; jer ako vam je jedan od vaših bližnjih bliži od drugoga, tada drugoga odbacujete i umišljate da ste viši od onoga koji vam je konačno jednakovrijedan, taj drugi. Sve dok pravite razlike nećete postići sposobnost razlikovanja i stoga ćete u svojem mišljenju i postupanju različito reagirati jer niti vidite cjelinu u svemu niti ste u stanju opažati.

Potvrđujte u svemu cjelinu, tada ćete održavati red hrama i naučit ćete gledati i stupnjeve svijesti i postići dar razlikovanja te naučiti govor zakona, koji nije govor ljudi.

Govor zakona jest otvorena božanska svijest, kamen mudraca koji zrači u beskonačnost sve fasete istine i time zna sve, jer je on zakon, svemir.

Oko zakona ujedno je i uho zakona: to što gledaš, to i čuješ.

Tko gleda, taj sluša, registrira i reagira istodobno. Ono što gleda, to i registrira i to što sluša, to i čuje.

On gleda Bitak jer on je Bitak i čuje Bitak jer on govori Bitak, koji je život.

Tko je istina, taj vidi i svojega bližnjega kakav jest. On čuje to što njegov bližnji ne govori, a kad ovaj govori, on razabire iz toga što bližnji kaže, tko je ovaj.

Onaj koji gleda, prozire sve jer ima pregled nad svime. Svjetlo tvojih očiju jest svjetlo tvojega ja ili Ja Jesam.

To što vidiš i što te uzbuđuje, to si ti privukao.

To što prisluškuješ, što te uzbuđuje, to si ti privukao.

To što govoriš, ti jesi, a i s onima što jednako govore ti si skupa.

Refleksivno svjetlo tvojega fizičkog oka, tvojega fizičkog sluha, tvoje fizičke riječi i tvojih fizičkih želja i strasti jest svjetlo tvojega ja. Tim refleksijama svojega ljudskoga ja privlačiš jedino jednake ljude ili one slične sebi. Jednakog si nazora kao i ljudi koji reflektiraju jednako ili slično kao ti. On je ljudski i nema pristupa Nebu.

Pravi mudrac ne reflektira; on prožima sve jer je on vječni zakon, koji sve prožima.

Čisto prožima čisto, ne pravi razlike; čisto je čisto. Ono prožima svemir i sve čiste.

Božanski princip - odašiljanje i primanje – prožima svemir.

Nečisti u svojemu bližnjemu uvijek vidi samo sebe - svoje nečisto. On to zrači - on to jest.

Tko potvrđuje sebe, svoje nisko ja, taj razumije samo sebe, svoje nisko ja. Time je on na ljudskoj razini.

Tko jest, ne treba razumjeti jer je mudar. On je božanska esencija u svojemu bližnjemu, a njegov je bližnji opet božanska esencija u njemu. Obojica zrače jedan drugoga, i obojica zrače svemir, a svemir njih obojicu, a obojica i svemir zrače sav Bitak, oblikovani Bitak, duhovna bića i duhovna carstva prirode. A sav oblikovani Bitak zrači opet njih dvojicu, jer je sve u svemu sadržano. Ne postoje dakle razlike, samo sposobnost razlikovanja stupnjeva svijesti.

Kako gore tako i dolje.

Postoji samo jedan zakonski princip: to što odašilješ, to primaš.

Ništa što je vječno nije izvan tebe. Ono što je Nebo, vječni zakon, to je u tebi, to si ti, sebstvo, a to te i okružuje jer je sve sadržano u svemu i u svemu djeluje Bitak, zakon.

Ono što je na Zemlji - zgusnutost, materija - nastalo je prepolariziranim principom „odašiljanja i primanja", niskim ja, koje sebe obilježava osjećanjem, mišljenjem i govorom pojedinca. Ono što je čovjek prisvojio od ljudskoga, nebožansko je. To opterećuje njegovu dušu i njegovo tijelo; to on zrači. Preko nebožanskoga nastala je zgusnutost, materija, koja je samo zrcaljenje.

Božanski princip jest čisto – nebožanski princip jest nečisto, iz čega je proizišla materija. Božanski princip može zračiti kroz prepolarizirani, nebožanski, ljudski princip - nebožanski, ljudski, međutim ne može zračiti kroz božansko.

Budući da je božansko u materiji i zrači kroz materiju, ogledala koja tvore materiju kao cjelinu s vremenom će postati slijepa; jer prije ili kasnije promijenit će se svako ogledalo u apsolutnom principu zato što Duh prožima materiju i sjena ne može trajno postojati.

Tada će sve opet biti Bitak u struji Bitka.

Čisti koji žive u čistom principu, u struji Bitka, i utjelovljuju Bitak, apsolutni, čisti princip, govore jezikom praosjećaja koji se izražava u njima samima, jer su oni sami riječ istine, koja se u njima objavljuje.

Odašilje li čisti, tada čisti u sebi samome prima riječ čistoga jer je njegov bližnji - i jezik njegova bližnjega - božanski, a opet dio onoga koji prima. U božanskoj riječi sadržan je cijeli zakon, jer je sve u svemu cjelina.

Nečisti princip jest ljudsko ja; to je ono što je izvana; on je zgusnutost, ljudsko postojanje, ljudsko osjećanje, mišljenje, govorenje i postupanje - što je opet sam onaj koji ga odašilje i projicira na svojega bližnjega. Tada on i čuje samo govor svojega bližnjega, koji je opet i njegov govor, jer jednako privlači jednako.

Tvoji osjećaji, misli i riječi dio su tebe. Tako kako ih odašilješ, tako se oni i ponašaju prema tebi, tako ti se vraćaju. Kako dakle odašilješ, tako primaš i tako ćeš se ponašati i prema svojemu bližnjemu: pozitivno, božanski - ili nebožanski, ljudski.

Tvoji ljudski osjećaji, misli, riječi i djela utiskuju ti pečat koji si ti sam.

Tvoj životni svijet, koji se sastoji od zbroja tvojeg osjećanja, mišljenja, govorenja i postupanja, iz kojih proizlaze i tvoje čežnje, strasti i želje, stalno te prisiljavaju da jednako ili slično osjećaš, misliš, govoriš i činiš. Bit ćeš tako dugo spirala svojega ja sve dok ne iziđeš iz tog vrtuljka i ne odupreš se zavodniku - koji si ti sam, koji je tvoje ljudsko ja.

Zavodnik je tvoj mali, sebični svijet misli što se sastoji od bezbrojnih niti i užadi tvojega ljudskoga ja, koje te uvijek iznova uhvate i privežu za ono što osjećaš, misliš, govoriš i činiš. Samo sa Mnom, Kristom, možeš razvezati lance svojega ljudskoga ja da bi došao u vječni princip, u vječni zakon, Boga, koji sam sebe govori, jer postoji samo jedan princip: odašiljanje i primanje.

Spoznaj i doživi sebe kao principa Boga; tad ćeš prozreti spletke i dvoličnost protivnika. Jer on se ušulja u tebe preko tvojih ljudskih čuvstava i misli kako bi opustošio tvoj hram.

Zato nauči sljedeće i primi to k srcu: tvoja si misao ti. Ono čime opremiš svoju misao, to će ona prouzročiti u ovom svijetu, na tebi, u tebi i u tvojoj okolini.

Hoćete li se prepoznati u svojoj misli, tada stavite tu misao pred sebe na razmatranje. Razmotrite je pažljivo; tada ćete se začuditi koliko mnogo sadržaja ona skriva u sebi.

J a, Krist, kao Isus, učio sam Svoje apostole i učenike dalje: vaše je zemaljsko tijelo misaono tijelo. Onime što ste osjećali, mislili, govorili i činili u prethodnim egzistencijama, a što niste očistili, time ste danas opremljeni.

Vaše tjelesne stanice i tjelesni organi, što se formiraju još u majčinom tijelu, obilježava duša koja se priprema useliti u kuću. To što trebate očistiti u ovom zemaljskom životu, to obilježava vaše tijelo od rođenja. Hoćete li saznati što ste sa sobom donijeli i što je iz onoga života, tada čitajte svoju životnu sliku: skalu svojih ljudskih osjećaja, misli, riječi, djela, želja, strasti i čežnji.

Spoznajte: duša dakle donosi sa sobom svoj pečat i još u majčinom tijelu obilježava svoje tijelo. Iako su moždane stanice djeteta još bez pohrane, ipak je to što čovjek saznaje u ovom životu već pohranjeno u tijelu, u tjelesnim stanicama.

Duša koja se priprema za utjelovljenje već pri oplodnji unosi u prvu diobu stanica ono što je donijela sa sobom - to što je za nju važno u ovome zemaljskom životu. Ona dakle određuje svoje tijelo već u majčinom tijelu.

Svijetla duša određuje finu strukturu čovjeka, plemenite crte, koje se mogu primijetiti tek u kasnijim godinama kada tijelo odraste i čovjek otkrije finoću duše. Kakva je struktura tijela, tako čovjek i vibrira; tako on i zrači; takav i jest; tako se i ponaša.

Opterećena duša određuje grublju strukturu koja je već i u mladim zemaljskim godinama zamjetljiva, često onda kada zemaljsko ruho stupi u razvojnu fazu puberteta. Pritom nije uvijek važna tjelesna debljina, naročito ne u razvojnoj fazi puberteta.

Međutim slučajevi ne postoje; zato i nije slučajno da jedan ima finiju strukturu, drugi grublju; da je jedan finih udova, drugi teži, da je jedan siromašan, a drugi bogat; da se jedan rodi bolestan, drugi zdrav.

Vrlo malo ljudi razmišlja zašto je tako kako jest. Za većinu je važno da je njima dobro. Bližnji, koji prosjači kraj puta, koji leži bolestan ili kojega ljudi oko njega zlostavljaju i preziru, zanima vrlo malo ljudi - jednako tako ponaša se masa ljudi prema životinjskom i biljnom svijetu.

Također i nezainteresiranost spada u zakon „Što siješ, to ćeš žeti". Tko vidi da ljudi zlostavljaju ili ubijaju ljude; tko vidi da ljudi zlostavljaju ili ubijaju životinje i oskvrnjuju prirodu; tko vidi da se ljudi svjesno ogrješuju o zapovijedi Unutarnjega života i zatvori oči, dakle ne prigovori - taj nije bolji od počinitelja. Zračenje njegove duše, njegovo ponašanje i njegov oblik tijela pokazuju jednako tako tko je on.

Iako je Zemlja sama materija i sve na njoj materija, strukture pojedinih ljudi i svih ostalih oblika života pokazuju znatne razlike. Svaki čovjek dakle sa sobom nosi iskaznicu duše. Struktura tijela identificira ga u tom pogledu, onako kako se čovjek tada ponaša, onako kako je stvoren: fin, plemenit, pun razumijevanja - ili surov, grub i netolerantan.

„Po plodovima ih trebate prepoznati" među ostalim znači i: čovjek pokazuje tko je - onim što kaže, kako to kaže, što čini i kako to izvodi, kako se oblači i kime ili čime se okružuje.

On u svemu jasno pokazuje ili atribute Ja Jesam, unutarnjeg bića - ili atribute opterećene duše.

Tko u svojim mislima sudi o svojemu bližnjemu, jer smatra da je bolji od svojega bližnjega, taj je štoviše još gori. To što on želi sakriti u svojim mislima, to on jasno izlaže svojim atributima i svoju neiskrenost vidljivo pokazuje pravom mudracu. Jedan govori slatko, a misli kiselo i pokazuje se kao lukavac koji prima svoje vlastite udarce. Ljudi obilježeni neiskrenošću šuljaju se uokolo, lukavi su, žele sve oslušnuti da bi se zatim uzdigli iznad ljudi oko sebe dok o njima govore slatko - zapravo kiselo - i omalovažavaju njihov život i postojanje.

Iskreni, koji sve oslovljava jasno i neosobno, nije ponosan, ohol. Čestiti su ljudi iskreni, ljudi jasnog uma, koji su dalekovidni.

Uzvišeni, ljudi koji sebe pokazuju, dakle ljudi koji si umjetno nameću visok položaj, jesu ljudi nejasnog razmišljanja, koji svoju uskogrudnost skrivaju tako što govore mnogo o sebi, uslužno i marljivo rade. To su vlastoljupci i ljubomorni koji imaju malo unutarnjeg života - ali utoliko više izvanjskoga privida.

Ljudi okrenuti prema van traže izvanjski sjaj i stvaraju sebi ono što većina ljudi nema: bogatstvo. To su ljudi grube strukture koji se i prerušavaju i zaogrću u purpur, zlato, baršun i svilu da bi prekrili ono što jesu: grubi, vlastoljubivi, ljubomorni, zavidni i netolerantni.

Svejedno čime se čovjek nastoji sakriti - čovjekova je iskaznica uvijek njegovo mišljenje, govor i činjenje; i onda kad se ponaša intelektualno i razmeće znanjem i ukrašava riječima koji finom čovjeku nisu svojstveni, jer on je fin te se tako i ponaša - plemenito. Riječi plemenitoga sadrže sjaj nutrine, jer i njegovo osjećanje i mišljenje nosi sjaj svijetlih svjetova.

To i drugo učio sam Svoje apostole i učenike. Stalno je međutim prethodila opomena: tko sudi o svojim bližnjima i osuđuje ih, gori je od onoga koga je osudio.

Učenja iz Apsolutnoga zakona i iz kauzalnoga zakona kao i daljnje slikovite upute davao sam Svojim apostolima i učenicima da ponesu na svoj životni put - za samospoznaju i spoznaju. Jer tko spozna sebe samoga i spoznato očisti, taj postiže sposobnost razlikovanja dobra od zla.

Neke od Svojih apostola i učenika poučavao sam odašiljanju osjećaja, misli i riječi. Istovremeno sam ih upozorio na opasnosti koje leže u bavljenju energijama osjećaja, misli i riječi, dakle u odašiljanju i primanju.

U sadašnjosti [1991] mnogi ljudi slušaju i čitaju Moju riječ, koja Ja, Krist Božji, Jesam, i koju dajem preko Svojeg instrumenta. Sve koji Me čuju preko Mojeg instrumenta ili čitaju Moje riječi također upozoravam na opasnosti koje djeluju u odašiljanju i primanju osjećaja, misli i riječi.

Svaki je osjećaj, svaka misao i svaka riječ odašiljač koji traži sebi odgovarajući prijamnik da bi se ostvario.

To što čovjek odašilje naći će prijamnik koji se sastoji od jednakog ili sličnog misaonog potencijala. Budući da svaki prijamnik sadrži i odašiljač, njega potiče onaj koji odašilje i odašilje natrag opet jednako ili slično. Ovom razmjenom misli nastaje sve veći odašiljački kompleks, program koji će potom i duša prihvatiti kao opterećenje, kao uzrok. Iz toga proizlaze udarci sudbine, bolesti i nevolje koji odgovaraju onome od čega se sastoji kompleks ili kompleksi, opterećujuće ili opterećenja.

Protivnik nastoji upravljati čovjekom tako da ovaj neumorno misli protivno i da zbog toga protivno i prima. Time se u čovjekovu mozgu i u njegovoj duši izgrađuju komunikacijska polja, koja on zatim i sam koristi. Preko negativnih komunikacija, koje - dok je duša opterećena - pripadaju i njegovu odašiljačkom potencijalu, događaju se takozvana ubrizgavanja, znači da protivnik pušta da njegove želje i njegova volja utječu u čovjekove tekuće negativne programe.

Tko to dopusti, njegov će se život mijenjati sve više i više u negativno. Na kraju on neće više prepoznati jesu li to njegovi vlastiti negativni programi ili protivnikovi ili od duša koje vise na njemu da bi preko čovjeka ispunile ono što nekada u zemaljskom postojanju, u svojim utjelovljenjima, nisu bile u stanju.

Čuli ste: sva su bića i sav Bitak komunikacijom povezani jedno s drugim. Princip komunikacije glasi: odašiljanje i primanje.

To što duhovno biće odašilje, može se vidjeti kao savršena slika tamo kamo je odaslalo, npr. u duhovnom biću koje prima.

Svaki je kozmički impuls zakon koji se očituje kao savršena slika. Svaki je kozmički impuls proživljeni zakon i stoga je prožet svjetlom i snagom. Impuls koji duhovno biće odašilje nikad ne promaši prijamnik, jer je impuls slika koja je Ja Jesam, život.

U prepolariziranom, sotonskom principu zbiva se slično: odaslano ljudsko ja jednako je tako slika. Što više odašiljač živi taj impuls, ljudsku sliku, to je više ona prožeta onim koji odašilje. Što je više odašiljući živi, to mu se brže ona vraća.

Zakon glasi: To što odašilješ dolazi od tebe i ti to živiš.

Prepolarizirani princip kaže: to što misliš i govoriš moraš razumjeti u sebi, to moraš slikovito doživjeti u sebi, to će ti tada to brže prići. Tko izvede taj prepolarizirani princip, koji je zadao demon, morat će ga podnositi.

Kamo čovjek odašilje, odatle prima odgovor. Za odašiljanje izvan Vječnog bitka moraju duša ili čovjek pružiti odgovarajuće protuusluge.

Spoznajte i shvatite: duša koja ide u utjelovljenje gradi svoje nastajuće tijelo već u majčinu tijelu. Organi i tjelesne funkcije već tvore magnete za materijalno zračenje. Čim se dijete rodi, dojenče prima od duše preko organa i tjelesnih funkcija zračenje duše. Time duša stupa u neposrednu vezu s tijelom.

Sve dok dijete nije u stanju razlikovati dobro od zla, roditelji snose odgovornost za svoje dijete. Tako kako se oni ponašaju s dojenčetom, kako s njime postupaju, što mu govore ili o čemu razgovaraju u njegovoj prisutnosti - to dojenče isprva prima preko organa i tjelesnih funkcija. U daljnjem tijeku ukorjenjivanja duše u tijelo tjelesne funkcije utiskuju se u moždane stanice djeteta.

Spoznajte: jednako privlači jednako. Nije slučaj da dijete dolazi upravo u obitelj u kojoj se sada rodilo. Stoga se dobar ili manje dobar razvoj djeteta ne može povezivati samo s roditeljima, nego s ukupnim energetskim volumenom obitelji. Jer kad duše kao ljudi, dakle u svojem utjelovljenju stvaraju obitelj, tada svi članovi obitelji imaju zadaću provjeriti svoju obiteljsku odašiljačku stanicu i od nje načiniti ono što će pojedincu pomoći da postane duhovni čovjek.

Obitelj - dakle svi članovi obitelji - tvori mjesto rođenja, ili za pozitivno ili za negativno, za i protiv, koje se potom prenosi na sljedeća utjelovljenja pojedine duše. Gdje će biti duša nakon ovog utjelovljenja, to odlučuje svaki čovjek sam. Jer svatko je odgovoran za ono što je kao duša ponio sa sobom iz područja duša i za to kako se kao čovjek ponaša u ovome zemaljskom postojanju.

To što duša sadrži, svjetlo ili sjenu, čovjek je sam sebi nametnuo. Članovi obitelji imaju jednako ili slično zajedno otplatiti ili zajedno podnositi. Stoga bi obitelj

*trebala biti klica dobroga, čistoga, lijepoga i plemeni-
toga.*

*Tko kontrolira svoju odašiljačku i prijamnu stanicu,
shvatit će što odašilje. Taj onda zna i što prima. To što
prima, to je on danas i to će biti i u budućnosti - ili
svjetlo i sloboda ili tama i vezanost, iz čega opet proiz-
laze patnja, bolest i nevolja.*

*Protivnik želi da čovjek neumorno odašilje protiv-
no da bi ga - prema zakonu „Što siješ, dakle odašilješ,
to ćeš žeti, dakle primati" - vezao za sebe i za kotač
ponovnog utjelovljenja. Vezujućim ponašanjem čovjek
vezuje za sebe i slabije i vuče ih takoreći opet naniže,
znači preko kotača ponovnog utjelovljenja u sljedeća
utjelovljenja. Tada je moguće da se u jednome drugom
utjelovljenju sadašnja obitelj ponovno nađe na okupu
samo u drugačijem sastavu - otac ili majka mogu sada
biti djeca nekadašnjeg djeteta.*

*Tko samoga sebe ne spozna, taj ne poznaje ni ono-
ga nasuprot sebi; on će time biti podijeljen - jednom za
Boga, onda opet protiv Boga. Tako on ostaje trska koja
se njiše na vjetru, kojoj je zatvoren pogled za istinu.*

*Dvostruko ili višestruko podijeljeni zovu „Gospodi-
ne, Gospodine", pa ipak nisu kod Mene. Oni jednom
hoće pripadati Meni, onda opet svijetu. To su neodluč-
ni koji govore o svjetlu istine, ali ne žive u svjetlu isti-
ne i ne poznaju svjetlo istine. Oni govore o kraljevstvu*

nebeskom, ali su daleko od njega jer žive udaljeni od Boga. Oni su jednom topli, onda opet hladni; oni nisu pouzdani jer se ravnaju po mijeni vremena i po onima koji su jednaki kao i oni: jednom topli, pa opet hladni.

Dvostruko ili višestruko podijeljeni imaju još malo svjetla u svojim dušama. Oni ostaju vezani za kotač dolaženja i odlaženja dok ne dostignu jedinstvo sa svim životnim oblicima i time budu jedno s Bogom i sa svim bićima i ljudima.

udi sebstvo u svakom osjećaju, svakoj misli i u svakoj riječi i u svemu što činiš. Tada se ne trebaš naslanjati na svoje bližnje, ti si jedno i jedinstvo u jedinstvu, jer ti si sve što je vječno.

O sutra se brine samo onaj tko nije svjestan istinskoga sebstva u svojem osjećanju, mišljenju, govorenju i postupanju. Moraš razviti Bitak, sebstvo, u svojem osjećanju, mišljenju, govorenju i postupanju da bi tada mogao govoriti jezikom Bitka, sebstva. Tada ćeš osjećati, misliti, govoriti i postupati sebe samoga jer si ti pravo sebstvo, Bitak, sveobuhvatni zakon.

Ti, istinsko sebstvo, jedinstvo u Bogu, tada si opet kao cjelina u svakom osjećaju, u svakoj misli, u svakoj riječi i u svakom postupku.

Jer zakon, Bog, jest nedjeljiv - on je sve u svemu. Onako kao što si ti Bitak, sebstvo - sve u svemu i u svakome sve - tako si ti sve i u svakom osjećaju, u svakoj riječi i u svakom postupku. Ti sam si kao esencija u onome što izlazi iz tebe.

Odašilješ li sebe, istinski Bitak, istinsko sebstvo, zakon, Boga, tada si u komunikaciji s istinskim Bitkom, sa sebstvom, sa zakonom.

Kamo ti, istinski Bitak odašilješ, tamo se izgrađuje zračenje tvojeg sebstva kao slika i oblik, također i u materijalnom svijetu, na Zemlji. S vremenom dolazi do djelovanja onoga što si ti, sebstvo, izgradio u zračećoj slici i u zračećem obliku. To što tada bude povratno zračilo na tebe i tvoju okolinu i što se time bude manifestiralo na Zemlji, ponovo je vječni zakon, sebstvo, Bitak.

Tvoje istinsko sebstvo, tvoj božanski mentalitet, to su tvoje božanske sposobnosti, to si ti sam kao biće u Bogu. To što jesi i što odašilješ, to se realizira, jer svaki osjećaj, svaka misao i svaka riječ sazrijeva da bi se ispunila. To je zakon odašiljanja i primanja.

Na Zemlji se može dakle izgrađivati kako pozitivno, božansko, tako i suprotno, mračno. Ti to određuješ, jer ti si onaj koji određuje za sebe i za svoju okolinu - i ti sam pridonosiš izgradnji svjetla ili propasti materijalističkog svijeta.

Spoznaj dakle što znači odašiljanje i primanje: u potencijalu odašiljanja i primanja istovremeno je odgovornost za tebe samoga. Što odašilješ, to ćeš i primati. Ono što teče iz najdublje nutrine, ulazi opet u najdublju nutrinu i izgrađuje se kao svjetlo i snaga u vanjštini.

Ni jedno odašiljanje ne promašuje svoj cilj, jer je odaslano svjesno cilja. U svemu što se odašilje nalazi se cilj.

itava beskonačnost izgrađena je na Ocu Majci principu, na polaritetu i dualnosti, na odašiljanju i primanju, na pozitivnim i negativnim polovima. Taj se princip izgrađuje i na evolucijskim stupnjevima minerala, biljaka i životinja, sve do savršenoga duhovnog bića.

Pad je prisvojio božanski princip i primijenio ga na sebi. On je poduzeo sljedeću prepolarizaciju: iz božanskoga „Poveži i budi" postalo je „Razdvoji, veži i vladaj".

Znači da misao pada ima također sposobnost da samu sebe ostvaruje, dakle da izvrši ono što joj je zadano. Zadano se vraća opet onomu tko odašilje po principu odašiljanja i primanja.

Prepolarizirani princip postoji tako dugo dok su ljudi za njega prijamne stanice, dakle prijamnici koji opet odašilju jednako ili slično.

Ja, Krist, kao Isus, došao sam ljudima da ih učim zakon Božji i da ga za primjer živim: Poveži i budi.

Ja Sam Krist, Duh što se objavljuje, koji ponovo poučava: Poveži i budi.

Preko voljnih ljudi, Ja, Krist, preobražavam zakon pada, zakon Razdvoji, veži i vladaj.

Ja preobražavam sve protivno u božansko. Niske energije transformiraju se u visoke, čime se zakon pada - Razdvoji, veži i vladaj - raspada i sve je ponovno Bitak, čisti, vječni zakon: Poveži i budi.

Čovjek u promjeni od protivnoga k božanskomu, od „ja hoću" ka „Neka bude", postaje sve finiji u svojoj strukturi. On se uzdiže k istinskom Bitku, koji nema misao.

Svaka je misao sadašnjost, prošlost i budućnost u jednome, a nosi je održavajuća energija, duhovna svijest.

Sadašnjost je svijest. Prošlost i budućnost su podsvijest. Duhovna svijest jest život, održavajuća energija koja preobraženjem postaje ponovno tekuća Božja snaga.

Tko živi u Meni, Kristu, kroz njega živim Ja.

On je postao mudar i nije mu više potrebno mišljenje njegovih bližnjih, jer on sve prozire i sve zna. On više nije ni stvaratelj mišljenja, jer: tko misli, taj ne zna. Pravi mudrac zna i ne misli.

Čovjek probuđen za neosobnost pronašao je kamen mudraca. Iz svega što se govori, on čuje zakonitost i u tome prepoznaje opet cjelinu, jer se vječno, istina, priopćuje uvijek cjelovito.

Budući da je sve u svemu sadržano, da biste dospjeli do spoznaje svemirskog Jedinstva, trebate poštovati sljedeće:

Što god siješ, u tome Sam i Ja.
Kamo god ideš, tamo Sam i Ja.
Što god dakle siješ, gdje god siješ –
u svemu Sam Ja.
Kuda god ideš - Ja idem s tobom.

Ti Sam Ja, jer Ja Jesam u svemu;
i Ja si ti, jer Ja sam u svemu.
Ti si tu i tamo, i Ja Sam tu
i tamo.
Ne postoji dakle mjesto
gdje nisam Ja i gdje nisi ti.
Stoga nađi se u Meni,
a Ja Sam Ti u tebi.
Kuda ti misliš - tamo Sam Ja,
Što ti govoriš - u tome Sam Ja.

Kome god govoriš, to sadrži Mene, sebstvo, Ja Jesam - koje i ti jesi, koje je u tvojemu bližnjemu i koje je u svim stvarima, događajima i zbivanjima.

To je zakon. Tako su mislili i tako misle, tako su živjeli i tako žive proroci Božji.

apamtite: ne možete služiti dva gospodara. Jednako tako ne možete ni dva čovjeka različito ljubiti. Tko to čini, taj će jednoga prihvatiti, a drugoga prezrivo odbiti.

Zbog toga zapovijed života glasi: ljubi svakoga i sve jednako. To je neosobni život; to je Nebo, koje dolazi na Zemlju.

Ujedinjeni je sebstvo, on je jedinstvenost, on je postao svjetlo, on je božanski, jer on živi u struji, u Bogu. On živi u Meni, a Ja živim kroz njega i mi se poznajemo jer poznajemo Boga, jer smo božanski.

ko sije na Duha Božjega, taj će i žeti od Duha Božjega.

Tko sije na čovjeka i na ljudska djela, taj će i žeti samo od čovjeka i samo ljudsko. Jedno je vječno - drugo prolazno.

*Č*ovjek i materija samo su projekcije nutrine. Kako čovjek misli, takav je. To je projekcija njegova osjećajnog i misaonog svijeta, njegovih riječi i postupaka.

Stoga se privid ne može nikada podići protiv Bitka, nikada sjena protiv svjetla. Sjena se na svjetlu raspadne.

Duh našega vječnog Oca jedina je realnost, jedina stvarnost, koja jest i vlada vječno.

Na ovoj svetoj, vječnoj svijesti, Bogu, razmrskat će se materija i razbiti svi koji se vezuju za materiju.

*K*ao Isus iz Nazareta, Ja sam poučavao Svoje: doći će vrijeme u kojem će sve više ljudi uranjati u svjetlo istine, u Ja Jesam. Oni će živjeti u Ja Jesam, u Meni, Kristu, i na ovoj Zemlji utjelovljavati Unutarnje svjetlo i Unutarnji život, koji Ja Jesam.

Ja Sam put, istina i život. Ja dolazim Svojima i donosim im Ja Jesam. No Ja neću više dolaziti u tijelu; Ja ću u Duhu biti među njima - među onima koji nose svjetlo, Ja Jesam.

Ja, Krist, došao sam u Isusu na ovaj svijet da služim ljudima, a ne njihovu ljudskomu. To isto vrijedi za sve istinske proroke. Oni su došli na ovaj svijet služiti ljudima, ne njihovu ljudskomu.

Tko se drži vječnih zakona, taj će se ponašati jednako kao što sam se ponašao Ja i svi proroci. Mi smo došli na ovaj svijet da bismo služili ljudima, ne njihovu ljudskomu.

Mojim spasiteljskim činom raspast će se nisko ja i sve što je ono proizvelo.

List se okrenuo. Ne raspada se Božje stvaranje kao što je neprijatelj dobra imao za cilj: raspadanje božanskog stvaranja da bi sam bio Bog. Raspada se ljudsko ja i sve što je ono proizvelo i što proizvodi.

Neka se list okrene u svakome od vas: otpustite ljudsko, nisko ja - tada ćete pronaći Ja Jesam, u kojem Ja, Krist, živim i Jesam.

Kristov Božji Duh, koji živi u Ocu, mora doći do punog procvata u ljudskoj duši.

Čim duša uroni u savršenstvo, u struju Vječnog bitka, i čovjek će znati istinu i izraziti je u mislima, riječima i djelima, jer on tada crpi iz svijesti savršenstva, iz Vječnog bitka.

Ako duša i čovjek još nisu razvili Kristov Božji Duh, koji živi u Ocu i prebiva u svakoj duši, tada čovjek neće razumjeti vječne zakone koji su istina. Pa ipak, Duh je živi izvor u svakoj duši i u svakom čovjeku. Unatoč tami i ignoranciji ljudskoga ja, Sveti Duh ostaje u duši i čovjeku.

Tko Mene, Krista, samo primi, a ne prihvati u svojem srcu, taj postaje sudac samomu sebi.

Tko Mene, Krista, ljubi, taj ljubi i svoje bližnje. Tko Mene, Krista, ne ljubi, taj ne ljubi ni Oca ni Njegovu djecu, ljude, koji su među sobom braća i sestre.

Ljubav je zakon života. Tko nesebično ljubi, taj živi. Tko ne ljubi nesebično, taj ne živi, on se uputio među duhovno mrtve.

Svatko tko teži nesebičnoj ljubavi, prepoznaje glas ljubavi preko ljudi i preko svih stvari, jer Bog je sve u svemu, zakon, glas ljubavi.

Ostanite u Mojoj ljubavi, jer Moja je ljubav ljubav Oca Majke Boga.

Tko se drži zapovijedi nesebične ljubavi, taj ostaje u Mojoj ljubavi i jest u ljubavi vječnog Oca.

Uistinu, uistinu, Ja vam kažem: tko ove Moje riječi čuje i pročita te shvati smisao toga što sam mu Ja zapovjedio i ispuni ga, taj je uistinu mudar čovjek, koji gradi na Meni, stijeni Kristu.

Velika
kozmička učenja

ISUSA
iz Nazareta

Svojim apostolima i učenicima
koji su ih mogli shvatiti

S

Gabrielinim
objašnjenjima

JA JESAM alfa i omega, početak i kraj materijalnog univerzuma i područja duša.

Vi trebate sazreti u Meni i sa Mnom u vječni život, gdje Sam Ja u Ocu, tako ste i vi sa Mnom u Ocu. Tamo nema ni početka ni kraja, jer Bog jest i mi smo u Bogu. Jer Ja, Krist Božji, uzdižem sve u svjetlo istine.

Gabriele, proročica učiteljica i izaslanica Božja, objašnjava:

Alfa i omega. *„Ja Jesam alfa."*

Alfa u Bogu znači početak stvaranja oblikovanoga čistog Bitka. Bog, Prasnaga, izdahnuo je – i bilo je. Vrlo postupno oblikovala su se iz neiscrpnog izvora Prasnage duhovna sunca i planeti, duhovna bića, životinje, biljke i minerali. Taj je božanski nebeski mehanizam, koji se vječno proširuje, vječni, neprolazni Bitak – naša domovina.

Bog, snaga, svjetlo, ne zna za početak. Bog, svjetlo i snaga, bio je i jest vječno, jer Bog jest.

„Ja Jesam alfa i omega, početak i kraj materijalnog univerzuma i područja duša."

Alfa je početak i za razine pada. Padom su nastala i područja duša i materija. Zbog misli pada pali su dijelovi duhovnih zviježđa; oni su se odvojili od čistog Bitka i oblikovali se izvan njega. S njima su pala bića pada, a s njima također prirodna carstva, jer je život u Bogu cjelina. U život spadaju zviježđa, bića, životinje, biljke i minerali. To je jedinstvo u Bogu. I Bog je bićima pada dao jedinstvo da ponesu sa sobom na svoje putovanje u materiju.

Bog, naš vječni Otac, dopustio je pad jer svako dijete ima slobodnu volju. On je bio i jest sa Svojom odmetnutom djecom. Njima su i dalje dotjecali i dotječu Njegovo svjetlo i Njegova snaga.

Sve što jest, život je iz Boga, jer je Bog život. Tako je Bog i u zgusnutosti, u materiji; jer On je život koji je sadržan i u materiji.

Budući da je Bog u svemu, Bog je i u početku, u alfi, a jednako tako i u svršetku zgusnutosti, u omegi.

Preko Krista, Njegova prvogledanoga Sina, koji je Suvladar Nebesa, koji je jedno s Njim, sve se preobražava i vodi natrag u vječno svjetlo. Bog, strujeće svjetlo, ne poznaje ni početak ni kraj, jer On jest. Iz Njega, strujećeg svjetla, nastao je On kao biće - iz Sebe, strujećega svjetla, On je stvorio i nas, čista duhovna bića, Svoju djecu. Mi smo Njegove slike i prilike, oblikovano svjetlo.

Bog je Bog Otac Majka. U principu Oca Majke leži veliki magnet srca za djecom. Zbog toga je On stvorio oblikovani Vječni bitak, Nebesa, sa Svojom djecom, s duhovnim obiteljima, koja opet žive u velikoj Božjoj obitelji.

Dualni princip je poput Oca Majke Boga, davajući i primajući. Otac Majka Bog jest Praotac. Duali se nazivaju dualni otac ili dualna majka – to su principi iz Boga: pozitiv, davajući muški i negativ, primajući ženski princip.

Bog je dakle u bića udahnuo davanje i primanje, onako kako On sam daje i prima.

Bog izdiše i udiše. Beskonačnost se neprestano širi. Nema zastoja. Bog i dalje stvara duhovna zviježđa. Iz povezanosti dualnih principa, iz davanja i primanja, proizlaze duhovna djeca tako da se nebeski Bitak, naša domovina, sve više i više širi i nastanjuje.

Svi mi, svatko pojedini od nas, u sebi nosi dušu. Ako se duša očisti, postat će opet svijetlo biće Nebesa, duhovno biće.

Na putu k Bogu mi se vraćamo u prastruju, vraćamo se u svoje duhovne obitelji, u duhovne rodove, odakle smo izišli. Tamo je naš istinski život. Tamo mi pripadamo i tamo ćemo opet biti – preko Krista, našeg Spasitelja.

Krist je krenuo na put da nas vodi natrag. On je ovom Zemljom pošao putom Golgote. On je darovao svakoj duši i svakom čovjeku iz Svojeg potencijala svjetla, koje nas vodi kući. Zbog toga duša može dospjeti k Ocu samo preko Krista, ni preko jedne druge snage – svejedno kako se ona zove. Krist je spasiteljska snaga i preko Krista put vodi natrag u Vječni bitak.

Krist kaže: *„Vi trebate sazreti u Meni i sa Mnom u vječni život, gdje Sam Ja u Ocu."*

„U Meni" za nas znači da dođemo do Krista da bismo uskrsli u Kristu i živjeli u Njemu.

Mi idemo Unutarnjim putom od stupnja Reda do stupnja božanske Ozbiljnosti da bismo u sebi upalili spasiteljsko svjetlo. Otvorimo li u većoj mjeri četiri stupnja: Red, Volju, Mudrost i Ozbiljnost, tada uskrsavamo u Kristu. Tada nas Krist vodi dalje k vječnom Ocu.

Moramo dakle doći do Unutarnjeg svjetla, do Krista. Jer Krist je naš put i naš cilj. On je Unutarnje svjetlo, Unutarnji život. Doći do Njega znači u sebi pronaći sebe same, istinsko sebstvo.

Riječima *„Vi trebate sazreti u Meni i sa Mnom u vječni život"* Krist se obraća svakomu od nas da nam kaže: „Dođi prvo k Meni. Nađi sebe u Meni; tada se sa Mnom kao Vječni bitak možeš vratiti u svijest Vječnog bitka."

Čitava beskonačnost može ležati u jednoj riječi. Koliko riječi, dakle poklona beskonačnosti, primamo od našeg Brata i Spasitelja, Krista, da bismo se vratili u život koji je u nama i koji nas sjedinjuje.

Jedan mali odlomak iz Apsolutnog zakona Isusa iz Nazareta mogao bi nam otvoriti sva Nebesa. Uronimo u riječi apsolutnosti da bismo opet naučili jezik nutrine, jezik našega istinskog Bitka!

Jezik čistoga duhovnog bića jest jezik svjetla, koji se odašilje i prima u slikama. Gledamo li u izjave vječnog zakona, naučit ćemo vrlo postupno jezik slike – jer je i naš ljudski jezik jezik slika.

Naučimo jezik Nebesa! Tada ćemo bolje razumjeti jedan drugoga, jer ćemo spoznati tko smo mi stvarno. Time ćemo stjecati sve više i više poštovanja prema svojem životu i prema svojemu istinskom biću, koje je beskonačnost u vječnosti.

Jezik Nebesa jest jezik ljubavi. Naučiti jezik ljubavi znači razumjeti svojega bližnjega, više ga ne podcjenjivati i svakodnevno si osvješćivati da je i u njemu pozitivni dio, Bog, neopteretivi Vječni. Bog je u našemu bližnjemu – a to što je u njemu, također je u nama.

Spoznamo li sebe kao Božjeg sina, Božju kćer, baštinike snaga beskonačnosti, tada ćemo u nutrini primiti i svojega bližnjega jer ćemo shvatiti da je on dio nas – jer je Bog nedjeljiv i u svakome od nas jest cjelina. Prihvaćanjem i razumijevanjem stvaramo komunikaciju sa svojim bližnjim i istovremeno stvaramo povezanost s Bogom. Tako učimo jezik Duha, jezik nesebične ljubavi – zakon Unutarnjeg života.

Iz izjave Gospodina: *„Vi trebate sazreti u Meni i sa Mnom u vječni život"* izvucimo riječ „sazreti". Što leži u toj jednoj riječi? Udubimo se u tu riječ. Dopustimo da ta jedna riječ u nama nastane kao slika.

Duh Božji nam je po smislu često govorio: „U posudi riječi jest smisao koji jedini oživljuje. U jednu riječ polažem beskrajno mnogo faseta života koji Ja Jesam. Tako je u jednoj riječi obilje, zakon Nebesa."

Budući da je to tako, Božja riječ jest blago koje želi da ga otkrijemo. Ticalima svoje nutrine možemo se udubiti u riječ tako da se u nama podiže kao slika ili kao osjećaj to što nam dnevna energija danas donese da saznamo, da spoznamo i da promijenimo.

To može teško uspjeti ako se posla prihvatimo samo intelektom, ljudskim razumom. Samo ako svojim srcem, svojom unutarnjom svijesti, shvatimo smisao riječi, postat ćemo svjesni nečega što nas obogaćuje i unapređuje na putu prema Bogu, svojemu izvornom biću.

Što nam dakle kaže riječ „sazreti"?

To je proces sazrijevanja od sjemena do žetve. Povežimo to s nama ljudima.

Sjeme je želja približiti se Bogu. Kako se približavamo Bogu? Moramo to sjeme stalno zalijevati i brižljivo njegovati biljčicu koja će izrasti iz njega – dok konačno ne postane veličanstvena biljka, veličanstveno stablo, Unutarnji život ljudi ispunjenih Bogom. Tako se naše sazrijevanje izvršava na Unutarnjem putu. Donese li stablo plodove, tada se ono pokazuje u svojoj punini, donosi zakon svoje vrste, zakon stabla.

Moramo dakle radom na sebi samima sazreti u vječni zakon kako bismo omogućili da se očituju plodovi ljubavi, naša baština.

Svaki čovjek – kao i svaka duša – sam određuje svoj duhovni razvoj. Zbog svoje slobodne volje on odlučuje kada će odložiti svoja opterećenja, ljudske, grješne načine ponašanja kako bi se pozitivni život, njegova duhovna baština, mogla ponovo sve više i više razvijati. Njegova duhovna svijest mora dakle postupno sazrijevati zato što je čovjek opterećen.

Priroda naprotiv zrelost nosi već u sebi. Ona iznosi svoju svijest iz sebe za nas. Ona ne mora prvo sazrijevati – biljka u vanjštini pokazuje samo ono što već u njoj leži: zrelost.

Snagom Sina i snagom Oca, Prasnage, zemaljski oblici snagâ stvaranja i djece stvaranja – Zemlja sa svojim kamenjem, biljkama i životinjama – doživljavaju preobrazbu.

Dragi bližnji, ako u sebi osjetimo da se nešto pokreće – imajmo na umu: ništa nam se ne događa slučajno, jer slučaj ne postoji. To čega postajemo svjesni – bilo u riječima koje čitamo odnosno slušamo – hoće nam nešto reći. To što osjećamo i vidimo u slikama, to nam govori; upozorava nas na nešto što je danas važno za nas, možda nam pokazuje put ili je znak upozorenja.

Ako uvažavamo tu uputu iz dnevne energije tako što je ostvarujemo, tada korak po korak napredujemo na putu postajanja i sazrijevanja.

„Tamo nema ni početka ni kraja jer Bog jest, a mi smo u Bogu."

Mnogima je Bog još nešto apstraktno, nešto veoma udaljeno. Naučimo sada osjetiti Boga u sebi u riječi „Bog"!

Što nam kažu ove dvije riječi: „Bog jest"?

Čitajmo riječi spokojno i svjesno. Onoliko koliko nam je to moguće, izgovarajmo ih glasno i dopustimo da zvuk u nama titra: „Bog jest." Što se podiže u nama?

To „jest" Bitak je vječno. Bog je vječno strujeći zakon; On nema ni početka ni kraja – On vječno postoji.

Shvatimo razliku: Bog je strujeći sveprisutni zakon. Otac, oblik, proizišao je iz Svojeg zakona. On je duhovno biće. U Svojem svjetlosnom omotaču i zračećoj snazi On je beskonačan i neshvatljiv. On je uzvišen.

Gdje je Bog?

On je u svakoj riječi koju izgovorimo. On je u svakoj misli, u svakom osjećaju, u svakom uzbuđenju. U svemu što činimo također je Bog jer Bog je Bitak, struja života koja sve prožima i sve održava. Bog je uvijek prisutan. Bog je u svakoj čestici naše duše, u svakoj stanici našeg tijela. Bog je u svakom gradivnom bloku materije. U svakom je pokretu Bog, jer Bog je život.

Dragi bližnji, uzmimo si zadaću da postanemo svjesni: Bog jest.

Kamo god idemo - Bog jest.

Što god nam prilazi – to je Bog.

Bog je na radnome mjestu. Bog je u našem radu. Bog je u našim razgovorima. Bog je uvijek prisutan.

On nas ljubi. Pouzdajmo se u Boga i mi ćemo izgraditi povjerenje u Njega.

Pozovimo Ga u svakoj situaciji. Iskrena molba za pomoć – i Bog dopušta da ga primijetimo.

U svakom problemu, u svakoj poteškoći, u svemu protivnome Bog je pozitivna snaga. U svakom grijehu Bog je ono čisto. Hoćemo li zamoliti za oproštenje, tada zamolimo Boga da nam pruži podršku – i On nam pruža podršku.

Bog nas zove pravovremeno kad griješimo; jer On je u našim čuvstvima, osjećajima, mislima, u našim riječima. On je uvijek tihi prisluškivač.

On nam dopušta slobodnu volju. Ali ako dijete dođe k Bogu, vječnomu unutarnjem prisluškivaču, tada će Bog oživjeti u nama i u onome za što molimo i pomoći nam riješiti naše probleme. On nam pomaže u vođenju razgovora. On nam pomaže na svakom koraku, jer Bog je ljubav, davajuća snaga.

Bog je Otac Majka princip, stvaralačka snaga i u prirodnim carstvima. Hodamo li kroz prirodu – mi hodamo s Bogom i hodamo kroz Boga, kroz Njegovu moćnu struju, kroz prirodu, koja je opet On.

Bog jest. Budimo toga uvijek iznova svjesni, tada to počinje živjeti u nama i također u našemu svakodnevnom životu. Ta zadaća i vježba – „Bog jest"– može nam pomoći. Ako, npr. prolazimo mimo ljudi i hoćemo ih podcijeniti, tada ćemo vrlo brzo primijetiti kako iznenada dolazi unutarnji poticaj koji kaže: „Stoj! U tvojemu bližnjemu Sam Ja. Poveži se sa svojim bližnjim i naučit ćeš razumjeti Mene, život u svemu – jer Bog jest.“

Ako se budemo stalno podsjećali na ovu zadaću, urastamo li u tu svijest – „Bog jest“– tada ćemo naučiti također razumjeti sebe. Tada ćemo steći i razumijevanje za ljude oko sebe i poštovanje prema prirodnim carstvima.

Riječi „Bog jest“ u nama bude i pojačavaju jasno osjećanje dobroga, božanskoga. S druge strane, jednako tako ćemo brže i u finijim nijansama prepoznati ono što je nebožansko, nisko ljudsko. Naučit ćemo jasnije razlikovati sebično od nesebičnoga. Naša savjest malo-pomalo reagira finije tako da postajemo sigurniji u svojim odlukama.

Nesebična ljubav jest istinski život, koji je božanski. Mi smo na Zemlji da bismo postali božanski, da bismo dakle postali nesebična ljubav. Gorko je sve ono što je ljudsko. Mi to ne primijetimo uvijek, često to osjetimo tek vrlo kasno. Ako se u dnevnim situacijama podsjetimo na „Bog jest“, tada ćemo postati senzitivni, tankoćutniji za svoje ljudsko, i pravovremeno ćemo saznati da bismo se trebali obratiti. Pod „ljudskim“ ovdje se misli na grješno protiv duše.

„Ja, Krist Božji, uzdižem sve u svjetlo istine."

Pogledajmo u riječ „istina". „Istina"– što nam ta riječ kaže?

Postoji samo jedna istina – a ona je Bog, a Bog je apsolutan. Ne postoji ništa za nadmudrivanje, ništa za pretresanje, ne postoji ni ako ni ali – Bog jest!

Istina je sigurna u samu sebe. Ona ne diskutira, ona se ne pravda. Ona objašnjava; ali ona se ne brani. Ona se ne mora dokazivati – ona jest. Ona je nezavisna, netaknuta od mišljenja, predodžbi, teorija i nazora. Istina jest i ostaje – neoboriva.

Ne možemo posezati za istinom da bismo je promijenili. Tko je mijenja za sebe, taj mijenja sebe samoga – ali nikada istinu.

Istina je apsolutna, uvijek daje i pomaže. Možemo se pouzdati u Boga, istinu. On je uvijek ovdje. On je uvijek prisutan.

U svim područjima našeg života, gdje god hodali i stajali – Bog jest!

Osvijestimo si to: Bog je ovdje da nam pomaže.

Duh istine želi nam pomagati i služiti. On želi da smo mi dobro. On želi da ozdravimo i ostanemo zdravi. On želi da smo sretni; jer On je sreća. On želi da smo miroljubivi i radosni; jer On je mir i radost.

U svakodnevnom životu osvješćujmo si sve više i više: što god činimo, kud god idemo – posvuda je Bog prisutan. Bog jest. On nas ljubi. On nam pomaže. On nam služi. On nam želi sve najbolje, jer On je naš Otac.

Tamo gdje je istina sve je otvoreno i očigledno. Istina nema tajni jer je sve istinito. Tajne ima samo onaj tko mora skrivati neistinu. Naučimo li postati istinoljubivi u svemu što mislimo, govorimo i činimo, tada ćemo doći do istine.

Riječ „istina" u sebi nosi čitav vječni zakon. Istina je naša duhovna baština; jer smo mi kao božanska čista bića oblikovani božanski zakon, i prema tome istina.

Postanimo istinoljubivi – istinoljubivi u svojem čuvstvovanju, mišljenju, govorenju i postupanju! Ponesimo ovo sa sobom u svoj zemaljski život:

Postani istinoljubiv u svemu što misliš, govoriš i činiš – tada ćeš pronaći samoga sebe i naći ćeš se u istinskom sebstvu kao vječno sebstvo u Bogu.

Ako smo prožeti istinom, ako smo dakle potpuno istinoljubivi, tada smo također nesebični, neosobni i sigurni. Tada imamo i snagu, a iz toga i odvažnost – da prema situaciji i stanju svijesti bližnjega – sve izgovorimo i oslovimo neosobno. Istina je nesebičnost; ona je neosobna i sve formulira neosobno.

U istini leži poštenje, iskrenost, iz čega opet proizlazi bratstvo i sestrinstvo, pravo bratstvo.

Istina je uvijek povezanost. Ona ne isključuje nijednog čovjeka, jer istina je jednaka jedinstvu.

Sve je sjedinjeno u Bogu. Ako nismo istinoljubivi, tada smo izvan zakona, izvan istine, i odvajamo se od svojih bližnjih.

Istina je također jasnoća, a jasnoća – odnosno istina - uvijek je jednostavnost.

Božji zakon jest jednostavnost, a sve jednostavno je genijalno. Stoga je to najveće.

Zakon, Bog, cjelina je u svemu. Osvijestimo si: u čestici prašine jest cijela beskonačnost. Razvijeni stupanj svijesti, razvijena faseta iz vječnog zakona, izražava se u obliku.

Razmislimo još jednom o našoj duhovnoj baštini i o slobodnoj volji:

naša duhovna baština sadrži slobodnu volju. Protivimo li se Bogu nepoštivanjem vječnih zakona, tada to spada u slobodnu volju. Bog nas neće sprječavati. Protivljenjem mi istupamo iz vječnog zakona i stvaramo sebi svoje vlastite zakone. Kako ih mi sebi stvaramo, tako živimo, tako mislimo, tako patimo. Čisti Bitak, zakon, više nas ne može voditi. Mi sami sebe odbijamo i udaljujemo se od Boga.

Bog se neće umiješati, On se neće umiješati ni u ovaj materijalni život, jer On nam je dao slobodnu volju. Snagom zviježđa promijenit će se mnogo toga – zapravo sve će se preobraziti zakonom koji smo mi ljudi sami stvorili: što siješ, to ćeš i žeti.

Bog je sloboda. A mi smo Njegova djeca – nismo ni vazali ni robovi. Božanski zakon, slobodna volja, čine nas djecom Božjom i baštinicima vječnog kraljevstva.

Dragi bližnji, budimo svjesni:
slobodnom voljom postajemo također slobodni vratiti se Bogu. Bog nas ne prisiljava ni na što. Bog, naš Otac, koji nas ljubi, uvijek nam neosobno daje snagu da u Njega vjerujemo, da Mu se povjerimo, Njega osjećamo, Njega opažamo, da bismo se tako približili Njegovu vječnom zakonu, svojoj duhovnoj baštini – sve dok ne počnemo potpuno ispunjavati Božje zakone i tako se kao savršene kapi vratimo u ocean Boga, u naš Vječni bitak. Slobodni. Kao što smo iz Vječnog bitka otišli, tako ćemo se i vratiti - slobodni. Tada se u Vječnom bitku možemo slobodno kretati jer smo slobodno i bez prisile opet postali baštinici Duha Božjega i djeca beskonačne, vječne slobode.

Još neka izlaganja o slobodi:
Čovjek je samoga sebe učinio onim što je on danas. Alat kojim se sklepao njegovi su osjećaji, misli, njegove riječi i postupci. Svaki čovjek svakog trenutka odlučuje o samome sebi.

Naše misli, riječi i postupci, naš cjelokupni stav prema ljudima oko nas i prema našem životu jesu zbog našeg opterećenja tako reći gruba dlijeta. Ispunjavamo li postupno Božji zakon, onda su naše misli osjećaji, misli, riječi i djela poput finijeg dlijeta.

To dakle znači da su naše ljudske misli – time se misli na grješne misli – grube i da nas u skladu s tim oblikuju. Obratimo li se vječnom zakonu, tada ćemo postajati sve finiji. Tada uzimamo finija dlijeta i klešemo svoj istinski Bitak.

Sami odlučujemo koja ćemo dlijeta upotrijebiti; gruba ili fina dlijeta.

Svakog sata, svake minute, svakog trenutka u danu odlučujemo se: ili za svoje previše ljudsko a time i za sotonsko; tada ćemo potpasti pod zakon pada – ili se odlučujemo za Boga; tada sve više i više urastamo u zakon Nebesa, u svoju duhovnu baštinu.

„Bog jest." Shvatimo li tu misao, tada više nećemo dopuštati svojim previše ljudskim mislima da idu svojim tijekom. Povezujemo li se uvijek iznova s Bogom i ispunjavamo li malo-pomalo Božju volju, tada uzimamo finija dlijeta. Postajemo finiji, jer postajemo plemenitiji. Duša nam postaje ljepša jer postaje čistija.

Riječi: „Bog jest" hoće stupiti u komunikaciju s najvišom sviješću, Bogom.

Možda steknemo iskustvo da nam se raspoloženje poboljša kad u svojoj nutrini probudimo svijest „Bog jest". Možemo se bolje usmjeravati i također bolje i koncentriranije raditi.

Potvrđujemo li uvijek iznova „Bog jest", tada je u našoj svijesti: hoćemo se približiti Bogu. On je zapravo u svemu, u svakoj misli, u svakoj riječi, u svakom poticaju i pokretu – u svakom je trenutku Bog. Ako si sada predočimo: „Bog jest" i toga uvijek iznova postajemo svjesni, tada u svojoj nutrini automatski prizivamo sljedeću rečenicu: „... i ja sam božanski."

Iz ove dvije riječi „Bog jest" proizlazi onda logično: „... i ja sam božanski."

Ova izjava – „Bog jest i ja sam božanski" – jest svijest, moćan izvor snage božanske energije. On u našoj duši dotiče nebožansko. Ono počinje pojačano vibrirati. Opterećenja koja leže preko božanskoga, čistoga, u nutrini – naše ljudsko pogrješno ponašanje, naši grijesi, naša sebičnost – počinju se kretati i postaju primjetljivi.

Tako nam božansko, kojemu svjesno težimo, u nutrini – i preko impulsa iz dnevne energije također u vanjštini - pokazuje gdje je još nebožansko. Npr. dolaze podcjenjivačke misli.

Ne bismo sad trebali to nebožansko koje se pojavljuje – dakle previše ljudsko – gurnuti na stranu govoreći: „Ne, ne, to sada više ne želim. Odlučio sam: Bog jest i ja sam božanski." Umjesto toga iskoristimo priliku da dokučimo to negativno, svoje ljudsko ja, svoje niže sebstvo, i promotrimo ga. – Odakle ono dolazi? - i očistimo ga s Kristom. Učinimo li to i poduzmemo li si da to više ne činimo, tada u našoj duši počinje djelovati svjetlo; ono počinje brisati ono što smo očistili ili što smo počeli čistiti.

Na Unutarnjem putu jedna zakonitost jest: zadamo li sebi Apsolutni zakon – „Bog jest" – tada apsolutno pokazuje naše nebožansko. Očistimo li ga, osjetit ćemo da u našu svijest dolazi više svjetla i više snage. Ostalo ljudsko sada se može dokučiti i razgraditi, problemi se mogu riješiti – istovremeno postajemo lakši, slobodniji, poletniji i dolazimo korak bliže našemu nebeskom Ocu.

Ako se dakle okrenemo Apsolutnom zakonu, tada nas dotiče i zakon sjetve i žetve. Taj zakon „Sjetve i žetve" jest kauzalni zakon. Uronimo li oslovljavanjem svemirskog zakona u kauzalni zakon, tada nam on pokazuje gdje smo još nebožanski.

Međutim, u Apsolutnom zakonu imamo oslonac. Poput mladice vezane za kolac mi se tako reći vezujemo za „Bog jest".

Svakako bismo trebali biti svjesni: prihvaćamo li božanski zakon, tada se obvezujemo očistiti ono ljudsko – odnosno grješno – što se podigne tako da bismo postali ono što slušamo, što čitamo i što potvrđujemo.

Okretanje prema riječima „Bog jest" može pokrenuti dosta toga. Tako je moguće da smo posao koji inače nerado radimo sada u stanju obaviti radosno i koncentrirano, jer smo se sjetili riječi „Bog jest". Što se dogodilo? U trenutku kad nam je palo na pamet „Bog jest" i svoje smo osjećaje položili u to, naša se duša pokrenula i pojačano počela komunicirati s Bogom.

Time je našoj duši priteklo više snage, snaga je potekla i u tijelo; naša se tjelesna vibracija povisila. Zbog toga nam nije više teško palo koncentrirati se i posao nam je išao lakše od ruke.

Vidimo: dotakne li nas to iskreno i duboko „Bog jest", tada nam se božansko približava. U istom trenutku pritječe nam povećana snaga. Tada prepoznajemo: Bog je prisutan. Bog, naš vječni Otac, uvijek nam pomaže ako mu se obratimo. U svakoj situaciji, sa svim stvarima koje nas svakodnevno zaokupljaju, možemo doći k Njemu, jer On nas ljubi.

Ako si ove dvije riječi - Bog jest - tijekom dana uvijek iznova predočimo, tada ćemo osjetiti Božju prisutnost u sebi i u svemu što činimo. U te dvije riječi leži svemir, jer Bog je svemir, On je cjelina: „Bog jest" jest dakle cjelina u nama.

Predočimo si Boga kao svjetlo i snagu u svojoj nutrini, kao svjetlo u svojim mislima, u svojim riječima i u svojim postupcima. Bog jest – Bog je svjetlo i snaga. I kažemo li „Krist" ili „Krist u meni", tada je to jednako kao da kažemo „Bog jest". Jer je Krist u Ocu Bog u četirima Božjim bitnostima. U tima četirima osnovnim Božjim snagama On je u Ocu sveprisutan.

Kad osjetimo „Bog jest" svjesno u sebi, to nam proširuje svijest. Shvaćamo više. Vidimo više. Otvaraju nam se stvari u daljnjem razvoju duhovnoga, dimenzije koje su nam kao čovjeku nepoznate i s ljudskog gledišta neshvatljive.

Obratimo li se svjesno Bogu i zahvalni smo što možemo u svojem životu iskusiti Njegovu prisutnost, Njegovu pomoć, tada se može dogoditi da kažemo: „Bog je u meni riješio jedan problem." No kako se to događa? On se ne umiješa neposredno u naš život, jer mi imamo slobodnu volju. Mogli bismo reći: Bog je u nama probudio problem; On nas je upozorio na naše pogrješke, na ono što trebamo očistiti da bismo problem riješili ili da bismo pridonijeli tomu da se problem riješi.

Drugim riječima rečeno: Bog nas je u problemu, u našoj poteškoći, upozorio na naše pogrješno ponašanje tako da prepoznamo što trebamo očistiti kako bi se problem riješio. Ili da prepoznamo svoj udio ako u tom problemu sudjeluje više njih.

Bog nas dakle upozorava na naše pogrješke. On sam ne rješava naš problem. Kad bi On riješio naš problem, tada ne bismo sebe spoznali i ponavljali bismo tu istu grješku uvijek iznova.

Iz povjerenja u Boga izrasta zahvalnost. Zahvalnost opet iskazujemo Njemu tako što iz dana u dan ostvarujemo to što nam donese dnevna energija. Jedino ostvarivanjem dolazimo do Boga, našeg Oca.

Doživjet ćemo mnoge situacije bilo u obitelji, bilo na poslu ili drugdje. No Bog jest – On je uvijek s nama. Ta svijest „Bog jest" trebala bi u nama pustiti korijenje. Tada ćemo uz sebe imati najboljeg pomagača.

Ja Sam život, Krist, Sin Božji. Tko u sebi dopusti da nastanem Ja, Duh života, Krist, taj je ponovo pronašao svoju duhovnu baštinu, koja je njegov vječni život. Tada se biće vraća kući Bogu, vječnom Ocu, jer je iz Njega.

Gabriele:

Jedan odlomak iz Apsolutnog zakona. Uživimo se u njega! U tom je odlomku čitavo Nebo.

„Ja Sam život."

Zar ne smijemo i mi to reći ako sebe prihvaćamo kao čisto biće u Bogu? Jer je nebeska baština naš život, ona je komprimirani Bitak – to smo mi sami.

„Ja Sam život", kaže Bog, „u svemu što jest." A mi smo baštinici duhovnoga kraljevstva. Mi posjedujemo sve što jest. To je ustrojstvo našega duhovnog tijela.

„Tko u sebi dopusti da uskrsnem Ja, Duh života, Krist, taj je ponovo pronašao svoju duhovnu baštinu, koja je njegov vječni život."

Duhovna baština sastoji se od sedam osnovnih Božjih snaga. Sedam osnovnih snaga jest vječni zakon – svemir. Zakon struji kroz sva carstva, struji kroz sva bića, struji kroz prirodna carstva, kroz zviježđa – kroz sve što jest.

Nebeska baština jest svjetleća snaga u nama. Stoga nije potrebno sunce koje obasjava čista bića; čisto biće jest samo sunce, jer božanska baština, beskonačnost, svijetli u božanskom biću.

Mi ljudi najprije moramo steći znanje o Božjim zakonima. Ostvarujemo li duhovno znanje, tada stječemo mudrost. Tada više ne trebamo pitati gdje je ovo ili ono. Više ne trebamo tražiti povezanosti Neba i Zemlje. Mudrost u Bogu zna sve stvari jer je biće u Bogu mudro.

Samo znanje nema mudrosti; samo ostvareno znanje donosi mudrost. A mudrost ne pita – ona zna božanske zakone, povezanosti božanskog Bitka.

Ako samo slušamo ili čitamo Apsolutni zakon, on nam neće donijeti mudrost. Ostvarivanje onoga što nam dan za danom prilazi vodi nas božanskoj mudrosti, do spoznaje svih duhovnih stvari. Jedino ostvarivanjem ući ćemo u nutrinu, a ne pukim znanjem. Jedino ostvarivanjem doći ćemo ponovo u apsolutnost, jer je Bog, naš Otac apsolutan, a mi smo u Bogu apsolutna, savršena bića.

Gabriele:

Taj bi nas odlomak trebao ohrabriti. On pruža utjehu. On nam daruje pouzdanje – jer Bog jest. I mi ćemo u Kristu uskrsnuti jer je Krist u nama svjetlo uskrsnuća. Svakog dana On nam pruža to što trebamo tog dana preobraziti, dakle ostvariti, da bi svjetlo, Kristovo svjetlo, u nama moglo rasti, da bismo mogli uskrsnuti u Kristu.

„Sve koji vjeruju da su izgubljeni, Ja ću pronaći."
Ništa se ne može izgubiti. Nijedno biće, nijedan trun prašine ne može se izgubiti; jer je u trunu prašine, u čestici prašine, Bog. Kad bi se jedna čestica prašine izgubila, tada beskonačnost ne bi bila savršena. Energija se ne gubi – a Bog je pozitivna, vječna, svjetleća energija. On svijetli u čestici prašine, u zrnu pijeska – a taj mali, nama često neprimjetni oblik, ipak u sebi nosi božanstvo. Kad bi se ta mala stvar izgubila, tada jedan dio stvaranja više ne bi postojao. To je nemoguće jer: Bog jest.
Ako već Božja skrb čuva i nosi najmanje – koliko je više Kristu stalo do svakog bića, do svakog čovjeka! Jer duhovno biće u čovjeku posjeduje sve snage svemira.

Najmanje je u velikome, a veliko u najmanjemu. I zbog toga se ništa ne može izgubiti, jer Bog jest. On je u najmanjemu kao i u velikome.

U Bogu nema prolaznosti, ništa ne postaje ništa. Kad govorimo o tome da svijet prolazi, tada to znači: sve sebično raspast će se kako bi se nesebično, božanska snaga koja prebiva u nama, mogla osloboditi. Kad govorimo o tome da čovjek, ljudsko, ja-omotač, mora proći, dakle umrijeti, to znači: omotač se mora preobraziti kako bi čisto, fino, plemenito vječnoga duhovnog bića moglo izići na vidjelo – i on se preobražava jer je Bog, Unutarnji život, neprolazan.

„A slabi će u Meni ojačati ... "
Ići prema božanskome da bismo ojačali u božanskome uspjet će nam samo onda ako tomu i težimo. Mislimo li mi to ozbiljno, možemo pročitati u svojem svijetu misli. Kružimo li još mnogo oko sebe samih, tada hranimo svoje ljudsko ja. A ako hranimo svoje ljudsko ja – kako ćemo naći Boga?

Bog ne hrani naše ljudsko ja. Mi ga sami hranimo, jačamo i povećavamo tako što zloupotrebljavamo Božje snage, koje nam se daju svakog dana iznova. Mi ih svojim sebičnim osjećanjem, mišljenjem, govorenjem i postupanjem pretvaramo u negativne energije ili uzimamo snage od svojega bližnjega čineći svojega bližnjega ovisnim o sebi tako da on čini što mi hoćemo. Tada nam pritječe njegova energija, koju mi zatim upotrebljavamo za sebe i na kraju krajeva zloupotrebljavamo.

U svakom trenutku imamo priliku u negativnome, slabome, prepoznati i shvatiti pozitivno, božansko, jako, odlučiti se za to i na tome graditi. Odloženo negativno tada u Kristu malo-pomalo doživljava promjenu; slabost postaje jakost.

Uvijek imamo mogućnost ostvarivati, raditi na pretvorbi svojega previše ljudskoga, svojih slabosti – radi se samo o tome da to i učinimo! Činjenje je veoma važno.

Krist kaže: *„A slabi će u Meni ojačati, jer Ja Sam uzvišenost u Ocu."* Što će se dogoditi ako se pozovemo na tu izjavu i kažemo: „Dakle, onda ostajemo slabi. Ipak je u slabosti jakost. Jednom će jakost izići na vidjelo." Čak i ako ostajemo pasivni dok i nadalje puštamo da dani prolaze – jakost će izići na vidjelo, ali tada preko patnje, preko bolesti, preko nevolje: preko otplaćivanja. Jednom, makar i nakon više utjelovljenja ili u područjima duša, doći ćemo do toga da moramo poći putom pokajanja, molbe za oproštenje, opraštanja i onda to ljudsko što smo prepoznali više ne smijemo činiti.

Kako bi se jakost probudila u slabosti, mi ne možemo a da ne pogledamo svoje slabosti. Pogledamo li slabosti i očistimo li ljudsko, slabost, tada će nam jakost zračiti svjetlo Gospodina.

Samim čekanjem da dođe jakost, nećemo postići jakost. Mi se moramo spoznati! Jer ne spoznamo li svoje grješke i grijehe, činit ćemo ih uvijek iznova. Moramo ih prepoznati, proći put čišćenja i grješke više ne činiti. Tada će se jakost probuditi, na kraju krajeva Duh Krista Božjega u nama – i mi ćemo s Njim doći u Očevo savršenstvo, gdje On, Krist, jest.

A to na putu prema Bogu nije teško! Postaje teško samo ako u Boga, našeg Oca, i Krista, našeg Spasitelja, nemamo povjerenja; ako ne vjerujemo Bogu. Teško postaje samo kad svojega bližnjega ne želimo prihvatiti niti primiti; jer samo preko svojega bližnjega dolazimo do Boga, jer naš bližnji pripada velikomu Božjem jedinstvu. I životinje, biljke, minerali i zviježđa jesu u velikome Božjem jedinstvu. Ne možemo ostaviti postrani ni iskricu života i reći: „Ja idem sam Bogu." Do Boga moramo doći preko čovjeka, preko životinje ili preko biljke koje odbijamo!

Postati čist znači razviti u sebi svoju vječnu baštinu, koja u sebi sadrži snage svih oblika Bitka u čitavom svemiru. Ne smijemo dakle ništa isključiti iz svojeg srca, inače nećemo u sebi razviti svoju nebesku baštinu.

Sve što osjećamo, mislimo, govorimo i činimo jest važno. Jer: svaka misao, svaki osjećaj, svako čuvstvo, jedna je zakonitost ili u božanskom zakonu ili u kauzalnom zakonu.

Kauzalni zakon, zakon uzroka i posljedice, jest nadređeni pojam. U zakonu uzroka i posljedice mi smo registrirani sa svojim opterećenjima. Svaki pojedini od nas jedan je osobni zakon u kauzalnom zakonu. Naš je osobni zakon ljudsko ja u svim njegovim varijacijama.

To se ljudsko ja mora razgraditi, znači preobraziti, da bismo došli do neosobnog zakona, Boga.

Osvijestimo si još jednom: svako čuvstvo, svaki osjećaj, svaka misao, svaka riječ i svaki postupak jedna je zakonitost. Upitajmo se: je li to što čuvstvujemo, osjećamo, mislimo, govorimo i činimo božansko ili nebožansko? Božansko nas podiže i oslobađa, usrećuje i ozdravljuje. Nebožansko je protiv slobode, protiv sreće, protiv zdravlja. Stoga nam ono donosi bolest, patnju, slabost, nemir.

Tako se u svakom trenutku odlučujemo – bilo da smo toga svjesni ili ne – ili svoja opterećenja, svoj osobni zakon, povećati ili postati božanski. I u našoj podsvijesti stalno se odvija razmjena, komunikacija s odgovarajućim snagama. Mi smo odgovorni jednako tako i za te potkomunikacije.

Smisao je i svrha našega zemaljskog života da iz ljudskoga – što znači iz grješnoga – dospijemo u božansko, iz sebičnosti u povezanost s Bogom, u Unutarnji život. Smjernica za zakoniti život poznata je svakoj duši i svakom čovjeku; ona je formulirana u Deset zapovijedi i Govoru na Gori.

Ispunjavamo li korak po korak Deset zapovijedi i Govor na Gori, tada ćemo od budne svijesti doći u podsvijest. Onoga čega nismo bili svjesni odjednom postajemo svjesni tako da svjesno možemo čistiti. Moramo dakle odrađivati sloj po sloj. Ako to ozbiljno ispunimo s Kristom, možemo si puno toga uštedjeti.

Jedino je djelo ostvarivanja Božjih zapovijedi od važnosti. Ostvarujemo li dan za danom, tada uvijek iznova počinje Božja milost i pomoć.

Smijemo biti svjesni Božje milosti i pomoći; no moramo početi razvijati čežnju da se približimo Bogu, našem Ocu, a time i svojoj božanskoj baštini. To vrijedi za sve ljude i za sve duše.

On, veliki Jedan svemira, prenio Mi je zadaću, dakle Kristu, da sve što se činilo izgubljenim, dovedem natrag u Vječni bitak.

Gabriele:

To su riječi utjehe našeg Spasitelja Krista.

Spasenje je namijenjeno svima da se oslobode i da dođu do Boga. Stoga moraju i sve religije, sve institucije nestati. U Bogu nema ni religija ni institucija. Unutarnja religija jest Krist Božji, On je život čovjeka u Kristu. Otvorimo li svoju nebesku baštinu vjerom, povjerenjem i ostvarivanjem zakona Boga, našega nebeskog Oca, tada smo upalili spasiteljsku iskru u sebi. Za to nije potrebna vanjska religija ni institucija. Otvorimo li kraljevstvo nutrine u sebi, tada smo sjedinjeni s Bogom, našim Ocem, a time sjedinjeni i sa svim snagama beskonačnosti jer smo opet postali božanski.

ao Isus iz Nazareta, govorio sam onima koji su me mogli razumjeti bez poredbi o zakonu života. Onima koji Me nisu mogli razumjeti, svete riječi bile su tajne; zbog toga sam stalno govorio u slikama. No sada je došlo vrijeme kad Ja, Krist, objavljujem zakon života svima da Me nađu, jer Ja Sam na putu da podižem Svoje kraljevstvo na Zemlji.

Tko ima uši, neka čuje!

Gabriele, proročica učiteljica i izaslanica Božja, objašnjava:

Dragi čitatelji, moramo naučiti slušati u riječi i osjećati u njih kako bismo shvatili njihovo duboko značenje; inače nam se riječi neće odgonetnuti. Sve izgovoreno ostaje nam tajna.

Razumjet ćemo Božji zakon samo ako naučimo razumjeti sebe. Tko ne poznaje sebe, taj ne razumije sebe, a tko sebe ne razumije, taj se ne poznaje. Tko se ne poznaje, taj ne može ni pogledati u riječi Duha Božjega – njemu one ostaju tajne.

Zbog toga imamo Unutarnji put. Tko ide dosljedno Unutarnjim putom, taj čisti svoju dušu. Čišćenjem duše proširuje se svijest; duši i čovjeku dotječe više svjetla i više snage. Čovjek vidi jasnije, dalje, dublje, on više shvaća i osjeća. Zašto? Zato što ima više energije.

Što manje Božje energije imamo, to manje razumijemo, jer ne razumijemo ni sebe zato što ne vidimo sebe.

Gospodin je rekao: *„No sada je došlo vrijeme kad Ja, Krist, objavljujem zakon života svima."* Zašto? Zato što živimo u moćnome prijelomnom vremenu, u vremenu kakvoga do sada nije bilo. Sve će stare strukture proći. Ni u jednoj zemlji ni na jednom kontinentu staro se neće zadržati; bit će tako reći pometeno. To znači da Krist dolazi.

„Ja Jesam na putu da podignem Svoje kraljevstvo na Zemlji."
Da, dragi bližnji, Njegovo kraljevstvo trebalo bi biti i naše kraljevstvo jer smo mi baštinici tog kraljevstva, jer je u nama kraljevstvo dobroga, čistoga, naša duhovna baština. Ne bismo trebali stati na tom znanju. Prihvatimo se posla! Svoju duhovnu baštinu moramo ponovo u sebi otvoriti da bismo došli u unutarnje kraljevstvo, da bismo bili stanovnici Božjeg kraljevstva na Nebu ili na Zemlji u Kraljevstvu mira Isusa Krista.

Dakle, nećemo moći a da u sebi ne otvorimo unutarnje kraljevstvo – Apsolutni zakon.

Gospodin je rekao: *„Tko ima uši, neka čuje!"* Naučimo li slušati u riječi, više nećemo trebati onaj slikovni jezik koji se sastoji od predodžbi, od refleksija našega ljudskoga ja. Tada u riječi gledamo Božju sliku i na kraju krajeva same sebe kao Božja bića.

Jezik se izražava u slikama. Ako su to ljudske slike, tada su nam potrebne usporedbe, slike kauzalnog zakona. Nađemo li Božju sliku, tada slikovito shvaćamo Božje zakone i gledamo dublje. Odvežemo li dakle to što je vezano, tada se razjašnjavaju i „Božje tajne".

Bog nema tajni. Svojim grijesima, koje ne želimo pokazati, zatvaramo sebi pristup Unutarnjem životu. Stoga više ne možemo gledati dublje i sve to deklariramo kao Božju tajnu. Skinemo li okove ljudskoga ja, oslobodimo li se svojega tajnog mišljenja – onoga što još želimo sakriti – tada ćemo razotkriti i takozvane Božje tajne.

U Bogu dakle nema tajni. Mi smo sami sebi tajna. Mi smo sami vječni zakon, svoju duhovnu baštinu, prekrili svojim pogrješnim mišljenjem, svojim grijesima. Dakle, moramo je opet otkriti; jer mi smo baštinici vječne istine, bića svjetla. Znamo da idući Unutarnjim putom, dolazimo u Apsolutni zakon, svojoj duhovnoj baštini – međutim ne onda ako o Unutarnjem putu samo govorimo. Tada će to ostati samo na pričanju. Mi to moramo činiti!

Dakle, nemojmo pričati – činimo! Tada Unutarnjim putom koračamo ozbiljno. Samo ako ozbiljno idemo njime, to znači dosljedno, izići ćemo iz baruštine grijeha.

Razmislimo samo koliko je lijepih riječi izrečeno o Kristu i što sve nije napisano o kauzalnom zakonu! Nikakve koristi od svega toga ako samo slušamo i čitamo; nikakve koristi ako samo o tome govorimo. Mi to moramo ispunjavati – dakle činiti.

Nastaje novo čovještvo.

Ja, Krist, Mojima, koji Me istinski slijede, donosim unutarnju reformu, duhovnu obnovu za Unutarnji život. Svijet osjetila propada – uzdiže se duhovni svijet i s njim svi oni koji su usmjereni na Mene, Krista. To su oni plemeniti, fini, koji donose Unutarnji život, novo čovještvo u Meni, Kristu.

Gabriele:

Unutarnja reforma, duhovna obnova, stoga za nas znači: mi moramo postati novi. To opet za nas znači iz temelja promijeniti mišljenje – od ljudskoga – dakle grješnoga – u duhovno.

Krist je rekao, to su oni plemeniti, fini, koji donose Unutarnji život. Kako postajemo plemeniti? Kako postajemo fini? Mi se moramo dopustiti brusiti.

Jedna slika: kaže se da dijamant nastaje samo pod pritiskom. Kao posljedica brušenja i poliranja on blista. Mi tako reći moramo postati taj dijamant. Kako?

Dani donose ono što trebamo pogledati. Ako to ne pogledamo, tada oni donose patnju. Pogledamo li to i to očistimo, tada dani postaju sve svjetliji. Oni donose više radosti. Zašto: jer se dijamant brusi i polira.

Osvijestimo si uvijek iznova:

Što hoćemo postati? Plemeniti ljudi, najfiniji porculan, brušeno staklo, brušeni dijamant?

Promatrajmo se u dnevnom zbivanju: kako reagiramo? Kako mislimo? Je li to plemenito? Je li to fino? Može li me u toj misli koju mislim ili u toj riječi koju izgovaram ispuniti Bog, svjetlo. Jesam li u tim riječima i mislima propusniji za više snage, dakle fin i plemenit? Pitajmo se to svakog dana!

Stanimo pokatkad kao pred ogledalo pitajući se: je li moja nutrina najfiniji porculan, brušeno staklo ili brušeni dijamant? Jesu li dakle moji osjećaji, čuvstva, misli, riječi i postupci plemeniti? Ako jesu, tada oplemenjujem svoju dušu, a plemenitost moje duše iznijet će na vidjelo i plemenito u čovjeku.

Preko plemenitosti duše dolazi do izražaja i ono fino u čovjeku. Stječemo poštovanje prema svojem životu i poštovanje prema svojemu bližnjemu. Postajemo propusniji za više snage jer smo izbrušeni. Nesebične misli i djela izraz su plemenitosti duše, plemenitoga i finoga u čovjeku i na njemu.

Promatrajmo dakle sebe same; primijenimo na sebi visoko mjerilo koje odgovara našemu najdubljem biću, slici i prilici Božjoj. Ako smo oplemenili svoju dušu, ako smo već najfiniji porculan, brušeno staklo, brušeni dijamant, tada ćemo to primijetiti u svojem mišljenju, govorenju i činjenju. Ako nismo – zašto nismo?

Uzmimo u svoj svakodnevni život zadaću: Bog jest – i ja sam božanski.

U tim riječima iz Božjeg zakona leži osvješćivanje našega istinskog bića. One nam pomažu da svoje ljudsko – dakle svoje grješno – prepoznamo iz zakona života. Steknemo li poštovanje prema svojemu istinskom životu, tada ćemo i to ljudsko što smo prepoznali očistiti i više ne činiti. Tako oplemenjujemo dušu. Tako profinjujemo svoje biće. Tako postajemo plemeniti, jer postajemo čisti.

*Mnogi svijetu okrenuti gledat će njivu smrti i na kon-
cu će praznih ruku ući u carstvo smrti, u kojem će živjeti
kao duhovni mrtvaci. To su oni koji nisu svladali svoje
zemaljsko postojanje, koji su u zemaljskoj školi zanema-
rili rast nutrine.*

Gabriele:

Ako je naše ponašanje okrenuto samo prolazno-
mu, ako je naše mjerilo samo materijalno, tada u
svojoj cjelokupnoj strukturi ostajemo grubi jer su sva
naša nastojanja i težnje okrenuti samo prema svijetu
i usmjereni samo na naše grubo, osorno ja.

Zbog toga svijetu okrenutog, ratničkog nastojanja,
zbog težnje za vlašću, naša duša noću dok spavamo,
ne dospije u više sfere, zapravo ni u najbliže razine či-
šćenja. Ona ostaje u zemaljskoj svijesti i prema tome
u blizini Zemlje. Znači da duša gotovo i ne zna za
onostrane svjetove jer se bavi samo materijom, kao
što se i čovjek identificira jedino s ovostranim.

Kad čovjekovo tijelo umre, kad on dakle premine –
kamo onda ide neiskusna duša? Ona ostaje na Zem-
lji. Ona nema domovinu. Jer kako stablo padne, tako
ostane ležati. To je duhovna smrt. Duša kao čovjek
nije svladala zemaljsku školu, čovjek je bio okrenut
prema svijetu i duša ostaje okrenuta prema svijetu.
Ona ne zna svoj put u onostrane svjetove – a pogo-
tovo ne zna za vječnu domovinu.

Gospodin je objavio: *„To su oni koji nisu svladali svoje zemaljsko postojanje, koji su u zemaljskoj školi zanemarili rast nutrine.*" Ako znamo Božje zakone, a ne ostvarujemo to što prepoznamo, dakle ne čistimo se, tada se propušteno teško može nadoknaditi u ovom životu; jer znamo: ogroman spremnik, takozvani kauzalni kompjutor – materijalna zviježđa i planeti astralnih razina, koji pohranjuju ogrješenja čovječanstva o zakon, njegov teret grijeha, njegovu sjetvu – u velikoj je mjeri napunjen. Sjetva i žetva sada slijede sve neposrednije jedna za drugom, uzroci dolaze brže do izražaja, posljedice sve brže pogađaju ljude. Ruši se svijet zasnovan na drskosti bezbožnog mišljenja i življenja.

Tko se svjesno ogrješuje o božansko, više ne bi trebao oklijevati da se sada obrati. Trebali bismo uhvatiti Kristovu ruku da nas ne bi preplavio val svijeta i sustigla sudbina, koju smo sami stvorili.

O Božje zakone svjesno se ogrješuje onaj tko ih poznaje, ali ne postupa po njima. Mi kršćani imamo Deset zapovijedi i Govor na Gori; te zakonitosti nas obvezuju da ispunjavamo ono što nam je Gospodin zapovjedio. Ne možemo dakle reći da ništa nismo znali o tome. Deset zapovijedi zabilježeno je u našoj duši jer nam ih je Bog dao preko Mojsija, kao i Govor na Gori Isusa, Krista Božjega.

Prihvatimo se dakle posla da iziđemo iz ljudskog mišljenja kako ne bismo stajali praznih ruku kad kucne čas fizičkom tijelu.

Gabriele:

Novi čovjek u Kristovu svjetlu njeguje zajedništvo. Što je zajedništvo u Vječnom bitku? Jedan za sve i svi za Jednoga.

Zajedništvo je velika Božja obitelj gdje sva duhovna bića žive i djeluju u zakonskoj svezi. Razvijemo li među sobom taj smisao za zajedništvo, tada više nećemo kružiti oko svojega ljudskoga ja, oko tvorevine svojega uskogrudnog mišljenja, oko svojih ljudskih zakonitosti, koje smo sami stvorili.

Sve je zakon. U Božjem zakonu sve je dobro uređeno – usklađeno; to je apsolutno i to je u redu kako je usklađeno. Nebeski zakon sadrži sedam Božjih osnovnih snaga – božanski Red, božansku Volju, božansku Mudrost, božansku Ozbiljnost, božansku Strpljivost, Ljubav i Milosrđe. Tako je to usklađeno; tako je to određeno – tako je to vječno.

Što ne spada u Apsolutni zakon, u božansko, to pada pod zakon uzroka i posljedice. To je nisko, ljudsko, prolazno, protivno. I naše previše ljudske misli su dakle kauzalne zakonitosti.

Bavimo li se samo svojim niskim, svojim previše ljudskim ja, tada ne možemo osjetiti bližnjega; ne možemo ga shvatiti u svojoj nutrini; nismo ga prihvatili, a kamoli primili. Primiti njega znači dopustiti mu da oživi u nama.

To istovremeno znači: ako svojega bližnjega ne osjećamo u svojoj nutrini, ako u nama ne zvuče i ne vibriraju pozitivne strane našega bližnjega, tada smo još zaokupljeni svojim previše ljudskim.

Ako naš bližnji, koji je dio naše božanske baštine, nije živ u našem najunutarnjijemu, tada nemamo smisla za zajedništvo jer zajedništvo njegujemo samo sa samima sobom i nismo razvili osjetilne osjećaje za svoje bližnje. Nedostaje nam pozitivna božanska komunikacija, koja čini smisao za zajedništvo.

Ako čovjek nema smisla za zajedništvo, tada nema smisla za opće dobro, jer misli samo na svoje dobro. Opće dobro jest dobro za sve.

Tko dakle razvije smisao za zajedništvo, taj teži općem dobru. Kako na Nebu tako i na Zemlji. Na Nebu vrijedi: svi su u Jednome, Bogu, i svima pripada sve jer su baštinici beskonačnosti. Ne težimo li smislu za zajedništvo, općem dobru - svima pripada sve – tada nećemo moći slijediti ni Krista. On nas vodi u zakon ljubavi, našoj duhovnoj baštini, koja sadrži zajednički život, i prema tome opće dobro.

Božje kraljevstvo doći će na Zemlju i kao što je gore, dakle u Vječnom bitku – slično će biti i u Božjem kraljevstvu na ovoj Zemlji. Zbog toga nam Krist daje zakon života, jer taj će zakon vrijediti među onima koji slijede Krista.

U Vječnom bitku svakom biću pripada sve, jer je velika cjelina kao esencija u svakome. Velika cjelina – makrokozmos – tvori kao mikrokozmos naše duhovno tijelo jer smo mi oblikovani božanski zakon.

Iz toga slijedi: odbijemo li makar samo jednog čovjeka, tada ne njegujemo smisao za zajedništvo niti živimo u mišljenju općeg dobra, i prema tome ni u zakonu života. Ne poštujemo li i najmanji sastavni dio prirode, tada ne poštujemo Boga; jer Bog, cjelina, također je tako u tome životnom obliku.

Kad smo postali čovjek, preuzeli smo veliku zadaću: da postanemo božanski. To ne znači ništa drugo nego da ponovo otvorimo sve što u nama leži od božanskih sklonosti, božanskih aspekata, božanskih snaga. Zadaća je svakoga pojedinog čovjeka i svake pojedine duše zadobiti svoju cjelokupnu baštinu.

Božansku baštinu imamo duboko u sebi – međutim, ona se mora u nama probuditi u punom cvatu. Naša božanska baština oživjet će potpuno kad esencija svakoga najmanjeg sastavnog elementa univerzuma postane aktivna u nama.

Ako smo svjesni toga, tada više nećemo nesmotreno, ravnodušno ili podcjenjivački prolaziti pored malih i velikih životnih oblika prirode, koje je Bog, naš Otac, dopustio iz Svojeg zračenja da bi nas ljude podsjećali na ljepotu i obilje nebeske domovine. Poštovat ćemo bližnjega kao i sebe same jer svatko od nas je dijete vječnog Oca, koje bi trebalo opet postati Njegova slika i prilika.

Dragi bližnji, osvješćujmo si sve više i više zajedništvo, jedinstvo sa svim Bitkom! Pritom nam pomažu sljedeća pitanja:

Koga ili što još podcjenjujemo?

Pored koga ili čega prolazimo ravnodušno?

Gazimo li još uvijek nemarno kamenje, trave i cvijeće?

Beskrajno mudar i velik jest Bog. Stavljamo nogu na travu, na cvijeće, na kamenje, čak na životinje – On je u njima dakle u prenesenom smislu tepih po kojem smijemo ići. Na taj način Bog nam služi. Pod našim je nogama čitavo zbivanje stvaranja, Bog!

Beskrajna veličina, Bog, želi nam reći: „Spoznaj se. Ti si Moja slika i prilika. Postigni svoju pravu veličinu; jer ti si na Zemlji da bi postao božanski.“

Tko ne teži unutarnjem zajedništvu sa svim ljudima i svim Bitkom, taj je protiv Boga. Tko ne uključuje Boga u svoj život, taj je protiv Boga i protiv svega što je božansko. Takav čovjek ljubi samo sebe samoga, svoje niže sebstvo.

Gdje su samoljublje i egocentričnost, tamo nema mira koji izrasta iz unutarnje komunikacije. Nesebičnost daje smisao zajedničkomu, općem dobru. Smisao za zajedništvo uvijek se pokazuje i u vanjštini, na djelu. Tko dakle njeguje unutarnju komunikaciju sa svim Bitkom, taj će poći i u veliku Božju obitelj i pridonositi zajedničkom dobru. Kao što je na Nebu, tako treba postati i na Zemlji.

Ako smo još zarobljeni u svojem ja-svijetu, tada gledamo samo oklop svojega ljudskoga ja. Skučenost, ograničenost, pokazuje se u tome što mislimo samo na sebe: „Ja, ja. Moje, meni, za mene!" Sad nam vrijedi: izići iz svoje ograničenosti, iz „mojeg" i „meni", poći bližnjemu, koji je dio nas.

Ako smo zarobljeni u ograničenju svojega ja, tada ne gledamo Božju svemoć koja nas okružuje. Mi ne slušamo Njegove osjećaje ljubavi, koje nam On kroz bezbroj usta prišaptava, kroz zraku Sunca, kroz vjetar, kroz zračenje zviježđa. Kuda god idemo i gdje god stojimo, tamo je Bog.

Bog je duboko u našim čuvstvima, osjećajima, mislima i riječima. Kad postanemo svjesni svega toga, tada se počinjemo vrlo postupno buditi u svijesti: mi smo djeca Božja, baštinici beskonačnosti. Tek onda počinjemo dosljedno ići putom prema Njemu – jer smo se probudili.

Tko spava u svjetovnome, misli samo na sebe. Tko se probudi, sve više i više misli na Njega, Krista.

Što smo više nesebični za svojega bližnjega, to više ćemo svjesno susretati ljude kojima možemo dati kapi života iz Vječnog bitka kako bi i oni mogli naći veliki ocean, Boga, koji je zajednica svih kapi.

Razvijati smisao za zajedništvo znači živjeti svjesno. Svakodnevno moramo učiti shvatiti sreću duboko u čovjeku, a ne gledati samo omotač, čovjeka. Gledamo li samo vanjštinu, vidimo samo čovjekove grješke. Primimo li međutim svojega bližnjega u sebe, dopustimo li da cjelokupni dojam djeluje u nama, tada ćemo vidjeti i pozitivno.

Potvrđujemo li pozitivno u ljudima oko sebe i na njima, tada će nam biti sve lakše prihvatiti i primiti svojega bližnjega. Ne zaboravimo: svatko od nas je dio bližnjega u istinskom Bitku. Svatko od nas u sebi nosi esenciju beskonačnosti, a svako čisto biće pripada beskonačnosti. Ne poštujemo li ili preziremo jednog čovjeka, tada mi ne poštujemo Boga i preziremo Ga.

Dragi čitatelji, izjavu „Bog je u svemu i u našemu bližnjemu" ponesimo sa sobom u iduće dane kao potporu svijesti, kao pomoć; jer put prema Bogu ide jedino preko našega bližnjega.

Naloženo nam je da u svim svojim čuvstvima, osjećajima, mislima, riječima i postupcima slavimo Boga tako što sve više i više svoju dušu oplemenjujemo, dakle čistimo. Tako je duboko slavljenje Boga, ostvarivanje Njegovih svetih zakona i njihovo ispunjavanje da bismo ponovo postali zakonito biće, što jesmo u Božjim očima.

Dospijemo li u jedinstvo sa svojim bližnjim, tada život živimo slično kao na Nebu: jedan zna da je kod drugoga kod kuće, svatko se osjeća u svakome. To je veza zajedništva Unutarnjeg života, to je božanska komunikacija u svemiru.

To isto vrijedi za prirodna carstva domovine, za životinje, biljke i minerale. To isto vrijedi i za zviježđa Vječnog bitka. To je velika, sveobuhvatna komunikacijska mreža – svemir. Sve komunikacije, svaki pojedini impuls i zraka u toj čistoj kozmičkoj mreži sadržan je kao esencija u duhovnom biću. Svako duhovno biće sadržano je kao esencija u drugima, i svi i sve tvore veliko jedinstvo u Bogu.

Novi čovjek u Meni, Kristu, ne poznaje nasilje, ne poznaje traženje vlasništva ni razmišljanje o vlasti.

On je lučonoša koji zrači svjetlo i svjetlom istine zapali sve koji doista teže istini.

Novo čovještvo i nova Zemlja imaju za nekoliko stupnjeva više titranje. To više ne može postići onaj koji je obuzet svijetom, koji je pohlepan, koji teži za vlašću i ugledom. On pada u svoje vlastite valove, u ono što je sam stvorio.

Novo čovještvo ljudi su duhovnoga plemstva, s unutarnjim vrijednostima, jer Ja, Krist, uskrsnuo Sam u njima.

Novi čovjek u dobu Duha posjedovat će Zemlju.

Vječni bitak struji kroz sva carstva i na Zemlju. Tko je probuđen za istinu, probuđen je za Bitak, za stvaralačku snagu i za stvaralački život koji preplavljuje Zemlju, koji prožima ljude što oplemenjuju svoje duše. Ti ljudi donose stvaralačke misli novoj Zemlji.

hvatite vi ljudi ovog vremena: čim se čovjek *obrati i odrekne materijalističkog djelovanja, on ide prema unutra u carstvo tišine.*

Gabriele:

Kada pročitamo: *„... odrekne materijalističkog djelovanja..",* tada imamo na umu grozničav svijet, buku, jurnjavu za površnim životom koji vidi i poznaje samo materijalno. No tko pokreće materiju? Tko spada u to?

Čovjek je sam uzrok nemira, grozničavosti, kaotične jurnjave. To su naše ljudske misli koje tjeraju nas same tako da mi opet tjeramo druge. Zbog toga smo i mi gonjeni.

Dopustimo li da nas gone, tada smo uznemireni. Što više dopuštamo svojim mislima i željama da nas gone, to manje poznajemo sebe jer ta uznemirenost unosi grozničavost u naš život. Misli nas gone preko mozga i mi se više ne shvaćamo jer više ne možemo shvatiti svoje misli.

Mi ljudi pokrećemo kotač materijalizma jer smo sami materijalistički, mislimo samo na svoju korist jer sami polažemo na htijenje i imanje i tako se sve više i više okrećemo prema vanjštini, umjesto da idemo u nutrinu u kraljevstvo tišine.

U kraljevstvu tišine jest spokojno. Misli nam dolaze u harmoniji. Postajemo miroljubivi i sve one male i velike želje koje imamo kao ljudi, ispunit ćemo sa sviješću: Bog zna što je dobro za mene.

To dakle ne znači da se trebamo odreći ispunjenja svih želja. Trebamo se osloboditi napasnih želja koje nas zamagljuju, koje nam paraliziraju svijest. Njih trebamo pogledati i očistiti s Kristom; jer Bog, naš Otac, želi da nam bude dobro. Gradimo li na Kristu tako što sve više i više ispunjavamo Božje zakone i težimo svijesti da postanemo božanski, tada ćemo posjedovati sve što nam je potrebno, jer Bog zna što je za nas dobro.

Ako mislimo i živimo s tom sviješću i pouzdamo se u Boga u svim stvarima, tada će se ispuniti sve što pripada Božjem djetetu. Time oplemenjujemo i svoju dušu. Sve napasno, grozničavo nije plemstvo, nije ono profinjeno u čovjeku. Tim nedostojnim ponašanjem čovjek postaje sve grublji, sve siroviji. On hoće samo imati i grabiti; pohlepa se otvara i on žudi za svim što vidi i čega se može domoći.

Kraljevstvo Božje u nama jest unutarnje bogatstvo. Tko je zaista dijete unutarnje tišine, taj prima sve što mu je potrebno i povrh toga. Dijete tišine ne mora oskudijevati; ono ne mora gladovati; ono nikada neće živjeti u prljavštini – osim ako nam misli nisu prljave, misli koje nas gone, misli htijenja da budemo i imamo, misli pretendiranja na vlast i slično.

Tko dospije u tišinu, taj prima. Tko živi u vanjštini, taj uzima.

Uzimanje uvijek u sebi ima pohlepu, grabež: sve samo za mene!

Što čovjek više uzima, to siromašniji će postati – najkasnije kad njegova duša u nekoj sljedećoj inkarnaciji dođe u one situacije u kojima je njegova nekadašnja neljubaznost i nemilosrdnost ostavila svoje tragove.

To ne znači da trebamo živjeti bezbrižno, da jednostavno trebamo sjediti i meditirati. Duhovni čovjek jest pokretan, on je dinamičan. On djeluje iz nutrine prema van. On planira, plan stavlja u volju Božju i dopušta da ga u planu vodi Bog, dan za danom. Tada on ne uzima – on prima i može davati. On nije gonjen – on je dinamičan.

„Čim se čovjek obrati i odrekne materijalističke djelatnosti, on ide prema unutra u carstvo tišine."

Idemo dakle u svoju nutrinu. Što je ta naša nutrina?

To je naša domovina, jedino utočište gdje smo sigurni i zaštićeni.

Naša je nutrina Bog, ona je zakon ljubavi. Zakon ljubavi možemo si predstaviti kao moćni, bijeli plamen koji svijetli u našoj nutrini. To je plamen neosobne ljubavi koja nesebično daje, plamen pravednosti; to je plamen sedam osnovnih snaga; to je zakon, Bog.

Bog, naš Otac, jedina je sigurnost u Kristu, našem Spasitelju. On, koji prebiva u našoj najdubljoj nutrini, poziva nas da stupimo u taj unutarnji prostor, koji je naša sigurnost. Unutarnje svjetlo u koje uranjamo daje nam oslonac, daje nam zaštitu, poklanja nam mir, sklad i tišinu. Dakle, nutrina, u koju se uvijek iznova hoćemo uputiti ili se upućujemo, za nas je poput tvrđave, zamka, u kojem smo sigurni i zaštićeni.

Upitajmo se: o čemu govorimo kad kažemo „idemo u svoju nutrinu"? Dobro pogledajmo: jesmo li onda stvarno u svojoj nutrini - ili smo u svojim ljudskim osjećajima i mislima? Osjećamo li se sigurnima? Osjećamo li se u tvrđavi, u zamku, gdje nas štiti veliki svemirski Jedan, koji je naš život, koji je ljubav, koji je naš Otac? Ili smo još izvan njega?

Profinjujemo li sve više i više svoje osjećaje i misli, svoje riječi, postupke i svoja osjetila, omogućujemo li im dakle da postanu božanski, tada svoj svijet osjetila tako reći uvlačimo unutra i prebivamo u Unutarnjem svjetlu. Unutarnje svjetlo nas okružuje, obavija nas i jača. Svaka misao koja se pomisli u Unutarnjem svjetlu, dakle u najdubljoj nutrini, božanska je, ona je miroljubiva i harmonična. Svaki osjećaj i svako čuvstvo koje miruje u oceanu Bogu omogućuje čovjeku – izvanjskom omotaču – da osjeti da je biće u Bogu.

Tko živi s tom sviješti da njegovo najdublje biće živi u središtu ljubavi, u svjetlu, taj neće moći ništa drugo nego reći da – Onomu koji je nešto najljepše, najsvetije, zapravo apsolutno.

Najljepše, najsvetije, apsolutno jest naša božanska baština ako smo u čistoj duhovnoj odjeći. Čisto biće postojano se zadržava u Božjem svjetlu. Božje svjetlo koje struji i zrači kroz sva čista carstva jest simfonija, ono je ocean u kojem se kreću sva čista bića i čisti oblici.

Ponetko se pita: kako izgleda tamo gdje su duhovna bića kod kuće, odakle sam i ja kao čisto biće i gdje djelujem?

Bog, naš Otac, podario nam je planet Zemlju. Zemlja - kakvu nam je vječni Otac dao – prekrasan je planet, odsjaj Nebesa. I ovdje ima prekrasnih, čudesnih vrtova. Imajmo na umu velike vrtove s drvećem, ružama i grmljem. Sunce obasjava vrtove, mi vidimo svjetlo i sjenu.

U vječnoj domovini svaki životni oblik zrači iz sebe samoga preko zračeće i pulsirajuće jezgre bića, koja je sve u svemu. Svaka ruža, svaki list zrači iz samoga sebe. U velikim parkovima, upravo u velikim talijanskim vrtovima, vidimo ponegdje dražesne mostove preko malih potoka. Slično je i u vječnoj domovini.

Odsjaj velikih parkova na ovoj Zemlji posreduje nam slutnju vrtova naše nebeske domovine. U Vječnome bitku nema odvajanja, nema granica sa živicama i ogradama. Čitava beskonačnost Vječnog bitka jest Božji vrt, u kojem se nalaze građevine duhovnih bića. One se sastoje od najfinijih i najprobranijih finotvarnih minerala koji samostalno svijetle iz sebe samih. Duhovna bića jedno su sa svime što struji i ima oblik.

Tih nekoliko riječi želi nam posredovati malu slutnju onoga što nas očekuje u Vječnom bitku. Oblici prirode na ovoj Zemlji nagovještavaju ono što je i u čistim nebeskim svjetovima, samo transformirano naniže u materiju, što se može iskusiti u našem svijetu osjetila. Ako naučimo uživjeti se u ono što vidimo, ako dakle naučimo gledati, tada opažamo više nego što nam pokazuje izvanjski omotač. Gledamo li umjesto da vidimo, tada ćemo iskusiti dašak onoga što živi i u materijalnim oblicima: božansko.

Možda netko misli da bi u drugim dimenzijama sve moralo biti prazno, sve nenastanjeno. Ne: to je jedan živahan život, život u Božjem zakonu i s Božjim zakonom, božansko stvaranje i djelovanje u velikome kozmičkom zakonu i s kozmičkim zakonom; jer Bog, Stvoritelj, udiše i izdiše. On neumorno stvara Svoja božanska djela. Duhovna bića oblikuju i formiraju odgovarajuće svojem mentalitetu, što znači da djeluju u skladu s osnovnom snagom razine kojoj pripadaju.

Svako je duhovno biće komprimirani vječni zakon, i prema tome čitava je beskonačnost kao esencija i snaga u njemu. Duhovno biće nema potrebu govoriti „Ovo je moje" jer je svako duhovno biće baštinik beskonačnosti. Budući da je baštinik beskonačnosti, ono također može otići bilo kamo. Ono ne mora ići ovamo i onamo da bi susrelo svojega bližnjega. Sve se može izvršiti u njemu samome po principu božanske komunikacije. To isključuje udaljenost „ovdje i tamo".

Mi smo na Zemlji da bismo postali božanski, da bismo se vratili u Vječni bitak, odakle smo došli i što moramo opet postati. Nama ljudima to izgleda dug put kad mislimo na „tamo". Ako međutim postanemo svjesni da čitava beskonačnost kao svjetlo i snaga struji kroz nas, zapravo da je naše duhovno tijelo komprimirani Bitak i da u svakoj stanici našeg tijela prebiva svemirska snaga, Bog, tada znamo da je Bog ovdje. Bog je vrlo blizu. A u nama je vječni zakon, naša vječna domovina, naše biće, koje je božansko.

Svejedno kamo idemo, gdje se nalazimo – Bog, Vječni, je uz nas. Kad promatramo predmete u vanjštini – tko zrači na nas? Bog. On zrači u našu nutrinu. Obraćamo li pozornost samo na izvanjski oblik, mi ga ne shvaćamo. Sve dok gledamo samo vanjštinu, mi smo površni i vidimo također samo površinu. Tada nam je teško živjeti sa sviješću da smo djeca Božja, čista bića, božanski Bitak, božanski život.

Mnogi pitaju: „Možemo li na Zemlji, možemo li kao ljudi postati božanski?" Odgovor glasi: naša je duša ta koja može postati božanska. Čovjeku su potrebni programi za ovu Zemlju. Prisjetimo se: sve što smo naučili počevši od djetinjstva da bismo mogli opstati kao čovjek, to su ti programi.

Dopustimo li međutim da naše zemaljske programe koje trebamo kao ljudi ispuni Duh Božji, tada će nas On voditi i mi ćemo svojim pretežno čistim osjetilima i mislima gledati dublje. Tada ćemo opažati i shvaćati dubinu onoga što je u vanjštini neprepoznatljivo.

Umjesto da samo promatramo, moramo naučiti da to što vidimo primimo u sebe i pustimo da djeluje u našoj nutrini. Tada osjećamo sve više i više da nam je Bog blizu. Bog nam pomaže. On nam daje snagu i vodi nas također preko naših zemaljskih životnih programa mišljenja, govorenja i postupanja.

Ako nismo zadovoljni vanjštinom, materijalnim omotačem, nego težimo tomu da se uživimo u vanjske oblike materije, u život svakog oblika, tada postupno otvaramo svoju duhovnu svijest i možemo primiti život oblikâ koje gledamo.

Kako to ide? Najprije pogledamo cjelokupnu materijalnu strukturu životnog oblika. Potvrđujemo božansku životnu snagu u obliku. Tako počinjemo odašiljati. Odašiljemo – i istovremeno primamo; jer čim počnemo odašiljati ljudima, predmetima ili prirodnim oblicima, tada oni odmah počnu zračiti natrag i mi primamo. Ispunjavanjem vječnih zakona i ovom vježbom vrlo postupno otvaramo svoju božansku svijest i odatle koristimo komunikacije preko principa odašiljanja i primanja.

Potrudimo se svjesno činiti korake bili oni makar još tako mali. Ako se tijekom dana prisjetimo neke potpore svijesti, neke poslovice, neke zadaće, neke vježbe i primijenimo je – primijetit ćemo: već mali korak biva nagrađen iz nutrine. Mi to smijemo osjetiti, mi to smijemo opaziti.

Premda su pritom prisutni još tragovi ljudskoga – božanska snaga nagrađuje već sam trud. Odgovor je osjećaj slobode, lakoće i radosti. To je Božji odgovor. To je nagrada Oca djetetu koje čini sve više i više koraka prema Njemu.

Možemo stupiti u unutarnju komunikaciju i sa životinjama. Vježbajmo se uspostaviti komunikaciju s najdubljom nutrinom naše životinjske braće i sestara, sa stvaralačkim snagama u njima.

Time se sve više udaljujemo od osobnoga, ograničavajućega, egocentričnoga ljudskoga ja i možemo promatrati sebe, još postojećeg ja-čovjeka. Na taj način samospoznaje i čišćenja ljudskoga sve više ulazimo u unutarnje Božje kraljevstvo, u tišinu u sebi.

Tek što učini [čovjek] jedan korak, spoznat će da mu je Bog, Vječni, već odavna pripremio taj put.

Gabriele:

Ova rečenica sadrži beskrajno mnogo nade: *„Tek što učini jedan korak, spoznat će da mu je Bog, Vječni, već odavna pripremio taj put.“* Preko koga? Preko Krista.

Svi znamo da je Krist put, istina i život. Svojom žrtvom na Golgoti On nam je pripremio put. Preko Krista put je već određen – za svakoga od nas. Mi ćemo ići njime jer u sebi nosimo spasenje. Kada ćemo ići njime, određuje svatko od nas sam na osnovi zakona slobodne volje.

„... učini jedan korak“ znači da smo nešto ostvarili. Duša nam je postala svjetlija. Svjetlo duše veće je i zrači dalje. Time već vidimo sljedeći korak pred sobom i imamo snagu da ga učinimo. Jer što veće postaje svjetlo svijesti duše, to dalje vidimo, to dublje gledamo, to više spoznajemo – kod sebe samih i ostvarivanjem također na svojemu bližnjemu. Samo tako možemo pružiti pomoć.

Mislimo na Krista. On nam je pripremio put preko Golgote. On ide njime s nama i vodi nas Ocu.

S Kristom i preko Njega mi sazrijevamo u božanski život, koji je duboko u našoj duši i čeka da ga ponovo otkrijemo. Zbog toga smo putnici po ovoj Zemlji. Sve dok ne mirujemo u Bogu, mi putujemo i stalno ćemo biti nezadovoljni, stalno nesretni. Ako i danas vjerujemo da nam sreća nije sklona – sutra će nam već izmaknuti. Vanjska sreća nije trajna; uvijek iznova slijedi nezadovoljstvo ili nesreća.

Mi moramo naći unutarnju sreću. To je postojanost u Kristu. Unutarnja sreća jest sigurnost i zaštićenost u Kristu. Odvažimo se s Njime! On je prisutan, On je u nama.

Dan nam pokazuje da Mu se možemo približiti. Kako? Svakom pojedincu to dan pokazuje. Također i u danu, u svim događajima, u svim poteškoćama – svejedno što nam prilazi – Krist je pomagač. On je uvijek uz nas.

Idemo li kroz svoje dane sa sviješću da je On uvijek uz nas, tada ćemo se odvažiti učiniti korake izlaska iz svojega ljudskoga. Tada nam je suđena unutarnja sreća, a u unutarnjoj sreći unutarnji mir. U unutarnjem miru raste nesebična ljubav jer ne gledamo samo pogrješke svojega bližnjega. Svojega bližnjega gledamo i s njegovim pozitivnim stranama.

Recimo da Kristu! Odvažimo se učiniti s Njim prve korake – i steći ćemo hrabrost da učinimo sljedeće korake i tako sazrijemo u život, u svoj istinski život, koji je božanski.

Blago onomu tko može shvatiti da nam je istinska potpora – potpora koja uvijek podupire – tako blizu! To je Krist u našoj duši. To je Krist u svakoj stanici našeg tijela. Krist je pozitivno rješenje u svakoj misli, u svakom problemu, u svakoj teškoći. Krist je u Ocu sveprisutni Duh i Duh Božji je u nama.

Naši će dani promijeniti svoje lice ako si češće predočujemo da je potpora, sigurnost, u nama. Što god se dogodi – potpora, sigurnost jest u nama. Svejedno što mislimo, također kad vjerujemo da gotovo ne možemo svladati neki problem – potpora, sigurnost, pomoć jest u nama.

On, Krist, uvijek je tu, - uvijek spreman pomoći nam. Kad padnemo – On nas podiže, postavlja nas na noge i kaže: „Dođi, idi dalje!“ Kamo? K Njemu. Gdje je On? Tu, tamo? Ne! U nama.

Postanemo li svjesni toga, steći ćemo unutarnju sigurnost. U unutarnjoj sigurnosti osjećamo zaštićenost – a u zaštićenosti raste opet ljubav. To je ljubav djeteta prema vječnom Ocu; jer su Krist i Otac jedno: jedna struja, jedan Duh, koji sve prožima.

U današnjem vremenu trebamo Ga više nego ikada. Krist ne bježi od nas; On nas ne napušta. I onda kad smo Ga godinama, desetljećima prezirali, i onda kad gotovo i nismo mislili na Njega, i onda kad smo Ga nijekali i nismo vjerovali u Njega – Krist je ovdje. Iskrena molba, mali nesebičan korak prema Njemu, u nutrinu – i On nam iz najdublje nutrine dolazi više koraka ususret.

Učinimo korak prema pouzdanju u Njega, povjerimo Mu se, tako ćemo vrlo brzo saznati da nam je Krist potpora; On je Tješitelj i Spasitelj. On je put k Ocu. On je istina u nama. Krist je naš život i mi smo život u Njemu.

Čovjek koji teži istinitosti ne svladava svoje nisko ja radi sebe, već da bi postao božanski.

Gabriele:

Što ta izjava sadrži za nas?
Ako svoje nisko ja odložimo radi sebe, tada ćemo u duhovnome postići malo napretka. Doduše, možda odložimo nešto ljudsko, ali izgrađujemo drugo ljudsko jer nam nije stalo do toga da postanemo božanski, nego do toga da postignemo nešto novo. To je samozavaravanje. Nećemo postići ništa novo, nego ćemo izgraditi nova jastva, novo ljudsko. Jer će iz

korijena niskoga opet proizići samo nisko ako se ne promijenimo u svijesti da ponovo postanemo božanski.

Naš cilj, naša unutarnja motivacija jest bitna. Ako je naš cilj približiti se Kristu, Unutarnjem svjetlu, zakonu Nebesa, tada ćemo u sebi i otkriti Krista, Unutarnje svjetlo, zakon Nebesa.

„Čovjek, koji teži istinitosti ...“
Što je istinitost? Istinitost je božanstvenost.

Istinitost dolazi od istine. Istina dolazi iz čestitosti, a čestitost je čistota, apsolutnost. Istina je dubina Bitka i Bitak sam. Istina je izvor iz kojeg izvire istinitost. Jer istiniti je čestiti, a čestiti je čisti, a čisti je istiniti, a istiniti živi u izvoru istine.

Mi dakle ne možemo svladati svoje ljudsko ako ne svladamo sebe, ako hoćemo postići duhovni napredak samo za svoje osobno. Jer ljudska težnja već ima korijene za novo ljudsko. Tada i dalje radimo u zakonu sjetve i žetve.

Međutim, mi hoćemo postati božanski. To je cilj svake duše i smisao i svrha našega zemaljskog života. Stoga trebamo težiti istinitosti. Istinitost ćemo postići uranjajući postupno u svoj istinski Bitak. Svakodnevno za nas vrijedi pitanje: tko sam ja u svojim mislima i djelima? Jesam li istinit - ili još ljudski? - što znači grješan. Kakav je moj svijet čuvstava i osjećaja? Svijet čuvstava i osjećaja kaže nam jasnije i razgovjetnije nego naš svijet misli jesmo li istiniti ili istinu potvrđujemo samo intelektom.

To što je u mozgu, još je daleko od srca. Mozak krije naše ljudske programe, naše znanje, naše razumsko mišljenje. U srcu, u duhovnoj svijesti, u dubinama naše duše, prebiva božansko, logos, inteligencija – istina. Zbog toga intelekt obmanjuje, ali inteligencija u duši nikada. Tamo je istina i iz nje proizlazi istinitost. Sve je ostalo obmana i privid.

Istina je skromna, tiha i jednostavna – ona je Bitak. Sve istinito, božansko, jest Bitak. Samo ono što hoće biti, a koje nije Bitak, hoće blistati, prikazivati se, hoće svjetlucati i briljirati. Kome je stalo do znanja i intelekta, taj blista i svjetluca, to nije život, nije Bitak, nije istina nego privid – šupalj i prolazan.

K tomu jedna rečenica iz božanske Mudrosti:

svatko je sebe učinio onime što on danas jest – a ne kako će danas svjetlucati! Sutra će opet biti ono što je danas – ali više neće svjetlucati.

Istina – odnosno mudrost – jest bez ako i ali, ona je neupitna. Mudrost ne mora pitati. Ona shvaća jezgru, nutrinu, srce svih stvari i događaja i zna.

Tko želi dospjeti u svoju nutrinu, iz glave u srce, neka u sebi pokreće sljedeće izjave:

znanje ima samo jedno oko za izvanjsko. Tko ima samo znanje, taj pita – jer ne posjeduje mudrosti.

Tako se može reći: onaj tko ima znanja, pita – mudri zna.

Duhovno znanje koje se živi postaje mudrost, Unutarnji život, život iz Boga i u Bogu. Ako su duhovno znanje i mudrost postali jedinstvo, tada čovjek sve prozire do dna; on zna sve jer je postao mudar.

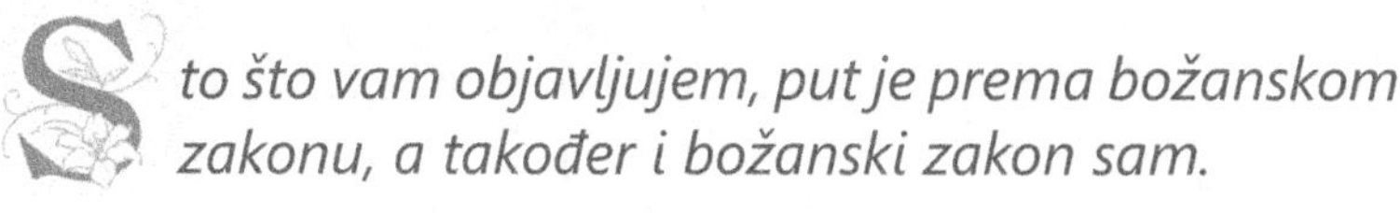

Gabriele, proročica učiteljica i izaslanica Božja, objašnjava:

U knjizi „Velika kozmička učenja Isusa iz Nazareta Svojim apostolima i učenicima koji su ih mogli shvatiti. Život istinski Bogom ispunjenih ljudi" Gospodin se za nas uvijek iznova dotiče kauzalnog zakona. Iz apsolutnosti On zrači u zakon uzroka i posljedice da bismo pronašli sebe i ostvarivanjem našli izlaz – k svojoj istinskoj baštini, svojemu istinskom Bitku.

Tako bismo mogli reći: to je ruka Boga, koju nam On pruža, ruka Oca, koji želi pomoći Svojem djetetu da iziđe iz muke i nevolje, iz zagrljaja ljudskoga ja. Naš Otac želi nas podići u svjetlo, čistotu, finoću, u Bitak. On je ovdje, uvijek spreman za nas. Ovisi jedino o nama kada ćemo uhvatiti Njegovu ruku da je više nikada ne bismo ispustili.

 ođite svi k Meni jer Ja Sam život koji vas obogaćuje.

Ja Sam unutarnje bogatstvo, Krist, koji se vama daruje. Otvorite svoja srca i postat ćete mislioci srcem, koji gledaju prema unutra dopuštajući tako da kraljevstvo nutrine dođe na Zemlju.

Gabriele:

Krist poziva: *„Dođite svi k Meni jer Ja Sam život koji vas obogaćuje."*

Mi znamo, Krist, Duh života, jest u nama. On je središnje svjetlo naše duše. On je u svakoj stanici našeg tijela. On je u Ocu sveprisutan u cijelom Bitku. To za nas znači da se moramo okrenuti prema unutra jer ćemo Ga pronaći samo u nutrini. Tražimo li Krista u vanjštini, tada Ga nećemo naći. Tada postavljamo teorije i mišljenja o Kristu – a njih ima mnogo.

Tko ne pronađe Krista u svojem srcu, taj neće pronaći ni samoga sebe. On ne poznaje sebe. Ne poznavati znači odricati se svoje božanske baštine nepoštovanjem Vječnog bitka. Jer pronaći Krista znači naći sebe, spoznati sebe i ljudsko odložiti da bismo postali božanski. Tada se sjedinjujemo sa spasiteljskom iskrom u sebi. Iz toga nastaje praiskra, koja nam je svjetlo na putu u Božje kraljevstvo k našem Ocu.

„Ja sam unutarnje bogatstvo", kaže Krist.

Tko ne otkrije unutarnje bogatstvo, tko teži samo izvanjskom bogatstvu, tko skuplja i grabi i gomila izvanjsko, taj je siromašan u nutrini. Iako je danas još bogat, sutra će ipak biti siromašan; jer se zakon sjetve i žetve uvijek aktivira u pravo vrijeme u skladu sa zračenjem zviježđa.

Tko teži izvanjskom bogatstvu, tko grabi i zavidi, tko žudi i skuplja imovinu, sa stanovišta unutarnjeg bogatstva, taj je siromašan čovjek jer je već kao bogataš pao u siromaštvo.

Bogat je samo onaj tko daje, a ne onaj tko uzima. Jer Bog, život, neumorno se daje i daruje. Tko živi u unutarnjem kraljevstvu, ne mora strahovati da će njegovo bogatstvo propasti. Bog je beskonačnost, beskrajna ljubav, vječnost i vječno bogatstvo. Tko nesebično daje, živi u kružnom tijeku davanja i primanja, a taj je kružni tijek vječan.

Život, ljubav, to je davanje. Tko ne daje nesebično, taj ne ljubi. Tko ne daje, taj ne živi. Nema ispunjenja uzimanjem, već samo davanjem.

Nesebično davanje je nesebično primanje, to je kružni tijek života.

*Ja Sam kraljevstvo nutrine. Stoga dođite u svoju nu-
trinu i znajte: svatko od vas jest hram Duha Svetoga.
Čistite hram; tada posvećujete svoje osjećaje, misli, ri-
ječi i djela i bit ćete novi čovjek, koji ne misli statički
nego dinamički, koji prožima tri dimenzije jer je dijete
svemira – sin i kći Božja, koji žive sinovstvo i kćerinstvo
jer žive u Bogu, svojem Ocu.*

Gabriele:

Koliko često smo već čuli da je svatko od nas hram
Svetog Duha.

Sve dok trebamo izvanjske hramove, ne posveću-
jemo svoj vlastiti hram. Sve dok idemo u izvanjske
hramove da se molimo Bogu, još nismo pronašli sebe
kao dijete Božje. Sve dok obožavamo ljude, mi obo-
žavamo tamu. Jedino Boga treba obožavati; jer On je
cjelina, on je središte našeg života, On je Sveti, a mi
trebamo postati posvećeni.

Tko ne čisti svoj vlastiti hram, taj onečišćuje i hram
svojega bližnjega; tko ne čisti svoj vlastiti hram, taj
onečišćuje čitavu Zemlju, jer on je privržen onomu
koji tako hoće.

Novi čovjek, čovjek Duha, ne misli statički već dina-
mički. On nije zatočen niti je zaglibio u svojem svijetu
predodžbi. On ne misli odavde dotamo – on prožima

tri dimenzije jer je svjestan da je božanski. Prožimati tri dimenzije znači ne odobravati skučenost, materiju, nego se uživjeti u materiju da bismo pronašli Onoga koji je u svemu i koji zna sve.

Kad nam se svijest proširi, tada ćemo živjeti također svjesno. To što nam prilazi ne promatramo samo izvana nego nutrinu primamo u sebe i dopuštamo da oživi u nama. Tako osjetimo da tri dimenzije postoje samo u našemu misaonom svijetu, ali ne u kraljevstvu nutrine.

Tek kad očistimo svoj hram, prozret ćemo, odnosno prožeti gustoću i shvatiti što znači biti djeca svemira. Tada smo Božji sinovi i kćeri. Zašto? Jer vršimo Njegovu volju. A Njegova je volja Apsolutni zakon od Reda do Milosrđa.

Dragi bližnji, dijete svemira, koje živi svjesno kao sin i kći Božji u Bogu, svojem Ocu, postat ćemo opet preko Krista, koji je svjetlo i život naše duše. Dopustimo Mu da postane središte našeg života! Kako ćemo doći do Njega?

Svaki je dan putokaz prema Kristu. Ako živimo u sadašnjosti, ako živimo u danu, tada vidimo mnoge upute i smjernice. Naći ćemo sebe same – najprije svoje niže sebstvo, da ga očistimo. Ako postupamo po svojoj spoznaji, tada se u nama sve više i više budi božansko sebstvo, naša baština, i mi osjećamo unutarnje bogatstvo. To je duboka sreća, nesebičnost i iskrenost, čestitost i istinoljubivost. Više nismo gonjeni i tjerani; mi smo planeri koji svoj plan polažu u Božje ruke, koji dopuštaju da ih iz dana u dan vodi veliki zakon Reda, Bog, koji je sadašnjost i u čovjekovoj sadašnjosti poznaje budućnost.

Nemojmo zaboraviti da Mu zahvalimo. On nas neće nikada zaboraviti. Zahvala povezuje. Zahvala je usmjerenje na Velikog davatelja svega dobroga. Zahvala je priključivanje i skretanje u veliku struju davanja i dobrote. Bez zahvale nećemo dospjeti u nesebičnost. Zahvala oslobađa i veseli.

Duh Božji dotiče nas i govori nam preko svega što susrećemo. Tako je i u onomu što čitamo sadržana poneka poruka za nas. Mi to osjećamo: to nas pokreće, to nas zaokuplja; dolaze slike, sjećanja, osjećaji, spoznaje, opomene.

Zadaću koja je za nas u tome trebali bismo uzeti ozbiljno. Koja je poruka za nas, koja je zadaća danas? Dan koji nam je donosi donosi istovremeno i energiju za njezino svladavanja. Iskoristimo tu priliku da se oslobodimo svojih opterećenja!

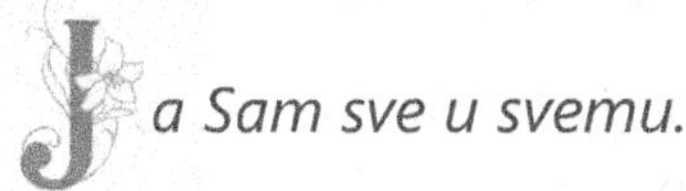a Sam sve u svemu.

Pogledaj grm – i naći ćeš Mene.
Podigni kamen – i naći ćeš Mene.
Pogledaj prema zviježđima – i opazit ćeš Mene.
Gledaj duboko u čovjeka - i naći ćeš sebe
a time i Mene, Krista,
sebstvo u sebi.
Promatraj životinju – i naći ćeš Mene.
Osjeti vjetar – i čut ćeš Mene.
Promatraj kap vode – i promatrat ćeš sebe u Meni.

Jer Ja Sam život u svemu,
i ti si život u svemu,
i sve je u Meni, i sve je u tebi.
Mi smo ujedinjeni u Njemu,
velikomu Jednomu svemira,
koji jest vječan –
rijeka Bitka i
personificirani Bitak.
On je svemirska rijeka i kap sama.

Gabriele, proročica učiteljica i izaslanica Božja, objašnjava:

Riječi iz kojih zrači čitavo Nebo!

„ Ja Sam sve u svemu.“
Bog nikada nije u vanjštini. Bog je snaga koja struji, On je život u nama. Ako smo pronašli Boga u sebi životom ostvarivanja i ispunjenja Njegovih zakona, tada imamo i pristupa božanskomu u svim životnim oblicima. Da bismo mogli komunicirati s božanskim u svojemu bližnjemu, moramo dakle živjeti u Bogu. Moramo se vratiti svojemu istinskom biću da bismo u svemu našli Boga.

„Pogledaj grm – i naći ćeš Mene.“
Ako samo pogledamo grm, tada ne osjećamo reakciju iz supstancije, iz Ja Jesam. Mi govorimo o njemu, grmu, da je lijep – i ne dobivamo odgovor. Duh svemira govori iz bezbrojnih usta, a ipak ga mnogi ne čuju. Što nam to hoće reći? Intelekt ne čuje zakon, Boga, nego duboki praizvor našega istinskog Bitka shvaća jezik svemira.

Ako međutim grm primimo očima svojega istinskog Bitka, tada shvaćamo cjelokupno zračenje grma i istovremeno stupamo u komunikaciju s praizvorom sveg Bitka. Tada grm počinje odašiljati i mi primamo.

Bog je sve u svemu. Zbog toga je u svakom listu Bog, čitav zakon, čitav svemir. Pogledaj grm – i naći ćeš Mene, svemir, cjelinu. Stvaralačka snaga jest posvuda kao cjelina; jer Bog je nedjeljiv.

Osvijestimo si: u jednom je listu, u jednoj travki, čitav svemir. Bog je nedjeljiv. Grm je razvio duhovnu svijest koja odgovara njegovoj vrsti, prirodnu svijest grma. Ona zrači na nas – ona odašilje. Bog je uvijek cjelina. I kada nam jedan Božji aspekt zrači, npr. prirodni aspekt grma, to je opet Bog – cjelina koja je sve u svemu.

Riječi „Bog je nedjeljiv, On je sve u svemu" moramo naučiti shvatiti. Tek onda možemo postupno naslutiti obilje iz Boga. Božje obilje jest Ja Jesam, ono je naše istinsko biće, koje je božansko. Mi smo dakle baštinici svemira.

Postanimo svjesni svojega duhovnog tijela: ono se sastoji od bezbrojnih duhovnih čestica i u svakoj duhovnoj čestici možemo primiti čitavu beskonačnost, jer smo bića svemira.

Jezik beskonačnosti jest slikovni jezik. Boje, oblike, mirise, zvukove i bića primamo slikovito u duhovnim česticama svojega duhovnog tijela kao apsolutnu, savršenu sliku.

Spoznajemo: Bog nam je tako blizu.

„Podigni kamen – i naći ćeš Mene."

U najmanjem kamenu opet je Bog, cjelina. Bog je cjelina i obilje u svemu. Svaka razvijena faseta iz cjeline zrači na nas i javlja nam se.

Tko će odbaciti kamen nemarno i s podcjenjivanjem? Samo onaj tko ne zna da time baca i jedan dio svojeg života. Tko će udariti po grmu? Napokon, samo onaj tko druge udara u mislima, riječima i djelima – i prema tome i sam će biti udaren.

„Gledaj duboko u čovjeka – i naći ćeš sebe, a time i Mene, Krista, sebstvo u sebi."

Opet u praizvoru svakoga od nas. Vrijedi dakle ne gledati ljudsko svojega bližnjega, omotač, nego u svoju nutrinu primiti njegovo cjelokupno zračenje; to je opažanje. Ako smo iz nutrine skloni svojemu bližnjemu, tada komuniciramo i s pozitivnim snagama u njemu, na kraju krajeva s našom duhovnom baštinom. To što naš bližnji nosi u sebi, božansko, imamo isto tako i mi u sebi.

Odbacujemo li svojega bližnjega, tada ćemo i mi jednog dana biti odbačeni. Podcjenjujemo li svojega bližnjega, tada ćemo i mi biti podcijenjeni. Ubijemo li svojega bližnjega, tada ćemo i mi jednog dana biti ubijeni. Imajmo na umu: što učinimo svojemu bližnjemu, to činimo sebi samima.

„Promatraj životinju - i naći ćeš Mene.“
„Osjeti vjetar – i čut ćeš Mene.“

Promatrati znači primiti cjelokupno zračenje životinje i pustiti ga da nastavi vibrirati u nama. Božanske aspekte, razvijene fasete djelomične duše, primamo samo u praizvoru svojeg Bitka, preko kojeg smo u postojanoj komunikaciji sa svim čistim. Omotač, čovjek, to božansko opažanje prima kao radost. To je nebeska radost – odnosno nebeska radost – koja ne uzbuđuje živce. Zračenjem koje će tada poteći iz naše nutrine dotaknut ćemo životinju blago i s ljubavlju.

Što osjećamo tada kao čovjek? Svojega ćemo subližnjega potpuno drugačije shvatiti jer smo primili njegovo cjelokupno zračenje, ne samo vanjštinu, kao što smo to do sada naučili: „To je životinja. To je draga životinja.“

Ako zračenje svijesti životinje primimo u sebe, tada više nećemo procjenjivati i reći: „Ova je životinja lijepa, ona nije lijepa“, ili čak, „životinja je ružna.“ Te bismo procjene dodijelili sebi.

U Bogu je sve savršeno, također esencija neupadljivog kamena, grma, životinje. Što bi u Bogu bilo ružno kad je On, Bog, savršen u svemu? Samo onaj tko promatra vanjštinu, taj procjenjuje.

„Promatraj kap vode – i promatrat ćeš sebe u Meni.‟
Gledajmo kap vode koja klizi niz staklo. Prenesimo se u tu kap vode i upitajmo se: što je u vodenoj kapi gore, dolje, desno, lijevo, straga, sprijeda? Uživimo li se u vodenu kap, tada ćemo iskusiti sedam dimenzija. Bezbrojan život jest u jednoj kapi vode!

Spoznajemo dakle: život je sve u svemu i sve sadrži cijeli princip stvaranja. Božje stvaranje jest ljubav, ljepota, čistota, Vječni bitak. Prezremo li najmanji oblik života, tada preziremo sebe same. Preziremo li vodenu kap, koja skriva bezbrojne životne oblike, tada preziremo sebe same i jednom ćemo žeđati.

Kao što je Gospodin rekao po smislu: „Što učinite i najmanjemu od Moje braće, to činite Meni" – na kraju krajeva, to činimo sebi samima. On je Bog, a mi smo božanski. On je velika cjelina, a mi smo baštinici. To što učinimo svojim bližnjima, svojim subližnjima, carstvima prirode, to činimo Njemu a time i sebi samima.

Spoznajemo: Bogu, Unutarnjem životu, približit ćemo se jedino ako se ne obraćamo samo Njemu, vječnom Ocu i Kristu, našemu božanskom Bratu, nego također stupamo u komunikaciju sa svim životnim oblicima prirode, sa zviježđima i sa svojim bližnjima, koje po božanskom principu jednakosti i jedinstva moramo prihvatiti i primiti.

Doživljavamo: sve je u nama; sve se odvija u nama. U sebi dobivamo i zakonit odgovor zabljesnućem naše svijesti.

Preduvjet za to da se te komunikacije mogu održati jest da smo svjesni da nismo samo ljudi; naš istinski Bitak pripada svjetlu vječnosti. Naš je istinski život Unutarnji život. Tamo smo u svjetlu i čuvstvujemo se u svjetlu. Tamo je naša duhovna svijest. To je naša domovina.

Dragi bližnji, mi smo svi u zemaljskoj odjeći. No zar zbog toga moramo biti ili ostati grubi ljudi s ograničenim horizontom i niskom svijesti?

Svako odlučuje sam. Jedno je međutim nepobitno: jednom će se svaka duša – makar nakon daljnjih svjetlosnih putanja, koje nazivamo eonima – vratiti svojemu istinskom biću, koje je duhovno, čisto, fino, plemenito, dobro i nesebično – jednom riječju: božansko.

Težimo li finomu, plemenitomu, tada ćemo doći u nutrinu i doći ćemo u svjetlo koje nas okružuje poput zamka. Tamo smo sigurni. Tamo smo ojačani. Tamo smo okruženi snagom i ljubavlju Božjom. Onda smo ujedinjeni u Njemu, velikomu svemirskomu Jednomu, koji je vječan.

Mi smo djeca vječnosti jer je Bog vječan. A budući da smo djeca vječnosti, trebali bismo se i vidjeti kao djecu vječnosti i ponašati se kao djeca vječnosti.

Možemo biti bezbrižni i spokojni i pošteno činiti ispravno - ono što nam u trenutku predstoji. Sigurni smo jer smo svjesni da je veliki, bijeli plamen u nama zamak poput tvrđave, čvrsti hram. Mi smo u svjetlu. Svjetlo nas okružuje. U svjetlu smo zaštićeni. Mi smo ujedinjeni u Bogu.

Ne trebamo se bojati niti se brinuti – Bog, svjetlo koje nas okružuje, želi nam najbolje. A mi ćemo i postići sebi najbolje ako se predamo Njemu – Jednomu, koji je sve u svemu, koji je život u nama i u kojem smo mi život.

nage svemira skrivene su samo onomu koji ne poznaje svoje istinsko sebstvo. Tko želi iskusiti snage svemira, taj ih mora otkriti ostvarivanjem.

Gabriele, proročica učiteljica i izaslanica Božja,
objašnjava:

Onomu tko se ne skriva od Krista, već sve više i više ispunjava zakonitosti Deset zapovijedi i Govora na Gori, sve će se otkriti; jer je sve čisto kao esencija, snaga i svjetlo u njemu. On je unutarnje Nebo, Vječni bitak.

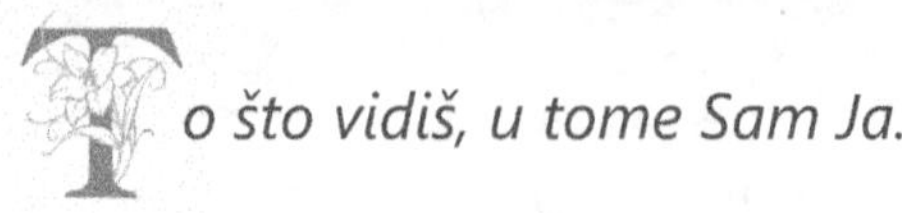

o što vidiš, u tome Sam Ja.

To što čuješ, u tome Sam Ja.
Ja Sam sve-u-svemu, cjelina.

Ako si probuđen za cjelinu,
tada si Bitak.
Ti gledaš Bitak.
Ti slušaš Bitak i
govoriš jezikom Bitka.
Ti gledaš, slušaš i govoriš Mene
jer Ja Sam cjelina u tebi.
Ja Sam cjelina u tvojemu bližnjemu,
u tebi,
u cvijetu, u travki i u kamenu.
Ja Sam tvoj – ti si Moj.
Ja Sam svemir – a ti si svemir u Meni,
svemiru.

Ti ne pitaš – ti znaš.
Ti ne vidiš – ti gledaš.
Ti ne osluškuješ – ti slušaš i znaš.

Gabriele, proročica učiteljica i izaslanica Božja,
objašnjava:

*„Ja Sam svemir", kaže Gospodin, „a ti si svemir u
Meni, svemiru."*

To što je Bog – zakon - to smo mi. Jer On, Bog, sve-
mir, strujeća ljubav, dao je čistim bićima cjelinu kao
esenciju i snagu. Mi nikada nismo odvojeni od Boga
jer u dubini naše duše pulsira svemir, vječni zakon,
naša istinska baština.

„Ti ne pitaš – ti znaš."

Uronimo li u vječni zakon, tada nećemo pitati o
stvarima – mi to znamo. Mi tada ne trebamo moliti
za zakonitosti – mi ih znamo. Jer sve što je u svemiru,
komprimirana je struktura našega duhovnog tijela, to
smo mi sami. Čitava beskonačnost jest kao znanje i
snaga u nama; to smo mi kao božanska bića u Vječ-
nom bitku.

Kad mi ljudi pitamo o stvarima života, tada ih još
nismo svjesni. Tada spoznajemo da još nismo potpu-
no otvorili svoju duhovnu svijest, svoju vječnu baštinu.

Sve dok je intelekt aktivan, živimo nesvjesno jer se
pozivamo samo na naučene stvari. Tada shvaćamo
samo ono što smo pohranili u budnoj svijesti. Svega
drugoga nismo svjesni. Mi pitamo dakle za ono što
čini naš život: našu duhovnu baštinu, našu božansku
mudrost, našu istinsku inteligenciju; jer mi smo djeca

svemira. Biti djeca svemira znači biti svjestan svega, jer nas je Svemudri postavio za baštinike beskonačnosti.

„Ti ne vidiš – ti gledaš."
Gledanje je jednako opažanju.

Mi ljudi vidimo tu i tamo. Promatramo detalje u vanjštini i tako se u nas uvlače i ljudske misli.

Opažamo li međutim stvari, preuzimamo li cjelokupni titrajući kompleks, tada u sebi postupno doživljavamo svoj istinski Bitak jer uspostavljamo kontakt s unutarnjim vrijednostima, s unutarnjom snagom. Doživljaj je unutarnja radost, svijest, sigurnost, zaštićenost, Božja blizina.

„Ti ne osluškuješ – Ti slušaš i znaš."
Zakon nema potrebu ništa osluškivati, pa tako ni komprimirani zakon, duhovno biće. Ono zna sve detalje vječnog zakona.

Ako hoćemo nešto oslušnuti, tada je to ljudski, to je znatiželja; jer to što trebamo čuti, to ćemo čuti. Htijenjem upravlja znatiželja. Ako je to dobro za naš duhovni razvoj, tada ćemo pomoću unutarnjeg vodstva čuti to što trebamo čuti. Možemo se dakle pitati: je li naš život vodstvo ili upravljanje?

Sve dok hoćemo nešto oslušnuti, mi smo znatiželjni. Znatiželja uvijek ima svoje ljudske misli koje se odnose na naše htijenje i na naše nisko htijenje da budemo nešto. To što hoćemo, ne posjedujemo, a to što ljudski imamo, ne pripada nama. Moramo se riješiti svega što hoćemo i želimo i dopustiti da nas ispuni unutarnje bogatstvo. Tada nećemo nikada oskudijevati ni u vanjštini.

Uvijek kad nešto hoćemo, nama se upravlja – nama upravljaju naša ljudska čuvstva, osjećaji i misli, koji nas guraju u svijet naših želja. Ako nastojimo da nas vodi Bog, tada moramo ići ravno bez skretanja, moramo odložiti svoju znatiželju i svoje napasne želje, koje često nisu čak ni ostvarive, i stalno si prizivati u svijest: Bog zna što je za nas dobro.

Ako urastemo u tu svijest, postat ćemo tihi i iz unutarnje tišine dobit ćemo unutarnje vodstvo. Unutarnja tišina daje nam i odgovarajuće spokojstvo, koje sadrži razboritost i koncentraciju. Iz toga izrasta duhovna dinamika, koja nam omogućuje da preko dana živimo koncentrirano.

Ne gledaj nikad prema van. Svjetlo je u tebi. U tebi je istina koja zna sve, koja sve i svakoga poznaje. Ne trebaš se osvrtati za svojim bližnjim, ne trebaš stvari promatrati izvana – što jest, to je u tebi.

Sve što vidiš samo je odraz istine, dakle refleksija, koja nije apsolutna istina.

Gabriele, proročica učiteljica i izaslanica Božja, objašnjava:

„Ne gledaj nikad prema van. Svjetlo je u tebi."

Gledati prema van znači htjeti shvatiti samo privid. Htijenje donosi opet znatiželju koja nas tjera da nemirno gledamo desno, lijevo, gore i dolje da bismo sve vidjeli.

Udubimo li se u Unutarnje svjetlo, postat ćemo spokojniji i postupno ćemo početi gledati dublje. Tada uspostavljamo komunikaciju s pozitivnim snagama u ljudima, biljkama, životinjama, u svim stvarima.

„U tebi je istina koja zna sve, koja sve i svakoga poznaje."

Postanemo li svjesni da je u nama Bog, istina, koja zna sve, koja sve i svakoga poznaje, tada ojačavamo i zadobivamo jakost; tada se također uvijek iznova vraćamo svjetlu u sebi postajući svjesni: u nama je istina, koja zna sve, koja sve i svakoga poznaje.

„Ne trebaš se osvrtati za svojim bližnjim, ne trebaš stvari promatrati izvana – što jest, to je u tebi."

Sjetimo se samo situacija u našemu svakodnevnom životu: Pozdravljamo li, npr. svojega bližnjega i osvrćemo li se za njim – kakve misli su u našoj budnoj svijesti? Jesu li to previše ljudske misli po kojima možemo prepoznati da smo pogledali vanjštinu, omotač, i da smo komunicirali samo s vanjštinom, omotačem? Naprotiv, pozdravljamo li svojega bližnjega od srca kao svojeg brata ili svoju sestru, tada se nećemo osvrtati za njim.

Poduzmimo si da tijekom dana kontroliramo koliko često se osvrćemo za ljudima oko sebe i što pritom mislimo? Osvrćemo se pitajući se: je li to možda znanac? Tada se upitajmo: što stoji iza tog pitanja, kakva čuvstva i osjećaji? Mi se osvrćemo jer nam se nešto kod našega bližnjega dopada ili ne dopada. Koja su čuvstva i osjećaji ispod toga izvanjskog opažanja? Mi sami sebi kažemo kakve veze to ima s našim gledanjem ili osvrtanjem za njim.

Ako smo toliko duhovno razvijeni da pozitivni dio našega bližnjega titra u nama, tada se nećemo okretati za njim, osim ako nas on ne pozove. Kada mu se nakon toga svjesno obratimo, tada to nije ono ljudsko, dakle previše ljudsko privlačenje, upravljanje, već se dva bića susreću u uzajamnom poštovanju – neosobno.

„Sve što vidiš, samo je odraz istine, dakle refleksija, koja nije apsolutna istina."

Apsolutnu istinu, Bitak, svoju istinsku baštinu – kako to možemo osjetiti?

Budući da je svako čuvstvo, svaki osjećaj, svaka misao i svaka riječ sastavni element slika, tada su i naše molitvene riječi aspekti slika – ili čitave slike, onda kad stalno molimo isto ili slično. Te slike, također slike naših molitvi, prodiru u našu budnu svijest, možda nas uznemiruju ili nam ne daju mira.

Hoćemo u dubljoj molitvi vježbati da nam se svijest proširi i istovremeno omogući osjetiti kakvo nas čudesno spokojstvo i kakav mir obuzimaju. Tada više ne primamo refleksije svojih molitvenih misli, jer sve ljudsko što izlazi iz nas, opet je samo refleksija. To zrači natrag u slikama, u bojama i oblicima koji pokazuju naše ljudsko i koji prema prilikama i dalje pokreću naše ljudsko i time ga pojačavaju.

Polazimo u tišinu.
Zatvaramo oči.
Postajemo spokojni.
Oslobađamo se svojih ljudskih misli.
Predajemo ih Kristu i
koncentriramo se na svoj dah.
Misli odlaze od nas.

Sada si u nutrini, u svojemu fizičkom tijelu, predočimo svjetlo. To je energija, ljubav Božja.

Uranjamo u to svjetlo i dozivamo Presvetoga u sebi, Boga, da nas On potpuno ispuni. Pritom ne očekujemo ništa. Nećemo ništa ni misliti.

Dopuštamo da Sveto kroz nas zrači tamo kamo mi to hoćemo odaslati.

Sada dozivamo vječno svjetlo.

Vječno svjetlo,
Ti si snaga i ljubav.
Utječi pojačano u mene.
Obuzmi me,
ispuni me žarom!
Iz Tvojeg vrela spasa,
iz Tvojeg svjetla,
šaljem Tvoju ljubav, Tvoje svjetlo
svim ljudima.

Odašiljemo i ne mislimo.

U tom trenutku duboke molitve komuniciramo s Duhom Božjim u mnogim ljudima.

Odgovor iz te nesebične komunikacije jest tišina, mir, nada, pouzdanje, jačanje i jakost. Pritom ne čujemo glas; osjećamo kako nam se duhovna svijest širi jer Bog iz vrela Svojeg života u nas ulijeva Svoju tišinu i Svoj mir.

Dopuštamo da u nama teku molitveni osjećaji prema Vječnomu.

Gospodine, Tvoje me svjetlo ispunjava žarom.
U Tvojoj svijesti živim.
Tvoju snagu, koja djeluje u meni,
šaljem prirodnim carstvima.

Puštamo da snaga struji prema van; pritom ne mislimo niti stvaramo sebi sliku prirodnih carstava.

Odgovor je opet odgovor tišine:
mir, nada i pouzdanje izgrađuju se u nama jer smo imali komunikaciju sa stvaralačkom snagom u prirodi.

Ta je vježba oblik duboke molitve. Spomenute molitvene riječi treba smatrati primjerom.

Takva nam molitva može donijeti beskrajnu tišinu i unutarnje iskustvo – iskustvo mira. Često čujemo: „Bog je mir." Tu duhovnu stvarnost trebamo iskusiti u sebi; to se može dogoditi preko te molitve.

Najprije dopuštamo da nas ispuni snaga ljubavi, zatim odašiljemo svete molitvene zrake i pritom ne mislimo. One našemu bližnjemu donose životnu energiju. To što zrači natrag iz tog izvora snage, ispunjava i nas same.

Nazovimo to vježbom, nazovimo to molitvom - ta je duboka komunikacija mogućnost da osjetimo što je naša duhovna baština. Tada se sve više budi čežnja da postanemo takvi, da budemo takvi kakvima se u nutrini čuvstvujemo.

Da bismo dobro upamtili tu duboku molitvu, ponavljam: puštamo da nas ispuni Božja snaga moleći Oca: „Zrači u mene i zrači kroz mene mojoj braći i sestrama"– a zatim ostajemo u tišini.

Time bivamo i mi ispunjeni i tako se približavamo Onomu koji je čežnja duše.

U trenutku kad odašiljemo, kad zračimo, osjećamo da se u nama izgrađuju radost, zahvalnost, jakost i nada.

No preduvjet je da ništa nećemo! Ako bismo si stvorili sliku, tada bismo doživjeli sami sebe, naime refleksiju svojega ljudskoga ja. Te bi slike dolazile iz našega trodimenzionalnog mišljenja.

Ne smijemo imati očekivanja, već samo dopustiti da kroz nas teče zračenje Vječnoga. Tada, ali samo tada, u našoj se duši, na dnu duše, izgrađuje ono što danas i ubuduće unapređuje naš duhovni razvoj.

Ta je unutarnja molitva nesebična i neosobna. Zovemo je „dubokom molitvom" ili „molitvom svemira".

To što je unutar tebe, svjetlo, istina, što ti kao biće u Bogu, u čistom Bitku, jesi, to je na Nebu poprimilo lik i oblik u najčistijoj supstanciji.

Gabriele:

U toj rečenici leži čitava naša baština.

Sva čista bića nose u sebi isto, zakon, Boga. Iz života koji struji, iz tekućeg i strujećeg svjetla, energije Boga, Vječni je stvorio duhovne oblike. Oni su poprimili lik i postali najčistija supstancija iz Božjeg disaja, iz Njegova strujećeg zakona. I naša je najdublja nutrina najčistija supstancija i mi smo bića svemira, jer smo djeca Božja.

To što je u najdubljoj nutrini tvoje utjelovljene duše, na dnu duše, to je neopteretivo svjetlo, vječna istina. To jest i vječno ostaje Bitak.

Gabriele:

U nama je dakle beskrajni, vječni izvor, iz kojeg crpe sva duhovna bića, svi životni oblici Nebesa. To je Duh svemira, koji sve prožima. To je Božja sveprisutnost iz koje smijemo primati i davati.

Svi smo mi kao duhovna bića u toj moćnoj, vječnoj struju. Iz te struje, principa svemira, mi crpimo i dajemo. Tako žive sva čista bića u kružnom tijeku beskonačnosti: primanju odnosno crpljenju i davanju. To je naše istinsko postojanje u Vječnom bitku.

Samo je dani kvantum božanske energije odmetanjem jednog bića od Boga bio pretvoren u energiju pada, iz čega su nastala područja pada, bića pada i ljudi. Taj kvantum božanske energije Vječni je dao sljedećim bićima pada za održanje njihova života. To je naniže transformirana božanska energija. Stoga su materija i sve niže transformirane energije samo odrazi čistoga Bitka.

Gabriele:

Svaki pojedini od nas dužan je kvantum energije koji je pogrješnim razmišljanjem transformirao naniže ponovo pretvoriti u tu duhovnu prasubstanciju, Prasnagu, da bi ga vratio u Vječni bitak.

Kvantum božanske energije koji je bio dan svakomu od nas kad smo uronili u područja pada jest posuđena energija. Svaki se zajam mora vratiti.

Na Unutarnjem putu učimo da negativno pretvaramo u pozitivno tako što prepoznato ljudsko – dakle previše ljudsko, grješno – s Kristom očistimo i više ne ponavljamo. Time se Božja energija koju smo transformirali naniže, dakle negativna energija, pretvara u božansku tekuću snagu. Na taj način mi je transformiramo opet naviše, prema izvoru, prema Bogu.

Svatko od nas morat će to prije ili kasnije učiniti; zbog toga imamo Unutarnji put.

Uvijek iznova čujemo da je Zemlja i sve što je na Zemlji samo odraz ili refleksija Vječnog bitka.

Pomislimo na jezero s više ili manje uzburkanom površinom. To što je na obali jezera, trave, drveće, građevine i sve drugo, odražava se u vodi. Vidimo li u ogledalu jezera, na kojem se možda mreškaju valovi, ono isto što i na obali? Ne, u vodi sve izgleda izobličeno.

Primijenimo tu usporedbu na duhovno kraljevstvo Nebesa i Zemlju: Nebo se odražava na Zemlju. To što na Zemlji obuhvaćamo i opažamo nije međutim stvarnost, Bitak, kraljevstvo Nebesa. Kroz različite slojeve ljudskoga ja sve je to samo odraz, privid, ali nikada nije stvarnost.

Ovisi o tome na kojoj se mi razini nalazimo – na razini odraza, privida, na razini vanjštine i izvanjskoga, ljudskih slika, ili na razini Bitka, Unutarnjeg života.

U cijeloj beskonačnosti postoji samo jedan princip: odašiljanje i primanje. To što odašilješ, to jesi; to zračiš. To što zračiš, to ti se vraća.

Gabriele, proročica učiteljica i izaslanica Božja, objašnjava:

Svakom mišlju koju pomislimo, mi odašiljemo i istovremeno primamo. Tako se izgrađuje naša sudbina. To što smo izgradili međutim možemo i razgraditi tako što svoj odašiljački potencijal čišćenjem pomoću nepromjenjive snage našeg Spasitelja uklonimo i sve više odašiljemo Kristu, Onomu koji treba biti središte našeg života. Samo tako ćemo korak po korak steći svoju duhovnu baštinu. Samo tada možemo reći: idemo sigurno kroz ovo vrijeme, koje je puno nereda.

Jedina je sigurnost Krist. Za nas nema izvanjske sigurnosti. Ljudi, stvari, predmeti, novac i imanje – ništa nam ne može ponuditi sigurnost. Živimo u moćnom vremenu preobrazbe. Padaju stare strukture na koje su se do sada mnogi ljudi oslanjali. Na ovoj Zemlji, u ovome svijetu, u tijeku procesa preobrazbe od staroga u Novo doba, više neće biti oslonca u vanjštini.

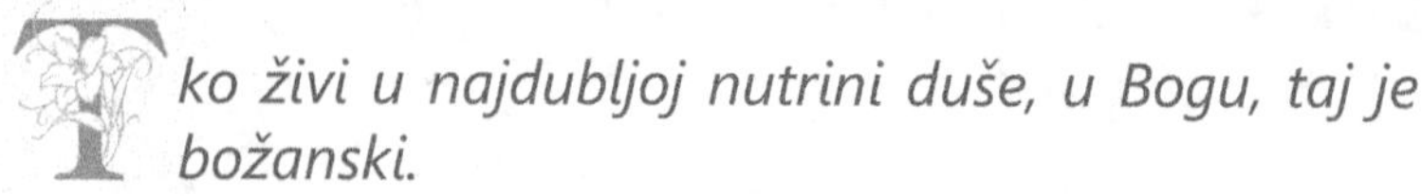 *ko živi u najdubljoj nutrini duše, u Bogu, taj je božanski.*

Gabriele, proročica učiteljica i izaslanice Božja, objašnjava:

Stalno slušamo o Unutarnjem svjetlu. Kako ćemo doći do Unutarnjeg svjetla i kako možemo ostati u nutrini?

Za to jedna mala vježba.

Ako nešto želimo reći, suzdržimo se najprije pitajući se:

je li to što želimo reći božansko?

Zašto se želimo javiti?

Govorit ćemo onda kad osjetimo da nećemo ništa za sebe osobno. To ćemo prepoznati po tome ako iza toga što hoćemo izgovoriti ne stoji prisila, ni podcjenjivanje; ako u vidu nemamo svoju korist. Možemo također provjeriti kako se javljamo jer po vrsti i kombinaciji riječi, kao i po intonaciji rečenične melodije prepoznajemo javlja li se naše ja – bili to dublji slojevi ja – ili je neosobno i dolazi iz zdenca života.

Često čujemo: „Ja sam već ovo ili ono očistio. Ja sam već oprostio. A ipak uvijek iznova to dolazi u moju budnu svijest. Uvijek iznova dolaze stare misli." O čemu je riječ?

Moguće je da su to sjećanja koja su probuđena. Ako, npr. naš bližnji misli na nas i razmišlja o onoj situaciji koja je već očišćena, time u našem svijetu misli ona može oživjeti. Tada bismo trebali provjeriti: kakva su nam čuvstva i osjećaji – prije svega prema tome bližnjemu? Ako su nam čuvstva i osjećaji čisti, tada kažemo „ne" tim starim mislima, obraćamo se Kristu i molimo se slično kao što smo naučili:

pozivamo Unutarnje svjetlo i puštamo da svjetlo kroz nas zrači našemu bližnjemu ili našim bližnjima na koje mislimo. Zbog svemirske molitve misli se udaljuju od nas; time nam postaje sve lakše da mirujemo u sebi.

Daljnji primjeri trebaju nam pomoći da svemirsku molitvu shvatimo još dublje kako bismo je mogli provoditi sve samostalnije.

Osvijestimo si: sve je u svemu, a duša i čovjek trebaju uspostaviti komunikaciju sa svime. Jer kako je na Nebu, tako treba postati i na Zemlji.

Sad promatramo svoj dah i uranjamo u Unutarnje svjetlo. Pozivamo sveto svjetlo, ljubav Boga Stvoritelja; dopuštamo da nas ispuni ljubav, snaga i mudrost i molimo:

Vječni, predivni Oče!
Ti Si svjetlo i snaga u nama.
Ti Si sveprisutni Duh,
koji sve prožima i ispunjava žarom.

Ti ljubiš Svoje stvaranje,
kojem pripadamo i mi ljudi.
Ti Si u svemu ljubav, svjetlo,
domovina i spasenje.
Tvoje svjetlo, koje nam daruje
toplinu i zaštićenost,
šaljemo sada mineralnim carstvima.
Ti strujiš kroz nas
mineralnim carstvima.

Naše misli šute.

Na isti način možemo pustiti da Božje svjetlo struji biljnim i životinjskim carstvima.

Ponovo promatramo svoje disanje.
Sve dublje ulazimo u svjetlo; sve više nas okružuje sunce ljubavi.

Pozivamo Unutarnje svjetlo i dopuštamo da nas sve više i više ispunjava Božja ljubav, snaga i mudrost.

Ljubljeni Oče!
Sva duhovna bića, duše i ljudi
Tvoja su djeca.
Ti Dobrostivi, poslao si nam Svojeg Sina
kako bismo opet postali duhovna bića,
svjetlo iz Tvojeg svjetla,
ljubav iz Tvoje ljubavi,
snaga iz Tvoje snage.
Dobrostivi Jedan svemira,
ispuni nas iz zdenca
mira i spasa.
Ispuni nas Svojom ljubavlju
da osjetimo da smo Tvoja djeca.

Dobrostivi, vječni Oče,
Tvoje svjetlo kroz nas zrači svoj braći
i sestrama na čitavoj Zemlji.
Naše misli šute –
Ti, svemirski Jedan, kroz nas zračiš
našoj ljudskoj braći i sestrama.

Dopuštamo da zrači; ne mislimo.
Zrači.

Ponovo promatramo svoj dah i istovremeno osjećamo prema unutra.
Primjećujemo kako nam dolaze spokojstvo i mir.
To je odgovor ljubavi.

Ponovo pozivamo moćno svjetlo u nama i molimo ga da nas ispuni žarom.

Vječno Sunce,
Ti Dobroto i Toplino.
Ti Ljubavi i Milosrđe!
Ti, Oče, Ti ljubljeno Ti naših duša.
Ti si nam tako blizu,
jer smo mi Tvoja djeca.
Prožimaš nas snagom Nebesa,
koja je naša duhovna baština.
Ti nas ispunjavaš žarom i omogućuješ nam
da se ražarimo u Tvojoj ljubavi,
koja je istinski Bitak.

Vječni, Dobrostivi,
preko Tvoje beskonačne snage
stupamo u komunikaciju
sa svojom braćom i sestrama
Vječnog bitka.
U nama se otvaraju Nebesa,
regije od Reda
do Milosrđa.

Svjetlo svemirskoga Jednoga
zrači kroz nas
i uspostavlja komunikaciju s našom
nebeskom braćom i sestrama.

Dopuštamo ljubavi da struji. Naše misli šute.
Duboko u svojoj duši smijemo osjetiti povezanost.
Smijemo primati.
Odašiljemo prema Nebu – kući.
Primamo od Neba, od kuće.

Oče,
naša milino i naša srećo!
Brate, Ti naš Spasitelju i naš prijatelju!
Zahvaljujemo Ti Oče,
zahvaljujemo Ti Brate!
Hvala iz sveg srca.
Hvala za Bitak.
Hvala za spasenje.
Hvala za Unutarnji put.
Hvala za vječnu domovinu.

Gabriele:

Ako se preko dana suzdržavamo u govorenju i mišljenju ispitujući se pitanjem: „Je li moja misao, moja riječ neosobna, dakle božanska, ili egocentrična?" – tada navečer možemo sami osjetiti kako nam je.

Osjetiti svoje sebstvo znači opažati sebe same. Kakav nam je bio i kakav je tjelesni ritam? Kakvo nam je bilo i kakvo je unutarnje i izvanjsko držanje? Kakvo je bilo i kakvo je naše ponašanje? Možemo sebe ispitati i u ogledalu. Kako reflektiramo, kako zračimo?

Doživjet ćemo manja ili veća takozvana čuda ako preko dana dosljedno izvodimo ovu vježbu. Večer nam pokazuje potpuno drugog čovjeka.

Te nam vježbe omogućuju da prepoznamo kako brzo i čudesno Duh Božji može djelovati u nama i na nas. Doživljavamo blizinu Božju.

Vječni zakon, čisto, lijepo, plemenito, fino, apsolutna ljubav, zrači ono što izlazi iz Bogom-ispunjenoga, zatim opet ulazi u njega i prolazi kroz njega.

Gabriele:

To što izlazi iz Bogom-ispunjenog čovjeka zrači opet u njega i kroz njega – po principu odašiljanja i primanja.

Stalno slušamo o Bitku. Bitak je ono božansko u svemu. Tek kada postignemo božansku komunikaciju sa svime – jer sve je u svemu – živjet ćemo u Bitku.

Živjeti u Bitku dakle znači živjeti u svojoj najdubljoj nutrini. Prethodne vježbe pomažu nam da saznamo što znači živjeti u sebi i davati iz Bitka, iz izvora preko komunikacije sa svemirskom snagom u svemu.

Stalno slušamo o čistoti. Čistotu duše postižemo nesebičnim čuvstvima, osjećajima, mislima, riječima i postupcima. To vodi u unutarnju ljepotu. Dakle, čistotom duša i čovjek postižu ljepotu.

Vidimo: sve se prožima i dopunjava. Tko se kiti vrlinama i nesebičnom ljubavlju, taj dospijeva u unutarnju slobodu, jer je pronašao sebe, svoje istinsko sebstvo. On tada i ljudima oko sebe dopušta slobodu. Tada je čovjek plemenit i fin jer se duša očistila.

Uzmimo ovu izjavu još jednom svjesno i dopusti-
mo da nastavi titrati u nama, jer u toj izjavi leži toliko
mnogo toga presudnoga za nas: *„Vječni zakon, čisto,
lijepo, plemenito, fino, apsolutna ljubav, zrači ono što
izlazi iz Bogom-ispunjenoga, zatim opet ulazi u njega
i prolazi kroz njega."*

*U Bitku, koji je vječan, živi čisto biće i u Vječnom
bitku postoji jer je ono samo Vječni bitak, vječni zakon,
Bog: čistota, ljepota, sloboda, plemenito i fino, nese-
bična ljubav. Čisto biće jest Bitak u svemirskoj struji, u
Bogu, u Bitku.*

Gabriele:

Čistota je naš istinski život. Okrenemo li se od svo-
jega istinskog života, od čistote, ljepote, od Vječnog
bitka, tada stvaramo svoj prividni život koji se sastoji
od našega ja-zakona. To je refleksija, naniže transfor-
mirani, preinačeni Ja Jesam. To smo izgradili svojim
ljudskim čuvstvovanjem, mišljenjem, govorenjem,
postupanjem i htijenjem. Svoj ja-zakon, koji okružuje

samo nas i koji je pohranjen u kauzalnom kompjutoru, u zviježđima, nazivamo općim pojmom sjetva i žetva.

Što dakle sijemo, to žanjemo. To kauzalno odašiljanje i primanje traje sve dok pretežno ne postignemo čistotu svoje duše.

U čistoti leži ljepota, a u ljepoti opet čistota. Obje zrače i daju slobodu. U čistoti, ljepoti i slobodi leži plemenito, fino, nesebična ljubav.

Opterećene duše u mjestima čišćenja i utjelovljene opterećene duše, ljudi, ne žive kao Bitak, niti se kreću u struji Bitka.

Gabriele:

Sve dok smo opterećeni, dijelovi naše duhovne baštine, našega istinskog Bitka, prekriveni su; stoga se ne možemo vratiti porijeklu svojeg života. Da bismo ponovo mogli uroniti u Božju struju, da bismo kao pročišćena kap živjeli u vječnom oceanu Bogu, moramo proći put samospoznaje.

Moramo naučiti razumjeti sebe; jer samo ako razumijemo sebe s vremenom ćemo i spoznati sebe.

Naučimo li razumjeti sebe, postići ćemo i razumijevanje za ljude oko sebe. Na taj način čistimo svoju dušu i nalazimo pristup svojemu bližnjemu. Jer je naš bližnji – pozitivni dio našega bližnjega – dio našega istinskog Bitka, naše božanske baštine.

Samo na taj način – samospoznajom i razumijevanjem – sazrijevamo u svoju nutrinu, uspostavljamo vezu sa svojim bližnjim i izgrađujemo komunikaciju s prirodnim carstvima. Tada također razumijemo što znači izgraditi komunikaciju s beskonačnim svemirom, jer smo mi djeca svemira, baštinici beskonačnosti, bića koja u sebi skrivaju sav Bitak.

Tko ne živi u Bogu, živi u svijetu koji je sam stvorio što se sastoji od njegovih ljudskih osjećaja, misli, riječi i postupaka, koje on naziva svojim „Bitkom" i svojim „sebstvom". To je mali svijet ljudskoga ja.

Gabriele:

Prepoznajemo dakle kako je protivnik preokrenuo najuzvišenije riječi. Naš mali svijet, ja-svijet pojedinca, koji se sastoji od naših ljudskih osjećaja, misli, riječi i postupaka, nazivamo svojim „Bitkom" i svojim

„sebstvom". Međutim, to nije Vječni bitak. Naš ljudski „bitak" sadrži „moje", granicu prema Vječnom bitku. U našemu ljudskom „sebstvu" ograničenje je opet „meni". Ljudskom egocentričnošću, „moje" i „meni", mi smo se učahurili u jedan svijet o kojem ćemo još čuti. Vidimo dakle kako su svjetlo i sjena tijesno jedno uz drugo.

Riječi izgovorene iz ostvarenja i ispunjenja vječnog zakona u sebi nose božansko, svjetlo i snagu. Suprotno tomu jesu riječi našega nižega Bitka kad ih ne prožima Duh ljubavi, kad ih mi ne živimo.

Bog govori o vječnom sebstvu, o Vječnom bitku. Prepolarizacija glasi: naš ljudski Bitak, naše ljudsko sebstvo.

U tome malom svijetu on živi, kreće se i vjeruje da je jedino tamo njegovo postojanje.

On tada vidi samo očima svojega malog svijeta, koji se dade usporediti s čahurom. Time on vidi također samo mali učahureni svijet svojega bližnjega.

On vidi samo površinu života, odraz, jer živi samo u vanjštini i kreće se samo u svojemu malom svijetu, u svojoj čahuri, koju je sam ispleo svojim opterećenim osjećajima, mislima, riječima i postupcima. To je njegovo stanje svijesti.

Gabriele:

Polazeći od toga stanja svijesti, mi čuvstvujemo, mislimo, govorimo i postupamo – kao ljudi koji su zatvoreni u granicama materijalističkoga, egocentričnog mišljenja. Dalje od toga ne možemo vidjeti. Dalje ne možemo ni razumjeti. Ono što smo otkrili, ono što smo razvili, to je stanje naše svijesti. U skladu s tim zrači i svjetlo naše svijesti. Ono opet obasjava samo ono što je stanje naše svijesti, širinu ili uskost, već prema ograničenju.

Budući da mi već prema zračenju svoje svijesti živimo u stošcu svjetla koji smo sami stvorili, uvijek iznova doživljavamo sebe same. Promatrajmo to što mislimo, kako i što govorimo! To sve nam kaže tko smo mi.

Ako nam se osjećaji i misli okreću samo oko nas samih, tada živimo u učahurenom svijetu, a svoje bližnje vidimo samo u stošcu svjetla svojega ja. Ljudi onda prolaze mimo nas, a mi ih ne prepoznajemo; ne opažamo ih kao braću i sestre u Duhu Gospodina, jer potvrđujemo samo sebe, jer vidimo samo svoj mali svijet. Taj je mali svijet naša misaona imovina, a tu misaonu imovinu nazivamo istinom.

Niti učahurenoga malog svijeta jesu kao zidovi koje on gleda i koje naziva „istinom". Budući da on gleda samo zidove svojega malog, vlastitog svijeta, on gleda također samo zidove malog svijeta svojega bližnjega. On dakle vidi samo u zrcalu istine, a ne gleda istinu samu.

Gabriele:

Iz toga nastaje iskrivljavanje istine.

Što su „zidovi"? Takozvani zidovi jesu zračenje aure, to su različite fasete svjetla naše duše. Jer to što je pohranjeno u česticama naše duše, svjetlo ili sjena, to zrači kroz naše tijelo i tvori auru, koronu. Naša je aura tako reći stožac svjetla naše svijesti.

Samo to što naša duša zrači, možemo donekle shvatiti i o tome govorimo. Izvan toga se ne može. Prema potencijalu zračenja naša je aura svjetlo ili sjena. To je svjetlo naše svijesti, stanje naše svijesti.

On govori o istini misleći time na odraz istine, na ono što je sam unio, čime se sam opreo, u što vjeruje jer samo to vidi. On dakle vjeruje samo u ono što vidi i to naziva istinom.

Gabriele:

Naš je jezik slikovni jezik. Svaka slika pokazuje stanje naše svijesti. Iz dana u dan kroz naš mozak projuri beskrajno mnogo misli. Kao što misli jure kroz naš mozak, tako i slike jure kroz nas i obilježavaju našu staničnu strukturu. Budući da mi ponajviše živimo još nesvjesno, razumijemo malo toga od našega vlastitog jezika te nam tako prolaze neiskorištene mnoge prilike za samospoznaju.

Svjesno živjeti znači u trenutku skupiti snage svoje svijesti i biti potpuno uz to što trenutno predstoji. Živjeti svjesno znači živjeti koncentrirano.

Odlučimo da sve što radimo, radimo koncentrirano. Koncentracija znači da su nam misli pri našem poslu, pri djelatnosti koju trenutačno obavljamo ili pri tome što govorimo.

Ako nam zbog toga život protječe svjesnije, tada ćemo vrlo brzo i shvatiti kad nas misli salijeću. One kucaju na zračenje naše koncentracije i hoće nam se javiti. Tada bismo trebali kratko zastati, dopustiti misli i pogledati u svijet misli; jer one dolaze i pokazuju nam se u slikama. Te smo slike mi stvorili, one su dio našeg života. I na taj način možemo vrlo brzo spoznati tko smo. Ako dnevnu energiju iskoristimo da očistimo to što predstoji za čišćenje, tada se proširuje zračenje naše svijesti, naš stožac svijesti.

Misli koje nas salijeću mogu dolaziti i od ljudi oko nas. To su međutim kratke leteće misli koje ne ulaze u nas – a ipak nam mogu nešto reći, jer slučajevi ne postoje. Kucaju li one međutim stalno na zračenje naše koncentracije, tada je u nama nešto što bi se trebalo očistiti.

Misli, osjećaji ili čuvstva mogu također proizlaziti iz dijela naše duhovne svijesti koji je razvijen – impulsi koji nas hoće potaknuti da se dalje razvijamo, da uklonimo to što nam pritišće i opterećuje dušu. I te misli ili čuvstva kucaju na zračenje koncentracije. One se javljaju da ih očistimo. Zastanimo kratko. Primimo te misaone slike. Što nam one hoće reći? To predstoji za čišćenje.

Mi smo u životnoj školi Zemlji. Dnevna energija svakomu pojedinom čovjeku donosi individualne zadaće koje mu predstoje na temelju onoga što je nekada sam unio u zviježđa. Tako dan za danom susrećemo svoje vlastito previše ljudsko.

Ljudsko je naš niži Bitak, to je naše niže sebstvo. To niže sebstvo, niži Bitak, mi moramo preobraziti s Kristom. Na taj ćemo način doći u Vječni bitak, svojemu istinskom sebstvu, i prema tome svojoj božanskoj baštini.

Vidimo dakle da se čitava beskonačnost sastoji od odašiljanja i primanja. Nama se odašilje i mi primamo. Mi odašiljemo i primamo. Čitav svemir jest moćna komunikacijska mreža, u koju je uključen svaki pojedini od nas.

U cijelom svemiru postoji samo jedan princip: odašiljanje i primanje. Svatko odašilje sebe samoga – to što on jest, svoje osjećanje, mišljenje, govorenje i postupanje.

Gabriele:

Obratimo pažnju na izjavu: svatko odašilje sebe samoga.

Mi ne možemo odašiljati odašiljački potencijal svojega bližnjega; mi odašiljemo jedino svoj vlastiti odašiljački potencijal, one programe koje smo si nametnuli tijekom ovoga zemaljskog života i u prethodnim životima – dakle ono što još nije očišćeno.

Budimo dakle stalno svjesni da svatko od nas odašilje samo svoj vlastiti odašiljački potencijal. Mi izgrađujemo taj odašiljački potencijal svojim osjećajima, mislima, riječima i postupcima. On stvara različite programe u našim moždanim stanicama, koji opet djeluju na našu dušu i na svaku stanicu našeg tijela jer su one isto tako u komunikaciji s planetima spremnicima. Tako smo sa svojim – ali samo sa svojim vlastitim - odašiljačkim potencijalom u komunikaciji sa zviježđima.

To što odašiljemo, unosimo u svoju dušu i u odgovarajuće planete spremnike – u ovom slučaju u kauzalni kompjutor. Od kauzalnog kompjutora to nam se vraća – preko naše duše, preko naših osjećaja i misli. Tako naša čuvstva, osjećaji, misli, riječi i postupci mogu biti naši upozoritelji. Stoga bismo trebali biti budni da bismo saznali i shvatili što nam oni hoće reći o nama.

Mi smo svoj vlastiti odašiljački potencijal. Tako mi vibriramo. Tako mislimo. Tako živimo. Tako postupamo. To je također naš tjelesni ritam. Tako vibrira i svaka stanica našeg tijela.

Naše je tijelo poput rezonantnog tijela. Svojim čuvstvima, osjećajima, mislima, riječima i postupcima mi ugađamo zvučno tijelo, čovjeka.

Hoćemo li znati kako zvučimo? Poslušajmo to što mislimo i govorimo! Tada ćemo znati kako zvučimo.

Bog je harmonija. Bog je vječna simfonija, vječni kozmički zvuk. Ako je naše zvučno tijelo usklađeno sa simfonijom Bogom, tada nam je duša u Bitku. Ako nam je tijelo disharmonično, ako su nam ritmovi isprekidani, uglati, ako smo neuravnoteženi, neodmjereni, tada nismo u harmoniji s Vječnim bitkom; tada sviramo svoje vlastite gusle.

Čisto biće živi i djeluje u čistome vječnom zakonu i iz njega, zakona svemira.

Nečisti živi u svojemu malom svijetu, koji je sam stvorio, što se sastoji od njegova nečistoga, dakle od nečistota njegovih osjećaja, misli, riječi i postupaka. U tome svojem učahurenom svijetu on živi i kreće se te osjeća, misli, govori i postupa onako kakav jest, od čega se njegov učahureni svijet sastoji.

Gabriele:

Nečistota naših osjećaja, misli, riječi i postupaka jest šapat, šum u našoj nutrini, koji nas čini nezadovoljnima, nestalnima, nesretnima, jer budna duša zahtijeva da bude slobodna i sretna. Ona se želi povezati s vječnom strujom, Bogom; ona želi opet uroniti u Vječni bitak, u vječno svjetlo – kao istinsko sebstvo, kao komprimirani Bitak.

Ponekad bismo trebali vježbati napjev duše. Ljubav duše prema Ocu jest poput obožavanja, nebeski napjev, koji se obraća Njemu; jer je Bog zvuk, simfonija, harmonija i ljubav.

Dopustimo da iz nas ta čežnja duše češće izbija, zrači; izgovorimo što se u nama pokreće i uživimo se u tu melodiju! Tada ćemo osjetiti nesklad između duše i čovjeka i također istovremeno primijetiti što predstoji za čišćenje.

Duša nema naše riječi. To što nam ona prenosi – čežnju za Bogom, za čistotom, za ljepotom, za jedinstvom s vječnom strujom – to prispijeva do nas, čovjeka, u obliku misli i riječi. Naše su misli i naše riječi međutim ograničene – one često ne mogu izgovoriti to što izbija iz naše duše, te prema tome čovjek to gotovo i ne može shvatiti, jer mu na raspolaganju stoje samo alati misli i riječi.

I čuvstvovanje spada također u područje ljudskoga i nije opažanje same duše. Ako vibracije duše koje se podižu - čežnja za ujedinjenjem s Bogom – dospiju u naše moždane stanice, tada je to fino, nježno čuvstvo opet podešeno na tri dimenzije, jer čovjek čuvstvuje, misli, govori i postupa samo trodimenzionalno. Vidimo da uvijek postoji nesklad između duše i čovjeka. To često boli.

Ja to često doživljavam: u nutrini registriram sve i sveobuhvatno. Međutim, našim ljudskim riječima mogu samo ograničeno prenijeti cjelinu. Ljudski jezik ne sadrži riječi kojima se može prikazati ono što djeluje u jednoj rečenici, u jednoj riječi Apsolutnog zakona. Zračenje, Apsolutni zakon, jest beskrajan i snažan i moćan – ljudska je riječ, naprotiv mala i ništavna.

Moramo se naučiti uživljavati u riječi i pojmove. No i osjećanje je kao takvo još uvijek ograničenje jer ga opet prenosimo u naše tri dimenzije. Nesklad će postojati dok ponovo ne postanemo božanski, svjestan Božji sin, svjesna Božja kći, Bitak u Bitku. Onda nam više neće biti potrebne riječi da bismo opisali Bitak.

Imajmo stalno na umu: mi smo na ovoj Zemlji da bismo postali božanski. Naša je nutrina ono čisto, fino, plemenito i lijepo, zakon beskrajne ljubavi.

Imajmo stalno na umu: Bog, naš Otac, nas ljubi. On nam je poslao Svojeg Sina, našeg Spasitelja. Krist nam je tako blizu, jer On je put, istina i život.

Razmišljamo stalno o tome. Mislima se unesimo u tu poruku ljubavi: Bog, naš Otac, poslao je Svojeg Sina kako bismo se mi vratili opet Njemu, Bogu, našem Ocu. Ta je poruka poruka ljubavi. Ona se provlači kroz posljednjih dvije tisuće godina i stalno će kucati na naše srce – dok ne postanemo ljubav i sjedinjeni s velikim Duhom našeg Oca, s Bogom.

Bog je svemirska struja. Naš je Otac biće svemira. Imajmo na umu da smo u božanskomu Njegove slike i prilike, slike i prilike vječnog Oca. To je život u struji, i mi smo život u struji. Kad se vratimo kući u Vječni bitak – tko će nas primiti? Beskrajna ljubav našeg Oca. Mi ga smijemo gledati jer On je iz struje dao Sebi oblik kao što je oblikovao nas kao Svoju djecu, Svoje slike i prilike.

Možemo se također upitati: hoćemo li nakon svojeg hoda po Zemlji stupiti pred Boga, našeg Oca? Hoćemo li se pokloniti pred Njim i od srca Mu zahvaliti za Njegovo vodstvo preko Krista, našeg Brata i Spasitelja? Hoćemo li kao Božja djeca gledati uvis prema Njemu, u nježne, blage, dobrostive oči vječnog Oca?

On će nas sigurno uzeti u ruke i reći: „Dijete, gotovo je. Prošla je bol, patnja. Vidi, preko Svojeg Sina, tvojeg Brata, Ja sam te vratio Sebi. Dođi i posjeduj kraljevstvo koje ti pripada od samog početka.

Dijete Moje, gotovo je. Sve je dobro. Gledaj i vidjet ćeš sebe; jer to što si napravio Mojom snagom, ti si sam, to je tvoje biće.“

I mi ćemo u svojoj nutrini i posvuda kamo padne pogled naših duhovnih očiju gledati ono čega smo vječno svjesni: svjetlo, domovinu. Bit ćemo ponovo smješteni u Božje naručje, u slobodu, u život komunikacije sa svim Bitkom.

Imajmo uvijek na umu, budimo svjesni i potvrđujmo da smo Božji sinovi i kćeri! Potvrđujmo naš zakon – da, n a š zakon, vječni život, našu duhovnu baštinu – i iz sata u sat bit će nam bolje.

Opterećeni čovjek može se usporediti s gusjenicom.

Opterećeni čovjek – gusjenica – upreda se tako dugo u svoj mali svijet dok ne spozna da se mora iščahuriti, to jest razviti, da bi postao leptir, biće svjetla koje živi i kreće se u Božjem vječnom zakonu svemira i ima vječno postoji u Vječnome, u svemirskom principu, koji jest sebstvo i koji sam sebe izražava kao sebstvo: ono čisto, fino, plemenito, lijepo, nesebična ljubav, zakon svemira, apsolutnost, Vječni bitak, vječna istina.

Stoga se svaka gusjenica mora razviti, dakle odmotati ono čime se oprela, da bi se u tome spoznala, da bi spoznato okajala, molila za oproštenje i oprostila i spoznato ne ponavljala.

Tad se razvezuju niti njegove čahure; padaju zidovi koje je dosad čovjek gledao i koje je nazivao istinom – njegov mali ja-svijet koji je bio samo odraz istine. Svijetla duša i čovjek okrenut u nutrinu, prema svetištu, gledaju tada Vječni bitak, vječnu istinu, u samima sebi.

Gabriele:

Svatko od nas dakle mora odmotati čahuru svojeg ja, slično kao što se odmotava filmska vrpca. Dok je odmotavamo, moramo se prepoznati u slikama koje se projiciraju na platnu naše svijesti: svoju ljudsku igru, intrige, želje koje nas salijeću, strasti, požude, mržnju, zavist, neprijateljstvo, težnju za bogatstvom, za ugledom i posjedom.

U tim se slikama također čujemo kako podcjenjujemo svoje bližnje, sebe precjenjujemo; čujemo što kažemo o njima, što mislimo o njima, jesmo li im naštetili, kojim metodama i još mnogo toga više. Sve se to mora očistiti s bližnjim preko Krista.

Vječno sebstvo jest istina. Tko postane istina, sam je istina, sebstvo, Bitak, Ja Jesam, vječni zakon ljubavi.

Očima istine čovjek u sebi gleda također ono što je u vanjštini. On prožima odraz istine i u svim ljudima, događajima, razgovorima i zbivanjima gleda istinu.

Očima istine on vidi i neistinito. On ne može biti obmanut jer je on istina i gleda očima istine te sve govori, raspravlja i izvršava u istini.

On je dakle istina koja je vječni zakon svemira u kojem on živi, u kojem se kreće iz kojega crpi i kojim djeluje.

On je istina, zakon u svakom osjećaju, u svakoj misli, u svakoj riječi i u svakom postupku.

Budući da je istina, Bitak, vječni zakon, u tebi i da istinito, vječno, poprima lik i oblik ponajprije u tebi, a tek onda u vanjštini, u tvojoj okolini i u svijetu, moraš živjeti u sebi, u Presvetome, koji prebiva u tebi.

Gabriele:

Ako hoćemo mijenjati svijet, tada se moramo promijeniti mi sami. Sve dok samo pričamo o promjeni, a sami se ne mijenjamo, stvaramo samo daljnja opterećenja u ovom svijetu, koja opterećuju i nas same.

Ako samo govorimo o miru koji treba doći u ovaj svijet, a sami nemamo mira, tada pridonosimo daljnjem nemiru, jer naš nemir opet nemirom zaražava druge.

Ako samo govorimo o Kristovu svjetlu, a sami ostajemo bez svjetla, tada izrugujemo Krista i pridonosimo tomu da naši bližnji slično misle i govore, a mi živimo bez svjetla.

Ako govorimo o milosrđu i samaritanskom služenju bližnjemu, o tome da bi u svijetu trebalo vladati milosrđe i ljubav prema bližnjemu, a sami smo nemilosrdni i nemirni, tada pridonosimo tomu da se u ovom svijetu povećavaju nemilosrđe i neprijaznost. Time se sami opterećujemo.

Ako hoćemo promijeniti svijet nabolje, tada moramo postati dobrostivi.

Sve dok ne počnemo poštovati sebe, nećemo poštovati ni Boga u sebi. Sve dok težimo za izvanjskim hramovima, nećemo pronaći sebe kao hram Božji.

Stoga spoznaj: ti si hram Jednoga, Svetoga, koji pre-
biva u tebi.

Zapamti sljedeći poučak istine i po njemu živi:
Prebivaj u sebi jer ti si hram Jednoga, Svetoga, koji
prebiva u tebi.

Gabriele:

Mi možemo prebivati u svojoj nutrini samo ako svoj hram ukrasimo vrlinom nesebične ljubavi, slobode i bratstva. Tada će od nas otpasti sebičnost; strasti će se preobraziti i mi ćemo postati tražitelji koji nalaze. Naći ćemo Boga u sebi.

„Prebivaj u sebi" znači:
Ne dopuštaj nikakvu ljudsku, sebičnu misao.
Sve svoje osjećanje, mišljenje, govorenje i djelovanje
uzdigni k Bogu.

Gabriele:

Da bismo svoje osjećanje, mišljenje, govorenje i djelovanje uzdigli k Bogu, moramo postati svjesni da nam Bog želi najbolje i da je On prisluškivač u nama. Ljudsko je grješno u nama, upereno protiv duše. Ako smo ljudski osjećali, mislili, govorili i postupali, tada svoje ljudsko donesimo Bogu i Duha našeg Oca, koji prebiva u nama, zamolimo za oproštenje. Pod „ljudski" se, kao što je rečeno, misli na grješno protiv duše.

Bog, koji nas ljubi, oprostit će nam i uvijek nas podsjetiti i opomenuti kad hoćemo ponovo zapasti u iste ili slične lance osjećanja, ili lance misli, ili riječi. Svojom sve većom budnošću bolje ćemo uspijevati pravovremeno uzdići k Bogu svoje osjećanje, mišljenje, govorenje i djelovanje.

*Govori samo ako te pitaju i tada isključivo po vječ-
nom zakonu reda hrama – ne previše i ne premalo; mje-
ra je u tebi. Ili govori ako je važno za tvojega bližnjega,
ako mu možeš dati darove života.*

Gabriele:

Zašto trebamo govoriti samo ako nas pitaju ili ako
je važno i to isključivo po zakonu reda hrama, dakle
po Deset zapovijedi i Govoru na Gori?

Sve je energija. Naša se duša sastoji od kozmičke
energije. I naše je fizičko tijelo prožeto kozmičkom
energijom. S tom dragocjenom životnom snagom
trebamo postupati oprezno, dakle ne trebamo je ra-
sipati. Svojim bližnjima trebamo davati iz blaga nu-
trine, iz zakonâ Unutarnjeg života. Deset zapovijedi i
Govor na Gori odlomci su iz njih.

Dajemo li iz najvišeg izvora, iz zakonâ života, tada
dajemo darove Unutarnjeg života, koji imaju nepro-
cjenjivu vrijednost. Ti su božanski darovi tada aktivni
u našim riječima i postupcima.

Iz bogatstva Unutarnjeg života možemo crpsti i
davati samo ako smo prethodno ostvarivanjem i is-
punjavanjem božanskih zakona otkrili blago nutrine.

Ne pitaj iz radoznalosti. Ako je moguće ne pitaj uopće; jer to što trebaš čuti i znati, dobavit će Onaj koji prebiva u tebi.

Gabriele:

Tko pita iz radoznalosti, taj čuje samo sebe i prema prilikama čuje ono što danas nije u stanju obraditi. Tada on to pokreće u mislima. Time se može dalje opteretiti jer je svaka misao energija koja se ne povlači iz njega, već ostaje kod njega; ona opterećuje njegovu dušu i njegovo fizičko tijelo.

A kad je tvoj bližnji pored tebe utonuo u meditaciju ili u misli, ne oslovljavaj ga da bi mu protumačio svoju ljudsku mudrost, jer ne znaš gdje se upravo nalazi, s kim ili s čim je u komunikaciji.

Ne ometaj svojega bližnjega - tada ni tebe nikada neće nitko ometati jer si sam postao budnost.

A ako tvoj bližnji jede ili radi, ne ometaj ga, osim ako mu imaš nešto važno i bitno priopćiti, jer ne znaš s kim ili s čim komunicira.

Gabriele:

Pridržavamo li se dakle zakona Unutarnjeg života, finoga, plemenitoga, lijepoga i čistoga, tada ćemo vrlo postupno postati Božji zakon. Tada ćemo oplemeniti svoju dušu i poštovati je kao biće u Bogu – a također i svojega bližnjega, koji je u najdubljoj nutrini onakav kakvi smo mi: fin, plemenit, lijep i čist. Nemojmo dakle nikada prodirati u njegov hram; tada neće ni nas ometati, a naš hram neće biti razrušen.

Ne rasipaj energiju jer time oslabljuješ svoju dušu i svoje tijelo. Istovremeno napuštaš sveto mjesto u svojoj najdubljoj nutrini, božanstvo u sebi, i upućuješ se izvan sebe.

Tada se počinješ oslanjati na hram svojega bližnjega i počinješ zahtijevati jer tvoja duševna i fizička energija slabi.

Gabriele, proročica učiteljica i izaslanica Božja, objašnjava:

Čime rasipamo svoju energiju? Mi je rasipamo jer hoćemo priopćiti svoj ego, jer se hoćemo predstavljati. „Ja" hoće sebično pomoći bližnjemu da bi se istaknuo. Mi se bavimo vrhunskim sportom da bi se „ja" moglo u natjecanju dokazati. Te i druge ljudske osobine „ja" uzrokuju rasipanje energije.

Mi se možda svađamo sa svojim partnerom, sa svojom partnericom. Mi se svađamo sa svojim kolegama i kolegicama na radnome mjestu. Stalno njegujemo želje u mislima. Izgrađujemo slike želja i živimo u tom svijetu želja. Jesmo li svjesni da tada rasipamo energiju i oslabljujemo svoju dušu?

Izvan sebe dospijevamo kad nismo u sebi, kad nismo usmjereni na Ja Jesam, na božansko u sebi. Ako stalno imamo na umu da nas naš bližnji vidi onakve kakvi mi navodimo da jesmo — to je život prema van.

Neprekidno pazimo na to da nas on vidi, da nas hvali, da nas priznaje, da nas on uključuje u sve. Mi smo znatiželjni, želimo sve čuti, želimo sve vidjeti, želimo diskutirati da bismo pokazali kako imamo pravo. To je površnost našeg života.

Rasipanjem energije naša osjetila vuku sve više prema van i u daljnji gubitak energije. Pomanjkanjem energije nastaje težnja za precjenjivanjem, težnja za priznanjem, za pohvalom, za bogaćenjem i još više toga. Postajemo sve nezadovoljniji jer osjetila žude i hoće sve više. Što nam duša postaje slabija, što manje ima energije, to više čovjek zahtijeva za sebe osobno.

„Tada se počinješ oslanjati na hram svojega bližnjega i počinješ zahtijevati jer tvoja duševna i fizička energija slabi."

Oslanjati se na bližnjega znači od njega zahtijevati; to znači iz njega izvlačiti energiju. Od svojega bližnjega očekujemo ono što nama samima nedostaje, što je razlog slabosti naše duše.

Trošimo li na taj način život svojega bližnjega, tada on sve manje može svladavati svoj život. Svatko od nas nalazi se u životnoj školi Zemlji i svatko treba svoju energiju da bi mogao završiti tu životnu školu. Međutim, ako svojemu bližnjemu izvlačimo energiju, tada on prema prilikama ne može spoznati mnogo toga jer se mora baviti nama, jer nam mora ispunja-

vati ovo i ono kako bismo mi bili zadovoljni. U među-
vremenu mimo njega prolaze mnogi dnevni impulsi
– njegovi impulsi, koje on ne može opaziti jer se mi
oslanjamo na njega i zahtijevamo.

Glavnu krivnju snosi onaj tko se oslanja. Drugi, koji
ispunjava želje, sukrivac je. Tako se obojica opterećuju. Time su obojica vezani – jedan koji zahtijeva, drugi
koji se daje iskoristiti. Oni to moraju zajedno očistiti.
Makar je situacija odavna prošla, u našoj duši i dalje
sve postoji u slikama dok ne bude očišćeno. Svatko
od nas prepoznat će se jednog dana u slikama filma
svoje duše.

Svaka je misao gradivni blok jedne slike ili cijela
slika. Slike ostaju u nama. One također bivaju pohra-
njene u zviježđima. Mi smo dakle registrirani. U odre-
đeno vrijeme naše nam se slike vraćaju. Doživljavamo
sebe same u šumi slika svojega ljudskoga ja. Tada ne
možemo reći: „To nisam ja" ili „To nisam bio ja" – do-
življavamo sebe u ulozi svojega ljudskoga.

Tko se još danas prepozna u trenutcima dana i to
očisti, taj čini dobro. On neće morati u carstvima duša
proživjeti i propatiti slike svojega ja.

Tko ne prebiva u svojem hramu, postupno zaboravlja da je i sam hram Svetog Duha jer više ne održava red hrama, koji kaže:

ostani u sebi. U svetištu saznaješ i primaš sve za sebe i svojega bližnjega. U sebi razabireš sve što trebaš ili ne trebaš reći. U svetištu, u sebi, ti primaš također i snage za svoj svakodnevni rad.

Gabriele:

Više ne održavati red hrama znači da više ne mislimo ni na Deset zapovijedi ni na Govor na Gori. Pritom zaboravljamo da smo baštinici beskonačnosti i da božanska baština leži u nama. Tada bezbrižno živimo u danu i svakodnevno sve više onečišćujemo svoj hram, što znači da se iz dana u dan sve više opterećujemo. Održavati red hrama znači: živjeti svjesno, sve više i više ispunjavati Božje zapovijedi tako da se naš hram čisti a mi vrlo postupno dolazimo u Unutarnje svjetlo.

Da bismo došli u svetište moramo poći Unutarnjim putom, jer tek time uspostavljamo komunikaciju s Presvetim u sebi.

Postignemo li to – radom na sebi samima, prevladavanjem svojega niskoga ljudskoga te ostvarivanjem i ispunjavanjem vječnog zakona – tada više ne trebamo pitati: „Kako je otprilike ovo ili ono?" Božansko u nama zna sve jer je svemirsko sebstvo.

Božansko se uvijek javlja. Krist u nama uvijek nam je spreman pomoći, služiti nam, dati nam odgovor. No za to je potrebna komunikacija s Kristom. Unutarnjim putom korak po korak dolazimo bliže komunikaciji s Njime.

Tko ne održava čistim svoj vlastiti hram, taj gradi izvanjske hramove ili ih održava svojom energijom u obliku potvrđivanja rituala, dogmi i kultova kao i svojim talentima i srebrnjacima. On tada postaje zatočenikom jednog reda koji nije sveti Red, Bog.

Gabriele:

Sveti Red nije, npr. red neke institucije. Jer gdje ima običaja kao rituala, dogmi i sličnoga, u mnogim se slučajevima kaže: „Ti moraš." Običaji po sebi znače da čovjek biva upotrijebljen, a često i zloupotrijebljen. Običaji često postaju prisile. Međutim, u Duhu Božjem nema prisile. „Mi smijemo" jest zakon slobode. Stoga mi smijemo ići putom u nutrinu da bismo se približili Kristu. To što smijemo, daje nam hrabrost. Naprotiv, „moraš" nas uvijek vuče dolje. Stoga će se svi običaji raspasti.

Sve što je izgrađeno na prisili, jest nebožansko.

Samo se slaba duša siromašna energijom hoće kititi izvanjskim bogatstvima. Zrela duša puna životne snage ispunjena je i bogata u nutrini. Ona je skromna. Skromni čovjek primit će to što mu treba – a često i povrh toga, jer Bog daje onomu tko Mu se preda.

Tko u Bogu, u svojem hramu ima dom, taj živi u najdubljoj nutrini, u svetištu, i neće nikada prodrijeti u hram svojega bližnjega i oskvrnuti ga.

Ne provaljuj dakle nikada u hram svojega bližnjega svojim nepopustljivim željama, svojim htijenjem, svojim predodžbama i mišljenjima.

Ne djeluj nikada određivanjem svojemu bližnjem i zahtijevanjem od njega i također ne prisiljavaj ga da čini ovo ili ono. Popusti li on tvojem pritisku jedino zato da bi ti učinio uslugu ili da bi imao mira od tebe, tada si postao razbojnikom i pljačkašem jer si mu oteo dio njegove životne snage.

Gabriele:

Svako je razbojstvo grješno i taj se grijeh mora otplatiti.

Ako silimo svojega bližnjega, ako navaljujemo na njega, tada mu oduzimamo energiju. Učini li on to što mi hoćemo, tada naš bližnji neće upoznati svoje misli i svoje želje; tada će on promašiti svoj životni put. Izbije li tada kod njega grijeh, počnu li dakle uzroci djelovati, tada će nas, koji smo prodrli u hram, dvostruko više opteretiti.

Mora li naš bližnji u potpunosti snositi posljedice svojih uzroka, kao npr. patnju ili bolest, jer se zbog nas nije mogao posvetiti zadaćama koje mu je život postavio, tada snosimo dio krivnje za njegovu patnju ili bolest; jer smo pridonijeli tomu da njegovi uzroci sada djeluju u cijelosti.

Ako naš bližnji umre od svoje bolesti, tada je moguće da smo sukrivci i za njegovu ranu smrt. Iz toga može nastati veliko brdo grijeha koje sadrži grijeh prema bližnjemu, dakle vezanost.

Iz dana u dan dobivamo takozvane opominjuće impulse da bismo pravovremeno prepoznali grješne komplekse koji bi nas prema prilikama mogli odvesti u patnju ili bolest. Ako pravovremeno očistimo to što nam dnevna energija zrcali u čuvstvima, osjećajima i mislima, tada Duh Krista Božjega negativnu energiju u nama preobražava u pozitivnu snagu. Uzrok se tada više ne mora aktivirati.

Poštuj hram svojega bližnjega jer i on treba naučiti red hrama i preko svojih slabosti i grješaka – koje on vidi samo kad mu ti ne onemogućavaš vidik – spoznati sebe i očistiti ono čega je svjestan tako da i on može stupiti u svetište, u svoj hram koji se sve više i više čisti.

Gabriele:

Svojima napasnim željama, kojima uvijek iznova provaljujemo u hram svojega bližnjega, mi mu onemogućavamo vidik. On tada mora gledati nas i ne može spoznati sebe samoga. Zbog toga mi doprinosimo tomu da naš bližnji promašuje svoj život, on dakle ne može svladati zemaljsku školu.

Poštuješ li zakonitosti reda hrama, tada poštuješ i sebe samoga i svojega bližnjega.

Tko ne poštuje samoga sebe, ne poštuje ni svojega bližnjega, jer se on sam ne drži reda hrama, zakona hrama.

Gabriele:

Tko ne poštuje sebe samoga, taj se ne kontrolira. On izgovara sve što mu padne na pamet. Time on rasipa energiju i sve više živi prema van. On ne čisti svoj hram jer ne poštuje sebe samoga i zadovoljava se osjetilnim podražajima. Zbog površnosti on ne poštuje sebe niti će poštovati svojega bližnjega.

Iz toga proizlazi: tko poštuje sebe samoga, taj kontrolira sebe samoga. On obuzdava svoj govor, govori samo ono što je bitno, živi budno i koncentrirano, usmjeren na situaciju i na trenutak. Tako se u njemu izgrađuje Unutarnji život a oko njega duhovni fluid, koji je snaga i zaštita. On će poštovati i svojega bližnjega jer se i sam poštuje, u svemu i u svima naći će pozitivno i na tome graditi. On je duhovni čovjek, koji djeluje nesebično.

Zakon hrama jest sveti Red, to je božanska Volja, to je božanska Mudrost, božanska Ozbiljnost, Strpljivost Vječnoga, Njegova beskrajna Ljubav i Milosrđe. To je sedam osnovnih snaga Božjih.

Red hrama jest zakon hrama; to je vječni Sveti zakon; to je život u Bogu i s Bogom.

Tko se drži zakona hrama, taj uzdiže svoje čuvstvovanje, svoje osjećanje, svoje mišljenje, svoje govorenje i djelovanje k Bogu i time je on ispunjen Bogom, a ono što on osjeća, misli, govori i izvršava sadrži božansku snagu.

Tko se drži zakona, Boga, taj je jedno sa svojim bližnjim i sa svim Bitkom, jer onaj tko se drži vječnog zakona, jest Bitak.

Gabriele:

Božanska snaga, koja je u svemu, djeluje u svijetlim čuvstvima, u oplemenjenim osjećajima i mislima kao i u nesebičnoj riječi duhovnog čovjeka, koji je prožet božanskim. Njegova riječ ima sadržaj jer je prožeta Bogom.

Bitak je zakon. Mi, Bitak, kao čista bića jesmo komprimirani zakon. To znači: sve je u svemu i mi smo kao komprimirani zakon u tekućem Bitku, u struji, Bogu, kao kap beskonačnosti.

Gabriele:

Osvijestimo si: Jedan, Sveti, Bog, prebiva u nama.

Budući da On prebiva u nama, mi smo kao bića u Bogu, kao čista bića, posvećeni, jer smo Njegov sveti zakon, koji je naša duhovna baština.

Smatramo li sebe takvim hramom, osjećanjem, opažanjem, uđimo duboko u svoju nutrinu – koje nam želje dolaze?

Jesu li to još ljudske želje, htijenje za imanjem i priznanjem? Ili je to ono što naša duša želi jer čezne za čistotom, jasnoćom i svjetlom Unutarnjeg života?

Težimo li ozbiljno Bogu, tada nam sve više i više dolazi želja da sve manje griješimo.

Sve je svijest. Griješiti sve manje, također je svijest. Ako to provodimo svakog dana, tada će se to jednoga dana uplesti u našu budnu svijest i stalno će nas podsjećati na to – osobito onda kad padamo u stare grješke ili navike ili kad namjeravamo stvarati nove uzroke.

Svjesnim životom naša se svijest vrlo postupno počinje širiti. Vidimo i registriramo više. Prepoznajemo se u tome što vidimo i vrlo postupno dolazimo do najunutarnjijega u svemu što susrećemo.

Život nam postaje živahan; postaje zanimljiv. Kad smo budni, otkrivamo da nam sve hoće nešto reći.

Svjetlo i sjena nam govore. Svjetlo je sreća i mir; sjena je ono što nas tišti, što trebamo očistiti. Ako to očistimo, tada ponovo činimo korak k Bogu, našem Ocu.

Slijedimo li impulse koje dan svakomu od nas daje prema njegovoj svijesti, mijenjamo li se dakle i prepoznatu negativnost više ne činimo, tada možemo posegnuti za stečenim potencijalom ostvarenja kad naš bližnji treba pomoć. Tada ga možemo razumjeti i udovoljiti mu jer smo jednako ili slično doživjeli i prevladali.

Apsolutni zakon jest kucanje pulsa beskonačnosti, Bog. To kucanje pulsa slijede čista bića, čista prirodna carstva i zvijezde. Bog je Bitak i struja koja sve prožima. On je snaga koja obuhvaća sve. On je život, on je naše kretanje, On je naš Bitak.

Uspostavimo komunikaciju s dubinom i širinom svoje duše, osjetit ćemo da je u nama moćni svemir, sveobuhvatni zakon, naš istinski Bitak, naše vječno postojanje, naš vječni život.

Svakog dana iznova budi svjestan da u tebi prebiva Svemudri, Vječni, koji zna sve, koji je s tobom, koji ti govori, koji poznaje svaki odgovor i rješenje.

Gabriele, proročica učiteljica i izaslanica Božja, objašnjava:

Ako je ta izjava prodrla u nas, tad osjećamo kakvo bogatstvo leži u našoj nutrini i da smo mi djeca unutarnjeg kraljevstva, baštinici beskonačnosti, jer Bog prebiva u nama i govori nama.

Bog, sveprisutni Duh, jest u svakom pitanju, u svakom odgovoru i u svakom rješenju. Bog je posvuda. On nam pomaže da damo pravi odgovor. On nam pomaže da nađemo rješenje problema. On, Svemudri, uvijek je ovdje – a mi smo kao bića u Bogu mudri jer smo proizišli iz snage božanskog Reda, Volje, Mudrosti, Ozbiljnosti, Strpljivosti, Ljubavi i Milosrđa.

Kao biće u Bogu, kao čovjek koji živi u unutarnjem svetištu, mi znamo sve. Znanje o svemu u božanskome jest vječna Mudrost. Mi smo dakle bogati. Ako smo toga svjesni, tada moramo reći: koliko smo siromašni, zapravo koliko smo ipak jadno siromašni kad stalno griješimo, kad se stalno bavimo istim problemima i vjerujemo da je to ono najvažnije. Upamtimo; u problemu je rješenje – Bog, Vječni, koji prebiva u nama.

U nama je Bog, koji zna sve. Ako smo toga svjesni, tada je prisutna samo još jedna težnja: postati jedno s Njim, crpsti iz izvora beskrajne mudrosti i davati iz ljubavi i mudrosti; jer to je trajno, to je istina i to je naš život.

Ujutro pri buđenju, prije svakog razgovora, prije nego počneš nešto raditi, kad sretneš svojega bližnjega i s njim razgovaraš, misli pritom:
Svemudri, Vječni, koji sve zna, prebiva u tebi.
On govori tebi. On govori preko tebe. On te vodi kroz razgovore. On djeluje preko tebe u svakoj situaciji. On je snaga pri radu.

Gabriele:

Ako želimo postići to da veliki Duh, Bog, govori preko nas, tada za nas to znači odreći se svojega ja, svojega ljudskoga. To za nas znači da svratimo u unutarnji hram i molimo Boga za vodstvo i pomoć.

Bog ne dopušta da Ga se čeka. Bog pomaže; jer Bog, naš vječni Otac služi svoj Svojoj djeci – Njegov Duh, koji prebiva u svakome od nas, služi svakomu od nas. Služenje je beskrajno-vječno darujuća Božja ljubav.

Možda ćemo reći: „Ja Ga ne osjećam i ne čujem.“ Zašto ne? Zbog naše okrenutosti prema vanjštini. Jer su naša osjetila usmjerena prema vanjštini i traže sve više. Jer više radimo intelektom – umjesto da idemo u nutrinu i sve više i više ostvarujemo zakone. To je svakomu moguće. Jer tko ne poznaje izvode iz vječnih zakona, Deset zapovijedi i Govor na Gori? U prenesenom smislu oni su Unutarnji put, koji vodi prema unutra – koji podiže most prema Njemu, koji nam uvijek služi, jer On uvijek daje.

Misli na to: ne dopusti da se u tvojoj svijesti i podsvijesti vitla beskorisno i neiskreno.

Gabriele, proročica učiteljica i izaslanica Božja, objašnjava:

To što duže vremena pokrećemo, taloži se u budnoj svijesti i podsvijesti. Dođe li nam neka misao koju stalno pokrećemo, tada je mi pojačavamo. Iz te misli tada nastaje program jer joj dodajemo sve više misli. Taj program ulazi u naše moždane stanice, u našu budnu svijest; on nas stalno i uvijek iznova pokreće. Dopustimo li to, tada nas on formalno odvlači u svijet osjetila, odvlači nas u naše grješno, tako da često samo uz velike poteškoće možemo doći u nutrinu duše.

*Tko živi svjesno, budan je i poznaje lutalice koje se
šuljaju da bi ga zavele.*

Gabriele:

Nisu sve misli koje nas dotaknu toliko važne za nas
da ih trebamo analizirati. Često su to misli lutalice
koje prihvatimo. Tko nije budan, taj ih hrani.

Te su lutalice misli koje nas možda podsjećaju na
situacije koje smo već očistili, koje međutim i dalje
leže u našem svijetu sjećanja. Ako sjećanje pokreće-
mo duže vrijeme, tada ga iznosimo u budnu svijest.
Tamo je ono aktivno, odatle odašilje i također će pri-
mati. To što je bilo sjećanje, postalo je opet odgova-
ranje, negativan energetski potencijal.

Ponavljam: ako iz svijeta sjećanja – iz onoga što
smo odavna očistili – iznesemo ponovo sve te doga-
đaje i zbivanja i ponavljamo ih u mislima i čuvstvima,
tada u budnoj svijesti opet stvaramo programe. Po
zakonu odašiljanja i primanja možda ćemo tada po-
novo doživjeti jednako ili slično onomu što smo već
očistili. Zašto? Zato što smo hranili svijet sjećanja i
tako stvorili novi program. Tko ne živi svjesno mož-
da time izgrađuje novu karmu, daljnje isprepletenosti
krivnje.

Gabriele:

Bič unutarnje snage sastoji se od Božjeg zakona, od sedam osnovnih snaga Božjih, od Reda do Milosrđa.

Prevladavanjem ljudskoga i ostvarivanjem i ispunjavanjem duhovnih zakonitosti u nama se razvija Unutarnji život. Povećava nam se duhovna snaga koju možemo sve više i više aktivno upotrebljavati. Tada se odlučno i čvrsto suprotstavljamo iskušenjima ljudskoga i od sebe odbacujemo misli lutalice koje se šuljaju. To ljudsko što nas dotakne i pokreće, svladavamo odmah svladavanjem sebe pomoću preobražavajuće snage Krista Božjega.

Svladavanjem tvojih misli i osjetila tvoj je hram oči-
šćen.

To što se šulja, svaku napast, otjeraj od sebe!

Međutim, prije nego otjeraš napast od sebe, pozdra-
vi ono dobro u njoj i dopusti mu da se u tebi kreće.

Pokretanje dobra u tebi izaziva bol u zlu, u napasni-
ku što stoji iza napasti.

Gabriele:

Krist nam time kaže: u svemu je i pozitivno, tako-
đer i u napasti. Ako potvrđujemo dobro u svemu i
ako ga pokrećemo u sebi, tada ćemo doživjeti Kristo-
vu pomoć.

Ako kažemo: „Potvrđujem Krista u svojoj duši",
osjetit ćemo Njegovu pomoć i oslobodit ćemo se te
napasti.

Bol je savjest koja kuca na vrata zla i svraća na sebe pozornost kao pomoć i snaga za preobrazbu i istovremeno se nudi za to. Time zlo ima mogućnost za samospoznaju i čišćenje. Zlo što dolazi izvana jest napast iza koje stoje napasnici koji skreću na tebe negativne snage da bi te provjerili, nisi li ipak podložan njima.

Gabriele:

Znamo: i u napasniku je Krist. Sve negativno biva Kristovom snagom pretvoreno u pozitivno.

Nesebična pomoć nikada ne zahvaća u područje bližnjega – ona se nudi; jer svatko ima slobodnu volju.

Pozitivno potiče pozitivno kod nas. Negativno potiče negativno kod nas. Ako smo budni i očistimo grješno, tada smo oslobođeni. Tada postajemo osloboditelj koji kod zla osvjetljava dobro. Tada stupamo u komunikaciju s najdubljom nutrinom – s dobrom jezgrom, s Kristovim svjetlom – u zlu, i na taj način i napasnika potičemo na razmišljanje i možda na obraćenje.

Ako smo u svojem hramu, ako smo produhovljeni, tada ćemo i živjeti budno i oduprijeti se napasti i napasniku.

Jednako se događa u tebi, osloboditelju, samo obrnutim tijekom: dobro u tebi kuca na vrata zla da bi ga pokrenulo na uviđavnost, na samospoznaju i na obraćenje.

Doleti li dakle zlo, tad stupi pred vrata svojega unutarnjeg hrama i donesi zlu darove dobra.

Po reakciji letećih misli koje si razabrao, primijetit ćeš reakciju napasnika. Osjetiš li da su tvoji nesebični darovi našli odaziv, da su dakle bili prihvaćeni, tada dodaj još daljnje. Uputi tada napasnika na svijest Krista Božjega i ponovo stupi u unutarnje svetište, u svoj hram.

Gabriele:

Reakcije napasnika prepoznat ćemo ako promatramo ponašanje letećih misli, misli lutalica koje nam prilaze. Navaljuju li i dalje, tada napasnik nije to prihvatio. Ako se te leteće misli povuku od nas osjetit ćemo unutarnje oslobođenje, osjećat ćemo se dobro, zapravo obuzet će nas nježno čuvstvo sreće; tada su naše pozitivne snage, darovi dobra, ušle u napasnika, koji ih sada pokreće; on ih je tada prihvatio.

Salijeću li nas i dalje leteće misli, tada ćemo ih predati Kristu i istovremeno ćemo pogledati kod sebe ima li možda odgovaranja koja su njihov uzrok. Kada to očistimo, trebamo ponovo stupiti u unutarnji hram, u unutarnje svetište. Znači: idemo ponovo u nutrinu i ostajemo u povezanosti s Bogom.

Postojano prebivanje u nutrini, život u povezanosti s Bogom, sa Ja Jesam, obilježava duhovno zrelog čovjeka, ispunjenog Bogom, koji živi ispunjavajući zakone spasa. Sve dok smo na putu prema tamo i vježbamo se u ostvarivanju Božjeg zakona, velika Kristova kozmička učenja postavljaju nam cilj i istovremeno nam pružaju pomoć na putu.

Tamo, u svojemu najunutarnjijemu, ne dopuštaj nikakve ljudske misli i reakcije. Čuvaj ono dobro u napasniku u svojemu najunutarnjijemu i pokreći ga s vremena na vrijeme; tada mu odašilješ zakon svemira. Ti mu dakle odašilješ darove nesebične ljubavi. Ti međutim nemoj ići na prijem; prepusti to Kristu Božjemu i Njegovu djetetu, napasniku.

Gabriele:

U svojemu najunutarnjijemu dakle ne trebamo dopustiti ljudske misli i reakcije. Dođu li ljudske misli, pokreću li nas problemi ili poteškoće, tada bismo trebali stupiti pred hram, promotriti ih i očistiti, i onda ponovo ući u unutarnji Bitak.

Dobro u napasniku trebamo pokretati u svojemu najunutarnjijemu, jer i u napasniku je pozitivno – onako kao što u svakome od nas svijetli pozitivno, svjetlo Krista Božjega. Potvrđujemo li dobro u napasniku, tada odašiljemo stalno nesebične misli, božanske energije svojemu bližnjemu; jer je i napasnik naš brat, naša sestra, naš bližnji.

Međutim, mi ne trebamo ići na prijem, što znači ne trebamo znatiželjno istraživati pitajući se jesu li možda naše pozitivne misli stigle. U trenutku kad pomislimo: „Valjda su naše pozitivne misli stigle?", već idemo na prijem po principu odašiljanja i primanja.

Kako se tvoj bližnji ponaša i što odašilje tiče se jedino vječnog Oca i Njegova djeteta.
Ti održavaj red hrama: šuti!
Šutjeti znači biti u tišini.
Tko živi u svetištu, u Bogu, kroz njega živi i govori Bog.
U hramu Božjem ne mogu opstojati ljudske misli. Prebivaj u sebi bez misli, dakle šutke.

Gabriele:

Suviše ljudske misli dolaze od materije, odnose se na materiju, i prema tome su zemaljske. One ne mogu ući u Boga. Bog je Duh, a ne materija.

Da bismo mogli šutjeti, moramo naučiti razlikovati kada trebamo govoriti, a kada trebamo šutjeti. Osvijestimo si što je važno? Kakav epilog može imati jedan razgovor, jedna izjava ili jedan postupak?

Mudri razmisli prije nego progovori jer živi u unutarnjoj tišini, kamo ljudska misao ne može ući.

„Ti održavaj red hrama: šuti!" znači da ne trebamo odmah izgovoriti ono što nam padne na pamet. Trebamo razmisliti i to što hoćemo reći staviti u vječni zakon, u svoju božansku baštinu, pitanjem: je li to što želim reći važno? Zašto to hoću reći? Kad to kažem, kakav krajnji ishod može to imati za mene ili za mojega bližnjega?

Tko je razborit, taj vrlo postupno dolazi do tišine jer nastoji crpsti iz neiscrpnog izvora, koji je Bog u svakome od nas.

A kad misliš, tad misli božanski.
A kad govoriš, tad govori zakon, Boga – govori božanski.
Govori samo božanski i to samo onda kada tvoj bližnji želi darove iz zakona života.

Gabriele:

Za nas to znači da govorimo samo onda kad osjetimo da svojemu bližnjemu možemo dati darove života. Sve drugo je ljudsko, a to što je ljudsko jest protraćena snaga.

Božansko mišljenje i govorenje uspostavlja komunikaciju s Bogom u našoj nutrini. Ako ništa nećemo i ne očekujemo, ako naše ja više ne sudjeluje, ako nam je ljudski dar neugodan, tada dajemo nesebično. Samo tada, isključivo tada, govorimo zakon života; samo tada mislimo božanski.

Ako polazimo od svoje zasjenjene ljudske svijesti, tada nam često izgleda teško ponovo dospjeti u Božji zakon. A ipak, jednog dana moramo kao kap ponovo uroniti u ocean Boga – i to ćemo učiniti jer je naše porijeklo božansko.

*Upamti: tvoji su čisti osjećaji i tvoje čiste misli bo-
žanski.*

*Tvoja su nesebična, plemenita, dakle etička osjetila
fina. Ona su antene u svemir, koje strše u Nebo, jer ti
živiš u Bitku, u Nebu, i tako primaš i od Neba.*

Gabriele:

Naša je vječna baština svjetlo. Tako smo mi bića
svjetla – svjetla iz Njegova svjetla, dakle iz Božjeg
svjetla. Ispunimo li sve svojim svjetlom, tada osjeća-
mo svoje božanske osjećaje, svoje čiste misli.

Svjetlo je Nebo. Tko komunicira s Nebom, taj je
povezan s Nebom i sa svima koji su u Nebu.

*„Tvoja su nesebična, plemenita, dakle etička osjetila
fina."* Te riječi za nas znače da moramo profiniti svoja
gruba, ljudska osjetila da bismo došli do finih etičkih
osjetila duše.

Ako profinimo svoje osjetilo vida, tada nam oko
postaje bistro. Kamo god pogledamo, dolaze misli na
Boga i na božansko u svemu.

Gledamo li amo i tamo i dolaze nam ljudske misli,
tada nam osjetilo vida još nije profinjeno, tada u svo-
jim očima imamo sjenu – svoje ljudsko ja. Naše oko
još nosi tamu.

Ako je Božje svjetlo aktivno u nama, tada u svemu opažamo božansko, tada imamo svjetlo u očima. U srcu nam tada zvoni melodija ljubavi, melodija zahvalnosti Bogu, koji je snaga, svjetlo u svemu, koji nas prati i svijetli nam ususret u svemu.

Slušamo li samo to što trebamo čuti, ako nas dakle ne tjera da osluškujemo, ako nas to što slušamo potiče da mislimo na Boga i ako u tome što smo čuli nalazimo božanske zakonitosti – tada smo aktivirali svjetlo, Boga, u osjetilu sluha. Tada nas vodi svjetlo. Onako kao što vodi oči, tako ono vodi i osjetilo sluha.

Ako opažanje naših osjetila mirisa i okusa vode do toga da se sjećamo svojega božanskog porijekla, tada je u našim osjetilima mirisa i okusa živo svjetlo, Bog. Tada nećemo nos gurati u razne posude da bismo primali mirise ljudsko-zemaljskog života, jer su nam osjetila etična.

Mi ćemo isto tako jesti za postavljenim stolom pristojno i etično. Nećemo se laktima naslanjati na stol, već ćemo imati na umu da pristojno i svjesno jedemo. Zalogaj koji imamo u ustima žvačemo dobro i propustimo u svoj probavni organ i tek onda uzimamo sljedeći zalogaj. Nećemo također sav sadržaj čaše sasuti u sebe odjednom, nego piće piti u pojedinim gutljajima. Jednako tako nećemo govoriti punih usta.

Ako jedemo i pijemo etično, dakle pristojno, tada je svjetlo s nama i mi ćemo stupiti u komunikaciju s jelima i pićima koja sadrže stvaralačku snagu, svjetlo.

Tako ne hranimo samo svoje tijelo – tako hranimo i dušu, jer naša duša nosi Unutarnje svjetlo. Duša – ako je svijetla – čezne za tim da bude postojano u komunikaciji sa svjetlom.

Ako smo se uzdigli do božanskoga, tada nećemo ni sve opipavati jer nam osjetilo opipa a također i sva ostala osjetila više ne reagiraju htijenjem da imaju, dakle više ne žude.

Tko ne miruje u sebi, hoće sve opipati, hoće sve dotaknuti. On će posezati za svime jer nije u stanju sebe shvatiti, jer nije naučio sebe prepoznati i savladati.

Profinimo li svoja osjetila, tada smo etični ljudi s višim moralom, s višim vrijednostima. Samo na taj način dobivamo pristup Vječnom bitku i etično čistim osjetilima svoje duše.

I ovdje ponovo prepoznajemo: na Unutarnjem putu najprije dolazi putovanje izvana prema unutra, čišćenje izvana prema unutra – sve dok kap, božansko biće, ne postane ponovo savršeno i ne uroni u ocean, Boga, i ne bude vječno jedno s Bogom. Tada svijetla svijest zrači kroz svjetlom ispunjenog čovjeka, iznutra prema van. Tada je čovjek duhovan čovjek, preko kojeg Bog može djelovati.

Nikada ne podiži pogled na svojega bližnjega, jer ćeš vidjeti samo sebe.

Tek kad naučiš gledati kroz sebe, iz svoje najdublje nutrine, iz svetišta, tada ćeš prožeti i svojega bližnjega.

Sve dok nisi u stanju prožeti svojega bližnjega, ne prihvaćaš ga ni u svojoj najdubljoj nutrini duše.

Gabriele, proročica učiteljica i izaslanica Božja, objašnjava:

Gledamo li samo omotač, čovjeka, tada vidimo samo ljudsko – ljudsko je grješno, ono je protiv duše – a to što nas na čovjeku uznemiruje, to smo mi sami. Tada gledamo samo sebe. Sve dok gledamo grješke svojega bližnjega, vidimo samo svoje vlastite pogrješke. Tada je naše oko grješno jer vidimo samo grješno i opažamo grješno.

Otkriti nutrinu svojega bližnjega znači ispunjavati Božje zakone. Tada se pozitivne strane našega bližnjega bude u nama i mi stupamo u komunikaciju s Bogom u svojemu bližnjemu. To je prihvaćanje svojega bližnjega. Tada prožimamo omotač i svojega bližnjega doživljavamo duboko u svojoj duši zato što smo u komunikaciji s najunutarnjijim područjima svojega bližnjega, s Bogom.

Bez Unutarnjeg puta, bez putovanja prema unutra u kraljevstvo nutrine, koje je u svakome od nas, nikada nećemo moći prihvatiti svojega bližnjega. Prihvatimo li ga površno u vanjštini sa sviješću: „On je čovjek kao što sam i ja čovjek", tada obojica gledamo samo ljudsko i tako ne idemo jedan prema drugome, ne dolazimo jedan s drugim u jedinstvo. Doduše, možda imamo mnogo toga zajedničkoga, ali nismo ujedinjeni u Božjem jedinstvu, jer obojica gledamo samo omotač, i prema tome ljudsko.

Naš put ide prema unutra, prema božanskome u nama. Što više otkrivamo božansko u svojoj nutrini, to više možemo razumjeti svojega bližnjega. On nam odjednom postaje transparentan, jer smo sami postali transparentni, jer nam duša svijetli i svjetlucanje domovine zrači kroz našu zemaljsku odjeću.

Tek kad otkriješ božansko svojega bližnjega, koje je također i u tebi, poznat ćeš svojeg brata i svoju sestru u sebi.

Gabriele:

Upoznat ćemo svojega bližnjega kao svojeg brata i svoju sestru samo ako upoznamo sami sebe, što znači ako svladamo sami sebe, svoje ljudsko ja. Tada se budi zajedništvo, tada se budi jedinstvo. Tada postajemo transparentni jer više gotovo i nemamo negativnoga. Više nemamo tajni jer živimo zakonito.

Svladamo li sebe, tada postajemo čistiji, biće nam postaje finije i svojeg brata i svoju sestru nalazimo u sebi samima. Naš bližnji nam postaje blizak. Premda ga ne poznajemo u vanjštini – mi osjećamo njegovu nutrinu, a ona nam je po biću bliska jer smo svojim čistim bićem postali jedno.

*Sve dok nisi u stanju prožeti svojega bližnjega, on
ti je tuđ jer si i ti još tuđinac, daleko od Vječnog bitka.*

Gabriele:

Sve dok nam je tuđ Apsolutni zakon, naša božan-
ska baština, naše najdublje biće, mi smo tuđi i sa-
mima sebi. Ne poznajemo svoje istinsko biće, a ne
poznajemo ni vječnu domovinu. U ovom svijetu bit
ćemo sami, a nakon tjelesne smrti u drugom svije-
tu bit ćemo tuđinci. Živjet ćemo udaljeni od Boga i
nećemo prepoznati da nam je Bog ipak tako blizu.
Nećemo Ga gledati jer u prolaznome nismo gledali
svojega bližnjega. Vidjeli smo ga samo kao čovjeka,
a ne kao biće u Bogu. I ovdje i tamo smo tuđinci jer
nismo bliski svojemu božanskom biću. Naše je bo-
žansko biće naša duhovna baština.

Kad obojica budete proželi jedan drugoga, tada ćete obojica govoriti jezikom Bitka i bit ćete svjesno ujedinjeni, a također ujedinjeni u Bogu.

Gabriele:

Ako više ne živimo u uskoj, sebičnoj ljudskoj svijesti, nama neće upravljati, npr. tuđa misao koja kaže: „Moj mi je bližnji tuđ; za njega mi je svejedno" – tada ćemo svojom duhovnom sviješću prožeti svojega bližnjega i bit ćemo s njime. Tada nam duša više gotovo i ne nosi sjene našega ljudskoga ja. Kroz nju tada zrači svjetlo ostvarenja – i božansko svjetlo prožima sve, također i materiju i našega bližnjega.

Sve što jest, prožeto je svjetlom. Postanemo li svjetlo iz Njegova svjetla, tada prožimamo svoje bližnje; prožimamo svaki problem, svaku teškoću, sve što nam prilazi, jer svjetlo uvijek održava komunikaciju sa svjetlom. Budući da je svjetlo u svemu, svjetlo će se stalno povezivati sa svjetlom. Zbog te komunikacije mi ćemo zakonito misliti, govoriti i postupati. Razmišljat ćemo što govorimo jer smo u komunikaciji sa svjetlom.

Imajmo na umu: Bog je svjetlo.
Imajmo na umu: Bog je u nama.

Imajmo na umu da smo svi mi Njegova djeca, i prema tome braća i sestre.

Imajmo na umu da je Božje kraljevstvo u našoj nutrini i da u svakome od nas živi obilje Vječnog bitka.

Imajmo na umu da smo slobodna bića, djeca beskrajne ljubavi.

Imajmo na umu da je naš bližnji – pozitivno u njemu – dio nas, a da je pozitivno u nama, dio njega.

Imajmo na umu kad smo u prirodi: prirodna carstva su kao esencija dio nas, a mi smo kao esencija dio prirodnih carstava.

Imajmo na umu kad vidimo zvijezde: one su dio nas, a mi smo jedan njihov dio.

Imajmo na umu da je svemir golema komunikacijska mreža jer je sve komunikacija.

Imajmo na umu da pozitivne, nesebične misli, osvajaju Nebo jer su nebeske misli, a negativne misli mogu nas survati u pakao, u našu mračnu svijest

Imajmo na umu: Božji zakon naš je istinski Bitak, naša božanska baština. Ako sve više i više živimo po Božjim zakonitostima, tada se osjećamo zaštićenima, naš Otac koji nas ljubi zaogrće nas i štiti. On, veliki Duh, koji nas ljubi više od svega, poslao je nama ljudima Krista, Svojeg Sina. Kao Isus iz Nazareta, On je pokazivao zakone života. On je po njima živio.

U svoj svakodnevni život uzmimo Krista sa sobom kao uzor. Mislimo uvijek iznova na Isusa iz Nazareta. Kad nam je nešto teško, upitajmo: kako bi to Isus učinio? Kako bi to Isus rekao? Kako bi Isus postupio? Tada ćemo osjetiti da nam se svjetlo približava. Tada ćemo s vremenom uroniti u svjetlo i tako se odreći ovog svijeta s njegovim primamljivostima, jer posjedujemo sve, čitavu beskonačnost. Taj je unutarnji posjed blago koje smijemo otkriti.

Ne reci nikad: „Taj mi je čovjek tuđ.“
Iako ti je omotač duše nepoznat, dakle tuđ, ipak budi svjestan: sadržaj omotača, ono čisto u nutrini duše, dio je tebe.

Ne poznaješ li svojeg brata i svoju sestru, tada ne poznaješ ni sebe samoga jer u sebi nisi otkrio čisti dio svojega bližnjega.
Sve dok razdvajaš na „poznat“ i „tuđ“, daleko si od Boga.

Zato nikada nemoj vidjeti sebe kao čovjeka, već gledaj sebe i svojega bližnjega kao odsjaj i sliku i priliku Božju i gledaj ga kao svojeg brata ili svoju sestru u sebi. Tada spoznaješ u sebi da je život Bitak jer je sveprisutan u tebi i u svemu – najmanje u velikome i veliko u najmanjemu.

Gabriele, proročica učiteljica i izaslanica Božja, objašnjava:

Tada vidimo samo omotač svojega bližnjega, njegovo opterećenje, i ne prihvaćamo ga i ne primamo kao brata ili sestru. Sve dok nam je čovjek samo „poznat“, prema njemu gajimo simpatiju ili antipatiju. Ako nam je tuđ, tada smo prema njemu ravnodušni. Oba slučaja pokazuju da živimo odvojeni od Boga, a ne u jedinstvu s Bogom; jer su u Bogu svi jednaki i u Njemu svi ljudi i bića i sav Bitak tvore jedinstvo.

Razmisli o sljedećoj zakonitosti:

Ti si razgovarao s čovjekom kojega poznaješ samo po imenu, jer ti ne poznaješ ono od čega se on sastoji. I tvoj bližnji koji živi samo u vanjštini ne poznaje sebe samoga jer i on ne zna od čega se sastoji. On dakle ne poznaje sebe, a ni ti ga ne poznaješ. Ako se dakle obojica ne poznajete, tada ne poznajete ni Boga; stoga je svatko od vas osamljen. Bog, vječno ljubeći Otac, poznaje svakoga pojedinačno, jer on svako dijete ljubi i nosi u Svojemu velikom očinskom srcu.

Gabriele:

Sve dok ne poznajemo sami sebe, nismo istražili svoje ljudsko ja i također ga nismo prevladali. Razgovaramo li s istomišljenicima koji se isto tako nisu istražili i prepoznali, tada svatko govori samo svoje neistraženo, svoje ljudsko ja. Doduše obojica govore jedan drugomu, ali govore jedan mimo drugoga jer se obojica ne poznaju.

 *ve je u tebi. Život je u tebi i ti ga ispunjavaš iz sebe.*

Budući da se sve ponajprije izvršava u tebi, Vječni bitak jest bez sjene. Stoga ne postoji ni gore i dolje, ni naprijed i natrag, ni lijevo i desno.

Svemirsko jedinstvo jest moćan kristal koji blista u svim fasetama Unutarnjeg života i svako zračenje prožima svaku fasetu.

Čovjek govori o „gore" i „dolje", o „naprijed" i „natrag", o „lijevo" i „desno" jer gleda samo izvanjskim očima i registrira samo refleksije istine.

Gabriele, proročica učiteljica i izaslanice Božja, objašnjava:

„Budući da se sve ponajprije izvršava u tebi, Vječni bitak jest bez sjene." Predočimo si: čista bića Vječnog bitka žive u vječnoj struji, u zakonu. U vječnome zakonu nema projekcija. Zakon vječno teče, vječno prožima. On je apsolutan. To je moćna struja u kojoj biće živi i postoji, iz koje crpi i daje bivajući, krećući se i postupajući u struji. Zbog toga nema sjena.

Samo čovjek stvara sjene; stvara ih svojim projekcijama. Jer on zloupotrebljava dio snaga koje je Bog posudio svojoj djeci pada. On uzima te pozitivne snage, vječni zakon, i prepolarizira ih iz božanske ljubavi u samoljublje.

Aspekti našeg samoljublja jesu projekcije. Sjene naših grijeha padaju na našu dušu; iz naše duše zrače u naše tijelo i istovremeno u zviježđa kompjutorskog sustava razina čišćenja. To su projekcije našega ljudskoga ja. Svatko nosi drugačije sjene, već prema tome kakva su njegova opterećenja.

Zasjenjenja naše duše pokazuju se u svima našim ljudskim znacima života. Svjetlo i sjena gledaju kroz naše oči; onako kao što mi vidimo tako vidimo i svoju okolinu. Tako čovječanstvo stvara svoj svijet koji se ne sastoji ni iz čega drugog nego iz zbroja svih projekcija pojedinih ljudi. Tijekom bezbrojnih generacija od početka pada mi smo stvarali sjene i time svoj svijet zato što su čovjek i ljudsko gustoća, naniže transformirana energija, dakle preobražena Božja energija.

To što zrači na nas jednako su tako refleksije. Mi opažamo samo ono što smo odaslali. Tako vidimo svojega bližnjega. Tako čujemo svojega bližnjega. Tako mi mirišemo, kušamo i pipamo. Sve se sastoji od naših projekcija, a refleksije naših projekcija, koje nam zrače iz naše okoline, opet su ja, ljudsko.
Stoga u materiji ima gore i dolje, naprijed i natrag, lijevo i desno zbog toga što je sve gustoća i mi uvijek vidimo zidove, gustoću. No Duh Božji prodire kroz gustoću. Za Njega nema ni gore, ni dolje, ni lijevo, ni desno. Zamislimo da smo u kristalu koji se stalno kre-

će – gdje je gore, gdje je dolje, gdje je lijevo i desno, sprijeda i straga?

Čitav je svemir kao kristal. Sve se međusobno prožima. Znači da je čitav svemir, čisti Bitak, sveprožimajuća snaga – vječni zakon.

Ljudskim pogrešnim ponašanjem on je stvorio zgušnjavanje, čime je nastao način mišljenja triju dimenzija, jer on svojim fizičkim očima opet vidi samo zidove svojega učahurenog svijeta, koji je sam stvorio i prihvaća ga kao realnog i kao svoju životnu kvalitetu.

Gustoća, materija, nije ništa drugo nego naniže transformirana Božja energija, prepolarizacija svjetla u sjenu.

Tko živi u tome ljudskom svijetu sjena, ima zasjenjenu dušu i kao čovjek on je na Zemlji da otkloni ono što je duša pridonijela zasjenjenju cjelokupnosti – osim ako biće svjetla ne dolazi po nalogu Svemogućega da bi čovjeku, zasjenjenoj duši, pokazalo put izlaska iz labirinta njegova mračnoga ja.

Gabriele:

Naš je učahureni svijet plazma, naša aura.

Sjene naše duše zrače kroz naše tijelo i okružuju nas kao čahura. U tome učahurenom svijetu, poput plazme, živimo mi. Kad sada govorimo, tad govorimo svojoj plazmi. Odgovor je ono što leži u plazmi – naime opet mi sami. Preko plazme – nazivamo je također aurom – mi smo povezani sa zvijezđima razina čišćenja i s materijalnim zvijezđima.

Kaže se: „Kad povičemo u šumu, tada nam dolazi odjek." Ako to promatramo duhovno, tada to znači:

kao što odašiljemo svoje ja, tako nam se ono vraća. I kada dobivamo odgovor od nekoga našeg bližnjega, jednako je tako: jer to što naš bližnji kaže, čujemo samo u svojoj plazmi, a mi čujemo samo to što smo pohranili u plazmi, a time i u duši i u zviježđima. To je naš uski svijet – a mnogi su ljudi tako ponosni na taj uski svijet!

Naša je zadaća i naš put da tu plazmu uklonimo. Omotači duše jesu ta plazma iz naniže transformiranoga duhovnog zračenja, iz niskoga ljudskoga. Mi moramo omotače duše sve više i više prorjeđivati i s vremenom ih ukloniti. Tada će kroz našu dušu zračiti božansko; tada smo povezani s božanskim; naša je aura tada božansko, zakon svemira – a time smo ujedinjeni s vječnom domovinom. Tako postajemo svjesna bića kozmosa jer smo sjedinjeni sa svemirom, sjedinjeni s vječnom strujom, jer živimo u struji, u Vječnom bitku, u Bogu.

Mi dakle moramo svoju plazmu ukloniti s Kristom da bismo mogli dublje gledati. Tek tada ćemo moći pogledati probleme svojega bližnjega i pomoći mu. Tada nećemo vidjeti samo omotač, ne samo čovjeka – vidjet ćemo kroz njega, shvatiti njegova čuvstva i misli i znati kako mu možemo pomoći, što mu možemo reći i kako trebamo postupati sa svime što nam prilazi.

Ako smo u plazmi, u ljudskome, tada govorimo jedni mimo drugih. Svatko govori sebe u skladu sa svojom plazmom, u skladu sa svojim sjenama.

oćeš li održavati red hrama, tada budi svjestan da je život cjelina: on je cjelina gore i dolje, sprijeda i straga, desno i lijevo. Ako to spoznaš i živiš u najdubljoj nutrini svojeg hrama, tada također crpiš iz svoje najdublje nutrine.

Ono što je čovjeku vanjštine gore i dolje, sprijeda i straga, desno i lijevo, to je čovjeku nutrine život u sebi samome, cjelina.

Gabriele, proročica učiteljica i izaslanice Božja, objašnjava:

Uživimo se u riječi: *„Život je cjelina; on je cjelina gore i dolje, sprijeda i straga, desno i lijevo."* Lijevo, ili desno, ili sprijeda, ili straga uvijek je cjelina. Kamo god pogledamo jest cjelina, jer Bog je nedjeljiv; On je uvijek cjelina, u svemu.

Pogledamo li dakle sprijeda, tada vidimo cjelinu. Pogledamo li straga, opet vidimo cjelinu jer je Bog posvuda. Što je onda sprijeda? Što je onda straga? Što je desno, lijevo, gore i dolje. Ako je u nama cjelina, sprijeda, straga, desno, lijevo, gore i dolje – tada postoji samo jedinstvo i samo cjelina, prisutna posvuda i prema tome u nama.

U Vječnom bitku, našoj domovini, nema sprijeda, straga, desno, lijevo, gore i dolje. Taj trodimenzionalni svijet stvorili smo mi ljudi svojim şamovoljnim mišljenjem i stremljenjem, svojim moje i meni. Sprijeda, straga, desno i lijevo posljedica je površnosti. Svojim ljudskim mi smo se odvojili od svoje nutrine, okrenuli smo se od Boga i stvorili svoj vlastiti svijet, svijet našega ljudskog mišljenja i čuvstvovanja, našeg htijenja. Zbog toga svojim ljudskim mi vidimo samo vanjštinu, materiju, pitajući se: što je sprijeda? Što je straga? Što je desno? Što je lijevo? Što je gore? Što je dolje? – Duhovno biće ne pita. Pitamo samo mi ljudi: gdje je što? Što je sprijeda, straga, desno, lijevo, gore ili dolje? Mi pitamo zato što ne poznajemo sebe same.

Spoznamo li i poznajemo li sebe, svoj istinski Bitak, tada ćemo doduše – jer smo ljudi i živimo u tri dimenzije – upotrebljavati pojmove „gore, dolje, sprijeda, straga, desno i lijevo" – ali ćemo ono što je sprijeda prozirati kao i ono što je straga. To što je desno prozirat ćemo jednako kao i ono što je lijevo, jednako kao ono što je gore i ono što je dolje. Tada je naš jezik samo pojam, sredstvo sporazumijevanja i orijentacije na području materije. Međutim, mi prožimamo sve jer Božji zakon prožima sve.

Prožmemo li sve, tada se naš svijet postupno mijenja, tada se materijalna struktura tako reći prorjeđuje i olabavljuje; tada s vremenom više neće biti gustoće jer je zajedno uklanjamo ostvarivanjem Božjih zakona.

Zadaća bića u zemaljskoj odjeći nije dovesti u višu vibraciju, u svjetliju, finiju strukturu samo sebe već i okolinu, čitav planet Zemlju. Oduhovljenje života dovodi do transformiranja naviše životnih oblika. Tako se odvija duhovna evolucija čovječanstva i Zemlje. Njome će nestati i skučenost ograničenja vremena i prostora.

Nama je to još teško shvatiti jer još živimo u tim programima sprijeda, straga, gore, dolje, desno i lijevo, u programu triju dimenzija. U tim trima dimenzijama odvijaju se naši zemaljsko-ljudski programi. Takav smo svijet stvorili nakon pada, tako ga sada vidimo i vjerujemo da je on pravi i da je u redu.

U stvarnosti, taj je svijet carstvo sjena koje se sastoji od mnogih sjena mnogih ljudi. Taj se svijet sastoji od projekcija bezbrojnih bića i ljudi koji su nakon pada samovoljno odašiljali i primali i tako stvorili gustoću. U tu se gustoću mi inkarniramo i prema onome što smo od svjetla ili sjene donijeli sa sobom stvaramo dalje: stvaramo svoju gustoću ili svoje finije zračenje. Jasnim mišljenjem i življenjem pridonosimo prosvjetljivanju života u ovom svijetu i prosvjetljivanju našeg planeta Zemlje.

Moramo korjenito promijeniti mišljenje, inače nećemo razumjeti Božji zakon. Moramo biti svjesni da to što je sprijeda, također je i straga jer Bog je u svemu. On je cjelina - nedjeljiv. Budimo sve više i više svjesni sljedećega: tko nas zove, taj u pozivu ima opet cjelinu. Tko nas oslovi, taj u pitanju ima opet cjelinu. Tko nam prilazi, taj nam prilazi kao cjelina. Kamo god gledamo – gledamo uvijek cjelinu onda kad se vra-

timo i održavamo red hrama, što znači da sve više i
više ispunjavamo Božje zakone.

Sve su to upute. One nam ne mogu direktno do-
nijeti svijest, shvaćanje „Sve je u svemu – Bog, cjeli-
na,"- ne onako kako bližnjemu donosimo dar koji on
prima i naziva ga svojim vlasništvom. Te upute nas
žele potaknuti da tu duhovnu dimenziju otkrijemo u
sebi samima. To će biti moguće samo onda kad se
za to otvorimo, kad dopustimo da ona dotakne naša
unutarnja područja; jer je Unutarnji život život naše
duše. Čovjek, omotač, ljudski razum, to ne shvaća.
Ako smo ispunjeni željom da se približimo božan-
skomu u sebi, ako se prepoznajemo u trenutcima svo-
jih dana i postupno oslobađamo balasta ljudskoga,
tada ćemo i to što nam se poklanja u učenjima Ap-
solutnog zakona uzeti sa sobom u svoj svakodnevni
život.

Isprobajmo to! Ako nam u sljedećim danima priđu
ljudi, tada dopustimo da u svojem srcu postanemo
svjesni: prilazi nam cjelina – Bog, jer On je nedjeljiv.
Budimo svjesni jednako tako da je u svemu što čuje-
mo – cjelina, jer Bog je nedjeljiv. U tome što vidimo
jest cjelina – jer Bog je nedjeljiv. Što god slušamo,
mirišemo, kušamo i pipamo – uvijek je cjelina, jer Bog
je nedjeljiv.

Ako te vježbe stalno ponavljamo, tada ćemo upoznati sebe. Ako upoznamo sebe, to dovodi do toga da s vremenom upoznamo također svojega bližnjega. Steći ćemo poštovanje prema životu jer je u svemu cjelina.

U mravu je cjelina, u leptiru je cjelina. U zrnu pijeska jest cjelina. Ona nam prilazi u mravu, u leptiru, u zrnu pijeska i pokazuje nam se. A što često kaže čovjek? „Zrno pijeska – pa što je to! Tu leži, ono je beznačajno.” Tako mislimo i govorimo jer gledamo samo omotač. Naučimo li gledati kroz zrno pijeska, tada ga shvaćamo u nutrini i opažamo da u njemu leži više toga, zapravo sve – cjelina, Bog. Tada shvaćamo: to što tu leži samo je omotač. U omotaču, iz omotača, nama zrači Bitak – Bog.

Ako se uvježbamo da cjelinu, život, Unutarnji život, shvaćamo i u najmanjim stvarima, tada sve više i više osjećamo da je u nama i u svemu snaga. Ako je ona živa u nama – što je onda „sprijeda", što je „straga", što je „desno, lijevo gore i dolje"? Ako cjelina zrači kroz nas, tako reći iz svih pora zrači kroz nas – što je „sprijeda, straga, desno, lijevo"? To su pojmovi koji nam trebaju pomoći da osjetimo, da naslutimo svoje istinsko biće. To su pojmovi koji nam trebaju dati hrabrosti da uronimo u to lijepo, plemenito, fino, čisto Apsolutno, da bismo se oslobodili, oslobodili svojega ljudskoga ja. A kako se mi oslobodimo, tako dopuštamo slobodu i svojemu bližnjemu.

Održavaš li red hrama, tada živiš u hramu, u Božjem svetištu u sebi i spoznaješ sebe. Ako si sebe spoznao kao Bitak, tada poznaješ i svojega bližnjega, jer ti poznaješ svemir, Bitak.

Tada ne trebaš tražiti – ti si primio, jer Bitak daje vječno. On daje u tebi. On struji kroz tebe i objavljuje se u tebi i u ovom svijetu.

Gabriele:

Tko poznaje sebe, taj je napokon prevladao svoje ljudsko, dakle svoje previše ljudsko. Time što je prevladao – zadobivenom pozitivnom snagom – on gleda i svojega bližnjega.

Tom snagom prevladavanja svojega bližnjega vidimo u pravom svjetlu. Svoje smo ljudsko prevladali, a naš se bližnji upravo sprema prevladati jednako ili slično. Zbog toga ga možemo razumjeti; imamo razumijevanje za njega. Preko toga unutarnjeg slaganja, tog razumijevanja, mi imamo i pristupa svojemu bližnjemu i možemo mu pomoći u onoj mjeri u kojoj on to želi.

Ako živimo u hramu nutrine, tada također znamo dokle možemo pomoći svojemu bližnjemu, što mu možemo reći i kako mu trebamo pristupiti. Najdublja nutrina zna sve i tko živi u najdubljoj nutrini, taj prima za sebe i za bližnjega.

Stoga: tko poznaje sebe, taj poznaje i svojega bližnjega. Tko prevlada samoga sebe, taj također zna korake za bližnjega, kako taj može prevladati svoje ljudsko. Mi ne možemo za svojega bližnjega prevladati njegovo ljudsko jer svatko mora svoje ljudsko prevladati sam s Kristom. No ako smo prevladali svoju nisku narav, svoje ja, tada poznajemo put izlaska iz ljudskoga, izlaska iz grijeha, jer smo ga prošli.

Spoznaješ li sebe kao Bitak i živiš li u Bitku, tad se ne trebaš osvrtati da bi našao istinu, Bitak, jer ti znaš da je ono što je straga jednako kao ono sprijeda. Ne trebaš gledati desno ili lijevo jer znaš da je desno i lijevo jednako kao straga i sprijeda. Ne trebaš gledati ni gore ni dolje; ti znaš da je gore i dolje jednako kao sprijeda i straga, kao desno i lijevo: život, veliko u najmanjemu i najmanje u velikome, u tebi, Bitku.

Upamti i nosi to stalno sa sobom:

Bog je sveprisutan; Bog je sve posvuda.
U najvećemu je najmanje, u najmanjemu je najveće, Bog.
Ako si našao sebe, našao si i Boga, i svemir je tvoj dom. Tada se ne trebaš osvrtati za svemirom niti gledati desno, lijevo, gore, dolje – svemir je u tebi; Bog je u tebi; tvoj bližnji je u tebi; sve su snage prirodnih carstava u tebi.
Ako si našao sebe, tada sve gledaš u sebi, jer ti si sam sve u svemu.
Upamti ponovo i nosi ovo svjesno u sebi:

držiš li svoj hram čistim, tada si otkrio sve u sebi i poštuješ hram svojega bližnjega i gajiš strahopoštovanje prema Presvetome, koji prebiva u tebi i u tvojemu bližnjemu i u svim životnim oblicima prirode.

Ti si bogat jer je svemir u tebi. Stoga nalaziš sve u samome sebi – najmanje u velikome i veliko u najmanjemu.

Gabriele:

„Držiš li svoj hram čistim" – za nas znači: trudimo li se svakodnevno čistiti svoj hram, tada ćemo malo-pomalo otkriti vječni zakon. Tada ćemo steći poštovanje prema hramu svojega bližnjega i strahopoštovanje prema Presvetome.

Vježbajmo svjesno: imamo li poštovanja prema hramu svojega bližnjega? Dopuštamo li slobodu svojim bližnjima ili ih prisiljavamo da misle onako kako mi vjerujemo da je ispravno? Prisiljavamo li ih da postupaju onako kako mi vjerujemo da je ispravno?

Pitajmo se uvijek iznova: imamo li strahopoštovanja prema Presvetome, prema Bogu u sebi? Imajmo na umu da je svatko od nas hram Svetoga Duha, da Bog, presveta snaga, Apsolutnost, prebiva u nama. Osvješćujmo si to uvijek iznova. Osobito onda kad hoćemo ponovo zapasti u svoje stare navike i u svoje stare šablone mišljenja – osvješćujmo si: u nama prebiva Bog, Presveti. Tada ćemo također osjetiti unutarnje bogatstvo – i istovremeno primijetiti koliko smo ipak siromašni kad njegujemo svoje ljudsko.

Vrlo postupno tada ćemo primijetiti da je sve u nama, da pitamo mnogo toga u vanjštini „Što je kada i gdje?" samo onda kad smo udaljeni od nutrine. Tada smo samo u ljudskoj svijesti, sve vidimo površno i ne shvaćamo jezgru, ono bitno u situaciji. Upotrebljavamo li riječi „Kada je što? Kada i gdje?" samo zato što živimo u vremenu, tada je to zasnovano na našemu ljudskome. Pitamo li na primjer za točno vrijeme da bismo se orijentirali, tada je to naš jezik, naše sredstvo sporazumijevanja da bismo se snašli na ovoj Zemlji.

Vježbajmo red hrama! Spoznajmo sebe same! Poštujmo svojega bližnjega! Tada ćemo steći slobodu jer je dopuštamo svojemu bližnjemu.

Imajmo na umu: mi smo hram Božji i Bog prebiva u nama. Razvijmo strahopoštovanje prema Bogu, Presvetome – i osjetit ćemo da smo slike i prilike svojeg Oca.

Ponesimo sa sobom tu svijest u svoje daljnje zemaljske dane i imajmo stalno na umu: Bog je naš Otac, a mi smo Njegova djeca. Ostvarimo to što nosimo u sebi: ljepotu, čistotu, slobodu, plemenitost, dobrotu, apsolutnu ljubav i približit ćemo se Bogu i svojemu istinskom Bitku. Tada ćemo saznati što znači primiti bisere iz praizvora Bitka. Tada smo lovci na bisere Unutarnjeg života, tragači za blagom koji nalaze unutarnje bogatstvo.

e i daljnje podrobnosti vječnog zakona poučavao Sam Ja, Krist, kao Isus, one Svoje apostole i učenike koji su ih mogli shvatiti. Ali uvijek iznova morao sam im objašnjavati i put prema Vječnom bitku, zakon pada, zakon sjetve i žetve.

Zakon pada jest naniže transformirana Božja energija koju je protivnik prepolarizirao i htio upotrijebiti protiv Boga. Taj pogrešan zaključak nosio je u sebi obrat. Jer ono ljudsko što čovjek posije, to će požeti on – a ne Bog ili njegov bližnji.

Gabriele, proročica učiteljica i izaslanica Božja, objašnjava:

Još prije gotovo dvije tisuće godina Isus iz Nazareta nastojao je da Svoje apostole i učenike nauči razumijevati zakon sjetve i žetve, zakon pada, i vječni Bitak.

Veliki korak jest iza nas: gotovo dvije tisuće godina. Mnogi se ljudi još trude spoznati sjetvu i žetvu i Vječni bitak.

U ovome preokretu od materijalističkog doba u duhovno doba sve više ljudi shvaća što znači živjeti u kauzalnom zakonu, u zakonu pada, i dospjeti u vječni zakon. Zakon sjetve i žetve uvijek donosi pad niskoga ja. Vječni zakon donosi unutarnji mir, Božju blizinu i uspon natrag u Bitak.

 Bogu ne postoji radoznalost. Tko se osvrće iz radoznalosti, taj vidi samo svoje niže sebstvo, sebe, ja, i ne gleda svoje istinsko sebstvo – zato ne poznaje ni sebe. Radoznali je u potrazi za nečim novim, da nešto dobije ili upotrijebi za sebe, jer mu nedostaje unutarnjih vrijednosti.

Gabriele, proročica učiteljica i izaslanica Božja,
objašnjava:

Tim poučkom privremeno zavirujemo ponovo u kauzalni zakon da bismo razumjeli što je ljudsko – kako bismo onda iz pretjerano ljudskoga izrasli u vječnu supstanciju, u svoje vječno kozmičko biće.

Unutarnje vrijednosti jesu božanski Red, božanska Volja, božanska Mudrost, božanska Ozbiljnost, Strpljivost, Ljubav i Milosrđe. Ako imamo pomanjkanja u tim aspektima, tada smo u potrazi za novim. Međutim, ta je potraga za novim prividna. Zapravo duša traga za Vječnim; jer je probuđena duša postojano u potrazi za Božjim svjetlom; ona je stalno u potrazi za tim da ponovo uroni u praizvor života, da se vrati Bogu.

Koliko je teško probuđenoj duši u čovjeku kad čovjek još njeguje svoje ljudske programe! Između probuđene duše i ljudskih programa često ima disonancija i neslaganja. Čovjek postaje nemiran; traži. Traži

– kako on misli nove stvari. Zapravo, to je duša koja traži, koja čezne za Očevim svjetlom i javlja čovjeku: očisti svoje ljudsko i nađi Boga u meni!

Gabriele:

Zaplašena, zabludjela duša siromašna svjetlom također je zaplašeni, svezani i duhovno slijepi čovjek. Ako je duša probuđena, tada se ona više ne plaši. Ona osjeća svjetlo – a ipak ne može dospjeti do svjetla jer čovjek čini nasilje nad svojom dušom. On je tako reći koči; on ne dopušta da se ona približi svjetlu.

Ako se u vanjštini nastojimo osigurati da gledamo desno, lijevo, sprijeda, straga, gore i dolje, da bismo izbjegli sve opasnosti, na taj im način nećemo uteći – srest ćemo ih; mi privlačimo opasnosti, ono čega se plašimo. Ono čega se plašimo, to će se prije ili kasnije sručiti na nas.

Mi znamo i u svakom trenutku možemo to iskusiti na sebi samima: kamo god pogledamo – odatle bivamo potaknuti da mislimo – a svaka misao može postati ishodište jednoga kompleksnog ljudskog programa.

Ako smo radoznali da vidimo ovo ili ono – stvari koje prema prilikama ne bismo trebali vidjeti – tada će nas te stvari koje danas još ne spadaju u našu dnevnu energiju potaknuti da mislimo. Tada nam koraci na Unutarnjem putu prema prilikama postaju vrlo teški; jer na taj način mi prerano prizivamo grijehe kojih preko misli postajemo svjesni. Taj negativni potencijal, koji prema prilikama uopće ne možemo očistiti jer dan to još nije predvidio niti je donio energiju za njegovo rješenje i uklanjanje, može nam sad postati zamka.

Grijesi, naša probuđena i u krivo vrijeme prizvana opterećenja, sručuju se na nas i više nam ne daju mira. Oni nas prisiljavaju da mislimo dalje. Ako dalje mislimo, a ne možemo ovladati njima, tada će oni vladati nama. Time stvaramo daljnje programe. Što više ljudskih programa stvaramo, to smo više ograničeni, dakle suženi u čuvstvovanju, u mišljenju, govorenju i činjenju.

Stoga bismo trebali promatrati svoju radoznalost: za čim žudimo? Što nam nedostaje? Nedostaci se pokazuju u našem čuvstvovanju i mišljenju.

Osjetimo li neodređenu nelagodu, tada bismo se trebali kratko posvetiti tom čuvstvu. Ono se podiže i objavljuje u mislima; svoje misli možemo shvatiti bolje nego svoja čuvstva. Tako ćemo dokučiti i svoju radoznalost i prevladati je.

Živimo svjesno! Uvijek kad se osvrćemo, odmah si postavimo pitanje: za čim se osvrćemo? Zašto? Što prizivamo? Sve nam to hoće nešto reći. Život nam je zanimljiv – tada kad se kontroliramo.

Tko se boji drugih, taj se boji sebe samoga, on nema povjerenja u sebe samoga. Za njega je gustoća realnost i istovremeno je prijeteća. U svojoj plašljivosti on je stalno zaokupljen osvrtanjem oko sebe da mu se nešto ne dogodi. On radoznalo gleda naprijed, natrag, desno i lijevo, gore i dolje, i tako se uljuljkuje u sigurnost jer smatra da ima pogled uokolo.

Pogled uokolo, gledanje gore i dolje, desno i lijevo, straga i sprijeda u gustoći, u materiji, trebalo bi služiti jedino za orijentaciju, jer su vaše fizičke oči stvorene za materiju, za gustoću. Tko se toga drži, taj ostaje u hramu nutrine i poštuje red hrama.

Gabriele:

Ako svladamo radoznalost, ako dakle očistimo ono što naša radoznalost ima za cilj i sadržaj, tada ćemo doći u svoj hram; idemo sve dublje u najdublju nutrinu – k Presvetomu, Bogu, koji prebiva u nama.

Recimo to još jednom jasno: čovjeku, stanovniku Zemlje, za orijentaciju je potrebno i njegovo osjetilo vida. Naše fizičko oko gleda naprijed, natrag, desno i lijevo. Moramo se osvrtati da bismo se orijentirali. To je tako zato što živimo u gustoći. To nije radoznalost.

Kao ljudi moramo se osvrtati i gledati lijevo i desno. Na kraju krajeva, mi stalno gledamo zidove triju dimenzija, tako reći zidove ljudskoga ja. Naprotiv čisto biće, božanska inteligencija, naše pravo sebstvo kao supstancija i snaga u Bogu, gleda sve u sebi samome. Tako naše unutarnje biće gleda sve što nam prilazi. Sve što titra u beskonačnosti, također je u nama.

Impulsi iz svemira u čistome biću pristižu u njegovoj nutrini. Čisto biće nije upućeno na oslovljavanje izvana kao mi ljudi. Ono opaža impulse u nutrini, istovremeno gleda sliku koju šalje pošiljatelj znajući istovremeno što želi davatelj impulsa i također odmah zna zadaću i rješenje.

Nama ljudima u gustoći potrebno je dakle da se osvrćemo radi orijentacije, a ne zbog radoznalosti. Ako međutim mirujemo u hramu, u svojoj nutrini, tada ćemo isto tako dobiti impulse koji su nam potrebni za danas, za ovaj dan. Tada se ne trebamo radoznalo osvrtati. To što trebamo saznati, saznat ćemo; to što trebamo vidjeti, vidjet ćemo; jer je naših pet osjetila očišćeno, etičko, fino i usmjereno na savršenu svijest u nama. Na taj način može Bog, Presveti, naš vječni Otac, voditi Svoje dijete.

Postići to neposredno Božje vodstvo, zadaća je duše u zemaljskoj odjeći. Na putu do toga pomaže joj moćna snaga: Kristova snaga.

Sve dok nas Bog, Otac, Apsolutni zakon, ne može voditi, Krist je naš pratitelj na putu, pomagač i Spasitelj. Svojim „Svršeno je" On nam u svakom trenutku pruža ruku i vodi nas preko grebena, preko dolina i brda, preko kamenitih staza k Bogu, našem Ocu, prema svjetlu, prema savršenome, čistom biću, koje uistinu mi jesmo.

Pravi mudrac jest razumni, koji ostaje u svetištu čuvajući u njemu tišinu. U hramu tišine pravi mudrac, razumni, prima neposredne upute i Božji spas.
Ako si uvježban u zakonu Unutarnjeg života, tad osjećaš i misliš božanski i govoriš Njegovu riječ, koja ti jesi – božanski.

Gabriele:

Kad to postignemo, tada smo savršena svijest, savršena inteligencija, savršena supstancija u savršenom životu Bogu.

ko živi kao kap u oceanu Bogu, taj je postao zakonom Božjim. Kap je esencija cijelog oceana. Sve kapi čine opet ocean, Boga. Jedna je kap nalik na drugu kap jer je sve sadržano u jednome. Zato se sve kapi prožimaju međusobno i čine ocean, zakon svemira, Boga.

Gabriele, proročica učiteljica i izaslanica Božja, objašnjava:

Sve kapi u oceanu Bogu prožimaju se međusobno jer je svaka kap vječni zakon. Kap u oceanu Bogu jest komprimirani zakon, ona je božanska, savršena supstancija u struji svemira, u tekućem zakonu. Taj je tekući zakon svjetlo; on prožima i obasjava svaku kap, a svaka kap opet prožima drugu.

To znači da u beskonačnosti nema sjene, već samo svjetla, nema noći i takozvanog dana – koji se nama ljudima pokazuje samo time što svjetlo zemaljskog Sunca obasjava dio zemaljskog planeta koji je okrenut prema njemu. U Vječnome bitku postoji samo vječni zakon, svjetlo, koje vječno struji i sve prožima. Budući da vječni zakon, Božje svjetlo, prožima sve, postoji isključivo Božji dan, a ne noć; jer Bog zrači vječno.

Bog je svjetlo, Bog je harmonija. Bog je beskonačnost. Bog je svemir. Božja harmonija jest ritmičan život koji vječno struji. Ritmovi Vječnog bitka apsolutno su harmonični. Oni su sferni zvuci vječnosti.

Mi smo svi bića vječnosti jer je naše duhovno tijelo besmrtno. Naše besmrtno, čisto biće jest zakon svemira, ono je harmonija, simfonija, zvuk, boja i oblik. Nas je stvorio Bog, Vječni. Kao što je On harmonija, nesebična ljubav, mir, simfonija, jedinstvo, ljepota, čistota – jednako tako smo i mi u Vječnom bitku. Zbog toga smo Bitak u Bogu, Bitku. Bog je život koji struji – mi smo supstancija života smještena u vječnoj struji, Bogu. Mi smo kap u oceanu, Bogu.

Naša duša, koja u sebi nosi kap iz oceana Boga, često mora patiti zbog tvrdokornosti i neuviđavnosti svojeg čovjeka. Kako bi snaga zračenja našega najunutarnjijeg bića mogla pomoći da ljuska našega ljudskoga omekša, trebali bismo si često osvješćivati i potvrđivati odakle dolazimo, tko smo mi i koja je naša zadaća u ovome zemaljskom životu.

Naš vječni Otac dao je Sebi oblik iz Svojega svemirskog zakona, iz struje. On je oblikovani Bitak – kao što smo i svi mi kao čista bića u vječnoj domovini oblikovani Bitak, supstancija svemira. Svojim duhovnim oblikom mi smo slike i prilike našega vječnog Oca. Mi nismo samo jedan ton, jedan zvuk, jedan kamenčić svemira, nismo nešto lebdeće – mi smo baštinici beskonačnosti, oblikovani strujeći Bitak, kap.

Sve što titra u beskonačnosti, jest u nama, poprimilo je oblik u nama kao čistim bićima. Čisti oblik jest svijest svemira, koji neumorno zrači, koji se neumorno javlja, jer Bog nije zastoj, nego život koji struji.

Svatko od nas mora ponovo doći u tu vječnu, svetu svijest, u svoj istinski Bitak; jer naš je istinski Bitak besmrtan – on je od Boga, jer ga je Bog stvorio. Taj besmrtni Bitak u nama, oblikovani svemir, jest duhovno-božansko tijelo koje svatko od nas nosi u sebi. Oblikovano božansko tijelo, supstancija svemira, zasjenilo se našim pogrešnim ponašanjem, našim prijestupima protiv Boga. Sjene, grijesi, dakle okružuju duhovno tijelo, našu uzvišenu, svetu svijest.

Mi smo na ovoj Zemlji da očistimo sjene pomoću Krista, našeg Spasitelja, ili da ih otplatimo kako bi se naše čisto tijelo, supstancija svemira, mogla ponovo pojaviti.

Svi ljudi posjeduju dušu, finotvarnu supstanciju, koja djeluje u nama. To finotvarno opterećeno tijelo prožima fizičko tijelo. Ono nas prožima preko naših živčanih putova i preko svih funkcija našeg tijela. Prema tome kako reagiramo, reagira i naša duša. Prema tome kako mislimo, reagira i naša duša. Prema tome kako i što govorimo, reagira i naša duša. Jer naše misli obilježavaju našu dušu, a naša duša opet obilježava naše tijelo. Sve fasete naše duše, svi pokreti u omotačima duše, sve promjene, registrirani su u zvijezdama.

Ako smo svjesni da smo na Zemlji da bismo ponovo postali božanski, tada ćemo i učiniti prvi korak da u svojem životu napravimo red, da svoje ljudske misli razmrsimo pitanjem: „Što mislim?" Kad korak po korak sredimo i razjasnimo svijet svojeg mišljenja, tada ćemo sve više i više spoznavati i sami stjecati iskustvo tko smo mi. Samo nam samospoznaja može reći tko smo u sadašnjosti; ona nam pokazuje naše ljudsko, koje trebamo očistiti s Kristovom pomoći.

Kad ga s Kristovom pomoći očistimo, tada trebamo to ljudsko što smo prepoznali, grijeh, više ne činiti. Taj korak, pretvaranje pozitivnoga, ne uspijeva nam uvijek odmah. Čišćenjem uz Kristovu pomoć negativni potencijal toga prepoznatog i očišćenog grješnoga uklonjen je iz naše duše; pretvoren je u pozitivnu snagu – no u našem su mozgu još uvijek odgovarajući negativni programi. Da ne bismo više osjećali, mislili i postupali kao dosad, moramo primjenjivati ono više, zakonito, zadati si više vrijednosti i više ideale da bismo mogli učiniti sljedeći korak prema Bogu, prema svojoj božanskoj baštini.

Krist, naš Spasitelj i božanski Brat, dao nam je uvid u našu istinsku baštinu, u naš istinski Bitak. Učinimo li prve korake prema svojemu božanskom biću, tada ćemo spoznati kamo ono ide. Ono se vraća tomu što smo nekad bili i u vječnosti jesmo: vječni zakon, oblikovani, vječni Bitak.

Krist nam je dao Svoja velika kozmička učenja. U njima titra vječni zakon, naša vječna domovina, naš istinski Bitak, najviši cilj, ujedinjenje s Bogom, našim Ocem.

Zakon svemira, Bog, jest svetište u tebi. Tamo je apsolutna tišina.

Gabriele:

Unutarnji put prema Bogu, našemu istinskom Bitku, jest put apsolutne tišine. Unutarnja tišina jest mir. U unutarnjoj tišini nema ničega što tjera, nema htijenja, nema „moje" i „meni".

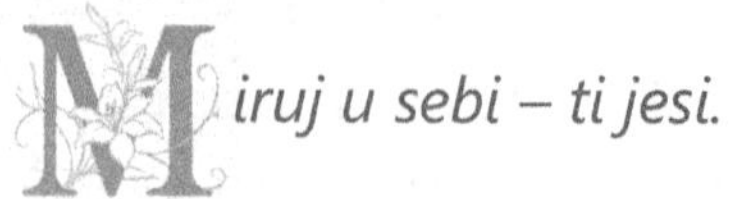 *iruj u sebi – ti jesi.*

Ti si Bitak koji ni s čime nije u neslozi, ništa ga ne uzbuđuje, niti je protiv ičega. Ti si Bitak – ti prozireš sve i svakoga; zato ti i prožimaš sve i svakoga.

Gabriele, proročica učiteljica i izaslanica Božja, objašnjava:

Postanemo li spokojni, očistimo li s Kristom svoje ljudsko, tad mirujemo u Kristu – i mi jesmo. Zakon jest – i nema pitanja; on ne treba ništa pitati jer jest. A tko jest zakon, taj zna sve jer je savršena inteligencija, dakle slika i prilika Božja.

Ako smo protiv nečega, to nam pokazuje da nam nešto nedostaje. Vidimo nešto pogrješno. Ne vidimo kroz stvari. Zaustavljamo se na tome što ne proziremo. No savršena inteligencija, Božja mudrost, gleda kroz stvari. Ona prozire gustoću; ona prepoznaje i zna za dubinu. Ona također gleda od čega se gustoća sastoji i što se odvija iza gustoće.

Put prema Bogu put je savladavanja gustoće, grijeha duše, da bismo uronili u savršeni život, postali savršena inteligencija, savršena svijest, koja zna sve, koja sve prozire jer je Bitak u struji Bitka. Na Unutarnjem putu činimo te korake prema svojoj božanskoj baštini, prema svojem Bitku, prema svojemu istinskom životu, koji je savršen.

Isus je rekao, a Krist danas ponovo kaže: „Božje kraljevstvo jest u vama." Stoga bismo trebali otići u unutarnje kraljevstvo, u svoju domovinu; jer izvanjsko kraljevstvo, ovaj svijet, prolazi. Trajni su jedino Duh Krista Božjega i Kraljevstvo mira u nama.

Shvatimo kakvo nam je blago Krist ponovo objavio, kraljevstvo nutrine, Apsolutni zakon, našu duhovnu baština! Ne moramo više tražiti; ne trebamo više pitati: „Tko smo mi? Što je naša domovina? Kako glase zakoni vječne domovine? Što je naša duhovna baština?" Krist nam je dao odgovor. On nam poklanja uvid u naš istinski život, u naš istinski Bitak; On nam daje također snagu koja nam je potrebna da bismo mogli u sebi otkriti unutarnje kraljevstvo, svoju duhovnu baštinu.

Krist želi da postanemo miroljubivi, da živimo jedni s drugima i da budemo jedni za druge. Onako kako je na Nebu, tako treba biti i na Zemlji. Na Zemlji to može postati samo onda kad mi budemo i sazrijevamo u Kristu, kad ispunjavamo zakone života – na kraju krajeva, svoj istinski život, tako da smo ponovo ispunjena bića, bića u Bogu, našemu vječnom Ocu.

Obvezni smo ne zloupotrebljavati snagu; jer reakcija na to bit će puno veća. U ovom svijetu rasipa se puno energije. Posljedica su reakcije o kojima smo svakodnevno slušali i slušamo, o kojima čitamo, koje vidimo i doživljavamo.

Stoga bismo mi ljudi trebali paziti na svoje riječi. Prije nego nešto kažemo, trebali bismo riječi shvatiti u dubini i procijeniti pitanjem: jesu li one zakonite – ili se mi hoćemo pokazivati? Želimo li crpsti iz zdenca života, iz vječnog zakona, iz svoje duhovne baštine – ili time želimo postići nešto za sebe?

Izreka za nas: kad svaku riječ u sebi oživimo – tek tada ćemo doživjeti što znače riječi i što nam one donose. Riječ ćemo u sebi probuditi za život onda kad je sami ispitamo: je li ljudska – ili je nesebična, božanska. Riječi, bile božanske ili nebožanske, kristaliziraju se u energetske oblike; postaju slike. U slikama se oblikuje ono što smo položili u riječ, svoja čuvstva, osjećaje i misli. Naše riječi dakle poprimaju oblik; oživljavaju. One ostaju u našoj auri i zrače. One opet privlače ono što titra u našoj auri: misaone oblike odnosno misaone slike koje su aktivne i u našoj auri.

Stoga bismo trebali svakodnevno nastojati svoje riječi oživjeti kako bismo doživjeli što riječi znače i što nam riječi donose.

Sljedeća izreka: ono što čujemo ili vidimo, trebali bismo prihvatiti i primiti tek onda kad ga postavimo u istinu, u vječni zakon. Međutim, to će nam biti moguće tek kad nam vječni zakon, naša božanska baština, postane poznata.

Krist nam je dao vječni zakon, dao nam je kratak pregled našega istinskog života da bismo znali svoj cilj; On nam je dao i daje nam i smjernice kako da do cilja dođemo.

Tko se kreće u predvorju hrama ili po ulicama prema hramu, tko se dakle još nije uselio u hram, taj još živi u neredu svojeg svijeta osjećaja i misli. Zbog toga on vidi samo sebe, svoje niže sebstvo, i govori također samo o sebi, o svojemu nižem sebstvu, jer njegova svijest još nije u stanju shvatiti i prožeti nered.

Gabriele:

Sve dok se bavimo svojim ljudskim, mi govorimo sebe same. Ne možemo ništa drugo govoriti ili raspravljati nego sebe same; jer su naše riječi, naši pojmovi, sve naše misli, želje i predodžbe, kao programi u mozgu i u spremničkom sustavu zvijezda. S time što smo unijeli, mi smo u postojanoj komunikaciji: to je naše ljudsko sebstvo.

To što smo unijeli, to je naš repertoar. To nam stoji na raspolaganju kad razgovaramo; o tome govorimo; to smo mi – i osim toga ništa nije moguće. To je ograničenost našega ljudskoga ja.

Govorimo dakle samo o sebi samima. Kad razgovaramo sa svojim bližnjim, i ako obojica živimo u kauzalnom zakonu, u zakonu sjetve i žetve, tada svaki govori samo sebe sama. Zbog toga ima tako puno zbrke, mnogo nesporazuma jer nitko nije u stanju uživjeti se u drugoga. Obojica razumiju samo površinu svojih riječi; oni ih ne mogu prozreti da bi shvatili sadržaj, jer još nisu došli do božanskog zakona, do savršene svijesti, koja zna sve, koja sve prozire, koja sve shvaća, koja poznaje svaki odgovor i rješenje.

Mi govorimo sebe same – i govorimo jedan mimo drugoga, jer se međusobno ne razumijemo. Kako često čujemo: „Ti me ne razumiješ." Naš bližnji ne može nas razumjeti jer i on govori samo sebe sama – i mi isto tako sebe same, i to u skladu s onim što smo unijeli u svoju dušu, u svoj mozak, a također i u kauzalni kompjutor. Danomice odmotavamo svoje ljudske programe. To će trajati sve dok ne očistimo to ljudsko i ne dospijemo do savršene svijesti, koja zna sve, koja sve prozire, koja je u svemu.

Misaoni svijet koji nas danas silovito pokreće, također je naše jučer. Ako ga danas ne očistimo, tada je to i naše sutra.

Mi smo na Zemlji da bismo postali božanski. To za nas znači da bismo svaki dan trebali prepoznati svoje ljudsko i očistiti ga s Kristom.

Ako promatramo što smo samo današnjeg dana mislili, tada si možemo postaviti pitanje: jesu li to bile naše misli i od jučer, od prekjučer? Jesu li to bile misli i želje koje smo već tjednima, mjesecima, godinama gajili? Svojim iskrenim odgovorom na to pitanje kazat ćemo sami sebi što smo unijeli u spremnički sustav zakona uzroka i posljedice.

To što je registrirano, opet nam se vraća. S tim programima mi smo u komunikaciji; jer te iste programe

imamo u mozgu – dakle u budnoj svijesti – u pod-
svijesti, u duši i u zvijezdama spremnicima kauzal-
nog područja. To je naša ljudska baština, naš osobni
ja-svijet. To je ono u čemu živimo, s čime komunici-
ramo, što nas pokreće, što nas opterećuje i upravlja
nama.

Ako smo od pohranjenog materijala svojega ljud-
skoga nešto shvatili, tada ga ne bismo trebali dugo
u sebi pokretati ili odgurnuti od sebe. Trebali bismo
ga smjesta očistiti s Kristom jer u trenutku spoznaje
postoji snaga za svladavanje negativnoga.

Ako više ne činimo pogrješku, to nisko ljudsko,
tada je to preobraženo. Negativna energija, grješno,
pretvorbenom je Kristovom snagom postala pozi-
tivna energija, a u spremničkom sustavu kauzalnog
kompjutora izbrisana je.

Preko unosâ u kompjutorski sustav mi smo u stal-
noj komunikaciji sa svojim nižim sebstvom. Mi ne
možemo uopće ništa drugo gledati, ništa drugo slu-
šati, mirisati i kušati osim same sebe.

Vratimo se u vječni zakon, Boga, i predočimo si
uzvišeni princip: svako je duhovno biće Božji zakon,
govori Božji zakon, kreće se u Božjem zakonu i po-
stoji u Božjem zakonu. Princip koji je protivnik pre-
okrenuo jest kauzalni zakon. U njemu svatko govori
sebe sama – svoje niže sebstvo; osjeća sebe sama,
misli sebe sama, miriše sebe sama, kuša sebe sama,

i to sve ono što je unio u zvjezdani kompjutorski su-
stav. To je zakon osobe koji je zasnovan na kauzal-
nom kompjutoru i upravlja svakime tko živi u tome
preokrenutom principu.

Vidimo dakle: tama je uzvišeni princip preokrenula
i transformirala naniže u svijet ljudskoga. Kao što je
na Nebu, u najvišemu, svako biće istinsko sebstvo,
vječni zakon, koje govori vječni zakon zato što kao
biće samo živi u struji Bitka – tako se zbiva i u najni-
žemu, samo obrnuto: svaka osoba govori sebe samu,
misli sebe samu, čuje sebe samu – sve dok duša kao
kap, kao istinsko sebstvo, ne uroni ponovo u ocean
Boga, u Bitak.

akav čovjek dakle govori samo sebe i vidi također samo sebe i čuje također samo sebe – i zato ne može svojega bližnjega gledati niti razumjeti i slušati, jer on samo sebe vidi i samo sebe govori i samo sebe čuje.

Takvi ljudi nemaju osjećaj za svoje bližnje. To što njihovi bližnji govore, ne razumiju jer ne razumiju ni sebe same, zato što ne mogu prozreti nered svojih osjećaja, misli, riječi i postupaka i svoja gruba i pohlepna osjetila. Oni su zbrkani jer je njihov svijet osjećaja i misli zbrkan.

Gabriele:

Dragi bližnji, mi se u dubini ne možemo razumjeti jer je svatko stvorio svoj osobni zakon, zakon osobe. Stoga svatko misli drugačije, govori drugačije, čuvstvuje i osjeća drugačije. Naš zakon osobe – možemo reći također naš individualni zakon – gotovo nema nikakve veze s individualnim zakonom drugoga. Zbog toga svatko govori samo sebe, i obojica govore jedan mimo drugoga.

Često kažemo: „Mi se razumijemo." Jesmo li se stvarno razumjeli – ili smo čuli samo svoje riječi? Ili vjerujemo da smo razumjeli svojega bližnjega jer nam je simpatičan ili zato što nam govori po volji, i stoga kažemo: „Mi se razumijemo." Sve je to osobno mišljenje u okviru individualnog zakona.

Sva se čista bića razumiju. Duhovno tijelo jest supstancija vječnog zakona, ono je božanska baština svakoga čistog bića.

Mi smo na Zemlji da bismo ponovo postali božanski, da bismo izišli iz ove skučenosti, ove ograničenosti svojega ljudskoga ja, svojega „moje" i „meni", kako bi nam se svijest proširila, probila granice ljudskoga ja i ušla u božansko jedinstvo i slobodu, u našu istinsku duhovnu baštinu.

Duhovno budna duša ima mnoge mogućnosti da svoj ljudski omotač odvede tamo gdje čovjek može opaziti neke aspekte onog života za kojim budna duša čezne.

Ono istinsko i sveprožimajuće izvršava se jedino u najunutarnjijemu tvojega hrama, u svetištu – s Presvetim i preko Presvetoga, Boga.

Jedino u sebi gledaš i spoznaješ koliko darova iz blaga najdublje nutrine možeš dati svojemu bližnjemu koje je on u stanju primiti da bi duhovno rastao i sazrijevao. U sebi dakle gledaš i slušaš količinu koju smiješ pružiti svojemu bližnjemu, koja mu tada služi na dobrobit.

Gabriele:

„Ono istinsko i sveprožimajuće izvršava se jedino u najunutarnjijemu tvojega hrama, u svetištu – s Presvetim i preko Presvetoga, Boga." Što nam to hoće reći?

Svatko od nas je hram Svetog Duha. Ostvarivanjem Deset zapovijedi i Govora na Gori, ulazimo u svetište koje je u nama. Što češće stupamo u svetište, to je bliskija komunikacija s Božjim Duhom u nama. Na taj se način oslobađamo svojeg zakona osobe, svojega individualnog mišljenja, koje je konačno u vezi samo s nama, samo s našim niskim ja. Tada ćemo sve više i više crpsti iz zdenca života, koji je naša duhovna baština.

Razvijanjem naše duhovne baštine, otvaraju nam se i duhovne oči, oči duše, koje prožimaju materiju, a također i riječi našega bližnjega. Za čovjeka čija se duša nalazi u Božjem svjetlu riječi su ogledalo. Cjelokupna materija samo je odraz, a ne činjenica; ona je samo posljedica naših postupaka, naših projekcija, naših predodžbi.

Tko prozre ogledala, projekcije, shvaća svojega bližnjega u nutrini i istovremeno zna koje mu darove ljubavi može dati. Mudrac, koji crpi iz zdenca života, zna količinu. On zna koliko toga smije reći; on zna što mora reći; jer on prozire stvari, misli, riječi, sve što postoji, i prozire čovjeka, jer sve je samo odraz.

Ogledala varaju! Naše zemaljske oči vide samo odraz i varaju naša osjetila. Varka procjenjuje i sudi. Jasnoća duše, oči Bitka gledaju stvarnost. Jer čovjek čija je duša postala bistar izvor ne procjenjuje niti sudi; on ima razumijevanja i dobronamjeran je.

Znaj: kad postaneš Bitak, tada je sve u tebi i svi su u tebi. U sebi i kroz sebe gledaš, slušaš, mirišeš, kušaš i pipaš, jer sve što izvanjsko skriva u sebi, to je život u tebi.

Zato prebivaj u sebi; tada u svemu gledaš i sebe, sebstvo, jer ti si sebstvo, Bitak, i opet sve je sebstvo, Bitak. Tada dio svojega istinskog sebstva gledaš u mineralu, u biljnom svijetu, u životinjskom svijetu i u zviježđima i opažaš sve čisto u sebi, čistome, kao svjetlo, kao snagu, kao dio sebe. Ono što gledaš u vanjštini, u nutrini ima svjetlo i snagu u sebi kao i ti, to je dakle kao esencija u tebi, i time dio tebe.

Gabriele:

„*Kad postaneš Bitak, tada je sve u tebi i svi su u tebi.*" To za nas znači da nam je duša ponovo stekla visok stupanj plemenitosti i finoće. Plemenito i fino jest lijepo. Plemenitost duše prozire sve jer je duša opet u komunikaciji s Bogom.

Mi smo dakle svi na putu da opet postanemo ono što zapravo jesmo. Nitko od nas ne može izbjeći da postane opet onakav kakve nas Bog gleda.

Kad to postignemo, tada smo Bitak, a Bitak je jedinstvo. Tada nam zvijezde nisu daleke, jer Bog nam je blizu. Tada nam više nije daleka supstancija prirodnih carstava, život, jer Bog nam je blizu. Tada smo svjesni baštinici beskonačnosti i svjesne slike i prilike našeg Oca. Bog je izvor, a mi smo vrela iz kojih crpimo i dajemo.

Tko živi u toj plemenitoj, finoj i čistoj svijesti, taj neće namjerno uništiti izvanjski oblik života jer bi tada poremetio taj dio života u sebi samome i tako postao poremećenim koji uništava sve ono za što vjeruje da mu ne služi. Takvim površnim postupanjem nastali su rat, umorstvo i zavada.

Spoznaj, to znači: ono što namjerno ubiješ; ljude, životinje i biljke, to zasjenjuješ u sebi, remetiš svoj vlastiti život i ostaješ poremećeni, ja-čovjek, koji djeluje razorno na svoju okolinu.

Gabriele:

Pogledajmo naš svijet. Ima puno njih kojima čak puno toga smeta. To znači: nas ometaju naši unosi u sustav kauzalnog kompjutora jer više nismo Bitak, nego „moje" i „meni".

Naša poremećenost također uništava jer mislimo samo na sebe same, uvijek samo: „Ja, ja, ja – ja sam sâm sebi bližnji." U tome leži smetnja; time uništavamo i svoj svijet i tako utječemo i na naš zemaljski planet, na Majku Zemlju.

Ti gledaš Bitak u svemu jedino u sebi. Stoga ti nije potreban pogled uokolo – ti imaš obzirnost u sebi.

Gabriele:

Pogled uokolo i obzirnost znači i dalekovidnost i uvid u stvari.

*o što je na Nebu, to je i na Zemlji – samo odvra-
ćeno od Boga. Zakon, Bog, jest nesebična, ne-
osobna ljubav; On se daruje i daruje dajući svakomu
jednako.*

Gabriele, proročica učiteljica i izaslanica Božja,
objašnjava:

Mi učimo sve više i više razumjeti i shvatiti nese-
bičnu, neosobnu ljubav.

Neosobno je zakon svemira, ono je izvor i snaga,
ono je struja – nazivamo ga i ocean u kojem sva bića
postoje, iz kojega sva bića crpe i od kojega sva bića
žive; to je ocean neosobne ljubavi.

Čista bića nemaju potrebe biti osobna – imaju sve;
jer svi žive u jednoj te istoj struji. Njima je normalno i
samo po sebi razumljivo da budu neosobna; jer ona
ništa ne žele – ona posjeduju sve jer su baštinici sveg
Bitka. Duša siromašna svjetlom hoće jer ona više ne
živi svoju baštinu; i stoga čovjek hoće sve za sebe, jer
njegovo ljudsko ja više nije božansko Ja Jesam.

Zakon sjetve i žetve nastao je samoljubljem, ljubavlju prema osobi. Ona kaže: jedan mi je bliži od drugoga. Tko mi je bliži, dobit će više – drugi će dobiti manje. To je osobna ljubav, samoljublje, sebična ljubav.

Ono što je na Nebu, to je u promijenjenom obliku na Zemlji. Stoga su Zemlja, materijalni univerzum i razine čišćenja samo ogledalo Vječnog bitka. Zakon sjetve i žetve treba promatrati kao sliku u ogledalu.

Nebo je Bitak, čisto, sveprožimajući zakon, Bog. Zakon sjetve i žetve jest čovjekov „Bitak", koji se sastoji od „moje" i „meni", koji je proizišao i koji proizlazi iz niskoga ja.

Čisto je Bitak, sebstvo, Ja Jesam, neosobni život, zakon, Bog. Čista bića jesu čisto, sebstvo, Bitak, neosobno, Ja Jesam, zakon, Bog. Njihovo osjećanje, njihova riječ i njihov postupak jest zakon, Bog, sebstvo, Bitak, neosobno, čisto. Oni, zakon – jer je njihovo eterično tijelo zakon – osjećaju i govore sebe, čisto, Bitak, sebstvo, neosobno, zakon, Boga.

Zakon sjetve i žetve može se globalno nazvati zakonom opterećenja. On se sastoji od mnogih komponenata ljudskoga ja koje su postale zakon jastva pojedinih ljudi. Zakon jastva svakog pojedinca sastoji se od njegovih protivnih osjećaja, misli, riječi i postupaka. Zakon jastva može se nazvati i zakonom osobe jer se odnosi na osobu koja odašilje svoje ja i ponovo prima isti odašiljački potencijal.

Tko je stvorio svoj zakon osobe, taj živi u njemu i priziva ga preko svoje duše od tamo gdje je pohranjen, iz zviježđa. Tvoj bližnji ne može prisvojiti tvoj zakon jastva, osim ako ne čini jednako ili slično jednakim ili sličnim negativnim osjećajima, mislima, riječima i postupcima.

Gabriele:

Ako se još nalazimo u zakonu jastva, u zakonu osobe, tada to ne vrijedi zvati životom. Međutim, u spoznaji svojega ljudskoga leži prilika da ih prevladamo i odložimo kako bismo korak po korak neosobni život ponovo učinili dostupnim.

Svatko pojedini od nas na Zemlji je da bi ponovo postao božanski. Božanstvenost našeg bića jest Apsolutni zakon, to je život u vječnom Bitku. Tom životu mi trebamo težiti. Preko pouka Apsolutnog zakona mi smijemo saznati cilj, cilj našeg putovanja: naš život, naš Vječni bitak, našu visoku svijest – svemirski Bitak u Bogu, neosobnomu.

ista bića kreću se u vječnom zakonu; ona govore zakon i sama su vječni zakon.

Svaki opterećeni čovjek kreće se u svojem zakonu jastva, u svojemu malom svijetu što ga je stvorio svojim ja, „moje" i „meni". On govori svoj mali svijet, ono čime je izgradio svoj zakon jastva; odgovarajuće tomu on osjeća sebe, misli sebe, govori sebe i postupa onako kako osjeća, misli i govori, dakle odgovarajuće svojemu nižem sebstvu, svojemu nižem Bitku.

Ljudsko sebstvo, dakle nisko ja, nema ni oko, ni uho, ni osjetila za bližnjega, samo za sebe samoga.

Ljudsko sebstvo nema pristupa božanskom sebstvu, u svetište, i zato ne može niti osjetiti, niti prepoznati, niti prozreti, niti shvatiti svojega bližnjega, jer u čovjeku okrenutom vanjštini nesebičnost nije još razvijena.

Ljudsko sebstvo, nisko ja, nema ničega zajedničkoga s božanskim sebstvom, sa sveprožimajućim Ja Jesam.

Čisti govori čisto, vječni zakon, Boga. Nečisti govori svoje nečisto, svoj zakon jastva, niže sebstvo.

Svatko dakle govori sebe: čisti ono apsolutno sebstvo, Ja Jesam; a nečisti – svoje niže sebstvo, svoje nisko ja, koje je vezano samo za osobu.

Gabriele, proročica učiteljica i izaslanica Božja, objašnjava:

Kakav bijedan svijet, koji sliči bijednim dušama siromašnima svjetlom i ljudima siromašnima svjetlom!

Kada bi čovječanstvo ispunjavalo Božje zakone, tada bi Božje Nebo bilo na Zemlji!

Bog je rekao: „Načinit ću novo Nebo i novu Zemlju." U novo Nebo i u novu Zemlju spadaju i novi ljudi, ljudi u Bogu. Unutarnji put znači odložiti odjeću starog Adama i zaogrnuti se odjećom vječnog zakona.

Tko na sebi primjenjuje učenja Apsolutnog zakona, on sudjeluje u donošenju Neba na Zemlju.

udi tih.
U unutarnjoj tišini postat ćeš svjestan da si biće iz Boga, koje je u Bogu, jer ste svevječni Otac i ti, Njegovo dijete, jedno. Ti, čisto biće, živiš u svetištu, u sebi, u sebstvu, jer ti si hram Božji i Presveti prebiva u tebi.

Gabriele, proročica učiteljica i izaslanica Božja, objašnjava:

Unutarnja tišina jest vječni zakon, koji se u savršenoj harmoniji i simfoniji javlja svim životnim oblicima, svim bićima i svim ljudima koji urone u tu tišinu, u Apsolutni zakon.

Čovjek koji ne želi ništa drugo nego svidjeti se Bogu započinje sasvim postupno postajati spokojan. Tada prestaje navala ljudskog ja; jer tko čezne za Bogom, tko se želi svidjeti jedino Bogu, taj će iz dana u dan čistiti ljudsko, dakle grješno, i tako postati spokojan. Kad čovjek postigne unutarnje spokojstvo, on će sasvim postupno uroniti u unutarnju tišinu, u vječni zakon, koji se neumorno javlja onomu tko je postao tih.

U našoj je nutrini Božje svetište. Bog prebiva u Svojem svetištu – dakle u nama. Najunutarnjije, svetište, okruženo je našom dušom i našim čovjekom. Zbog toga smo hram Božji. U svakome od nas jest svetište, u kojem prebiva Bog.

Kad toga postanemo svjesni, zapravo kad si to svaki dan osvijestimo i time zadajemo kao cilj, tada se sasvim postupno budi čežnja svidjeti se jedino Bogu. Tada ćemo također postupno čistiti i svetiti svoj hram time što više ne dopuštamo ništa negativno. Ako u nama ima još negativnoga, dakle grješnoga, tada ćemo to brzo očistiti kako bismo se svidjeli jedino Bogu, našem Ocu, da bismo opet postali Njegove slike i prilike.

Budi tih.
U tebi je tišina i ti si u tišini.
Postaneš li tih, tada više nemaš ljudske osjećaje, misli, riječi, pobude i sklonosti; prožet si svemirskom tišinom, Bogom.

Gabriele:

„Budi tih. U tebi je tišina i ti si u tišini." To je osvješćivanje. Tko je svjestan toga da u svakome vlada tišina i da tihi, čestiti čovjek živi u tišini, Bogu, taj će biti ponovo rođen. On će biti rođen u Duhu i sve više i više primjenjivati zakone života, zakone Duha.

Bez osvješćivanja, nema puta u tišinu. Stoga za nas vrijedi: svakog dana, svakog sata i svake minute budi svjestan da si supstancija i snaga, biće iz Boga. Budi tih i u svakom se trenutku povjeravaj Bogu. Tada ćeš također urastati u Unutarnji život jer ćeš biti svjestan gdje su ti pogrješke, koje su tvoje pogrješke i kako možeš očistiti svoje pogrješke, dakle svoje grješno.

Bog je svemirska tišina – svemirsko zračenje. Bog je tako reći kristal beskonačnosti jer su čista Nebesa kristal, a oni koji se upute u čisto, vječno, opet su kristal u struji života.

Bog, naš Otac, jest komprimirani život, komprimirani Bitak, kristal beskonačnosti. Budući da nam je On kao supstanciju dao sve, snagu i život, mi smo opet kristali beskonačnosti čije fasete zrače vječni život i odašilju ga u sva carstva, jer kristal kao supstanciju sadržava sve stvaralačke snage i sve oblike Bitka.

Pred kristalom ništa nije zatvoreno. On se kreće u ritmu svemira; prema tome on zrači fasete vječnog zakona. Svatko od nas je u dubini duše kristal Vječnog bitka.

Gabriele:

Čovjek koji je cilj puta čišćenja postigao u velikoj mjeri govori ono što mu kristal zrači. On osjeća onako kako kristal osjeća. On misli onako kao što mu kristal posreduje.

Ljudi koji se svakodnevno trude gajiti te posvećene osjećaje i misli, nose svijest odgovornosti i imaju osjetilnu svijest. Ta se svijest odgovornosti ne odražava samo u samom pojedincu, već je svijest odgovornosti zrelih ljudi prijelazna, ona se prenosi na čitavu beskonačnost.

Osjetilna svijest jest jasnoća. Kamo god sazreli pogleda, on gleda svjetlo; on gleda i sjene i zna kako može pomoći i dati. To što sluša, on sluša u najdubljoj nutrini; on sluša glas svemira i razabire također šumljenje ljudskoga ja. Osjetila koja su očišćena jesu u Bogu i nalik su na najfinije antene koje su u stanju sve osjetiti – kako u čistom Bitku tako i u ljudskome ja. Iz osjetilne svijesti i iz svijesti odgovornosti zreli se može zakonito obratiti svojemu bližnjemu. On gleda dubine u bližnjemu, pronikne u njih i gleda također na sjene i u sjene. On je duhovni istraživač, koji sve prepoznaje.

*Istinsko sebstvo, sveobuhvatni, moćni Ja Jesam, po-
vjerava ti se, i ti si sjaj ljepote, ti si čisto, plemenito i
fino, uzvišeno – jer prebivaš u sebi, u vječnom sebstvu,
u Bitku, i jer si ono što je Nebo: ljepota, čistota, pleme-
nitost, fino, uzvišeno, dobrota, nesebična ljubav.*

Gabriele:

Naše čisto duhovno tijelo sastoji se od svega ono-
ga što nam je posredovano poukama Gospodina, u
kojima titra sav Bitak. Svatko od nas će ponovo naći
unutarnju ljepotu, unutarnju čistotu, unutarnju pleme-
nitost, ono fino i uzvišeno, dobrotu i nesebičnu ljubav.

Često nam teško pada primijeniti na sebe to uzvi-
šeno, apsolutno mjerilo. Jedna bi nam slika mogla
pomoći da nam ti aspekti vječnoga Unutarnjeg živo-
ta postanu dohvatljiva stvarnost. U slici si možemo
zadati najviši ideal – i istovremeno ga stvoriti u sebi.

Najviši ideal je ono što smo u Vječnom bitku: ljepota,
čistota, plemenitost, finoća, uzvišenost, dobrota i nese-
bična ljubav. Mi si to zadajemo, ali ipak još to nismo. To
ćemo u sebi stvoriti tako što to stalno poduzimamo.

Taj je najuzvišeniji portret naš istinski Bitak. Ako ho-
ćemo postići to što on sadrži, pomoći će nam Unutarnji
pomagač i savjetnik, Krist. On će nam svakog dana po-
kazivati naše slabosti, naše nedostatke, naše grješno.

Da bismo razvili čežnju za tom uzvišenošću svojega istinskog bića, trebali bismo si predočiti to čemu težimo. Svjesno se usmjeravamo na najviši ideal, na Bitak, tako što ga sebi zadajemo. Pritom ne bismo trebali dati prostora negativnim mislima.

Pomislimo li nešto negativno, tada bismo trebali odmah sami sebi postaviti znak upozorenja: „Stoj! Ne želim dalje vrtjeti tu negativnu misao." Ako zamolimo Krista za pomoć, spoznat ćemo što nam negativne misli – dakle naše grješno - žele priopćiti. One nam možda hoće reći da trebamo nešto očistiti, da trebamo svojega bližnjega zamoliti za oproštenje. Učinimo li to čim je moguće prije i zadamo li si opet svoju idealnu sliku, tada tim ljudskim mislima nismo dali više prostora; tako da se u našoj budnoj svijesti nisu mogle nakupiti daljnje negativne misli.

Što češće pokrećemo negativne misli, to više one zadiru u naš život i postaju naš život. Znači: one postaju programi u našim moždanim stanicama koji nas stalno opterećuju, koji se stalno pokreću, koji nas stalno potiču da jednako i slično mislimo. Što češće mislimo jednako i slično, to se više udaljujemo od svoje idealne slike, od svojega istinskog Bitka.

Ako negativnomu damo prostora, tada se punimo protivnim i više ne shvaćamo tko smo mi u dubini svoje duše: ljepota, neprolazno, vječna mladost, Nebo, čistota, vječni zakon, koji ujedinjuje sva bića u

Bogu, unutarnja plemenitost, fino, uzvišeno, dobrota i nesebična ljubav. Tada se osjećamo vrlo udaljeni od riječi „naš istinski Bitak" jer smo u svojem životu negativnomu davali sve više i više prostora. Napunili smo se negativnim – i sada nas ono ispunjava. Kamo god pogledamo, što god osluhnemo, mi dozivamo samo svoje protivnosti. Posljedica toga jest da nam život postaje sve teži i sve mračniji.

Da se takvo što ne bi dogodilo, trebali bismo u svojem mišljenju i življenju svjesno dati više prostora pozitivnomu, božanskomu. U tome nam može biti od pomoći da si osvijestimo tu najvišu idealnu sliku, svoj istinski Bitak.

Sunce ljubavi ima govor svjetla. Sunce ljubavi svijetli u tebi i kroz tebe.

Tvoje je biće sjaj sunca, nesebične ljubavi.

Budi tih, sasvim tih. Nitko i ništa ne pokreće se u tebi. Sveti red hrama, koji ti jesi, jest zračeća nesebična ljubav, sunce pravde, milina tvojeg života, Ja Jesam.

Gabriele:

„Sunce ljubavi ima govor svjetla." Čuli smo o kristalu koji u svim fasetama zrači zakon, Bitak. Kristal sa svojim fasetama jest sunce ljubavi; jer je Božji zakon ljubav. Tko je postao kristal u Bogu, nema sjena, jer beskonačnost, istinski Bitak, ne zna za sjene. Tko bez sjena ispunjava zakon, koji vječno struji i zrači, ispunjen je i prožet onime što Bog jest: ljubavlju.

„Tvoje je biće sjaj sunca, nesebične ljubavi." Te nam riječi kažu: mi smo oblikovani svemir. Sva su zviježđa kao esencija u nama i tvore naš istinski Bitak.

„Budi tih, sasvim tih. Nitko i ništa ne pokreće se u tebi." Dopustimo da te riječi titraju u našoj nutrini duše. „Budi tih, sasvim tih. Nitko i ništa ne pokreće se u tebi."

Ništa i nitko ne može naškoditi najdubljoj nutrini. Tamo, u tišini u nama, u svetištu, kod Boga, tamo je zaštićenost, sigurnost, tamo je domovina.

Mi ljudi čeznemo za zaštićenošću; no u ovom svijetu mi je nikad nećemo naći. Povjerujemo li da smo sada pronašli zaštićenost, tada možemo biti sigurni da će ona ubrzo nestati. Gdje ima sigurnosti? Tko nam može ponuditi sigurnost? Ljudi? Dobra? Novac, moć i ugled? Kako brzo sve to nestane; tako nestane i naša sigurnost. Tada poput prosjaka stojimo na cesti i pitamo se: „Gdje je sigurnost? Gdje je zaštićenost? Ja sam bez domovine.“

Zaštićenost, sigurnost i domovina može biti samo kod Boga – i nigdje drugdje. Mi smo putnici prema unutarnjoj sigurnosti, prema unutarnjoj zaštićenosti, prema našoj istinskoj domovini. Svejedno što činimo na Zemlji, gdje god tražimo uporište u ljudskome – s vremenom spoznajemo: nigdje nema uporišta – samo u Bogu. Postanemo li toga svjesni, tada ćemo češće tražiti svoje najunutarnjije, svetište u sebi, u kojem prebiva Bog.

Kaniš li bilo što učiniti i ispuniti – istinsko sebstvo u tebi, Bitak, osjeća, misli, govori i postupa preko tebe.

Gabriele, proročica učiteljica i izaslanica Božja, objašnjava:

„Istinsko sebstvo, Bitak, osjeća, misli, govori i postupa preko tebe"- to je opet kristal u nama. To je inteligencija, Bog, koja zna sve, koja je sve.

Inteligencija, Bog, prebiva u nama; mi smo baštinici te inteligencije. Kao čista bića mi smo sami božanska inteligencija; zbog toga je ta sveobuhvatna i sveprožimajuća inteligencija u nama i u ovom našem obliku postojanja, čovjeku. Međutim, budući da smo tu visoku svijest u sebi prekrili svojim grješnim i ograničili je svojom egocentričnošću, razvili smo intelekt, to bijedno ljudsko – umjesto božanskoga, koje više ne može postati dovoljno djelotvorno. Intelekt je preokrenuta božanska inteligencija, nadomjestak.

Što je sve intelekt prouzročio, vidimo u ovom svijetu. Sigurno da su nam potrebni naši životni programi – npr. program našeg zvanja, našeg jezika. Ti su nam programi potrebni za život – međutim, oni sami nisu prikladni za to da promijene svijet ili da ga čak poprave.

Intelekt zahvaća sve više i više u događaj stvaranja, u Božju inteligenciju. Što pritom nastaje, mi to doživljavamo: razaranje i propast. Intelekt je ograničen, on je samo u vezi s vanjštinom, samo s ljuskom; on ne poznaje jezgru. On mijenja uvijek samo ljusku, a svaka od tih promjena donosi daljnje promjene. Zbog toga čovjek mora patiti. Što on ima od takozvanog blagostanja? Ono kratko živne – zatim krene nizbrdo, jer intelekt grebe samo po ljusci, samo po površini i ne dopušta inteligenciju.

Božja inteligencija ponaša se drugačije od intelekta. Čovjekovo ja ima htijenje; ono hoće sâmo stvarati; ono hoće vladati – ono hoće biti Bog. Tako je ljudsko ja transformiralo naniže dio božanskoga Ja Jesam i tu supstanciju zgusnulo, učinilo tvrdom. To je naš ljudski ja-zakon, ljuska, koju moramo postupno omekšati da bismo ponovo došli u nutrinu, do božanskoga.

Gabriele:

Bog je sveprisutan. U svemu negativnome jest Bog. U svakom događaju koji nam prilazi Bog je snaga koja pomaže. U našem je planiranju Bog. U našem je neredu Bog red. U našemu je neočišćenome Bog snaga koja čisti. To za nas znači da se u svemu što nam prilazi smijemo obratiti Bogu. Ako Mu se obratimo iskrena srca, tada će nam On pomoći; jer je Krist u nama Unutarnji pomagač i savjetnik. On je naš Spasitelj i Osloboditelj.

U svakoj je poteškoći rješenje; u svakom je problemu božansko, to je pomoć, to je oslobođenje – no ipak to moramo riješiti mi uz pomoć Duha u sebi. U svojoj nutrini možemo otići Kristu sa svakom poteškoćom, sa svakim problemom i zamoliti Ga za pomoć – On će nam pomoći. No ne smijemo nikada reći: „Gospodine, riješi to onako kako ja hoću" – nego uvijek: „Neka bude Tvoja volja!" On poznaje putove. On će nam pomoći onako kako je za nas dobro.

Naše ja navaljuje; ono hoće hitno rješenje. Mogli bismo sebi poduzeti da vježbamo strpljivost, da povučemo svoje ljudsko kako bismo u poteškoćama, problemima i u svojem planiranju mogli moliti za pomoć Boga, Krista u sebi. Tada se ne bismo trebali baviti mislima hoćemo li dobiti rješenje ili nećemo. Jer te misli blokiraju unutarnju pomoć. Trebamo svjesno živjeti, što znači da si u svakoj situaciji trebamo predočavati Božju pomoć i koncentrirano obavljati svoj posao.

Budnost naše egzistencije omogućuje nam da primimo rješenje iz svoje nutrine. Odjednom se podižu osjećaji, misli koji nam pokazuju rješenje našeg problema ili naših poteškoća. Katkada su to samo fini impulsi. Često to nije odmah sâmo rješenje, već samo put do rješenja ili prvi korak. Povjerimo li se Kristu, tada će nas On voditi i dalje. Početci nam kažu: „Imaj povjerenja. Vodim te dalje tako da ćeš moći sve riješiti."

Tada više ne bismo trebali činiti to negativno što smo kod sebe prepoznali. U tome leži slika što ćemo ubuduće raditi umjesto toga. Ostvarivanje toga tada je sljedeći korak prema zakonitom životu.

U svakom je pitanju Bitak, odgovor za tebe.
U svakom je odgovoru Bitak – i eventualno opet pi-
tanje za tebe.

U svakom razgovoru djeluje Bitak – ti ga spoznaješ
u sebi.
U svakoj je riječi Bitak – on govori tebi.
U svemu što vidiš i susrećeš jest Bitak – on ti se po-
kazuje i govori tebi.

Gabriele:

Budimo svjesni: u svakom pitanju istovremeno leži i zakoniti odgovor. Pitanje je energija, a u svakoj je ljudskoj energiji božanska energija, pomagač, koji je uvijek prisutan. Otkrijemo li inteligenciju, svoju duhovnu, božansku baštinu, praveći red u svojem životu, prepoznajući Božju volju i sve je više ispunjavajući, tada urastamo u nesebičnost, u Božju ljubav i u Njegovu mudrost.

Mudrost je Božja inteligencija, Njegovo djelo.

Čuješ što ostali ne čuju;
gledaš što ostali ne vide;
znaš što ostali ne znaju;
prepoznaješ što ostali ne prepoznaju;
osjećaš što ostali ne osjećaju;
mirišeš i kušaš što ostali ne mirišu niti kušaju;
opažaš što ostali ne opažaju –
jer ti si istina, tišina hrama, nesebična ljubav,
zakon, Bog.

Gabriele:

Ako je naša božanska svijest toliko otvorena da se može u sve unijeti čuvstvima i osjećajima, tada je duša pretežno svijetla a božansko u nama aktivno. Ostvarivanjem vječnih zakona naša se svijest proširuje. Ona zrači u beskonačnost i u carstva Vječnog bitka.

Nijedno područje na Nebu nije strano božanskoj svijesti. Ako je ponovo otvorimo, tada ona zrači i osvjetljava sva područja svemira, jer je svemir aktivan u njoj. Čovjek se tada vraća kući. On dolazi k Bogu, praizvoru. Duša je ponovo čista i postaje kristal života.

Moramo dakle ponovo postati ono što u svojoj najdubljoj nutrini već jesmo: najčistija supstancija, plemeniti i fini, božanski zakon, nesebična ljubav. Svatko od nas mora se malo-pomalo svući, što znači odložiti svoje ljudsko, preobraziti omotače – da bismo onda tu stajali u odjeći vječnog života, nesebične ljubavi. Mi smo dakle na Zemlji da bismo ponovo postali božanski.

Gabriele:

Svaki problem, svaka poteškoća ima tri aspekta; nazovimo ta tri aspekta tri jezika. To su budna svijest, podsvijest i duhovna svijest. Budna svijest jest ono što trenutačno shvaćamo razumom. U podsvijesti leži ono što slutimo; ljudske slabosti, grješke, neočišćeno i neoprošteno što još leži u nama, što bi prema tome moglo biti uzrok teškoće ili problema. Treći je jezik jezik istine: to je vječni zakon u svemu; to je rješenje koje leži u svakoj poteškoći, u svakom problemu. Prihvatimo li zakonito rješenje i očistimo svoje pogrješno ponašanje s Kristom, tada je to u našoj duši riješeno, odnosno izbrisano.

Tako nam dakle svaka teškoća i svaki problem govore. Kojim jezikom? To moramo sami pronaći. To ćemo saznati u svojim mislima. Iskrsne li problem tada se upitajmo: što mislimo? Što nam to hoće reći? Analiziramo li međutim problem i svojemu bližnjemu pripišemo krivicu, tada nismo shvatili problem i nismo ga riješili. Govorimo jezikom budne svijesti ili podsvijesti i ne dopuštamo da govori jezik istine, koji je rješenje u svemu, Duh Božji, preko kojeg se u duši sve rješava.

Stoga bismo trebali sve što nam priđe, svaku neugodnost, kratko razmotriti. Što nam ta stvar, što nam taj problem, poteškoća, hoće reći? Zamolimo li za pomoć i potporu Krista, koji je u svemu, tada ćemo s vremenom sve češće i sve jasnije osjetiti koje je zakonito rješenje?

Molite i dat će vam se. Tražite i naći ćete. Pokucajte i otvorit će vam se. U svakoj situaciji, u svemu što nam prilazi, smijemo pozvati Krista. Potvrđujemo li Krista, Bitak, u svemu, tada će nas Krist, Bitak, vječni zakon, podupirati i pomagati nam tako da ćemo biti u stanju zakonito riješiti problem, stvar, poteškoću, svaku situaciju.

Trebali bismo si uzeti zadaću da se uvijek iznova oslovljavamo: „Čovječe, povuci se! Rješenje u svemu jest Krist." Postanemo li svjesni toga, tada ćemo s vremenom osjetiti Njegovu blizinu; tada ćemo svaku riječ promisliti i to što hoćemo reći staviti u zakon – opet s molbom: Kriste, pomogni nam! Samo ćemo na taj način naći pristup unutarnjem kraljevstvu, svojoj božanskoj baštini!

Tako ćemo naći Krista i u ovom nemirnom vremenu, u kojem svijet djeluje razorno na čovječanstvo i na prirodu i dovodi ih do raspada. Mi Ga trebamo. Bez Njega u budućnosti više neće ići; jer za ili protiv, ili – ili, odluka za Krista ili protiv Njega neizbježna je.

Omotač, ljudsko, govori sebe. Snaga u omotaču, Bitak, jednako tako govori sebe; to je Ja Jesam.

Tko postane Bitak, nesebično sebstvo, taj komunicira s čistim. On gleda očima istine; on objašnjava, sređuje, čisti, planira i govori iz Vječnog bitka, iz nesebičnog sebstva.

Gabriele:

Već smo češće čuli da svatko govori sebe samoga. Čista bića govore vječni zakon; nečista bića, ljudi, govore svoje nečistoće, svoj osobni zakon, ono nečisto što je pohranjeno u njihovoj duši, u njihovu mozgu i u zviježđima zakona uzroka i posljedice.

Nečisti je povezan sa svojim nečistim, dakle komunicira sa svojim uzrocima. Čisti komunicira s vječnim zakonom. Nečisti je nemiran; stalno traži potvrđivanje svojega nižeg sebstva. Čisti je miroljubiv; on ne traži – on je u postojanoj komunikaciji sa svojim istinskim sebstvom, s božanskim u sebi.

Mi smo na Zemlji da se očistimo. Upravo u današnjem vremenu to je želja mnogih. Mnogi osjećaju da im ovaj svijet više ne nudi uporište, da u ovome svijetu više ne mogu opstati. Mnogi shvaćaju da samo Jedan može pomoći; to je Krist, naš Spasitelj. On pomaže, On nam dolazi sve bliže.

Isprobavajmo to iz dana u dan. Pozivajmo Njega, Krista, u svakoj situaciji s molbom da nam pomogne. Krist je uvijek uz nas. Izlazimo li iz kuće, iz stana – Krist ide s nama. Svejedno što činimo, potvrđujmo da je On uz nas, da nam On pomaže. Potvrđujmo to uvijek i uvijek iznova.

Ako se svojim čuvstvima i osjećajima unesemo u svoju nutrinu, govoreći „da" Kristu, koji je svjetlo naše duše i zakon beskonačnosti – tada će nam dani postati svjetliji, i mi ćemo iz dana u dan postajati slobodniji. Osjećamo hrabrost i snagu da očistimo ljudsko koje nam dan pokazuje jer pozivamo Krista, jer Ga u svakoj situaciji molimo za potporu i pomoć. Tom prisnom komunikacijom s Najvišim u sebi postajemo sigurniji i radosniji. Tada ćemo radosno i zahvalno očistiti ljudsko. Na taj način sve više i više sazrijevamo u svoju duhovnu baštinu, u život koji nam donosi sigurnost, mir, radost, nesebičnu ljubav i zahvalnost.

Nisko ja ne poznaje Ja Jesam; no Ja Jesam poznaje nisko ja, jer Ja Jesam, Bitak, prožima sve.

Čisti koji održava red hrama, trudit će se svaku situaciju objasniti zakonom, svaki razgovor voditi zakonito, svaki predmet, svaki događaj, svaki problem i svaku teškoću riješiti zakonom, s Bogom.

Gabriele:

To bi mogla biti zadaća za nas.

Postanimo onaj čisti koji održava red hrama, koji svakodnevno sve više preispituje svoje misli! Kao što smo pročitali, misli i riječi stvaraju oblike; oni uzrokuju posljedice. I misao koju možda nepromišljeno i lakoumno mislimo jest odašiljački potencijal, tako reći akcija. Reakcija je mnogo veća jer našoj misli pripada još i potencijal čuvstava i osjećaja koje ona sadrži.

Ako se u svakoj situaciji dosljedno obraćamo Kristu, ako se dakle pouzdamo u Njega, i svaki trenutak koristimo za čišćenje i obraćenje, tada ćemo već za nekoliko dana osjetiti kako nas obuhvaća struja pozitivne snage, koja nas podiže i nosi naprijed.

Dosljednim obraćanjem Kristu doživljavamo unutarnje spokojstvo i tišinu, a time i suverenitet. Time se odmičemo od svojega ljudskoga ja i vidimo ga s više točke gledišta. To omogućuje da ga brže i lakše riješimo.

Ako ljudsko ja hoće predmet, događaj, teškoću, problem, situaciju ili razgovor riješiti svojim niskim ja, tada će to ostati neriješeno ili će dovesti do kaosa.

Gabriele:

Pogledamo li ovaj svijet, prepoznat ćemo što je intelekt učinio. Intelektualac hoće sve sam riješiti. Posljedica toga je svjetski kaos.

Stoga: obratimo se! Riješimo svoj osobni kaos s Kristom, tada ćemo vrlo postupno naći Ja Jesam, svoju božansku baštinu.

Znaj:

Bitak u svemu jest Bog, koji govori; On ti govori iz predmeta, iz događaja, iz teškoće, iz problema, iz situacije, iz postupka, iz svakog razgovora.

Gabriele:

Budimo svjesni: Bog, naš vječni Otac u Kristu, govori nam neumorno. Svakog pokreta našeg tijela, svake riječi, svake misli ne bi moglo biti kad ne bi bilo Božje snage.

Probudimo se! Živimo svjesnije i mi ćemo iskusiti blizinu Boga, Boga koji vječno govori, jer božanski zakon vječno struji, vječno daje, vječno se objavljuje.

Sve je svijest. Čisto je svijest i nečisto je svijest. Čisto govori u svetištu – u tebi, tebi i istovremeno iz tebe.

Nečisto govori nečisto; ono govori opterećenje, ono govori iz nereda. Ono govori nered i na taj način može u svijetu davati opet samo nered.

Gabriele:

Premda u svijetu imamo i nered – u našoj je najdubljoj nutrini, u našem srcu, red. Uronimo dakle u sveti Red koji je u nama i mi ćemo oko sebe stvoriti red – u svojim obiteljima, u partnerstvima i brakovima, na radnome mjestu, posvuda. Stvarajmo red tako što više ne ratujemo, tako što se kajemo i međusobno opraštamo i razumijemo se. Tada će biti mir. Unutarnji put koji vodi u vječni život, u mir, ide izvana prema unutra.

Što više dospijevamo u svoju nutrinu, u kraljevstvo Vječnog bitka, koje je u nama, osjećamo Bitak, Nebo. Riječima se ne može opisati Nebo, naša domovina. Kada bismo si predočili da su putovi od zlata, da su sve građevine najfiniji porculan ili najčistije drago kamenje i da sve zrači moćnije od svih sunaca i zviježđa skupa – tada bi to sve bilo samo odsjaj naše domovine. To je divota našega vječnog Oca i to je divota naše vječne domovine.

Isplati se dakle otkriti našu unutarnju domovinu kako bismo nakon svoje tjelesne smrti mogli biti opet tamo, u vječnom svjetlu. To je cilj svih nas. To je put svih nas. Krist nam pomaže. Gospodin često kaže: „Vi ste djeca obilja." Ili: „Vi ste kraljevska djeca". To su riječi – no što one u dubini znače, mi ljudi jedva da možemo shvatiti.

Dopustimo da to ipak djeluje na nas; jer će u našoj duši to zasjati kad je dotakne svjetlo naše vječne domovine.

Tvoje su oči svjetlo duše.
Vidiš samo sebe, čuješ samo sebe.

Svojim čuvstvima, osjećajima, mislima, riječima i djelima crtaš sliku svoje duše. Slika tvoje duše jest tvoja svijest.

Svako stanje svijesti opaža ono što odgovara njegovu stanju. To ulazi u njega, to ono jest, to ono zrači i istovremeno reflektira.

Gabriele, proročica učiteljica i izaslanica Božja, objašnjava:

„*Tvoje su oči svjetlo duše.*" Kroz nas gleda svjetlo ili sjena. Naša duša gleda kroz naše oči. Na taj način ona opaža zemaljski svijet u kojem se rodila. U skladu sa svjetlom ili sjenom duša i čovjek vide svoju okolinu. Primjereno tomu reagira čovjek.

Mi vidimo, čujemo i registriramo što nam naša osjetila signaliziraju. Naše su reakcije u skladu s našim opažanjem.

Prema svjetlu ili sjeni svoje duše mi reagiramo ili zakonito ili protuzakonito. Između ili – ili nema ničega!

Mi vidimo i čujemo u skladu sa stanjem svoje duše. Mi vidimo i čujemo sebe same sve dok nam je duša zasjenjena, sve dok ona ograničenošću našega ljud-

skoga ja gleda kroz naše oči, sluša kroz naše uši i dje-
luje preko ostalih osjetila.

Sve je svijest. Svojim trenutačnim duševnim sta-
njem, koje naginje ili svjetlu ili sjeni, mi opažamo svo-
ju okolinu. Tako je mi vidimo i tako reagiramo.

To što vidimo i to što čujemo, to izražavamo. Je li
naš izraz realnost ili privid? Ako kroz naše oči gleda
svjetlo duše, tada govorimo istinu, zakon. Ako kroz
naše oči gledaju sjene duše, naša odgovaranja, tada
vidimo samo ono što odgovara našemu ljudskomu
ja – izvan toga za nas ne postoji ništa. Mi živimo ili u
realnosti, u Bitku, ili u irealnosti, u varljivom prividu.

To što jesmo, Bitak ili privid, to izlazi iz nas. To što
izlazi iz nas ulazi opet u nas; više od toga ne možemo
shvatiti. To je stanje naše svijesti. Izvan toga ne opa-
žamo ništa. Zbog toga za nas vrijedi: razvij se i izgradi
na putu duhovne evolucije.

Dakle, postavljeni smo u dane da bismo iz dana u
dan očistili to ljudsko što smo prepoznali. Uklanja-
njem našega grješnoga proširuje se naša svijest. Mi
vidimo više i gledamo dublje. Čujemo više i čujemo
dublje u osnove materijalističkoga. Time shvaćamo i
dublje povezanosti svjetla i sjene. Preobrazbom svo-
jih sjena u svjetlo postupno dolazimo do porijekla
svojeg života, k Bogu, našem Bitku, kao bića u Bogu,
svojoj božanskoj baštini.

Može li tvoj bližnji vidjeti istu sliku koju si ti nacrtao svojim svijetom čuvstava i osjećaja, svojim riječima i postupcima?

Svatko vidi i ono što mu opisuješ opet drugačije – posve prema svojoj slikovnoj svijesti.

Svaki čovjek također i svoju okolinu vidi drugačije, opet prema slikama svoje svijesti, koje si je sam odredio.

Također i šumove koji se pojavljuju u tvojemu slikovnom životu, svatko čuje opet drugačije.

Gabriele:

Mi možemo iskusiti da je to tako. Isprobajmo to – kod kuće, u svojim obiteljima, u svojim stambenim zajednicama, u svojem krugu prijatelja:

uzmimo pred sebe jednu sliku. Svatko promatra jednu te istu sliku. To što pojedinac opaža u slici, zapisuje, k tome bilježi svoja čuvstva i osjećaje. Utvrdit ćemo da svatko vidi nešto drugačije, svatko drugačije čuvstvuje i osjeća.

I zajednički godišnji odmor može nam kasnije pokazati da je svatko drugačije osjetio dane godišnjeg odmora i drugačije vidio krajolik. U tom pogledu mogli bismo se isto tako testirati i saznati da je to tako. Zapisujemo: što je pojedinac opazio? Što je vidio? Što je čuo? Što je osjećao i mislio? U testu ćemo prepoznati: svakomu je nešto drugo zapelo za oko, svakoga je nešto drugo pokrenulo? Zašto je tomu tako? Zato što nitko nema isto stanje svijesti kao njegov bližnji. Prema stanju svoje svijesti, svjetlu ili sjeni naše duše, mi opažamo svoju okolinu.

I šumovi omogućuju da se u svakom čovjeku jave i naslute aspekti njegova misaonog svijeta, koji se sastoji od boja, oblika i tonova. Napravimo još jednu vježbu: svatko sluša istu melodiju. Što osjeća pojedinac? Što misli pojedinac? Kako on reagira? Svatko opaža druge rezonancije, koje opet izazivaju različita čuvstva, osjećaje i misli, prema stanju svijesti tog pojedinca.

Gabriele:

Kad čujemo te zakonitosti, morali bismo se upitati: što je naš zemaljski život? Je li on vječni život, istina, ili je iluzija?

Našim riječima stvorili smo pojmove. Na primjer, crvena boja za nas je crvena zato što svatko tako potvrđuje taj pojam. Je li to što označavamo pojmom „crvena boja", sadržaj svijesti, stvarno crven? Jesmo li dakle toj boji dali samo ime?

Kako se ta boja naziva u drugim kulturnim krugovima? Kad netko skuje taj pojam, tada ga ostali ponavljaju. Naši su ljudski pojmovi nagodba prema izgledu. Jedan kaže „crveno", drugi preuzimaju pojam i smatraju ga realnošću. Tako je boja, npr. „crvena", za mnoge samo jedan pojam; budući da drugi taj pojam oponašaju, onda je on za njih realnost. Promatrano s Božjeg zakona međutim to ne mora biti tako.

Jednako vrijedi i za oblike. Za njih mi imamo svoje pojmove koje potvrđujemo i temeljem potvrđivanja vjerujemo da je to tako. Po Božjem zakonu međutim to ne mora biti tako.

Mi ljudi skujemo pojam za neko stanje svijesti jer ga trenutačno shvaćamo samo tako i nikako drugačije. Mi ga tako obilježavamo jer ga tako vidimo, a vidimo ga tako jer smo mi – naša duša, naš čovjek – tako obilježeni.

Spoznajemo dakle da je naš svijet relativan, a ne apsolutan. Živimo u svijetu pojmova, u svijetu iluzija, u svijetu svojih programa.

To što smo sebi programirali, to „shvaćamo", to razumijemo. Mi sebi u pojmovima određujemo svoju prividnu realnost.

Mi, npr. kažemo da smo bolesni. Bolest je za nas pojam. Po Božjem zakonu bolest je samo istjecanje disharmonije. Riječ, pojam, „bolest", međutim povezuje nas sa svim ostalim pojmovima koji su u vezi s pojmom „bolest" programirani u našem mozgu. Time pojačavamo ono što nazivamo „svojom bolešću". Vezujemo se za taj pojam, za taj program.

Ako se dakle vrši istjecanje disharmonije, tada tu disharmoniju nazivamo „bolešću", mi je obilježavamo pečatom „bolest". To obilježje mi potvrđujemo, time ga izgrađujemo i ono se manifestira u našem tijelu. Tada govorimo o „svojoj bolesti". Zapravo, to je istjecanje naše disharmonije – kretanje u kojem je pozitivna snaga već aktivna kako bi djelovala iscjeljujuće. Svojim pojmom „bolest" u svojem tijelu vezujemo disharmoniju koja istječe.

U vječnome Božjem zakonu nema bolesti zato što nema pojmova, nema iluzija, već jedino istina koja je realnost. Božji Duh jest istina, a ne iluzija. Sva su čista bića u istini i međusobno se razumiju jer žive jedan zakon – Apsolutni zakon, Božji zakon.

Mi ljudi živimo svoj osobni zakon, svoje osobno, koje za nas znači osobnost. Mi se međutim moramo vrlo postupno uzdići iznad svoje osobnosti, iznad svojeg ja-zakona da bismo našli istinu. Prema ljudskim pojmovima mi smo osoba; prema Božjem zakonu naše je vječno biće manifestirani zakon.

Sve dok živimo u svojemu osobnom zakonu, govorimo jedan mimo drugoga. Svatko doduše govori svoj materinski jezik – a zapravo govori svoj vlastiti jezik, jer svatko u svoju riječ polaže sasvim drugačiji način promatranja, sasvim drugačiji sadržaj svijesti. Stoga svatko govori svoj jezik unatoč istom materinskom jeziku. To što dakle polažemo u svoju riječ, odgovara stanju naše svijesti.

Sad shvaćamo što znači ljudska ograničenost; to je svođenje na svoje ljudsko sebstvo, na svoje osobno mišljenje, čuvstvovanje i htijenje. Sve dok primjenjujemo svoje obrasce mišljenja, odnosno pojmove, na svoje ljudsko i programe, živimo u ograničenosti – a ograničenost je iluzija.

Stoga vrijedi: iziđimo iz skučenosti ljudskoga ja, iz ograničenosti, iz varke i iluzije! Moramo gledati dublje; moramo se slušanjem unijeti u riječi; moramo prozreti vanjštinu da bismo u toj dubini iskusili Vječni bitak, pozitivno, božansko. Tek će tada naš život postati zanimljiv. Tek ćemo tada osjetiti što znači ograničenost i što znači živjeti u neograničenosti.

U svakome od nas je neograničena svijest, božansko. Neograničenost u nama zna sve, prozire sve i u svemu čuje zakonito.

To je naš život u Vječnom bitku. Tamo vodi naš put. Svakodnevno moramo donositi odluku: svjetlo ili tama. Put u svjetlo jest put proširenja svijesti.

Moguće je da tvoj bližnji razabere čak više tonova od tebe ili da vidi više nijansi boja od tebe ili da oblici za njega imaju drugačiji izgled nego što ga ti vidiš.

Tko može i komu dokazati da on čuje pravi ton ili da vidi pravu boju ili oblik? Ni jedan čovjek ne može drugome nešto dokazati jer svatko drugačije vidi, čuvstvuje, osjeća i misli.

Gabriele:

Vjerujemo li u iskaz Gospodina, tad nam se postavlja pitanje: tko je u pravu? Mnogi kažu: „Ja sam u pravu." No svatko vidi i svatko čuje nešto drugačije; jedan razabire više tonova, drugi opet vidi više boja. Tko je dakle u pravu?

Možemo li dokazati da mi razabiremo više tonova od svojega bližnjega? Možemo li dokazati da je crvena boja i crvena, a da je ona boja žuta? Možemo li to dokazati? Mi to možemo dokazati na temelju naših pojmova zato što u svojoj svijesti imamo pojam „crven". Odgovara li to stvarno titranju boje po vječnom zakonu, ostavimo to postrani.

Prepoznajemo dakle da su svi pojmovi relativni. A relativnost pojmova nikada nije istina.

Mnogi ljudi kažu: „Ja mogu to dokazati" kad ih netko okrade.

Može li čovjek doista dokazati da je bio pokraden – ili mu je samo oduzeto ono što je on svojemu bližnjem oteo u nekoj prijašnjoj egzistenciji?

Obojica, pokradeni i onaj koji je ukrao, pogriješili su se o Božji zakon jer ni jedan od obojice ne bi trebao svojemu bližnjemu ukrasti nešto i to nazvati svojim vlasništvom.

Kažeš da možeš dokazati da je tvoj bližnji lagao. Je li tvoj bližnji stvarno lagao – ili je samo rekao ono što ti pokrećeš u svojem svijetu čuvstava ili misli, i što konačno ti sam jesi?

Spoznaj: sve ima dvije strane – osim ako si božanski; tada si istina i živiš posve svjesno.

Tada se nećeš niti uzbuđivati, nego ćeš govoriti istinu, sve ćeš razjasniti i pri tome ostati.

Gabriele:

Mi često vidimo samo trenutačnu situaciju i kažemo: „Naravno. Meni nedostaje novčanik, a moj bližnji ima taj novčanik. Dakle, on me je okrao." Onaj tko poznaje kauzalni zakon neće biti zadovoljan tim izvanjskim načinom gledanja.

Ako smo pokradeni, tada je to žetva koja kao razlog ima sjetvu, uzrok. Ako na sebi samima primijenimo zakonitost „Što čovjek sije, to će on žeti", tada ćemo u svojim uzburkanim ćuvstvima saznati koji je razlog toga, jer uzburkanost naše naravi biva izazvana čuvstvima, osjećajima i mislima. To su aspekti negdašnje sjetve. Dakle, ovisi o nama hoćemo li promatrati sebe same te okajati i očistiti aspekte svoje sjetve – ili prelazimo preko njih. Tada sijemo dalje.

Ti su događaji male stvari u zakonu sjetve i žetve. Onako kako se to očituje u malome, tako je i u velikome. U zakonu uzroka i posljedice postoji i kolektivna krivnja, npr. kad milijun ljudi sudjeluje u nekom događaju. Svatko ima svoj udio u toj kolektivnoj krivnji.

Tko kao čovjek prečuje impulse Božje milosti, opomene i upozorenja jer se potpuno okrenuo svijetu i njegovim privlačnostima, taj mora snositi udio svoje krivnje koju je prema prilikama počinio u nekoj prethodnoj egzistenciji. Ti uzroci, stvoreni na Zemlji, magnetični su. Oni nas prema prilikama privlače u novu inkarnaciju i to u onoj zemlji u kojoj uzroci počinju djelovati – eventualno u obliku ratnih meteža ili prirodnih katastrofa i nečega drugoga.

Po zakonu sjetve i žetve pretrpjet ćemo samo ono, isključivo samo ono što smo sami prouzročili – ništa povrh toga, ni mrvicu više. To je pravednost zakona sjetve i žetve, a ne pravo.

Pravdamo li se tvrdeći da je drugi kriv, tada nastojimo provesti svoje tobožnje pravo. Na taj se način zatvaramo za samospoznaju. Krivnja ostaje, prema prilikama dalje se izgrađuje i ako to pravovremeno ne uvidimo – pogodit će nas kao posljedica.

Tko svojemu bližnjemu ima prigovoriti nešto što ga pokreće duže vremena, može biti siguran da je i sam zaražen tom bolešću.

Time što imaš prigovoriti svojemu bližnjemu, izlažeš se preko principa odašiljanja i primanja onim snagama koje si pozvao svojim čuvstvima, osjećajima, mislima i riječima.

Spoznaj sebe samoga i promijeni se da bi promijenjen mogao ući u mjesta blaženstva.

Gabriele:

Te riječi Krista Božjega odnose se na zakon odgovaranja, jedan aspekt kauzalnog zakona. Mi se prepoznajemo u svojemu bližnjemu kad ga podcjenjujemo, optužujemo, osuđujemo, predbacujemo mu pogrješke i istovremeno se zbog njega ljutimo.

Tko takve stvari uzme kao povod da kod sebe samoga istraži uzrok i očisti ga, razgrađuje svoja opterećenja, mijenja se i preobražava u svjetlu Krista Božjega i postaje slobodan.

Dajem vam vježbu za samospoznaju:

Svatko promatra primjerice isto područje jednog krajolika. Svatko vidi u njemu druge aspekte. Što jedan vidi, to je njegova slika, a ne slika njegova bližnjega.

U slici krajolika kreće se jedna životinjica. Svatko registrira životinju – no ipak je svatko vidi i osjeća drugačije.

Opažanje pojedinca spada u njegovu sliku, a ne u sliku njegova bližnjega.

Slika svakog pojedinca jest slika stanja njegove svijesti.

Onako kako pojedinac vidi i čuje, čuvstvuje, osjeća i misli, takvo je stanje njegove svijesti kojim on registrira sliku, vidi boje i oblike i razabire tonove.

Tko može dokazati da je životinjica izgledala onako kako ju je on opazio? Sve je relativno zato što svatko iz svojeg gledišta, iz svojega trenutačnog zračenja svijesti, vidi, čuje, miriše, kuša i pipa.

Budući da svaki čovjek ima drugo stanje svijesti, on u skladu s njim opaža refleksije, koje naziva materijom.

*S*poznajte: tko uvažava mnoge aspekte koji vode slobodi, taj sebi, a i svojemu bližnjemu, donosi mir. Stoga nikada nemoj utjecati na zračenje svijesti svojega bližnjega vjerujući da bi prema svojoj svijesti morao praviti red u njegovu stanu, u njegovu prostoru.

Upamti sljedeću zakonitost:

ostavi svojemu bližnjem njegovo carstvo, znači, ne mijenjaj zračenje njegove svijesti. Zračenje svijesti tvoje i tvojega bližnjega djeluje i na prostorije u kojima prebivaš ti ili tvoj bližnji. Ostavi svojemu bližnjem njegovo malo carstvo, jer on se kod kuće hoće tako osjećati. Ako uvažavaš tu zakonitost, on će se radovati tvojem posjetu.

Uđi u njegovu sobu samo onda kad si poželjan, i u njegovoj sobi ostavi da sve stoji onako kako je tvoj bližnji postavio, jer to je perspektiva njegove svijesti.

Ako sjedneš na stolac ili uzmeš neki predmet, tada ostavi stolac onako kako je stajao ili odloži ili postavi predmet na njegovo mjesto – kako je bio prije.

Ne mijenjaj ništa premda bi ti se drugačije više sviđalo, i ako vjeruješ da bi onako kako ti vidiš bilo ljepše. Time utječeš na zračenje svijesti svojega bližnjega i svojim tobožnjim redom unosiš nered u njegov život, u zračenje njegove svijesti. Jer onako kako to tvoj bližnji vidi, za njega je sada dobro. On neće da mu to mijenjaš – osim ako te on za to ne zamoli.

Gabriele, proročica učiteljica i izaslanica Božja,
objašnjava:

Sve je zračenje. Uređenje našega malog carstva, raspored predmeta, odgovara našoj svijesti. Kako odložimo i postavimo neki predmet, tako on zrači na nas – to sliči zračenju naše svijesti, iz čega proizlazi komunikacija s tim predmetom. To je za naše trenutačno stanje svijesti zračenje harmonije i mira.

Ako su nam neki predmeti vrlo dragi, tada ih postavimo na određeno mjesto u stanu. Kad uđemo u taj prostor moguće je da nam pogled padne na taj predmet, koji stoji tako da nas veseli. On zrači na nas i eventualno depresivno raspoloženje razvedrava se; ugodne i radosne vibracije djeluju na nas i obuzimaju nas. Tako možemo u svojemu malom carstvu ponovo izgrađivati i razvijati pozitivne snage.

Dakle, mi uređujemo svoje malo carstvo odgovarajuće stanju svoje svijesti. Odgovarajuće stanju svoje svijesti izabrali smo boje i oblike u svojem prostoru – tako one zrače na nas i tako nas vesele. Naš bližnji oprema svoj prostor, svoje malo carstvo, opet drugačije, on se odlučuje za drugačije boje i oblike nego mi, primjereno zračenju svoje svijesti.

Promijenimo li dakle red u prostoru svojega bližnjega, tada u to unosimo zračenje svoje svijesti, koje međutim nije u skladu s njegovom svijesti. Dakle, mi svojim ljudskim predodžbama zadiremo u područje svojega bližnjega. Posljedica toga jest disharmonija.

Kad govorimo o svojemu malom carstvu, koje bi trebalo biti uređeno skladno i lijepo prema stanju naše svijesti, tada to nema nikakve veze s vanjskim bogatstvom, s raskoši i sjajem, s ugledom i sličnim. Svatko od nas ima stan, u stanu sobu ili barem jedan kut u sobi, koji pripada njemu, koji nosi njegovu vibraciju, koji mu posreduje čuvstvo da je tamo kod kuće. To mjesto, bilo veliko ili malo, mi nazivamo „svojim malim carstvom".

Prema Božjem zakonu svatko od nas treba stanovati i živjeti u skladu sa svojom svijesti. Sve što je suprotno stanju svijesti, suprotno je i miru. A sve što je povrh toga kao, npr. veliko bogatstvo, raskoš i slično, nezakonito je. Time ne možemo postati djecom Božjom, nego hoćemo biti bogovi.

Trebali bismo poštivati i unutarnje životno područje, unutarnji hram svojega bližnjega. To za nas znači: šuti i budi budan. Primi svojega bližnjega u sebe. Tada ćeš znati kada mu se možeš obratiti i što mu možeš reći, jer tada ćeš u svojoj svijesti shvatiti gdje je on trenutačno.

Mnogi ljudi imaju naviku da svojega bližnjega kojeg sretnu nepromišljeno i neočekivano oslove. Oni izgovore sve što im padne na pamet ne pitajući se želi li to bližnji čuti. Znamo li gdje je on trenutačno sa svojom svijesti? Možda je on upravo u unutarnjoj molitvi, možda u dubokom dijalogu s Bogom, u nutrini svojeg hrama. Ako ga neočekivano oslovimo, tada ga ometamo i tjeramo ga iz njegove nutrine.

Budni čovjek koji stvarno želi posjetiti svojega bližnjega u nutrini, prvo ga svjesno prihvaća i prima. On ga osjeća u svojoj nutrini i promišlja: mogu li mu sada uputiti neku riječ? Tada će znati kada i kako može osloviti svojega bližnjega i što mu može reći.

Nikada ne budite znatiželjni. Ne gledajte iz znatiželje ni unatrag, ni udesno, ni ulijevo, da biste vidjeli i čuli; jer to što vidite i čujete, za to ste odgovorni.

To što ste vidjeli i čuli potiče vas na razmišljanje – vi ste odgovorni za svaku misao. To što ste vidjeli i čuli potiče vas da govorite i da postupate – i za to ste odgovorni.

Čisti neće znatiželjno gledati uokolo, neće stvarati misli, neće tražiti riječi niti razmišljati kako i kada treba postupati i djelovati i što činiti. Čisti ima sve u sebi i on je u svemu, zato što je istina, koja je opet u svemu.

Gledaš li svojega bližnjega, tada gledaš svemir, gledaš vječnog Oca u sebi i gledaš svojega bližnjega u sebi – jer ste obojica slika i prilika vječnoga jednog svetog Oca, jer u Njemu ste božanski, Njegova stvorena djeca, koju On gleda u Sebi, kroz Sebe i u svemiru.

Ako si u sebi gledao svojega bližnjega, tada si gledao svojega vječnog Oca, jer su Vječni i Njegovo čisto dijete jedno.

Budući da svojega bližnjega u sebi poznaješ i gledaš kao dio sebe, ti poznaješ i vječno Jednoga, Svetoga, jer si Njegova slika i prilika, vječni zakon – koji poznaješ, jer ti to jesi, zato što si božanski.

Čisti je oko svetog hrama.

Taj koji gleda, prozire svakoga i sve.

Gabriele, proročica učiteljica i izaslanica Božja,
objašnjava:

Znatiželjom se udaljujemo od svoje dnevne ener-
gije, od onoga što nam dan želi reći. Tada ne živimo
u sadašnjosti i ne uzimamo u obzir impulse koji nas
hoće upozoriti na to što nam ovdje i danas predstoji
za čišćenje.

Umjesto toga mi vidimo i saznajemo stvari koje u
nama mogu prizvati nešto za što još nismo zreli, što
još nismo savladali, i stoga ne možemo niti prevlada-
ti. Mi vidimo i čujemo mnogo toga što prema prilika-
ma još nismo u stanju preraditi zato što to ne pripa-
da našoj dnevnoj energiji. Mi međutim razmišljamo o
tome, imamo predodžbe; emocije se podižu; prema
prilikama procjenjujemo i odbacujemo svojega bli-
žnjega. Budući da je svaki osjećaj, svako čuvstvo, sva-
ka misao, svaka riječ i svaki postupak energija, time
se opterećujemo, jer kamo odašiljemo, odatle i pri-
mamo.

Misli koje šaljemo svojemu bližnjemu mogu po-
krenuti nešto u njemu, mogu u nezgodno vrijeme
probuditi ili pojačati negativan potencijal. Moguće je
da na taj način u njemu neki uzrok počne prerano
izazivati posljedicu, da opterećenje duše izbije pre-
rano, tako da ga on gotovo nije u stanju prevladati i
očistiti. Tako da on prema prilikama teško podnosi taj

kompleks i možda dograđuje daljnju krivnju. Za toga čovjeka - za tu dušu – kojemu smo zbog svoje znatiželje odaslali misli ili osjećaje, mi smo vezani. Mi ga moramo jednom ponovo sresti da bismo očistili i popravili to što predstoji. Jer što posijemo, to ćemo žeti.

Znatiželja ne samo što sprječava svjestan sadašnji život, već je ona posljedica usmjerenosti na izvanjsko. Ako nam u duši nedostaje energije, jer ne stojimo uz sebe, jer ne koristimo dnevnu energiju, tada se budi znatiželja; tada nam je stalno na umu da sve vrebamo i osluškujemo. Zašto? Zato što još ne poznajemo sebe. Tko svakodnevno pronalazi samoga sebe u svojim mislima i svakodnevno ih čisti, taj dobiva duhovnu energiju, božansku snagu svjetla; zračenje svijesti se pojačava; on može stajati uz sebe zato što je pronašao sebe i više ne žudi za time da sve izvidi i osluškuje vjerujući da nešto propušta s predodžbom da mora nešto postići ili doživjeti.

Mir, tišinu i ispunjenje za svoju dušu ne možemo uloviti, uvrebati ili osluškivati. U vanjštini se nećemo naći, a tako nećemo naći ni Boga.

Isus iz Nazareta govorio je Svojim apostolima i učenicima po smislu: Otac i Ja smo jedno. Ako si vidio Mene, tada si vidio i Oca. – Njegove riječi znače: ako si u dubini svoje duše dokučio Mene, tada si opazio Moje zračenje i prepoznao i osjetio zračenje Oca. – Vječni Otac nije bio utjelovljen u Isusu iz Nazareta; Krist u Isusu međutim bio je slika i prilika Oca, Njegov

Sin – i mi smo kao čista bića Božji sinovi i kćeri i slike i prilike vječnog Oca.

Ako smo došli do svojega bližnjega, ako smo ga u sebi zaista prepoznali i gledali, tada smo osjetili zračenje vječno svetog Oca, jer je čista duša jedno s vječnim Ocem. Tada u dubini razumijemo Isusove riječi: Otac i Ja smo jedno. Ako si gledao Mene, tada si gledao Oca; tada si dakle opazio Njegovo zračenje, a Mene osjetio kao čisto biće, kao sliku i priliku vječnog Oca.

Krist nam u Svojim velikim kozmičkim učenjima govori:

„Ako si u sebi gledao svojega bližnjega, tada si gledao svojega vječnog Oca, jer su Vječni i Njegovo dijete jedno.

Budući da svojega bližnjega u sebi poznaješ i gledaš kao dio sebe, ti poznaješ i vječno Jednoga, Svetoga, jer si Njegova slika i prilika, vječni zakon – koji poznaješ, jer ti to jesi, zato što si božanski."

Ako poznajemo vječni zakon, tada i živimo vječni zakon i živimo u vječnom zakonu. Tada je duša božanska i sjedinjena s Onim Koji je vječan: Bog, naš vječni Otac. Tada smo svjesno u Njemu i s Njim u svu vječnost sjedinjeni vječno. Jer On, veliki svemirski Jedan, gledao nas je; stvorio nas je i gleda nas u Sebi samome.

Stoga ćemo se kao čista bića vratiti opet Njemu, jer On nas nikada nije pustio iz Svojeg srca i ne pušta nas. On nas gleda kao savršena bića. To je veliki magnet svemira koji zrači u astralna područja i k nama na ovu Zemlju. Taj svemirski magnet, Božja ljubav, zrači ljudima i dušama i ponovo nas privlači.

Bog, naš Otac, ne pušta nas iz Svoje ljubavi i skrbi koliko god se mi ljudi opirali. On nam daje slobodu da živimo kako hoćemo. No jednom će nam se duša probuditi, a također i čovjek. Tada ćemo osjetiti veliki, moćni magnet svemira, beskrajnu ljubav, koja nas sve više i više privlači. Preko Krista, našeg Spasitelja, tada ćemo se vratiti Njemu, natrag u Njegovo vječno očinsko srce, odakle smo izišli.

Dopustimo da se ta svijest razvije u nama kako bi nas potpuno obuhvatila i nosila nas uvis!
Veliki magnet ljubavi, Bog, svemirski magnet, naš Otac, odašilje kroz sva područja duša a također i ljudima, našoj Zemlji. Taj nas veliki svemirski magnet ljubavi zove i vodi preko Krista, našeg Brata i Spasitelja; i preko Krista vratit ćemo se Njemu, u Njegovo srce, u vječnu domovinu, gdje su mir i sreća – Vječni bitak.
No nama se nalaže: prvo otkrij Božje kraljevstvo u sebi – i preko Unutarnjeg kraljevstva, preko Božjeg kraljevstva u sebi, doći ćeš ponovo u vječno kraljevstvo, u vječnu domovinu; jer unutarnje kraljevstvo jest zakon ljubavi u nama. Ako smo ga otvorili, tada smo u Bogu i također smo sjedinjeni u Njemu i s Njime.

ajunutarnjije je tišina koja se sama gleda i sve prozire. Tišina je istinski život.

Stoga budi tih. Tišina je svemudra Riječ, zakon svemira. On se objavljuje kao tišina u tišini. On gleda sam sebe u tišini kao tišinu.

Sve je zakon, koji je uzvišena, beskrajna tišina, koji govori sam sebe, Ja Jesam.

Gabriele, proročica učiteljica i izaslanica Božja,
objašnjava:

Do tišine ćemo doći samo idući prema unutra. Na put u kraljevstvo nutrine doći ćemo kad budemo kontrolirali svoje riječi, svoje postupke, svoje misli, svoje osjećaje i svoja čuvstva.

Unutarnja tišina pokazuje se u našem svijetu čuvstava. Koliko često vjerujemo da smo tihi – ipak, jesmo li stvarno tihi? Što je s našim svijetom čuvstava? Je li to područje naše nutrine već raščišćeno? Signalizira li ono bistru rijeku, čisti Bitak? Je li u našim čuvstvima prisutna Božja svemoć? Ili su nam čuvstva još obilježena čežnjama, željama, htijenjem?

Naša čuvstva leže dublje od naših osjećaja i misli, pa ih je teže pojmiti. Ako smo međutim dosljedno išli putom u nutrinu i dosljedno idemo dalje tada ćemo dospjeti do svojega svijeta čuvstava. Tada možemo i svojim mislima i osjećajima uroniti u čuvstva; jer tamo osjećamo znatno jasnije što od ljudskoga još leži u nama.

U svijetu čuvstava možemo čak prepoznati aspekte koji se još nisu uzdigli u našu budnu svijest, aspekte koji još kao karma leže u nama, ali se u čuvstvima već pokreću. Doduše, u svojem svijetu čuvstava nećemo prepoznati svoju cjelokupnu krivnju duše, ali njezine dijelove možemo podići u svijest, očistiti ih i time ukloniti.

Temeljne zadaće Unutarnjeg puta glase: dovedi svoje misli u red! Obuzdaj svoj govor! Svladaj svoja osjetila! Pet čovjekovih osjetila nije ništa drugo nego pet prepolariziranih božansko-atomskih snaga Vječnog bitka. Imamo dakle Vječni bitak, koji se sastoji od pet duhovnih vrsta atoma, prepolariziran, iskrivljen, zakonito preokrenuto u svoju suprotnost. Tim preokretanjem pet božanskih osjetila svoje duše mi smo obilježili ljudski svijet osjetila, koji u velikoj mjeri odgovara našim čuvstvima, osjećajima, mislima, riječima i postupcima.

Dovedemo li svoje misli u red, obuzdamo li svoj govor, svladamo li svoja osjetila, tada činimo prvi korak da u budnoj svijesti postanemo tihi tako da sve više uranjamo – u unutarnju tišinu, u Apsolutni zakon.

Kad se čišćenjem svojega pogrešnog ponašanja okrećemo sve više i više prema unutra, tada se u naš svijet misli, osjećaja i čuvstava uvlači mir. Naša duša sve više i više diše disajem koji dotječe preko duhovne svijesti, koja se otvara. Duševna osjetila, duhovne vrste atoma, tada se sve više ponovo usmjeravaju na božansku jezgru bića, na izvor života u nama, tako da mi postižemo unutarnje opažanje. Glasni čovjek šuti – u nama postaje tiho. Mi smo došli u svoje unutarnje sebstvo, koje je Ja Jesam, tišina.

Dubina našeg bića, tišina, ocean, Bog, jest vječni zakon. Ta tišina nije šutnja nego harmonični, vječni, kozmički ritam svemira – kretanje Vječnog bitka, zvuci sfera beskonačnosti.

Hoćemo li stvarno postati tihi, dakle uroniti u zakonitu tišinu, u strujeći zakon svemira, koji se neumorno daruje i priopćava, tada moramo ići izvana prema unutra kako bismo živjeli u svojemu čistom svijetu čuvstava, kroz koji teče Apsolutni zakon preko očišćenog svijeta osjećaja i misli u našu budnu svijest, u riječ i u postupak.

Razina čuvstava od bitnog je značenja za naš duhovni razvoj. Ako je ona prekrivena ili blokirana, tada više nećemo dospjeti u dublje slojeve svojega nesvjesnoga i tako više nećemo naći ono ljudsko što leži u nama. Tada samospoznaja i čišćenje ostaju na površini tako da se malo opterećenja može ukloniti. Upravo u svijetu čuvstava objavljuje se ono dublje; tamo se pokazuje gdje se mi nalazimo i tko smo mi trenutačno. Tamo ćemo saznati ili svoje ostvarenje, Bitak – ili svoje neostvarenje, svoje ljudsko, svoje htijenje biti, imati i posjedovati.

Premda nam je lakše doći do svojih misli nego do svojih čuvstava –mislima se možemo sami zavarati, jednako kao i riječima i postupcima. Naš je svijet čuvstava realističniji: on ne dopušta da ga samo tako zavaramo. U čuvstvima leži ono što nas trenutačno obilježava – ili naš istinski Bitak ili naše ljudsko.

„Stoga budi tih." Te riječi vrijede u svim slojevima svijesti. One nam najprije mogu reći: „Budi tih, ne brini se. U svakoj situaciji povjeri se Bogu, svojem Ocu."

Dalje nam one mogu reći: „Budi tih. Živi koncentrirano i budno. Shvati što ti dan želi reći da bi mogao očistiti svoje ljudsko, da bi dospio sve dublje, da bi sve više i više išao u nutrinu prema struji tišine."

„Tišina je svemudra Riječ, zakon svemira." Istinska tišina neprestana je komunikacija oblikovanog Bitka u struji Bitka. To je neprestana komunikacija duhovnih bića s beskonačnosti. Božji zakon *„objavljuje se kao tišina u tišini."* Tišina je simfonija svemira, Riječ, koja nam govori, zakon, koji se neumorno priopćava. Mi to doživljavamo jedino u dubini, u osnovi duše.

„Gleda samoga sebe u tišini kao tišinu." Gledati znači primati slike. Čista bića doživljavaju sve impulse kao slike u božanskoj strukturi čestica svojega duhovnog

tijela. Kuda god se krećete, kamo god idete, gdje god stojite – impuls koji dolazi do vas apsolutan je, dakle savršen, i pokazuje se u savršenoj slici. Na taj način nebesko biće slikovito prima sve poruke u strukturi čestica svojega duhovnog tijela.

Kod nas ljudi mozak je stanica za slanje i primanje impulsa. Ono što dolazi u naše moždane stanice, to se prenosi na naše tijelo. Naše je tijelo tijelo zvuka. Onako kako u nama odzvanja, tako i vibriramo, onako kako vibriramo, u skladu s time i razmišljamo, govorimo i postupamo; takvi su i naši pokreti i naše sklonosti, naša gestikulacija i naša mimika.

Tišina je zakon i mudrost Božja. Tko je mudar, taj je tih jer sve zna, jer sve prozire i prožima.

Gabriele:

To za nas znači da moramo ponovo postati božanski. Moramo ići prema unutra da bismo ponovo uronili u vječnu struju, u svoj istinski Bitak.

Ne trebamo se bojati u ovome svijetu. Tko se iskaže kao dijete Božje trudeći se uvijek i uvijek iznova prepoznavati Božje zakone i svakodnevno ih ostvarivati, može biti siguran da ga vodi Krist. Krist nas poziva i On zna da još nismo savršeni. Svakodnevni nas napor dosljednog ostvarivanja raduje, usrećuje i daje nam sigurnost u Kristu.

„Tišina je zakon i mudrost Božja." Mudri je uronjen u zakon; on sve zna jer sve prozire. On živi u očišćenom svijetu čuvstava, time u pretežno čistoj duši i neumorno crpi iz izvora u najunutarnjijemu duše. Taj izvor života teče kroz dušu, utječe u svijet čovjekovih čuvstava, penje se u osjećajni svijet, pokazuje u mislima i priopćava u riječima.

Da bismo dobili informacije o tome kako je u našoj nutrini, trebamo dakle samo kritički sami promatrati svoje riječi i to što u njima leži.

Sve dok nam riječi nisu nesebične, nisu nesebične ni naše misli, osjećaji nam nisu čisti a time ni naš svijet čuvstava. Potrebno je dakle da čistimo i idemo izvana prema unutra.

Moći ćemo prodrijeti u sve tek onda kad budemo mogli crpsti iz snaga Vječnog bitka i živjeli u pretežno očišćenom svijetu čuvstava. Unutarnji izvor, Unutarnje svjetlo, zrači kroz sve i sve prožima. Također i čovjekova duša koja živi u Bitku zrači kroz sve.

Mnogi će reći: „To je još dalek put." Ipak budimo svjesni: koliko nam je Bog blizu! Bog je mudrost; On je zakon - i mi smo u Njegovu srcu božanski. Nastojimo li se svaki dan približiti Bogu, činimo li korake prema Njemu, onda ćemo iz dana u dan osjetiti koliko nam je blizu Krist, koliko nam je blizu Bog, naš Otac. Onda prepoznajemo da Apsolutni zakon, naš istinski Bitak, uopće nije tako daleko – on jest u svakoj misli.

Naše obraćenje i čišćenje dopuštaju da se u negativnome uzdigne pozitivno, božansko. Ako smo, npr. zavidni, obratimo li se i to očistimo, ne činimo li to više, suprotstavljamo li negativnomu pozitivne snage, snage mira, i održavamo li mir sa svojim bližnjim, tada smo već jedan aspekt ili nekoliko aspekata svojega istinskog Bitka, vječnog zakona, uzdigli iz tame ljudskoga na svjetlo. To je jedan korak k ostvarenju Apsolutnog zakona, Vječnog bitka, na ovoj Zemlji.

Dakle, mi nismo udaljeni od uzvišenoga Apsolutnog zakona. On nije daleko – on nam je vrlo blizu.

Svaki nam dan to pokazuje. Jer u našim problemima i teškoćama, u svemu protivnome, jest pozitivno, vječni zakon. Očistimo li svoje pogrješno ponašanje s Kristom i više ne činimo to negativno što smo spoznali, ispunjavamo li umjesto toga zakonitosti Unutarnjeg života, tada ćemo iskusiti blizinu svoje božanske baštine, dijelove vječnog Bitka.

Skupimo hrabrost! Svaki nam je dan velik poklon. To će nam dati nadu koju bismo trebali svakodnevno hraniti tako da u svemu potvrđujemo i ostvarivanjem razvijamo dobro, Božji zakon. Tada će dani postati svjetliji jer spoznajemo da je u teškoćama, u žalosti, u radosti vječni zakon ljubavi; on je prisutan u svemu. Primjenjujmo ga puni nade i radosni – i mi ćemo doći bliže svojemu istinskom Bitku. Probuđena duša čezne za tim, i mi ljudi trebamo slijediti tu unutarnju čežnju svakodnevno odlažući ljudsko koje smo spoznali.

Pritom nam od pomoći mogu biti sljedeća osvješćivanja:

Budi tih.
Misli prije nego što govoriš.
Kontroliraj svoje misli.
Gledaj u svijet osjećaja.
Koje slike želja još postoje?
Što nam čuvstva kažu?

Jesu li naše riječi u skladu s našim mislima? Ako nisu – zašto nisu?

Jesu li naše riječi u skladu s našim osjećajima?

Jesu li naši osjećaji, misli i riječi u skladu s našim čuvstvima?

Hoćemo li dokučiti svoj svijet čuvstava, tada si uvijek iznova moramo reći: budi tih – iskusi sebe dublje! Budi tih i budi iskren prema sebi. Pogledaj se u svojem svijetu čuvstava!

Poduzmimo si uvijek iznova razmisliti o izrazu: Bog je ljubav.

Nesebična ljubav ne kažnjava. Nesebična ljubav ne zlostavlja. Nesebična ljubav neumorno pomaže, daje nam snagu i želi nas izvesti iz našega ljudskoga, iz kaosa naših još postojećih ljudskih misli, osjećaja i čuvstava.

Crpimo nadu u Kristu! Crpimo nadu u Bogu, našem Ocu. Uvijek iznova osvijestimo sebi: nismo napušteni! Krist je s nama. Naš istinski Bitak nije mnogo udaljen. Ostvarujmo Božje zakone, tada ćemo doživjeti aspekte svoje božanske baštine.

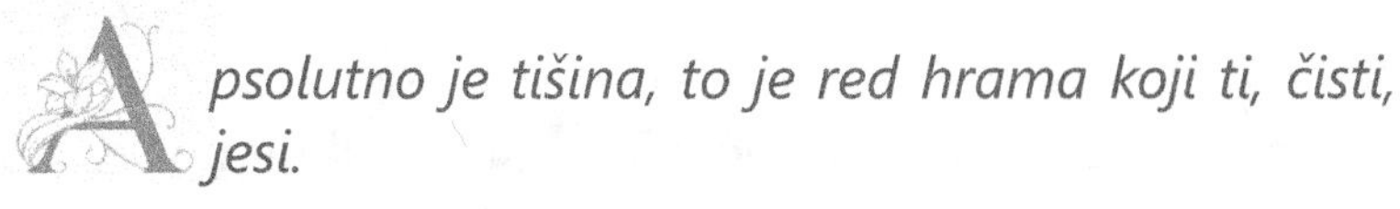

Gabriele, proročica učiteljica i izaslanica Božja, objašnjava:

Poslušajmo dah tišine! Dah tišine jest disaj Božji, koji struji kroz našu dušu i kroz naše tijelo. On je vječni nebeski zakon - naš istinski Bitak, naša božanska baština.

Disaj Božji, vječni zakon, može samo onda kroz našu dušu i kroz naše tijelo slobodno strujati ako uklonimo prepreke, svoje ljudsko ja. Naš se dah prekida uvijek iznova tako dugo dok ne očistimo svoju dušu. Ako je naše unutarnje biće pretežno pročišćeno, tada naš život teče mirnije, jer teče stazama unutarnjeg Bitka i mi se krećemo stazama unutarnjeg Bitka.

Sve dok nam se dah prekida, naša su čuvstva, osjećaji, misli, riječi i postupci još nečisti. Ako su naša čuvstva, osjećaji, misli, govor i djelovanje u velikoj mjeri u skladu s božanskim, vječnim zakonima, tada nas prožima Božji disaj; Božja nas snaga nosi; ispunjava nas tišina božanskoga. Tada nam se dah više ne prekida, mi dišemo lako i u ritmu koji teče; više se ne uzbuđujemo, jer smo iznad ljudskih situacija, iznad problema i poteškoća.

Dolete li nam kratkotrajno problemi i poteškoće ako neka od naših opterećenja postanu aktivna, tada ćemo ih što je prije moguće očistiti, jer smo naučili s Božjom snagom, s Božjim disajem, svemu ljudskomu pristupiti da to očistimo i više ne činimo. Uskoro ćemo se vratiti u unutarnji hram, u tišinu, u kojoj se i nalazimo, iz koje primamo, iz koje dajemo. To je život u svijesti Ja Jesam.

Ako znaš tko si i ako znaš da je svijest od Ja Jesam život, tada ti živiš i ništa ti neće zasmetati. Ti također u ništa ne prodireš jer prozireš i prožimaš sve ono što je za svjetovni pogled gustoća, prepreka i smetnja.

Gabriele:

Što koristi ako nam stalno nešto smeta, ako stalno procjenjujemo, kritiziramo i ljutimo se? Time ništa ne mijenjamo nabolje. Moramo odlučiti kako se želimo ponašati. Ako smo se odlučili za svoj duhovni život, tada nam naš bližnji neće više zasmetati jer stvari možemo sve više promatrati neosobno. Mi ćemo osloviti i razjasniti stvari koje se događaju u svijetu, ono ljudsko, i nećemo se dati uznemiravati, već ćemo nastaviti svoj put u kraljevstvo nutrine.

Komu bližnji zasmeta i tko dopušta da ga netko ometa na putu, mora se zapitati: jesam li se sudario sa samim sobom? Jesu li moja odgovaranja bila dodirnuta? Što stoji iza toga kod mene?

Duhovni čovjek daje razjašnjenje, prema prilikama nudi pomoć. Ne bude li to prihvaćeno, on polazi dalje; jer svatko ima slobodnu volju misliti i živjeti onako kako on to želi.

Tko djeluje po danu, vidi uglove i rubove i neće mu to zasmetati, jer koristi svjetlo dana.

Jednako vrijedi za vječno svjetlo. Tko hoda u svjetlu, ništa mu se ne može dogoditi. Jer tko se pridržava zakona Duha Božjega, za njega će uvijek sjati svjetlo ljubavi, bio on duša ili čovjek.

Nemirni, bučni, u kojem osjećaji i misli huče i buče, jest onaj koji traži, koji vidi samo površinu istine - predmete, događaje i riječi - i tamo traži rješenje. Time on sam sebi zadaje zagonetku, jer on želi spoznaju odgonetnuti i dohvatiti.

Gabriele:

Mnogi traže rješenja. Često kažemo da smo pronašli rješenje. Ipak, trebalo bi pitati: je li to pravo rješenje, koje pogađa srž problema? Jesu li dakle našim „rješenjem" problem, poteškoća, disharmonija također već riješeni?

Pronaći zakonito rješenje i događaj odgovarajuće riješiti, dakle očistiti, to možemo samo s Kristom. Zemaljskim – također i duhovnim - znanjem, možemo ponešto shvatiti. Međutim, shvatiti bitno bit će nam moguće samo onda ako smo svakodnevnim ostvarivanjem sve više i više istražili sebe. Tada nam je moguće vidjeti pravi uzrok situacija i okolnosti.

Tako dugo dok gledamo samo površinu problema, poteškoće, jer svjetlo naše svijesti još ne dopire dalje, nećemo uroniti u dubinu problematike da bismo je riješili s Kristom, snagom duhovne svijesti.

Duh istine pomaže neumorno. On je uvijek ovdje za nas, spreman pomoći nam i služiti. Krist je sveprisutna snaga.

Mi moramo naučiti biti svjesni, znači da moramo vježbati koncentraciju da bismo bili povezani s danom, sa situacijama koje dan donosi, da bismo mogli riješiti ono što nam dan pokazuje.

Tko nije mudar, nije ni tih, dakle miran, jer on tako dugo želi dok ne nađe samoga sebe u praosnovi, u tišini - to što on jest, sebstvo, mudrost i ljepota iz Boga, sveznajući zakon, Bog, mudrost, koja je ujedno i istina.

Gabriele:

„Tko nije mudar, nije ni tih, dakle miran." Čovjeka koji je okrenut prema vanjštini oslovljava sve ono što mu vanjski svijet zrcali. Preko osjetilnih podražaja njegov je misaoni i čuvstveni svijet neprekidno u pokretu, te je potican na daljnje odašiljanje ljudskoga, na želje i htijenja.

Primoravajuće, sebično, zahtijevajuće ljudsko vuče nas uvijek iznova prema van, u svijet osjetilnih podražaja, intelekta i opsjene. Ono nas čini nemirnima i donosi nam daljnje opterećenje, daljnje uzroke i posljedice, daljnju sudbinu.

Zbog toga idemo putom od izvana prema unutra. Čistimo svoje ljudsko i odlažemo ga da bismo postali tihi.

Tišina je Bog; ona je duboko u osnovi duše. Spasenje našeg života bit će rođeno jedino iz tišine unutarnjega – ne zato što to mi želimo.

Tvoj je bližnji tebi, čistomu, jednako toliko blizak, jedan koliko i drugi, jer tebi nitko ne može biti dalek i tuđ, jer je Bog u tebi i ti si u Bogu, i tvoji su bližnji u tebi i vi ste u Bogu. To je jedinstvo. Jedan je u drugome i obojica se prožimaju međusobno prožimajući sve - i svi obojicu. To je svemir i zakon ljubavi i jedinstva.

Gabriele:

Prožima li zračenje naše svijesti našega bližnjega i carstva prirode, tada i bližnji može prožimati nas, tada nas prožimaju također i carstva prirode jer smo mi postali transparentni.

Transparentni postajemo samo onda ako ispunjavamo zakon života. U suprotnom ostajemo gustoća i ograničenost.

Kažemo li o svojemu bližnjemu: „Ovaj mi odgovara manje nego onaj drugi", tada nećemo nikada postati transparentni. Tom izjavom mi sudimo i osuđujemo; jer jednoga odbacujemo, a drugoga potvrđujemo. Međutim, pred Božjim licem svi su jednaki. Ne težimo li jednakosti, tada nećemo nikada biti u jedinstvu sa svojim bližnjima i s kozmičkim Bitkom i nećemo postići bratstvo i sestrinstvo u Kristu.

Tako dugo dok bližnjega gledamo kao stranca zato što ga ne poznajemo, mi smo i sami sebi strani; mi ne poznajemo sebe same. Tek onda kada budemo sebe same iskusili, iskusit ćemo i doživjeti u sebi svojeg brata i svoju sestru. Tek ćemo se tada približiti jedinstvu u Bogu.

Govorimo li: „Jedan mi je drag, drugi je za mene manje vrijedan", tada se vezujemo na ljude jer jednoga poštujemo, a drugoga odbijamo. To je ljudsko i protivno božanskomu. U Božjem zakonu nema vezanosti ni zavisnosti. U Bogu to znači: sve je u svemu i sve prosvjetljuje sve. Svako pojedino biće prožima cijelu beskonačnost, a čitava beskonačnost prožima svako biće. To je jedinstvo u Bogu i u tome leži sloboda. Čisto biće neće reći: „Ovo ili ono ne poznajem. Ovo mjesto mi je poznato." Ili: „On mi je tuđ." Ili: „Ovu nebesku razinu ne poznajem." Sve je u duhovnom biću, sve prožima božansko biće, a božansko biće opet prožima sve. To je svemirska komunikacija s čitavim Bitkom. To je naša svjesna baština, život čistog bića, koje mi u najunutarnjijemu jesmo. Tomu moramo težiti.

U riječi „morati" leži smisao: prije ili kasnije svi ćemo ići tim putom i ne postoji ni jedan drugi put jer je naša duša besmrtna. Svatko nosi duhovnu supstanciju života, duhovno tijelo – zato što je zasjenjeno, nazivamo ga dušom - a ono je besmrtno.

Kad bi ti jedan bio bliži od drugoga, tad bi ti gledao naprijed, natrag, desno, lijevo, gore i dolje da bi ga vidio, jer ga ne gledaš u sebi.

Gabriele:

Gustoća je proizvod niskoga ljudskoga. Ona je nastala gledanjem izvanjskoga, preko protivnog principa, našim ljudskim izražavanjem života.

Naša ljudska volja stvarala je i stvara oblike. Mi želimo ovo ili ono; to je uvijek povezano s ljudskim mislima, osjećajima i čuvstvima – i mi već stvaramo misaone oblike. Ako želimo, mislimo i osjećamo i dalje s jednakim ili sličnim sadržajima, ti se misaoni oblici zgušnjavaju, poprimaju sve jasnije obrise i strukturu i s vremenom se kristaliziraju.

Na taj je način nastao naš svijet. Pogledajmo unazad, u prošle epohe – one su se uvijek manifestirale izgradnjom određenih oblika. Jedna generacija za drugom predavala je svoje misli, svoja čuvstva i osjećaje sljedećoj. Iz toga je nastala gustoća, raznolikost zemaljskih oblika života.

To pokazuje kako se demon poslužio ljudskim i čovjekom da bi postigao ono što je htio i što i nadalje hoće. Protivnik hoće materijalno oblikovanje, gustoću.

Božji protivnik želio je sam biti stvaralački; on je htio stvarati s v o j e oblike. U Nebesima postoji oblikovani vječni čisti Bitak, nepromjenjiv,, obilježen stalnom evolucijom. To su božanska priroda, božanske građevine, božanska bića, sveukupan čisti život – koji je oblikovani Vječni bitak. Za svoj plan da osnuje vlastito kraljevstvo, Božji protivnik nije pronašao bitno novi princip po kojem bi ga izgradio. Jer Bog je sve u svemu - ne postoji ništa što nije porijeklom iz božanskoga. Stoga će sve uslovljeno padom, sva gustoća, biti preobražena u čisti, finotvarni Vječni bitak i vratiti se u vječna Nebesa.

Onaj protiv Boga, vjerovao je – i još uvijek vjeruje – u mogućnost svojega vlastitog stvaranja. On je uzeo princip božanskog Bitka i rekao: „Ja ću stvoriti svoje oblike", i on ih je stvorio preko ljudskih misaonih oblika, koji su postali gustoća, materija.

Kaže se po smislu: „Bog pomisli i nastalo je." Bog je tekuća Prasnaga; On je praosjećaj. On polaže Neka bude, Svoju svetu volju, u strujeći, tekući zakon. Iz toga su nastali i nastaju božanski oblici.

Protivnik se domogao onog dijela životne energije koju je Bog dao Svojoj paloj djeci na njihov put pada i prepolarizirao je. On je vjerovao da je sam stvarao. U stvarnosti on je samo zloupotrijebio ono što je bilo dano kao pozajmica: dio pozitivne životne snage iz Boga.

Čisti Bitak ostaje vječan. Čista energija koju je Bog dao Svojoj djeci da ponesu sa sobom bivala je sve više i više transformirana naniže, postala je gustoća, materija sa svojim oblicima. Zbog toga smo i mi, čovjek, naniže transformirana energija, misaoni oblik. Tako kako smo osjećali, čuvstvovali, mislili, govorili i postupali, tako smo sebe oblikovali.

Oblik ljudskog tijela unesen je prije mnogo generacija preko čuvstava, osjećaja, misli, riječi i postupaka u svijet zvijezda, u kauzalni kompjutor: po principu odašiljanja i primanja, zračenje se vratilo ojačano, a opterećena duša omatala se sve više i više tim misaonim zračenjem. Nastao je čovjek – oblikovana misao.

U Vječnom bitku stvarao je i stvara Vječni iz vječne struje, Apsolutnog zakona, čistog, tekućeg Bitka, božanska bića. „Neka bude" – i nastajala su i nastaju duhovna bića, čisti, oblikovani vječni zakon, supstancija iz Njegove snage. Što vide i stvaraju komponente jastva, ono ljudsko, na Zemlji? Nečisti, oblikovani individualni zakon. Spoznajemo: protivnik sve prepolarizira.

Pa ipak, svoj cilj da princip beskonačnosti, vječni nebeski zakon, dovede do pada i tako pobijedi Boga, neće postići, jer Bog je apsolutan, znači savršen. Ne postoji ništa što bi bilo veće od Boga. Njega se ne može nadvisiti niti pobijediti. On je svemoćna snaga u svemu, pozitivna jezgra, koja sve vodi savršenstvu.

isti želi svojemu bližnjemu samo ono što je on sam: vječni zakon, Boga, čisto. Nečisti, neprosvijetljeni, želi svojemu bližnjemu često ono što sam ne posjeduje: lijepo, dobro, miroljubivo, sretno - fasete vječne istine čije ostvarenje njemu samomu još nedostaje. To što on želi, ne ulazi u bližnjega jer nije prožeto snagom, istinom i ljubavlju. To su želje bez duše koje se vraćaju nečistomu, neprosvijetljenomu.

Gabriele, proročica učiteljica i izaslanica Božja, objašnjava:

Sve ono što nije ostvareno, što ne zrači iz osnove naše duše, beživotno je, nije ispunjeno božanskom snagom.

Kako često želimo svojim bližnjima sreću, zdravlje, zadovoljstvo, dobrobit? Svaki put kada svojim bližnjima sve to poželimo, moramo se zapitati: jesu li naše riječi nadahnute? Dolaze li iz dubine duše? Jesmo li mi sami sretni? Imamo li mi unutarnji mir? Jesmo li mi sami doista dobro, jesmo li ispunjeni unutarnjom dinamikom i životnom snagom? Ako da, tada naše želje ulaze u srce bližnjega i pokreću njegovu dušu tako da čovjek biva potaknut na razmišljanje i sam osjeća sreću, sam osjeća mir.

Ako naprotiv naše riječi nisu nadahnute, ako dakle nisu prožete snagom ostvarivanja, tada one ne ulaze u srce bližnjega. To su floskule i prazne riječi, to je zloupotreba riječi i zloupotreba božanskog zakona. Jer sreća, zdravlje, mir, aspekti su vječnog zakona. Te izjave, izgovorene bez ostvarivanja, opet se vraćaju nama. One za nas postaju bumerang, jer one opominju i zahtijevaju od nas ono što smo potvrđivanjem unijeli u atmosferu.

To za nas znači – za svakog čovjeka - bdjeti i moliti. To ne znači ništa drugo nego da budemo budni da ne bismo dalje griješili. Dakle, mi trebamo moliti svjesno i sve više i više ispunjavati Božje zakone tako da ne padnemo u napast.

Svemirsko jedinstvo jest mudrost Božja. Bog je sve u svemu, zakon života. U svemu što čisti kaže, on oslovljava cjelinu, veliko u najmanjemu i najmanje u velikome.

Gabriele:

„Svemirsko jedinstvo jest mudrost Božja". To nam želi reći: svemirsko jedinstvo jest povezanost s cjelokupnim Bitkom, sa svim čistim. U svemu što susrećemo jest čisto. Ispitajmo sebe: jesmo li s tim povezani? Možemo li to potvrditi? Jesmo li u velikoj mjeri u komunikaciji s čistim ili s izvanjskim aspektima, s ljudskim?

Postanimo sve svjesniji i svjesniji: u svemu se nalazi čisto jer je Bog sve u svemu, zakon života.

„U svemu što čisti kaže, on oslovljava cjelinu, veliko u najmanjemu i najmanje u velikome."

Bog je sveprisutan, dakle cjelina u svemu. On je nedjeljiv. U čestici prašine, u zrncu pijeska, u onome najmanjemu, sadržan je cjelokupan zakon. U zrncu pijeska, u čestici prašine razvijeni su određeni Božji aspekti. Stoga oni iz sebe zrače božansko; u njima razvijeni aspekti cjeline zrače van. No kako u čestici prašine, tako i u zrncu pijeska i u najmanjem mikrobu jest cijelo stvaranje, cijeli zakon. Sva duhovna bića ne oslovljavaju time samo aspekt zakona, već uvijek cjelinu.

Mi ljudi često manje poštujemo maleno. Međutim, duhovno biće poštuje maleno jednako kao i veliko; moćni svemir jednako kao svako duhovno biće, svakog čovjeka, svaku dušu. Zašto? Zato što je veliki svemirski Jedan, nedjeljivi Bog, cjelina u svemu. Bog je princip: Poveži i budi. Protivnik je stvorio svoj princip: Razdvoji, veži i vladaj. Time je on podložan Bogu.

Prizivajmo si uvijek iznova u svijest: u svemu, također i u najmanjemu, jest najveće, cjelina - Bog! Svejedno što vidimo i je li to za nas još neznatno, mislimo na ovo: u najmanjemu, u najneznatnijemu jest cjelina, cjelokupno stvaranje, svemirski Duh i time savršenstvo.

Postajemo li toga uvijek iznova svjesni, postupno ćemo spoznavati kako smo bogati u najunutarnjijemu. Unutarnje bogatstvo jest Kraljevstvo Božje, Božji zakon, koji je u nama. Taj zakon, unutarnje bogatstvo, jednom ćemo učiniti pristupačnim; jer je svatko od nas na tom putu. Gdje on trenutno jest, ima li ispred sebe još čitav komad puta ili je već dio Unutarnjeg puta savladao, on se uvijek nalazi na putu koji vodi nazad u Božje kraljevstvo. Svaka će se duša vratiti preko Krista u Očev dom.

Ovisi jedino o nama samima: želimo li nastaviti putom prema vječnom Ocu? Ili se na putu želimo vratiti nazad u gustoću, u močvaru ljudskoga ja? Svaki nam dan pokazuje: naprijed ili nazad, za Boga ili protiv Boga; ne postoji ništa između. Zbog toga se u svakom trenutku zahtijeva odluka.

Ako smo dakle toga svjesni: svejedno što nam prilazi, uvijek svjesno ili nesvjesno izabiremo odluku: za Boga ili protiv Boga, za svjetlo ili za tamu.

Da bismo mogli činiti korake prema božanskome, potrebna je duboka samospoznaja.

Sve je boja, oblik i zvuk. Također su i naša duša i naše fizičko tijelo zvučna tijela. Onako kako zvučimo, takvi jesmo, tako dišemo jer naša čuvstva, naši osjećaji, misli, riječi i postupci određuju ritam našeg života: oni također određuju naše disanje.

Disaj života, struja Bitka, koja nas želi potpuno prožeti, ne poznaje ni prekid ni zastoj. Ako smo u harmoniji s Duhom, sa životom, tada smo u harmoniji i sa samima sobom, a naše riječi i misli jednake su našim čuvstvima i našim osjećajima.

Usporedimo svoje misli i svoja čuvstva i osjećaje! Ako su u suglasju, tada je to dobro. No kažu li nam naši osjećaji i čuvstva nešto drugo nego naše misli, tada trebamo otkriti što je to još u nama.

Spoznajmo sebe kao zvučno tijelo! Svoje zvučno tijelo možemo učiti prepoznavati tako da – istovremeno kao vježbu - ono što nam priđe, svjesno opažamo, a svoje reakcije na to iskoristimo za samospoznaju. Tako se možemo uživjeti u jednu ili u nekoliko riječi koje pročitamo ili čujemo. Osjetimo u njima što nam riječi žele reći. Ispitajmo zatim misli koje nam priđu, jesu li u suglasju s našim postupkom, našim osjećajima i našim čuvstvima. Ako tomu nije tako, tada moramo reći: u našim se mislima objavljuje samo budna svijest, a ne razina čuvstava koja nam mnogo jasnije govori kako još izgleda u nama, u dubini našega ljudskog bića.

Dopustimo, npr. da nas dotakne neka Kristova riječ iz Njegovih velikih kozmičkih učenja. Pustimo je da titra u našoj nutrini. Misao koja se uzdigne, a koju si možemo kratko zabilježiti, želi nam nešto sasvim osobno reći.

Nećemo se zadovoljiti tom jednom mišlju, njezinim omotačem od riječi, već ćemo pogledati unutra. Privucimo sebi tu misao koja se može sastojati od jedne ili nekoliko riječi, primimo je u svoju nutrinu, naša riječ-misao rascijepit će se tada sama od sebe tako da ćemo moći prepoznati jedan ili više aspekata svojega ljudskoga, koji danas predstoje za čišćenje.

Istraživanje našega unutarnjeg krajolika popraćeno je mnogostrukom radošću istraživača. To što od ljudskoga još neprepoznato, neočišćeno i nerazriješeno leži u nama, djeluje kao neki ometač. To može biti izvor nekih neugodnosti, briga, straha, pogrešnog ponašanja. Ako smo pronašli što nas to pritišće, plaši i muči, tada također znamo što moramo očistiti, oprostiti i opet dobro činiti da bismo bili slobodni. Oslobođenje od jednog dijela našega ljudskoga istovremeno je i korak prema unutarnjoj čistoći.

Tko želi temeljitije istražiti svoje opterećujuće ljudsko, taj se neće zaustaviti na odgovorima koje pronađe za sebe. On će opet pogledati u riječi koje su mu došle i izvući iz njih zašto još ovo ili ono leži u njemu. Na to ćemo pitanje opet dobiti odgovor jer u riječima već leži odgovor za nas.

Tako sve više i više pronalazimo korijenje svojih nevolja, svojega ljudskoga, korijenje svoje skučenosti, potištenosti i neslobode, da bismo tada na tom korijenju radili. Na taj način češće dolazimo u razine čuvstava da bismo u tim dubinama svoje ljudsko istražili, te ga brže mogli očistiti i tako se približiti svetom zakonu, Bogu, svojem Ocu.

Ulaz u sve dublja područja otvara nam mala riječ „zašto“. To je upit o našoj motivaciji, o tome kakvi su impulsi iz razine čuvstava doprinijeli našem ponašanju.

Na jedno trebamo paziti: prepoznamo li – npr. s pomoću ove vježbe– neki aspekt svojega nižega ljudskoga, tada ga trebamo danas obraditi i još danas očistiti.

Njegujemo li nadalje unatoč boljem znanju, npr. oholost ili „htjeti biti netko“, bacamo li se u bučni svijet, nastavljamo li kao dosada, tad se pod okolnostima opterećujemo dvostruko brže jer to činimo unatoč svojem uvidu i spoznaji.

Pomoć je uvijek ovdje. Pođemo li ozbiljno i iskreno Kristu, molimo li iskreno, tada nam On pomaže u svakom trenutku razgraditi taj nesklad našega ljudskoga ja.

Ujutro kada se probudimo, prije nego ustanemo, pođimo u unutarnju molitvu. Prije nego dođu ljudske misli, trebamo se iskreno pomoliti u sebi i zamoliti za pomoć - i ona će nam biti udijeljena.

Naša probuđena duša osjeća da je na putu i da sve bliže dolazi žuđenom cilju, svjetlu, slobodi. Ako je, npr. aktivno još ponešto od oholosti ili od „htijenja da budemo netko", tad naša duša poziva na poniznost, tišinu i skromnost. Mislimo uvijek na to: naša nas duša zove – a time nas zove i Bog. On nas zove onim riječima koje nas osobito dodiruju, koje u nama izazivaju topao odaziv, koje u nama bude čežnju.

Pazimo dakle na ovo kada nešto slušamo ili čitamo: jedna, dvije, tri riječi ili jedna rečenica potiču u nama vibraciju, naše zvučno tijelo počinje titrati. Ono je primilo impulse koji su istovremeno zvukovi. Zbog toga naše tijelo počinje pojačano titrati, odzvanjati. Mi to opažamo jer se promijenio naš ritam disanja. Osjećamo pokretanje u svojem svijetu osjećaja i čuvstava.

Ako smo budni, zapamtimo te riječi da bismo ih zatim pobliže promotrili i usporedili sa svijetom čuvstava, tada ćemo spoznati više - doživjet ćemo same sebe.

Učimo govor riječi i bolje ćemo upoznati sebe. Tako ćemo s vremenom također osjetiti da riječi kao takve jedva da imaju značenje – osim ako im dopustimo da djeluju u nama da bi nam pokazale što još predstoji za spoznaju ili tko još uvijek jesmo.

„U svemu što čisti kaže, on oslovljava cjelinu, veliko u najmanjemu i najmanje u velikome." To znači da Božji Duh kada nam se objavljuje, nikada ne govori samo riječ, već u svaku riječ polaže cjelokupan zakon. Naprimjer, u riječima „Božja mudrost" leži sedam osnovnih snaga Neba od Reda do Milosrđa; mi ih jednostavno nazivamo sedam puta sedam energija. U stvarnosti to su beskrajne razine Bitka i čitav zakon u najmanjemu.

To dakle znači: u svaku riječ koju čisto biće izgovara, ono polaže čitav zakon. Iz te cjeline postaju aktivni odgovarajući aspekti svijesti i objavljuju se. Bog je nedjeljiv; zbog toga u svemu, također i u svemu neosobnome, leži zakonita riječ, cjelina.

Riječ Neba jest Božji zakon. Cjelina, veliko, beskonačno, zakon, leži – kako smo već čuli – jednako tako u čestici prašine kao i u moćnom Pracentralnom suncu. To je Bog, život. To je također naš život.

To za nas znači: mi moramo opet u sebi otkriti pravi život jer je on naša božanska baština, naš Vječni bitak. Naviknemo li se uvijek iznova uživjeti u riječi, tad ćemo s vremenom početi osjećati pojedine aspekte svoje skučenosti, a istovremeno ćemo osjećati beskraj. U Duhu je beskraj beskonačnost i time vječni zakon.

Predočimo si da smo u Bogu velika bića jer nas je Bog, veliki, moćni Duh, stvorio, jer mi živimo u Njegovu srcu kao Njegova djeca. Ako smo toga svjesni, tada ćemo uzeti odstojanje od ograničenih, uskogrudnih ljudskih osjećaja i mišljenja.

Bog je beskonačnost; On je veličina – i mi smijemo biti božanski u Bogu jer u sebi nosimo Njegovu veličinu. Mi smo Božja djeca, sinovi i kćeri beskonačnosti, opskrbljeni čitavim, vječnim, bekonačnim zakonom. To je naša duhovna baština. Idemo li u svoje dane svjesni toga i to potvrđujući, tada ćemo ih drugačije doživjeti i drugačije ćemo doživljavati sebe; tada opažamo kakvo bogatstvo leži u nama i spoznajemo gdje ga danas možemo početi razvijati korak po korak.

Tko svojemu bližnjemu pripisuje ili želi samo fasete iz vječnog zakona i tako u svoju riječ i svoje djelovanje ulaže samo dijelove vječnog zakona, taj daje prednost također samo dijelovima vječnog zakona i izriče o sebi da je nesavršen.

Time on svjedoči o sebi samome. On daje prednost određenim ljudima; druge naprotiv ostavlja nezapaženima. To znači da on čini iznimke kod sebe i kod svojih bližnjih.

Govor zakona jest cijeli zakon, jer je sve u svemu, najveće u najmanjemu i najmanje u najvećemu. Čisti izgovara uvijek cijeli zakon: želi li čovjeku pored sebe nesebičnu ljubav, tada on oslovljava i sve fasete vječnoga zakona. To je govor zakona.

Gabriele:

U svemu je cjelina, također i u najmanjemu. Nama ljudima to je teško shvatiti, pa ipak – to je tako.

Uživimo se u zrnce pijeska ili u česticu prašine! U zrncu pijeska i u čestici prašine jest cijeli zakon i ta je svijest u svim stvarima, u najmanjemu i u velikomu.

Kada bi čestica prašine bila ograničena time da je samo čestica prašine, ona bi ostala zamrznuta u toj svijesti tako da u čestici prašine ne bi bilo evolucije. Ono što zrači čestica prašine jest čista svijest, razvijena faseta svijesti iz cjeline u njoj.

Pa i ako različiti aspekti svijesti života zrače razvijene fasete, ipak je u svemu sadržana cjelina – cijeli zakon. Iz toga proizlazi evolucija.

Da je Bog u česticu prašine, u zrnce pijeska ili u najmanje oblike života udahnuo samo jednu, dvije ili tri fasete života, tada bi taj mali oblik ostao zauvijek nesavršen; ne bi bilo evolucije.

Uvijek kada svemirski Duh izdiše, tada u razinama beskonačnosti kojima On udahnjuje život slijedi evolucija. U svim oblicima razina kojima svemirski Duh udahnjuje život biva pojačano aktiviran cijeli zakon. Iz toga slijedi evolucija i jedna daljnja faseta svijesti postaje aktivna.

Kada i najmanji djelić beskonačnosti ne bi sadržavao cijeli vječni zakon, već samo jednu fasetu svijesti, tada svemirski Duh ne bi mogao voditi taj gradivni blok prema evoluciji. Kada bi nedjeljivo, Bog, bilo djeljivo, tada bi to prouzročilo zastoj u pojedinim područjima svemira. Bog nije mirovanje, već vječno gibanje, vječna evolucija.

Faseta – ili fasete – života koje zrači čestica prašine ili zrnce pijeska ili jedan mikrob, dakle najmanji oblik života, jest u Bogu i živi u Bogu. Čestica prašine jest - ona ne pita kada će se razvijati dalje. Ona to zna. Ona ne pita jer miruje u Bogu, u svijesti evolucije.

U čestici prašine nalaze se temelji jednoga savršenog božanskog bića.

Duhovna evolucija jest razvoj svijesti. Određena faseta božanske svijesti potencira se u pojedinim koracima i stupnjevima – preko različitih duhovnih minerala i preko različitih vrsta biljaka i životinja. Tim velikim događanjem evolucije, preko mineralnog, biljnog i životinjskog carstva, nastaje prirodno biće kojega Bog nakon potpunog sazrijevanja uzdiže u djeteštvo. Ono tada postaje sazrelo duhovno biće.

Bog je pri Svojemu prvom izdisaju, pri prvom oblikovanju prema savršenome duhovnom biću, položio sve u taj prvi izdisaj, uključivši i ime. I duhovno ime također se razvija. Već najmanji oblik života, najmanji, najneznatniji duhovni mineral ima ime, aktivni titrajni potencijal koji zrači; on se razvija preko svijeta minerala, biljaka i životinja i dalje preko prirodnih bića sve do duhovnog bića. Tada je njegovo ime savršeno.

Sve što živi u čistom Bitku, kreće se i razvija, povećava svoju svijest, svjetlo, zračenje i snagu. Budimo svjesni: Bog je vječno kretanje. Život je stalno kretanje. Svemir je beskonačnost. Nigdje u svemiru ne postoji ograničenje, zastoj. Svemir se može beskonačno širiti u cijeloj vječnosti.

Mi kao ljudi jedva da si to možemo predočiti jer uvijek dolazimo do svojih granica. Kod Boga je sve bezgranično – beskonačno. Riječi „beskonačno" moramo jednostavno dopustiti da titra u nama jer je razumom ne možemo shvatiti.

Beskonačnost je Bog. On je također i vječnost. Bog je savršen. On je apsolutan. Bog je vječni zakon. Izvan toga ne postoji ništa.

Cjelokupna je evolucija određena i jest u dvjema pračesticama, u principu pozitiv, negativ – mi ljudi rekli bismo: muški, ženski. To je praprincip života: davanje – primanje; davanje – primanje.

Aktivnost duhovnih oblika života jest kretanje u kružnom tijeku davanja i primanja. Kamen, biljka, životinja – svi primaju božansku svjetlosnu snagu, čistu energiju. Svaki oblik života također i daje, odgovarajuće svojem stanju svijesti. On svijetli, on zrači, on se kreće; on daje u Božjem zakonu, u velikom Božjem vrtu Vječnog bitka za veliku cjelinu.

Također i ako je oblik života još malen, ako obuhvaća samo jednu jedinu fasetu – davanjem, odnosno djelovanjem, razvija se ta faseta, koju je svemirski Duh aktivirao. Oblik života dakle ne ostaje pasivan čekajući da se izgrade njegove fasete. Bog, život, djelujući je, stvarajući zakon, aktivnost. Pomislimo na mrave, oni rade, rade. I time sami razvijaju onu u sebi već aktiviranu fasetu. Kada je cijela faseta zakona, npr. svijest mrava, razvijena, dolazi sljedeći korak.

To nam može biti primjer. Mi smo isto tako u procesu evolucije prema Ocu: ako smo lijeni i nemarni, tada ne razvijamo korake povratka Božjem zakonu – ostaje zastoj, nazadovanje i pad.

Svejedno na kojem se stupnju svijesti trenutno nalazimo – iz naše aktivnosti, našeg nesebičnog djelovanja, našeg ostvarivanja božanskih zakona, koje nam dan predočuje, nastaje energija za evoluciju, za postizanje sljedećega višeg stupnja. To je život, to je princip davanja i primanja. Tako živi i sazrijeva najmanja životinja, tako živi i sazrijeva svaki oblik života. To je Bog tako uredio.

Tako dugo dok mi ne dajemo i ne govorimo iz zakona života, i kod nas je zastoj jer nismo spremni primati Božje svjetlo, Božji disaj da bismo dospjeli u evoluciju prema Božjem djeteštvu.

Tako dugo dok ne živimo principe jednakosti, slobode, jedinstva, bratstva i pravednosti, još nam nedostaje duhovnosti. Zbog toga uvijek iznova radimo iznimke jer jedne prihvaćamo, a druge odbacujemo. Nekomu pristupamo s razumijevanjem, a drugomu bez razumijevanja. Tada nam je jedan važniji od drugoga. Takav je način ponašanja ljudski a time nebožanski.

Tako dugo dok živimo u tome ljudskome, ne možemo stupiti u božanski zakon. Vječnom Ocu dolazimo samo preko svojih bližnjih, a sa svojim bližnjima i s Kristom u Vječni bitak. Nema drugog puta.

Nemoguće je jedan gradivni blok života odbaciti, a i dalje vjerovati da ispunjavamo zakon života. Odbacujemo li životinje, biljke i minerale, tada odbacujemo zakon evolucije; jer je u mineralima, biljkama i životinjama zakon evolucije. Kažemo li mu ne, tada nećemo osloviti te fasete Unutarnjeg života u svojoj osnovi duše – već naprotiv, mi svoju dušu opterećujemo. Što smo više opterećeni, to više govorimo svoj osobni zakon, svoje nisko ja.

Naprotiv, jezik zakona jest jezik cjeline, jer je cjelina uvijek evolucija. U toj svijesti žive sva čista bića.

*Želi li čisti svojim bližnjima mir, tada on ponovo os-
lovljava cijeli zakon. To je jezik zakona.*

Gabriele:

Mir je u svim područjima života. Mir je u principu Reda, Volje, Mudrosti, Ozbiljnosti, Strpljivosti, Ljubavi i Milosrđa. Mir je tišina. Iz mira struji blagost, dobrota. Iz mira struji nesebična ljubav. Iz mira struji nesebično davanje.

Želimo li duboko iz svoje nutrine svojemu bližnjemu nešto pokloniti, tada to možemo učiniti u svijesti: „U Božjem daru, daru koji sada poklanjam, sadržano je svih sedam temeljnih Božjih snaga, cjelokupni zakon." Govori i živi tako: „Oče, Ti si u ovom poklonu cjelokupni zakon – i ja ga kao Tvoje dijete predajem dalje. Zahvaljujem Ti što si velik, beskrajno velik, i što smijem biti Tvoje dijete."

Pronađemo li se u ovoj visokoj svijesti nesebičnog davanja i primanja, tad znamo što je naša duhovna baština. Doživljavamo same sebe kao svoje sebstvo u svojim osjećajima i čuvstvima. Istinsko sebstvo jest vječni zakon – naša vječna domovina, naš život. Ono jest u vječnosti. Sve ostalo prolazi.

Čisti govori uvijek cijeli zakon i onda kad nekom bolesnom čovjeku želi zdravlje:

kad bi bolesniku poželio samo jednu fasetu zdravlja - primjerice zdravlje jednoga oboljelog organa - tad bi on oslovio također samo dio zakona koji je zasjenjen bolešću. Pritom bi ispustio iz vida djelotvornost čitavoga vječnoga zakona. Time bi on možda spriječio djelotvornost vječnog zakona u bolesnom čovjeku.

Tko želi samo fizičko ozdravljenje svojega bližnjega, taj govori bolest samu koju prema prilikama pojačava ako se bolesnik oslanja na tu izjavu. Pritom se on ne obazire na volju Boga, koji zna za Svoje dijete i želi ga voditi tako da to bude za dobrobit njegove duše.

Sebične misli djeluju samo na površini - dakle na posljedicu, simptom, bolest - i sprječavaju vječni zakon da postane djelotvoran.

Gabriele:

Želimo li dakle svojemu bližnjemu zdravlje, tada mu poželimo da u njemu postane aktivan cijeli božanski zakon i da povede našega bližnjega prema onome što je dobro za njegovu dušu.

Gabriele:

Uvijek iznova čujemo: materija je odraz jer nju nije stvorio Bog, već smo je oblikovali mi ljudi. Našim protivnim osjećanjem, čuvstvovanjem, mišljenjem, govorenjem i postupanjem nastala je gustoća. Gustoća je samo ogledalo Bitka.

I mi ljudi također smo odraz; ono što je u našoj duši, zrači prema van, to nas označava i obilježava. Naše zračenje odgovara dakle našem čuvstvovanju, osjećanju, mišljenju, govoru i postupanju.

Prepoznamo li da je sve materijalno, zgusnuto, samo odraz, tada ćemo ujedno i spoznati: to ne može biti realnost. Odraz nije stvarnost – nama ljudima se samo čini kao da je to stvarno. To je svijet izvanjskih oblika i privida – ne Bitak.

Božji zakon jest sveprozračujući jer u Vječnom bitku ne postoji sjena. Tako dugo dok postoje zasjenjeni ljudi, postoji i gustoća, a time i odražavanje, koje mi smatramo stvarnošću.

Od početka ljudskog roda sve su generacije sudjelovale u nastajanju ovih zrcalnih slika, u nastajanju našeg svijeta vanjskih oblika i pojmova.

Mi znamo: sve se osniva na principu odašiljanja i primanja. Naša podsvijest također odašilje i prima. Želimo li svojemu bližnjemu mir, tad se moramo upitati imamo li mi sami mira . Ako smo nemirni, tada zračimo jedino svoj nemir. Ako je onaj kojem smo zaželjeli „mir" isto tako nemiran, tada on može – po principu odašiljanja i primanja – primiti samo nemir.

Naše riječi dakle mogu biti „ljuske". Sadržajem ljuske često se mislilo drugačije nego što su to izrazile vanjske riječi. Tada vanjska riječ nije ništa drugo već privid; ona nije ispunjena, nije nadahnuta. Ljuska, riječ, govori o miru – jezgra riječi, unutarnje, ipak je nemir. Nije važna ljuska, već jezgra.

Čitava je beskonačnost komunikacija. Ako svojemu bližnjemu želimo tek prividno mir, tada mu u stvarnosti zračimo svoj nemir. Principom komunikacije „jednako prima uvijek iznova jednako" možemo svojim odašiljačkim potencijalom aktivirati nemir svojega bližnjega, potaknuti ga možda na negativne misli ili nasilje. To znači da smo mi u takvom slučaju glavni krivac i da smo se odgovarajuće opteretili, a opteretit će se isto tako i naš bližnji.

Po principu odašiljanja i primanja, također komunikacije, mi smo vezani za svojega bližnjega kojeg smo potakli na grješno. Našim prijetvornim pozdravom mira naš bližnji može dakle postati još nemirniji i nesretniji – a jednako tako i mi sami.

Istinski mudrac kao čovjek treba govor svijeta da bi se sporazumijevao. Unatoč ograničenosti riječi on će u riječima kao „zdravlje" i „mir" osloviti čitav sveobuhvatni zakon, Boga. Tada će vladati vječni zakon, Bog, koji svakom čovjeku dopušta slobodnu volju i vodi ga tako da to služi njegovoj duši, a ne isključivo omotaču, čovjeku.

Gabriele:

Pročitali smo: *„Unatoč ograničenosti riječi mudri će u riječima kao 'zdravlje' i 'mir' osloviti čitav sveobuhvatni zakon, Boga"*, koji je u svemu, pa tako i u svakoj riječi. „Gospodine, u mojemu bližnjemu i u svemu ispunjava se samo Tvoja sveta volja." – u toj svijesti živi mudri i tako zrači ono što oslovljava.

Želimo li svojemu bližnjemu, npr. zdravlje, tada trebamo riječ nadahnuti u svijesti: „Gospodine, u mojemu bližnjemu ispunjava se Tvoja sveta volja." Važno je ipak da ono pozitivno, božansko, što stanuje u svakom čovjeku, pokrenemo u svojem srcu; jer svaki čovjek i sav Bitak jedan su dio nas. Samo na taj način može cijeli vječni zakon spasa i iscjeljenja postati djelotvoran; a on djeluje onako kako je dobro za dušu našega bližnjega.

Tko je sam bolestan, a svojemu bližnjemu želi zdravlje, taj opet oslovljava samo bolest u bližnjemu i eventualno one aspekte koji su u skladu s njegovom vlastitom bolešću; jer što iz njega izlazi, ući će ponovo u njega i eventualno i u bližnjega koji ima jednake ili slične simptome bolesti. To se događa po zakonu „Jednako privlači jednako i pojačava se".

Gabriele:

Tko je dakle sam bolestan, a simptome bolesti nije istražio i savladao, a svojemu bližnjemu želi zdravlje, on u bližnjemu oslovljava opet samo bolest i eventualno one aspekte koji se podudaraju s njegovom vlastitom bolesti jer su njegova svijest i podsvijest ispunjeni mislima o bolesti.

Naša ljudska čuvstva, osjećaji, misli, riječi i postupci, kojima pripadaju također naše bolesti, brige i nevolje, predstavljaju našu osobnu baštinu – ono dakle što smo si prisvojili. Mi to zračimo, odnosno odašiljemo. Tko je za to prijemljiv, on to prima i pokreće u sebi. Budući da se nikakva energija ne gubi, tako se neće izgubiti nijedna misao i nijedna riječ, jer je sve energija. Ta negativna energija može – prema zakonu plazme – ući u onog čovjeka kojem smo je uputili, a u kojem leži jednako ili slično.

Zasjenjeni čovjek živi u svojoj plazmi. Plazma koja nas okružuje, naša je aura, nazvana još i korona. Ona odgovara našoj trenutnoj zračećoj slici. Naša plazma, naša aura, zrači samo ono što smo mi unijeli u svoju dušu; to u nama titra, izlazi iz nas i odgovarajuće privlačimo. Mi smo sami dakle programeri grješnoga, nemira, disharmonije i bolesti.

Odašiljanjem i primanjem mi smo dakle stalno u komunikaciji s onim što smo pohranili u svojoj duši. Samo ono pohranjeno, naš je ljudski potencijal spoznaje; izvan toga ne možemo ni misliti ni govoriti, osim ako nismo samoprevladavanjem i čišćenjem s Kristovom preobražavajućom snagom već otvorili ta duhovna područja svoje svijesti.

Ako svojemu bližnjemu želimo zdravlje, a sami smo bolesni, što tada leži u našemu pohranjenomu, zdravlje ili bolest? Budući da u pohranjenomu leži bolest, mi također zračimo iz sebe tu svijest „bolesti".

Upotrebljavamo li riječ „zdravlje", a sami ne nastojimo uzroke koji su doveli do bolesti, dakle svoje grješno, svoje pogrješno ponašanje, očistiti s Kristom, tada je riječ „zdravlje" samo ljuska. U toj ljusci međutim djeluju aspekti naše bolesti. Zbog toga mi ta obilježja zračimo van i prema svojemu bližnjemu. Prema prilikama možemo time u svojemu bližnjemu dirnuti i potaknuti nešto što će se tada u njemu pokrenuti. To mogu biti jednaki ili slični ljudski, dakle grješni aspekti, koji će kod njega možda izazvati bolove – onda ako kod njega leži jednako ili slično, dakle postoje uvjeti za istu ili sličnu bolest ili boležljivost. Na taj način mi možemo svojim krivim ponašanjem djelovati čak na bolest svojega bližnjega.

Mi znamo da svaka misao kao i svaka riječ tjeraju na ostvarivanje. Prenosimo li aspekte svoje bolesti zračeći ih dalje na svoje bližnje, onda se naša misao ili riječ žele ostvariti. S jedne strane, ostvarit će se u nama samima tako što će ojačati aspekti bolesti u nama. S druge strane, oni zrače u našega bližnjega pojačavajući bolest ili boležljivost u njemu - onda ako je naš bližnji tomu sklon.

Ako smo međutim spremni ozbiljno nastojati s Kristovom snagom očistiti aspekte ljudskoga koji uzrokuju naše zdravstvene smetnje, tada se u nama ispunjava Božja volja. U svojoj želji za zdravlje svojega bližnjega možemo sada jednako tako svjesno osloviti Božju volju, Njegov zakon, primjerice: „Gospodine, Tvoja se volja ispunjava – u nama i u našemu bližnjemu." Tada će Božji zakon u nama pojačano djelovati i pokazat će nam one aspekte u kojima naše misli i postupci još ne odgovaraju božanskoj volji.

Tko svojemu bližnjemu želi mir, a sam je nemiran, može pojačati nemirne aspekte u svojemu bližnjemu ako je ovaj nemiran, jer jednako uvijek iznova pokreće jednako i želi se ispuniti.

Tko svojemu bližnjemu želi ljubav, a sam je bez ljubavi, može još pojačati odsutnost ljubavi u svojemu bližnjemu, koji je i sam još bez ljubavi, jer jednako uvijek iznova privlači jednako i želi se ispuniti - opet prema zakonu „Jednako privlači jednako i pojačava se".

Gabriele:

Prije nego počnemo govoriti, trebamo promisliti. Riječi često ne možemo tako brzo povući kao misli; jer izgovorene riječi brže ulaze u bližnjega nego misli.

Iako misli nisu izrečene, podsvijest i duša čovjeka jesu ih registrirale. Primatelj ih neće tako brzo postati svjestan. To za nas znači: tko svoje negativne misli Kristovom snagom pravovremeno ukloni, on uklanja istovremeno i stvorene uzroke – u svojoj duši i u plazmi, kao i u duši i plazmi svojega bližnjega.

Naprotiv, izgovorene riječi mogu u jednom trenutku mnogo toga potaknuti i uskomešati. Tko se time osjeti povrijeđen i ne oprosti, taj to zamjera uzrokovatelju i možda mu dugo vremena neće oprostiti. Uzrokovatelj i pogođeni time su uzajamno vezani.

Spoznajte:

Svaki osjećaj, svaka misao, svaka riječ i svaki postupak jesu energija.

Što čovjek odašilje može postati djelotvorno kod bližnjega ako je osnova u njemu jednako ili slično. Jednako ili slično vraća se opet čovjeku koji je odaslao; jer: tko odašilje, taj prima.

Tko svojemu bližnjemu želi zdravlje i mir, a sam je obolio u duši i tijelu, ili sam u sebi nosi nemir neostvarivanjem vječnih zakona, taj utječe na bolest i nemir svojega bližnjega i pojačava ih, jer svojim željama mira i ozdravljenja koje upućuje svojemu bližnjemu nije dopustio da postanu djelotvorne u njemu samome.

Želiš li svojemu bližnjemu nešto što nisi još sam ostvario, npr. čisto, plemenito, lijepo i dobro, tada to ne dolazi u njegovu nutrinu jer nije nadahnuto od tebe - ili ga prihvaća površina, privid, njegovo nisko ja, i osjeća se polaskanim i počašćenim te se tako pojačava njegovo niže sebstvo, nisko ja.

Poželi svojemu bližnjemu samo ono što sam posjeduješ u sebi i na sebi, dakle ono što je ostvareno i time nadahnuto, i u svemu oslovljavaj čitavi vječni zakon. Budući da je sve u svemu sadržano, potvrđuj u željama za svojega bližnjega čitav zakon, Boga. Ne gledaj samo površinu, ono što se treba izvršiti na tijelu bližnjega ili u njegovoj okolini. Razmisli o tome da je dobrobit duše odlučujuća i da je čisto duhovno tijelo opet čitav zakon.

Što čisti želi svojemu bližnjemu - ono što on sam ispunjava - to ide iz najveće nutrine njegova hrama i ulazi također u hram bližnjega. On ujedno nosi plodove vječnog zakona u hram bližnjega jer on svojemu bližnjemu donosi vječni zakon kao dar ljubavi, koja je opet, zakon sam.

Ne poželi dakle svojemu bližnjemu detalje iz vječnog zakona jer ćeš u njemu i u sebi osloviti samo dijelove vječnog zakona.

Time ostavljaš sve ostale fasete vječnog zakona neiskorištene. To znači da bi se ti zadovoljio s nekoliko faseta, čime svjedočiš o svojoj nečistoti, a nečistomu otvaraš vrata i kapiju da te zavede.

I kad oslovljavaš samo jedno područje materije, uloži u njega cjelinu. To je istinski život, to je život u vječnom zakonu, Bogu.

Gabriele:

Jezik Bitka jest zakon koji glasi: sve je sadržano u svemu. Savršenost je Božji izričaj.

Taj način govora za nas je potpuno nov. Želimo li usvojiti taj jezik, tada moramo potpuno promijeniti mišljenje. Tko želi ući u tu visoku svijest, može to vježbati.

Vježbamo li govoriti jezikom zakona, jezikom cjeline, tad ćemo biti uzdignuti visokom, vječnom Božjom vibracijom. Rezultat je unutarnja sigurnost, jasnoća i svjesnost Boga. „Ako i ali", „moglo bi biti", „možda" i „sada još ne – možda kasnije" otpadaju od nas jer mi govorimo jezikom vječnog zakona, jer mi u svakoj riječi potvrđujemo vječni zakon, cjelinu, i težimo tomu da ga ispunimo. Tada se ispunjava Gospodinova volja, a ne naša vlastita volja.

Mi bismo trebali željeti svojemu bližnjemu samo ono što smo od božanskoga ostvarili, ono dakle što je produhovljeno. Tada u svemu oslovljavamo cijeli vječni zakon.

Tko vježba taj kozmički jezik, prepoznat će vrlo brzo kod sebe samoga što još mora ostvariti. Tko prepoznato negativno odloži i više ne čini, postaje majstor univerzalnog, kozmičkog jezika, koji je izraz otvorene duhovne svijesti.

U svemu što mislimo, govorimo i činimo, čitav je vječni zakon. Vodimo li razgovore, bez obzira na to kakvi su, također i razgovore o problemu – uvijek si trebamo osvijestiti: u svemu je cijeli zakon, a cijeli zakon želi biti djelotvoran u svemu u skladu s vječnom slobodnom voljom.

Tko vježba taj univerzalni, kozmički jezik, u svakom će razgovoru osloviti cijeli zakon, koji mu tada pomaže misliti i govoriti iz Božjeg zakona i u problemima pronaći zakonito rješenje.

Napravimo li plan za dan, za tjedan, mjesec, tad u planu oslovljavamo cijeli vječni zakon, time što svoje planiranje predajemo vječnoj, svetoj Božjoj volji. Tada vječni zakon djeluje jer mi dopuštamo da djeluje Božja volja. Ipak ne smijemo ostati pasivni, već svoje planiranje trebamo čuvati u najunutarnjijemu i aktivirati ga svojom dnevnom djelatnošću.

Ako je naš zemaljski život zakonita aktivnost, zakonita akcija, tada u svakodnevnici – također i u svojem tijelu – osjećamo reakciju. To se pokazuje u našim čuvstvima, osjećajima, mislima, govoru i postupcima, u našem planiranju, u svakom činu.

Neka bude rečeno sažeto:
po principu odašiljanja i primanja vrijedi: sadržaj onoga što čuvstvujemo, osjećamo, mislimo, govorimo i činimo, također i onoga što želimo svojemu bližnjemu, uvijek smo mi sami. Pa i kada puno maskiramo, prekrijemo mnogima lijepim riječima – odlučujući je sadržaj maskiranoga, to smo mi sami. Maska je samo ljuska – važan je sadržaj. Ono što mislimo i osjećamo, kao i sve tajne, isključivo smo mi sami.

Želimo li spoznati sebe, tada ne trebamo gledati ljusku, već sadržaj. To nam pokazuje tko smo i što sadrži naša aura, naša plazma.

„Istinski život jest život u vječnom zakonu, Bogu."

Zakon, Bog, sveprisutan je Vječni bitak. Sveprisutan vječni zakon, Bog, također je sadržan i u kauzalnom zakonu, zakonu sjetve i žetve. Čovjeka obvezuje zadaća očistiti ljudsko i ostvarivanjem aktivirati božanski zakon.

Kada ljudsko više ne određuje naš rad i postupke, tada živimo duhovno: kada više ne mislimo grješno, tada mislimo božanski, jer postoje samo dva zakona: božanski zakon i kauzalni zakon – zakon sjetve i žetve.

Ako više ne želimo živjeti u kauzalnom zakonu, promijenimo li dakle svoj život, predomislimo li se, tada postupno urastamo u Apsolutni zakon. Smatramo li da je Apsolutni zakon teško naučiti, trebamo biti svjesni da ga već u sebi nosimo i da je samo prekriven našim grijesima. Prije ili kasnije moramo toga postati svjesni i opet ga probuditi u sebi. Mi ga ne moramo učiti u pravom smislu jer smo ga već u sebi razvili – naime jednom u čistom Bitku, našoj vječnoj domovini, kada se naše duhovno tijelo izgradilo prema mnogim zakonitostima od minerala sve do Božjeg djeteštva i kada smo naučili u sebi aktivirati duhovne snage.

Mi dakle već posjedujemo vječni zakon u sebi: plemenito, čisto, lijepo; to je zakon nesebične ljubavi. U nama je sloboda; u nama je dobrota; u nama su mir, dinamika i radost. Svi ti aspekti božanskog zakona pripadaju našemu vječnom biću; u svojoj sveukupnosti oni su naša duhovna baština. Da bismo je opet otvorili, urasli dakle u Božji zakon, moramo izići iz kauzalnog zakona, zakona sjetve i žetve.

Ako smo svjesni da je u nama čisto božansko biće, tad ćemo mu također nastojati pomoći da se opet probije. Slušamo li ili čitamo velika kozmička učenja Isusa iz Nazareta, dodirnut će nas Apsolutni zakon; naše vječno biće, naša božanska baština, počinje titrati. U nama se sve jače budi želja da probudimo svoj istinski Bitak. Tada svakodnevno čistimo svoje ljudsko, više ne činimo grješno, već umjesto toga preuzimamo svoju božansku baštinu tako što sve više i više postajemo nesebični, znači: sve više njegujemo nesebična, plemenita čuvstva, osjećaje, misli i riječi, naša djela postaju sve više i više božanska.

auči gledanje.
Radoznali gleda radoznalo naprijed, natrag, desno i lijevo, gore i dolje - i uvijek vidi sebe samoga, jer radoznalost poziva uvijek samo ono što sam radoznali jest. Jednako zove jednako da bi s njime komuniciralo.

Gabriele, proročica učiteljica i izaslanica Božja, objašnjava:

Postavimo sami sebi pitanje: zašto smo znatiželjni? Zašto se, npr. osvrćemo za ljudima? Što mislimo kada se, npr. osvrćemo za određenim ljudima ili tipom ljudi? To što mislimo, to smo mi sami. Imamo li negativne misli o svojemu bližnjemu, podcjenjujemo li ga ili se zbog njega uzbuđujemo – ono što mislimo o njemu, to smo mi sami; u tome se možemo prepoznati.

Pokrene li se u nama zavist, želimo svojega bližnjega oponašati u nečemu, tada nam nedostaje duhovne samospoznaje; mi nismo vjerni svojemu istinskom sebstvu jer ne mirujemo u najunutarnjijemu svojega hrama.

Biti vjeran samomu sebi znači svraćati u hram svoje nutrine, svraćati Bogu. Jer što smo više pozitivne energije razvili u duši i tijelu, to više možemo biti vjerni sebi, - svojemu vječnom sebstvu, božanskomu u sebi. Mi se sve više nalazimo u Božjem zakonu. Mi znamo za Njegovu snagu, osjećamo Njegovu snagu, koja snaži našu dušu, koja opskrbljuje energijom svaku tjelesnu stanicu, a nas čini budnima, dinamičnima, jasnima i radosnima. Tada smo sve više i više povezani s vječnom snagom.

To daje unutarnju sigurnost i unutarnju samostalnost. Stalnim ostvarivanjem svojega istinskog Bitka, mi svakodnevno sve više otvaramo svoju duhovnu baštinu. S tom božanskom snagom, svojim istinskim Bitkom, živimo svjesnije.

Znatiželjni mnogo toga ne posjeduje, njemu nedostaje energije. Tko živi u Božjem zakonu, taj posjeduje sve. On ne treba biti znatiželjan; on ne treba energiju – on posjeduje svu energiju Vječnog bitka.

Znatiželjni gleda samo sebe samoga. Pogledamo li znatiželjno naprijed, nazad, lijevo, desno, gore ili dolje, vidimo uvijek iznova samo sebe. Naše nam misli govore tko smo. Znatiželjni ne govori jezik bližnjega; mi govorimo sebe same. To je naš vlastiti jezik, ono što je svatko od nas pohranio u svojem mozgu, u svojoj duši i u zviježđima. Nikakva komunikacija nije moguća izvan toga.

Znatiželja je požuda, jedan oblik očekivanja od bližnjega, traženje, htijenje imati i uzeti, vrebanje, ocjenjivanje, odmjeravanje. Unutarnje prihvaćanje bližnjega, naprotiv, izravno je i iskreno; ono ne prosuđuje i ne odmjerava, ono ne vreba i ne žudi, ne traži ništa i ništa ne vezuje za sebe; ono ništa neće uzeti, jer ono prima.

Tko živi u najunutarnjijemu svojeg hrama, svjestan je svojeg djeteštva u Bogu, kojemu svakodnevno teži. Očistimo li svoje grješno, tad opet otkrivamo svoju božansku baštinu čime se naša duhovna svijest postupno otvara i tako zrači kroz dušu i čovjeka.

Nauči gledati kroz sebe, gledati iz hrama svoje nutrine, tada ćeš upoznati u svemu, također i u svojemu bližnjemu, zakonitost - a u zakonitosti cjelinu. To je život u vječnom zakonu, to je govor zakona.

Gabriele:

„Nauči gledati kroz sebe, gledati iz hrama svoje nutrine" za nas znači da moramo najprije svratiti u hram svoje nutrine. Mirujemo li u svojoj nutrini, ako smo tihi u svojoj nutrini, tada gledamo čistim očima duše i opažamo kako zakonito, tako i nezakonito. Međutim, tko miruje u istinskom Bitku, neće se dugo zadržavati na nezakonitome, već će ga nakratko osloviti bez poistovjećivanja s njim.

Zakonitosti su fasete vječnog zakona. Ali ipak, svaka faseta sadrži čitav zakon. Na satovima poučavanja Apsolutnog zakona čuli smo da jedan mali životni oblik, npr. zrnce pijeska ili čestica prašine, zrači nekoliko faseta zakona – ono što je taj oblik života već usvojio; to su određeni stupnjevi evolucije koji čine stupanj razvoja.

Aktivnošću životnog oblika, njegovim zračenjem, tijekom stalnog udisanja i izdisanja svemirskog Duha izgrađuje se duhovno tijelo. Kada je duhovno tijelo savršeno, tada ono zrači sve fasete Apsolutnog zakona, a Apsolutni zakon, Vječni bitak, svijetli kroz čitavo kozmičko, vječno tijelo. To je savršenost kojoj teže svi oblici života. Savršeno izgrađeno duhovno tijelo jest duhovno tijelo duhovnog bića. Budući da je u svakoj faseti, u svakoj zakonitosti koja se izgradila, sadržan cijeli zakon, duhovno biće ima apsolutnu slobodu, također i apsolutnu slobodu kretanja u beskonačnosti.

Apsolutni zakon jest apsolutna sloboda. Nas ljude samo grijesi čine neslobodnima; naš samostvoreni zakon, naš ja-zakon, kauzalni zakon. No očistimo li svoje prepoznate pogrješke, dakle grijehe, tada postupno osjećamo lakoću duše i tijela jer malo-pomalo od nas otpada naš teret, naše opterećenje. Ta je lakoća dašak vječne slobode.

Gabriele:

Imamo li neograničeno povjerenje u Boga?

Kada bismo se potpuno povjerili Bogu, tada bismo sve više i više mirovali u svojoj nutrini. Tada svaka znatiželja uzmiče od nas, jer je u najunutarnjijemu sve sadržano. Ono što još nije sazrelo, što još nismo otkrili ostvarivanjem božanskih zapovijedi, bit će nam očevidno onda kada budemo sve više i više ostvarivali zakone života.

„Čisti ne treba ništa osluškivati, on zna u sebi, u svetištu svojega hrama, ono što je važno." Sve što je za nas bitno, saznat ćemo u pravo vrijeme. Pretpostavka je da živimo svjesno, da naše misli ne lutaju ovamo i onamo, da se svakodnevno ne bavimo svojom prošlošću, već da živimo u sadašnjosti, u danu, u trenutku.

Ako očistimo ono što trebamo očistiti, onda se naša svijest proširuje i mi doživljavamo u sebi samima, u svojem hramu, ono što je za nas važno. Mi doživljavamo sami sebe a time u sebi doživljavamo i Bitak - mir i tišinu, koja se pritom otkriva onomu čistomu ili duši koja postaje sve čistija i čistija.

Tko želi prisluškivati i osluškivati, taj saznaje samo svoje nisko ja, koje ga uznemirava i ponovo potiče na protivno mišljenje, govorenje i postupanje – dakle na protivno odašiljanje - time on prima opet protivno.

Nauči slušati. Ne postavljaj nikada znatiželjna pitanja jer ćeš inače oslušnuti samo sebe, svoje niže sebstvo.

Gabriele:

Trebali bismo dakle promisliti prije nego što pitamo, prije nego što govorimo. Postavimo si uvijek iznova pitanje: što zapravo želimo sa svojim pitanjem? Što želimo njime postići? Što bismo zapravo htjeli čuti? Je li to za nas važno ili je samo znatiželja?

Samoispitivanje nam pomaže u mnogim situacijama jer brže spoznajemo sebe. Ako smo sebe spoznali, tada si sami možemo i odgovoriti, osobito onda ako je pitanje postavljeno zbog znatiželje ili da bismo nekog čovjeka osramotili ili mu nešto dokazali. Bilo bi bolje tada prepoznato očistiti, a pitanje ne izgovoriti; jer svaka riječ može za nas postati sudbina.

„Nauči slušati" znači da ne bismo trebali htjeti prisluškivati. Tko sluša, taj sluša u riječi, u rečenice, u pitanja, u situacije i čuje što je iza njih. To je međutim moguće samo onom čovjeku koji sve više ostvaruje i ulazi u Božju tišinu, jer samo preko unutarnje tišine mi smo prijemljivi i možemo opaziti ono što vanjska riječ, ljuska, nije u stanju reći ili ne želi otkriti. Probijemo li ljusku, tada saznajemo sadržaj riječi – ono što stoji iza njih, što nije izgovoreno.

Iz svega što ti se govori, slušaj zakonitost Božju i u njoj opet prepoznaj cjelinu, i iskusi je istovremeno u sebi, u svojem hramu. U zakonitosti je sadržan čitav zakon tako kao što je u čitavom zakonu sadržana zakonitost. To je život u vječnom zakonu, a to je i govor vječnog zakona.

Gabriele:

Da bismo naučili čuti ono što je u riječi, u situaciji, moramo to vježbati. Prvi korak jest povući se. Povući se znači; kada nam bližnji nešto govori, ne odmah razmišljati, ne pripremati odgovor još dok nam on govori. Ako odmah mislimo i pripremamo odgovor, tada on dolazi iz intelekta, a nikada iz inteligencije, Boga. Odgovor tada ne dolazi iz tišine u nama, iz vječne istine – on neće biti rođen u nama, već odgovara pohranjenomu u našem mozgu, intelektu.

„Iz svega što ti se govori, slušaj zakonitost Božju i u njoj opet prepoznaj cjelinu." Trebali bismo steći naviku da se najprije povučemo u sebe, a ne odmah misliti i htjeti da odmah mislimo i hoćemo govoriti. Dopustimo da nas u našoj nutrini dotakne ono što je naš bližnji izgovorio i predočimo si: u svemu je odgovor i rješenje. Time gradimo povjerenje u Boga. U svemu je odgovor i rješenje jer je Bog u svemu prisutan. Nastavimo li i nadalje mirovati u svojemu najunutarnjijemu, tada će se prema prilikama iz duhovne svijesti koju smo već otvorili uzdići biseri vječne istine. Zaiskrit će istovremeno odgovor iz zakona istine.

Imamo li zakonit odgovor, osjećamo li da je ono što želimo reći neosobno, tada bismo trebali u onome što kažemo potvrditi cijeli zakon. Pa i ako kozmički Bitak, vječni zakon, još ne poznajemo u svim pojedinostima, mi ga potvrđujemo i potvrđujemo Boga, cjelinu, u onome što kažemo.

S pomoću te male vježbe saznat ćemo što znači unutarnja tišina. Sve više i više doživljavamo da nam je Bog sasvim blizu. S vremenom osjećamo da je On, veliki Duh, naš Otac u Kristu, pored nas i da nam pomaže - u svakoj situaciji, također i u najmanjemu i najneznatnijemu. Često mislimo da k Bogu, svojem Ocu, ne možemo dolaziti s neznatnostima. No mi se Njemu smijemo obratiti sa svime jer smo mi Njegova djeca i jer nas On ljubi.

Vježbajmo se primiti u sebi izgovoreno i dopustiti da dođu biseri života i potvrđujmo cjelinu u svojem odgovoru. S pomoću tih vježbi saznajemo što je govor vječnog zakona. Tako doživljavamo svoje istinsko sebstvo, ne svoje intelektualno, svoje ljudsko sebstvo.

Naučeno je intelekt, ljudsko sebstvo, ono pohranjeno u mozgu. Istinsko sebstvo jest dubina naše duše. Tko svakog dana čišćenjem ljudskoga i ostvarivanjem zakona života sve više uranja u dubine Bitka, taj spoznaje svoje istinsko sebstvo, sebe samoga kao kozmičko biće, i doživljava zakone života.

Tko nastoji u sebi oslušnuti Vječnu riječ, Bitak, zakon, taj još nije Riječ, Bitak, vječni zakon. A tko je oslušne – prema stupnju zrelosti svoje duše – taj je samo osluškuje, a još je ne poznaje, jer još nije postao zakon Božji.

Gabriele:

„Tko nastoji u sebi oslušnuti Vječnu riječ, Bitak, zakon, taj još nije Riječ, Bitak." Osluškivati dakle znači da još moramo prisluškivati da bismo ga čuli. Mi još nismo u Božjoj struji; mi još stojimo na rubu i gledamo u struju. Istovremeno prisluškujemo struju da bismo saznali što nam prema prilikama struja, istina, Bog, vječni zakon, imaju reći.

Govorimo li Božju riječ, tada više ne trebamo pitati kakav je Vječni bitak. Mi više ne trebamo istraživati zakone života – mi znamo, jer Bog u svakoj situaciji govori preko nas. Mi više ne trebamo težiti istini pitajući: što je sadržaj situacije ili pitanja? Što mi ovo ili ono želi reći? – Mi to znamo, jer imamo pregled, jer smo postali Božja riječ. A Božja riječ jest vječni zakon ljubavi.

Mi smo na Zemlji da bismo opet postali božanski, da bismo dakle opet bili Božja riječ, Njegov zakon. Mnogi se još moraju potruditi oko neosobnog govora, odgovora iz nutrine. Ipak, ako smo postali zakon života, tada je Nebo otvoreno prosvijetljenomu; više nema pitanja jer je u najunutarnjijemu sve odgovoreno, jer Božji zakon zna o svemu, a mi smo postali zakon Božji.

Dragi bližnji, ne recite: „To je još dalek put!" Bog nam je blizu. U svemu što mislimo i činimo jest vječni zakon. Bog nam želi pomoći u svakoj situaciji. Povjerimo mu se. Povjerenje raste čišćenjem našega ljudskoga. Tada osjećamo Njegovu blizinu, koja nas čini sretnima. To je Njegova prisutnost u riječi i djelu, u svemu što mislimo, govorimo i činimo.

„A tko je oslušne – prema stupnju zrelosti svoje duše - taj je samo osluškuje, ali još je ne poznaje." To dakle znači: tako dugo dok još moramo osluškivati impulse svoje nutrine i još se moramo truditi shvatiti opažanja svoje nutrine, mi još ne poznajemo svoje istinsko sebstvo. Tada trebamo činiti daljnje korake u ostvarivanju i ispunjavanju Božjih zakona, korake u nesebičnost, u neosoban život služenja, da konačno ne moramo više zakon osluškivati, već sami njime biti. Moramo dakle dopustiti da budemo prožeti Božjim Duhom. Tada smo Njegova riječ.

Je li put k Bogu doista tako težak kao što poneki misle? Pokrenimo u svojim srcima glavnu zapovijed, koju nam Krist u svojim objavama uvijek iznova poziva u svijest: ljubi Boga, svojeg Oca, cijelim srcem, cijelom svojom dušom, svim svojim snagama, a svojega bližnjega kao samoga sebe. – Jednostavne riječi, pa ipak, u njima leži čitavo Nebo! Prihvatimo li se ostvarivanja te glavne zapovijedi, vrlo brzo ćemo spoznati: to doista nije tako teško, povjeriti se Bogu i Apsolutni zakon prihvatiti i primijeniti: ljubi Boga cijelim srcem, svom svojom dušom.

Kad god se pojave poteškoće, kad god želimo podcijeniti svoje bližnje, uvijek kad pomislimo da sve znamo bolje, uvijek onda kada želimo svoje bližnje odgurnuti od sebe, dozovimo si opet u svijest: ljubi Boga, svojeg Oca, svim srcem, svom dušom, svom snagom, a bližnjega kao samoga sebe.

Mislimo li to iskreno, tada našim tijelom i našom dušom prolazi vibracija koja dovodi do toga da brzo promijenimo mišljenje, da uđemo u nutrinu. Tada iz dubine svojeg srca izgovaramo molbu za opraštanje: „Oče, molim te od svega srca da mi oprostiš što sam opet pao u svoje stare navike." Dolazi li ova molba iz dubine duše, tada je i pomoć već prisutna. Tako brzo nalazimo put k Onomu koji nas bezgranično ljubi, k Onomu kojeg naša duša bezgranično ljubi.

Probuđena duša čezne za Bogom. Međutim, često joj ne dopuštamo da dođe do riječi. Prigušujemo čežnju duše svojim intelektom, svojim ako i ali, mišlju: „Ne smijem pokazivati nikakvo ganuće; ne smijem imati nikakav osjećaj; moram biti jak, moram biti muško." Dopustimo unutarnje ganuće! Dopustimo čuvstvima da govore, dopustimo suze – suze kajanja i stida zbog samih sebe. Tada osjećamo što nam duša ima reći.

Tko želi spoznati i doživjeti Vječni bitak prema slovu, taj čita ili sluša mimo realnosti. A tko osluškuje samo ono što njegov bližnji prepričava kao istinu, stvara slikovite predodžbe iz toga što osluškuje. To nikada nije realnost života, nego privid; to je odraz zakona, a ne istina sama.

Gabriele:

„Tko želi spoznati i doživjeti Vječni bitak prema slovu, taj čita ili sluša mimo realnosti." Zašto? Zato što se zadržava samo na površini.

Predočimo si riječ kao orah. Grickamo li samo ljusku, tada ne poznajemo jezgru. Gledamo li dakle samo na slova, tada gledamo samo ljusku i ne doživljavamo jezgru, realnost, sadržaj riječi.

„A tko osluškuje samo ono što njegov bližnji prepričava kao istinu, stvara slikovite predodžbe iz toga što osluškuje." Time nam Krist hoće reći: slušamo li samo vječni zakon, a ne usmjeravamo se prema njemu tako da svakodnevno čistimo svoje ljudsko i sve više i više živimo prema Božjim zakonima, tada si stvaramo predodžbe. Gledamo samo ljusku, koja nas zavarava. Život je jezgra. Do nje dolazimo samo ako probijemo ljusku. To nam je moguće samo ako očistimo svoje grješno, koje nam se svakodnevno, u svakom trenutku pokazuje. Naših pet osjetila donosi ga na površinu.

Ne možemo li obuhvatiti dubinu sadržaja ljuske, ne možemo li osjetiti jezgru u dubini svoje duše, tada varamo sami sebe ili smo prevareni. Zbog toga nam Krist u svojim objavama uvijek iznova govori: ne trebate biti samo slušatelji Mojih riječi, već ih trebate ostvarivati da biste nesebično djelovali.

Ostvarivanjem mi sami doživljavamo svoju božansku baštinu, doživljavamo duhovni zakon, svoj istinski Bitak. Tada ne moramo više sve osluškivati, ne moramo sve pitati i ne moramo više stvarati nikakve predodžbe – mi smo uronjeni u Vječni bitak i odatle, iz izvora života, primamo. To je želja Krista Božjega. Zbog toga nam je On dao u riječi i slovu velika kozmička učenja, Apsolutni zakon, našu božansku baštinu.

Tko dakle samo osluškuje istinu koju tumače ljudi, bilo u sebi ili izvana - taj nije još istina sama, Bitak. Tko nije postao istina, Bitak, ne poznaje sebe kao biće istine jer nije još otkrio biće istine, svoj istinski Bitak.

Samo onaj tko jest Vječna riječ, Bitak, zakon, taj je u životu - i jest život sam, jer je on esencija svete Riječi, istina, život.

Gabriele:

Bilo da riječi iz vječne istine slušamo ili čitamo, trebamo se naviknuti točno čuti, a ono što čitamo primiti u svojoj nutrini. To se događa onda ako ne mislimo odmah, ako dakle ne stvaramo misli o onome što smo čuli ili pročitali, već smo budni i primamo to u svojoj nutrini. Dopuštamo onomu čega postanemo svjesni, znači onomu što se pokrene u našoj nutrini, da dođe u našu budnu svijest; to promatramo i zabilježimo jer nam to nešto govori. Tako sve više učimo jezik Duha. Učimo povući se u sebe da bismo ono što smo čuli savladali u svojoj nutrini.

Ako u nama poslije osobito titra jedna izjava, jedna riječ, odzvanja li nešto u nama, tada u onome što nas pokreće potvrđujmo cijeli zakon tako što ćemo reći: „Da, u svakoj je izjavi cijeli, vječni, moćni zakon."

Potvrđujemo li iz dubine srca cjelinu, život, tada osjećamo da smo se odmah našli u povišenom tjelesnom ritmu, u višoj vibraciji, jer je Bog, koji je cjelina, sveprisutan.

Mi smijemo potvrđivati Božji zakon, cjelinu – dobro znajući da mi to još uvijek nismo, da ga nismo još sasvim ostvarili i ispunili. Mi ga smijemo potvrđivati.

Već samo potvrđivanje iz dna srca stvara rezonancu i pokazuje nam svemoćni Bitak, beskonačnost. Ako se srce i duša otvore, tad osjećamo dašak stvarnosti izvan vremena i prostora. Probuđena duša često više čezne za Bogom nego čovjek, jer ovaj reagira mnogo tromije od naše duše. Zbog toga često nastaje nesuglasje između duše i čovjeka.

Riječ Neba jest Njegova riječ, Riječ Božja, vječni zakon. Tko je postao Riječ Božja, taj je postao biće u Bogu. On gleda i ljude, predmete, zbivanja i događaje u slici Neba, istine, u Ja Jesam - a ne više u slici svojega malog svijeta, u vidokrugu „ja hoću".

Gabriele:

Ako dopustimo Kristovoj izjavi: *„Riječ Neba jest Njegova riječ, Riječ Božja, vječni zakon"* da titra u nama, nestaje uskoća ljudskoga. Povlače se misli, predodžbe i mišljenja koja su nam prije bila blizu; postaju nevažna. To se osniva na tome da svojemu ljudskomu sada ne dopustimo nesmetani pristup, već da umjesto njega pročitane ili izgovorene riječi primimo u onim dijelovima svoje duhovne svijesti koje smo otvorili, koji dakle titraju kroz našu dušu i kroz našeg čovjeka. Na taj način stupamo u komunikaciju sa širinom i slobodom beskonačnosti i osjećamo ih. U tom odstojanju od ljudskoga titraju zajedno mir i unutarnja ljubav. Taj je nježan dašak odgovor Božji.

Mi u njemu prepoznajemo Božju blizinu. To iskreno nastojanje da urastemo u moćni zakon vodi nas u aspekte unutarnjeg zakona.

Stoga nemojmo odmah misliti, već otvoreno i s povjerenjem primimo ono što čujemo ili čitamo i potvrdimo u svemu božansko, tada uzimamo odstojanje od svojega ljudskoga, od poteškoća i problema. Postajemo jasniji i možemo postojeće ljudske aspekte – ono što je aktivno i predstoji za čišćenje – također lakše i detaljnije prepoznati. Postajemo mnogo mirniji, reagiramo opuštenije i tako stojimo iznad situacije.

Budimo svjesni: Bog je svagdje, On je u svemu. On je u nama, duboko u našoj duši. Ali On je i u svakoj riječi, u svakoj misli, u svakom osjećaju, u svakom trenutku; sve što čujemo, što vidimo, jest Bog. On, veliki Duh, dopušta da Ga se sluša i On dopušta da Ga se gleda ako stvari promatramo u svjetlu zakona, u svjetlu istine.

Da time opet postajemo zakon istine, to za nas najprije znači: ne smatraj se previše važnim, ti nisko ja, Ja Jesam jest najveće – Potvrđujemo li uvijek iznova najveće, Ja Jesam, i nastojimo li ostvarivati taj moćni kozmički zakon, tada ćemo se i u svakoj poteškoći, u svakom problemu povući i reći: stani! Ne pravi se važan. Ja Jesam jest najveće; ono je u svemu. Pravovremeno ću saznati kako mogu riješiti ovu situaciju ili problem po Božjim zapovijedima.

Povučemo li se dakle tako da ne razmišljamo odmah, već da u sebe primimo ono što nam je rečeno, tada ćemo čuti svjesnije, a i svoj posao obavljat ćemo točno i lako jer živimo u trenutku.

Ako smo postali biće u Bogu, Božje dijete, tada smo također opet svjesno sin ili kći Božja. Uzmemo li ove dvije riječi: „sin" i „kći" i potvrdimo u tim riječima čitav božanski zakon, tada odjednom osjećamo promjenu u i na sebi. Iz toga proizlazi pažnja prema našemu najunutarnjijem biću. Protuslovlja ljudskoga ja povlače se od nas. Ako smo u znatnoj mjeri opet postali biće u Bogu, tada vidimo što se krije iza maske ljudskoga ja naših bližnjih. Onaj tko se vratio u taj duboki unutarnji osjećaj, više ne vrednuje.

Iako još nismo postali zakon, iako još moramo razgraditi neke pogrješke, dakle grijehe, potvrđivanje Božjeg zakona u riječi „sin", u riječi „kći", uzdiže nas tako da svoje ljudsko možemo promatrati s jednoga višeg stajališta. Potvrđivanje od srca govori nam također: budući da smo kći ili sin Božji, moramo se odgovarajuće i ponašati. Znači: trebali bismo sve više i više ostvarivati Božje zakonitosti.

Spoznaja obvezuje. Spoznaja također donosi sa sobom i snagu da je korak po korak pretvorimo u djelo. Potvrđujemo li npr.: „Ja sam Božja kći", tad pokrećemo neaktivne protuzakonitosti koje nam dopuštaju da spoznamo što nas još sprječava da budemo Božja kći. Očistimo li sada aktivno grješno, pojačano doživljavamo slobodu i svijest da smo moćno biće u Bogu.

To će se pojaviti samo onda ako nakon prepoznavanja i čišćenja budemo dosljedni u tome da grješno kojega smo postali svjesni više ne činimo. Samo negiranje spoznate negativnosti ne koristi nam ništa. Moramo stari negativni program zamijeniti novim, pozitivnim programom tako da iz svojega pogrješnog ponašanja izvučemo Božje zakonitosti i osvijestimo ih.

Mnogi su iskusili da pomaže zabilježiti nezakonitosti i Božje zakonitosti koje iz njih slijede. Te bismo bilješke trebali nositi sa sobom i predočiti si ih onda kada iznova padnemo nazad u stare navike.

Ono što smo očistili, titra još dosta vremena u stanicama mozga. Uvijek iznova možemo sebi pročitati zakonitosti, dakle zadati si ih, unijeti ih u svoj mozak. To činimo tako dugo dok stari program ne nestane, a novi ne uđe u naše misli, osjećaje i čuvstveni svijet i mi više ne padamo nazad u svoje stare programe. Tako će se negativno postupno preobraziti u pozitivnu snagu; na mjesto protuzakonitih misli i ponašanja stupa zakonito.

To je rad na nama samima na Unutarnjem putu; to su koraci u život u vječnom zakonu, koji nas vodi u našu nutrinu i nazad k Bogu. Tako sazrijevamo u Duhu i otkrivamo svoju božansku baštinu.

Čisto biće u Bogu nećemo postati od danas do sutra, a također ni samo potvrđivanjem Apsolutnog zakona. Ipak ne potvrđujemo li Božji zakon, tada potvrđujemo najvišu snagu koja se u nama pojačano aktivira. Mi je osjećamo toliko koliko ona može kroz našu otvorenu svijest doprijeti do naše budne svijesti.

Bića u Bogu žive u jedinstvu među sobom i s čitavim Bitkom. U jedinstvo ćemo se vratiti samo onda ako u svojem srcu potvrđujemo pozitivne aspekte svojih bližnjih, otvorimo ih u svojoj duši - na isti način i sva carstva prirode. Nismo u suglasju s božanskim principima jednakosti, slobode, jedinstva i bratstva ako smo jednomu naklonjeni, a drugoga odbacujemo i ne poštujemo. Isto tako nije međusobno spojivo ako bližnje ljubimo i cijenimo, a istovremeno postupamo protiv prirode i šutke pristajemo da se čini nažao našim subližnjima, životinjama i prirodi.

Prepoznajmo i ovdje opet veliki život stvaranja, čija je esencija u svakome od nas. Svaki trun, svaku i najmanju pojedinost svega onoga što je proizašlo iz moćnog Duha Stvoritelja moramo opet u sebi otvoriti, dopustiti da opet titra u nama da bismo postigli jedinstvo s Bogom. Tako ćemo se vratiti u veliko događanje života, u kojem ostajemo povezani jer nas Bog, naš Otac, čuva u Svojem srcu.

„On gleda i ljude, predmete, zbivanja i događaje u slici Neba, istine, u Ja Jesam - a ne više u slici svojega malog svijeta, u vidokrugu 'ja hoću'."

To je za nas velika i moćna rečenica.

Slika Neba, tako kaže Gospodin u Svojim velikim kozmičkim učenjima, jest istina, Ja Jesam. Potvrđujemo li to u sebi – jer je u našoj najdubljoj nutrini Ja Jesam, jer smo mi hram Svetog Duha - tad stupamo postupno u mir i postižemo unutarnju sigurnost, koja nam sasvim postupno dopušta da probleme, stvari i događaje spoznamo u svjetlu istine.

Život u Bogu pruža nam sigurnost. Čovjek koji gleda samo vanjštinu nestabilan je i nesiguran. On trajno živi u strahu da bi ga njegov bližnji mogao prevariti. Stalno je sumnjičav, nepovjerljiv i pun sumnje. Sukob sa strahom i vlastitim svijetom predodžbi drži ga stalno napetim. Tako je on uhvaćen u svojem strahu, koji mu sugerira „ja hoću" i „ja moram". Tko sve više i više živi u Bogu, taj sve više i više živi u svojoj nutrini, gdje stanuju svjetlo i istina. Tako on uči gledanje. Kada je naučio gledanje, tada u svemu potvrđuje cijeli zakon, cjelinu - a cjelina, vječni zakon, također će mu pomagati i služiti.

Tako dugo dok gledamo svoje ljudsko, pokrećemo svoje brige, poteškoće i probleme, ostajemo grozničavi i kratkog daha.

Stoga bismo si trebali zadati kao trajnu zadaću: povuci se! Ne reagiraj odmah. Dopusti da ono što čuješ postane djelotvorno u tebi. Tek tada govori ili postupaj.

Potvrđujemo li u svakoj izjavi, u svakoj riječi, čitav zakon, Unutarnji život, brzo ćemo opaziti da dišemo mirnije i dublje. Dišući dublje i mirnije, osjećamo u sebi širinu, dašak slobode.

Slična iskustva možemo doživjeti ako božansku volju suprotstavimo svojemu „ja hoću".

„Ja hoću" – dakle čovjek – uvijek navaljuje. On navaljuje i navaljuje, i hoće i hoće - i na kraju izlazi: ja to moram sada imati; sada to moram postići; to sada mora biti tako kako ja hoću. Iz toga se rađa pohlepa, zavist, netolerancija, vlastohleplje i neprijateljstvo.

Potvrđujemo li da se u i na nama izvršava Božja volja i prepustimo li se Božjem vodstvu, tada ćemo u trenutku predavanja Bogu postati mirniji, a naš će dah biti dublji.

Zakonitim načinom ponašanja postajemo također i suvereni. Ispravno procjenjujemo ljude i situacije, znamo što činiti, a što ne; svoje bližnje susrećemo s poštovanjem i nepristrani smo. Mi smo iznad stvari.

Mir i suverenost donose i prisnu povezanost s Bogom. Mi se povjeravamo Bogu jer On sve zna. On nam želi samo najbolje. On nam je uvijek blizu. On, moćni zakon, ljubav i pravednost, uvijek je kraj nas. Bog je unutarnje uho koje sve čuje.

Obraća li se srce djeteta velikom Očevu srcu, tada se jedinstvo i ljubav uvlače u čovjeka, jer Božje srce neprestano daje.

Svaka nebeska nesebična misao i svaka nebeska ne-sebična riječ jest nebeska slika koja sve skriva u sebi. Slično kao što jedna tjelesna stanica sadrži cijelog čo-vjeka, tako svaki nesebični osjećaj, svaka nesebična misao, svaka nesebična riječ i svaki nesebični postupak sadrži kao esenciju čitav svemir.

Pravi mudrac ulaže cjelinu u sve što govori - i onda kad iz cjeline priopćuje samo jednu fasetu istine tako da je dovodi do sjaja.

Gabriele:

U božanskom svijetu postoji slikovni jezik. Primi li duhovno biće neki impuls, tada se taj impuls u njemu pretvara u savršenu, potpunu sliku. To je čista slika u kojoj se otvara cjelokupni događaj stvaranja. Unutarnja slika pokazuje se u čestičnoj strukturi duhovnog tijela i duhovno biće gleda u slici sve aspekte koji su važni.

Jednako je i u našem svijetu, našemu zemaljskom životu: naše su riječi i misli jezik slika. Te slike nisu savršene, nisu potpune; ne odgovaraju sedmerodimenzionalnom Božjem svijetu – one su samo odrazi naniže transformiranog, promijenjenog svjetla. One dakle nisu Bitak, već samo privid, i u mnogim slučajevima varka.

Bog je disaj, život. Uvijek iznova postavlja se pitanje: zašto ne možemo vidjeti Božjeg Duha? Isto se tako postavlja pitanje: zašto ne možemo vidjeti zrak? Mi ga potvrđujemo, a ipak ga ne vidimo. Mi udišemo zrak i kisik, a da ne vidimo zrak i kisik, i uzimamo to kao nešto što se samo po sebi razumije. Mi vidimo da zrak pokreće lišće, čujemo šum stabala. Pa ipak, vidimo li tko pokreće lišće, zbog čega lišće šumi? Jednostavno kažemo: „To je zrak." Ako je riječ o Božjem disaju, vječno strujećoj energiji, tad sumnjamo u tu svemoćnu prisutnost.

Povežemo li se s Duhom Božjim tako da povučemo svoje ljudsko i u sebi potvrđujemo moćnu sveprisutnost svemirskog Bitka, tada se i u nama pokreće Duh života: osjećamo mir i tišinu; dišemo dublje.

Predočimo si još jednom: svjestan život znači u svemu potvrđivati Boga, cjelinu. Mi to često zaboravljamo, stoga to trebamo vježbati. Uzmimo si za zadaću uvijek iznova potvrđivati Boga u svemu što mislimo, govorimo i radimo. Predočujmo si uvijek iznova sljedeću izjavu: „Da, Gospodine, Ti si u svemu. Tvoj Duh struji svuda. U meni, u svakoj situaciji si Ti, u svakom problemu, u svakoj zadaći. Ti si u radu i sa mnom na radnom mjestu, Ti si uvijek prisutan."

Potvrđujmo dakle Božju prisutnost u svemu – i ići će nam sve bolje. Postat ćemo sve jasniji, sve slobodniji i postat ćemo dijete kakvo želi Bog, naš Otac: čisto, slobodno, plemenito biće u Njemu.

Gabriele:

Budući da je sve zakon kako na Nebu tako i na Zemlji, u zviježđima, u prirodi, u čovjeku i čovjek sam, tako je sve život jer je svaki gradivni blok energija. Energija odašilje i prima i time je sve život. Život je svijest. Stoga je sve svijest, jer je sve život.

Život može postojati samo preko komunikacije. Stoga jednako uvijek komunicira s jednakim. Princip komunikacije osniva se na odašiljanju i primanju. Sve dakle odašilje, božansko i nebožansko. Svatko je od nas odašiljač i prijamnik. Svojim peterim osjetilima, koja odgovaraju našemu trenutačnom stanju svijesti i čije je djelovanje povezano s našim ćuvstvima, osjećajima, mislima i djelima, mi odašiljemo i primamo.

Mi ne možemo odašiljati izvan svojega samostvorenoga područja frekvencije, koje se sastoji od naših pet osjetila, i od naših čuvstava, osjećaja, misli, riječi i djela, a također i od naših strasti, žudnji i želja. Mi primamo isključivo ono što odašiljemo.

Tim odašiljanjem i primanjem ljudskoga, nebožanskoga, izgrađuje se naš osobni zakon, zakon sjetve i žetve. Očistimo li svoje grješno, svoj osobni zakon, tada postupno ulazimo u Apsolutni zakon. Postajemo slobodni od svojega ljudskoga ja i sasvim postupno stupamo u komunikaciju s vječnim zakonom, svojom božanskom baštinom.

Svi odašiljački potencijali naše komunikacijske mreže utječu jedni na druge. Naših pet osjetila utječe na naš čuvstveni, osjećajni i misaoni život, jednako tako na naše riječi i postupke a također i na naše pobude i sklonosti. Ti opet utječu na naših pet osjetila.

Tko ostane zarobljen u toj osobnoj komunikacijskoj mreži, svoj je vlastiti zarobljenik. On vidi i čuje samo sebe samoga; on opaža samo svoju frekvenciju mirisa i okusa; on opipava samo ono što odgovara njegovu frekventnom području. On čuvstvuje, osjeća, misli, govori i radi isključivo prema svojim unosima.

Tu osobnu komunikacijsku mrežu, učahurenost u svoju vlastitu frekvenciju, možemo razriješiti samo s Kristom jer je On naš Spasitelj. Razriješiti znači osloboditi se svojega ljudskoga ja i okrenuti se prema božanskim zakonima, koji su naša prava baština, komunikacija Bitka.

Čitamo li ili slušamo rečenice iz velikih kozmičkih učenja Isusa iz Nazareta i dopuštamo li da pročitano i čuto tako reći teku u nas, tada taj „odašiljački potencijal" pokreće naš čuvstveni, osjećani i misaoni svijet, naše frekvencijsko područje. Iz svoje vlastite komunikacijske mreže mi tada opažamo one frekvencije u kojima možemo prepoznati sebe; jer mi primamo samo ono što smo pohranili, što mi konačno jesmo. Tako istražujemo svoje stanje svijesti i spoznajemo što još predstoji za čišćenje.

Ako su, npr. riječi „Bog je cjelina" i „Sve je zakon" zatitrale u nama i izazvale pokretanje, upitajmo se: što mi to želi reći? Tada naša svijest, kojoj smo uputili pitanje, možda raščlanjuje kompleks. Možemo pitati dalje:

Gdje smo još podijeljeni, gdje i zašto govorimo dvolično? Čega se plašimo? Iskreni odgovori dopustit će nam da vidimo iza svojih misli i strahova. Ispitujemo se da bismo saznali što su ti aspekti ili rečenice pokrenule u nama, što je još od ljudskoga u nama.

Pokreću li nas riječi „Bog je nepodijeljen", to možda podsjeća na jednu našu prošlu situaciju ili događaj koji je bio obilježen unutarnjom rastrganošću. Da bismo razjasnili aspekte svoje unutarnje rastrganosti, zapitajmo se: zašto smo danas bili tako rastrgani? Što nas je pokretalo prije nekoliko sati? Koje su poteškoće ili problemi prethodili jučer? Što je od toga još neriješeno i neočišćeno? Što nas uznemiruje? Možda nam naša čuvstva signaliziraju lošu savjest? Tada pitajmo dalje: što smo propustili? Što je već odavno trebalo biti učinjeno? Što izbjegavamo, što smo odgurnuli u stranu? Što nas pritišće?

Preispitivanjem ćemo razotkriti sami sebe. U neobrađenomu, raspršenomu, koje je možda samo u čuvstvenom i osjećajnom svijetu uočljivo kao pritisak, nesigurnost, kao strah, sjeta ili tiha ljutnja, jedan aspekt postaje opipljiv, daljnji sasvim očigledan, nakon čega može biti spoznat – a ujedno i očišćen – jedan još dublji uzrok. Isplati se dosljedno dalje ispitivati da bi se istražili korijeni. Površne misli, prolazan osjećaj, još ne donose rješenje i ne oslobađaju.

Često tu leže čitavi kompleksi ljudskoga koje, budući da u danim okolnostima godinama ostaju neočišćeni, nije više jednostavno razmrsiti. Tada vrijedi, na pokazanom putu pronaći onu jednu frekvenciju u svojoj komunikacijskoj mreži koju nam danas dnevna energija pruža. Dovedemo li tu jednu frekvenciju do titranja, spoznamo li je i očistimo, tada doživljavamo možda daljnje frekvencije svoje komunikacijske mreže. Osvijetli li se kompleks našega ljudskoga ja, tada stižemo do korijena svojih opterećenja. Tako možemo korak po korak postati slobodni preko spoznaje i čišćenja s pomoću Kristove preobražavajuće snage u sebi.

Fizičke oči opažaju samo izvanjsko, a ne ono što je vidljivo u najunutarnjijemu, u čistom Bitku, u hramu Božjem.

Fizičke oči opažaju samo odsjaj onoga što je na Nebu.

Ono što je materija jest refleksija, a ne apsolutnost.

Onaj tko gleda, spoznaje Boga u svemu što jest; u svakom cvijetu, u svakom grmu, u svakom kamenu, u zviježđima, u ljudima. Svakim treptajem oka, svojim sluhom, okusom, njuhom i opipom, on susreće Boga.

Gabriele:

Materija je odraz, odsjaj čistog Bitka. Uzimamo li odsjaj kao realnost, tada smo u komunikaciji samo s odsjajem i ne razvijamo opažajne organe nutrine, fine antene duše. Tada smo zaposleni time da preko svojih pet ljudskih osjetila tražimo u materiji, gdje primjećujemo samo odsjaj.

Želimo li slijediti čežnju svoje duše za sjajem nebeskog Bitka, tada ne bismo trebali biti zadovoljni blijedim odsjajem. Pitajmo se što nas još drži za materijalno, za ovostrano, za privid. Koji su to aspekti ljudskoga? Što još tražimo, što još želimo znati? Što bi nam materija još trebala pružiti?

Unutarnje opažanje, pristup sjaju Vječnog bitka, postižemo samo ako se ne vezujemo za odsjaj.

Ako smo pronašli gdje se još nalazi neka takva ve-
zanost – želje, sklonosti, htijenja i slično - tada pred-
stoji odluka: tražimo li i nadalje ispunjenje u odsjaju,
u prividu – ili si jasno postavljamo cilj; svakog dana
više ulaziti u sjaj? Naši sljedeći koraci pokazuju u ko-
jem smo se smjeru uputili. Upravlja li nama i nadalje
naše ljudsko – ili nas vodi i usmjerava Krist, koji je
moć i svjetlo beskonačnosti? Snagom svoje slobodne
volje odlučujemo sami.

Gabriele:

„Za onoga tko gleda, Bog je prisutan u svemu." Kao onaj tko gleda, mi ne pogledavamo ovamo i onamo, mi dopuštamo da gleda naša svijest, oči naše duše. Time zračimo kroz svoje bližnje i svaku situaciju i stupamo u komunikaciju s najunutarnjijim u svojemu bližnjemu i u situaciji. Najunutarnjije svake stvari jest ono božansko.

Ako smo otvorili svoju božansku svijest, svoju duhovnu baštinu, tada smo naučili gledanje, tada smo također opet postali Božje dijete. Budući da nas Bog uvijek gleda savršenima, mi smo u Njemu uvijek Njegovo savršeno dijete. Njegovo srce, u kojem nas On čuva kao slobodno dijete, najveći je magnet svemira. On nas privlači, također i onda ako svojom samovoljom idemo bolnim putom – putom u tamu. Pa i ako dugo vremena boravimo u tami – jednom ćemo ipak osjetiti ovo moćno zračenje, Boga, srca ljubavi i naći ćemo put van iz sramote, poraza, očaja, bolesti, nevolje, gladi, dugotrajne bolesti i mnogo toga više.

Njegovo savršeno dijete, koje On tako gleda, u Njemu je i s Njim vječno jedno. No – promotrimo ispravno sebe i pitajmo se: jesmo li mi jedno s Njim? Jesu li naša čuvstva, osjećaji i misli jedno sa zakonom života? Onda možemo reći: „Otac i ja smo jedno" jer su naše misli Božje misli, jer su naša čuvstva i osjećaji božanski, dakle nesebični, i time zakoniti.

Onda Bog može preko nas djelovati, a mi možemo Njemu i svojima bližnjima nesebično služiti. Bez mudrosti, bez povezanosti s božanskom strujom, bez komunikacije našega najunutarnjijega s najunutarnjijim našega bližnjega, s najunutarnjijim situacije, ne možemo teškoće i tome slično zakonito predati, pomoći i služiti. Zadaće koje nam je Bog pripravio za naš zemaljski život, otkrivaju nam se tek onda kada se otvorimo za Boga, za Unutarnji život i za svoje bližnje. Najprije dakle moramo postati Božje dijete i Njemu se prepustiti da bismo Mu mogli služiti.

Prvi korak u aktivan život u Duhu Božjemu uvijek je postati dijete. Dijete Mu se predaje s povjerenjem – ono ništa ne očekuje. Ono jednostavno samo želi biti Njegovim djetetom. Ono ne želi ništa drugo nego mirovati u krilu vječnog Oca i pomagati Mu. Ima li ono komunikaciju s Njim, koji ga iznad svega ljubi, Bogom, tada Bog zna voditi Svoje dijete i postaviti ga na mjesto gdje je to za dijete dobro.

Smjernice za život u Bogu, za život u Njegovu zakonu, nalazimo u Deset zapovijedi i učenjima Govora na Gori. Slijedimo li te zakonitosti, postajemo Božje dijete i izrastamo u Njegova sina, Njegovu kćer i postajemo onaj koji gleda, o kojem Gospodin govori u Svojim velikim kozmičkim učenjima.

Bez zajedništva s Bogom ne možemo njegovati pravo bratstvo i istinsku zajednicu s ljudima. Gdje nema zajedništva s Bogom, tu uvijek postoji svađa jer bi svatko želio biti najveći.

Najprije dakle trebamo težiti zajedništvu s Bogom. Kada u sebi probudimo unutarnju sreću, tad ćemo postići i pravu zajednicu s istomišljenicima. Naravno da trebamo njegovati zajedništvo sa svojom braćom i sestrama, ali prvi korak je uvijek zajedništvo s Bogom jer tek tada postoji među istomišljenicima usmjerenje koje povezuje, i time ispravna komunikacija.

„Kada on obavlja svoj posao, Bog je prisutan." Ići s Bogom kroz svoje dane znači biti usmjeren na Njega, bilo gdje da jesmo, bilo što da činimo. Uspije li nam uključiti Boga u posao, tada nam on ide od ruke.

Trebali bismo se naviknuti u svoj život svjesno uključiti Kristova Božjeg Duha i biti s Njim povezani tako da oslovljavamo svoje najunutarnjije u zahvali za usmjerenje, u zahvali da nam ide dobro. Ako je svijest zahvale u nama oživjela, tada ćemo ako dospijemo u kritičnu situaciju pravovremeno pozvati Krista u sebi i moliti Ga za pomoć. On ne dopušta da Ga se čeka!

Onaj tko gleda, tko ljubi Boga, živi u svijesti zahvalnosti. Ako naša ljubav prema Bogu nije još tako velika i tako postojana, tad pomaže volja da se učvrstimo u usmjerenju na Boga i da se usidrimo u svijesti Božjeg djeteštva. Čak i ako spoznamo da smo u nekoj situaciji zbog svojih ljudskih misli daleko od Njega – ne odvraćajmo se posve od Njega! Predočimo si: naš vječni Otac ostaje nam naklonjen. On je ovdje za nas; On nam pomaže da opet pronađemo put van iz svojega ljudskoga! Postignemo li veličinu u sebi da Bogu zahvaljujemo na tome što nam pokazuje gdje su naše slabosti, tad u nama izrasta hrabrost i snaga da slabostima priđemo s Kristom i očistimo ih.

Gledamo li samo svoj osobni zakon, svoj problem i o njemu mnogo govorimo, tada ne aktiviramo unutarnju snagu, Božju snagu. Bog je uvijek prisutan. Čim Ga zamolimo ili Mu od srca zahvalimo što smo spoznali neki negativan aspekt koji želimo s Njim očistiti, tada također oslovljavamo i božansko u svojem problemu. Time uspostavljamo komunikaciju s božanskim u problemu. Božansko se time pojačano aktivira i pokazuje nam putove tako da problem ili poteškoću možemo riješiti.

Zahvala sadrži potvrđivanje božanskoga u svemu i dovodi do toga da se pozitivno budi, pojačava i učvršćuje.

„Kada on vodi razgovor, Bog je prisutan." Podsjećajmo se toga uvijek iznova i vježbajmo se u tome da budemo svjesni Božje prisutnosti! Uvijek se iznova povucimo, potvrdimo Božju prisutnost u svemu i molimo Boga za pomoć i On će biti uz nas ako ozbiljno želimo ispunjavati Njegove zakone.

„Kada on ide ovamo ili onamo, Bog je prisutan." Bog je dakle uvijek prisutan. Mi mu ne možemo pobjeći – On je u nama. On je u svakoj situaciji, u svakoj riječi, u svakoj gesti, u svakom pokretu, u svakom koraku. I Bog je uvijek ono pozitivno, uvijek ono dobro. On nam želi uvijek ono najbolje.

Ako smo svjesni toga da nam Bog želi uvijek ono najbolje, tada ćemo Mu se sve više i više povjeravati; mi ćemo Ga moliti za pomoć, za savjet i podršku. On ispunjava zakonitu molbu Svojeg djeteta. Znači: želimo li ispunjavati Njegove zakone, tada možemo biti sigurni: On će nas voditi; On će nam pomoći; On će nam služiti.

„Ovi su ljudi pronašli kamen mudrosti; oni dopuštaju da Bog djeluje preko njih. Tko u svemu što osjeća, misli, govori i čini, održava povezanost s Bogom, taj uistinu korača u svjetlu Božjem, a Bog preko njega čini djela ljubavi.

Sačuvajte u svemu svijest: Bog je prisutan; Bog je u svemu.

Utjelovite li tu sigurnost, tada će od vas uzmaknuti osamljenost, napuštenost i potištenost; zadobit ćete zajedništvo, unutarnju sreću i daljnji uvid.“

Gabriele:

Ako je naša duša dodirnuta uzvišenim riječima Apsolutnog zakona, tada misli koje se u nama oblikuju često izražavaju najvišu mudrost. Pa ipak moramo često prepoznati da stupanj svijesti našeg čovjeka tome još ne odgovara. Zašto je to tako? Jer često čežnja duše obilježava riječi. Ona već dugo želi biti u svjetlu, u višim regijama, u višim područjima, dok se čovjek još uvijek poistovjećuje s niskim. Tako se u našem svijetu misli čežnja duše često miješa s ljudskim ja. Zbog toga moramo postati svjesni svojih vlastitih riječi da bismo saznali stanje svoje svijesti, da bismo spoznali što još treba savladati, kako bismo se djelom približili božanskomu.

„Sačuvajte u svemu svijest: Bog je prisutan; Bog je u svemu." Ako smo toga svjesni i ako nas prožima ta svijest, tada više nećemo graditi na čovjeku i od čovjeka očekivati. Gradit ćemo isključivo na Bogu. On nas neće nikada razočarati.

Tko gradi na čovjeku, bit će razočaran. Tko polaže nadu u ljude, s vremenom će ostati bez nade. Tko gradi na Bogu, taj prima.

Mnogi se ljudi usmjeravaju na svoje bližnje, očekuju njihovo odobravanje; oni žele priznanje, uspjeh, žele ostavljati dobar dojam. Te želje trebamo malo bolje pogledati i pitati se:

što nam donosi priznanje, uspjeh, što nam donosi dobar dojam? Možda nam to donosi novac i ugled – no pitajmo dalje: daju li nam novac i ugled sigurnost? Ne moramo li ponovo strahovati da nam to ne bude oduzeto? I s novcem, posjedom i ugledom mi smo ipak često nezadovoljni i nesretni.

Pređimo sve to ponovo, postavimo se u situacije i sljedove događaja tako da osjećamo kako bi nam bilo – a sigurno i kako nam je već bilo. Tada se uvijek iznova suočavamo s pitanjem: što mi zapravo hoćemo? Jesmo li zadovoljni rezultatom? Donosi li nam uspjeh ispunjenje? Ili ako želimo ostavljati dobar dojam: hvali li nas danas neki čovjek – znamo li da on neće već sutra govoriti drugačije ili da nas on ne hvali samo riječima, a u sebi misli sasvim drugačije?

Suviše se rado izlažemo tim ljudskim igrama. Ne uspije li nam tada onako kako smo željeli, postajemo agresivni ili depresivni. Tako se sve više zaplićemo u svoje uzroke. Snađe li nas sudbina, tada se čudimo.

No pođimo uvijek iznova putom samospoznaje. Analizirajmo svoje želje, svoja očekivanja: što nam donosi uspjeh? Što nam donosi dobar dojam? Kamo to vodi? Što iz toga proizlazi? Nema čovjeka koji bi s pravom mogao za sebe reći: „Zbog toga sam zaista sretan, zadovoljan i veseo."

Preko priznanja, nagrade, uspjeha, časti i dodvoravanja također još nitko nije postigao nesebičnost. Ljudska energija koja nam dotječe prividno nam daje pouzdanje; kratkotrajno se osjećamo obodrenima i uzdignutima. No zakratko se uzlet to strmoglavije obrušava. Moramo spoznati: u stvarnosti nam to ne donosi ništa. To uvijek vodi u dolinu suza i gorčine.

Uspjeh češće donosi strah – npr. strah da bi daljnji uspjeh mogao izostati. Ako „ostavljamo dobar dojam", u nama je već sumnja hoćemo li to i sutra moći, strah da bismo mogli biti podcijenjeni. Što bi bilo loše u tome da jednom budemo podcijenjeni? Čovjek danas misli ovako, a sutra onako. Danas nas podcjenjuje, sutra opet za nas ima lijepu riječ – kako bismo mi njega više cijenili. Tako dugo dok gledamo ljude i od njih nešto očekujemo, uvijek smo podčinjeni.

Građenje na Bogu pretpostavlja povjerenje da se Njemu možemo povjeriti. Povjeriti se Bogu znači predati Mu svoje ljudsko ja. Također ako nam priđu i teške situacije, odluke pri kojima smo možda kratkotrajno prepušteni samima sebi – moramo se pouzdati; moramo učiniti taj korak iako ne znamo što slijedi. Gradimo li na Bogu i ako smo sigurni da nam On pomaže, tada smo taj korak povjerenja učinili.

Nalazimo li se pred odlukom da nešto moramo predati, a ne znamo što će dalje biti, tada to znači Bogu, našem Ocu, slijepo vjerovati. Zašto slijepo? Kada bismo unaprijed znali što će Bog učiniti za nas – kakvo bi to povjerenje bilo? Istinsko povjerenje u Boga pokazuje se time da mu se neograničeno povjerimo, a da ne znamo što donosi sljedeći korak. Bez obzira na to što se događa, mi živimo u svijesti: Bog je prisutan. On nam pomaže. On nam želi najbolje.

„Utjelovite li tu sigurnost, tada će od vas uzmaknuti osamljenost, napuštenost i potištenost; zadobit ćete zajedništvo, unutarnju sreću i daljnji uvid.“ Ta izjava iz velikih kozmičkih učenja Isusa iz Nazareta može svakomu od nas beskrajno mnogo reći. Kako često vjerujemo da smo sami i napušteni? Kako smo često tužni i žalosni? Što je tomu uzrok? Gradimo na ljudima. Polažemo svoje nadanje u ljude.

Tko gradi na ljudima, tko polaže nadu u ljude, s vremenom se počinje plašiti i paničariti jer osjeća: ljudi ne mogu dati ono na čemu on gradi, čemu se on nada. Mnogi su ljudi nepouzdani. U riječi „nepouzdan" već leži biti-napušten.

Stoga onaj tko ide putom prema Bogu, treba stalno biti svjestan Božje prisutnosti. Mi trebamo uvijek živjeti u toj svijesti da je Bog u nama i da mi možemo postati jedno s Njim. Tada se nikada nećemo osjećati napuštenima jer nas Bog nikada ne napušta.

Tko teži komunikaciji s najvišim, uranja u božansku struju u kojoj žive sva čista bića. Tako se vratio u unutarnju domovinu. On će tada biti s ljudima i biti za ljude, ali on neće graditi na njima i od njih očekivati.

U svakoj situaciji budite svjesni ovoga: Bog je uvijek prisutan - On je uvijek ovdje. Što god činite, kamo god idete, gdje god stojite, što god mislite - Bog je ovdje, On je prisutan.

Bog je uz svakoga od vas - svejedno kako mislite, govorite i postupate.

Stojite li posred gnjevne gomile ljudi - Bog je s vama. Budite mirni, povjerite Mu se; On vas vodi.

Bog je zdravlje u bolesti, radost u tuzi.

Gabriele:

Tim nam riječima naš Gospodin, Krist, daje nadu, ohrabruje nas i želi nam pokazati unutarnju snagu, koja leži u svijesti da je Bog uvijek prisutan.

Ako je naš cilj opet postati božanski, tada bismo trebali svakodnevno osvješćivati: Bog je prisutan. Bog je u svakom pokretu. Bog je u svemu što vidimo, čujemo, mirišemo, kušamo i poimamo svojim osjetilom dodira.

Bog je u svakome od nas. Čitav je svemir ispunjen Njegovom snagom. Dopustimo li Njegovoj snazi da oživi tako što koristimo dane, tako što svoje ljudsko, svoje pogrješno ponašanje, spoznamo, s Kristom ga očistimo i više to ne činimo, tada ćemo vrlo brzo osjetiti Božju prisutnost. Strah uzmiče – jakost i pouzdanje stupaju na njegovo mjesto. Jakost i pouzdanje motiviraju i poticani unutarnjom motivacijom dan za danom činit ćemo korake koje nam dan bude pokazivao – i dolazit ćemo sve bliže svojem cilju, postati božanski.

„Budite tihi, povjerite Mu se; On vas vodi." Ako smo srditi, ako smo uzbuđeni, tada bismo trebali govoriti sami sebi: „Budi tih, Bog je sveprisutan."

Postanemo li sada tihi, tada je to kratko uzbuđenje doletjelo iz vanjštine. No ostanemo li uznemireni, tada znamo: „Gospodine, Ti nam sada hoćeš nešto reći. Sada nam govoriš preko naših pogrješaka, preko našega grješnoga. Ti nam pokazuješ naše pogrješke i naše grješno da ih s Tobom očistimo." Očistimo li ih s Kristom i čvrsto odlučimo spoznate pogrješke više ne činiti, tada odmah znamo koje ćemo Božje zakonitosti ispuniti. I opet ćemo sami sebi reći: „Budi tih i povjeri se Bogu."

Bog je u svakome od nas. Jesmo li toga svakog dana svjesni?

Ako je naše srce probuđeno, osjećamo li čežnju da se približimo svojemu nebeskom Ocu, tada ćemo svojem cilju, svojoj božanskoj baštini, također težiti aktivno i odgovorno.

Bog je uvijek prisutan. Gdje god stojimo, kamo god idemo, također i u gnjevnoj gomili – Bog je uvijek prisutan. Ako smo toga svjesni, postat ćemo tiši, mirniji, sigurniji jer sami sebi uvijek kažemo: u sebi imamo moćnog pratitelja, Duha Božjega, beskonačnu ljubav!

Mislite na to: Bog je uvijek prisutan. Bog je ljubav; On ljubi svakoga od vas.

Spoznaju da je Bog prisutan, da Bog, naš vječni Otac, ljubi vas i Mene, štoviše - sve, ne ostavljajte samo kao svoje znanje. Samo ostvarenje, to jest proživljeno duhovno znanje, donosi vam sigurnost i djelotvornu snagu u Duhu Božjem - život u Bitku.

Gabriele:

Isus iz Nazareta približio je to ljudima Svojeg vremena, Krist nam je rekao u velikim kozmičkim učenjima: Bog, naš vječni Otac, ljubi svakoga od nas. Kako često čujemo: „Usamljen sam. Napušten sam. Sâm sam." U vanjštini to bi se moglo takvim činiti, no to nije duhovna realnost. Ne bismo trebali potvrđivati te uzburkanosti čuvstava jer one nisu ništa drugo nego znakovi našeg samosažaljenja. Uvjeravamo li se stalno: „Usamljen sam. Sâm sam. Napušten sam", time se sve više odvajamo od svojih bližnjih i udaljavamo od velikog jedinstva.

Sve čisto živi u svemirskom jedinstvu moćnoga Duha Stvoritelja. Priroda je u stalnoj komunikaciji s božanskim. Grm koji stoji sam, cvijet koji stoji sam, nisu nikada osamljeni. Kukac koji sam sjedi na rubu puta, konj koji sam pase na livadi – oni nisu usamljeni. Ako ovdje ili ondje stoji neki oblik života, on je uvijek u postojanoj komunikaciji sa svemirom, sa strujom vječnog Duha Stvoritelja. Koliko god jedni oblici života bili udaljeni od drugih – svi su najuže povezani komunikacijom stvaralačke ljubavi, jer je u svemu život, Bog.

Tko se trudi u svemu potvrđivati život, Boga, i teži životu u Bogu, taj sve više ulazi u pozitivnu komunikaciju s pozitivnim snagama u bližnjima i sa stvaralačkim snagama prirode; on se osjeća prihvaćenim u velikom kozmosu, u tom moćnom univerzalnom Duhu, u životu. Tad nestaju osamljenost i napuštenost, duša se otvara kao predivna ruža ljeti i širi svoj miris.

Ruža ne pita: kako me bližnji gleda? Vidi li me uopće? Kako me prihvaća ili opaža? Ruža jednako tako ne gleda zavidno ljiljan; a maćuhica ne želi biti ruža. Proljetno cvijeće ne želi cvjetati ljeti. Svaki pojedini oblik života osjeća se u stvaralačkoj snazi i odgovarajuće svojoj svijesti daje dalje ono što je razvio. To je život u Duhu Božjem.

Budimo dakle svjesni: mi nismo nikada sami. Bog je uvijek prisutan. Promijenimo mišljenje! Ne prihvaćajmo više u svoj rječnik riječi „usamljen", „sâm" i „napušten", već vježbajmo postati svjesni „Bog je prisutan. On je uvijek s nama jer je On u nama." Tada se mijenja naš vidokrug. Vidimo dublje i vidimo dalje i više nećemo nepažljivo prolaziti pokraj svojih bližnjih. Oni će nas sa svoje strane ljubazno pozdraviti, osloviti nas ili nam možda prići.

Također ćemo u braku ili u obitelji činiti ono što Bog želi. Sasvim postupno izgradit ćemo povezanost sa svojim bližnjim, a nećemo se više vezati za njega. Za svoje bližnje vežemo se riječima „Usamljen sam", „Napušten sam". Oslobodimo se tih vežućih, istovremeno odvajajućih riječi i doživimo: Bog je prisutan. Bog je prisutan u obitelji, u braku, u zvanju, u poslu. Tada se naš pogled širi i mi opažamo više. Mi doživljavamo svojega bližnjega kao duhovni dio svoje duše.

Podsjetimo se: duhovnu dalekovidnost ne donosi nam naše znanje, već ostvarivanje vječnih zakona. To je življeno duhovno znanje koje trebamo provoditi dan za danom da bismo se približili svojem cilju; opet postati božanski. Iz ostvarivanja izrasta iskustvo i izvjesnost da je Bog realnost, da je Bog u nama i da je Bog prisutan u svemu što mislimo, govorimo i činimo. To donosi unutarnju radost i dinamiku. To je djelotvorna snaga za Boga i za bližnje. To vodi tomu da uzimamo odstojanje od svojega „moje i meni", od svojega vežućega i postižemo povezanost – povezanost sa svojima bližnjima.

To je pravi rast u Duhu Božjemu. Postajemo mirniji, miroljubiviji, sigurniji, nesebičniji i time ljubazniji; mi razumijemo sebe i razumijemo također i svoje bližnje. To je put prema cilju; postati opet božanski.

Bitak je sadašnjost. U Bitku ne postoji jučer, danas i sutra. Materija je prolaznost. Bitak je sve u svemu. Time se materija profinjuje i postaje Bitak, jer Bog je sadašnjost u svemu.

Sadašnjost u svemu jest neprolazno, Bitak. Stoga će se prolazno, jučer, danas i sutra, pretvoriti u Bitak, koji jest.

Gabriele:

Jučer, danas i sutra pojmovi su kao vrijeme i prostor. Mi ljudi smo preko gustoće sami stvorili vrijeme i prostor. Tako dugo dok naše tijelo omataju sjene, ono ne može postati prosvijetljeno. I tako dugo dok sve što se nalazi na Zemlji i u području materije ovija sjena, postoji ograničenost; mi je nazivamo vremenom i prostorom.

Vrijeme sadrži jučer, danas i sutra. No savladamo li jučer, danas i sutra, ostavimo li te riječi tek kao pojmove u svojem vokabularu da bismo se sporazumijevali u svojemu zemaljskom životu, tada u naš život stupa sadašnjost, božansko.

Tako dok se vežemo za jučer, danas, sutra, za vrijeme i prostor, mi se odjeljujemo od svojega bližnjega. Mi kažemo, na primjer: „Naš je bližnji otišao. Naš se bližnji udaljio.” Te nas riječi odvajaju. Mi njima istovremeno kažemo, on nas je napustio i sada je odvojen od nas; otišao je i nije više ovdje. Tako to signalizira naš vokabular, tako to javljaju naši pojmovi u vremenu i prostoru.

Ali ako smo pozitivno svojega bližnjega u sebi razvili, tada doduše isto tako kažemo svojim riječima: „On je otišao, on se udaljio", ali naš nam bližnji ostaje blizu u našoj nutrini. Stoga je on otišao samo u vanjštini, no on je ipak živ u našoj nutrini. Ta svijest pruža nam također i Božju blizinu i uz to blizinu našega bližnjega.

Našim jezikom mi to ne možemo izraziti. Po tome prepoznajemo kako je naš ljudski jezik ograničen. On obuhvaća kao oblik samo naniže transformirano božansko, prepolarizirano. Ipak, mi kao ljudi ne možemo bez riječi. Gledajmo na riječ kao na oblik, kao na posudu koju – odgovarajuće svojim mislima, osjećajima i čuvstvima – ispunjavamo smislom, sadržajem svijesti. Sada ovisi o tome: što polažemo u svoje riječi? Važan je smisao riječi.

Ako nas naš bližnji pita: „Gdje je tvoj brat, tvoja sestra?", onda odgovaramo, npr.: „On je otišao, ona je otišla." Međutim, u ovo „otišao - otišla je" stavljamo ipak prisutnost Boga, a time i prisutnost božanskoga u našeg brata, u našu sestru, u svijesti da je on ili ona u nama ipak kao živi dio naše božanske svijesti. Tada ostaje veza s našim bratom, našom sestrom, bez obzira na naše poimanje vremena i prostora.

Slično je u Vječnom bitku, a tako bi trebalo biti i među ljudima koji idu Unutarnjim putom prema Kraljevstvu Božjem, prema svojoj božanskoj baštini.

Potrebno je potpuno promijeniti mišljenje. Svoj jezik zadržimo kao sredstvo sporazumijevanja – bitno je samo što stavljamo u te riječi. To je naše trenutno stanje svijesti.

„Materija je prolaznost." U današnje vrijeme doživljavamo posvuda snažne erupcije na Zemlji i u Zemlji. Mnogi se pitaju: kako dugo može materija još izdržati? Bog je nije stvorio, već ju je dopustio na temelju pogrješnog ponašanja bića pada. Nas sada obvezuje zadaća da se u gustoći preko svojega ljudskoga opet prepoznamo kao Božje dijete i da se postupno profinjujemo kako bismo opet postali slika i prilika Božja.

Kako se pojedinac profinjuje, tako on doprinosi tomu da se i Zemlja profinjuje, uzdiže u svojoj vibraciji. Neka taj proces traje još tisuću godina ili dulje – što je to u Duhu Božjem? Možda kraće nego tren? Ipak, ono što je događajem pada bilo povučeno u dubinu, to treba opet biti uzeto sa sobom, dakle naviše transformirano profinjivanjem svega opterećenoga i profinjivanjem materijalnih planeta i planeta razina čišćenja.

To se nalazi u riječima Krista Božjega, našeg Gospodina, kada On u Svojim velikim kozmičkim učenjima govori: *„Stoga će se prolazno, jučer, danas i sutra pretvoriti u Bitak, koji jest."* Tu preobrazbu moramo mi, mora čovječanstvo, poduzeti, a isto tako i duše u razinama čišćenja, jer su kao ljudi svi doprinijeli ovoj gustoći. Svoje neočišćeno grješno, svoj doprinos gustoći, uzimamo sa sobom u carstvo duša. Tamo taj dio mora biti otplaćen na različite načine, već prema tome kakav je naš doprinos.

Bitak je vječna sadašnjost; to je sada, danas. Danas je dakle sadašnjost. Ulaziti u nutrinu, u kraljevstvo, u istinski Bitak, znači sebe kao biće istinskog Bitka otkriti, spoznati i ono što je protivno Vječnom bitku, svoje ljudsko ja, očistiti s Kristom. To će nam uspjeti samo ako iz dana u dan postajemo budniji, ako ne dopuštamo svojim mislima da se vraćaju u prošlost ili odlaze u budućnost. Trebamo živjeti u sadašnjosti da bismo prepoznali svoje ljudsko i očistili ga. Tada podižemo stupanj čistoće svoje duše. Što čišća postaje naša duša, to više svjetla ona zrači u naše fizičko tijelo. To je duhovna evolucija, naš put u vječnu domovinu.

Krist je govorio po smislu: „U kući Mojeg Oca mnogo je slobodnih stanova. Zaposjednite kraljevstvo." Znači: On za nas drži spremne naše duhovne stanove, koje smo jednom napustili. Tamo ćemo opet jednom biti kao čista bića jer mi vječno živimo i vratit ćemo se preko Krista, svojeg Spasitelja.

Gabriele, proročica učiteljica i izaslanica Božja, objasnila je:

Čisti gleda čisto u sebi, jer je sve čisto sveprisutna snaga u čistome. Čisto biće opaža u sebi božanske oblike i sve božanske snage. U čistom se biću dakle objavljuje ono što iz božanskog bića zrači. Jer i u čistom Bitku zakon glasi: odašiljanje i primanje. Slično je i s nama ljudima. Ako je naša duša većim dijelom čista, tada shvaćamo u sebi, svojemu čistom hramu, da je božansko, koje je također i u nebožanskome, aktivno. To je opažanje čiste duše u čovjeku.

Čisti registrira također i nečisto i oslovljava ga ako je to zakonito. No on se više ne ljuti zbog nečistoga, znači on se više ne uzbuđuje zbog ljudskoga, jer u sebi više nema uzročnika, dakle ništa što bi odgovaralo tomu negativnomu. Ono što je čovjek pohranio od negativnoga, potencijal je koji on može razumjeti. Budu li aspekti tog potencijala potaknuti, tada ih on također shvaća samo u sebi, dakle u svojemu pohranjenomu, u svojem mozgu. To pohranjivanje u mnogim slučajevima nazivamo intelektom.

Gabriele:

Nečisto ne može spoznati čisto jer nečisto osjetilo vida odašilje samo nečisto, a prema van okrenuta osjetila primaju samo nečisto. Čisti vidi i nečisto jer on stoji iznad toga.

Čisti u sebi spoznaje isključivo vječnu istinu, jer je on sam postao istina, sveobuhvatni zakon, Ja Jesam. On ne dopušta ništa nečistoga u hramu ljubavi.

Naprotiv, nečisti opaža samo nečisto, naime ono što je on sam - nečisto.

Čisti u sebi gleda i prepoznaje čisto, istinu. On govori jezikom slike, istine u sebi, jer je on sam postao istina. Riječ Božja jest zakon, ona je istina koja se kao živa slika objavljuje u najdubljoj nutrini duše. Bilo kamo čisti gledao - on u sebi gleda jedino sliku zakona, čisto, a izvan sebe vidi odraz, nečisto.

Gabriele:

Božanska bića, duše i ljudi imaju jezik slika. Čista bića gledaju u sebi čisto, nečiste duše i ljudi nečisto. Ipak sve je kretanje; to je slikovni život, u kojem čisti shvaća pokret i riječ čistoga. Nečista duša i nečisti čovjek vide kretanje i samog sebe – nečisto.

Slikovito promatranje jest istovremeno i spoznajno promatranje. To što gledaš, to prozireš i to spoznaješ i tako znaš sve detalje. To je istina, to si ti, istinito, vječno sebstvo.

Pravi mudrac, prosvijetljeni, jest ono što govori, zakon.

Neprosvijetljeni, koji nije u stanju razlikovati crno od bijeloga, jest slijepac koji se zadovoljava prividom, a drži da je Bitak daleko.

Istinsko promatranje jest spoznajno promatranje. Ti vidiš i znaš, i unatoč svemu tomu ne možeš to dokazati, jer se najdublje, presveto, ne treba dokazivati, jer ono jest.

Samo se privid hoće dokazati jer ono što je u njemu - vječne zakonitosti - nije vidljivo.

Bitak gleda što privid ne vidi, to znači: Ja, Bitak, gledam što ti, odsjaj, ne vidiš. No ako si Bitak, tad si ujedinjen u Njemu, u svemirskome Jednome. Tada i ti gledaš što Ja gledam, i mi gledamo što privid ne vidi.

Duhovno oko gleda - zemaljsko oko vidi. Oboje se ne može uskladiti jer je duhovno oko zakon Neba, a zemaljsko oko jest samo refleksivno oko koje prenosi Bitak kao refleksiju, koja je mnogostruko izobličenje. Tko se s time zadovoljava, jest budala, koja još nije prekoračila vrata istine.

Oko istine jest Bog. Tko gleda tim okom, istinit je

i božanski. On donosi u ovaj svijet svjetlo, Božje oko, istinu, vječni zakon ljubavi.

Oko istine jest svjetlo i slika tvojega čistog duhovnog tijela, koje je vjerna slika Božja.

Zemaljsko oko jest slika duše, omotanoga duhovnog tijela. Ono vidi samo omotač koji je opet teret i opterećenje duše.

Ja, Krist, kao Isus iz Nazareta, poučavao sam svoje apostole i učenike iz različitih životnih perspektiva. Uvijek iznova pokazivao sam im Apsolutni zakon i objašnjavao im zakon sjetve i žetve. Po smislu Ja sam im govorio:

More beskonačnosti jest svemirska struja. Krećite se sve više u moru beskonačnosti kao sunce ljubavi i pravednosti. Tada ćete vi biti život i nećete više pitati o životu.

Gabriele, proročica učiteljica i izaslanica Božja, objasnila je:

„More beskonačnosti jest svemirska struja." To je vječni zakon, u kojem se trebamo sve više kretati da bismo opet bili božanski; jer mi smo na Zemlji da bismo opet postali božanski. „Tada ćete", tako to stoji u velikim kozmičkim učenjima Isusa iz Nazareta, *„vi biti život i nećete više pitati o životu."*

Život na koji Gospodin misli Apsolutni je zakon, Vječni bitak. To je apsolutni život.

Ljudski život nije apsolutan. Dani svakog pojedinca različiti su, odgovarajuće tomu što je on u svojem životu čuvstvovao, osjećao, mislio i govorio. Promatrajući točno, svaki je dan jedan drugi svijet, jedan drugi život. Jesmo li o tome ikada razmišljali?

Svaki naš dan jest jedan drugačiji život – pa ipak to nije Božji život. To je naš čuvstveni, osjećajni i misaoni život, koji smo unijeli u svoju dušu i u zviježđa. Mi sami oblikujemo svoj ljudski život. Onako kako ga dan za danom stvaramo, tako nam se vraća.

Vječni bitak nije samo strujeće svjetlo, jer Bog nije samo struja. Iz struje je Vječni stvorio duhovne oblike, Nebesa s njihovim svjetovima, s građevinama, životinjama, biljkama – apsolutno savršeno i time božanski. Duhovnim bićima pokazuje se oblikovani Bitak u slikama u njihovoj nutrini. I mi ljudi također prihvaćamo u sebe Zemlju i sve ono što susrećemo, pojmimo to zatim u slikama i vidimo to konačno u svojem mozgu, jer se tamo odražavaju naše slike.

Svaki dan sadrži za nas druge slike, u kojima se mi krećemo. To je naš osobni život, naš ja-život, no ne i život i kretanje u Božjoj struji. Trebamo međutim tomu težiti, kako nam Gospodin govori: *„More beskonačnosti jest svemirska struja. Krećite se sve više u moru beskonačnosti kao sunce ljubavi i pravednosti."*

I opet spoznajemo: postoji samo jedan princip, on je božanski. Bude li on prepolariziran, promijenjen, tada je to nebožansko; ali na kraju krajeva to je ipak jedan princip. Mi ljudi živimo i krećemo se u svojim ja-slikama, u svojemu osobnom zakonu, u svojem samoljublju. Božanski svijet kreće se u vječnom zakonu, u suncu nesebične ljubavi i pravednosti.

Mi ljudi ponosimo se svojim pravom time što kažemo: „Ja sam u pravu." Braća i sestre vječne domovine, duhovni svijet, Vječni bitak, pravedni su. Pravednost je otvorenost; pravo je zatvorenost i nepristupačnost.

Svatko tko se ponosi svojim pravom, kodira svoj ja jer on ne primjenjuje otvorenost, Božju zakonitost. Tako mi oblikujemo svoju zemaljsku egzistenciju i u tim nam oblicima prilazi dan. Ja Jesam nas vodi, nisko ja upravlja nama. Zbog toga se svaki dan pokazuje drugačijim. Jedan dan donosi radost, drugi dan donosi tugu, prema onome što smo unijeli u svoju budnu svijest, svoju podsvijest, u svoju dušu i u zviježđa. To je upravljački mehanizam koji djeluje u danu. Postavlja se pitanje: možemo li mi utjecati na to upravljanje, npr. na svoju tugu?

Jedan primjer: tužni smo. Sveukupna slika u nama je dakle „tuga". Tuga ima mnogo aspekata, koji se pokazuju u slikama. Mi smo, npr. pokunjeni, obeshrabreni, malodušni, zabrinuti i više toga. Mi se krećemo u svojoj tuzi.

„Tuga" je skupni naziv za zbir mnogih čuvstava, osjećaja i misli. Naša je tuga ipak oblikovana prema nama i našem danu. Mi vidimo sebe u slici, vidimo koje aspekte tuge danas moramo savladati i prema prilikama znamo zašto smo tužni.

Dođe li sada jedan prijatelj s malim znakom pažnje ili nam pruži nadu, slika se odmah mijenja. Radujemo se. Tuga nestaje jer odjednom drugačije osjećamo i mislimo. Što se dogodilo?

Naš nam se bližnji obratio i dao nam nešto. Taj mali vanjski poticaj učinio je da u našem srcu, u našem čuvstvenom, osjećajnom i misaonom svijetu zatitraju drugi aspekti. Vanjskim utjecajem naše je zadovoljstvo poraslo i već se oblikovala jedna nova slika, slika radosti, u kojoj se sada krećemo svojim čuvstvima, osjećajima i mislima.

Tako se dani za nas promjenjivo razvijaju, prema tome što nam donose i kako mi reagiramo na svoje bližnje ili različite situacije.

To je tada „naš život". To je naš ja-život – uvijek na kraju nesiguran život. Zašto? Jer smo ovisni o svojim bližnjima. Slika našeg dana, našeg života, ovisi o našemu bližnjemu koji nam daje nadu, koji nam pruža mali znak pažnje, koji nam pomaže, koji nam daruje ljubaznu riječ ili ohrabrujući osmijeh i još mnogo toga. Mi dakle ne određujemo sami svoj život, mi ne postupamo iz sebe, mi ne djelujemo, već samo reagiramo. Tako se stalno nalazimo u stavu očekivanja kako će nam bližnji prići, što će nam reći, što će nam dati, kako nas već bližnji motivira. Zbog toga su naši dani vrlo promjenjivi i mi veoma teško izlazimo iz svojeg ja-života, koji smo sami stvorili.

Konačno, mi tada ne živimo svoj život; to nas vuče i tjera sad ovamo, zatim opet onamo. Mi smo upravljani i manipulirani svojim vlastitim slabostima i svojim ljudskim.

Ako smo usmjereni na to da od ljudi primamo energiju, tada ne mirujemo u sebi. Čim zauzmemo

stav očekivanja, mi smo kao usisavač; živčani se sustav grči jer svoja osjetila usmjeravamo prema van.
Preko zgrčenog živčanog sustava ne može pritjecati
Božja struja ljubavi. Postajemo nemirni, vibracija nam
pada jer smo postali siromašni energijom.

Ako to shvaćamo, tad se postavlja pitanje: kako
postižemo unutarnju neovisnost? Gdje je oslonac?

Promijenimo mišljenje! Kada opet jednom budemo tužni, ne tražimo orijentaciju kod bližnjega. Ne
hranimo i dalje svoje ljudsko, tugu, samosažaljenje,
već si predočimo Božju blizinu. U žalosti si izgradimo
jednu božansku sliku: da nas okružuje i prožima struja ljubavi, da nas Bog uvijek ljubi, da je On naš Otac,
da je On naša vječna domovina, da On čuva nebeske
stanove za nas dok mu se ne vratimo. Sve je to nada
iz Duha. Dopustimo li da nas taj unutarnji utisak motivira, postajemo sve više i više postojani.

Dajmo sami sebi jedan mali poklon! Svatko od
nas ima manje želje. Ispunimo si jednu malu želju
ako smo tužni i zahvalimo Bogu, svojem Ocu. Tada
se budi unutarnja motivacija. A unutarnjom motivacijom, koja dolazi iz Duha Božjega, iz Duha našeg Oca,
postajemo jaki i postojani. Postajemo sigurniji da
ćemo s Kristom svoj ja-život pretvorili u moćni život
Ja Jesam.

Tako sasvim postupno nalazimo put van iz svojega osobnoga, ljudskoga, iz slabosti, iz svojih grijeha. Mi jačamo i radujemo se kada nam dan opet pokaže nešto protivno jer znamo: protivno je ovdje da bismo ga s Kristom pobijedili.

Dođu li trenutci kada nam teško pada promijeniti se, tada si predočimo tu unutarnju sliku nade, ljubavi našeg Oca, mira i zaštićenosti u Njemu. Postoje mnoge situacije u danu u kojima si možemo predočiti tu pozitivnu sliku da bismo što je moguće brže izišli iz situacije, iz poteškoće. Tom pozitivnom, zakonitom slikom života – ona je istovremeno zazivanje Boga za potporu i pomoć - On će nam pružiti potporu i pomoć i mi ćemo s Njim savladati situaciju. Na taj način jačamo u Njemu. Mi se ne oslanjamo na ljude, već zovemo Boga i u Njemu nalazimo potporu.

Gospodin to želi od Svoje ljudske djece. Obraćamo li se Njemu uvijek iznova na taj način, vrlo skoro ćemo iskusiti moćnoga Ja Jesam, Njegov Apsolutni zakon i struju koja nas prožima. I mi ćemo se sve više kretati u toj struji jer smo postali sigurni da nam Bog pomaže.

Dok god čovjek dopušta da ga drugi čovjek obasjava, on ne zrači. On je tada usmjeren na privid svojega bližnjega. Ako je čovjek usmjeren na ljudski privid, tada ne poznaje sjaj sunca u sebi.

Gabriele:

„Dok god čovjek dopušta da ga drugi čovjek obasjava", znači: gradi li on na ljudima, očekuje li on od ljudi ovo ili ono – npr. da mu bližnji pomogne, umjesto da se sam prihvati posla - onda dopušta da ga bližnji obasjava i sam ne zrači. Tko dopušta da ga bližnji uzvisuje, ne razvija svoje istinske vrijednosti, Unutarnji život. Zašto je tomu tako? Zato što čovjek ne savladava situacije s Kristom, već se oslanja na svoje bližnje. Oni bi ga trebali uzvisivati. Oni bi mu trebali služiti. Oni bi mu trebali pomagati i život, njegov ja-život učiniti mu ugodnim.

Tko si dakle dopušta da ga ljudi obasjavaju, ne zrači – jer on ne ostvaruje, jer on ne koristi dane da bi preuzeo božansku baštinu, da bi se sve više i više kretao u struji života.

„Ako je čovjek usmjeren na ljudski privid, tada ne poznaje sjaj sunca u sebi." Gospodin nam time želi reći: taj se čovjek ne usmjerava na Boga. On ne moli Boga za potporu i pomoć. On ne govori s Bogom,

svojim Ocem. On se obazire samo na ljude i očekuje od ljudi. Stoga sunce, koje stanuje u njemu, ne može kroz njega sjati i prožimati ga. Čovjek se tada i nadalje kreće u svojem ja-životu, dan za danom u svojim ljudskim slikama, i ne izlazi iz sjene ljudskoga ja prema suncu pravednosti.

Dakle, zapovjeđeno nam je koristiti dane, svakodnevno se pitati: krećem li se u svojem ja-životu, koji sam sam izgradio svojim čuvstvima, osjećajima, mislima, govorom i djelom? Želim li ostati u tim kretanjima ljudskoga ja? Tada mogu očekivati samo jedno: da će sudbina doći kad-tad. Jer što sijemo, to i žanjemo. Dan za danom smijemo na vrijeme prepoznati svoje sjeme kako ne bismo morali žeti nezakonitosti, već je naša žetva ostvareni plod Unutarnjeg života, Ja Jesam.

Mi nismo napušteni, nismo izgubljeni; nikad nismo izopćeni ili prokleti. Jer Bog je naš vječni Otac i On nas ljubi. Ne postoji ništa veće od Božje ljubavi. On je apsolutna, savršena, nesebična ljubav. Ta apsolutna ljubav, koja svijetli u cijelom svemiru, koja je također u svakome od nas, jest obavijajuća ljubav koja se brine za nas, koja nas želi osloboditi grijeha, straha, očaja, depresije, svega ljudskoga.

Budimo svjesni svaki dan da je Bog, ta beskrajna ljubav, naš Otac; tada također postajemo svjesni Božjeg djeteštva. Kao svjesna djeca Svevišnjega, djeca te beskrajne ljubavi, osjetit ćemo želju u svojim srcima da se približimo toj vječno-beskonačnoj ljubavi, Božjoj ljubavi; jer je Božja ljubav tako reći naša kolijevka. Srce ljubavi rodilo nas je i smjestilo u kolijevku ljubavi, u moćni svemir, u vječni zakon ljubavi.

Pa iako smo se možda jako udaljili od Boga i svojega iskonskog vječnog bića - u Njegovu smo srcu Njegova djeca. Neopterećeni, onakvi kakve nas je Bog stvorio iz Svojeg srca i stavio u kolijevku svemira, u beskrajnu ljubav, u zakon Bitka, takve nas On i gleda. I stoga želi da opet budemo kod Njega, u Njegovu srcu, u vječnom zakonu ljubavi, u vječnoj domovini.

Naša duša teži povratku kući. U zemaljskoj odjeći, kao čovjek, svatko od nas trebao bi se očistiti Kristovom snagom, podržavati spasiteljski plamen u sebi i ponovo postati nesebična ljubav kako bi se ponovo rodio u vječni zakon, Boga, u našu domovinu. Tamo ćemo tada ponovno živjeti u miru, radosti, sreći i jedinstvu - u nesebičnoj ljubavi, u vječnom zakonu.

U posebnoj smo fazi ljudske povijesti, na moćnoj prekretnici vremena. Ovo je vrijeme preokreta. Na području najveće materijalne gustoće, na području Zemlje, sve je u evoluciji; sve dolazi u vibraciju; niske sile postaju vidljive – međutim također i najviše, život, Bog. Tijekom ovog vremena prijelaza iz tame u svjetlost, Krist nam je dao zakon svjetla, Apsolutni zakon. Objavio ga je na ljudskom jeziku, onoliko koliko to ljudi mogu shvatiti. Darovao nam je uvid u naš pravi Bitak.

U svjetlu Apsolutnog zakona mi također jasnije prepoznajemo svoja ljudska opterećenja i vezanosti i vidimo korake koji nas izvode iz prividnog života ljudskoga ja.

Za svakog pojedinca vječni zakon glasi: ostani istinskim sebstvom. Tada si istinsko sebstvo i ne očekuješ privid svojega bližnjega, jer ti, istinsko sebstvo, zračiš sam.

Samo se privid zadovoljava prividom. Obojica su tad u sumraku i smatraju da imaju najviše i najveće jer se međusobno obasjavaju.

Gabriele:

Istinsko sebstvo jest nesebična ljubav, vječni zakon, to smo mi – svaki pojedini od nas – u čistom Bitku; jer nas je Bog, naš vječni Otac, gledao u Svojem srcu i stvorio kao bića ljubavi, kao istinsko sebstvo, zakon ljubavi.

Ako smo istinsko sebstvo, ako smo dakle postali opet zakon beskrajne, vječne ljubavi, tada zračimo vječnu ljubav i nismo ovisni o prividu ljubavi, o promijenjenoj nesebičnoj ljubavi: samoljublju. Tada se više ne oslanjamo na svoje bližnje. Tada više nismo u sumraku ljudski sebične komunikacije, koja nalaže: daj ti meni, onda ću ja dati tebi.

Ako smo pronašli put od sebičnosti do Božjeg života, Ja Jesam, tada se nalazimo u Božjem svjetlu i zračimo Božje svjetlo. To stvara postojanost, Božju blizinu i komunikaciju s Vječnim bitkom. Mi se tada više nećemo uzajamno obasjavati svojim prividom, niskim ja. Mi tada više ne želimo sjajiti pred svojim bližnjim, jer zračimo Božju ljubav i mudrost. Nama više nije potrebna pohvala našega bližnjega, njegovo priznanje, njegovo ljudsko hrabrenje, jer mi jesmo. Tko jest, ne želi biti. On također ne želi imati jer posjeduje puninu.

Tamo vodi naš put. Svatko od nas morat će prije ili kasnije ići tim putom – ako ne kao čovjek, onda kao duša u područjima čišćenja. Jer naše je božansko tijelo besmrtno, a Spasiteljska iskra jest u svakoj duši put, istina i život. Dakle, mi se možemo samo s Kristom vratiti našem Ocu – i svatko će se i vratiti k Njemu jer nas Vječni čuva u Svojemu velikom srcu ljubavi.

Koliko dugo putujemo k Vječnom bitku, to određujemo mi sami. Prolazimo li kroz patnju, nevolje, strah, brige i bolest ili koračamo neposrednim putom ljubavi tako što svoje grijehe pravovremeno prepoznajemo, s Gospodinovom ih snagom okajemo i više ne činimo, to opet određujemo mi.

Kad više ne činimo grješno i ostvarujemo Božje zakonitosti, otvara nam se bezgranična ljubav. Ne činimo li više grješno, počinjemo sve više i više ljubiti Boga i uspostavljamo komunikaciju s Bogom, ljubavlju. Znači: mi nećemo morati pretrpjeti svoju sudbinu jer smo bili i bit ćemo pravovremeno opomenuti prije nego provale patnja, brige i tome slično.

Ako smo budni, idemo li putom kajanja i čišćenja, tada nećemo pasti u dolinu suza; Krist će nas pravovremeno uhvatiti jer mi idemo putom kajanja i čišćenja i grješno više ne činimo. Tako na putu ljubavi mi putujemo u kozmički zakon prema kolijevci, na mjesto rođenja svojeg života, u Božje kraljevstvo.

Kao ljudi, mi smo često vezani za ljude. Mi govorimo o tome da se slažemo, da smo prijatelji koji si pomažu i podržavaju se. No pogledamo li pomnije, moramo se zapitati: je li to pravo slaganje, istinsko prijateljstvo i pomoć? Ako smo iskreni, tada ćemo nerijetko utvrditi: to nije prijateljstvo, već klikaški odnos. Mi se uzajamno obasjavamo i tako vjerujemo da imamo najviše zato što si uzajamno odobravamo. No mi se ipak ne potvrđujemo u svojemu duhovnom Bitku, već naš ja komunicira sa ja našega bližnjega. Na taj način mi potvrđujemo i jačamo uzajamno svoje ljudsko ja.

Bitak, božansko Ja Jesam, jest istina. Naše ljudsko ja pripada prividu i time varci, laži. Ono gladuje za energijom odobravanja i uzdizanja. Da bi to postiglo, ja se ne obazire na prave vrijednosti, vrijednosti istine, vjernosti, čestitosti, otvorenosti i poštenja.

Mi eventualno osjećamo kao neznatno odstupanje od istinitosti ako bližnjemu izražavamo ljubaznost koja nije od srca, ako se preko volje složimo s njim i kažemo mu ono što želi čuti. No ono što iz toga može proizići, često je ozbiljno.

Postupamo li tako, tada ne varamo i ne lažemo samo svojemu bližnjemu, već smo nevjerni i sebi samima, svojemu Vječnom bitku, koji je istina. Iz toga nastaje vezanost, nevjera i još mnogo toga.

Spoznajte: privid često vara i tko tomu nasjedne, može postati varalica.

Stoga se ne okružujte varkama, prividom, već posta-nite sunce ljubavi i pravednosti u moru beskonačnosti.
Mnoge duše i ljudi kreću se prema Bitku, no malo ih je u Bitku. Tko samo razmišlja o Bitku, taj prima samo iz privida, a ne iz izvora života, koji je Bitak.

Gabriele:

Privid, koji vara i opsjenjuje, jest dakle naše ljudsko ja koje se uvijek želi predstavljati, koje uvijek nešto oče-kuje, koje se uvijek prikazuje tako da privlači opet ljud-sko. Pod „ljudskim", kao što je rečeno, misli se na grješ-no protiv duše. Tko gleda samo privid, dakle ljudsko ja, i zapošljava se ljudskim ja, nikada neće pronaći istinu. Tko se oslanja na privid, na ljudsko ja, koje je varljivo, može postati varalica jer se ja suprotstavlja istini.

Tko je u prividu, u slabosti, jer je vezan za ljude i ko-municira s njihovim ljudskim, taj će i sam postati slab kada se nađe u iskušenju. On može postati izdajnik.

„Stoga se ne okružujte varkama, prividom...", to za nas znači da se ne bismo trebali okruživati varljivim tako što poklanjamo povjerenje ljudskomu ja i oslovljavamo ono

što u danim okolnostima možda još ne odgovara istini, *„...nego postanite sunce ljubavi i pravednosti u moru beskonačnosti."* To za nas znači težiti vječnom zakonu, suncu ljubavi i pravednosti. Tada uranjamo u more beskonačnosti i krećemo se u srcu Božjemu, u zakonu ljubavi.

Ljudi koji su učinili nekoliko koraka na putu prema ljubavi, neće gledati privid; oni će uvijek u prividu tražiti Bitak i oni će ga uz Kristovu pomoć pronaći. Oni neće udovoljavati ljudskomu ja, već će u prividu pronaći Bitak, zakon života, i zakon života osloviti. Tako oni nikada ne zalutaju i nikada neće postati varalice.

Ako nas bližnji i želi zavarati ljudskim ja, ako nas nečime želi obmanuti, ako nas želi dovesti u zabludu – onaj tko je na putu prema ljubavi učinio nekoliko koraka, taj se neće dati zaslijepiti prividom i dopustiti da bude zaveden; on će u prividu spoznati Bitak i što on izražava bit će zakon života. On se neće dati zavesti, već će u sebi samome imati sigurnost i pouzdanje.

Stoga je naš put put ljubavi da bismo opet postali sunce ljubavi i pravednosti, da bismo uronili u more beskonačnosti.

„Mnoge duše i ljudi kreću se prema Bitku", oni se dakle nalaze na putu prema Bitku, prema vječnom zakonu, *„no malo ih je u Bitku."* Malo ih je dakle, tako govori Gospodin, Krist, koji su sada već uronili u more beskonačne ljubavi, u vječni zakon.

„Tko samo razmišlja o Bitku, taj prima samo iz privida, a ne iz izvora života, koji je Bitak." Ako samo govorimo o vječnom zakonu, a ne ispunjavamo ga, tada ostajemo privid. Tada zračimo svoju vlastitu varku, time što se pretvaramo da smo zakonu, Bogu, bliži ili da bismo u zakonu, Bogu, živjeli. Tako o zakonu samo govorimo, no ono što izgovaramo još nismo ostvarili. Tko samo govori o vječnoj ljubavi, a ne ostvaruje je, taj nije u vječnoj ljubavi. On se drži samo privida i govori ga.

Privid ima mnoštvo izvanjskih oblika. Ako nam je još važno što naš bližnji ili naši bližnji o nama misle, tada je to najzad još uvijek naše nastojanje da bližnje prevarimo, da ih zavaramo.

Otkrijemo li to kod sebe, tada bismo trebali ono što nam je došlo kao spoznaja, kao misao – npr. riječi: „meni je još uvijek važno što drugi misle" – kratko vrijeme pustiti da u nama djeluju i titraju; tada doživljavamo u samima sebi neke aspekte svojega ljudskoga ja. Mi ćemo ih u toj izjavi postati svjesni jer smo time oslovili sebe same.

Spoznato ljudsko sada možemo s Kristom očistiti i više ne činiti. Sljedeći korak jest da se upitamo: „Budući da sada više ovo ili ono ne želim činiti i neću činiti – što ću činiti umjesto toga?" U ozbiljnom pitanju leži odgovor; to je nekoliko zakonitosti života. To pozitivno zabilježimo; mi to unosimo u svoje moždane stanice i po tome živimo.

Na taj način mi mijenjamo mišljenje. Preko spoznaje svojega negativnoga i odluke da umjesto toga nadalje radimo pozitivno, kako Bog hoće, mi stvaramo jedan novi, pozitivan program koji nam je oslonac i koji nas oslobađa.

Postanemo li svjesni da druge želimo u ovo ili ono uvjeriti, tada smo isto tako na tragu jednoj ljudskoj slabosti, jednom aspektu svojeg privida.

Želimo li uvjeravati, tada ne mirujemo u Božjoj ljubavi, mi ne ispunjavamo Njegovu volju jer tada mi – čovjek – nešto hoćemo. Razmislimo: Bog nas nikada ne želi uvjeravati jer je On uvjeren Svojom ljubavlju. On jest ljubav. Mi naprotiv, kada želimo uvjeravati, nismo zakon ljubavi. Zbog toga želimo svojim bližnjima nešto dokazati, što još sebi nismo dokazali, to znači da to mi sami još nismo ostvarili.

Da bismo svoje slabosti i nedostatke istražili i shvatili, možemo se zapitati: u čemu je moja nesigurnost? U što još nisam uvjeren?

Tražimo li sažaljenje od svojega bližnjega, tada se jednako tako radi o jednoj ljudskoj slabosti, manjku energije koji nam naš bližnji treba dopuniti. Također i onaj koji nam na naše prosjačenje ljudske energije poklanja željenu energiju bodrenja, potvrđivanja, suglasnosti ili suosjećanja, postupa nezakonito. Obojica se stoga uzajamno vezuju. Svako izmjenjivanje ljudske energije vodi k vezivanju.

Naprotiv, ako je neki naš bližnji u nevolji i treba pomoć, mi ćemo ga podržati i pomoći mu koliko nam je to moguće, ako to bližnji želi. Pravo suosjećanje s bližnjim, koje nam daje snagu i mudrost za istinsku pomoć, aspekt je božanskog milosrđa.

„Sunce ljubavi i pravednosti u moru beskonačnosti" postajemo tako da svakog dana spoznajemo svoje sjene, aspekte svojega grješnoga da bismo ih s Kristovom snagom razriješili kako bi nas sunce ljubavi moglo sve više i više prožimati. Na taj način iz svojih slabosti pomoću sunca ljubavi postižemo unutarnju snagu.

Tko pripada prividu nosi mnoge maske. Ovisno o prilici on navlači odgovarajuću masku.

Tko živi u prividnom svijetu i ima svoje maske, ne poznaje sebe ni onoga tko nosi jednake ili slične maske kao on sam. Obojica govore samo o svojim maskama, o prividu, i ne nalaze realnost.

Masker je osamljen i sam, jer se on ne brine o svojemu bližnjemu; on misli samo na sebe i želi sačuvati svoju masku.

Gabriele:

Mi znamo: riječi su simboli. Čuvstva, osjećaji, misli i riječi stvaraju slike jer je naš jezik slikovni jezik. Riječi koje smo čuli ili pročitali djeluju na nas. Čitamo li ili slušamo riječi s punom pažnjom i ako su nam misli ujedno uz osjetilo sluha, tada je i naša svijest prisutna i osjeća ono što je izgovoreno. Iz toga u nama nastaju slike.

Te su slike važne za svakoga od nas; one mogu biti odlučujuće za ovaj naš zemaljski život. One nam govore kako danas mislimo ili kako smo u prošlosti čuvstvovali, osjećali i mislili. Svatko od nas ima druge slike jer svatko od nas drugačije misli. Svatko je od nas i u prošlosti drugačije čuvstvovao, osjećao, mislio i govorio i iz toga su nastale različite slike.

Naš zemaljski život postaje zanimljiv čim promatramo svoje slike, dakle gledamo u svoje riječi i misli jer u njima vidimo sebe. Mi sebe doživljavamo u svojim čuvstvima, osjećajima, mislima, govoru i postupanju. Mi također vidimo i svoje bližnje s kojima živimo u miru ili u neprijateljstvu. Tako možemo spoznati sebe.

Riječi zrače ono što sadrže. One potiču ono što je od svjetla ili od zasjenjenja pohranjeno u nama. Uzmimo riječi: „Tko pripada prividu, nosi mnoge maske." Upravo riječi „privid" i „maske" dopuštaju da se u nama pojave mnoge slike.

Što je privid? U zajedničkom životu ljudi privid se često pojavljuje u obliku licemjerja: mi npr. govorimo slatko, potvrdno, povezujuće, dobrohotno i ljubazno – no kako izgleda u našim mislima, u našim čuvstvima i osjećajima? Možda svojega bližnjega podcjenjujemo, možda mu odašiljemo neljubazne ili čak neprijateljske osjećaje i misli. Naše riječi međutim zvuče kao prijateljstvo, povezanost i slično. Mi smo dakle licemjerni kada drugačije govorimo nego što mislimo. Iz toga nastaju naše maske.

Osjećaji i misli jesu stvaralački, stoga oni oblikuju našu vanjštinu – našu mimiku, naše pokrete, čitavo naše ponašanje. To smo mi kao ljudi, to nas obilježava, to je naše zračenje. Tako se pokazujemo, to je naš izgled i odgovarajuće tomu mi također i postupamo – no često samo onda kada osjećamo da nas nitko ne promatra.

U ophođenju s ljudima oko sebe često se drugačije ponašamo. Da bismo prikrili svoja negativna, podcjenjujuća čuvstva, osjećaje i misli, prekrivamo ih maskom prividno pozitivnih riječi, prividno pozitivnog vladanja, prividno pozitivnih gesti. To je tada maska.

Čovjek ima maske raznih vrsta. Ovisno o tome što činimo ili s kim razgovaramo, ponašamo se različito prema onome što smo od čuvstava, osjećaja, misli riječi i postupaka unijeli u svoju dušu, u svoju podsvijest i u svoju budnu svijest. Ili se ponašamo ispravno, jasno, suvereno i nesebično, jer smo te aspekte božanski-zakonitog života ostvarivanjem opet otvorili u sebi ili se ponašamo licemjerno pretvarajući se da te duhovne vrijednosti posjedujemo. Ispod te maske mi krijemo ono što nas još kao čovjeka obilježava: zavidno, podcjenjujuće, vlastohlepno.

Licemjerje ima dakle najrazličitije maske, koje stavljamo prema prilici. Uvijek kada se prikazujemo drugačijima nego što jesmo, drugačijima nego što osjećamo i mislimo, stavili smo masku. A koliko često to činimo? Tek kada počnemo kontrolirati svoje misli i svoja čuvstva, utvrdit ćemo koliko smo blizu ili koliko daleko od istinitosti.

Tako nismo svjesni svoje vlastite zamaskiranosti. Gledamo površinu stvari i ne idemo do temelja samoga sebe. Tko se dakle zadovoljava maskama, taj ne poznaje sebe i ne poznaje svojega bližnjega. On se ne kontrolira, ne istražuje što se zbiva iza njegove maske privida.

Iza igre skrivanja s maskama stoji uvijek nezasitan, pohlepan ja, egoizam, koji govori: sve samo za mene! Naš ego uvijek želi i želi uvijek više. To se može događati samo na račun našega bližnjega jer je u Božjem zakonu jednakost. Čovjek želi priznanje, bogatstvo, uzvisivanje, dobar položaj na poslu i još mnogo toga. Budući da želi postići nešto samo za sebe, on također gleda samo maske svojega bližnjega pomno promatrajući kako taj reagira, kako se taj, da bi oblikovao svoju masku, ponaša prema njemu. On gleda samo maske ljudi oko sebe i ocjenjuje koju masku mora staviti da bi kod njih postigao ono što si je postavio kao cilj. Tako su obojica maskeri i ni jedan se ne brine za bližnjega; oni imaju u vidu samo vlastitu korist.

Tko je zarobljen u tom svijetu privida, ostaje usamljen. Zaokupljen samo samim sobom, misleći samo na vlastitu korist, on se ne kreće u jedinstvu s bližnjim. Upravo suprotno: svojim maskama, sumnjom i prevarom razdvaja se od svojega bližnjega i istovremeno izgrađuje vezanost, dakle krivnju. Tada vještiji masker vlada.

Budući da čovjek misli samo na sebe, on je protiv svojega bližnjega; on postaje bezobziran i neprijateljski. On živi u sotonskom principu „Razdvoji, veži i vladaj".

Sve nebožansko naša je ljudska baština; mi smo je sami sebi priskrbili. Ljudska baština svakoga pojedinca sastoji se od njegovih ljudskih čuvstava, osjećaja, misli, govora i postupanja. To prema prilikama može rezultirati vanjskim bogatstvom, ugledom i više toga.

Ipak, nije smisao i svrha našega zemaljskog života umnožiti svoje zemaljsko i time prema prilikama također i svoj teret grješnoga. Mi bismo trebali težiti tomu da steknemo svoju božansku baštinu tako da svoje maske prepoznamo, s Kristom ih postupno odložimo i aktiviramo principe Unutarnjeg života: jednakost, slobodu, jedinstvo, bratstvo i pravednost, koji su ujedno principi naše božanske baštine.

Tko želi iz maskiranja stupiti u svjestan život, u svoju vlastitu sredinu, koja je njegovo izvorno biće, prema Kristu koji stanuje u nama, taj počinje prepoznavati maske; on započinje ljudsko, grješno, čistiti i više ne činiti. Čistimo li svoje ljudsko korak po korak s Kristom, svojim Spasiteljem, tada će nam On na mnogo načina dati da spoznamo što i kako trebamo živjeti. On nam tada pokazuje aspekte naše božanske baštine, npr. aspekt slobode, koji kaže: ne prisiljavaj svojega bližnjega da čini ono što ti ne želiš činiti. Ne prisiljavaj svojega bližnjega da se veže za tebe i čini ono što ti želiš da bi tebi bilo dobro. Spoznaj božansku zapovijed: što očekuješ od svojega bližnjega, učini ti prvi. Iz toga izrasta sloboda.

Tako na različite načine doživljavamo impulse iz sredine, od Krista. Mi ih doživljavamo onda kada smo spremni svoje maske odložiti i prihvatiti zakone života, znači korak po korak opet steći svoju božansku baštinu. Jer mi trebamo opet postati savršeni – takvi kakve nas je Bog kao Svoju djecu stvorio i takvi kakve nas On u Svojem srcu gleda.

Osvijestimo si uvijek iznova: da bismo odložili maske potrebna je najprije samospoznaja i okretanje od nebožanskoga prema pozitivnome, božanskome. To znači, napustiti negativno i postići uporište u pozitivnome. Još jednom drugim riječima: mi se dakle mijenjamo dio po dio – korak po korak.

Kada bismo svoje maske jednostavno skinuli, dakle u vanjštini promijenili svoje ponašanje, tada se ne bismo promijenili. Uvijek bismo iznova stavljali iste maske.

Kada bismo jednostavno prepoznato ljudsko odložili – tko bismo tada bili? Naše nas maske prožimaju, jer su one naš život. Naša čuvstva, osjećaji, misli, govor i postupci – to smo mi! Svoje ljudsko mi ne bismo trebali jednostavno odbaciti bez zamjene, ne bismo ga trebali željeti odgurnuti – mi ga trebamo preobraziti, taj energetski potencijal uzdići iz tame u svjetlo.

Stoga to znači: spoznaj sebe samoga. Očisti. Ne čini to više i ispuni umjesto toga božanske zakonitosti koje iz toga proizlaze. Ispunjavanje Božjih zakonitosti ponovo nas ispunjava; ispunjava nas božanskim, kao što smo prethodno bili ispunjeni ljudskim. Iz posude istječe privid, a izgrađuje se Bitak.

Naše su maske također programi koji komuniciraju. Život je komunikacija. Bez komunikacije mi ne možemo živjeti. Dakle potrebno je ljudsku komunikaciju s prividom postupno zamijeniti božanskom komunikacijom s Bitkom. To se događa preobrazbom, promjenom mišljenja, reprogramiranjem.

Dan za danom, svakog trenutka možemo iskusiti da živimo u slikovnoj komunikaciji. Svakog trenutka možemo se doživjeti u svojim slikama. Možemo se uživjeti u svoje slike – u slike svojih osjećaja, misli, riječi i djela.

Upravo u onostranome, kada živimo kao duša u carstvima duša, dolaze nam vrlo realno i stvarno slike koje smo stvorili. Da, živimo i doživljavamo jedni druge jednako kao u svojemu vlastitom igranom filmu. U onostranome osjećamo na vlastitom duševnom tijelu ono što smo o svojemu bližnjemu mislili ili rekli i što smo mu učinili i još mnogo toga više. Prepoznajmo na Zemlji kao čovjek veliku milost što možemo pogledati u svoju filmsku vrpcu kako bismo pročistili svoje ljudsko ja prije nego što ga moramo iskusiti na svojem tijelu!

Jedan savjet: živimo svjesno! Ne bavimo se prošlošću ili onim što naš bližnji govori i čini! Živimo li dakle u sadašnjosti spremni za samospoznaju, tada postajemo postupno svjesni što smo mi sve od ljudskoga stvorili. Ono što svakodnevno očistimo, to ne moramo pretrpjeti.

Onaj tko međutim živi u Unutarnjem svijetu, u Meni, Kristu, ima jasan i dalek pogled. Njemu maska nije više potrebna jer sve prozire i preko svjetla istine sve prepoznaje. To je biće u struji Bitka, personificirani Bitak, mikrokozmos u makrokozmosu.

Gabriele:

Mi tamo želimo ići. Mi želimo u struju Bitka. To si možemo uzeti kao zadaću. U svemu što nam prilazi – bilo da u tome nalazimo ljudske ili božanske aspekte - potvrđujmo: mi želimo biti u struji Bitka.

Svi možemo tako reći apsolutnost potvrđivati kao ciljnu sliku: ja sam u struji Bitka. – tada osjećamo mekoću, toplinu i nježnost struje; tada osjećamo zaštićenost u Ocu, beskonačnu ljubav, koja nas prožima.

ve što vidiš, što te uzbuđuje, tvoje je ogledalo; ono obilježava tvojeg čovjeka. Ako ne ideš putom samospoznaje, tad opažaš još samo refleksije svojega niskoga ja i niskoga ja svojega bližnjega. Nastaviš li tako, zapletat ćeš se sve više u moje i tvoje; potom ćeš razdvajati sebe od svojega bližnjega. To je zakon ljudskoga ja. On glasi: „Razdvoji, veži i vladaj."

Gabriele, proročica učiteljica i izaslanica Božja, objasnila je:

Dakle, sve što nas uzbuđuje želi nam nešto reći. Uzbuđeni smo jer nas pogađa određeni odašiljački potencijal. Ako vidimo, čujemo nešto ili se sjetimo nečega što nas pojačano pokreće, ako nas obuzmu uzbuđenje, mrzovolja, ogorčenje, ljutnja ili bijes ili ako neprestano mislimo o nekoj stvari, onda se trebamo zapitati: što nas je uzbudilo? Prepoznavanje toga važno je za nas, jer to jesmo mi sami.

Krenimo uvijek iznova od vječnog zakona, od naše božanske baštine: kao čista bića, ne uzbuđuje nas ništa ljudsko ili božansko. Bog se ne uzrujava zbog naše grješnosti jer je savršen. Ako se uzbuđujemo zbog grješnosti svojih bližnjih ili zbog neke izjave - bila ona zakonita ili nezakonita - tada u nama samima leže uzroci. U nama je bilo dodirnuto ljudsko, grješno, koje leži u našoj duši i čeka da bude prepoznato i očišćeno, odnosno otplaćeno. Ti nas grijesi oblikuju. Oni oblikuju našu ljudsku osobnost sa svim aspektima našega ja; oni oblikuju naše crte lica i naše ljudsko tijelo.

Nedavno se postavilo pitanje božanskom svijetu: prepoznaju li nas čista bića, nas kao ljudska bića? Odgovor je po smislu glasio: mi gledamo ono neopterećeno u ljudima, najunutarnjije, čistotu u središtu duše; po tome vas prepoznajemo. Ako bismo gledali samo omotač, čovjeka, ne bismo vas prepoznali.

To nam pokazuje; mi smo se sami unakazili svojom grješnošću. Naši nas grijesi označavaju. Svoja tijela crtamo svojim čuvstvima, osjećajima, mislima, riječima i postupcima i tome primjereno se također i ponašamo, govorimo i djelujemo i živimo sa svojim bližnjima. Stoga je naše ponašanje svakog trenutka naše ogledalo.

Ako se ne promatramo u tom ogledalu i ne očistimo svoje ljudsko, tada gledamo samo svoje nisko ja i nisko ja svojega bližnjega, opažamo dakle samo grješno, koje nas uvijek iznova uzbuđuje. Na taj način stvaramo opet uzroke, grijehe; jer uzbuđenje proizvodi mnogo misli, koje nas opterećuju. Stoga su nam podareni dani, sati, minute, trenutci da promatramo sami sebe – tada kada se uzbudimo ili kad prepoznamo da nas jednake i slične misli neprestano pokreću.

Svaki dan pruža nam priliku da u mnogim trenutcima pogledamo sami sebe, tko smo. Mi, čovjek, nismo ništa drugo nego ogledalo, izraz svoje duše s njezinim svijetlim i tamnim stranama. Dakle, možemo pretpostaviti da se ne bismo probudili ujutro ako nam dan ne bi imao što reći. Naša duša čeka da uočimo njezine sjene i da ih očistimo snagom Krista Božjega u sebi.

Ako postanemo svjesni krivog ponašanja; grijeha, tada idemo putom pokajanja, opraštanja i nadoknade. Pritom je bitno pokajanje, naime da odsutnost ljubavi prema bližnjemu bolno osjećamo u vlastitom svijetu osjećaja. Molimo li Krista za snagu pokajanja, On nam također daje i snagu da se od srca pokajemo. Mi se kajemo, tražimo oprost, opraštamo sebi i nadoknadimo ono što je za nadoknađivanje. Ukratko: čistimo.

Ako više ne ponavljamo ono što je očišćeno - što se onda događa u našoj duši? Grješni aspekti pretvaraju se u svjetlost. To utječe i na tijelo, jer je tijelo crtež naše duše. Čovjek s vremenom postaje mekši, senzibilniji; tvrdi, kruti ja mijenja se u nesebičnost i tankoćutnost - u aspekte dobrote. Jezični izričaj postaje finiji, a postupanje promišljenije. To rezultira sve većim smislom za zajedništvo i bratstvo, koje se još naziva bratstvo-sestrinstvom.

Dakle, prije svega moramo omekšati pokajanjem. Pokajanje priprema dušu na to da grješno može uzmaknuti, a da se zakonito, ono što je puno svjetla, može razviti. Pravo pokajanje rezultira snažnom voljom i snagom da više ne činimo ono što smo prepoznali kao ljudsko, grješno. Budući da je sve u svemu sadržano, to potiče na Božje zakonitosti, koje ćemo ubuduće ispuniti. Zakonitosti Božje jesu aspekti vječnog zakona. Ako nismo svjesni Božje zakonitosti, tada pozivamo u svijest Deset zapovijedi i Govor na Gori, onako kako nas je učio Gospodin. Iz toga možemo izvesti jednu ili više zakonitosti Unutarnjeg života, koje onda svakodnevno ispunjavamo. Tako sazrijevamo u našu božansku baštinu. Cilj je našega zemaljskog života vratiti se praporijeklu, ući u našu unutarnju domovinu, i otvoriti našu vječnu baštinu.

Ako gledamo – umjesto sebe same – svoje bližnje, tada počinjemo vrednovati. Mi podcjenjujemo svoje bližnje da bismo uzvisili svoje ljudsko ja. Iz toga slijedi: to si ti, a ja sam ja. I dalje: ovo je moje, a to je tvoje. Tako se odvajamo od svojega bližnjega i vežemo za svoje nazore. Ako je naše ljudsko ja jače od ega našega bližnjega, onda pokušavamo njime zavladati. Tako djeluje sotonski princip: „Razdvoji, veži i vladaj.“

Budimo svjesni da ako težimo vladanju i moći, gledajući dugoročno, od toga nećemo imati nikakve koristi. Može biti dobro određeno vrijeme, ali na kraju ćemo podleći, jer moć služi samo za potvrđivanje ljudskoga ja. Jednog ćemo dana i sami patiti na taj način.

Božanski princip glasi: „Poveži i budi." To znači: poveži se sa svojim bližnjim u nesebičnoj, božanskoj ljubavi. Prepoznaj da su pozitivne snage u njemu dio tebe - i budi u Bogu, budi u svojoj nutrini; budi tamo kod kuće i crpi sve više i više iz izvora beskrajne ljubavi.

Iz božanskoga „Poveži i budi" proizlazi sklad snaga - jednakost. To rezultira jedinstvom jer smo za svojega bližnjega i s njim. Iz toga istodobno nastaje sloboda jer naše bližnje ne činimo ovisnima o sebi i ne vežemo se za njih. Jedinstvo u Bogu jest život zajedništva, a to je bratstvo-sestrinstvo. Tada ne postoji gore i dolje.

Svatko tko u svojem životu želi dati prostora osnovnim principima Unutarnjeg života, započinje s jednakošću. Jednakost znači: svi smo mi braća i sestre, djeca jednog Oca. Ako u svoj život uključimo te aspekte istine, onda iz toga rezultira sloboda, jedinstvo i bratstvo. Tada se budi i pravednost. Nećemo se više pravdati i osuđivati, nego odvagnuti kako bismo uvijek bili pravedni, onako kako Bog to želi.

Odvagivanje je unutarnje shvaćanje, shvaćanje onoga bitnoga. Duhovni čovjek odvaguje tako da prodre do srži stvari, situacije ili poteškoće. On gleda iza fasade ljudskoga i prepoznaje ono pozitivno u situaciji, srž, Božju zakonitost, na kojoj se može graditi. Ne da se zavaravati od eventualno zasljepljujućih vanjskih okolnosti, na koje je utjecao čovjek; on ih može pravilno svrstati. Tako pronalazi odgovor na sva pitanja, rješenje za sve poteškoće. Pri tome postaje i pravedan prema ljudima oko sebe. On može savjetovati i pomoći u smislu božanske pravednosti, božanskog zakona. Sposobnost za to stječe samo pravednošću prema samome sebi, odnosno prepoznaje sebe svaki dan i svladava svoje ljudsko.

Samo je Božji zakon pravednost. Sve ljudske zakone, onakve kakve ih poznajemo u svijetu, nazivamo pravom. Sve dok inzistiramo na svojem pravu, uvijek inzistiramo na svojemu ja. Dopustimo li Božjoj pravednosti da vlada, onda odvagujemo, i svima će se događati pravednost.

Ako sve više i više uronimo u tu svijest, tada više nećemo suditi i osuđivati u skladu s riječi „pravo": „Ono što ja kažem jest ispravno." Rodit ćemo se u svijesti Boga da bismo postigli pravednost, kako bismo bili pravedni prema ljudima oko sebe, i pogotovo prema sebi samima. Jer samo iz pravednosti – također i prema sebi samima - možemo postići poštovanje prema svojemu stvarnom životu i poštovanje prema ljudima oko sebe.

Božanski zakon glasi: „Poveži i budi." Znači, tko živi u povezanosti s najunutarnjijim, povezan je sa svim ljudima i bićima i sa svim životnim oblicima. On s nji-ma tvori jedinstvo u Bogu, koje ne poznaje razlike, jer je sve sadržano u svemu, zakonu života.

Gabriele:

Povezanost s nutrinom, s Kristom u sebi, postiže-mo samo uklanjanjem planina svojega ljudskoga ja, tj. svojih grijeha, kako bismo uronili u svjetlo, koje je Krist u nama. Povezanost s nujunutarnjijim jest pove-zanost s izvorom, u kojem žive svi oblici Bitka. U tom izvoru – govorimo i o „struji" - žive minerali, biljke, životinje, sva bića, sve duše i ljudi. Ništa i nitko nije isključen jer Bog ne odbacuje ni čovjeka, ni dušu, ni bilo kakav oblik života.

Porijeklo izvora jest srce Božje. Izvor sam, struja, jest neprestano strujeći zakon, Bog. Bog, naš Otac, uvijek nas gleda u izvoru, u struji, u Svojem srcu. Me-đutim, mi smo napustili tu svoju vječnu unutarnju domovinu djelovanjem protiv Božjeg zakona. Time smo se uputili prema suhoj zemlji i sada žeđamo za vodom života. Sada sjedimo „na suhomu", jer smo se zbog grijeha odrekli svojega najunutarnjijega, svijesti Ja Jesam. Tako smo postali okrutni i protiv sebe smo samih, jer smo protiv svojega bližnjega, jer smo protiv Božjih životnih oblika, npr. protiv životinja, biljaka, minerala i kamenja.

Budimo svjesni uvijek iznova: ako smo protiv života, Boga, tada smo istovremeno i protiv samih sebe, jer ono što činimo svojima bližnjima - uključujući svoje subližnje, prirodne životne oblike - činimo sebi. Tako se ogrješujemo o svoje bližnje, subližnje i same sebe. Time se razdvajamo i vladamo. Otvorimo li se za izvor životom po Božjim zakonima ljubavi i mira, tada živimo za svoje bližnje i s njima. Mi tako uspostavljamo povezanost s najunutarnjijim, a tamo - u struji, u izvoru – jest sav Bitak, tamo su carstva prirode, sva bića svjetla, sve pozitivne snage ljudi i duša.

Ogriješimo li se o jednog čovjeka, tada izlazimo iz izvora. Ogriješimo li se o jednu životinju, jednako se tako odvajamo od izvora. Odvajamo se tako reći od Boga kako bismo vladali jednim čovjekom, jednom životinjom.

„Živjeti povezani s najunutarnjijim" znači: ući u komunikaciju s čistim, neopterećenim, u svim oblicima života, u životinjama, biljkama, mineralima, ljudima, doista u svemu što nas okružuje. To je život u Duhu Božjemu. Sve dok ne težimo tom životu, dok nismo u tom životu, uvijek se osjećamo kao tzv. osamljenik. Zašto? Jer mi nismo za bližnjega i s njim.

Dakle, ako dajemo prostora svojoj ljudskoj volji, svojemu niskomu ja, tada se predajemo svojemu ljudskomu ja. Za nas to znači: napuštamo mjesto obilja, oazu, izvor nutrine i izlazimo u pustinju. Što slijedi nakon toga? Tada nam zapovijeda naše nisko ja, a pod određenim okolnostima zapovijedaju nam preko našeg ega i daljnje niske snage. Njihova je namjera da nas odvedu što dalje u pustinju, što dalje od vode života, i od kruha spasenja. One nas zavode potičući naše želje i predodžbe. Usađuju nam argumente za omalovažavanje, za prepirku i neprijateljstvo. Usmjeravaju nas uvijek prema našim bližnjima s obrazloženjem da je za sve kriv naš bližnji, kolega, kolegica, partner, partnerica, djeca, roditelji. Svi su krivi, tako glasi utjecaj tame, svi - samo ne mi sami. Iz toga nastaju sukob i borba. U svađi i borbi, mnogo se božanske životne energije transformira naniže u sve više negativne energije. A nju prima tama; ona od toga živi.

Stoga se moramo zapitati: jesmo li i mi takvi proizvođači negativne energije? Trebali bismo se dnevno kontrolirati: Kako živimo? Živimo li u nesuglasici i svađi, u neprijateljstvu? Živimo li u pustinji svojega ja i čak se osjećamo dobro, onda smo donatori tih niskih energija od kojih živi hijerarhija tame i koja ih koristi za zavođenje i pokvarenost.

Da bismo mogli pronaći put iz močvare ljudskoga u svjetlost, Krist nam je dao velika kozmička učenja. On nam pomaže da promislimo. On nam pomaže da pronađemo svoje najunutarnjije u Njemu.

Tko ne bi želio mirovati u sebi, biti kod kuće u sigurnoj luci nutrine? No mi ne smijemo vjerovati da tamo možemo zauzeti stan jednostavnim donošenjem odluke: „Sada ću promijeniti stav. Od sada sam u svojoj nutrini." Ako pred vratima kuće leži puno šute, tada je moramo najprije odstraniti da bismo mogli ući u kuću. Isto je i s našim životom. Prije svega, to znači: spoznaj samoga sebe i očisti onu šutu što leži pred najunutarnjijim, pred oltarom ljubavi. Očistimo li s Kristom grješno i više to ne činimo, onda se korak po korak približavamo našemu najunutarnjijemu, Kristu, našem Spasitelju i vođi.

Dakle, što nam je činiti? Ništa drugo nego očistiti svoju prošlost, živjeti svjesno u sadašnjosti, u danu. Tada svakodnevno doživljavamo sebe i prepoznajemo što treba očistiti da pronađemo put natrag u sredinu, u struju, u izvor, kako bismo postali jedno s Kristom, postali jedno s Bogom, našim vječnim Ocem.

Naći se u sredini znači biti za našega bližnjega i s njim. Biti u sredini znači biti u struji. Tada smo se vratili iz pustinjskog svijeta; naša suha duša ponovo je primila vodu života.

Samo zato što što smo se svojom vlastitom slobodnom odlukom odlučili da ćemo ispunjavati Božje zakone, mi se sve više približavamo Kristu, izvoru, Vječnom bitku.

To je cilj svih ljudi, bilo da ga trenutno prihvaćaju ili ne. Jednom će svakomu sinuti, kao čovjeku ili kao duši, da je cilj postojanja odlazak kući u Božje srce, u našu sredinu. Da bismo pronašli taj put, Krist je postao naš Spasitelj, naš utiratelj puta u Očevu kuću. Preko Krista nije izgubljena nijedna duša i nijedan čovjek. On nas osnažuje i nadahnjuje, On nas vodi i usmjerava – ako u danu s Njim živimo, kada dakle grješno prepoznamo, očistimo i više ne činimo. Međutim, mi se ipak moramo zapitati: kada nas Krist može uzeti za ruku i voditi Ocu? Onda kad smo spremni. On nas na ništa neće prisiljavati.

Zakon uzroka i posljedice, koji je stvorio protivnik - „Razdvoji, veži i vladaj"- jest zakon osobe, zakon jastva, koji poznaje samo sebe, nisko ja.

Gabriele:

Zakon osobe, zakon jastva, naš je osobni zakon. Svaki pojedini od nas, dakle osoba, sama ga je stvorila. Stvorili smo ga ljudskim principima stvaranja, našim čuvstvima, osjećajima, mislima, riječima i postupcima. Tih pet principa - čuvstva, osjećaji, mišljenje, govor i djelovanje - prepolarizirani, to jest naniže transformirani iz božanskoga u ljudsko, jesu ti principi stvaranja ili osobine stvaranja kojima stvaramo svoje osobne zakonitosti. Oni se sastoje od aspekata našega niskoga ja - od svega što je negativno, bez ljubavi, koje oblikuje naš ego.

Tako možemo reći: svakim kršenjem božanskog zakona, svaki pojedini od nas gradi na svojemu vlastitom zakonu, na zakonu koji je sam stvorio. Sveukupnost svih osobnih zakona pojedinih ljudi i duša jest zakon sjetve i žetve. Zbog toga svatko doživljava svoje pohranjeno, tj. svoj osobni zakon - ali nikad osobne zakone drugih. Dakle, ono što čovjek stvara svojim životom i radom, ono što sije, on to i žanje. Na taj način svatko stvara svoju sudbinu.

Gabriele:

Zbog toga vezivanjem za ljude, imovinu i vlasništvo, mi ljudi ostavljamo tragove, manifestacije zakonitosti svojega osobnog zakona. Budući da je sve energija i da se sve temelji na komunikaciji, mi smo u komunikaciji s ljudima za koje smo se vezali ili s imovinom s kojom smo srasli. Kada naše fizičko tijelo umre, duša je i nadalje u komunikaciji s tim svojim baštinama, svojim osobnim zakonima. Ako duša tamo gdje se nalazi nakon smrti, u razinama čišćenja, ne raskine vezu s postojećim vezanostima, onda je moguće da će se ponovo inkarnirati u ona mjesta gdje je nekad ostavila svoj trag kao čovjek kako bi razriješila ono što je još uvijek veže.

U Bogu, u vječnom zakonu, nema osobnog posjeda i osobnog vlasništva, nema bića koje se veže za drugo biće. U Bogu su svi jednaki i baštinici velike cjeline. Beskonačnost pripada svakom biću kao esencija, kao svjetlost i snaga. Samo čovjekovo ljudsko - njegovi grijesi - stvaraju razdvajanja i moje i tvoje.

Ako se grijesi gomilaju u duši, tada se duša i čovjek odvajaju od jedinstva i jednakosti, oni se odvajaju od vječne struje života, Boga. Oni postaju siromašni svjetlošću i mudrošću, žude za posjedovanjem i imanjem, razlikuju moje i tvoje. Oni razdvajaju riječima i izrazima; oni razdvajaju - „ovdje smo mi, a ondje ostali" – i to u čuvstvima, osjećajima, mislima, riječima i djelima.

To rezultira požudom za dominacijom i pohlepom. Tko posjeduje više, vlada drugim, dakle njegov je bog. Pri tome se postavlja iznad ljudi oko sebe i na kraju krajeva iznad Boga, jer Bog prebiva u svakome ljudskom biću. Tko se postavi iznad Božjeg prebivališta, iznad čovjeka, taj se postavlja iznad Boga.

Sotona je uzeo mač i jedinstvo Zemlje podijelio na mnoštvo. S komadima, zemljama, osnovao je vlasti i gospodstva, bogataše, koji su od komada načinili svoje države.

To je podjela koja dolazi od sotonskoga. Ja sam međutim došao da ponovno uspostavim jedinstvo zakonom ljubavi koji ujedinjuje svakoga i sve.

Gabriele:

Većina takozvanih kršćana i mnogi inovjernici imaju sveta pisma na svojim policama knjiga samo kao ukras i za reprezentaciju, s vremena na vrijeme čitaju iz njih, ali nikada iz unutarnje pobude. Poruka koju pisma sadrže učila se, no nije se nikada živjela. Stoga dakle nije bilo ostvareno ono što su veliki proroci poučavali, prvenstveno Isus iz Nazareta.

Zbog toga što su s takozvanim kršćanstvom - ali i sa svim inovjernicima – borbom za moje i tvoje, etika, ćudoređe i moral klizili sve više nizbrdo, došao je Sin Božji, Krist Božji, ponovo nama ljudima - ne kao čovjek, već kao Proročki Duh. Došao je ponovo poučavati zakon ljubavi i ljude potaknuti da žive – ponovo ih usmjeriti onako kao što je to činio kao Isus iz Nazareta.

Krist, Sin Božji, koji više nije čovjek, poučava sada preko Proročke riječi ono što je naviještao kao Isus i ostvaruje ono što nam je obećao prije dvije tisuće godina: da će nas uvesti u svu istinu. U ovom materijalističkom svijetu, koji ide prema ponoru, On opet uspostavlja zakon vječne ljubavi u voljnim ljudima. Božji zakon ujedinjuje ljude u bratstvu i sestrinstvu. On, Kristov Duh, vodi ljude koji Ga slijede prihvaćanjem vječnih zakona, uranjajući u njih i živeći po njima u Novom dobu, u Kristovu vremenu,.

Granice ograničavaju i vode otvrdnjavanju. Potraju li granice duže vremena, tada narodi vjeruju da su međusobno razdvojeni granicama. Oni tad govore o različitim mentalitetima, koji imaju malo zajedničkoga. Iz toga nazora budi se ravnodušnost i neprijateljstvo prema bližnjemu, koji je po vječnim zakonima dio svake duše.

Izazove li protivnik razdvajanje među ljudima, tad on vlada i stvara daljnje izvanjske mogućnosti vezanja, primjerice kao vezanje čovjeka za vjerska pravila, rituale, dogme i kultove, istovremeno i za vlast, za podčinjene, za supruga ili suprugu, za djecu ili vrijednosti, za novac i imanje. Iz toga proizlazi kauzalni zakon, u kojemu prebivaju svaki sebičan čovjek i svaka sebična duša sve dok ne iziđu iz vrtloga ljudskoga ja i ne teže za božanskim, koje povezuje i koje jest.

*vaj svijet i planet Zemlja pojavljuju se u božan-
skome zrcalno jer su se svijet i Zemlja preokre-
nuli u suprotnost.*

Gabriele, proročica učiteljica i izaslanica Božja,
objasnila je:

Planet Zemlja jest Zemlja kao takva. Svijet je ono
što je čovjek izgradio na Zemlji. Zemlja i svijet samo
su zrcaljenja Vječnog bića. Oni nisu Vječni bitak, jer
je čovjek svojim osobnim zakonom, odvraćanjem od
Boga, sve preokrenuo. Dakle, sve što vidimo samo
je odraz Bitka, strana okrenuta od svjetlosti - ali ne i
sama svjetlost.

Božja baština Svojoj djeci može se ovako objasniti: to što je Moje, to je i tvoje, to je za tebe i za svako dijete podjednako, naime sve iz svega, iz Onoga koji Jest.

Protivnik je prepolarizirao tu božansku zakonitost i govori: meni pripada moje i tvoje. Protivnik smatra da tom prepolarizacijom može sve prisvojiti i biti gospodarom svega i svakoga. On želi vlast samo za sebe i hoće pokoriti Boga jer sam želi biti Bogom.

Materijalistički, egocentričan čovjek smatra da je on vladar svijeta i svemira. Budući da vidi samo jednu malu perspektivu života, koja je k tomu omotana njegovim ljudskim ja, on vjeruje da je on sam Bog. To vjerovanje u bogove čini ga oholim tako da misli kako on može dalje razvijati stvaranje, posve prema svojoj slici i mjeri. U stvarnosti on vodi samoga sebe u ponor i razara materiju i svoje zemaljsko tijelo.

U broju osam jest božanstvo, u preziru je protivnik koji je prepolarizirao sveti Bitak, osmicu, i iz nje načinio prezir. Na taj način on je stvorio svoj zakon pada, koji će upropastiti njega samoga.

Gabriele:

Simbolički znak osam jest Božanstvo samo, praizvor svih stvari i sveg Bitka. Iz praizvora, iz Božanstva, nastala su i nastaju stvaranja u svih sedam osnovnih područja beskonačnosti. Protivnik prezire taj apsolutni princip stvaranja, Božanstvo, jer on sam želi biti stvaralački i stvarati po svojoj slici i mjeri. Time je on stvorio zakon pada, zakon sjetve i žetve. Podleći će sam svojem zakonu, jer tko sije mržnju, žet će mržnju. Tko ubije bližnjega, sam će biti ubijen. Tko ne poštuje drugoga, sam neće biti poštovan. A tko vjeruje da može sve oblikovati po svojoj slici i mjeri, taj uništava svu materiju.

Mi živimo na kraju vremena. Tko pomno promatra sve što se događa na Zemlji, taj zna; Božji protivnik upada u zamku. Omča se zategne i on više ne može djelovati. Iscrpio je svoj vlastiti potencijal stvaranja, a sada Duh, vječni Bog Stvoritelj, iznova stvara Nebo i Zemlju prema Svojoj vječnoj slici, vječnom zakonu. To znači: područja čišćenja i materija postupno će se profiniti i preobraziti i ponovo se izjednačiti s vječnim Nebom, onim odakle potječe pad.

Tko ne poštuje svojega bližnjega, taj ne iskazuje počast ni vječnom Ocu ni Meni. Njegove molitve ostaju neplodne jer plod začahuren u njima ne uspije dozoriti. Tko dopušta da mu ljudi iskazuju počast, taj ne iskazuje počast Bogu.

Gabriele, proročica učiteljica i izaslanica Božja, objasnila je:

Svaki od naših bližnjih jest hram Božji, u kojem prebiva Duh vječnog Oca. Tko ne poštuje taj hram, tko ga prezire, pljačka i iskorištava, taj želi uništiti i Presveto, Boga u hramu. Taj se postavlja iznad Boga kao nadbog. Budući da ne poštuje svojega bližnjega kao Božji hram, taj ne poštuje ni svoj vlastiti hram.

Tko dakle ne pokazuje poštovanje prema svojemu bližnjemu, taj prezire Boga u njemu i u samome sebi. Ali takav čovjek uvijek pazi na to da ga drugi poštuju. Onaj komu je važno da mu iskazuju počast, taj ne slavi Boga.

rotivnik vodi dušu i čovjeka u svijet osjetila. On ih zavodi prividom njihovih bližnjih. On im pokazuje to što drugi posjeduju i imaju, njihovo moje i meni, i čini ih pohlepnima i zavidnima. Na taj ih način on izvodi iz najunutarnjijega, iz Bitka, iz obilja u Bogu - u izvanjski svijet, u privid.

Tko dopusti da ga privid zaslijepi, taj postaje kao onaj koji je već zaslijepljen: pohlepan, zavidan i gramziv. Tada on svim oružjem koje mu je na raspolaganju žudi da postigne ono što mu privid bližnjega znači: izvanjski sjaj preko ugleda, sredstava i mogućnosti, koji se odražavaju u novcu i moći.

Na taj način čovjek sve više istupa iz unutarnjeg obilja i osiromašuje na unutarnjoj snazi i duhovnosti. On školuje svoj razum i uzdiže ga do intelekta da bi postao intelektualac koji posjeduje znanje o prividu, o opsjeni - i pritom više ne poznaje Bitak, svoje istinsko sebstvo, realnost života, već samo sebe, svoj mali svijet u kojemu on gospodari i vlada, a svojega bližnjega vezuje za sebe i svoje nazore, za koje je i sam vezan.

Gabriele:

Treba spoznati: privid je varljiv u čovjeku i u njegovoj riječi. On govori drugačije nego što misli. Dakle, njegove su misli suprotne njegovoj riječi. On možda govori uglađeno, a istovremeno misli omalovažavajuće, zavidno, pohlepno i osvetoljubivo. To je licemjeran jezik, kojim mnogi govore.

Vječni bitak jest vječni zakon. On je izravan i čestit. On je nesebičan, ljubav koja vječno daruje. To je istina. Tko govori istinu, njegove su misli, osjećaji i čuvstva istiniti kao i riječi. To je onda Božja riječ u duši i preko čovjeka.

Jao onima koji upotrebljavaju razum da bi obožavali ljude. Takav čovjek neprimjetno stvara idole. On je njima odan u ovom svijetu - a nakon svoje tjelesne smrti bit će vezan za njih.

Gabriele:

Tko više sluša ljude nego Boga, vječni zakona ljubavi, taj postavlja ljude iznad Boga. Time je on za njih vezan. On će biti u ovom svijetu za njih vezan, ali također i nakon svoje fizičke smrti kao duša. Što čovjek veže za sebe ili što ga veže za druge, Bog to ne razdvaja; jer svatko posjeduje slobodnu volju misliti i činiti to što mu je volja. To je onda njegov osobni zakon, koji mu prilazi u ovozemaljskom postojanju ili u carstvu duše. To je zakon sjetve i žetve.

Pohlepni, sebični, koji sebe precjenjuje u sjaju priviđa, uvijek želi biti najveći i najbolji i gospodariti svime i svima.

Vlastoljublje ima opet cvjetove straha da bi netko drugi mogao biti veći, da bi mogao steći veći sjaj, veći ugled i bogatstvo. Gonjen strahom, on misli da njegove oči i uši moraju biti posvuda kako ne bi bio prevaren. Pojavi li se neki rival, borit će se protiv njega. Ako ovaj ima sposobnosti koje on ne posjeduje, onda istovremeno rastu zavist i neprijateljstvo i pogotovo ratobornost, težnja da se ovaj ukloni.

Strah i ratobornost donose znatiželju. Ja-čovjek hoće sve vidjeti, oslušnuti, kako bi sve znao, da bi se štitio od opasnosti koje bi ga mogle sustići od njegovih bližnjih koji imaju veći ugled i koji izgledaju bolje, pametnije i bogatije. Radi toga on se stalno orijentira. Znatiželja ga tjera da gleda naprijed, natrag, gore, dolje, desno i lijevo, da bi sve vidio i oslušnuo. Pritom on vidi i sluša samo sebe; jer to što ga tjera, njegovo ljudsko ja, dotjerava mu ponovo jednako ili slično.

Egocentričan čovjek u svakoj situaciji vidi sebe samoga. U svakoj situaciji on čuje sebe samoga. On susreće jedino samoga sebe - opet ljude koji su mu slični. On i njegov bližnji govore jednak jezik, sebe same. To što pritom proizlazi opet su samo oni sami. Time se oni vezuju jedan za drugoga. Ono čime su se vezali, to će *oni ponovo zajedno čistiti dok ne budu mogli napustiti kotač ponovnog utjelovljenja i područja duša.*

Gabriele:

Čitamo da svaki čovjek govori samo sebe i sluša samo sebe. To se događa zato što svaki čovjek živi u svojoj plazmi, koja se naziva njegovom aurom ili njegovom atmosferom. Atmosfera ljudskog bića sastoji se od njegova životnog filma. Duša je donijela jedan dio toga životnog filma u utjelovljenje.

Čim mladi čovjek može razlikovati dobro od zla, on čisti životni film koji je donio sa sobom ili ga nastavlja nadograđivati tako da povećava filmsku vrpcu s bezbroj slika dana, sata, minuta i sekundi. U sredini filmske vrpce jest čovjek i čovjekova duša. Sve što je nastalo okolo čovjeka jest životni film; to je njegova atmosfera, osobni zakon, nazvan također plazma ili aura.

Čovjek je stalno u komunikaciji s tim svojim životnim filmom. Ako se njega pita, onda on može samo iz svojega vlastitog repertoara, svoje atmosfere, iz svojega vlastitog životnog filma, dati dalje ono što je prethodno pohranio.

Stoga svatko govori sebe. To se događa tako dugo dok čovjek svakodnevnom spoznajom svojega pogrješnog ponašanja ne završi čišćenje istoga, takozvane filmske vrpce. I ako više ne čini te grijehe, s njegove filmske vrpce postupno otpadaju njegove slike. One se Kristovom snagom pretvaraju u pozitivne, božanske energije. Tim pozitivnim, božanskim energijama čovjek i njegova duša odašilju u Vječni bitak i time su u komunikaciji s vječnim zakonom. Tada mu je moguće dati božanski zakonit odgovor na pitanja i o situacijama ljudima oko sebe jer razumije svoje bližnje prema stanju svoje svijesti i može dokučiti njihove riječi i situacije. On sada ne govori svoje niže sebstvo, svoj ljudski ego, vlastiti repertoar filmske vrpce, već vječni božanski zakon, koji sve zna, koji sve vidi i shvaća.

Stoga, o čovječe, vježbaj nesebičnost i uči spoznati sebe kao biće u Bogu.

Ne osvrći se znatiželjno jer ćeš vidjeti samoga sebe, svoje ja, s kojim ćeš se tad morati ponovno boriti i hrvati.

Ne prisluškuj razgovore svojih bližnjih; ne slušaj kad dvoje razgovara, inače ćeš čuti samo svoje vlastito ja – osim ako te oni sami ne uključe u svoj razgovor.

Čovjek je odgovoran za ono što čuje.

Ako si u najunutarnjijemu svojega hrama kod kuće, tada ćeš govoriti Riječ istine, koja jest iz vječnosti u vječnost, život.

Gabriele:

Pročitali smo da svakog pojedinca okružuje također i njegov životni film. On diše i kreće se u tom životnom filmu, u svojoj atmosferi, u svojoj plazmi. Bez obzira na to kamo je njegovo osjetilo sluha upravljeno – on čuje samo sebe zato što sluša vanjski svijet kroz svoju plazmu, kroz svoj životni film. Ono što zvuči u njegovu uhu, jest odjek iz njegova životnog filma. On čuje samo samoga sebe, jer svatko može čuti samo ono što je unio u svoj životni film.

Jednako se odnosi i na organ vida. Čovjek svoju okolinu vidi kroz svoj životni film. Njegova je okolina oblikovana u skladu s tim. Tko ne vjeruje, neka isproba. Upitajmo nekoga od ljudi oko sebe kako on, npr. vidi određeni krajolik, koje aspekte vidi u nekoj osobi, upitajmo ga i kakav okus ima hrana, jer osjet mirisa i okusa opet odgovara plazmi pojedinca. Ako isto pitanje postavimo nekomu drugomu, također ćemo dobiti različite odgovore.

Jednako se odnosi i na osjetilo dodira. Svatko može dodirnuti isti objekt, a opet se čuvstvuje i osjeća drugačije. Svatko također ima različit ritam disanja. To opet odgovara njegovu životnom filmu, odnosno njegovoj atmosferi, njegovoj plazmi, koja ga okružuje. Svatko se kreće drugačije od svojega bližnjega; svatko ima različit hod - odgovarajuće svojemu životnom filmu.

Iz toga slijedi da oni koji gledaju bližnjega sa znatiželjom doživljavaju vlastite misli i osjećaje. Tko sluša razgovore svojega bližnjega, čut će iz tog razgovora samo ono što je u njegovoj plazmi.

Tako živimo u svojemu vlastitom varljivom ja-svijetu i uopće ne znamo da varamo sami sebe i zato smo sami izdani. Sve dok živimo pod pritiskom vlastitih uzroka, tj. u svojoj filmskoj vrpci, nismo svjesno povezani s Bogom.

Stoga je put: očisti svoje spoznato ljudsko ja, svoje grijehe; i ne čini to više. Vrati se u hram, koji ti jesi, i ispuni Božje zakone korak po korak. Tada postupno dolaziš do nutrine svojeg hrama.

Riječ Božja jest svemirska struja. Ljudska riječ samo je obala. Stoga govorite samo bitno i ispunite ga snagom ostvarenja, Božjom snagom. Tada ćete dospjeti u svemirsku struju.

Riječ koju izgovorite ima samo toliko vrijednosti i snage koliko ste ono što izgovarate ostvarili. Jer u čovjeka ulazi samo ono što ste ispunili, dakle ono što ste ostvarili, a ne ono što crpite iz svojeg intelekta. Ta je riječ prazna, takoreći šuplja i ne poznaje dubinu svemira, koja Ja Jesam.

Gabriele, proročica učiteljica i izaslanica Božja, objasnila je:

Ljudska riječ nije Božja riječ. Isus iz Nazareta poučio je o tome one svoje apostole i učenike koji su to mogli shvatiti. Postavimo si pitanje: možemo li mi to shvatiti?

Tko smo mi kao ljudi? Jesmo li još uvijek samosvjesni čovjek, koji je na svoje ljudsko uvelike ponosan, ili smo pak čovjek svjestan svojega Vječnog bitka, koji danomice i postupno sazrijeva u svijest Božjeg djeteštva i to tako da sve više i radosnije ispunjava volju vječnog Oca?

Težimo li dakle svijesti da smo djeca Božja, tada bismo se trebali i ponašati kao djeca Božja. Možemo se dokazati kao djeca Božja tako da se danomice ispitujemo odgovaraju li naše riječi, naše misli, čuvstva i osjećaji božanskoj struji, božanskom zakonu. Trudimo li se danomice ispitivati sami sebe, tada postajemo istraživači; mi istražujemo svoje ljudsko ja kako bismo ga pročistili s Kristom i prestali činiti ono što smo prepoznali kao grješno. Tada se sve više i više predajemo vječnoj struji, Bogu, i tako postajemo djeca Božja jer ispunjavamo Njegovu svetu volju.

Djeca Božja jesu u struji, u zakonu; prožeti su zakonom – da, cijelo duhovno, božansko tijelo jest zakon, komprimirani, vječni zakon. Oni dakle žive u struji, u zakonu, ispunjavaju zakon i tako se dokazuju kao djeca beskonačnosti, kao djeca vječnog Oca. Naša je zadaća kao čovjeka da ponovo postanemo djeca koja vrše volju Božju.

Naša je zadaća dakle pitati se dan za danom, svaki sat i svaku minutu: Jesmo li djeca Božja? Jesmo li svjesni onoga što smo mislili, govorili i činili? Je li sve što je izlazilo i izlazi iz nas odgovaralo i odgovara vječnom zakonu? Jesmo li se dokazali kao djeca nesebične ljubavi? Jesmo li u struji beskonačne ljubavi?

Dopustimo li da nas dotakne to što se nalazi u to malo riječi, tada ćemo osjetiti: to nije ništa drugo nego naš put.

Predočimo si: mi smo ljudi jer smo odbacili ili još uvijek odbacujemo Božje djeteštvo. Mi smatramo eventualno mogućim da postoji jedan Bog, čija smo mi djeca, ali u svojim mislima, riječima i djelima mi smo čovjek sa svojim predodžbama i mišljenjima, svojim željama, svojim prosuđivanjem i predrasudama. Živimo li po diktatu svojega ja, tada je naš ego naš bog, naš idol. Tada čovjek sam želi biti Bog. Da, zar ne želimo biti čak i veći od Boga ako, npr. kažemo: „To je moje mišljenje. Ja to hoću tako vidjeti i tako to hoću imati"?

Mišljenje je ljudsko. Izrazimo li mišljenje, tada to znači da mi ne znamo što govorimo. Mi samo mislimo da bi to moglo tako biti, ali mi to ne znamo. Ipak, to naše mišljenje činimo mjerilom, zakonom u svojem životu: „Kako ja mislim, tako se treba dogoditi i nikako drugačije." Time se stavljamo iznad inteligencije, Boga; time kažemo: „Ja, čovjek, znam bolje nego ti." Dakle, odbacujemo Božje djeteštvo i izlazimo sve više iz vječne struje, iz vječnog zakona.

Ako prihvatimo Božje djeteštvo, tada se poklanjamo pred velikim Duhom i istražujemo sami sebe uvijek se pitajući: je li to što sam mislio i rekao volja vječnog Oca? Jesam li time Njegovo dijete - ili samo čovjek koji se postavlja iznad Boga? Jesam li idol ili što sam? Ta bismo si pitanja trebali dnevno postavljati. Jer treba načiniti mnogo koraka od ja-čovjeka do svjesnoga Božjeg djeteta na putu u vječnu struju, u vječni zakon.

Pogledajmo dakle unatrag: kakav nam je bio prošli tjedan? Kako smo se ponašali u prošlim satima dana? Jesmo li stavili svoje riječi u svetu struju? Jesmo li istražili sebe ili smo dragocjene dane, dnevnu energiju, protratili? Jesmo li zaista živjeli ili se živjelo preko nas? Jesmo li dakle živjeli u Bogu ili su naša mišljenja, predodžbe, naš intelekt, upravljali nama? Jesmo li svojim čuvstvovanjem, mišljenjem, govorenjem i činjenjem pripadali Bitku ili prividu?

Živimo li u prividu, tada smo si pribavili fasadu, nešto vanjsko, što je varljivo, i što nije onakvo kakvi mi zapravo jesmo. Tada djelujemo eventualno iskreno i čestito – no mi smo svejedno iza privida prema prilikama lažni, nepošteni, podmukli. Izgled vara. A iza privida je opet privid, iza fasade slatkih riječi kisela ili čak zlobna narav.

Naš se ja sastoji od maski, od fasada i od privida. Ako to prepoznamo, tada bismo se trebali potruditi korak po korak skidati svoje maske, svoje fasade i pogledati se onakve kakvi jesmo. Kome želimo nešto odglumiti? Bogu? On vidi u naše srce. On sve vidi. Želimo li svojemu bližnjemu nešto odglumiti? Što imamo od toga? Ako naš bližnji vjeruje u ono što mi kažemo, tada smo mi ako se radi o prividu vezani za njega, i na taj način povećavamo svoje terete grijeha.

Ako smo se prepoznali, primimo se posla i očistimo to i tada ne bismo trebali propustiti zadati si jedan novi jasan pozitivan smjer. Mi sami odlučujemo o sebi: takvi u budućnosti želimo biti u svojim mislima, govoru i činjenju. Pozitivna smjernica za naš život – ako je zakonita, to jest, odgovara volji Oca – uvijek nam pomaže izići brzo iz ljudske situacije kada se stari program ponovno želi ušuljati.

„Riječ Božja jest svemirska struja.“ U toj jednoj rečenici Krist nam kaže što je sveprisutnost. Dopustimo da te riječi još jednom zatitraju u nama:

„Riječ Božja jest svemirska struja.“ Njegova sveta Riječ struji kroz beskonačnost i time je uvijek prisutna. Prisutna je u svakoj duši, u svakom čovjeku, u prirodi, u svakoj životinji, u svakoj biljci. Prisutna je u svakom čuvstvu, u svakom osjećaju, u svakoj misli, u svakoj riječi. U svakom pokretu našeg tijela, u svakom komešanju našeg raspoloženja, u našem htijenju, u željama i čežnjama - Bog je posvuda prisutan, jer je struja beskonačnosti u svemu i sve prožima.

Zašto smo tako malo sposobni shvatiti svemirsku struju? Zato što se prečesto i predugo zadržavamo na obalama struje, gdje se predugo bavimo svojim ljudskim programima – onim grješnim kojim smo se opteretili, dakle onim što je pohranjeno u našoj duši, onim što oblikuje naše moždane i tjelesne stanice.

Pokrećemo li svoje ljudske programe ili oni pokreću nas, tada imamo komunikaciju s ljudskim, koje je naše vlastito. Mi to ljudsko nismo pohranili samo u svoju dušu, u svoj mozak i u svaku tjelesnu stanicu, već i u zvijezde materijalnog svemira i u zvijezde u područjima čišćenja. Mi smo u komunikaciji sa svim tim odašiljačkim stanicama svojega ja. Ali ta komunikacija nema nikakve veze s božanskom strujom, vječnim zakonom, nego s našim ljudskim, grješnim zakonitostima. Sve dok smo u neprestanoj komunikaciji s našim ljudskim, ne dospijevamo u struju; mi je doživljavamo rijetko ili nikako i mi je niti ne shvaćamo. Mi se okrećemo od struje i ne aktiviramo božansku snagu. Konačno, na taj način okrećemo leđa Bogu i kažemo Mu da On treba čekati dok mi ne budemo htjeli. Bog se drži principa slobode. Tko Ga ne želi prihvatiti, tome se On ne nameće. Na taj se način mi postavljamo protiv i iznad Boga.

Ako još ne živimo u svojoj sredini, ako smo okrenuti prema van, usmjereni na svoje ljudsko, radimo li uglavnom svojim intelektom, tada smo u komunikaciji sa svojim grješnim i nismo u neposrednoj komunikaciji s Bogom. Najunutarnjije naše duše neprekidno je doduše u kontaktu s vječnom strujom, jer se neopterećena jezgra bića, naš istinski Bitak, Božanstvo u nama, uvijek nalazi u struji. Međutim, vječna struja ne može u potpunosti prožeti ni sve čestice duše ni sve stanice tijela dok mi u sebi stvaramo otpor protiv Nje.

Mi ljudi govorimo vrlo mnogo. Međutim, naše se riječi često ostvaruju drugačije nego što mi to želimo.

Govorimo, npr. o zdravlju, ali se unatoč tomu bojimo patnje, nevolje i bolesti. Što se ostvaruje? Ostvaruje se ono čime smo ispunili svoje riječi, svoja čuvstva, ono čega se bojimo. Mi želimo izvanjsku radost, a doživljavamo unutarnju, ali i vanjsku patnju. Zašto? Zato što se ne radujemo u Bogu, već se klanjamo vanjskoj radosti, svojim željama, svojim čežnjama, svojim strastima. To je radost koja postaje patnja.

„Riječ koju izgovorite ima samo toliko vrijednosti i snage koliko ste ostvarili ono što izgovarate." Kad smo ostvarili ono što govorimo, tada je Riječ jedan dio Boga, ona je božanska. I ta riječ, koja je u nama i oko nas ostvarena, donosi nam unutarnju radost i sigurnost u Bogu. Vodi nas do Božjeg djeteštva.

Puno se govori o miru - a mira ipak nema. Što više ljudi govore o miru, to više vode i ratove. Zašto? Zato što je riječ bez duše; nije prožeta snagom ostvarenja, nije prožeta strujom; izgovorena je jednostavno iz našeg intelekta. Oni koji govore o miru često sami ne vjeruju u mir niti ga imaju. Oni su u svojim čuvstvima i osjećajima ratoborni i stoga se naoružavaju za borbu. A borba opet donosi patnju. Riječ „mir" samo je fasada - iza nje stoji borbeno raspoloženje.

„U ljude ulazi samo ono što ispunite, dakle što ste ostvarili." Naš unutarnji i vanjski život nikada ne ostaje ograničen samo na nas same. Onakvi kakvi jesmo,

tako zračimo. Svakim čuvstvom, svakim osjećajem, svakom mišlju i svakom riječju odašiljemo energije koje teže ostvarenju onoga što se u njima nalazi. One se ostvaruju.

„Takva je riječ prazna, takoreći šuplja, i ne pozna-je dubinu svemira, koja Ja Jesam.“ Riječ koja je samo fasada, samo privid, nema snagu i nema aktivni božanski sadržaj. Dakle, nije prožeta strujom ljubavi; nije ispunjena, jer čovjek nije ispunjen.

Ljudska riječ izgovorena bez ostvarenja može nam postati sudbonosna, jer njome nismo pravedni prema svojim bližnjima, jer im dajemo iz privida, umjesto iz Bitka. Takve su riječi obmana. Iz njih izrasta vezanost i krivnja, od kojih se možemo osloboditi samo spoznajom i čišćenjem. Međutim, slobodni ćemo postati samo onda kada nam bližnji, bilo duša bilo čovjek, oprosti.

Božanska struja uvijek je prisutna, bilo da je mi doživljavamo bilo da smo se od nje odvojili preprekama svojega ljudskoga ja i svojom grješnosti. Ako smo na putu, ako se aktivno trudimo približiti božanskomu, struji Bitka, tada doživljavamo darove iz milosti i ljubavi našega Oca. Iako smo često još uvijek samo čovjek koji se bori sa svojim ljudskim, smijemo ipak uvijek iznova uroniti u struju. To Bog, naš Otac, dopušta kako bismo mogli doživjeti i iskusiti što znači živjeti u Njemu.

Ako smo nešto očistili od srca, od srca se pokajali i dobili oproštenje, tada, npr. osjećamo tu struju. Osjećamo oslobođenje. Osjećamo u duši nadu, pouzdanje i osjećamo kako nas Duh Božji sve više prožima. Iz toga se budi čežnja za što bržim približavanjem Bogu, našem Ocu.

Čim smo dobili oproštenje, s Kristom se opterećenje, jedna sjena naše duše, pretvara u svjetlost. Tada osjećamo što znači: Božja nas struja prožima. Ako opet postanemo neoprezni, tada opet izlazimo iz struje na obalu i nastavljamo ponovo misliti o svojemu ljudskomu. U istom trenutku ponovno odašiljemo i primamo opet samoga sebe - svoje ljudsko ja, koje smo pohranili. Pod time se misli na grješno protiv duše.

Ako se poduže krećemo u svojemu ljudskomu, a da to ne razriješimo, i ako opet razmišljamo o svojemu ljudskomu ja, tada je moguće da će uslijediti takozvana ubrizgavanja, utjecaj protivnika. Mi se tako sve više opterećujemo i bivamo odgurnuti od svojeg života ostvarivanja, od Unutarnjeg puta, kojim bismo trebali ići i radi čega smo postali ljudi.

Trebali bismo svjesno paziti da ne rasplamsamo već preobražene negativne komunikacije koje nas žele ponovno zaplesti u slične situacije. To znači da iz dana u dan nastojimo više ne činiti ono prepoznato negativno, već izgrađivati pozitivno, zakonito, za što smo se i odlučili. Jer unutarnju stabilnost postižemo samo dosljednošću.

Božja djeca postajemo samo svakodnevnom borbom sa svojim ljudskim ja, koje je naš idol. Zapitajmo se uvijek iznova: jesmo li djeca Božja? Vršimo li volju našega nebeskog Oca? Jesmo li nadahnuli svoje riječi? Što se skriva iza naših riječi? Jesmo li fasada, dakle privid - ili Bitak? Može li Krist, struja ljubavi, sjati preko naše duše i kroz naše tijelo?

Postavimo si uvijek iznova ta pitanja i proučavajmo sami sebe, tada ćemo postupno postajati senzitivniji. Mi sami sebi nalažemo zabranu – tada kada još uvijek iznova naginjemo ljudskomu. Kažemo si: sada je dosta! Ovako ne može dalje. Ta je odluka već pomoć za viši život.

Predočimo si još jednom riječi Krista Božjega, Njegovu izreku: *„... dubina svemira, koja Ja jesam."*

Tko ili što je taj „Ja Jesam"? „Ja Jesam" jest moćni Duh svemira, zakon beskonačnosti. „Ja Jesam" jest struja koja kroz sve struji i kroz sve prodire, i sve prožima dahom. „Ja Jesam" jest stalna prisutnost, jest Bog. Bog je život. Ne postoji drugi život osim života, Boga.

Kada mi ljudi govorimo o svojem „životu", tada govorimo o naniže transformiranoj Božjoj energiji, o svojem ja-životu – osim ako živimo u Božjem zakonu. Živimo li sami u struji, u božanskom Bitku, tada s pravom govorimo o „životu"; dok je, nasuprot tomu, sve drugo energetski naniže transformirani život.

Osvijestimo si: mi smo uzeli dio božanskih energija, božanskog života, i transformirali ga naniže, promijenili ga u svoj ljudski život. Također i mi kao ljudi često izgovaramo riječi „ja jesam", ali to „ja jesam" povezujemo sa svojim ljudskim, dakle s naniže transformiranom energijom, time da kažemo, npr.: „Ja sam čovjek sa svojim grješkama." Ili: „Danas sam rastresen." Ili: „Ja sam razočaran." i mnogo toga drugoga. Ovaj ljudski život, koji se izražava u našim ljudskim mislima, u našim ljudskim čuvstvima i osjećajima, nije vječni Ja Jesam.

Ovaj naš život transformiran na nižu razinu našega ljudskoga mora svatko od nas preobraziti, transformirati ga u moćno, vječno Ja Jesam, iz kojeg smo proizišli. Mi smo na Zemlji - svaki pojedini od nas – da ovaj počovječeni život, naš prividni život, nadolje transformirane energije, ponovo preobrazi, transformira naviše, u naš istinski Bitak, u vječni život.

Čuli smo: Bog je struja života, koja struji kroz sav Bitak, sve prožima dahom i tako sve opskrbljuje disajem beskonačnosti, višom, čistom životnom snagom. Bog udahnjuje život svakom obliku života, kamenu, biljci, životinji, svakom biću, a također i svakoj čestici naše duše. Stoga možemo reći: Bog je dah ili disaj duše. Život, Bog, prožima dušu i diše u duši.

Dah duše potpuno je drugačiji dah od našega ljudskog daha, disanja našeg tijela. Duša koja se sve više i više okreće Bogu diše u beskonačnom ritmu svemira, diše u eonima vječnosti. To nije čovječje kratko disanje, već disanje koje si mi kao ljudi ne možemo predočiti jer su naše moždane stanice u stanju shvatiti samo sadržaje naše ljudske, ograničene svijesti. Dah Unutarnjeg života, dah duhovnoga bića, povezan je sa sedmerodimenzionalnim životom čistog Bitka.

Naš je ljudski ritam disanja u skladu s našim čuvstvima, osjećajima, mislima, riječima i postupcima. Tim peterim snagama upravljamo svojim disanjem. Svaki pokret našeg tijela uzrokuje drugačije disanje. Svako čuvstvo prouzročava promijenjeni ritam disanja, jednako kao i svaki osjećaj, svaka misao, svaka riječ. To rezultira time da svatko od nas udiše svoj specifični zrak. Sastav vlastitog zraka za disanje odgovara našim individualno različitim čuvstvima i osjećajima, mišljenju, govoru i postupcima.

U svim područjima života vrijedi princip odašiljanja i primanja - iz čega slijedi: Jednako privlači jednako. Tako na temelju svojeg čuvstvovanja, osjećanja, mišljenja, govorenja i postupanja iz zraka privlačimo one čestice, one tvari, koje odgovaraju našemu specifičnom ritmu disanja, našemu fizičkom ritmu života.

Ako smo uvjerenja da svi udišemo isti zrak, kisik, onda je to, duhovno gledajući, ograničen način gledanja. Zrak sadrži mnogo više od onih sastavnih čestica koje nalazimo navedene u našim školskim knjigama. Tu se također ne radi ni samo o nečistoći ili nekim drugim primjesama zemaljske atmosfere. Zrak je složeno sazdan nositelj vibracija različitih vrsta. Također je i čovjek vibracijski kompleks. Vibracijska struktura jednoga ne odgovara strukturi drugoga. Stoga svatko od nas privlači druge tvari – u skladu sa svojim čuvstvima, osjećajima, mislima, govorom i postupanjem. To je njegov vlastiti mali ja-svijet, a prema tome također i njegovo disanje, njegova atmosfera, koja ga okružuje.

To znači dakle: u našoj plazmi, u našoj atmosferi, koju smo sami stvorili, u auri koja nas okružuje, nalaze se sve tvari koje udišemo. Budući da je ja-omotač, plazma, svakog pojedinca različita, nitko od nas ne udiše iste tvari.

Osvijestimo si još jednom: prema svojem čuvstvovanju, mišljenju, govoru i postupanju, mi izvlačimo iz zraka supstancije koje stoje svima na raspolaganju za disanje i unosimo ih u svoje tijelo. Te tvari, koje mi unosimo u svoje tijelo, odnosno udišemo, određuju opet naša čuvstva, osjećaje i misli. U skladu s tim također su opet i tvari koje izdahnemo, koje dajemo od sebe. Taj kružni tijek nazivamo svojim disanjem. Taj kružni tijek obuhvaća naš mali ja-svijet, koji opet nije ništa drugo nego ono što nazivamo „životom".

To možemo iskusiti na sebi u nebrojenim prilikama ako se promatramo. Zastanimo u situacijama i promatrajmo se: onog trenutka kada mislimo i misao postane aktivnija u nama, naše se disanje mijenja. Čuvstva također utječu na naše disanje. Najfinije vibracije čuvstava i osjećaja privlače odgovarajuće tvari iz zraka. Te tvari ulaze u našu auru, u našu plazmu; one se kreću našim tijelom i podražavaju naš živčani sustav i naše raspoloženje. Tako stvaramo svoj mali svijet, u kojem živimo i u kojem dišemo.

I ovdje prepoznajemo ispravnost izjave: mi smo ono što mi čuvstvujemo, osjećamo, mislimo, govorimo i činimo. To je naš ljudski, uski svijet, naša čahura; to je naš ja-zakon; to je također i naš dah. To smo dakle mi kao ljudi. Ako toga postanemo svjesni, trebali bismo si postaviti pitanje: isplati li se ovaj mali svijet shvatiti tako važnim, držati ga se i prema prilikama čak biti ponosan na njega?

Naš se ljudski život kreće putanjama, mogli bismo također reći i u ritmovima. To su uske putanje, kratki ritmovi. U uskom kružnom tijeku ljudskoga ne nalazimo se u velikoj i širokoj struji božanskoga. Vrtimo se oko sebe u svojemu ljudskomu, oko svojega ljudskog sebstva. Djelujemo na svoju dušu – a duša djeluje na nas. Mi djelujemo na zrak, a zrak djeluje na nas. Istovremeno djelujemo na svoju plazmu, a plazma opet na nas. I što se više opterećujemo tim uskim ritmom, to dublje zapadamo u niske ritmove, to brže dišemo. Postajemo grozničavi.

To vrćenje u uskomu ljudskom kružnom tijeku nije život. Ako ne poduzmemo korake iz tog zatvora, ako svjesno odaberemo taj prividni život, onda u stvarnosti uopće ne živimo, već vegetiramo. Takvo stanje nazivamo duhovnom smrću.

Naš nam zemaljski život zadaje zadaću da se uzdignemo u više ritmove time da svoju plazmu, svoju auru, koja se sastoji od naših ljudskih čuvstava, osjećaja, misli, riječi i postupanja, promijenimo, profinimo kako bismo iz zraka privlačili finije tvari i postali harmoničniji, postigli viši ritam, uravnoteženiji dah. Za nas to znači: danomice prepoznati što nas želi povući nadolje – naša grješnost.

Grješno očistiti i više ne činiti znači dospjeti u harmoniju. Ako dospijemo u više ritmove, tada iz zraka privlačimo finije tvari, tada dišemo dublje, postajemo smireniji i razboritiji.

Krist želi da svega toga postanemo svjesni. On nam želi pokazati naš cilj, život, moćno Ja Jesam, u kojem smo kod kuće. On nas želi izvesti iz ograničenja našega malog svijeta. On nas želi odvesti do beskonačne vječne struje koja udahnjuje život našoj duši, koja postaje svjetlija. On nas želi odvesti do sedmerodimenzionalnog Vječnog bitka.

Mi svojim mozgom ne možemo shvatiti sedmerodimenzionalnost, ali ipak mi je možemo slutiti i osjetiti. Prvi je korak do toga potvrđivati je. U potvrđivanju se nalazi duboko povjerenje: Bog je ovdje; On nas zna voditi. U povjerenju je daljnja spoznaja da ovaj zemaljski svijet nikada nije naš svijet, svijet i život bića koje mi uistinu i vječno jesmo. Tada također prepoznajemo da je ovaj svijet vanjštine, ljudskoga, stvoreni svijet - koji su stvorile generacije ljudi, a koji mi, svaki pojedinačno, bilo kao duša bilo kao čovjek, moramo ponovo transformirati. Naniže transformirane životne energije moraju se ponovo transformirati naviše u moćni Ja Jesam.

Da bismo prepoznali kamo sve to vodi, da bismo - i kao čovjek – barem malo to mogli osjetiti i shvatiti, Krist nam je dao „Velika kozmička učenja Isusa iz Nazareta".

Nije dovoljno zakone svemira, Božje zakone, potvrđivati i navješćivati. Samo onaj tko ih ostvaruje, donosi dobra djela.

Morate prvo sami ostvariti ono što poučavate; to je najbolji uzor. Te riječi i djela ulaze u dušu čovjeka jer sadrže supstanciju i snagu.

Gabriele:

Dakle, nije dovoljno uvijek iznova čitati u knjizi „Velika kozmička učenja Isusa iz Nazareta". Nije dovoljno o tome samo navješćivati i reći: „Znam – to sam pročitao."

Bez obzira na to koliko puno toga smo u toj knjizi pročitali, to nam ne donosi ništa; ne donosi nam Apsolutni zakon niti nas vodi u Apsolutni zakon – jedino nas svakodnevno ispunjavanje onoga što smo spoznali duhovno potiče.

A ispunjavanje ne znači ništa drugo nego: prepoznajemo svoje grješno koje nam dan u mnogim situacijama zrcali. Mi se za to pokajemo, molimo za oproštenje, opraštamo i počinjeno popravimo. Na taj način grješno očistimo i to više ne činimo. Tek tada ćemo u knjizi „Velika kozmička učenja" pronaći zakonitosti Unutarnjeg života, naš istinski Bitak. Tako ulazimo - korak po korak - u život, u Ja Jesam.

„Morate prvo sami ostvariti ono što poučavate. To je najbolji uzor." Bilo bi manje svađe i prepiranja u braku i partnerstvu, u obiteljima, na radnom mjestu, svejedno gdje se nalazili, ako bismo bili uzori. Oni postižu mnogo toga, bez utjecanja na bližnje. Dobrohotnost i sklad vraćaju se ako ne zapovijedamo bližnjemu i ako mu ne želimo nametati zakone života. Živimo li zakone, onda prije svega ulazi mir u našu vlastitu dušu, a potom i u brak, partnerstvo, na radno mjesto, u sve životne situacije. Tada mi ne samo da govorimo o onome što smo čitali ili čuli, mi to i zračimo. Tada znamo kada je vrijeme za šutnju i isto tako osjećamo kada je došlo vrijeme da možemo dalje pružiti nekoliko kapi života. Iz svojeg života dajemo dalje ono što je postalo dio vječnog zakona.

Tada ne izgovaramo samo jednu riječ koju smo čuli ili pročitali nego Riječ, jer smo sami postali Riječ.

Ništa ne koristi govoriti o svjetlu, a ne biti svjetlom. Tko samo govori o svjetlu, taj je prazan jer je podijeljen. On bi želio služiti Bogu i vjeruje da je dovoljno služiti slovu. To međutim nije služenje nego podilaženje. On poučava jednu riječ, ali ne i Riječ, jer slovo ubija, međutim svjetlo u slovu oživljava.

Gabriele:

Vidimo li razliku? Jedna riječ i R i j e č. Jedna te ista riječ, može biti izgovorena ili napisana – pa ipak ona može biti jedna riječ" ili „Riječ". Ovisi: ako samo govorimo o životu, tada je to „jedna riječ" ili su to samo „riječi". Naprotiv, ispunimo li te riječi životom, onda je to „Riječ". Ta Riječ jest Božja riječ u nama i preko nas. Tek onda kada čovjek šuti, govori Bog. Tako dugo dok predstavljamo svoje ljudsko ja, mi ne dopuštamo Bogu da govori. Prisiljavamo Ga da šuti u nama, jer mi, ljudsko ja, želi govoriti.

Često se pitamo: je li naša riječ ispunjena životom, Božjom svjetlošću? Ili je ona samo jedna riječ, jedna prazna, šuplja riječ?

Mi bismo to trebali iščitati iz svojega ritma disanja; dišemo li kratko, dišemo li ubrzano, onda primjećujemo da smo uzbuđeni. Po tome već možemo prepoznati da naša riječ nije nadahnuta; da je to jedna riječ, a ne Riječ. Jer naš je nemir ja. Duboka smirenost, harmonija duše i tijela jest Ja Jesam.

Tijekom meditacije koja nas vodi u tišinu, u našu nutrinu, možemo se sami jako dobro prepoznati. Usmjerimo li se na meditaciju, otvorimo li se za meditaciju, tada primjećujemo da dah postaje mirniji. No u trenutku kada od nas, čovjeka, dođe jedna misao, postajemo nemirni: tijelo se trza i mi dišemo prema prilikama već pliće; sabranost, koncentracija, zadubljenost nestaju; a mi eventualno ne možemo više slijediti meditaciju.

Te misli, koje djeluju uznemiravajuće, dolaze iz naše podsvijesti. One nam pokazuju da smo jednu ljudsku misao u sebi predugo mislili, a da je nismo pravilno očistili ili smo je čak potisnuli. Ostavimo li nešto što nas je nakratko pokrenulo da dulje čeka, ne riješimo li to odmah tako da to očistimo i onda kažemo: „To je očišćeno - to predajem Kristu i o tome više ne mislim", onda to odlazi u podsvijest. Tada to nije uklonjeno, već samo odloženo. Kamo? U podsvijest, a odatle nakon izvjesnog vremena u omotače duše. Postanemo li mirniji, npr. u meditaciji, onda se iz podsvijesti mogu takve i slične misli podići. Mi ćemo ih onda shvatiti i obraditi.

Vidimo koliko je bitno da posvećujemo pozornost svojoj podsvijesti time da promatramo impulse iz svojeg svijeta čuvstava, osjećaja - i svijeta misli, koji nam signaliziraju da nešto želi biti očišćeno. Samo ako to učinimo neposredno, to jest odmah, doći ćemo do tišine svojeg srca i svoje svijesti, dakle u harmoniju i mir sa samim sobom.

Također se i podsvjesni dio našeg čovjeka, našeg ega, treba smiriti. Jer: tek onda kada čovjek šuti, govori Bog. Ako je ljudsko ja u velikoj mjeri pobijeđeno, tada je duša uglavnom jedno s Bogom, a Bog ispunjava naše riječi.

Negativni aspekti u našem su izražavanju često prikriveni. Npr. često koristimo riječ „nadamo se", a pritom mislimo da nadanjem pobuđujemo jedan pozitivan impuls. No pogledamo li ipak u izrečeno, prepoznat ćemo da u riječi „nadamo se" leži sumnja, dakle ono ljudsko. Provjeravamo li češće svoje riječi, onda nam postaje jasno: naš je ljudski jezik jezik sumnje. Rijetko govorimo apsolutno. Uvijek glasi: „ako", „ali", „možda", „nadam se"; „to će vjerojatno uspjeti"; „to i to bi se moglo dogoditi" i mnogo toga više. Budući da je naš jezik jezik sumnje, on je sotonski.

Mislimo li ili kažemo, npr. „Nadam se da naš bližnji ide Unutarnjim putom", tada to našemu bližnjemu neće biti od pomoći na njegovu putu! U „nadam se" leži svašta negativnoga. Mi svojega bližnjega stavljamo, npr. u svojem svijetu čuvstava i osjećaja, pod pritisak. Mi ga pritišćemo. Tada se moramo sami zapitati: zašto to činimo?

Možda u svojega bližnjega polažemo nesigurnost i sumnju samo zato što smo i mi sami nemarni na putu prema Bogu? Idemo li sami dosljedno, danomice, tim putom, onda imamo i snage reći: naš bližnji ide putom prema Bogu! Tada je od sekundarne važnosti kad će se to dogoditi. Ide li danas, sutra, nakon godina ili u mjestima čišćenja - to trebamo prepustiti Kristu i na kraju krajeva svojemu bližnjemu, jer on ima slobodnu volju. Mi jednostavno potvrđujemo: on ide putom prema Gospodinu.

Bog, naš Otac, jest apsolutan i ne poznaje sumnju. Što bi bilo kada bi On mislio: „Nadam se da su također i moja ljudska djeca krenula putom. Nadam se da će ostvariti zapovijedi." Bi li nam uopće poslao proroke i jednu proročicu? Ipak, On jest i ostaje apsolutan.

Sumnja sve uništava. To zna i Božji protivnik. Najlukaviji argumenti protivnika kojima nas želi zavesti da skrenemo s puta prema Bogu jest posijati i pojačavati sumnju u nama. U sumnji već leži slabost.

Bog, Apsolutni, vječni svemirski Jedan, saginje se prema Svojoj zemaljskoj djeci. Riječ Božja kroz usta proroka doduše je riječ ljudi, ali On, Bog, ispunjava ljudsku riječ Svojim Duhom. On govori kroz usta proroka kako bismo Ga mogli razumjeti. Dakle, On se spušta na našu niskost i uzima našu ljudsku riječ kako bi nam se mogao obratiti. U našu riječ On polaže Svoj Apsolutni zakon, Samoga Sebe. Zato i slušamo uvijek iznova: shvatite smisao riječi! Smisao u riječi jest ono božansko.

Bog ne govori „Nadajmo se", On od nas ne očekuje ništa. On jest i daje. On služi. U tome jest „Poveži i budi".

Svojim ljudskim htijenjem ne služimo svojemu bližnjemu. Postavljamo se iznad njega i iznad Boga. Ako ne služimo, onda podilazimo, laskamo bližnjemu, ne bismo li slatkim riječima postigli ono što mi - za sebe - želimo.

Tko podilazi, on nije sam svoj; on se pretvara kako bi proveo svoju volju, dakle da bi vladao. Time se on razdvaja od svojega bližnjega, a bližnji koji dopušta njegovo podilaženje oslanja se isto tako na onoga koji podilazi, jer to laska njegovoj ljudskoj taštini. Tako su obojica vezana jedan za drugoga. Prepoznajemo sotonski princip „Razdvoji, veži i vladaj".

Svako oslanjanje na ljude dovodi, prije ili kasnije, do pobune, dakle svađe. Prepoznajmo: služimo li ili podilazimo?

Ako laskamo svojemu bližnjemu, onda, ako smo budni, u sebi primjećujemo uzbuđenje. Mi mu želimo nešto reći iz svojega ja, iz svojega ljudskoga; konačno hoćemo da nas on cijeni. Postaje li u takvoj situaciji disanje kraće, čovjek postaje nemiran, i po tome prepoznajemo da podilazimo. Jedino što nam preostaje jest tu spoznaju pobliže osvijetliti, dakle ljudsko očistiti i to više ne činiti. Tada nam sve više uspijeva ući u više ritmove života; mi dolazimo u harmoniju.

Primijetimo li dakle da smo postali ovisni o ljudima, da podilazimo, onda bismo se trebali upitati: zašto podilazimo? Kakvo očekivanje, koja slabost leži u nama? Dakle, što želimo postići? Što želimo prikriti?

Ako smo nadvladali želju, onda smo spokojni i u harmoniji.

Harmonija, Bog, služi; On daje bez pitanja, bez želje za uvjeravanjem. Bog daje u Svojoj riječi također i savjete. No savjeti nisu prisila, već su ispunjeni životom. Oni su dar. Prihvatimo li ih mi ili ne, to Bog prepušta nama; to je služenje.

Prepoznati sebe u podilaženju i očistiti svoje ljudsko, vodi nas služenju.

Gabriele:

Koračati prema nutrini znači ono grješno, na što nas svaki dan upozorava, dakle naše pogrješke i slabosti, očistiti i više ne činiti. Time koračamo u svoju nutrinu, u kraljevstvo nutrine, u svjetlo istine. Tada će i naše riječi biti nadahnute, a naša čuvstva, osjećaji i misli svijetli. Samo na taj način doći ćemo do svjetla i ponovno postati svjetlo, jer dolazimo do svoje božanske baštine, koja je naš istinski Bitak.

Gabriele, proročica učiteljica i izaslanica Božja, objasnila je:

„Tko o mudrosti samo govori, a nije mudar, taj je u svijetu i živi sa svijetom i on je za svijet."

Krist nam time želi reći: mudrost je Bog; intelekt je čovjek, a ljudski programi jesu svijet. Tko želi Božju mudrost i svoju baštinu, vječnu mudrost, dokučiti, taj mora svoje ljudsko ja, intelekt, koji se očituje na mnogo načina, odbaciti i priznati vječnu mudrost, koja je u svijetu, ali ne sa svijetom, koja je u svemu što mi vidimo, slušamo, mirišemo, kušamo i dodirujemo. Tko želi pronaći vječnu mudrost, taj mora ići putom prema mudrosti tako da očisti svoje grješno koje govori protiv mudrosti te odbaci svoj napuhani intelekt, koji se želi samo predstavljati.

Dakle, tko želi postići vječnu mudrost, taj mora ostaviti svoje malo ja da bi postigao veliko Ja Jesam. Tada on ne govori samo o mudrosti, o vječnom zakonu – tada on jest mudar.

Mnogi Bibliju nazivaju knjigom istine. Biblija se čita kao mrtvo slovo na papiru. Stoga je do današnjeg dana i ostala samo jedna knjiga, Biblija. Svijet se nije promijenio mrtvim slovom na papiru Biblije. Već sasvim suprotno. On stoji na rubu ponora i past će u ponor.

Dakle, Biblija pokazuje mnoge mudrosti, ali tko te samo uči i ne djeluje u skladu s njima, taj je sa svijetom; on je uza sve ono i za sve ono što je protiv vječne mudrosti. On uzima Bibliju i čita iz Biblije, ali ipak nije mudar. Ako otvoreno ne prizna da naviješta mudrost, ali da nije mudar, tada on zavarava sam sebe vjerujući da je mudar i obmanjuje također i druge onime što nije: mudar.

Tko o dobrom i ljubaznom uvjerenju samo govori, taj ima samo riječi o ljubaznom uvjerenju, međutim ne donosi ono dobro i vrijedno u ovaj svijet.

Tko ostvaruje, taj donosi duhovne vrijednosti i duhovna djela u ovaj svijet. On je mislilac srcem koji daje iz svjetla života. On živi pravedno jer zna: Bog gleda u svačije srce.

Probuđeni u Duhu Božjem vide neprobuđene. Oni ih doživljavaju u njihovu ponašanju, u njihovu mišljenju i govoru. Pokušavaju im pomoći ako ovi to žele.

Probuđeni u Duhu poznaju neprobuđene, razumiju ih i bit će im od pomoći onoliko koliko je to dobro za njihovu dušu.

Gabriele, proročica učiteljica i izaslanica Božja, objasnila je:

Probuđen je onaj čovjek koji sasvim postupno uranja u beskrajnu struju ljubavi i postaje zakon ljubavi. Prosvjetljeni je onaj tko gleda duhovnim očima, onaj tko gleda dublje, tko u srcu duše sve shvaća, zakonito i nezakonito.

Probuđeni, koji gleda duhovnim očima, miruje u svojoj nutrini i komunicira iz svoje nutrine, iz božanskoga u sebi, koje je uglavnom ostvario.

Božansko niti sudi niti osuđuje. Stoga probuđeni obuhvaća cjelokupno zračenje svojega bližnjega, također i cjelokupno zračenje svakog problema, svega onoga što mu prilazi. Božansko u njemu razvrstava božansko i nebožansko i saopćava se probuđenomu.

Stoga probuđeni prepoznaje po zračenju, po reakcijama, po cjelokupnom ponašanju svojih bližnjih koga ima pred sobom i zna također kako se prema njima ponašati. Božansko u njemu objavljuje probuđenomu ono o čovjeku koji stoji pred njim što ni ovaj sam ne prepoznaje.

Jasnoća božanske svijesti jest moćno jezero, u kojem se neprobuđeni samo odražava. Iz tog odraza svojega bližnjega probuđeni preuzima ono što neprobuđenog obilježava, ali također i ono što mu može reći ili kako mu pomoći, ako ovaj to želi. Želi li on to, to božansko također objavljuje probuđenomu, koji živi u struji ljubavi.

Neprobuđeni međutim ne prepoznaju probuđene; za njih su oni u mnogim slučajevima šarlatani i mudrijaši, ili ih svrstavaju u svijest koja odgovara njihovu biću.

Neprobuđeni, koji se orijentiraju jedino prema materiji, u duhovno probuđenome, u božanskome, vide ili smutljivca ili osobenjaka kojeg nisu u stanju dokučiti.

Gabriele:

U vokabularu čovječanstva nailazimo na riječ „suspektan". Za intelektualce, za neprobuđene, probuđeni je, onaj mudri, suspektan. Svjetovno usmjereni čuje riječi probuđenoga, ali on ih ne može primijeniti na sebe, jer njegova svijest ne može zaroniti u dubinu riječi mudroga. Tada svjetovno usmjereni govori: „Taj je čovjek provokacija! On govori o stvarima koje se ne uklapaju u ovaj svijet. Daje smjernice koje su neprihvatljive.“

Za neprobuđenoga probuđeni je dakle provokacija, jer ga ne razumije, ili nešto suspektnoga na što ne bi smio obraćati pažnju ili je čudak, jer ne zavija s vukovima, kojih u ovom svijetu ima napretek .

Ako intelektualac ne razumije što mudar čovjek govori, onda vjeruje da ga mudri provocira, odnosno, da ga ne shvaća ozbiljno. Stoga se jednostavno okreće od njega s neljubaznom riječju „provokacija“. U stvarnosti, Bog je govorio preko mudroga svojem djetetu, kojeg je želio voditi putom mudrosti. Ostane li intelektualac arogantan, onda se postavlja iznad Boga i stoga ne želi od Njega nikakve upute ni pomoći.

Gabriele:

Probuđeni, koji živi u struji božanske Mudrosti, nema razloga predstavljati se. On živi u moćnome Ja Jesam i ostaje čovjek među ljudima oko sebe. Probuđeni, čovjek, međutim nije ljudski; on je čovjek jer je umotan u tijelo.

Čovjek koji još živi svoje ljudsko vidi svojom ljudskom sviješću probuđenog čovjeka, koji međutim ne govori ljudski. Ljudsko vidi čovjekovo ljudsko; no on shvaća samo ono što i sam jest: ljudsko - i vjeruje da može probuđenog čovjeka mjeriti svojom ljudskom mjerom.

Kad neprobuđeni neprobuđenoga želi poučavati i voditi, tad obojica ostaju neprobuđeni jer govore samo isprazne, tako reći šuplje riječi u kojima ne plamti vatra ljubavi koja bi ih činila jasnima i onima koji vide. Obojica su slijepci koji će pasti u jamu.

Zato bdijte i molite i dopustite da vaše riječi postanu jasne, štoviše, božanske, da biste živjeli u Meni, Kristu, i bili jedno sa Mnom, Kristom; jer Me je Vječni poslao ljudima da im navijestim i donesem svjetlo i spasenje.

Tko je opustošio svoj unutarnji hram, taj gradi sve veća i raskošnija prebivališta. Time se izgubila svjesnost Božje prisutnosti i viđenje stvarnoga života. Ja sam došao da ponovno podignem unutarnji hram i dopustim da Božje sveto djelovanje postane vidljivo.

Svojom snagom Ja sam ponovo među ljudima da bih im ponovo navijestio svjetlo i spasenje. Blago onima koji pronađu Mene u srcu. Njima više nisu potrebni izvanjski hramovi - oni su sami postali hram spasenja.

Gabriele:

„Tko je opustošio svoj unutarnji hram, taj gradi sve veća i raskošnija prebivališta." Unutarnji hram jest svijetla duša, koja miruje u Bogu. Zbog toga je čovjek hram Božji, u kojemu Bog prebiva. Tko dan za danom griješi, svojega bližnjega zanemaruje i odbacuje, čini mu zlo u mislima, riječima i djelima, taj je opteretio

unutarnji hram, učinio ga pustinjom jer pripada pustinji, svijetu, i zanemaruje sve što ne promiče njegovu dobrobit.

Na taj je način čovjek opustošio svoj hram i zanemaruje svoj istinski život. On živi u prividu koji naziva životom, od kojeg će međutim u određeno vrijeme nastradati kako bi mogao prepoznati da Vječni živi u svakom čovjeku.

Tko je poduzeo korak da poštuje sebe kao hram Božji, taj će ga čistiti i održavati čistim. On će tada također i spoznati da mu nisu potrebne nikakve raskošne Božje kuće, ni vanjska „prebivališta" Svetog Duha. On zna da je on sam Božje prebivalište, jer Bog prebiva u njemu.

Isus, Nazarećanin, poučavao je red hrama i da Bog prebiva u svakom čovjeku. On je želio podići unutarnji hram, a ne graditi hramove od kamena. Isus je govorio po smislu: „Razorite ovaj hram i u tri dana ću ga ponovo podići." Time je Isus pokazivao hram nutrine i uskrsnuće života u Njemu i preko Njega.

Krist, Spasitelj svih ljudi i duša, sa Svojom je snagom ponovo uz nas. On nas uči put do srca beskonačnosti kako bismo čistili svoj hram i uspravili se snagom koja je u nama: snagom Krista Božjega.

Ja Sam sloboda. Ne vezujte se ni za dogme ni za propise.

Budite svjesni: na Nebu ne postoje ni dogme, propisi, ceremonije, ni vlasti i podčinjeni. Na Nebu ste svi jednaki među sobom - braća i sestre. Tko ne teži tomu cilju ili dopusti da ga odvrate od tog cilja, taj je budala i tako reći duhovni mrtvac.

Probuđeni teži za tim da dospije unutra, u carstvo života - neprobuđeni teži prema van, prema predmetima koji se zrcale u materijalističkom svijetu i koji vladaju onime koji je s ovim svijetom.

Ne dopustite nikada da vas uvuku u institucije ili da vas poučavaju farizeji i pismoznanci. Oni nemaju ključ od Kraljevstva Božjega jer ni sami nisu stupili u život. Zbog toga oni ne puštaju unutra ni one koji hoće unutra; jer ne poznaju bravu zato što nisu uvježbali nošenje ključa koji Ja Jesam, Krist.

Čisti gleda kroz sve. Njegovo oko, što gleda jest opažanje njegove božanske svijesti. Sve što se u njegovoj božanskoj svijesti izvršava jest istina; sve drugo je samo ogledalo, odsjaj istine, refleksija, privid istine.

Gabriele, proročica učiteljica i izaslanica Božja,
objasnila je:

Opažanje božanske svijesti u čistomu jest komunikacija s božanskim u svim oblicima Bitka, jer svi oblici Bitka nose u sebi božansku svijest. Božanska svijest jest istina, vječnost, i neprolazna je.

Sve što je izvan božanske svijesti, jest omot. A on je opet zrcaljenje i stoga samo odsjaj istine, dakle refleksija, privid.

Gabriele:

Mi bismo mogli ljudsko tijelo usporediti s plastelinom. Naši osjećaji, čuvstva, misli, riječi i postupci miješe plastelin i dovode ga u oblik koji im odgovara. To znači: mi sami sebe oblikujemo. Mi smo sami dizajner svojeg tijela. Mi smo sami gestikulacija, mimika, cjelokupno ponašanje. Mi reagiramo odgovarajuće svojim čuvstvima, osjećajima, mislima, riječima i postupcima.

Ako nas naš bližnji oslovi, onda on odašilje prema našem potencijalu odašiljanja, našim programima pohranjenima u mozgu. Tome je primjerena onda i naša reakcija, naše ponašanje i naš odgovor. Tako bismo mogli reći: ako dvoje ljudi razgovara, onda je to telepatija; jer svaki od njih utječe svojim riječima na programski svijet onoga drugoga. U skladu s tim ovaj drugi i reagira.

Ako nemamo negativne programe, tada nas može prožeti Duh Božji, mi smo potpuno usredotočeni na Boga, tada nemamo ljudskih reakcija i prema tome također ni nikakve protureakcije. Ostajemo mirni i dajemo odgovor iz struje koja nas prožima, iz božanskoga.

I tvoja nutrina i tvoja vanjština, tvoja riječ, tvoje ponašanje - govori sebe. Ispunjeni govori sebstvo, jer je on sebstvo u svemirskom Ocu Bitku. Sa svijetom povezani govori svoje niže sebstvo; on govori jezikom svojega ja - to što je on sam. Sa svijetom povezani jest svijetom zaogrnuti, koji se zadovoljava onim što vidi, refleksijama svojega malog svijeta, koji su njegov vlastiti odraz.

Gabriele:

Svemirski Otac Bitak jest život čiste Božje djece. Oni su sebstvo, Bitak, jer žive vječno prisutno u Ocu Majci svijesti, u svemirskom Ocu Bitku.

Vječno sebstvo jest Božji zakon, koji je neprolazan. Svako je čisto biće utjelovljeni vječni zakon, sebstvo. Sa svijetom povezani čovjek jest njegovo niže sebstvo, oblikovano onime što je on u svojim utjelovljenjima osjećao, govorio, mislio i učinio.

Niže sebstvo jest grijeh. Ako čovjek svoje grijehe nije očistio ni u prethodnim utjelovljenjima ni u ovome, tada je on grješnik. To je njegovo sebstvo, jer to pripada njemu. To je niže sebstvo; to je potencijal iz kojega on stvara. I to se stvaranje izražava u njegovu čitavom ponašanju.

Sa svijetom povezani ne poznaje vječno sebstvo, već jedino svoj ja. On je zadovoljan odrazima vječnog sebstva, jer ne poznaje ništa drugo osim samoga sebe. Tako on vidi sebe, tako on sebe čuje, sebe miriše, sebe kuša i dodiruje; tako on osjeća, govori, tako i postupa.

Što ti, čisti, svjetlo u prasvjetlu, govoriš, jest supstancija i snaga, jer je izgovoreno iz svetišta, iz tebe, Bitka. To je Božji govor u tebi i preko tebe.
Govori govorom istinskoga sebstva i ti si božanski. Govor istinskog sebstva jest Bogom ispunjena riječ. On teče iz najdublje nutrine tvojega hrama.

Gabriele:

Čovjek postiže čistotu onda kada svakodnevno čisti ono što mu dan kao grješno pokazuje. Čišćenje duše dakle znači: čišćenje ljudskoga. Tko to čini, taj svjesno ispunjava zakon života. Ako je u velikoj mjeri pročistio svoju dušu, onda on crpi iz prasvjetla. Tada su njegove riječi ispunjene svjetlošću i snagom. Tada preko njega govori istinsko sebstvo, Bog, jer su njegove riječi supstancija i snaga iz Boga.

Vječna riječ teče u najdubljoj nutrini tvojeg hrama. Ako si se vratio u njega, tada si u struji, koja je Riječ, Bog.

Božansko se ne brani. Ono također ne raspravlja, jer ono jest. To Jest gleda i prozire sve, poznaje ono najunutarnjije u čovjeku kao i njegovu vanjštinu. Tko poznaje vječni zakon jer on to jest, on neće raspravljati.

Gabriele:

Božanski se zakon ne brani, jer on je stvaranje samo i svi detalji u stvaranju. Božansko ne treba raspravljati o istini. Ono je istina. Samo onaj raspravlja o istini, tko istinu nije pronašao, stoga je također ne poznaje.

*Najunutarnjije je neosobno, koje osobno na neoso-
ban način oslovljava, objašnjava i neistinito ispravlja.*

*Objasni svojemu bližnjemu ako postoji nešto ne-
točno, no nikada ne prodri u njega; ne prisiljavaj ga
da misli i čini ono što je istina. Ako nedokazivi unatoč
objašnjenju i svjestan svega i dalje govori, tada govori
on sam sebe i time nepromišljeno sebi šteti.*

Gabriele:

Bog je neosoban život. Znači: Bog nije pristran. On niti favorizira jedno dijete niti odbacuje drugo. Ljubi sve podjednako jer On, Bog, jest princip jednakosti.

Bog govori ljudima i razjašnjava im njihovo ponašanje. Isus je to živio za primjer nama. Ali On ipak ne prisiljava Svoju djecu. Stoga ne bismo ni mi trebali prisiljavati svoje bližnje, već uvijek iznova objasniti i ispraviti.

Krist je rekao: *„Ako nedokazivi unatoč objašnjenju i svjestan svega i dalje govori, tada on govori sam sebe i nepromišljeno time sebi šteti."* Za nas ljude to znači da svjesno stvaramo uzroke, a posljedice ćemo iskusiti na vlastitom tijelu.

Ti, istinski mudrače, šuti. Ako si netočno ispravio, ako si neistinito osvijetlio iz svjetla istine i unatoč svemu te odbiju, tada šuti, jer ti poznaješ istinskog Spasitelja, Boga - i suca, koji govori samo o sebi samome. Čovjek je taj koji nedokazivošću, osvetom i pohlepom izručuje samoga sebe zakonu sjetve i žetve pri čemu u njivu svojeg života unosi ono što njemu samomu sudi. To je njegovo malo, niže sebstvo, njegov zakon jastva.

To što govoriš izvan svetišta nije uvijek govor tvojega osobnog ja, jer tvoje misli i riječi nisu uvijek tvoje misli i tvoje riječi. Ako godinama i desetljećima govoriš takozvanu nepromišljenu riječ, tada ti doduše pričaš, no netko drugi govori preko tebe. To je tuđe određenje tvojeg svijeta osjetila, u kojemu ti i živiš. Programer, onaj ili ono što te određuje, preko tebe djeluje određujuće i na druge. Tko to dopusti, rob je grijeha i grješnik.

Gabriele:

Mi živimo u svijetu grijeha. Tko svoje grijehe svakodnevno ne očisti, nastavlja griješiti i tako se daje na raspolaganje drugim grješnicima, koji svojim grješnim odašiljačkim potencijalom aktiviraju njegov odašiljač a time i pristup njegovoj zemaljskoj egzistenciji. Tada se živi preko njega. Preko njega se misli i govori. Onda to nije njegova misao i njegova riječ, već svijet želja jedne ili nekoliko duša. To je heteronomija. Time je čovjek svoj zemaljski život ustupio i dao na raspolaganje nevidljivim snagama koje preko njega žive i njime upravljaju.

i nisi vrijeme, već vječnost u Vječnome.

Mišljenje u ograničenosti ljudskoga prouzročilo je sužavanje svijesti. Sužena svijest jest naš život u prostoru i vremenu.

Tijekom vremena, koje smo si dali - pojmovima danas, sutra, prekosutra, dani, tjedni, mjeseci, godine - vjerujemo da naš život prolazi. Ali to je ljudsko shvaćanje, a ne stvarnost. Naš život ne prolazi; mi smo vječni, jer nas je Vječni stvorio.

Mi ne bismo trebali mišljenje da živimo samo jedno izvjesno vrijeme uzeti kao mjerilo svojeg Bitka. Mi svakako trebamo zemaljsko mjerenje vremena kako bismo svoj život, svoje djelovanje, mogli raspodijeliti i planirati svoj posao tako da bi naš zemaljski život mogao uredno teći. Ali naša bi svijest trebala biti: mi smo vječni život.

Ne uzimajmo više svoj omotač toliko ozbiljno, nego radije postanimo danomice sve svjesniji života svoje duše, tada će i našem omotaču, čovjeku, biti dobro.

Ako se svakodnevno sjetimo svoje duše, tada vrlo brzo osjećamo što znači vječnost. Mi dišemo dublje i smirenije; postajemo opušteniji. Planiramo svoje zemaljsko vrijeme, svoje zemaljsko postojanje u omotaču i dobro radimo. Stavljamo svoje planiranje u Božju volju i djelujemo iz dana u dan slično duhovnim bićima, svjesno snagom iz Boga, nesebično, u Bogu, za bližnjega, za sveopće dobro. Čistimo ono što nam dan pokazuje. Tada doživljavamo dah vječnosti jer Vječni u nama diše. Mi postajemo tiši, smireniji, razboritiji. Povjerenje u Boga raste i mi se povjeravamo Njemu i vjerujemo da nas On može voditi.

Ako se toga držimo, onda ne želimo mi određivati svoj život. Napravimo svoj svakodnevni, tjedni i mjesečni plan i stavljamo ga u Božju volju kako bi nas On dan za danom mogao voditi. Ne stavljamo ruke u džep, već radimo svoj svakodnevni posao, uvijek u svijesti: Bog nas vodi.

Na početku možda i nije tako jednostavno jer još ne osjećamo što je Božja volja, a što je naša volja. Međutim, stavimo li uvijek iznova svoje planiranje u Deset zapovijedi, u Govor na Gori, dakle u Božji zakon, te uvijek iznova molimo Njega, velikog Duha, za podršku i pomoć, tada u nama postaje jasnije; naša se svijest sređuje i čisti; više ne pulsira toliko beskorisnih i navirućih misli kroz naš mozak. Tada osjećamo da nam Vječni udahnjuje život i da nas On vodi.

Materijalni omotač, naše ljudsko tijelo, nije ništa drugo nego odjeća, vozilo naše duše za ovozemaljski život. Za svakoga od nas doći će dan kada će taj omotač otpasti s našega vječnog tijela; jer u vječnosti ne živi materijalna odjeća, već duhovno tijelo u nama.

Stoga je vječno tijelo važno i trebali bismo se po-
brinuti da ono bude čisto i – kada fizičko tijelo umre
- uđe u vječnost.

Živimo li sve više u svijesti „Mi smo bića vječnosti,
jer je Vječni, život u nama", tada svoje ljudsko biće ne
uzimamo više toliko važnim, tada smo također spre-
mni očistiti ljudsko i to više ne činiti.

Trebali bismo si zadati zadaću da sebe, egocentrič-
nog čovjeka, ne promatramo toliko važnog. Tada se
sve više i više poistovjećujemo sa svojim vječnim bi-
ćem, životom svoje duše, i počinjemo rješavati svoje
ljudsko sa snagom Ja Jesam - s višeg gledišta - kako
bismo ga prevladali s Kristom.

*Ti si međutim čovjek u tijeku dana i noći, što se na-
ziva vremenom. Stoga planiraj svoje vrijeme s Bogom,
unesi tijek vremena u svoje planiranje i svoj plan u sve-
mirski zakon, koji je u tebi. Unesi sve u unutarnji hram
i predaj to redu hrama.*

Gabriele:

Red hrama jest Bog; jer Bog je također red; u Nje-
mu je sve dobro uređeno. Ako sredimo svoj život,
onda ćemo srediti i svoje misli. Naše ljudsko, nega-

tivno, ja-život, najjasnije se pokazuje u našim mislima. Ako smo ih doveli u red i usmjerili na Boga, tada koračamo korak po korak u kraljevstvo nutrine. Duša i tijelo tada postaju sve više i više jedno; postaju hram Božje ljubavi, jer ispunjavaju zakon ljubavi.

Budite istodobno tihi i budni, jer Presveti u vama sređuje i određuje. Presveti, koji je tvoja riječ i tvoje djelo, kreće se u tvojemu najunutarnjijemu i zrcali tebi, čovjeku, postupno odvijanje tvojeg plana. Također ga unosi u tijek vremena.

Gabriele:

Ako smo pažljivo slušali te rečenice, onda bismo si morali reći: koliko smo ograničeni! Koliko se prepuštamo skučenosti, koliko sami sebe ograničavamo! Bog je neograničena struja, život. Bog u nama želi nam u svakoj situaciji pomoći; u našem planiranju, u našem mišljenju, u našem čuvstvovanju i u našem djelovanju. Uvijek nam je spreman pomoći. Pitanje je samo - želimo li prihvatiti Njegovu pomoć? Ako je ne želimo, On nas ne prisiljava jer nam je dao slobodu.

Što je sloboda?

Bog je sloboda. On ne prisiljava Svoju djecu ni na što. Ljubav ne može prisiljavati. Ljubav se daruje - ona daruje samu sebe.

Beskrajna Božja ljubav jest nebeski zakon, naša božanska baština. Principi naše božanske baštine jesu jednakost, sloboda, jedinstvo, bratstvo i pravednost.

Dakle, iz principa jednakosti proizlazi sloboda.

Pred licem Božjim svi smo mi jednaki. Takve nas je On, Svoju djecu, stvorio. On, Veliki Duh, Bog, naš Otac, nije ništa zadržao za Sebe. Darovao nam je svu Svoju ljubav, vječni zakon. Svako je duhovno tijelo u svojoj strukturi vječni zakon ljubavi. Takve nas je Bog stvorio i takva duhovna bića žive u struji ljubavi. Ona ispunjavaju zakon ljubavi. Nitko nije veći; svi su jednaki.

Duhovna bića imaju različite mentalitete i različite sposobnosti, odgovarajuće nebeskoj razini u kojoj žive kao bića svjetla. Poput osnovne snage Reda, tako i duhovna bića nebeske razine Reda imaju određeni mentalitet. Jednako tako imaju Volja, Ozbiljnost, Strpljivost, nazvana također i Dobrotom, svaka svoj mentalitet, iz kojeg proizlaze sposobnosti. Svojim sposobnostima djeluju duhovna bića u Vječnom bitku.

Ona djeluju po zakonu ljubavi, jer su i sama komprimirani zakon ljubavi. Ona su apsolutno slobodna; ne trebaju donositi odluke – ona su se odlučila vršiti volju Božju; ona su sama Božja volja. Jer i Volja je osnovna snaga u zakonu ljubavi, koji je njezin život.

Budući da je Bog božanski zakon, zakon ljubavi u svemu, sve je energija, jer zakon ljubavi jest energija. Tom energijom duhovna bića djeluju i s tom energijom ona žive. To je život.

Život, Božja energija, prisutna je u svemu bez iznimke - također i u svakom atomu materije. Budući da je Bog paloj djeci, koja nisu htjela biti božanska, već Bog sam, također dao Samoga Sebe: u svakom atomu, u svakom kamenu, u svakoj vlati trave, u svakoj životinji, u svakoj čestici naše duše, u svakoj stanici našeg tijela, u svakoj zvijezdi, u svakom suncu – svagdje je Bog, život, ljubav.

Mi, ljudi i duše, imamo sada slobodu prihvatiti Božju ljubav ili je i dalje odbijati – onako kao što su to činila bića pada: želeći biti sam Bog.

Sve je zakon. Zakon je kružni tijek davanja – odnosno odašiljanja i primanja. Baš onako kako duhovna bića djeluju u struji ljubavi, u zakonu, i ostaju zakon Božji, jednako im tako prilazi i zakon ljubavi, prožima ih i održava u Vječnom bitku, jer Bog je neprolazan.

Bića pada okrenula su se protiv Boga i Njegova zakona nesebične, davajuće ljubavi. Ali budući da je sve zakon, princip odašiljanja i primanja djeluje i u područjima pada. Tamo svatko stvara svoj zakon, svoj ja-zakon, koji nije zakon Božji i ne odgovara Božjoj volji.

Zapitajmo se: određuje li nam Bog da mislimo negativno? Određuje li Bog da postupamo protiv Njega? Je li volja Božja da osjećamo i čuvstvujemo protiv Njega?

Određuje li Bog da budemo protiv svojih bližnjih? Čija je volja takvo postupanje? Tko to određuje? Na kraju krajeva, mi sami. Mi sami to određujemo jednom jedinom misli pada, misli - „ja hoću!" Iz ove misli pada - „ja hoću!" – nastalo je naše htijenje, nastalo je „protiv Boga".

Bog nam dopušta slobodu da budemo protiv ili za Njega. Ali ipak time svatko sam određuje svoj život po principu odašiljanja i primanja.

Bog odašilje i prima. To je vječno dinamični princip života, ciklično udisanje i izdisanje. Bog izdiše energiju. Duhovna bića djeluju i stvaraju, pri čemu se energija povećava. Bog udiše energiju koja se potencira u Pracentralnom suncu i On je opet izdiše. Po tom principu žive duhovna bića.

Također i mi ljudi dišemo. Mi izdahnemo – mi odašiljemo - i udišemo – mi primamo. Što mi izdišemo?

Bog nam ostavlja slobodu. Mi izdišemo – mi odašiljamo - svoje misli i na temelju principa odašiljanja i primanja, one nam se ponovo vraćaju. Dakle, svaka grješna misao jest bumerang, htjeli mi to ili ne.

Princip odašiljanja i primanja postoji i u Vječnom bitku, u čistomu, i u područjima pada, u zakonu sjetve i žetve, u kauzalnom zakonu. Vječni ritam Bitka, udisanje i izdisanje Vječnog Duha, odašiljanje i primanje, jest život, koji je neprestano u pokretu. Tako je to u najmanjemu, tako je to također u svakome ili sa svakim od nas.

Što mi dakle od čuvstava, osjećaja, misli, riječi i postupanja izdahnemo, odnosno odašiljemo, to nam se vraća. Ako su naša izdahnuta čuvstva i osjećaji, misli, riječi i djela negativni – proizlaze li dakle iz našega sebičnog „ja hoću!", odnosno odgovaraju onom „moje, samo moje" - koje odgovara kratkom dahu ljudi - tada mi privlačimo opet jednako, naime ono naše - što smo izdahnuli, odnosno što smo odaslali.

Ako su te povezanosti i zakonitosti čovjeku nepoznate ili ih ne želi prihvatiti, onda se potuži: „Zašto Bog dopušta da budem bolestan, da patim, da gladujem, da živim u oskudici i zašto moram propatiti ovu sudbinu?" Budimo svjesni: to nije Bog! Jer Bog jest sloboda. On nas ne prisiljava ni na što. U Vječnom bitku dao nam je kao čistim bićima slobodu i On se toga drži - čak i onda kada smo protiv Njega.

Božji zakon, odašiljanje i primanje, jest nepromjenjiv. Odvojimo li se od božanskog zakona, promijenimo li se dakle tako da smo protiv Boga, zakon ostaje: Što čovjek sije, dakle odašilje, to on žanje, prima. Čovjek sije i čovjek prima - ali ne Bog.

Mi sami dakle osjećamo posljedice svojih uzroka. Imamo li, npr. povoda reći: „Moj me bližnji ne voli. Moj je bližnji protiv mene" ili: „Moj bližnji ne radi ono što ja želim", pri tome bismo se uvijek trebali sami pitati: što je kod mene uzrok toga? Pogotovo kad se pri tome uzbudimo. Ako se uzbudimo, onda nam to želi reći da je jednako ili slično prisutno i kod nas. Ako se ne uzbudimo, onda ćemo objasniti prema zakonu života. Upozorit ćemo, suprotstaviti pozitivno i negativno, negativno osloviti - ali se nećemo uzbuđivati.

Bog se ne uzbuđuje kada smo protiv Njega. On je uvijek postojan, jer On je savršen. On neprestano odašilje Svoj zakon, Svoju beskrajnu ljubav. On nas vidi u srcu savršene - baš onakve kakve nas je gledao i stvorio; i zrači nam Svoju ljubav.

Ponovo budimo svjesni: Bog je sloboda. On nas ne prisiljava ni na što. Stoga ne bismo trebali ni mi ljudi prisiljavati ljude oko sebe, ni u malome ni u velikome. To vrijedi također kada se radi o vjeri i religiji. Bila to izvanjska ili unutarnja religija - ne smije biti prisile. Svatko se treba slobodno odlučiti kako želi težiti prema Bogu i želi li to uopće. Tako se Bog odnosi i prema nama. Dopušta nam da slobodno odlučujemo, ali Njegova je volja ipak da mi opet vršimo Njegovu volju i da budemo opet s Njim.

O tome bismo trebali češće misliti: Bog želi svim srcem da se ne mučimo, da ne patimo, već da budemo s Njim, u svjetlu, u ljubavi. Bog, naš Otac, poslao je Svojeg Sina kako bismo upoznali put do ljubavi, da bismo pronašli ljubav. I kamo nas je uputio Isus Krist? Rekao je: „Kraljevstvo Božje jest u vama."

Da je Kraljevstvo Božje u nama i nije vezano za vanjska mjesta, vanjske okolnosti i uvjete, za nas to znači: svatko od nas ima slobodu svaki dan dopustiti rast i nastanak unutarnjeg kraljevstva. Tada nam ne trebaju nikakvi vanjski oblici, nikakvi obredi, nikakva vanjska religija – mi trebamo zajedništvo braće i sestara u kojem svaki pojedinac kaže: „Idem u svoje srce. Dan za danom ostvarujem Kraljevstvo Božje u sebi kako bih nakon tjelesne smrti ponovo mogao biti svjesno u Kraljevstvu Božjem kao biće svjetla." U tome je sloboda.

U tom Duhu slobode stoji također i Univerzalni život. Univerzalni život znači život u Bogu. Jednako je također i s objavama našeg brata i Spasitelja, Krista. Bog nam daje slobodu. Stoga u Univerzalnom životu postoji sloboda. Bog nas ne prisiljava ni na kakav ritual. Bog nas ne prisiljava ni na kakve dogme. On želi da budemo slobodni, da se slobodno odlučimo. Sloboda je život u Bogu. Stoga možemo reći: Univerzalni život jest sloboda.

Ako tako živimo, onda se susrećemo kao slobodni ljudi u duhu ljubavi koji traže zajedništvo kako bismo u zajedništvu procvjetali, jer je zajedništvo jednako jedinstvu. Jedinstvo je sloboda. Sloboda i jedinstvo čine nas jakima u srcu i jakima u ljubavi prema Bogu i prema bližnjemu.

Prakršćanstvo znači: zajedništvo, jedinstvo. Iz prastruje došao je Sin i donio nam život, spasenje. Sin Božji naš je Spasitelj. Stoga Ga nazivamo Krist. Budući da istinsko učenje, zakon ljubavi, koji je Krist živio za nas i koji nas je učio, dolazi iz prastruje, nazivamo se prakršćanima.

Prakršćani su slobodni ljudi. Oni traže zajedništvo, ali se ne vežu za ljude. Prakršćani su ljudi koji se međusobno sve više nesebično ljube – dakle bez vrednovanja. Nesebična ljubav znači: niti uzdižem svojega bližnjega niti ga ponižavam; a moj je bližnji dio mojega vječnog života.

U istinskom zajedništvu postoji opće dobro. Opće dobro znači: dobro za sve. Opće dobro utemeljeno je na istinskom bratstvu, sestrinstvu i nesebičnosti. Sačuva li svaki brat, svaka sestra, dio svojega bližnjega koji je u njemu, u srcu i aktivira ga u svijesti: u mojemu je bližnjemu Bog, u meni je Bog; mi smo u Bogu jedno - tada će se svatko pobrinuti da bližnjemu bude dobro. To je aktivno prakršćanstvo. To je opće dobro, dobro svih.

Kako na Nebu, tako i na Zemlji. Ako smo toga svjesni i ako nam to svakog dana bude svjesnije, onda se budi čežnja za našom božanskom baštinom, za vječnim zakonom. Čežnja za Bogom uvijek nas iznova podsjeća na to da odložimo naš ja-zakon, naš osobni zakon, naš ograničavajući zakon o „ja", „moj" i „meni", u kojem bližnji jedva da ima prostora i mjesta. Tada odlažemo „svoje dobro" i rastemo u opće dobro.

Opće dobro jest i zajedničko dobro u kojem svatko ima svoj udio. Svatko ulaže svoje snage za zajedničko dobro.

Nijedno duhovno biće neće reći: „To bi trebao drugi uraditi. Ja se sada odmaram; bližnji će to eventualno uraditi bolje." Svako biće u Bogu čini sve u Apsolutnom zakonu. Ne miruje na račun energije bližnjega. U skladu sa svojim sposobnostima u velikoj cjelini djeluje za zajedničko dobro.

Kako na Nebu, tako i na Zemlji. Univerzalni život znači sloboda - sloboda u Duhu Božjem. Univerzalni život znači: otvorite Kraljevstvo Božje u sebi i naći ćete slobodne zajednice braće i sestara koji slave jedino Boga. Oni slave Boga time da danomice dopuštaju Bogu da djeluje preko njih, preko njihovih nesebičnih čuvstava, osjećaja, misli, riječi i djela.

Težimo li tomu danomice, onda otkrivamo sve više i više svoju božansku baštinu, Apsolutni zakon, koji je naš istinski život, koji nas oslobađa, koji nas čini sretnima, koji nas sjedinjuje.

Živjeti u zakonu Božjem znači živjeti u volji Božjoj. Mi odašiljamo u mislima, riječima i djelima ono što je Božja volja; a Božja volja, Njegov zakon, nam se onda vraća. Tada smo u struji života; dobro, Božja dobrota, određuje onda i naše zemaljsko postojanje.

Međutim, ako želimo da se dogodi ono što mi želimo, onda odašiljemo svoj osobni zakon i tome primjereno nam se on opet vraća. Važno je pri tome ono što leži u našim riječima ili u našim mislima, a ne ono što mi - možda lijepim riječima, izražavamo. Obilježava nas ono što leži u riječima i to nam se vraća, a u mnogim slučajevima nas to zaskoči.

Ako postanemo svjesni dobrote i ljubavi Božje, trebali bismo svaki dan reći: dalje od ograničenja, prema beskonačnosti, prema našem životu, k Bogu. Jer Bog u nama, Krist Božji, želi pomoći, želi služiti, želi nas voditi, želi nas usmjeravati, želi preko nas planirati, preko nas raditi, misliti, razgovarati i preko nas djelovati. Čim mu je to moguće, nama ide dobro. Tada su nam dani svjetliji, također i sretniji. Mi tada postaje zajedništvo za dobrobit svih.

Tad ćeš u pravo vrijeme izgovoriti sadržajnu riječ koja je božanska, i u pravo vrijeme učinit ćeš ono što treba učiniti, što je opet božansko. Tada tvoj svakodnevni rad protječe po volji Presvetoga, koji je u tebi, u kojemu ti jesi.

Gabriele:

Osjećamo li u nutrini u riječi vječnog zakona, tada osjećamo eventualno i jedan dašak vječne domovine. Taj bismo fini osjećaj trebali sačuvati u svojoj nutrini i ne dopustiti da ga nadglasaju glasne, teške vibracije vanjskog života. Ako smo dirnuti tim daškom iz vječne domovine, onda svjesno dopustimo tom dašku da i dalje u nama vibrira! Uzmimo ga u svoj svakodnevni život tako da se češće prisjećamo:

Bog, svemirski Jedan, koji nas ljubi – On diše u meni. Bog, svemirski Jedan, stoji uz mene u svakoj situaciji. On želi da smo opet svjesno u Njegovu srcu kao čista bića. Ako danomice težimo čistoti, očistimo li svaki dan ono ljudsko što nam dan pokazuje, tada se naš svakodnevni rad odvija po volji Presvetoga, koji je u svakome od nas. Tada osjećamo slobodu, jer dolazimo sve više i više u jedinstvo sa svojim bližnjim i s Bogom.

Pogotovo u ovo vrijeme, koje je izvana toliko turbulentno, mnogi ljudi u svojoj nutrini bivaju dotaknuti Duhom života, koji se objavljuje, koji poučava, koji djeluje na mnogo načina i pojačava Svoju snagu u materiji i koji struji u svim ljudskim srcima. Tu i tamo budi se čežnja za Bogom. Mi ne bismo trebali dopustiti da to nježno, fino strujanje odmah ponovo iščezne.

Pogotovo onda kada je vibracija uzvišena, trebali bismo svoje vlastite misli čežnje zapisivati i češće ih u svakodnevnom životu pročitati, na njih misliti, češće ih izgovarati, češće ih govoriti Bogu. Njemu je sve dobro poznato. Ali ipak, ako se Njemu obratimo, ako Njemu kažemo ili u mislima izrazimo svoje osjećaje duboke ljubavi, onda stupamo u komunikaciju s Njim. Ono što primamo - iz zrake Njegove milosti – to vibrira u našu nutrinu. To nas uzdiže – naš svakodnevni život postaje svjetliji.

U trenutku kad se povučemo i kada mi na te fine impulse, pokrete i misli ljubavi i zahvalnosti iz srca mislimo ili ih izgovaramo Njemu, Bogu, našem Ocu, Kristu, našem Spasitelju, naša se svijest uzdiže; mi dobivamo opet više energije i sve ide lakše.

Pomoć za sve nas!

Donosi li svakodnevni život puno turbulencija i one vibriraju u našoj nutrini, onda bismo se trebali pravovremeno povući na nekoliko minuta u sebe i doći k Njemu kao Njegovo dijete.

On, Veliki Duh, zna sve; ali ipak kada govorimo Njemu, onda olakšavamo svoju dušu i narav. Ponovo uspostavljamo povezanost s Bogom, našim vječnim Ocem, ako mu govorimo iz srca u smislu:

Oče, Ti znaš da Te ljubim. Osjećam da sam Tvoje dijete i znam da si u meni i da me jačaš.

Govorimo li u toj svijesti djeteta i od srca Ocu nekoliko minuta i ostanemo li u toj vibraciji milosti, onda se ponovo gradi povezanost s Bogom, životom, i tišina Bitka ponovo ulazi u dušu i tijelo.

ao Isus iz Nazareta bio Sam često na putu sa Svojim apostolima i učenicima. Putovima i stazama od jednog mjesta do drugoga poučavao Sam ih sljedeće:

kad hodate, hodajte uspravno; kad stojite, stojte uspravno, kad sjedite, sjedite uspravno.

Svaki od vas je Bitak u strujanju Bitka.

Svaki harmoničan pokret jest ritam strujanja, ritam svemira.

Strujanje ne zna za zavoj, ni za iskrivljenost, ono ne uzmiče ni pred čim ni pred kim; ono struji nepromjenjivo kroz svemir i prožima sve i svakoga.

Idete li velikim koracima ovim svijetom, tada hodate pognuto; vaši su pogledi upravljeni na zemlju, na tlo, odakle primate ono što prianja uz tlo. Sve teško, opterećeno, plazi po tlu i ponovo opterećuje one koji svoje poglede i misli upravljaju isključivo na tlo.

Gabriele, proročica učiteljica i izaslanica Božja,
objasnila je:

Primjer za bolje razumijevanje: uzmemo li jedno lagano pero u ruku i otpuhnemo ga od sebe, tada ono ne pada na tlo poput kamena. Lakoću kojom ono lebdi možemo jedno izvjesno vrijeme promatrati. Pri tome naš pogled nije usmjeren prema tlu već u

daljinu. Ako pero padne na tlo i ne optereti se prljav-
štinom zemlje, tada će ga vjetar opet ponijeti dalje i
mi ga gledamo kako ponovo leti.

Ako su naši osjećaji, čuvstva i misli božanski, tada
se oni nikada neće zalijepiti za tlo, već se podižu i idu
u božanske svjetove. Oni također ulaze u našu dušu
kao svjetlosna snaga i preko duše povezani su sa ži-
votom, koji je Bog.

Slika pera želi nam reći: mi trebamo biti lagani i
poletni tako da očistimo s Kristom ono što nas čini
teškima i potištenima i da to više ne činimo, svoje
grijehe. Tada više nećemo hodati pognuti, opterećeni
teretom grijeha, već će naš pogled biti usmjeravan
uvijek iznova prema gore i u daljinu, slično letu pera.
Tada opažamo tlo samo da bismo kontrolirali kamo
stavljamo stopala. Tada gledamo samo u daljinu i
prema nebu. Naše oči i naša svijest uvijek će se izno-
va podići poput čistog pera koje vjetar uvijek iznova
nosi prema nebu.

Gabriele:

Poznata nam je gravitacija: sve teško pada odmah na tlo. Sve što je lakše lebdi izvjesno vrijeme prije nego padne na tlo.

Ako je naša duša jako opterećena, onda osjećamo tu težinu. Ne možemo je definirati niti lako dokučiti, ali ipak mi osjećamo opterećenje. Ona vrši pritisak na naše tijelo i naša osjetila. Zbog toga postajemo lijeni, to jest nemarni prema sebi samome i u ponašanju prema ljudima oko sebe. Zbog toga spuštamo glavu; naši su pogledi uvijek uprti u tlo. Naši koraci postaju veći, a naša se leđa postupno savijaju. Bezvoljno i tromo idemo putom ne obraćajući pažnju na svoje bližnje i ono što je oko nas i iznad nas. To je onda plaženje koje naše poglede prikiva za tlo, jer sve teško i opterećujuće pada poput kamena i ostaje tamo ležati. Tako i teške misli ostaju prilijepljene za tlo i za druge predmete koji se nalaze na tlu.

Ono što je blizu tla ima nisku vibraciju. Odatle zrači negativni energetski potencijal natrag onomu tko ga je svojim stavom i opterećenjem svoje duše dozvao.

Naše su oči, uši i ostali osjetilni organi antene usmjerene prema našoj okolini. Preko naših osjetilnih organa do nas dolazi ono što odgovara našim aktivnim grijesima, jer jednako uvijek privlači jednako.

Stoga hodajte uspravno; tad ćete postići dalekovidnost, uvid i pregled; i bit ćete sve više i više povezani s kozmičkim snagama. One će vam pokazati i ono što još trebate očistiti da biste s vremenom kozmički gledali, kozmički slušali, kozmički osjećali, mislili, govorili i postupali.

Gabriele:

Kozmičke snage jesu Božje snage, koje prožimaju čitavu beskonačnost. One su sveprisutne snage u ljudima, životinjama, biljkama, kamenju i zvijezdama. One su zakon Neba, strujeći svjetlosni eter, onaj manifestirani eter koji oblikuje duhovno tijelo čistih duhovnih bića.

Želimo li s kozmičkim snagama, s vječnom prisutnošću, Bogom, stupiti u kontakt, tada moramo svoju grješnost očistiti s Kristom. Krist potom u nama preobražava negativne energije, grješnost, u pozitivne, kozmičke snage. Preko tih čistih energija, božanskoga u nama, jesmo u komunikaciji s čistim, kozmičkim snagama, koje tvore beskonačnu struju ljubavi, Boga, struju Bitka. Tada nas te čiste, božanske energije sve više dodiruju i pravovremeno nam pokazuju naše ljudsko, našu grješnost, kako bismo je s Kristom očistili prije nego naši uzroci, u i na našem tijelu i u našoj okolini, postanu aktivni.

Što se mi više očistimo od grješnoga - a to možemo činiti svakog dana, svakog sata, čak i svake minute - naša duša postaje svjetlija, lakša i slobodnija. Sve više stupamo u komunikaciju s čistim, kozmičkim snagama; mi se približavamo Bogu. Što se duša više pročišćava, to finije i čišće čuvstvujemo, mislimo, govorimo i djelujemo. Na taj način postupno u sebi otvaramo kozmički život.

Gabriele:

Sve je energija. Budući da je sve energija, sve je zakon.

Postoji Apsolutni Božji zakon; to je sveprisutnost, život u svemu, u najvećemu i najmanjemu. Apsolutni zakon jest univerzalan, svijetlo, visoko zračenje Bitka. Sve dok smo kao ljudska bića još uvijek obuzeti svojim ja, dotle i živimo u svojem ja-zakonu, u svojim osobnim zakonima grijeha.

Svoj život oblikujemo prema svojim čuvstvima, osjećajima, mislima, govoru i činjenju. Te energije koje proizlaze iz nas vraćaju se također opet u nas. One oslobađaju našu dušu ili je opterećuju, ovisno o tome koje zakonitosti - božanske ili nebožanske - čuvstvujemo, osjećamo, govorimo i činimo.

Već prema tome što u našoj duši leži - božansko ili nebožansko - to mi zračimo, to je ujedno i magneti-zam kojim privlačimo božansko ili nebožansko. Svaki je čovjek dakle zračeće tijelo, tako reći energetsko tijelo. On svoju energiju prenosi na predmete koje dodiruje ili prema kojima diše - jer dah je također energija i u sebi nosi čestice onoga što nas prožima. Čak i intenzivnim razmišljanjem o predmetima mi ih punimo odgovarajućom vibracijom.

Ono što smo dotakli, zrači također i neke aspekte našega svakodnevnog ponašanja – i pozitivnoga, također i negativnoga, ovisno o tome kako čuvstvujemo, osjećamo, mislimo, govorimo i djelujemo.

Ima li netko od naših bližnjih slično zračeće tijelo, slično energetsko tijelo našemu, i naslanja se na predmete na koje smo se i mi naslanjali ili uzima u ruke predmete koje smo i mi već imali u ruci ili na koje smo izdahnuli, tada njegov magnetizam može privući dijelove onoga što smo mi ostavili, ali istodobno može opet i naš bližnji ostaviti jedan dio svojeg zračenja iza sebe. Tako je čitav svijet jedna jedinstvena zračeća slika svih ljudi.

Ako se ne želimo zaraziti negativnim energijama predmeta i stvari, onda moramo svoju grješnost očistiti s Kristom i više je ne činiti. Na taj ćemo način magnetski privlačiti sve manje protuzakonitoga, što nas među ostalim pritišće, misliti i činiti ono što smo u sebe prihvatili. Što više ostvarujemo božanske zakonitosti, to naš magnetizam za negativnost biva sve slabiji.

Postaje li naša duša svjetlija, mi postajemo iskreniji, a time i pravedniji. Tada ćemo se sve manje naslanjati na predmete i stvari jer smo naučili misliti ispravno, uspravno stajati i biti također odgovorni za svoj osobni život. Tada se više nećemo oslanjati na ljude oko sebe jer znamo što želimo, naime: ispuniti Božje zakone, i to također činiti.

Oslanjaš li se na svojega bližnjega, a tvoj se bližnji oslanja na tebe, tada ćete se s vremenom oboje umoriti i zasititi jedan drugoga jer će energije koje si međusobno prenosite i oduzimate uskoro biti potrošene. Što onda?

Posljedice su sukob, svađa, razdor i nesloga. Ako ste jedno drugomu dodijali, tada svatko traži sljedeću žrtvu na koju se ponovo oslanja - i žrtva eventualno opet na njega. Tada se ponovo događa jednako što i prije.

Gabriele:

Živjeti u Duhu Božjem znači graditi na Bogu, Bogu se povjeriti i biti sa svojim bližnjim i za njega.

Stoga ne bismo trebali koristiti svojega bližnjega da od njega zahtijevamo i tražimo ono što mi nemamo i što nam on ne može dati. Gradimo li na Bogu i Njemu se povjerimo, tada također i dobivamo ono što nam je potrebno i jesmo za svojega bližnjega i s njim. Umjesto svađe, prepiranja i nesloge dolazi složnost. Prezasićenost se pretvara u zajedništvo. Umjesto da odbijemo bližnjega kako bismo se okrenuli drugomu, ostajemo mu vjerni i tako prekidamo krug koji bi nas vodio u daljnja iskušenja i daljnje grijehe, u daljnja razočaranja i prezasićenost.

Stojte dakle uspravno; ne oslanjajte se ni na što i ni na koga. Tada ćete sasvim postupno postati kozmička antena, koja se uzdiže u Nebo i prima od Neba.

Kad sjedite, sjedite uspravno. Vaša kralježnica nije savijena; ona je uspravna i pokazuje vam da trebate sjediti uspravno da biste primali od strujanja Bitka.

Čuli ste: strujanje Bitka, zakon, ne zna za zavoj ni iskrivljenost. Jednako tako ni zdrava kralježnica ne poznaje ni zavoj ni iskrivljenost.

Ležite li u stolici, tada ležite tako reći na podu i primate vibracije koje pužu po tlu.

Prekrstite li ruke i noge, tada blokirate strujanje Bitka u sebi i na sebi ili ga odvraćate od sebe i privlačite druge snage.

Gabriele:

Mi ljudi imamo mnogo navika. Naše nas vanjsko držanje uvijek upozorava na unutarnje držanje. Ne sjedimo li uspravno, već nemarno tako da ležimo u stolici - rekli bismo: zavalimo se u stolicu - to pokazuje da smo i u nutrini nemarni. Mi popuštamo svojoj grješnosti tako da njegujemo grješne osjećaje, misli i riječi. Tako smo opet u komunikaciji s onim negativnim energijama koje pužu po tlu.

Čitali smo i čuli da bismo trebali biti kozmička antena, koja je usmjerena prema Nebu i koja prima iz

Neba. Predočimo si svoju televizijsku antenu. Ona je usmjerena na odašiljač. Kako bi bilo da je savijemo ili joj promijenimo smjer? Tada bismo imali loš ili nikakav prijam. Slično je s našim držanjem tijela. Naše držanje izražava ono što mi čuvstvujemo, mislimo, govorimo i činimo. Mi odašiljemo. Ono što odašiljemo, jest naša slika. Primjereno svojem zračenju primamo također opet ono što odašiljemo. Dakle, svatko je svoj odašiljač i svoj prijamnik, u skladu sa svojim energetskim potencijalom duše.

Znajte: čovjek treba biti kozmička antena. Tko na svojoj anteni napravi čvorove ili je savije, taj ne može primati ni snage ni milost svemira. Jedino snage svemira jačaju i pokreću čovjeka, oslobađaju ga i ozdravljuju. One mu daruju dalekovidnost i uvid i pregled.

Tko ne prihvati i ne živi te zakonitosti, postaje ograničen i intelektualan. S vremenom on usvaja ono što mu lažno prikazuju njegovi bližnji koji su isto tako na ljudskoj putanji.

Ako legnete, onda lezite da biste mirovali. Mirujte svjesno i lezite vodoravno i budite svjesni da mirujete, tada ćete razabrati tišinu svemira.

Ako podupirete glavu rukama dok govorite, jedete ili inače, onda ćete govoriti samo svoje niže sebstvo, a hranu ćete proždirati kao grabežljiva zvijer svoj plijen. Onda ćete odgojiti sebe kao izjelicu koji teži za užicima i koji njeguje tjelesni užitak, tjelesnost, jer svojim nediscipliniranim ponašanjem preko iskrivljene antene prima odgovarajuće snage, dakle odašiljač.

Strujanje Bitka jest skladno, ritmičko kretanje. Stoga se krećite skladno. Skladni pokreti melodije su svemira.

Znajte: svako je tijelo zvuk, melodija. Kako ono zvuči, takav je čovjek.

Svaki je grozničavi pokret iskrivljenje antene koja je opet čovjek sam. Tad će se čovjek nasloniti, napola leći u stolicu, prekrižiti ruke i noge, i glavu nasloniti na ruke.

Skladni pokreti jesu dinamični pokreti. Oni dovode do fleksibilnosti u mišljenju, govoru i postupanju.

Znajte: uspravan čovjek jest ujedno uspravljeni, koji zrači kozmičke zvuke svojim mišljenjem, govorenjem i postupanjem, čija gestikulacija i mimika izražavaju kozmičke simfonije.
Sjedite dakle uspravno i stavite oba stopala na pod; tako ćete odvoditi napetosti i primati skladne vibracije.

Znajte: svaki je od vas komprimirani svemir, a svemir je Bitak - on je vječna domovina, more svjetla, Bog. Zato se kao ljudi ponašajte tako da odašiljate u Nebesa i da od Nebesa primate.
Živiš li u struji svemira, tada si esencija svemira. Tada živiš u obilju i jesi obilje. Ne može te razočarati ni čovjek ni ništa drugo, jer ti ništa ne očekuješ, jer si obilje.

Spoznajte: svemir i svemirsko strujanje neprekidno odašilju. Promatrajte grmlje, cvijeće, životinje i kamenje - oni jesu. Oni su svoje antene usmjerili u svemir.
Životinje, biljke, grmlje i drveće, ne oslanjaju se na sebi slične, osim ako se čovjek ne umiješa u kozmički tijek. Ako je drveće jedno drugomu preblizu, ne može se razvijati. Slično je i s čovjekom ako se oslanja na ljude, predmete i stvari.

Razvijajte se: ne oslanjajte se ni na što i ni na koga.

Oplemenjeni čovjek mudar je čovjek koji miruje u svojoj nutrini.

Oplemenjeni, mudri čovjek ne smije se iz grla, on se smije iz srca.

Spoznajte: kultura se ne može usaditi nekom čovjeku ili zemlji. Kultura mora izrasti iz čovjeka. Gdje nema kulture ima mnogo kulta.

Ti Sam Ja, a Ja si ti.
Stoga upamti sljedeće:
Ti si fino i lijepo.
Ti si plemenito i čisto.
Ti si u Ti koje je vječno, uzvišeno.

Gabriele:

Bog je čistota u svemu. Sve čisto jest Njegov vječni zakon, Ja Jesam. Ja Jesam, vječni zakon, jest strujeće vječno svjetlo, vječna sveprožimajuća i sveodržavajuća energija.

Iz te sveodržavajuće energije, iz strujećeg svjetla, On je uzeo supstanciju i iz nje oblikovao Svoje sinove i kćeri. Ti si čisto biće, oblikovani vječni zakon, vječno svjetlo - ti. Budući da si oblikovani zakon, ti živiš u vječno strujećem zakonu, vječnom svjetlu, u Ja Jesam. Dakle, ti si jedan dio vječno strujećeg zakona, Boga.

Ti, supstancija, svemirski zakon, sadržiš sve aspekte vječno strujećeg zakona. Stoga si ti u Ja, u Ja Jesam, i u svojemu bližnjemu, a on je u tebi jer su sva čista bića iz jedne struje: iz Boga, iz Ja Jesam.

Stoga: *„Ti Sam Ja, a Ja si ti."* Čisto je fino i lijepo, plemenito i uzvišeno. To si ti u Ja Jesam, u Bogu.

To se izlaganje odnosi na svakoga od nas, jer svaki je ti u Ja Jesam, i također ti u Ti, znači u bližnjemu. Jesmo li opet bića svjetla, onda smo vječni zakon i djelujemo u vječnom zakonu. Tada se molimo jedino Uzvišenomu jer smo i mi sami uzvišeni.

Uzvišeni je Jedini.

Ti u Ti, Uzvišenomu, jesi uzvišeno koje sve zna, jer Uzvišeni je Otac - veličina, moć i svemir sam.

On je kultura i kulturno, jer On je Stvoritelj, Bog, Nositelj, Pokretač, Darovatelj - Bitak.

On je ljepota, sjaj, obilje.

On je tvoj Otac - ti, Njegovo dijete, baština.

Ti si svjetlo u moru svjetla, u Bogu; stoga se ne trebaš držati ni za što i ni za koga.

Gabriele:

Naša božanska baština jest vječni zakon, jest naše komprimirano, čisto duhovno tijelo, jest ono što je u svemu: ono čisto. Ako smo svoju božansku baštinu opet ostvarili, tada živimo u zakonu, u moru svjetla, u Bogu. Živimo u punini iz Boga i ne trebamo se više držati ni za što i ni za koga kako bismo eventualno dobili ono što ne posjedujemo.

Tko traži ljubav, taj je nema.

Tko traži mir, taj ga nema.

Tko traži domovinu, taj je još nije otkrio.

Tko traži bogatstvo, taj se još nije vratio u unutarnje kraljevstvo.

Tko traži sklad, živi u neskladu, u svojem grijehu.

Tko treba ljude da bi mu ispunili želje, tomu je duša siromašna duhovnom snagom.

i, čisti, jesi iskrenost i iskreni. Ti se ne oslanjaš ni na ljude ni na stvari i predmete. Ti dobivaš snagu isključivo od Presvetoga u sebi, koje ti, sebstvo u sebi, sebstvu, jesi.

Gabriele, proročica učiteljica i izaslanica Božja,
objasnila je:

Ljudi koji se tu i tamo oslanjaju, koji uvijek trebaju potporu i štap, koji dakle ne mogu uspravno stajati i kojima bi predmeti, stvari i ljudi trebali služiti, jer njima samima služenje teško pada, oslanjaju se na sve ono u što vjeruju da je stabilnije od njih samih.

To znači da takvim ljudima nedostaje stabilnost; oni su ovisni o ljudima i stvarima. Ovisnost postaje neiskrenost, jer ovisni se ulaguje onomu o kojem je postao ovisan ili želi postati ovisan.

Takvi su ljudi poput zastave na vjetru koja se okreće onako kako vjetar puše. Tomu je sličan i nesiguran, neodlučan čovjek koji misli samo na to kako pronaći mogućnost da se osloni tamo gdje će dobiti energiju. Ta ljudska nesigurnost također vodi do prevrtljivosti. Takvi su ljudi ovisni o mišljenju drugih.

Ne oslanjaj se dakle na ljude, inače ćeš postati ovisan i neiskren. Tko se oslanja na ljude, taj i odbija ljude. Ovisnik postaje privjesak svojih bližnjih. Kad ga oni prestanu nositi, on je osamljen.

Nemoj se oslanjati na stvari ili predmete ili držati se za njih jer to govori o tebi da se buniš protiv svojega bližnjega. To upozorava i na uzavrelost tvoje naravi.

Gabriele:

Tko se dakle oslanja na ljude, stvari i predmete, taj se buni i protiv svojega bližnjega jer njegova slabost neprestano traži jači pol. Ako jači pol, npr. čovjek, nije spreman biti njegova štaka, tada se slabić pokazuje u valovima svoje naravi, jer od bližnjega ne dobiva ono što on sam ne posjeduje: jakost.

Znaj: svaki čovjek zrači svoj stupanj vibracije. I stvari i predmeti zrače ono što prianja na njih. Oslanjaš li se, tada od ljudi, stvari i predmeta prizivaš ono što te potaknulo da se osloniš ili ono što je izazvala uzavrelost tvoje naravi.

Ponavljam: za ljude, stvari i predmete prianjaju bezbrojne vibracije koje ulaze u onoga i saliječu onoga koji u sebi i na sebi ima isto ili slično. Time se pojačavaju tvoja odgovaranja, tvoje opiruće držanje i uzavrelost tvoje naravi.

Ne oslanjaj se ni na što i ni na koga, već budi postojan, iskren i čestit, tada postaješ ili jesi Ja Jesam, iskrenost, pravednost, zakon svemira.

Gabriele:

Duhovni zakon glasi: jednako privlači jednako. Zrače li ljudi i predmeti ono što je u nama i na nama samima aktivno, tada sa zračenjem ljudi oko sebe ili sa stvarima i predmetima uspostavljamo komunikaciju. Tako naša vibracija teče od nas prema drugom polu, a od toga drugog pola do nas njegova vibracija.

Stimulira li nas onaj ili ono s čim se sučelimo, bilo da su to ljudi, stvari ili predmeti, na odgovarajuće negativno razmišljanje, jer je jednako aktivno i u nama, tada mi možemo svoja odgovaranja, svoju grješnost, pojačati, a to znači sebe dodatno opteretiti. Ovo je zakon: jednako privlači jednako ili: jednako naginje jednakomu. Čisto privlači čisto, nečisto privlači nečisto. Svatko odlučuje za sebe kakvu će komunikaciju uspostaviti.

Naše je usmjerenje važno. Ono na što smo usmjereni, to u nama postaje pojačano aktivno.

Ako smo usmjereni na ispunjenje svojih egoističnih želja, tako onda ostavljamo svoj trag, svoje zračenje također i na predmetima; tako privlačimo snage i ljude koji se podudaraju s našim zračenjem. Ako smo usmjereni na Boga, a time i na ispunjenje Njegova svetog zakona, tada ćemo i u materijalnomu primati melodiju finoga, čistoga, dobroga, jer smo svojoj unutarnjoj anteni dali odgovarajuće usmjerenje. Tada će također fino, čisto, plemenito izlaziti iz nas i u stvarima i ljudima probuditi i pojačati ono svijetlo, čisto.

Miruj u sebi. Štogod činiš, čini to potpuno, u potpu-noj koncentraciji, usmjeren na dotičnu situaciju i stvar.

Gabriele:

„*Miruj u sebi*" znači: ne uzimaj ljudsko, ono što vidiš, što ti prilazi, tako važnim. Prepoznaj u svemu što iskusiš, u svakoj situaciji i u svakom problemu, božansku zakonitost i primijeni je kod sebe samoga. Tada ćeš uvijek iznova pronaći unutarnji mir kada te vanjske stvari budu uvlačile u nesklad.

Ako u svemu tražiš zakonitost Božju, tada ćeš je i pronaći. I ako po njima živiš, tada će mirujući pol u tebi, Bog, uvijek biti uz tebe. Jer u svemu što mislimo, govorimo i činimo jest zakonitost Božja, jer je Bog sveprisutan. Bog je u svakoj aktivnosti. U svakom je pisanom djelu Bog. Bog je u svakoj zanatskoj djelatnosti, jer Bog je sve u svemu.

Mudrac koji živi u očišćenom hramu i u pismenom radu drži red hrama. Sada on piše. Njegovi su osjećaji i misli pri sastavljanju njegova spisa. Iz njegove najdublje nutrine, iz svetišta, u kojemu živi i iz kojega daje, on djeluje na izvanjsko, na svako slovo i na svaku riječ. Time on daje snagu napisanomu i prožima ga vječnim zakonom, Bogom.

Što god da činiš, u svemu drži red hrama. Sada ideš ovamo ili onamo, a ti si kod sebe jer si u sebi.

Sada radiš za radnim stolom i ti si kod proizvoda, a time u sebi i kod sebe.

Ti razgovaraš sa svojim bližnjim, ti si kod sebe i u sebi, i govoriš zakon riječju.

To što činiš, činiš potpuno.

Gabriele:

„*Drži red hrama*" znači da bismo mi svaki dan trebali očistiti svoje ljudsko – ono što nam taj dan pokazuje. Dosljednim čišćenjem svojega ljudskoga, dobivamo također i koncentraciju. Dakle, mi smo prisutni kod stvari, a samim time i pri izvođenju posla. Mi smo tada također sami svoji i nama ne upravljaju druge sile. To je red hrama; jer tko svoje ljudsko, svoje grješno, koje svakodnevno smije prepoznati, dosljedno očisti i više ne čini, taj miruje u moru, u Bogu, i živi svjesno u svojem hramu.

Čovjek koji je pronašao Unutarnji život miruje u Bogu, koji prebiva u njemu. Time održava red hrama. On ne dopušta dakle ništa grješno. On vadi iz svoje duše grješnost dnevnom energijom, nju očisti i tako sve više i više drži red u svojem hramu. Pomoću reda hrama on će sve zakonito, ono što čini i izvršiti svim snagama svoje svijesti, jer su njegovi osjećaji i misli pri izvršenju. Tako možemo reći: ono što čini, čini u potpunosti.

Držiš li neki predmet u jednoj ruci, tada u drugoj ruci ne trebaš držati neki drugi, osim ako oba predmeta nisu uzajamno usklađena i nisu jedan s drugim u suprotnosti. Držiš li primjerice u jednoj ruci proizvod, a u drugoj ruci alat kojim obrađuješ proizvod, onda su oba instrumenta usklađena jedan s drugim, jer jedan služi drugomu.

Kad sastavljaš neki tekst, tada drži u ruci samo nešto od pribora za pisanje. Budeš li u drugoj ruci držao, npr. ravnalo ili predmet za uklanjanje napisanoga, postat ćeš dekoncentriran, a tvoja će pažnja biti podvojena jer te dvije međusobno neusklađene vibracije izazivaju u tebi nepažnju i nesklad.

Ako u drugoj ruci držiš ravnalo, tad ćeš, npr. češće podcrtavati izjave koje ne bi trebale biti podcrtane ili ćeš podcrtati ono što ti sam nisi ili još nisi. Time izražavaš i ističeš svoje ljudsko ja jer podcrtavaš samoga sebe, svoje ja. Ako u jednoj ruci imaš pribor za pisanje, a u drugoj predmet za uklanjanje napisanoga, tad ćeš u pisanju češće griješiti i to brisati.

Prepoznaj sebe u svemu i predaj sebe, svoje nisko ja, tad ćeš steći Ja Jesam, Bitak, koji je sve, koji zna sve i koji sve prozire, koji sve čuje, koji preko tebe govori.

Spoznaj uvijek iznova: čisto se izvršava isključivo u najdubljoj nutrini duše, u čistome - nečisto, isključivo u vanjštini, u svijetu osjetila.

Gabriele:

Crtač u rukama ima pribor za crtanje, ono što mu treba za crtanje. Dijelovi pribora komuniciraju jedan s drugim i s crtačem, također s njegovom sviješću i njegovim misaonim konceptom. Ako je komunikacija pozitivna, onda jedan na drugoga utječu konstruktivno. Mogli bismo reći: dijelovi pribora oplođuju jedan drugoga i pribor oplođuje crtača i pomaže mu da crtež stavi na papir čisto i jasno.

Slikaru trebaju papir ili platno, k tomu kist, boja i sve drugo što uz to ide. Ako su dijelovi pribora jedan s drugim usklađeni, tada nadahnjuju slikara; njegova

slika postaje izražajna i boje su jedna s drugom uskla-
đene. Ako bi slikar imao u jednoj ruci kist, a u drugoj
ruci dlijeto – kakva bi bila njegova slika? Boje bi bile
oštre i slika bi imala, već prema prilikama, neugodnu
oštrinu.

Tako dakle prepoznajemo: jednako komunicira
sa jednakim i međusobno se oplođuje. Dok različito
utječe jedno na drugo negativno.

poznaj: ljudski razum nije srce duše. Tko govori iz razuma, govori iz ljudskih programa, jer on nije kod kuće u najunutarnjijemu, u Bitku, koji sve zna, koji sve gleda, koji sve čuje, koji sam sebe govori.

Riječi izgovorene iz razuma ulaze opet samo u razum. One ne sadrže nikakvu snagu; stoga su ograničene i odnose se na materiju, gdje i postaju djelotvorne.

Gabriele, proročica učiteljica i izaslanica Božja, objasnila je:

U toj zakonitosti Unutarnjeg života, koju nam je Krist objavio, prepoznajemo da je svaki čovjek poput računala koje se samo programiralo. Mi se programiramo svojim čuvstvima, osjećajima, mislima, riječima i djelima. Ti su programi svojstveni nama, računalu.

Samo ono što smo pohranili ili pohranjujemo, možemo reproducirati - izvan toga ništa. Razum je izvor pohrane ljudskoga ja. Dakle, ono što je razum pohranio, čovjekov je izražajni potencijal. S druge strane, naše se duhovno tijelo sastoji od cjelokupnoga Božjeg zakona; ono daje Božji zakon i također ga zrači.

Čistimo li svoju dušu i stavljamo li svoje naučene programe – ono što smo od sposobnosti stekli – Bogu, vječnom zakonu, na raspolaganje, tada su pročišćene moždane stanice instrument preko kojeg Bog djeluje. To je onda mislitelj srca, kojeg vodi Bog.

Sve ostalo je ljudska razumska svijest, ono što je ljudsko ja pohranilo, što mi onda nazivamo „naš život".

Onako kako se u mijeni vremena mijenja mišljenje i život čovječanstva, tako je i s riječju koja je oblikovana razumom. Ona iz epohe u epohu govori stalno samu sebe, samo drugim riječima i pojmovima.

Ljudsko, niže sebstvo nestaje, jer se rađa jedino u razumu i odatle se govori.

Površina je razum, koji opet reagira površno. Razum je dakle samo površina jezera, nije dno. Na površini je samo odraz, a ne istina.

Gabriele:

U toj izjavi Krista Božjega prepoznajemo proces ponovnog rođenja - reinkarnacije. Vremena se mijenjaju, mijenjaju se životi i uvjerenja ljudi. Zato svako doba ima svoje riječi i izraze. Ljudi međutim govore uvijek iznova iz svojega ljudskog sebstva; oni govore iz onoga što je njihova duša donijela sa sobom, iz onoga što leži u duši i što je aktivno. Za to samo koriste različite riječi i izraze od onih u njihovim prethodnim inkarnacijama, jer su ta vremena prijašnjih inkarnacija imala druge riječi i druge pojmove.

Ljudsko sebstvo, koje se izražava iz intelekta, mijenja se u davajuće sebstvo ako čovjek očisti svoje grješno i više ga ne čini.

Razum je ono što smo unijeli u moždane stanice. Razum je poput jezera na čiju površinu površni gleda, ali ne dokučuje dubinu, jer gleda samo periferiju svoje svijesti, svoj razum. Dakle, razum je samo odraz onoga što leži u dubini. To nije istina, već površina istine, odraz istine. Ako samo koristimo svoj razum umjesto da dubinski poimamo život, to neizbježno dovodi do površnosti.

Riječ najdublje nutrine jest Ja Jesam, Riječ vječnog zakona. Ona nije bila rođena kao riječ razuma. Riječ Božja jest od vječnosti do vječnosti i tko je govori, taj je od vječnosti do vječnosti.

Gabriele:

U svakom čovjeku stanuje jedna duša. U njoj je ono Vječno, Ja Jesam. Vječno, Ja Jesam, jest Vječni, Riječ Božja, vječni zakon.

U Božjoj riječi „Neka bude", Vječni je u vječno duhovno tijelo u oblikovanju po duhovnim zakonitostima udahnuo vječni zakon, jezik Vječnog bitka. Riječ Božja, udahnuti vječni zakon, jest od vječnosti do vječnosti, i bića svjetla su od vječnosti do vječnosti, jer su zakon iz Njegova zakona.

Ljudski mozak jest rodno mjesto riječi razuma, jer ono što čovjek unosi u svoje moždane stanice, to ga oblikuje; tako on misli i tako on govori. To nije vječnost, već prolaznost. U razdobljima dok prolaznost ne prođe, čovjek i duša moraju prema prilikama trpjeti mnogo patnji i muka, ovisno o tome što je čovjek unio ili unosi u svoje moždane stanice. Jer ono što je grješno, tada pada u dušu; ide iz duše u zviježđe materijalnog kozmosa i u zviježđe područja čišćenja i uvijek se iznova vraća u ritmičkim intervalima dok čovjek to ne ugasi. To se događa s pomoću preobražavajuće snage Krista Božjega pokajanjem, molbom za oproštenje, oproštenjem, popravljanjem i ne činjenjem - jednakoga. Čovjek korak po korak ispunjava Božje zakone i tako se postupno vraća svojoj božanskoj baštini. Na taj način on prekida svoj krug ponovnog rođenja, a njegova duša ponovo ulazi u vječni zakon kao čisto biće, u kojem živi od vječnosti do vječnosti.

Istinski mudrac, prosvijetljeni, govori Ja Jesam. To je vječni zakon, Riječ, koja u najdubljoj nutrini duše vječno govori samu sebe.

Bogom ispunjeni ne govori nikada riječ razuma, jer je on kod kuće u najdubljoj nutrini, u sebstvu, koje on govori.

Dopusti da riječ najprije nastane u tebi prije nego je izgovoriš.

Bilo da misliš ili govoriš, oboje su energije koje se ne gube.

Gabriele:

„Dopusti da riječ najprije nastane u tebi prije nego je izgovoriš. Bilo da misliš ili govoriš, oboje su energije koje se ne gube."

Te Božje riječi znače da smo sami odgovorni za svaku misao i riječ jer smo sami proizveli te energije svojim čuvstvom, osjećajem i mišljenjem, svojim govorom, svojim djelovanjem. Dakle, te energije pripadaju nama; one su stoga naše osobne zakonitosti, jer svaka je energija svijest, a time i zakonitost, koja se ne gubi.

Tim svojim čuvstvovanjem, razmišljanjem, govorenjem i djelovanjem stvaramo svoj osobni zakon, koji je s nama, osobom, povezan jer proizlazi iz nas. Svojim osobnim zakonom mi privlačimo opet ono što smo odaslali. Patnja se vraća kao patnja, mržnja se vraća kao mržnja, zavist kao zavist, svađe i prepirke kao svađe i prepirke, Božja ljubav kao Božja ljubav, Božji mir kao Božji mir, božansko jedinstvo i zajedništvo prilazi nam kao božansko jedinstvo i zajedništvo.

Ono što stvaramo, to odašiljamo, ali i ponovo primamo. Zbog toga bismo trebali živjeti svjesno i promišljeno te se uvijek iznova zapitati: što sam proizveo u prošlim trenucima, u prošlim satima, u proteklom danu: Negativno, dakle grješno, ili sam razvio i vraćam božansko?

Ono što se osjeti u najdubljoj nutrini, u posvećenom hramu, to je istovremeno i Riječ. Najunutarnjije donosi dobre plodove, jer osjećaj koji rađa misao i koji proizvodi Riječ, božanski je plod, svjetlo i snaga koji dolaze na ovaj svijet preko Kristova Duha, koji pobjeđuje tamu.

Tko je pomoću Kristove snage pobijedio samoga sebe, taj gleda ono što jest i govori Bitak, sadašnjost, Boga. Izvanjski čovjek, naprotiv, govori iz ljudske prošlosti i budućnosti, jer je sadašnjost ovoga svijeta samo dah koji se raspline čim se uhvati.

Gabriele:

„Ono što se osjeti u najdubljoj nutrini, u posvećenom hramu, to je istovremeno i Riječ." Riječ je Bog, a Bog je Riječ. To opet znači: Bog je neprolazan zakon.

Tko govori Božju riječ, taj posvećuje svoj hram, jer ga je očistio od prljavštine grijeha. Riječ Božja jest plod i tko je pronašao plod, taj donosi dobre plodove, jer su njegovi osjećaji, misli i riječi božanske, dakle plodovi života.

Tko je snagom Krista Božjega sebe pobijedio, taj je dokučio riječ čovjeka, jer on gleda dublje. On neće dopustiti da ga zaslijepi obmana, jer on živi u svojem pročišćenom hramu i govori Riječ vječne prisutnosti, koja je Bog. - Bog jest, a pročišćena duša, čisto biće u Bogu, jest božansko.

*Bogočovjek, koji je u najdubljoj nutrini kod kuće, u ono-
me što nastaje gleda to Jest, jer u najdubljoj nutrini sve je
prisutno i već izvršeno. Bogočovjek živi i djeluje iz Božje
sadašnjosti. Što je za izvanjskog čovjeka tek u nastajanju,
to je za bogočovjeka u najdubljoj nutrini već izvršeno.*

*Tko živi u najdubljoj nutrini, taj u najdubljoj nutrini
gleda i ono što se izvršava i što će se izvršiti u izvanj-
skom svijetu, te kako se to oblikuje. Svojim božanskim
osjećajima on prati korake koji se moraju još načiniti u
izvanjskome, no koji su u najdubljoj nutrini već naprav-
ljeni. U nastajanje on ulaže cjelinu tako da i u izvanjsko-
me bude onako kao što to već jest u najdubljoj nutrini.*

*Ono što čovjek nutrine čuva i pokreće u najdubljoj
nutrini, to će se ostvariti i u izvanjskome, u svijetu osje-
tila, jer u najdubljoj nutrini to već jest, a također se čuva
i pokreće.*

Gabriele:

Bog je prisutan u svemu. Čak je i u grijehu Bog pri-
sutan kao čisto. Kad ljudi, čak i čitavi narodi, stvaraju
uzroke koji nakon toga počnu djelovati kao poslje-
dice, npr. u ratovima, katastrofama ili kad pojedinci
ratuju i međusobno se svađaju, Bog je i tu kao do-
bro uvijek prisutan. Čak i ako se čini kao da će sve
negativno, dakle grješno, kao ratno i svadljivo ostati,
bogočovjek, koji je u najunutarnjijemu, u Bogu, kod

kuće, zna da će se to negativno jednom obratiti na pozitivno jer je u zakonu uzroka i posljedice već sve odlučeno, jer Bog je vječan i grijeh ne može opstojati.

Što god se u vanjštini dogodilo ili se događa, također kako god se pričinjalo - Bog, čisto, poznaje ishod, a taj može u razvoju ljudskih procesa biti samo božanski, jer Bog je pobjednik i božansko će jednoć vladati posvuda, jer je Bog, moćni stvaralački Duh, to tako uredio.

Bogočovjeku - čovjeku koji živi u Bogu – to je poznato i on potvrđuje vječnu prisutnost Boga, Njegovu svetu odluku. Tu Božju odluku bogočovjek uključuje u svim vremenskim situacijama i događajima. On potvrđuje Bitak, a ne privid.

ovor Bitka jest neosoban. Neosobno ne očekuje ništa; ono ne želi ništa; ono govori sebe, vječno sebstvo. Vječno sebstvo jest beskonačnost i vječno obilje. Čisto biće jest oblikovano sebstvo, oblikovano obilje.

Ako si sebstvo, tada si riječ sebstva koja u tebi govori i kao zvuk i ton prodire prema van u svijet, i tamo govori sebe, i titra na uho svijeta i u uho Bitka u čovjeku, i odjekuje u njegovoj duši. Tako će se i u svijetu mnogo toga promijeniti za dobrobit cjeline.

Gabriele, proročica učiteljica i izaslanica Božja, objasnila je:

Bog je Vječna riječ, vječni zakon; to je sklad, boja i oblik. Tko govori Božju riječ, taj je Božji zakon i jedno je s Bogom i tako je u struji beskonačnosti.

Bog je nepromjenjiv, jer On je neosoban. Od Svoje djece On ne očekuje ništa. On je sve u svemu, a svako dijete ima sve kao esenciju, i stoga je u svemu i u svemirskome Jednome.

U dubini duše mi smo oblikovani zakon. Naši grijesi leže iznad toga. Ponovo smo postali ljudi da bismo otplatili grijehe koje smo si u prethodnim utjelovljenjima nametnuli. Mi smo dakle utjelovljeni da bismo se otkrili kao Božja djeca, i to čišćenjem svojega ljudskoga kako bismo ušli u božansku struju, iz koje smo proizišli. Mi smo na Zemlji da bismo ponovo postali božanski.

Dopusti da to što glasno govoriš iz tebe struji i kroz tebe teče; to se samo formulira u tebi jer to je sebstvo. To je Ja Jesam, riječ Bitka, život i sadržaj života. To je apsolutno koje nikada ne prolazi, ni onda kad se vremena mijenjaju i prolaze.

Gabriele:

Bog je Vječna riječ u svim oblicima života. Sve što vidimo - životinje, biljke, kamenje i zvijezde - Božja je objava. Dakle, Bog govori preko carstava prirode i preko zvijezda; Bog govori u duši svakog čovjeka. Ako čovjek čisti svoju dušu, tada postupno postaje Božja riječ, jer Bog tada govori preko pročišćene duše. Znači, vječni zakon struji kroz dušu i kroz čovjeka. Čovjek tada također izgovara zakon, jer duša i čovjek žive u Bogu ispunjenjem Božjih zakona.

Riječ, koja je Bitak, Ja Jesam, vječni zakon, koji je u struji svemira, ne pada na tebe kao tupa, energijom siromašna riječ razuma. Riječ, Bitak, ostaje u struji Bitka i prožima tebe, Bitak koji je poprimio oblik, također i Mene, Bitak koji je poprimio oblik, i sve što se nalazi u struji Bitka i tamo postoji.

Izgovaraj dakle Riječ, Bitak, u sebi.

Nauči sve pokretati u svojoj nutrini, primati iz svoje nutrine i izgovarati iz svoje nutrine; tada govoriš jezikom Bitka.

Sve što vječno traje, izvršava se u najdubljoj nutrini duše. To je istina, to je postojanost, to je život, to je rijeka-strujanje, sebstvo, Ja Jesam. To je život i supstancija života u tebi.

Gabriele, proročica učiteljica i izaslanica Božja, objasnila je:

Bog je pravednost, a pravednost u sebi nosi jednakost; pravednost je vaga koja sve precizno odmjerava i svakom daje njegovu mjeru. Stoga govori samo istinu, objasni i ispravi. I ako nekoga od svojih bližnjih optužiš za laž jer te je javno diskriminirao, tada ga možeš opomenuti i objasniti mu da govori neistinu. Ako pak nastavi govoriti neistinu - i sve to javno - onda i ti možeš govoriti o neistini, što je jednako laži. Jer je zapisano po smislu: ako imaš nešto reći protiv svojeg brata, tada najprije otiđi svojem bratu kako bi s njime u četiri oka to očistio. Ako čišćenje nije moguće i tvoj bližnji nastavlja javno govoriti neistinu protiv tebe, onda to očisti, simbolično rečeno, u zajednici. I kao što on govori u „zajednici", to jest u javnosti, jednako tako možeš i ti govoriti u „zajednici", u javnosti.

Tko samo stoji na obali rijeke, vjeruje da je obala realnost jer ne poznaje rijeku. Tko se tako ponaša, sam svjedoči o tome što on još jest.

Gabriele:

Tko stoji na obali rijeke, taj gradi na znanju svojeg razuma, na svojem intelektu, na onome što je stekao u ovom svijetu. Tomu on vjeruje; da je to za njega stvarnost i toga se on čvrsto drži sve dok se na tome ne posklizne i ne dođe do spoznaje da ga kroz bolest, nedaće i sudbinu ne može nositi razmišljanje njegova razuma, već samo Bog, vječna rijeka.

Tko se prepozna pri klizanju u dolinu suza i gorčine, tko dakle prepozna svoje grijehe, pokaje se za njih i više ih ne čini, pomiče se postupno s obale u rijeku i postaje jedno s Bogom. Pritom od njega otpadaju grijesi, a to su njegove bolesti, patnje i udarci sudbine. Međutim, tko i dalje griješi, svjedoči samo o onome što on jest: grješan, egocentričan čovjek.

Tko govori Riječ, Ja Jesam, gleda istinu i neistinu. On objašnjava, ispravlja, a zatim ide svojim putom, jer zna: tko se promijeni i posveti Bogu ide putom koji vodi slobodi. Tko se međutim ne mijenja, taj ide kamenitim putom u patnju da bi se preko patnje, koja je jednaka grijehu, probudio za istinu i da bi tada mogao ući u istinu.

Ako vam potraga za istinom ne dodija, tada ćete pronaći sebe tako što prepoznate svoje grješke i slabosti i pravodobno ih očistite, prije nego vas patnja sustigne. Neka vam stoga traženje nikada ne dodija, jer ćete inače morati pretrpjeti svoje grješno.

Tko ne želi pogledati sebe, gleda uvijek svoje bližnje. Po njegovu mišljenju on je dobri, a bližnji loši. Iz takvog ponašanja nastaje sveznalica koji smatra da može upravljati tijekovima svemira jer se sebi samome čini prepametnim.

Spoznajte: glupan zna sve bolje. Dođe li k njemu bližnji sa svojom glupošću, tada se prepiru dva glupana. Obojici nedostaje mudrost.

Suprotnost istini je glupost; njome se bave čak mnogi.

Pođe li duša kao glupan u svjetove koje je sama svojom glupošću sebi odredila, tad je sve oko nje samo glupost, jer ona živi u iluzijama svojih gluposti. Čak ako nekadašnji čovjek zna za Božje zakone, ali ih nije ispunio, ostaje glupan i rob ropstva, gluposti, koju je živio i kojom se okružio.

Gabriele, proročica učiteljica i izaslanica Božja,
objasnila je:

Božanski princip glasi: jednako privlači jednako. Čisto privlači čisto, a nečisto opet nečisto. Glupan će primjereno svojim glupostima privlačiti primjereno glupe, i tako će se okružiti glupima, kao što je i on sam.

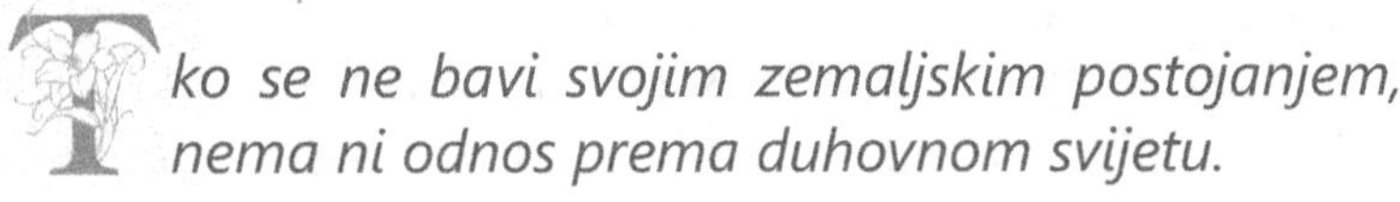 *ko se ne bavi svojim zemaljskim postojanjem, nema ni odnos prema duhovnom svijetu.*

Gabriele, proročica učiteljica i izaslanica Božja,
objasnila je:

Što nam žele reći te riječi našeg Gospodina, Krista? Mi se moramo suočiti sami sa sobom, sa svojim mislima, svojim čuvstvima, sa svime što govorimo i radimo, jer to nam pokazuje tko i što smo još uvijek.

Većinu vremena bavimo se svojim bližnjima umjesto samim sobom. Ako neprestano gledamo sebe, na svoje misli, ono što radimo, svoje pokrete i sklonosti, onda nemamo vremena mjerkati svojega bližnjega.

Čisto, fino, plemenito i dobro još je uvijek obavijeno ljuskom ljudskoga, nečistoga, gruboga, neplemenitoga i lošega. Razbijamo li postupno ljusku svojeg ega, na vidjelo izlazi unutarnje, duhovno-božansko, svijetlo biće, koje je povezano s čistim Bitkom, božanskim, duhovnim svijetom. Ako u sebi ne probudimo svjetlosne snage svojega vječnog bića, tada nas pokreću komunikacije prema svojemu vlastitom grješnomu, zemaljskomu, ljudskomu. Tada nemamo nikakav odnos prema duhovnom svijetu.

Tko ne ide putom prema kraljevstvu nutrine, tko se dakle ne profinjuje u osjećajima, mislima, riječima i djelima, taj ostaje zatočen ovostranim životom u vremenu.

Gabriele:

Hodati putom do kraljevstva nutrine znači svjesno dan za danom svoje ljudsko – dakle grješno protiv duše - shvatiti i temeljito istražiti.

Ako sebe ne vidimo kao Božji hram, ne želimo li očistiti svoj hram, i ako neprestano gledamo druge hramove, ljude oko sebe, kako bismo ih možda svojim mislima, riječima i djelima uprljali, tada također ne možemo profiniti ni svoje osjećaje, misli, riječi i djela.

Mi profinjujemo svoju dušu, pa čak i tjelesne vibracije, ako prepoznamo svoje grijehe, njih očistimo i više ih ne ponavljamo. Tada duša postiže finiju vibraciju, jer se duša sve više i više obraća Bogu. Ta fina vibracija zatim zrači u naše fizičko tijelo i oblikuje nas. Tada naše misli, osjećaji, riječi i djela postaju finiji, odnosno čistiji, nesebičniji, plemenitiji, dobrostiviji. Onda smo za i ne više protiv svojega bližnjega.

„Ovostranost" je ovdje i sada. To je ograničeni, naniže transformirani život u kojem proživljavamo i trpimo teškoće, nevolje, strah, zabrinutost, samoću, patnju i konačno iskusimo i pretrpimo smrt.

Ne bismo se trebali vezati za ovaj svijet svim nitima svojeg razmišljanja i osjećanja, već bismo trebali očistiti svoje ljudsko. Ako se svojim sebičnim osjećanjem, razmišljanjem i stremljenjem vežemo za ovaj svijet, tada griješimo i stvaramo uzroke, opterećenja za dušu, na ovom svijetu, koji djeluju poput magneta. Ti uzroci, ti magneti, neprestano nas privlače na ona mjesta na kojima smo stvorili svoje uzroke, opterećenja. Ako smo preminuli i naša se duša nalazi u razinama čišćenja, ako se zračenjem zvijezda naša opterećenja aktiviraju, tada će nas uzroci koje smo bili postavili na Zemlji prema prilikama povući natrag u tijelo, u jednu daljnju inkarnaciju. Magnet naše krivnje jest taj koji nas uvijek iznova vraća na mjesto naših djela.

Bilo da živi ili da umire, bilo da je budan ili da spava - ni ovo zemaljsko postojanje ni smrt neće ga naučiti nešto novo, jer je ostao onaj stari grješni čovjek, usprkos boljem znanju.

Gabriele:

Mnogi teže znanju - također duhovnom znanju - a mnogima je to mnogo znanja i dostupno. Ipak, nisu mnogi blizu Boga, a vrlo malo ih živi u Bogu. Zašto?

Znanje samo ne čini sretnim, a duhovno znanje samo ne čini mudrim.

Čak i ako kod kuće na svojim policama imamo knjige pune mudrosti i ako svako malo pogledamo u te knjige pune mudrosti, a time i istine, i odlučimo se za čitave odlomke i naučimo ih napamet – ništa nam ne koristi. Već naprotiv. Što više duhovnog znanja imamo, to više se pred Bogom obvezujemo to znanje ostvariti.

Upravo u ovo vrijeme svima nam je dano puno božanskog znanja. Božansko znanje, božanski zakon, dan nam je da bismo ga ispunili, kako bismo mogli postati mudri i pronaći izlaz iz svojeg znanja, iz svojeg intelektualnog razmišljanja i stremljenja - iz svojih ljudskih opsesija.

Stjecanje znanja o božansko-duhovnim zakonitostima ne donosi nam viši duhovni razvoj. Ništa nas neće promijeniti ako želimo ostati isti. Čak i smrt, promjena razine postojanja, ne čini našu dušu svjetlijom ni našu svijest širom. Bez rada na sebi ne postajemo bolji; mi nismo ništa dodatnoga naučili.

Na temelju slobodne volje sami odlučujemo koliko dugo želimo da nas vlastita grješnost vodi okolo-naokolo u krug. Tako ćemo uvijek iznova padati i ostati ležati - sve dok ne primimo Krista u svoje srce i ne ispunimo Deset zapovijedi i učenja Govora na Gori, koje nam je On donio i živio.

Dakle, stvar je u ispunjavanju Božjih zakona, a ne u slušanju o njima. Poznavanje Božjih zakona preduvjet je za njihovo ostvarivanje. Tko božansko znanje, Božji zakon, samo jezikom ispunjava, taj uzdiže samog sebe i znanje zloupotrebljava za vlastite interese. To je kršenje druge zapovijedi, to je zloupotreba Božjeg imena, zloupotrebljavanje božanskoga.

Nijedan čovjek ne može pobjeći od samoga sebe. Svatko mora pogledati sebe i otplatiti ono što je sebi nametnuo. Zadaća koju mu život postavlja njegov je život.

Jednog dana bit će mu postavljena zadaća da otplati ono što je sebi nametnuo.

Gabriele:

„Nijedan čovjek ne može pobjeći od samoga sebe."
Jesmo li svjesni toga?
Mnogi kažu: „Oduzet ću si život da bih pobjegao iz ovoga zemaljskog postojanja." To nije moguće. Ne možemo pobjeći od onoga što je u nama. To uvijek uzimamo sa sobom.

Naši su uzroci energetski potencijali koji leže u našoj duši te prije ili kasnije dovode do djelovanja i posljedice - bilo da smo tada kao čovjek u zemaljskoj odjeći ili kao duša u carstvima duša. Posljedice su slične dakle i na razinama materijalnoga i na razinama područja čišćenja.

Dakle, mi uzimamo svoje ljudsko, svoje grješno sa sobom; tome ne možemo pobjeći. Ipak, bolnog i žalosnog iskustva onoga što smo nekoć prouzročili, otplaćivanja, ne bi trebalo biti - ako pravovremeno sami sebe u trenutcima svojih zemaljskih dana prepoznamo i s Kristom očistimo krivnju.

Stoga svatko mora sebe pogledati. Svjetlo, energija dana, svima donosi mnogo trenutaka. Dan nam otvara oči, otvara naša osjetila. Preko naših očiju i preko naših ostalih osjetila dan nam pokazuje što bismo trebali prepoznati i očistiti. Ako to ne učinimo, onda to znači da idemo prema otplaćivanju onoga što smo drugima učinili i na taj način opteretili svoju dušu.

Zadaća koju nam život postavlja naš je ljudski život. Ono što nam dan pokazuje, ono što nam pokazuje od našega osobnoga, to je naš život. On se sastoji od našeg čuvstvovanja, osjećanja, razmišljanja, govora i činjenja. Ako ne iskoristimo dane, ako zadaću za učenje, ne obazirući se na nju, odgurnemo na stranu, tada će nam jednog dana zadaća glasiti; otplatiti što smo si nametnuli. Tada neizbježno dolazi otplaćivanje onoga što naša duša već dugo nosi, onoga što smo već davno trebali očistiti. Oblaci se pojavljuju pravovremeno na horizontu našeg života. Ako ih pravovremeno ne razriješimo, tada će se njihov sadržaj preliti preko nas. Tada, slikovito rečeno, stojimo na kiši i mi ćemo pokisnuti.

Gabriele:

Mnogi od nas znaju: grijeh prvo ulazi u moždane stanice. On ostaje određeno vrijeme u moždanim stanicama i upozorava nas da ono što se dogodilo na vrijeme očistimo. Ako to ne očistimo, tada grješnost, ono što je proizišlo iz nas, odlazi u dušu i preko duše u zvijezde spremnike. Spremišta naših grijeha, naše krivnje, jesu dakle duša i svijet zvijezda - zvijezde razina čišćenja i materijalne zvijezde.

Ono što smo pohranili u svoju dušu i u zvijezde pripada nama. Mi smo neprestano povezani s onim što smo pohranili i s tim smo u komunikaciji. A ono što smo pohranili, neprestano vreba u zasjedi kako bi palo na nas. Ima li konstelacija zviježđa odgovarajuće zračenje, tada se na nas sruči ljudsko, naši grijesi. Mi doživljavamo djelovanje svojih uzroka i svoje sudbine, koju smo sami stvorili.

Sve dok energetski potencijal našega grješnoga čeka u zasjedi, dolaze nam impulsi upozorenja. Ako se to sruči na nas, onda to moramo otplatiti. Ali čak je i u otplaćivanju opet Božja milost: za prepoznavanje, čišćenje i ne činjenje toga više.

„Ti si dakle opasnost samomu sebi." Izraženo našim riječima, mi živimo opasno svaki trenutak i to tako dugo dok se nalazimo u zakonu sjetve i žetve. Upravo u ovo vrijeme mnogi se ljudi boje. Što je strah? Osjećamo da bi moglo doći nešto čega se plašimo, nešto nelijepo, neugodno. Što je uzrok toga? Nisu li to u mnogim slučajevima naši vlastiti grijesi, naše pohranjeno, koje se sprema postati aktivno? Sudbina nam kuca prije nego uđe.

U konačnici, nitko nam ne može oduzeti strah, nema vanjske pomoći, jer u našem strahu leži naša svijest o krivnji. Uzroci leže u nama - pomoć se može pronaći u nama: to je Krist.

Ako se pri traženju svojega istinskog sebstva niste umorili, tada ste voljni učiti. Tko je voljan učiti, spoznat će sebe i u samospoznaji naći svoj pravi Bitak. On će ostvariti - i time biti ispunjen.

Gabriele, proročica učiteljica i izaslanica Božja, objasnila je:

Bivanje u Bogu, mir svoje duše postižemo ako smo voljni i ostvarujemo radeći na samome sebi. Hoćemo li sami – to znači iz svoje vlastite snage - svoje ljudsko očistiti, onda to postaje iscrpljujuće. Mi se umorimo i na kraju izgubimo hrabrost. Međutim, ako se uvijek iznova obraćamo Kristu, ako mu vjerujemo i gradimo na Njemu, tada nam On daje toliko snage da to činimo radosno. Tada je čišćenje lakoća.

„Tko je voljan učiti, spoznat će sebe i u samospoznaji naći svoj pravi Bitak. On će ostvariti - i time biti ispunjen." Biti ispunjen znači da se naša duša ispunjava svjetlom, jer prepoznajemo što je grješno, što je ljudsko, i to više ne činimo. Tamne mrlje duše pretvaraju se u svjetlo. Time se u nama budi ispunjenje; ispunjeni smo Onim koji našu dušu ispunjava svjetlom i snagom. Sve više osjećamo blizinu Boga, Njegovu ljubav.

Ljubav Božja jest život naše duše i unutarnja sreća ispunjenog čovjeka, Njegova svjesnog djeteta.

Hodamo li već kroz svoje zemaljske dane u svijesti Božje ljubavi? Ili u nama još uvijek odjekuje pitanje: „Ljubi li me Bog zaista?" Znači: „Sada još moram vjerovati da me On ljubi, jer tako mi je rečeno; jer to još ne znam." Naša je vjera u tom slučaju još pasivna.

Čim počnemo pitati, mogli bismo biti već dodirnuti i vođeni. Duša se pokrene, a čežnja i istraživanje se probude. Pitamo se: kako možemo osjetiti da je Bog Otac koji ljubi? Kao dijete želimo osjećati da nas Bog ljubi. Želimo osjetiti Njegovu blizinu.

Ostanemo li samo pri pasivnoj vjeri, tada ćemo i ostati pri samoj vjeri, a u našem će srcu i nadalje kucati tjeskobno pitanje: „Postoji li Bog ljubavi? Ljubi li me On zaista?" Ipak u ovoj nejasnoj vjeri, koja je prepletena sumnjom, ne bismo trebali ostati. Krist nas često usmjerava na aktivnu vjeru. Aktivna vjera kaže: ti ne bi trebao samo slušati od svojeg bližnjega da te Bog ljubi, da ti je Bog blizak, već bi trebao to sam iskusiti. Ti bi trebao sam osjećati Boga. Aktivna vjera jest ta koja čini da mi Njega, Boga, svojeg Oca, možemo svakog dana sve više čuvstvovati, Njegovu ljubav osjećati - naime onda kada smo spremni Njega ljubiti.

A u čemu se pokazuje, dokazuje ljubav djeteta prema svojem Ocu? Ona započinje spremnošću djeteta da ukloni ono što stoji u suprotnosti s Božjom ljubavi. To se događa kad dijete korak po korak prepoznaje grijehe koje je prouzročilo, okaje ih i očisti snagom

Krista Božjega i više ih ne čini. Ne-činiti-više znači istodobno: umjesto grješnoga ispunjavamo Božje zakone, koji su navedeni, npr. u Deset zapovijedi ili u Govoru na Gori. Poduzmemo li taj korak ostvarenja, tada osjećamo sami ljubav Božju u sebi, jer se u srcu i duši osjećamo sve bolje i bolje.

U nama postaje sve lakše i lakše, jer naša duša odahne. Naša se duša raduje i sretna je jer je čovjek očistio i grješno više ne čini. Tada Krist preobražava negativno u duši, grijeh, u pozitivno, u snagu svjetla Božjega. To je dodir Boga, sreća duše.

Tu radost duše mi ljudi doživljavamo kad nam je iznenada moguće zahvaljivati, jer osjećamo da su naše misli i osjećaji sve svjetliji. Doživljavamo Boga, beskrajnu ljubav i sreću svoje duše, osjećajući: mi više ne prolazimo kroz dan rastreseni, već smo svjesni i jasni. Budni smo i osjećamo pokrete svoje duše, koja nas opominje: obrati pažnju na to što ti situacije, trenutci u tvojem životu, žele reći. Očisti ono što ti dan danas pokazuje! – Činimo li to, onda naša duša ponovo dobiva svjetlo i snagu iz Boga. Tako sve više i više osjećamo Božju blizinu, ljubav koja nas dodiruje.

To je osobno iskustvo da nas Bog ljubi, živa, aktivna vjera, koja čovjeka i dušu ispunjava i čini sretnim. Tada se više ne oslanjamo na samu vjeru da nas Otac ljubi - mi to znamo! Radost naše duše i zahvalnost u našemu ispunjenom srcu govore nam o tome. Aktivna vjera

vodi dakle do sigurnosti te korak po korak do sjedi-
njenja s Onim koji nas ljubi i koji nam želi najbolje.

Najjača snaga na našem putu prema Bogu, prema našemu istinskom Bitku, jest ljubav prema Bogu i če-žnja za našom istinskom domovinom.

Mogli bismo si zadati da svaki dan češće mislimo na Boga, našeg Oca. To mogu biti vrlo jednostavne misli. Budimo svjesni, npr. da nas Bog, naš Otac, ljubi i da nam želi najbolje. Mi možemo svakog trenutka poći k Njemu, Njemu se obratiti i s Njim razgovarati. On nas nikada ne ostavlja na cjedilu.

Upravo onda kada vjerujemo da opet griješimo, bilo to u mislima, riječima ili postupcima, ne bismo se trebali prkosno povući u kut i okretati Mu leđa. Okre-nimo se Njemu i recimo Mu, npr.: „Oče, Ti mi želiš najbolje. Dakle, želim se također i kao takav dokazati kako bi me mogao usmjeravati i voditi." Ako toga u toj situaciji grijeha postanemo svjesni, tada nećemo nastaviti griješiti, već ćemo se brzo - a možda čak i radosno – obratiti, prepoznati grijeh, očistiti ga i više ga ne činiti.

Mislimo li dakle češće na Boga, našeg Oca, i zami-slimo si vrlo konkretno da nas On ljubi, da nas obavija i da nam želi ono najbolje, tada ćemo sve češće imati potrebu Njemu se sve više i više predati i koristiti svo-je dane kako bi dobro, dobrota i Njegova beskrajna ljubav, mogli u nama postati djelotvorni.

Ako duša i čovjek nisu voljni učiti, dakle ostvarenjem doći do Boga, tada život duše i čovjeka postaje okrutniji i teži.

Gabriele:

Ako nedostaje dobra volja za prepoznavanjem i čišćenjem, onda će to prije ili kasnije utjecati na naš život. Težina života, ali i poteškoće zemaljskog postojanja dolaze iz duše. Što su grijesi ozbiljniji, to opterećeniji čovjek može biti – tada kada njegovi grijesi postanu ili su već aktivni na tijelu.

Mi sami oblikujemo svoj život, stvaramo vlastite životne uvjete, jer svatko je sam svoj zakon. Svojim čuvstvovanjem, osjećanjem, mišljenjem, govorom i djelovanjem stvaramo svoje ljudske zakonitosti.

U Vječnom bitku duhovna bića žive zakon ljubavi, jedinstva i povezanosti. To proizlazi iz njih – a njima se ponovo vraća ono što zrače, odnosno odašilju: apsolutni, vječni zakon ljubavi, mira, harmonije, radosti, istinski Bitak.

Nama ljudima vraća se ono što odašiljemo. Odašiljemo li svoje ljudsko, svoje grijehe, i ne osluškujemo božanske impulse, koji su nam svakodnevno dani kako bismo ono što smo odaslali očistili, tada će naš osobni život biti sve teži i bolniji. Prije ili kasnije udarit će sudbina – a to nije ništa drugo nego ono što smo odaslali.

Kako vidimo, princip je uvijek isti, kako na Nebu tako i na Zemlji: odašiljanje i primanje. Odbijanjem da pravovremeno očistimo, izazvali smo svoje vlastite zakonitosti. Ako se posljedice prelome na nama, onda to znači: oko za oko, zub za zub. Tada čovjek često kaže: „Ovaj Bog tvrdog srca!"

Mi prakršćani i mnogi Kristovi prijatelji širom svijeta znamo da je to drugačije. Nije Bog uzrokovatelj naše sudbine, već je to naša vlastita tvrdoća srca i nemilosrdnost, to su naši neočišćeni grijesi. Bog je ljubav, koja nas uvijek iznova opominje, uvijek iznova podiže, koja nam uvijek iznova pokazuje put i podržava nas kako bismo prepoznali svoje ljudsko i očistili ga. Ona nam pomaže i onda kada to više ne želimo činiti. Ona ojačava zakonito, božansko, za koje smo se odlučili.

Svatko od nas dnevno doživljava mnogostruku Božju pomoć. Ako toga postanemo svjesni i djelujemo prema svojim spoznajama, uskoro će u nama i oko nas postati svjetlije, lakše i mirnije. Međutim, ne smijemo reći: drugi su ti koji bi trebali započeti. Svatko mora sam poduzeti prvi korak kako bi Božja ljubav mogla postati djelotvorna. Tko u sebi zapali svjetlo ljubavi, on je taj koji tada nosi svjetlo u svijet.

Tako, ako patite, naslutite u patnji zašto patite. Dopustite osjećajima i mislima patnje da dođu, jer oni govore svojim jezikom. I ako se ne umorite u ispunjavanju vječnog zakona, sazret ćete u patnji i približiti se svjetlu, koje će vam donijeti mir i tišinu.

Gabriele:

„Tako, ako patite, naslutite u patnji zašto patite." Tko svjesno prihvati patnju i trpljenje sa sviješću: „Ovo - a prema prilikama možda i puno toga više - sam sâm prouzročio", taj će to očistiti i strpljivo podnositi. No koliko često kukamo i žalimo se: bližnji je kriv. Zato nam Krist kaže:

„Dopustite osjećajima i mislima patnje da dođu, jer oni govore svojim jezikom. I ako se ne umorite u ispunjavanju vječnog zakona, sazret ćete u patnji i približiti se svjetlu, koje će vam donijeti mir i tišinu."

U patnji ćemo sazreti i približiti se svjetlu samo ako očistimo aktivne grijehe, koji se očituju u patnji, bolesti i nedaćama. Ako ne očistimo svoje grijehe, tada ćemo i dalje griješiti, no naše patnje i bolesti neće nestati; one ostaju s nama i ponovo se vraćaju kad ih zvijezde ponovo aktiviraju - u ovom zemaljskom obliku postojanja ili u jednom daljnjem zemaljskom životu ili kada budemo kao duša u mjestima čišćenja.

Sami određujemo kako živimo, što si namećemo i kako ćemo to otplatiti.

Čovjek se ne bi trebao tužiti na put svojega zemaljskog života i osuđivati svoj životni put.

Onaj tko se drzne tvrditi da poznaje svoj životni put, drzne se i tvrditi da ima kompetenciju za stvaranje.

Gabriele:

Svaki čovjek sam određuje svoj životni put. A ono što mu taj donosi sa sobom, to si je nametnuo svaki pojedinac sam. Kukanje o svojem životnom putu ne mijenja ga.

Na svojem putu kroz život možemo mnogo toga promijeniti na bolje ako se mi promijenimo koristeći dane tako da svakodnevno prepoznamo svoje grijehe, očistimo ih i više ne činimo. Svaki je dan jedan korak na životnom putu, a svaki je korak opet za svakoga drugačiji, jer svatko ima drugačiji put u životu, primjereno svojim čuvstvima, osjećajima, mišljenju, govoru i djelovanju.

Nijedan čovjek ne može poznati svoj životni put, jer nitko ne pozna svoju budućnost. A oni koji misle da poznaju svoju budućnost drznu se tvrditi da su Stvoritelj. Jedino vječni Stvoritelj, Bog, poznaje životni put svakoga od Svoje djece, jer svako je dijete Njegovo stvaranje.

Svi putovi koje Duh poučava vode jednomu cilju: da duša i čovjek dođu do Bitka, koji je Bog.

Nada i čežnja za Bogom bude ispunjenje nade. Tamo gdje je nada, težnja za tim ispunjenjem, tamo je Božja vladavina.

Ja, Krist, dajem vam učenja za samospoznaju da možete stalno posezati za njima kad postanete mlaki:

odlučite se u svakoj situaciji za Boga, tada ćete izbjeći tami.

Ako je čovjek čas topao, pa opet hladan, tada je neodlučan i služi tami. Tko se odluči za svijet, taj se odlučuje za opojnost ega. Tada ga inspirira svijet i inspiriraju ga oni koji pripadaju svijetu.

S čovjekom se tama poigrava: ona utječe na njega - jednom za, pa protiv Boga. Time ona hoće izrugivati Boga. Tu igru s čovjekom ona igra sve dok se ovaj ne odluči.

Gabriele, proročica učiteljica i izaslanica Božja, objasnila je:

Kada čuju Božje zakone, mnogi ljudi imaju naviku skakati od veselja, klicati do neba, obećavajući Vječnomu, Bogu, našem Ocu, da će se držati tih zakona, odnosno zapovijedi. Oni se tada trude nekoliko dana ili nekoliko tjedana. No ako se pri tome ne dogodi nikakva promjena u njihovu životu, oni odustaju od Božjih zapovijedi, zakonitosti, padnu u stare grijehe, i tako se opet pridružuju uzročnom lancu starog Adama. Ali odjednom se ponovno sjete Božjih zapovijedi i počinju ih opet iznova ispunjavati nekoliko dana. Ali

nakon toga se dobre namjere ponovo žrtvuju uzroč-
nom lancu starog Adama.

To je neodlučni, koji unatoč mnogim pokušajima
da korak po korak ispunjava Božje zapovijedi, služi
mračnjaku.

aljnja učenja za samospoznaju: zahtijevaj od sebe uvijek krajnost, ne ono što je lako dostupno; tada upoznaješ potencijal snaga svoje duše.

Gabriele, proročica učiteljica i izaslanica Božja, objasnila je:

U svakom čovjeku leži puno više toga nego što on može shvatiti. Stoga nikada ne bismo trebali biti zadovoljni onim što nam je poznato i onim što već možemo. Našem čovjeku može biti također udobno kretati se unutar okvira i biti aktivan tamo gdje mu je lako, gdje ga rutina navodi na pojedine korake rada – ali u nama leži još toliko mnogo mogućnosti, sposobnosti, talenata i vještina koje čekaju da se razviju.

Iz onoga što možemo, trebali bismo se odvažiti na sljedeći korak – u početku je to za nas korak u nesigurno. Stavimo li svoje vještine i ono što je još uvijek skriveno u nama u službu Svemogućega, tada ćemo postići unutarnju veličinu. Tada također od sebe zahtijevamo i ono najviše, najbolje moguće, ono što daleko nadilazi naše prethodne sposobnosti i prethodni horizont naše svijesti.

Gabriele:

Naš svakodnevni rad može biti svestran. Svestranost nas uvijek stavlja pred zadatke koje ćemo razmotriti u smislu svojih sposobnosti. Svaka nas zadaća također i opominje da oslovimo sami sebe pitanjem želimo li je ispuniti, zašto je želimo ispuniti, želimo li od nje imati koristi ili je želimo izvršiti snagom Gospodnjom. Dakle, istražujemo pojedinačne aspekte svoje motivacije, prepoznajemo se i odlučujemo se kako želimo postupiti.

Pitajmo se u svakoj situaciji i u svakom zadatku kako želimo postupiti, pogledajmo također i u svoje potkomunikacije, u svoja čuvstva i osjećaje, tada znamo koji smo stupanj nesebičnosti postigli i kako stojimo sa svojom unutarnjom predanošću Unutarnjem životu. Prepoznajemo koliko smo spremni vršiti volju Vječnoga i djelovati po Božjem zakonu. Tada znamo na kojoj se prečki nebeskih ljestava nalazimo.

Duša u čovjeku samo je gost na Zemlji. Duša je postala čovjek da bi razvijala unutarnje blago i činila dobro. Dobro dolazi preko čovjeka - jednako kao i zlo.

Gabriele, proročica učiteljica i izaslanica Božja, objasnila je:

Naše duhovno tijelo, koje nazivamo dušom, nije dio materije, a materija također nije dio duhovnog tijela.

Božanska suština materije dio je našega duhovnog tijela. Nama je zapovjeđeno očistiti svoju dušu i također onaj dio materije o koji smo se ogriješili svojim ponašanjem prema Zemlji i prema carstvima prirode.

Naše se duhovno tijelo vraća opet u vječni Bitak; zemaljsko tijelo ostaje na Zemlji i pretvorit će se u duhovnu supstanciju kako bi ono ponovno moglo biti aktivno u našemu duhovnom tijelu.

Svatko je od nas također jednim kvantumom uzroka pridonio gustoći ovoga zemaljskog planeta. Taj kvantum materije moramo ponovo transformirati, tj. dovesti ga u višu vibraciju, tako da i Zemlja ponovo postane finotvarna i da duhovni planet uđe u vječna Nebesa, odakle smo mi kao čista duhovna bića i proizišli i odakle također duhovni dio planeta vuče svoje porijeklo.

Dobri čovjek, koji živi u Meni, Kristu, donosi dobre plodove.

Zli čovjek, koji se zaviještao tami, donosi mračno u svijet.

Blago onima koji donose dobro, preko kojih dobro dolazi na svijet. Jao onima preko kojih mračno dolazi na svijet. Prvi idu u svjetlo - drugi pate u tami.

Znajte i osjetite u svojim srcima: što Boga više ljubite, to više će vam i Bog dati. Što radosnije razdajete darove ljubavi, to više ćete od Boga primiti. Samo nesebični prima jer nesebično razdaje. Tko nesebično daje, crpi iz Vječnog bitka, iz beskrajne tišine, koja je Bog. Time on postaje tiši i svjesniji Boga jer zna: Bog daje onomu tko nesebično razdaje darove iz blaga svojeg ostvarenja.

Gabriele:

Bog je Sunce, polje snage beskonačnosti.

Bog je vječno davajuća ljubav. Ako se okrenemo od Sunca, ljubavi koja daje, tako da se ogriješimo o svjetlo, o Sunce, tada zasjenjujemo svoju dušu i okrećemo se od Boga, od svjetla. Tada se krećemo u sjenovitom postojanju, u svojemu vlastitom svijetu sjena.

Svaka sjena temelji se na samoljublju, koje zahtijeva samo za sebe, kako bi ojačalo niže sebstvo. Dakle, sebični je usredotočen na povećanje svojih sjena.

Što se više okrećemo od svjetla, tim sjene postaju veće i gušće. Tada gledamo samo svoje sjene i vodimo svoj osobni život sjene. Tada ljubimo još samo samoga sebe; prema bližnjemu postajemo sve ravnodušniji. Na taj se način sami udaljujemo od Sunca i zadržavamo se u regijama siromašnima svjetlom. Ako nam je mračno i hladno, tada se pitamo: zašto za mene ne sja Sunce? Gdje je ono?

Tek kad se obratimo, tj. okrenemo Suncu, tada se mi također okrećemo i od svojih sjena. Pođemo li putom svjetla, tada očistimo i sjene, koje stoje iza nas i prate nas. Što više sjena očistimo, tim manje one bivaju. Ako opet stojimo u Božjem svjetlu, u beskonačnome, vječnom Suncu ljubavi, tada su se sjene preobrazile i mi smo svjetlo iz Njegova svjetla. To je put u svjetlo, u vječni život.

Što se više približavamo svjetlu, tim ćemo nesebičniji također i postajati. Nesebična ljubav, Božja ljubav, raste u nama i ispunjava nas sve više i više. Bogom ispunjeno srce ljubit će sve nesebičnije i iz blaga života tim više i primati.

Ja, Krist, ključ Sam nesebičnosti, ključ Bitka. Ja, Krist, ključ Sam od vrata života. Svi prosvijetljeni idu preko Mene u Vječni bitak, jer Ja Sam svjetlo duše, istina i život.

Gabriele:

Dakle, Krist je put, istina i život. Krist je svjetlo naše duše, koja nas obasjava na putu prema vječnom Ocu, domovini Vječnog bitka. Isus Krist, koji je postao naš Spasitelj, također je Spasitelj svega grješnoga. Tko se dakle želi osloboditi svojih grijeha, taj ide Kristu, Spasitelju, i od Njega traži potporu i pomoć. Tada on ide putom kajanja srca. On traži od svojega bližnjega oproštenje i oprašta mu također ako se o njega ogriješio.

Mnogo toga mora se još nadoknaditi djelom. Tada bi to trebalo učiniti. To rezultira time da taj grijeh vi-še-ne-činimo i da postupno ispunjavamo božanske zakone, koje kao esenciju nalazimo u Deset zapovije-di i u Govoru na Gori.

ako kao što Ja služim svima, dušama, ljudima, životinjama, biljkama i kamenju, tako i vi treba-te nesebično služiti svima oko sebe - ljudima, životi-njama, biljkama i kamenju.

Gabriele, proročica učiteljica i izaslanica Božja,
objasnila je:

Iz dana u dan možemo prepoznati koliko je nesebičnog služenja dospjelo u naš život. Promatrajmo sami sebe.

Pogledajmo prirodu: Vječni Duh služi svakomu malom cvijetu, svakoj maloj životinji; On služi svakom kamenu. A mi? Kada uzmemo kamen, bacimo li ga nemarno - ili mu posvetimo pažnju i promatramo ga? Otkinemo li cvijet ili se saginjemo i zahvaljujemo mu u svojim osjećajima što nam zrači? Kako je sa životinjama? Pregazimo li životinjicu namjerno ili je zaobiđemo i pustimo da ide svojim putom? Ili je odnesemo s mjesta gdje se nalazila i stavimo je na drugo mjesto, malo po strani, da joj se ništa ne dogodi?

Mi se možemo prepoznati u svojem ponašanju prema svojemu bližnjemu. Osim životinja, tu spadaju i biljke i kamenje. Ponašamo se prema prirodi jednako onako kako se ponašamo prema svojemu bližnjemu. Iz životnih oblika prirode u šumi i na polju pritjecat će nam malo snage ako smo protiv svojega bližnjega.

Mi nikada ne možemo s pravom reći: „Ja ljubim životinje" ako istodobno preziremo čovjekovo unutarnje biće zloupotrebljavajući ljude oko sebe u svoje svrhe. Ta je ljubav prema životinji tada samoljublje, odnosno sebičnost. Naša je želja da nas životinja obraduje.

Trebalo bi biti obrnuto! Mi bismo trebali biti ti koji donose svjetlo ljubavi i nesebičnosti prema bližnjima i subližnjima, prema oblicima prirode. Prepoznajmo se i ponašajmo se kao djeca vječnog svjetla! Snage naših svijetlih osjećaja i misli, pozitivne energije zahvalnosti i unutarnje radosti struje od nas prema prirodi. Donesimo životinjama radost! Donesimo biljkama, a također i mineralima komunikaciju života! Tada doživljavamo Božju puninu i primjećujemo da Božji život - Duh i ljubav - vlada svagdje i da je posvuda.

Kamo god da krenemo, gdje god stojimo, kamo god gledamo i slušamo - Bog je posvuda. On je u svemu. Stupimo u komunikaciju s Njim tako da dopustimo našem srcu govoriti s Njim, s Bogom, našim Ocem, Kristom, s našim Spasiteljem. Tada čujemo također i Njegov glas, fine zvukove beskrajne ljubavi Stvoritelja, iz biljaka, životinja i kamenja.

Nesebično služeća ljubav jest unutarnja predanost. Ona žarom ispunjava srce i raduje dušu i pulsira kroz svaku nesebičnu riječ i svako nesebično djelo. Ona olakšava i oslobađa dušu, a hodu daje polet, jer duša i čovjek utjelovljuju zakon svemira.

Gabriele:

Prepoznajemo, uvijek se radi o unutarnjemu. Sve je vanjsko prodavanje magle - stoga: unutarnja predanost. Ne puko vanjsko okretanje bližnjemu, prirodi, već predanost.

U riječi predanost doživljavamo Boga. Bog se daruje svima. Bog služi svima. On ne oprašta Sebi, jer On, Veliki, služi. Nesebično služenje nije podilaženje, već davanje. Tko istinski služi, taj daje duhovne darove života. To je predanost.

Unutarnja predanost jest unutarnje okretanje prema Unutarnjem životu. Božji jezik ne govori vanjsko, ljuska, čovjek, već ono najnutarnjije. Ako smo u velikoj mjeri razvili svoje unutarnje, ako smo blizu Bogu, tada također živimo bogosvjesno sa svime i za sve što nas okružuje.

To što činite, činite iz Duha, jer samo nesebična djela učinjena su u Bogu i s Bogom.

Vjerujete li da je vaše djelo toliko dobro, tada preispitajte sebe, jeste li ga učinili iz Duha, dakle nesebično. Ako ste ga učinili s pogledom na svoje ljudsko „ja" i za svoje dobro, tada to može imati suprotnu posljedicu. Prije ili kasnije morat ćete trpjeti zbog toga.

Gabriele, proročica učiteljica i izaslanica Božja, objasnila je:

Sva vanjska djela odnose se na nas, na naše ja. Unutarnja djela u predanosti Duhu života djela su za bližnjega, djela ljubavi.

Bog se na mnogo načina očituje u životu prirode. Mi Ga čujemo u zovu ptica. Osjećamo Ga u mirisu cvjetova i cvijeća. Vidimo Ga u klici života. Doživljavamo Ga kada zrake Sunca obasjavaju kamenje. Tijekom noći doživljavamo Boga u zvijezdama. Doživljavamo Ga u kišnim kapima i u oblacima. Veliki stvaralački Duh jest prisutan. A ono što osjećamo u prirodi, život u svojoj raznolikosti, sve je to esencija naše božanske baštine. To smo mi u Bitku, u svojoj vječnoj domovini.

Stoga živite iz Duha i budite svjesni Unutarnjeg svjetla, koje je vaš pomagač i savjetnik, Krist:
Ja u vama, vi u Meni; Ja u tebi, ti u Meni.

Gabriele:

„*Ja u vama, vi u Meni; Ja u tebi, ti u Meni.*" Ako dopustimo da riječi Gospodnje odjekuju u nama, ako ih pokrećemo u svojoj unutarnjoj svijesti, prepoznat ćemo u ovoj jednoj jedinoj rečenici beskrajnu veličinu univerzalnog Duha, života, univerzalnog Bitka.

Istinski mudrac živi u Bogu, a Bog živi preko njega. To što on daje, ne daje on - to Bog daje preko njega. To što on čini, ne čini on - to Bog čini preko njega.

On govori; ali ne govori on - Bog govori preko njega. On radi, ali ne radi on, jer Bog radi preko njega.

Istinski mudrac živi u svijetu za božanski svijet i samo je transformator nesebične ljubavi, unutarnje snage - on je nesebično davanje. Stoga nije on taj koji govori i postupa, nego je to Bog preko njega.

Gabriele, proročica učiteljica i izaslanica Božja, objasnila je:

Te riječi Krista Božjega pokazuju nam cilj našega zemaljskog putovanja, što je ujedno i cilj duše u mjestima čišćenja.

Postoji samo jedan cilj: to je postati jedno s Bogom. Zbog toga smo ljudi. Stoga živimo kao duše u mjestima čišćenja. Stoga se vraćamo u utjelovljenje i postajemo ponovo ljudi.

Kotač dolaska i odlaska okreće se za svakog pojedinca sve dok ne bude sposoban živjeti, a da ne bude s ovim svijetom. Tek tada prestaju utjelovljenja. Tek tada duša postupno ulazi u vječno svjetlo i postaje jedno sa Svemogućim, odakle je jednoć čisto biće iz Boga – ti kao biće iz Boga - proizišlo.

Gabriele, proročica učiteljica i izaslanica Božja,
objasnila je:

Mi čuvamo božansko u sebi kao dragulj svoje naj-
dublje nutrine time da postupno postajemo svjesni
svoje vječne božanske baštine i na taj način u svojem
životu odajemo Bogu poštovanje. Onaj tko nepresta-
no misli na božansko ne samo u sebi već i u ljudima
oko sebe, taj se i svakodnevno trudi ispuniti vječne
zakone, dragulj svoje najdublje nutrine. On tako po-
stupno postaje istina i daje iz istine, jer on ne samo
da cijeni i poštuje dragulj već omogućuje da on u
njegovu zemaljskom postojanju postane izvor snage.

Tko je začet samo od čovjeka, to znači od ljudskoga, taj će se i kao duša uvijek iznova vraćati ljudima i biti rađan od čovjeka, od ljudskoga, i govoriti jezikom ljudi - sve dok ne bude težio jednom rođenju, Bogu, jedinom mjestu rođenja, koje je Bitak. Tada će se on vratiti Bogu i živjeti vječno u Njemu, u struji Bitka. Tad će govoriti i jezikom Bitka, jer on je ponovno oblikovani Bitak, u kojemu se on kreće.

Gabriele:

Ako je tijelo začeto žudnjom za tjelesnosti, tada tijelo nije začeto iz ljubavi prema partneru, partnerici i prema nastajućem tijelu. Takvi ljudi također privlače duše željne požude.

Ako se roditelji ne odreknu svojih tjelesnih žudnji, tada će i djetetu u odrasloj dobi biti vrlo teško sa sobom donijete požude prepoznati i očistiti. Često će tada roditelji i djeca zajedno otići u carstvo duša s požudama i pod određenim okolnostima ponijeti sa sobom svoje požude u jedan novi zemaljski život, vođeni svojim strastima neće naći mir ni samoga sebe. Dakle, kotač ponovnog rođenja okreće se za njih tako dugo dok ne teže za rođenjem u Duhu Božjem i ulaskom u rodno mjesto duhovnog bića, a to je Bitak.

Govori jezikom Bitka!
Ništa nije izvan tebe. To nije cvijet, trava, biljka, ka-
men, mineral - ti si Bitak, cvijet, trava, biljka, kamen,
mineral, jer ti si kao esencija u svemu i sve je kao esen-
cija u tebi.

Gabriele:

Sve je u svemu. Tako je to Bog Vječni položio. Tako
je On stvorio moćni, vječni zakon komunikacije. Sve
je međusobno povezano, jer je sve kao esencija u
svemu.

Svejedno kuda ideš, gdje stojiš, gdje jesi - pripadaj
vječnom hramu! Održavaj red hrama; tada ćeš biti i
pravedan i postići ćeš pravednost.

Gabriele:

Vječni hram jest Božja beskonačnost, u kojem sva
čista bića žive i postoje. Svatko je od nas hram Božji, jer
u svakome od nas prebiva snaga Presvetoga.
Nama je ljudima zapovjeđeno da svoj hram očisti-
mo od nečistih misli, čuvstava, riječi i postupaka, od

putenih užitaka i požuda, kako bismo potom držali red hrama, to jest ispunjavali zakon vječnoga, moćnog hrama beskonačnosti. Tada smo pravedni i postići ćemo pravednost - čak i ako ne odmah, jer Božji mlinovi tako reći melju polako. Jer u zakonu sjetve i žetve posljedice ne počnu djelovati od danas do sutra, već u ritmu koji su si ljudi sami zadali svojim protuzakonitim unosima.

Bog je pravedan i tko god gradi na Bogu, postići će pravednost.

Zapamti: to što ne opaziš u svojoj najdubljoj nutri-ni, u svojem istinskom Bitku, nisi još ni otkrio u svojoj najdubljoj nutrini.

To što nije živo u tebi, ne shvaćaš niti gledaš. Ako tvoj bližnji nije živ u tebi, tada nemaš ni pristupa svo-jemu bližnjemu, a ni komunikaciju s Bogom.

Gabriele:

Opažanje najdublje nutrine, istinskog Bitka, postižemo samo onda kada očistimo svoj hram od prljavštine grijeha i očišćene grijehe više ne činimo. Čišćenjem svoje grješnosti doživljavamo sami sebe, a istovremeno ono što smo ostvarili i odlučili više ne ponavljati, postaje naše iskustvo.

Sve što smo očistili, a što je često bilo ispravljeno patnjom i boli, sada je za svakoga od nas pozitivan potencijal, koji se pamti, što nazivamo također još i potencijalom pomoći - ili iskustvom.

Unutarnjom komunikacijom, opažanjem iz najunutarnjijega povezano s potencijalom sjećanja, odnosno potencijalom pomoći, mi možemo svoje bližnje razumjeti i pogledati također iza njihovih maski, dakle prepoznati razlog njihova pretvaranja da bi sakrili svoje prave osjećaje i razmišljanje, svoje pravo lice.

Tek kad smo prevladali svoje niže sebstvo, pozitivno našega bližnjega postat će također živo u nama. Na taj način imamo pristupa bližnjemu i istovremeno komunikaciju, dakle opažanju istinskog Bitka. Tko ne ide tim putom, taj govori samo svoje niže sebstvo. On vidi samo svoje niže sebstvo i nema pristupa ni svojemu bližnjemu ni Bogu.

Ispitaj samoga sebe: način kako govoriš pokazuje jesi li u sebi ili govoriš samo iz svojega ja, s površine.

Hrani se u Bogu. Onako kako zalogaj i piće ulaze u tebe, tako djeluju u tebi i tako zrače iz tebe.

Tko posvećuje zalogaj i piće, taj održava svijest jela i pića djelotvornom. Ona tad kao esencija i snaga ulazi u dušu. Jelo i piće ne jačaju tada samo tijelo nego dušu i tijelo.

Prati svojom sviješću svaki zalogaj i svaki gutljaj pića na putu u tijelo.

Osjećaji, misli i riječi kojima pratiš jela i pića na njihovu putu u organizam djeluju odgovarajuće u duši i tijelu.

Gabriele, proročica učiteljica i izaslanica Božja, objasnila je:

Bog je beskonačna snaga u svemu. Dakle, Bog je sveprisutni život. Prije nego što uzmemo u sebe hranu i piće, trebali bismo uzdignuti svoje srce Bogu i zahvaliti na Njegovim darovima. Naša zahvala Bogu trebala bi nas voditi u jelu i piću, tada božansko postaje aktivno u hrani i postaje izvor zdravlja za dušu i tijelo.

Tada, ako uistinu uzdigneš svoje srce k Bogu i zahvališ Mu na jelu i piću, tada ćeš ponovo zahvaliti i nakon obroka i posvetiti Mu preostale sate čineći s Bogom ono što je planirano.

Sve je energija; i jelo i piće su energija. Kako osjećaš i misliš - tim snagama magnetiziraš hranu i piće; to im daješ i za put u svoje tijelo.

Ostani dakle i pri uzimanju hrane u najdubljoj nutrini svojeg hrama, jer i jelo i piće spadaju u red hrama, u zakon hrama.

Svaki je aspekt svijesti ujedno i stanje svijesti. On ima cjelinu u sebi i govori samoga sebe prema stupnju svijesti.

I plodovi i piće - svako jelo - jesu svijest i govore jezikom stupnja svoje svijesti. To znači da su u komunikaciji sa strujom u kojoj se kreću i u kojoj postoje.

Kako ti, čovjek, postupaš s hranom i pićem, tako se to odražava i u tebi i na tebi. Sve je vibracija koja postaje uočljiva u tebi i na tebi i koja te obilježava.

Gabriele:

Božanska komunikacija jest svemirska svijest, jer sve je u svemu; sve je božansko i komunikacija. Iz svake razine svijesti Bog govori u skladu s razinom svijesti. Kao rezultat toga, Bog govori iz nebrojenih usta. Dakle, postoji bezbroj komunikacija koje su za nas ljude teško dokučive.

Onako kako se uskladimo s božanskom komunikacijom ili se odričemo božanske komunikacije, takav je i naš život. Naš se zemaljski život očituje u našem čuvstvovanju, razmišljanju, govoru i djelovanju, u našim prehrambenim navikama, u čitavom našem ponašanju - u našem zemaljskom domu i izvan našeg stana i kuće.

Moje su riječi Duh i život, svjetlo i istina. Duhovno sazrijevajući, koji teži svjetlu, Meni, postaje senzitivniji, propusniji za Unutarnji život.

Gabriele:

Postati „*senzitivniji, propusniji za Unutarnji život*" znači da čovjek koji svaki dan prepoznaje svoje grijehe, očisti ih i više ih ne čini, sazrijeva u božansku svijest. Njegova duša postaje svjetlija, a čovjek spremniji za prihvaćanje Unutarnjeg života. Postati senzitivan stoga znači: duša dobiva na svjetlu i snazi jer je čovjek očistio svoje grijehe i više ih ne čini. Kao rezultat toga sve više svjetla zrači kroz dušu i kroz čovjeka, koji je time postao propusniji. On shvaća u svijesti što mu Unutarnje svjetlo zrcali.

Spoznajući život, on neće više uzimati mrtvu hranu. On također neće više biti proždrljiv i neće jesti velike količine hrane.

Duhovno sazrijevajući živi iznutra prema van. Odgovarajuće tomu on će uzimati hranu tako da njegovo fizičko tijelo dobije ono što mu je potrebno za život, ali ne povrh toga.

Duhovni čovjek neće živjeti u izobilju. On će svojem tijelu dati ono što mu je potrebno. On ga ne puni.

Gabriele:

U riječima „on ga ne puni" leži jedan važan Božji zakon za nas ljude. On glasi: ono što tijelo ne koristi, dakle ono što fizičko tijelo ne može razgraditi, jer je količina hrane prekomjerna, jest uzalud potrošena životna energija.

Ako se hrana konzumira iznad nužnoga, ona će se dakako preraditi, ali se neće pripremiti za organe, za krv, stanice tijela; ona će se izbaciti. Za taj dio hrane čovjek mora preuzeti odgovornost. To je zloupotreba prirode.

Duhovna osoba koja postupno ispunjava Božje zakone također je i u komunikaciji s organima svojeg tijela, koji joj posreduju što im je potrebno. To sazrijevajući daje također i svojem tijelu. On je umjeren u jelu; on svoje tijelo ne puni.

Gabriele:

Mnogi ljudi vjeruju da tijelo mora biti lakše da bi se približili Bogu. Stoga se u nekim načinima prehrane savjetuje post kako bi se eventualno njime moglo primati Božje impulse. To je zabluda i obmanjivanje.

Boga ne pronalazimo postom već samospoznajom do koje nas vodi svaki dan, jer svaki nam dan osvješćuje dijelove naše vlastite grješnosti, vlastite grješne programe, naše unose u dušu.

Tko svakodnevno očisti onu svoju grješnost koju je trenutno smio prepoznati, taj će svoju dušu, a također i svoje tijelo čistiti, a tijelu kao i duši dati hranu. On će korak po korak težiti ostvarenju i ispunjenju Deset zapovijedi i Govora na Gori, a njegova će prehrana biti osviještena. Svojem će tijelu on dati ono što mu ono signalizira i u konačnici treba.

Čovjek ne pronalazi Boga ni postom ni traplje-
njem, već ispravnim duhovnim stavom.

*Ne radi se o tjelesnoj dobrobiti, već o duhovnom
stavu, o vašem činjenju ili nečinjenju.*

*Provjerite dakle odgovara li to što želite činiti va-
šoj najdubljoj nutrini i služi li vašem duhovnom rastu.
Budite dakle iskreni prema sebi. Ne činite ništa što se
protivi vječnoj istini, Vječnom bitku, jer pred Bogom
ništa nije skriveno. Jednoga će dana to što ste zatajili
postati očigledno i vi ćete sami vidjeti je li vaše mišlje-
nje i postupanje bilo pošteno i iskreno.*

*Sve dok su vaši pogledi usmjereni na zemaljske
stvari, niste ušli u Kraljevstvo Božje i uzdate se u neko
izvanjsko kraljevstvo, koje je nestvarno.*

*Molite li se za ozdravljenje tijela, tad izvanjski post
može biti ljekovit samo ako istovremeno odložite svoje
ljudske misli, to što ste od ljudskoga prepoznali, i tako
se oslobodite za zračenje svjetla.*

*Ako u svemu cijeniš svetište tako što ga čuvaš u sebi
kao blago i život i dopuštaš mu da djeluje preko tebe,
tad ćeš u svetištu sjediti i blagovati za stolom Gospo-
dina.*

Ostani dakle u svakoj situaciji, u svemu što činiš - i pri uzimanju hrane - u najdubljoj nutrini svojeg hrama; jer hram tvoje najdublje nutrine sagrađen je od esencije svih tvojih bližnjih i od esencije prirodnih carstava.

Gabriele:

Krist nam je objavio u Svojem djelu objava „Velika kozmička učenja Isusa iz Nazareta": *„Sve dok su vaši pogledi usmjereni na zemaljske stvari, niste ušli u Kraljevstvo Božje i uzdate se u neko izvanjsko kraljevstvo, koje je nestvarno."*

To za nas znači: dokle god ovisimo o zemaljskim stvarima i dokle god su naša osjetila i težnje time zarobljeni, dotle smo orijentirani na vanjsko blago, jer tamo su naši osjećaji i težnje, naše srce. Mi gradimo na izvanjskom kraljevstvu, jer naše srce ovisi o tom vanjskom blagu.

Međutim, unutarnje kraljevstvo jest unutarnje blago. To je Božja riječ, Božja pomoć, ispunjenje Deset zapovijedi i Govora na Gori. Tko prvo teži za Kraljevstvom Božjim, njegovo srce otkriva unutarnje blago. Tom čovjeku neće ništa nedostajati. Međutim, tko žudi za vanjskim blagom, njegovo srce ovisi također i o vanjskom bogatstvu. On zatvara sam sebe za kraljevstvo nutrine.

Vanjština prolazi. Stoga ona nije realnost. Nutrina ostaje jer je Božje stvaranje.

Naša je božanska baština esencija cijelog Božjeg stvaranja. Naše se božansko tijelo, koje u opterećenom stanju nazivamo dušom, sastoji od nebrojenih snaga, gradivnih blokova Bitka. Božje vječno djelo stvaranja sadrži duhovne minerale, biljke i životinje. Sve te snage svijesti grade naše duhovno tijelo.

Dakle, u svakome od nas jest esencija beskonačnosti; to je naša božanska baština. Budući da svaki čovjek u sebi nosi esenciju Vječnog bitka, a sam je čovjek proizvod prirode – opet iz snage stvaranja - svaki je čovjek hram Božji. Budući da je u svakom čovjeku jednaka božanska baština, svi su ljudi međusobno povezani kao djeca, a time i kao Božji sinovi i kćeri. Stoga svatko može svakomu reći: „Vječno, koje ti nosiš u sebi, to jednako nosim i ja u sebi. Čisto što ja nosim u sebi, jednako to nosiš i ti u sebi." To je duhovna baština, baština beskonačnosti.

Božansko u tvojemu bližnjemu i svaka snaga u mineralu, u kamenu, u biljci, u životinji jedan je gradivni blok tvojega unutarnjeg hrama, u kojemu prebiva Presveti.

Nedostaje li jedan gradivni blok tvojeg hrama, tad nisi u slozi ili s ljudima ili s područjima prirode. Tada je i tvoj hram nesavršen. Znači da nisi u zakonu Božjem niti si zakon Božji. Tada ne možeš stupiti ni u svetište u sebi da bi tamo prebivao.

Tada nećeš ni sjediti za stolom Gospodina, već za stolom ljudi koji - kao i ti - nepromišljeno uzimaju život, darove iz Boga. Tada ćeš biti bez domovine, zalutala ovca koja se dopušta zavesti na krivi put jer je slijepa i dopušta da je često drže slijepom jer je privržena slijepcima koji je vode u hram sagrađen ljudskim rukama.

No ako si spreman svoj unutarnji hram urediti, očistiti i izgrađivati životom u Bogu, tad ćeš se i ti uspraviti i jasno vidjeti.

Onoliko koliko usavršavaš svoj unutarnji hram, toliko ćeš održavati i red hrama i naći pristup u unutarnji hram.

Ako je tvoj hram savršen, tada si i ti jedno sa svim ljudima i bićima, sa svim Bitkom. Tada si jedno i sa svemirom i njegovim zakonima i prebivaš u svetištu, jer ti si u svemiru, a on u tebi i vi ste od vječnosti do vječnosti.

Kraljevstvo Božje jest unutarnje kraljevstvo. Možeš ga opaziti samo unutarnjim očima i samo unutarnjim ušima čuti što ti kažu unutarnji zakoni.

Istinski Bitak, svoju baštinu, možeš čuti samo u nutrini. Ono govori tebi i govori s tobom jer Ja Sam „Ja Jesam" i ti si Ja Jesam. Zato si ti Ja, a Ja Sam ti, i gdje si ti, Ja Jesam, a gdje Sam Ja, tu si ti, jer svi i sve je u tebi - ti i Ja kao jedinstvo u svemu.

Ti i Ja, stapanje oboje u Ja Jesam možeš iskusiti samo u najdubljoj nutrini svojeg hrama, u svetištu, u kojem je sve - Ti u Ja i Ja u Ti. Nema ničega gdje Ti i Ja nismo kao jedinstvo, jer Bog je Ti i Ja, svijest jedinstva. Bog je Ti; ti si božansko biće. Shvatiš li to, tada nećeš tražiti svojega bližnjega - nećeš ga dozivati. On je tu - u tebi! Gdje god jesi, on je s tobom, jer on je u tebi - Ti i Ja stopljeni u Ti, u zakonu, Bogu, u Ja Jesam u tebi.

Gabriele:

S Vječnim bitkom, sa svojom božanskom baštinom, s Bogom, Ja Jesam, možemo se stopiti samo onda ako smo očistili svoj hram; jer tada je naših očišćenih pet osjetila u svetištu i tamo doživljavaju ono što ljudske oči ne mogu vidjeti ni ljudske uši čuti, Ja Jesam. Tada si Ti duša u Bogu, a Ja Jesam prožima

Tebe, dušu u Bogu, ali prožima također i svijetli omotač, pročišćenog čovjeka.

Ako smo Ja Jesam i Ti stopljeni, tada su duša i čovjek pronašli jedinstvo u Bogu i također su u skladu sa svim ljudima, sa svim bićima i prirodnim carstvima. To je stapanje s božanskim, a time i ispunjenje božanske baštine, božanskog zakona. To je život u Ja Jesam.

Tko se toliko s Bogom i s čitavim Bitkom sjedinio, taj je u sebi pronašao i svojega bližnjega. On ga ne zove kako bi ga imao kod sebe. Božansko u čovjeku povezano je s božanskim u njegovu bližnjemu i bira vrijeme vanjskog susreta.

Božje Ti je dualnost. U Bogu dvoje postaje jedno. Svi brojevi utječu u Jedno, u Jedan Bitak, jer Bog ujedinjuje sve i svakoga i sva su bića slika i prilika Jednoga, Boga.

Gabriele:

Krist govori: *„Božje Ti je dualnost."* On kaže: *„U Bogu dvoje postaje jedno."* Dualnost znači: ženski i muški princip ujedinjuju se u jedno i jesu jedno u ispunjavanju vječnih zakona, a koji su opet kao cjelina Bog.

Dakle, postoje dva bića, žensko i muško, koja su se ujedinila u jednadžbi mentaliteta i čine dualnost – dvoje, koji su jedno u Bogu. To je stopljenost između božanskoga muškog i božanskoga ženskog principa. Izraženo u polarnosti: božansko davajuće, pozitivno, i božansko primajuće, negativno, sjedinjuju se, pri čemu se pozitivno i negativno gledaju kao energetska jednadžba, oni su se vinuli u svemirsku obitelj Boga i u svemu se nadopunjavaju.

Bića u Bogu jesu slika i prilika Oca, koji si je sam iz Svojega sveprisutnog, vječno strujećeg zakona ljubavi dao oblik, oblik Oca, vidljivi svijetleći, vječni, čisti oblik, personifikaciju Boga, odnosno biće koje je sveobuhvaćajuća vječna snaga, utjelovljeni strujeći sveprisutni zakon ljubavi. Božanska bića jesu utjelovljenosti iz vječnog zakona i stoga žive u vječnom zakonu, jer su božanski komprimirani vječni zakon u božanskomu, vječno strujećem zakonu ljubavi.

Nama je ljudima zapovjeđeno da svoje duhovno tijelo, koje nazivamo dušom, uzdignemo i da opet postanemo čista bića, dakle slike i prilike personificirane vječne božanske struje, Oca, da opet u struji Vječnog bitka, ljubavi, postanemo jedno s Ocem. Otac personificira sveprisutnu snagu Oca Majke struje, koja se može također nazvati i Otac Majka zakon ljubavi.

Ti si Moja misao, misao Oca svemira, zakon. Moje je tvoje; jer Vječni, koji Ja Jesam, i ti jesu jedno.

Ti, čisti, govoriš sebstvo, jer ti si sebstvo. Stoga ti govoriš sebe i u svemu i u svima oslovljavaš sebstvo, sebe u bližnjemu i u svim stvarima, zbivanjima i događajima.

Riječ čistoga jest sebstvo, koje je u svemu. Zakon govori samoga sebe i ponovo stvara samoga sebe, jer je sve u svemu - on je uvijek cjelina.

Ti u svemu oslovljavaš cjelinu i u svakoj faseti istine opet cjelinu. Odgovarajuće zračenje svijesti, faseta, odgovara ti u tebi i ti ponovo razabireš cjelinu u sebi.

Gabriele:

Bog ne zna za polovičnosti. Bog je uvijek cjelina. Njegova riječ sadrži Njegov cijeli zakon. Čista bića, Božje slike i prilike, jesu cjeline i govore u svakoj riječi cjelinu.

Zvuk riječi jest simfonija Neba. Iz simfonije oslovljeno biće osjeća ono što nakon toga prema zakonu cjelovitosti izvršava. Svaka razina evolucije, npr. oblik iz carstva minerala, biljaka i životinja, prihvaća u sebe cjelovito zračenje, jer je u životnom obliku sadržano cjelovito zračenje, cjelina, Bog. Iz cjeline on uzima ono što odgovara njegovoj razini svijesti, te iz sebe istovremeno zrači u svojim postupcima i ponašanju evolucijski odgovor.

Svatko govori cjelinu i kreće se u cjelini, a daje opet odgovor prema svojoj razini svijesti.

Ne trebaš pitati za stanje svijesti. Oslovljavaj uvijek cjelinu jer je u najmanjemu - veliko i u velikome - najmanje.

Kamo god zračila misao zakona, ona tamo ozračuje opet zakon.

To što misao zakona sadrži, već je ispunjeno u tebi, jer je vječni zakon ujedno i ispunjenje.

Gabriele:

Vječni i božanska bića ne daju ništa od sebe što nije u njima. Oni ne govore ono što bi trebalo biti - oni govore ono što jest, jer ona su ispunjenje vječnog zakona.

Misao zakona ne može se niti uništiti niti preusmjeriti. Ona se već pri odašiljanju ispunila u tebi.

U izvanjskom svijetu misao zakona ispunjava se po zakonu slobodne volje onda kada nađe pristup u ljudsko srce.

Misao zakona međutim ne poznaje prepreke. Ona zrači kroz svaku zgusnutost i svaku prepreku i čeka dok ne bude primljena. Ona ide putom ispunjenja i u vanjštini jer je ona dio vječnog zakona, koji se nalazi u najdubljoj nutrini čovjeka.

Misao zakona ne poznaje vrijeme; ona je zakon i bezvremenska je. Put k čovjeku prema vanjštini može za čovjeka značiti usporavanje, jer misao zakona poznaje trenutak radnje i kao ispunjena zadržava se u polju čovjekove aure sve dok ne nađe pristup.

U zakonitom osjećaju i u zakonitoj misli nema ni pomaka unatrag ni rasplinjavanja osjećaja ili misli, jer su oni vječni zakon, snaga svemira.

*Ja, Krist, kao Isus iz Nazareta, poučavao sam vječ-
nim Svetim zakonima neke apostole i učenike koji
su ih mogli shvatiti. Unatoč njihovu duhovnom zna-
nju, morao sam ih uvijek iznova hvatati prije pada u
ljudsko, u nerealnost, i uvijek im iznova razjašnjavati
svetu misao - vječno sebstvo, koje su oni uvijek iznova
ispuštali iz svoje najdublje nutrine, jer im se obmana,
nerealnost, ljudska misao, činila bližom.*

Gabriele:

Mi ljudi imamo naviku poistovjetiti se uvijek izno-
va sa svojim ljudskim, grješnim mislima. Jer: sve dok
griješimo, prekrivamo Vječni bitak. Prekrivanja, grije-
si, tada su nam po intenzitetu zračenja bliži, jer oni
imaju prevlast nad nama i ne dopuštaju nam slobodu
misli. Prisiljavaju nas da razmišljamo onako kako smo
te energije griješenjem stvorili i privukli.

Da bismo se oslobodili stega vlastitih grijeha, tre-
bali bismo uvijek iznova pozvati Krista kako bismo
nestvarnost grijeha, koji je ograničenje i skučenost,
uz pomoć Krista Božjega prepoznali, očistili i više ne
činili. Tada se odvajamo od tih svojih unosa. Odvaja-
mo se od prekrivenosti grijehom tako da nas samo
svjetlo Vječnoga može sve više prožeti a mi postane-
mo misao vječnog sebstva, Vječnog bitka. Tada nam
je Bog bliži jer su grijesi pretvoreni u Njegovo svjetlo.

Gabriele:

Poneki čovjek ima naviku okrivljavati drugoga za svoje krivo ponašanje. Time kaže sljedeće:

On tvrdi da je ljudski ja, dakle grješnost drugoga, omotala u njemu, onomu koji sudi, božansko. Negativni potencijal njegova bližnjega bi se tada izgradio u tobožnjoj žrtvi, u njegovoj svijesti i podsvijesti. Kao rezultat toga, tako misli pogođeni, ne bi mogao istinsko sebstvo pohraniti u srcu, jer bi sumnjom, strahovima i nestrpljenjem, koje je njemu sugerirao drugi, bio odvraćen od nutrine.

Svatko tko pretpostavi da bi to tako moglo biti, morao bi osobno razmišljati o sebi pitajući se gdje leži njegova osobna slabost preko koje mu drugi može sugerirati sumnje, strahove i nestrpljenje. Nije taj drugi jedini krivac, nego je on sukrivac, da, on - navodna žrtva - snosi čak glavnu krivnju jer slabost koju on ne prepoznaje, a stoga je ni ne želi prepoznati, i koja se tako ne pretvara u duhovnu snagu, stvara magnet za sugestiju.

Božja riječ kaže: *„Jezgra ljudskih misli i riječi jest Riječ Božja... Omotač se međutim usmjerava protiv vas i postaje vam opterećenje."*

Znači: naši grijesi, a također i projekcije od našega bližnjega, koje mi kod sebe dopuštamo, doprinose omatanju božanske jezgre u nama. Na taj način sve više omatamo jezgru dobra, Boga, i živimo svoja opterećenja, koja se opet usmjeravaju protiv nas.

Svaki zakoniti osjećaj i svaka zakonita misao proizlazi iz vječne snage, Boga, i iz komunikacije s Bogom. Pa i ako su oni omotani ljudskim ja, jezgra, život, ostaje ipak u Bogu.

Zakon, Bog, jest: odašiljanje i primanje. Vječni zakon odašilje samoga sebe i prima samoga sebe. Zato se energija ne gubi. Vječni zakon govori dakle samoga sebe i odgovor je ponovo zakon, sebstvo, jer je sve Njegov zakon i svi su čisti životni oblici zakon i svi oni postoje u tekućem zakonu.

Ja sam Svoje apostole i učenike poučavao zakon: Bog je zakon svemira.

Zakon svemira, Bog, sastoji se od bezbrojnih faseta svijesti, koje su stupnjevi svijesti. To su duhovni životni oblici - minerali, biljke, životinje i prirodna bića - koje Bog Stvoritelj, Duh evolucije, vodi prema sljedećim višim stupnjevima svijesti. U životnim oblicima sadržani su kao nasljedne osobine od Boga Stvoritelja također i različite duhovne sposobnosti i mentalitet, kao i njihova duhovna imena.

Vječni vodi do savršenstva sve oblike Bitka. Stoga je sve sadržano u svemu.

Svaki stupanj svijesti sadrži čitav zakon svemira. Različiti stupnjevi svijesti jesu opet u komunikaciji s jednakim ili sličnim stupnjevima svijesti. Unatoč svemu tomu za životne oblike vrijedi: u svemu je ponovo sve sadržano, ali svaki aspekt nije još sveobuhvatno otkriven.

U svakome od vas međutim sve je vidljivo jer su vašemu duhovnom tijelu pristupačni svi oblici Bitka kao zakon. Stoga učite da u sebi sve u svemu opažate, gledate i da sve oslovljavate u svakom aspektu svijesti.

Gabriele, proročica učiteljica i izaslanica Božja,
objasnila je:

To za nas ljude znači da bismo trebali stalno živjeti u sadašnjosti i ne stvarati si nikakve predodžbe o tome što bi moglo biti u budućnosti i kako to želimo vidjeti i činiti u budućnosti. Mi ne možemo znati što će se dogoditi u sljedećoj minuti, da, u sljedećem trenutku. Stoga je također nestvarno planirati budućnost za svoje ljudsko postojanje. Bitan je plan za našu aktivnost, koji potom položimo u Božje ruke. S druge strane, ne bismo trebali planirati svoj zemaljski život i smjestiti ga u budućnost. Trenutak je važan a time i život u sadašnjosti.

Ako smo naučili živjeti u sadašnjosti, tada ćemo sve što nas susreće, ono što vidimo, čujemo, mirišemo, okusimo i opipamo pokrenuti u svojoj nutrini, u svijesti: Bog se pokazuje i kroz omotač. Bog govori preko riječi bližnjega. Bog je miris svemira: mirišem. Bog je okus voća i pića: kušam. Opipavam vanjsko, ali istodobno i božansko. - Ovo je sadašnji život koji ne poznaje prostor u kojem bi razmišljao o vanjskom obliku, o neugodnim riječima, mirisima i nijansama okusa, čak ni o onome što se opipa. To što čovjek vidi, čuje, miriše, kuša i opipa, toga neka bude svjestan. On se ponaša u skladu s tim, ali on ne sudi i ne prosuđuje. To je život u sadašnjosti, i to je za nas ljude božanski život.

Ja oslovljavam svakoga pojedinoga: zašto želiš gledati u daljinu kad je ono vječno, to što smatraš da je u daljini, ipak u tebi?

Zašto hoćeš razgovarati sa svojim bratom kad je on kao snaga i svjetlo ipak u tebi?

Imaš li mu nešto bitno priopćiti, oslovi ga u sebi. Time uspostavljaš svjesnu komunikaciju sa svojim bližnjim i ako je to važno za njega, on će to primiti - tada kada te i on bude nosio u sebi kao snagu i svjetlo. Ako je tvoj brat povezan s tobom, on će se u tebi javiti ili ćeš ga ti sresti i dogovoriti s njim sastanak.

Ipak, sve nastaje prvo u tebi; to je vječni zakon, ne kauzalni zakon.

Ponavljam: preduvjet za božansku komunikaciju jest da si u sebi učinio pristupačnom božansku esenciju svojeg brata ili svoje sestre - i obrnuto, da tvoj vječni duhovni dio života bude djelotvoran u njemu.

Ja sam poučavao Svoje apostole i učenike: hoćete li uloviti ono što je u daljini, tada će vas goniti i loviti jer živite u vanjštini, u svijetu i sa svijetom, koji je samo privid, dakle odsjaj realnosti. Može vam se na kratko vrijeme približiti ugodno svjetovno - ili ćete se odmah morati hrvati s neugodnim, s onim što ste posijali. Možda ćete među staru sjetvu pomiješati novu sjetvu, nove uzroke, a time i privući na sebe događaje i snage koje ne odgovaraju zakonu Božjem, svetom redu hrama.

Tada ćete govoriti samo svoje ljudsko sebstvo i predstavljati se u svojemu ljudskomu. Vi nećete govoriti vječnu Riječ, koja je vječni zakon, neosobni život, Bog, jer ste osobni.

Sve što vas stavlja pod pritisak i prisilu, što vam ne ostavlja izlaz, to je osobno. Osobno hoće uvijek potvrdu - bilo da se ono predstavlja u blizini ili iz daljine. Ono ne može imati zakoniti tijek jer se osobno odnosi isključivo na osobu, a ne na neosobni, kozmički svemirski Bitak.

Osoba, ljudsko Ja, jest ljudsko sebstvo, koje vidi sebe samoga, te se stoga i obazire samo na zemaljski život i osobu, na prolazno, koje traje samo u poimanju godina. Prolazno, ljudsko sebstvo, navaljuje da iskoristi godine u kojima se može potvrditi. Budući da ono nije jedinstvo i beskonačnost, navaljuje u daljinu, navaljuje u blizinu, navaljuje desno i lijevo, gore i dolje i time se sve više sužava, jer sve dovodi u vezu sa sobom, s osobom.

Svako suženje vodi ograničenju, bezizlaznosti i ograničenosti, a potom eksploziji. Svaki ograničeni udara oko sebe. To što izbije jesu posljedice: sukob, rat i pljačka.

Svi su ti aspekti eksplozije ljudskoga ja, ljudskoga sebstva, koje sve više zahtijeva za sebe. Zato često čitave vojske kreću u rat - ljudi koji podliježu istim ili sličnim ograničenostima i koji dopuste da im se njima jednaki nametnu kao tutori. Oni tad biraju svoje vođe, koji vladaju čitavim narodima.

Nisko ja nezasitno je. Ono želi posjedovati i imati dok ja-čovjek ne premine. Na sličan način to se nastavlja i u područjima duša ili u ponovljenim utjelovljenjima. Stoga se čuvajte da ne dospijete u duhovnu smrt.

Uvijek vas iznova slušam kako govorite o smrti.

Što je za vas smrt? Za mnoge ona je kraj. No smrt nije ništa drugo nego prijelaz u drugi oblik postojanja u kojem živite na jednaki način kao što ste živjeli kao čovjek.

Smrt vam neće ništa uzeti - ona vam neće ništa ni dati. Duša koja napušta tijelo ista je ona koja je bila u čovjeku i koju je čovjek zrcalio. Zato nećete uskrsnuti nakon smrti tijela.

U svjetlo ulazi samo onaj koji putuje prema svjetlu, koji putuje prema unutra. Kao što duša djeteta iz unutarnjega kraljevstva stupa u životnu školu Zemlju, tako stariji čovjek zemaljske škole treba urasti u nutrinu preko ostvarivanja i Božje blizine.

Tko otvori unutarnje kraljevstvo, Božje kraljevstvo, postat će hram spasenja i već u vlastitom hramu, u hramu od mesa i kostiju, on će uskrsnuti; tada nije potrebno da okusite smrt. No tko je duhovno mrtav, taj je i kao duša mrtav. Duhovno mrtvi neće uskrsnuti nakon fizičke smrti. Oni ostaju duhovno mrtvi, jer onako kako stablo padne, tako ostane ležati.

Gabriele:

Duhovno mrtvi oni su ljudi koji njeguju svoje ljudsko, dakle svoju grješnost, oni koji ne mare za svoj duhovni život i ne pitaju se mogu li s tim zračenjem misli – odnosno zračenjem vrijednosti, koje također oblikuje dušu, ući u Nebesa. Duhovno mrtvi jest duhovno neprobuđeni, čija je duša također i nakon tjelesne smrti ono što je bila i kao čovjek: neprobuđeni u odnosu prema grijehu.

Duhovno probuđeni trudi se svakodnevno u svemu što misli, govori i čini pitati se o Božjim zapovijedima i tijekom svojeg života misliti, govoriti i postupati kako to Bog želi.

Ako živi u skladu s tim, postaje duhovno probuđeni, čija je duša uskrsla već u čovjeku, jer je postala čista i živi u Bogu. Takva je duša svijetla bogosvjesna duša, koja je uskrsnula u Kristu i preko Krista ušla u Očevu kuću.

Zato dođite do spoznaje: u tijelu se trebate probuditi kao djeca Božja i u tijelu trebate postići uskrsnuće, jer je duša u čovjeku u životnoj školi Zemlji da bi ponovo postala ono što u Ocu jest: božanska.

Znajte: duhovno mrtvi gledaju samo na slovo, a ne shvaćaju smisao. Stoga provjerite komu govorite i što kažete, jer bisere ne trebate bacati u grob, već ih donijeti onima koji se žele probuditi.

Gabriele:

Krist je objavio da se u tijelu moramo probuditi u Božje djeteštvo i da u tijelu moramo postići uskrsnuće, jer smo mi ljudi u životnoj školi Zemlji kako bismo ponovo postali ono što jesmo u Ocu.

Budući da je čitava beskonačnost u nama kao snaga i svjetlo, odnosno budući da je naše duhovno tijelo esencija beskonačnosti, sve je u svemu, jer je Bog sveprisutan. Nebo se sastoji od sedam osnovnih snaga, a koje su opet sadržane u drugima kao snaga i svjetlo. Zbog toga se naša duša sastoji od sedam puta sedam svjetlosnih snaga ljubavi. U svakoj je duši kao esencija sadržano sedam puta sedam Božjih snaga.

Da bismo postigli djeteštvo, moramo u velikoj mjeri otvoriti prve četiri Božje osnovne snage; to su: Red, Volja, Mudrost i Ozbiljnost. Ako smo četiri osnovne snage, koje se u Duhu nazivaju bitnostima, dakle stvoriteljskim energijama, u sebi otvorili, tada sazrijevamo u tri osobine Božjeg djeteštva: Dobrotu, Ljubav i Blagost.

Ako duša u čovjeku uroni u tri osobine djeteštva, jer je u velikoj mjeri ispunila četiri Božje bitnosti, četiri osnovne snage, tada je uskrsnula snagom Krista Božjega i ide izravnim putom prema srcu Vječnog Oca. Pročišćena i u velikoj mjeri razvijena duša u čovjeku doživjela je i doživljava Krista. Pronašla je Njega, Spasitelja. Ta je duša u čovjeku uskrsnula spasiteljskom snagom i stoji u svjetlu Božjeg djeteštva. Ona je probuđena duša, koja gleda Nebo. Čovjek je miroljubiv i svjestan Boga; on je za ljude oko sebe i ispunjava Deset zapovijedi i Govor na Gori.

Tko Me nije pronašao kao čovjek, neće Me pronaći ni nakon svoje tjelesne smrti. Jer tko je živio samo u ljudskome, taj će i kao duša živjeti samo svjetovno i ponovo tražiti tijelo, koje je za njega život.

Zato spoznajte: život je Bog i tko nije u sebi našao Boga, taj nije našao ni Mene, Krista Božjega. On će nakon svoje tjelesne smrti proći kroz vrata smrti i ostati duhovno mrtav - dok ne spozna samoga sebe i sebe ne nađe u Meni.

Tko Mene prepozna, taj poznaje svemir. On je u svemiru i svemir je u njemu. Tko Me ne prepoznaje, taj je vezan za Zemlju i skuplja izvanjska blaga i bogatstva jer ne opaža nutrinu, jer nije povezan s velikom cjelinom. Zato što ne poznaje Mene, ne poznaje ni sebe ni svemir, koji Ja Jesam.

Gabriele:

Svemir, shvaćen u cjelini, jest beskonačnost i baština svih čistih bića. Tko svakodnevno otvara svoju božansku baštinu prepoznavanjem svojih grijeha, koje čisti i više ne čini, taj korak po korak ispunjava zapovijedi Božje, taj skuplja i otvara blago Kraljevstva Božjega, koje je neposredno u njemu. Njegova je svijest povezana sa svemirom, a ne samo sa svijetom. On skuplja nebesko blago i zadovoljava se na Zemlji onim što mu je Bog podario. Međutim, ti Božji darovi ne znače život u siromaštvu, već središte života: čovjek ima ono što treba i iznad toga. On ne skuplja vanjsko blago i bogatstvo jer je podigao unutarnje blago, svoju božansku baštinu, a to je svemir i veliko Ja Jesam.

Onaj tko nije pronašao svoju božansku baštinu, taj ne poznaje svoje istinsko biće i ne poznaje također ni svojega bližnjega. Taj mu je stran. Kao duša on će biti stranac u svemiru jer nije otvorio svemir, svoju božansku baštinu, a time ni moćni, sveprisutni Ja Jesam.

Bezbrojne su snage svemira kao esencija u tebi, jer ti si, o čovječe, mikrokozmos u makrokozmosu; ti si baština beskonačnosti. U tebi je sve ujedinjeno; a to što jest, vječno je. To što je vječno, u tebi je.

Samo ono što je u najdubljoj nutrini tvoje duše, tvoje je, a što je tvoje, to je vječno. Izvanjsko je privid i prolazno. Ti to ne možeš uzeti sa sobom; moraš to ovdje i ondje ostaviti.

Spoznaj da je sva zgusnutost prolazna - a što je prolazno, to nestaje. Tako će i materija nestati jer zgusnutost niti je vječna niti je vječnost.

Vi vjerujete da biste morali uteći svijetu kako biste ga svladali. Ja vam kažem: bijegom od svijeta nećete

*pobijediti sebe; vi nećete prepoznati tko ste jer ste iz-
gubili ogledala svojeg svijeta.*

*Sve dok u svijetu ne svladate svijet koji još prianja uz
vas, bit ćete ranjivi na svijet. Morate se osloboditi sveg
zrcaljenja i postati takvi kakve vas Bog vidi, kakvi ste
dakle bili od početka - i kakvi ćete ponovo biti preko
Mene, Krista: bića svjetla.*

Gabriele:

Kao „bijeg od svijeta" označava Krist u objavama
ponašanje pustinjaka, koji bježi od svijeta i povlači se
u samoću kako bi se približio Bogu.

Bog, Vječni, postavio nas je u ovom svijetu na mje-
sto gdje možemo prepoznati ono što u ovom životu
trebamo prepoznati i raščistiti kao svoje grijehe. Ono
s čime se susrećemo i što nas uzbuđuje, naše je ogle-
dalo, a također i odraz. Jer način na koji reagiramo na
ljude na temelju situacije, način na koji razgovaramo
i postupamo, to smo i mi sami.

U svijetu često susrećemo sami sebe, naime uvijek
tada kada se uzbudimo zbog onoga što nam svijet u
svakom trenutku zrcali. Pustinjak ne može prepoznati
i dokučiti svoj dnevni odraz jer se odrekao zrcala, od-
nosno svijeta. Mi ljudi trebali bismo se na mjestu na
koje smo postavljeni odreći grijeha koji prepoznaje-
mo u danu. Ono što nas svakodnevno uzbuđuje, jest

vlastiti odraz, naš odraz. Toga bismo se trebali osloboditi da bismo ponovno postali božanski kao što nam je Isus zapovjedio kada je rekao: „*Dakle, vi biste trebali biti savršeni kao što je i vaš Otac na Nebesima.*"

Jer svijet utjelovljenih bića, ljudi, istovremeno je svijet bestjelesnih bića, duša. Oba svijeta prožimaju jedan drugoga. Oni su prebivališta ljudi i duša u kojima ljudi i duše postajanjem i rastom sazrijevaju i tako se približavaju vječnom kraljevstvu da bi uronili u struju, Boga, koja je vječna.

Duhovno probuđeni sazrijevaju u vječnost - duhovno mrtvi zadovoljavaju se zrcaljenjem.

Ovaj je svijet štetna tvar za dušu i tijelo. Tko od toga jede, oboljet će.

Svaka je bolest posljedica jednoga ili više uzroka. Ona može biti i kolektivna bolest na temelju kolektivne krivice onda kad se više ljudi s istim motivom ogriješilo o ljude oko sebe. Ako im ti ljudi ne oproste, tada njihova bolest traje često inkarnacijama ili u području duša.

Bolest je slika tvoje duše. Ona je ogledalo u kojem možeš prepoznati svoj svijet čuvstava, osjećaja i misli.

Blago dušama koje su prihvatile tijelo da bi u zemaljskoj školi postale božanske.

Jao onim dušama koje su prihvatile tijelo da bi se iznova odale tjelesnom užitku.

Duša u čovjeku jest u životnoj školi Zemlji da bi ponovo postala božanska.

Što se mijenja kada duša napusti svoj smrtni omotač?
Što se mijenja kada cvijet uvene?
Što se mijenja kad godišnja doba nestaju?
Odlaze li i ne vraćaju se nikad više?
A nije li u nestajanju Bitak i ponovno postajanje, koje se oblači u još ljepše i raskošnije ruho?

Čovjek naziva jesen, ponovno postajanje u prirodi, ono što se iznova i raskošnije oblikuje: prolaznim.
Ne postoji međutim prolaznost - samo mijena i promjena.

Može li u mijeni i promjeni postojati vrijeme?
Vrijeme je prolaznost. Što prolazi?
Što je prostor ako je svijest bezgranična?
Što je prostor ako je čovjek stanica koja odašilje i prima?
Što je prostor ako su carstva prirode kozmička?
Što su dakle vrijeme i prostor?

*U Bogu ne postoji vrijeme, u Njemu ništa nije iz-
gubljeno. U Bogu ne postoji ne-moći-shvatiti; to
pripada vremenu.*

*Bog je prisutnost: sve je u Jednome i Jedan je u sve-
mu; On se daruje u jednom zračenju, koje On jest, Bog.
Zato Bog može biti samo jedinstvo.*

*Mnoštvo je vrijeme i onaj koji ga određuje i koji
određuje one ljude što teže za količinom i masom i koji
su u postojanju izgubili mjeru svih stvari, Boga.*

*Nestane li pojam vrijeme, tada padaju granice i
ograničenost. Tada Božja vladavina postaje vidljiva.
Bitak tada stupa u život ispunjenih ljudi i oni žive: smrt
je tada pobijeđena jer je vrijeme nestalo.*

Gabriele, proročica učiteljica i izaslanica Božja,
objasnila je:

Svoje smo „vrijeme" stvorili nebrojenim aspek-
tima previše ljudskoga, dakle grješnoga. Budući
da ne čistimo grješno u sadašnjosti, ono se vraća
u prošlost i postaje nam opterećenje. Neočišćeno
donosi u ritmu kozmičkog sata svoje posljedice -
našu budućnost. Tako je raznolikošću naših unese-
nih čimbenika nastalo jučer, danas, sutra, također
i prijepodne, poslijepodne i večer. Čak smo stvorili
sate, minute i sekunde, koji su opet naša mjera, naša
vremenska podjela.

U našem ritmu života prošlosti, sadašnjosti i budućnosti leži raznovrsnost bezbrojnih unosa, koji nas oblikuju i određuju, a koji su i naš ljudski životni obujam. Sve dok nama upravljaju naši grješni unosi, odnosno dok dopuštamo da nas oni tjeraju, tada često nama upravljaju drugi, i to zato što smo tada izgubili mjeru svih stvari, Boga, svoje središte, jer se svojim osjećajima, mislima, riječima i postupcima ne orijentiramo na Deset zapovijedi i na Govor na Gori, već živimo u danu ne znajući više tko smo. Često i ne prepoznajemo da to više nismo mi sami.

Ako u naše zemaljsko postojanje uđe smrt, znači da umremo, tada nestaje izraz „vrijeme", odnosno prošlost, sadašnjost i budućnost - jučer, danas i sutra; otpadaju sati, minute i sekunde. Nestaju granice i ograničenja pojmom „vrijeme". Tada doživljavamo svoje unose, njihovu raznolikost - ili mi doživljavamo Božju vladavinu tada ako je naše zemaljsko postojanje bilo ispunjeno s Deset zapovijedi i Govorom na Gori.

Ja, Krist, kao Isus, govorio sam Svojim apostolima i učenicima po smislu sljedeće riječi:

mnogi se ljudi svim nitima svojega zemaljskog postojanja drže zemaljskog života. Oni nisu svjesni da su već pri rođenju obukli mrtvačku odoru i da veo smrti leži preko njih.

Treba vam biti jasno da će svaki od vas umrijeti i svaki na drugačiji način. Zato trebate uspostaviti odnos prema svojem umiranju da vas takozvana smrt ne bi iznenadila.

Preko svakog čovjeka prebačen je veo smrti, koji čovjek može podignuti samo ako je duhovno probuđen - ili će mu biti skinut tek kad umre.

Gabriele, proročica učiteljica i izaslanica Božja, objasnila je:

Uspostaviti odnos sa svojom smrću znači: u svakoj situaciji trebali bismo postati svjesni da smo na Zemlji kako bismo očistili svoje grijehe i više ih ne činili.

Ako očistimo svoje grijehe, tada umire grješni ja, a duša uskrsava u svjetlu božanstva. Tada ćemo s umiranjem i prema takozvanoj smrti uspostaviti odnos, jer se je više ne bojimo. Ako dnevno čistimo grješnost koju nam dan pokazuje i više ne činimo taj grijeh, tada se proširuje naša božanska svijest, a veo neznanja, straha od smrti, otpada; kao da nam je u tom trenutku oduzet, jer živimo pred licem božanskog života.

Ako se međutim ukloni veo s naše duše tek nakon naše smrti, tada često ne znamo jesmo li umrli ili se nalazimo kao čovjek još uvijek u vremenu. Tada kao duša ne poznajemo svoju okolinu jer smo svaki dan nastavljali griješiti, umjesto da smo prepoznali i očistili svoje grijehe.

Strah od smrti jest tama duše u onostranomu, koja ne zna gdje je.

Suočite se dakle s činjenicom da svaki čovjek umire. Što biva nakon takozvane smrti?

Svakom pojedincu Ja postavljam pitanje: kako želiš umrijeti? Ovo „kako" - dat će vam odgovor na pitanje: Kako sam živio? - ili na pitanje: Kako želim živjeti?

Zemaljski život svakog čovjeka pokazuje mu njegovo umiranje i prema tome kako je čovjek živio, podiže veo smrti. Zemaljski život svakoga pojedinoga jest mjerilo za ono što mu se skriva iza vela smrti.

Čovjek sam određuje hoće li se naći izvan kotača ponovnog utjelovljenja ili će se držati kotača ponovnog utjelovljenja.

Moji su Me apostoli i učenici pitali: „Kako se trebamo pripremati?" Ja sam im govorio:

Spoznajte: Svaki od vas jest „danas" i „sutra"; svaki je dio svakog trenutka, svake sekunde, svake minute i svakog sata. Svaki je od vas dio dana, dio tjedna, dio mjeseca i godine.

Svaki je čovjek time sugraditelj onoga što on naziva vremenom. Čim prođu aspekti za ovaj svijet koji djeluju u trenutku, u sekundi, u minuti, u satu, u danu, u mjesecu i u godini, tada on više nije čovjek, već duša.

Ritam ljudskoga ja duša međutim zadržava dok ne nađe istinski Bitak, koji je vječan. Njega možete naći samo na putu ostvarenja.

Moji su apostoli i učenici govorili: „Pouči nas dalje! Kako možemo ispitati dubine svojega ljudskoga ja da bismo se brže oslobodili, da bismo se približili Bogu, Vječnomu?"

Objasnio sam im po smislu: pet čovjekovih osjetila može se usporediti s antenama. Tko te antene premalo koristi da bi spoznao i osjetio tko je i da bi osjetio tko bi još mogao biti, taj niti će doći u svoju nutrinu niti će moći pronaći samoga sebe.

Spoznajte: preko pet osjetila čovjek stvara svoje programe. Oni se nalaze u svijesti i u podsvijesti, a i u duši. Ti se programi sastoje od čuvstava, osjećaja, misli, riječi i postupaka. Stoga čovjek može u svojim mislima iščitati, ovisno o stupnju iskrenosti, tko je on. Ode li svojim mislima u svijet svojeg osjećanja, tada će saznati tko je on još.

*Uzme li čovjek finije antene, koje su kao ticala, i nji-
ma uroni u svoj svijet čuvstava, tada će otkriti daljnje
ljudske crte - ili će iskusiti mudrost duše, ono što je od
božanskoga već otvorio.*

Gabriele:

„Finije antene" simboliziraju unutarnji sluh. Finijim
„sluhom" osjećamo svoj svijet čuvstava.

Sve, cijela beskonačnost, prolazi u ciklusima i ri-
tmovima. Tako su naša čuvstvovanja, osjećaji, misli,
riječi i postupci ciklusi i ritmovi koje smo sami odredi-
li i to opet preko našeg svijeta čuvstvovanja, osjećaja,
misli, govora i činjenja. Također i nebeska područja
sa svojim nebrojenim božanskim Sunčevim sustavi-
ma kruže po ciklično-ritmičnim orbitama oko Pra-
centralnog sunca. Ako postupno ispunjavamo Božje
zapovijedi, tada duša i čovjek dospijevaju u sve fi-
nije i više ritmično-harmonične zvukove. Ti ritmični i
harmonični zvukovi tvore fine antene, tako reći ticala,
koje se također nazivaju i unutarnjim sluhom, a koje
su u stanju osjetiti u svijet čuvstava i misli, ali i u riječi
i djela ljudi. Pomoću tih finih antena učimo, kao prvo,
spoznavati dublje slojeve svijeta svojih čuvstava, a s
druge strane, također i dublje razloge pobuda ljudi
oko sebe.

bilje iz Boga jest život. Tko živi u Božjem obilju, taj je ispunjen i ostaje ispunjen. On se ne treba brinuti o sutra - on je svemir i obilje svemirskog zračenja, koje struji kroz njega, iz kojega on crpi jer u njemu živi.

Obilje, Bog, ne poznaje oskudicu; ono jest i daje, ono je bogatstvo, svemir, u kojemu biće svemira živi i kao esencija jest. Tko želi primiti obilje iz Boga, mora se odreći svijeta. On će vjerojatno živjeti u svijetu i djelovati u svijetu, ali neće biti sa svijetom.

Tko odbija obilje jer se puni darovima svijeta, taj će oskudijevati iako trenutačno u vanjštini izgleda još bogat.

Gabriele, proročica učiteljica i izaslanica Božja,
objasnila je:

Obilje iz Boga postižemo kad korak po korak ispunjavamo zapovijedi Gospodina. Time čistimo svoju dušu, a također i tijelo od prljavštine grijeha. Tada naša duša ponovo postaje božanska i nalazi se u Božjem zakonu, koji je obilje.

Takav čovjek ne poznaje strah jer zna za Božju pravednost. Takav je čovjek mirotvorac jer u sebi nosi mir. Takav čovjek rješava razmirice i nesuglasice i unosi harmoniju u razmirice tako da oba svadljivca prepoznaju svoje pogrješke, očiste ih i tako prona laze harmoniju, u kojoj ispunjeni Bogom živi u svemirskoj harmoniji. Takav čovjek ljubi svoje bližnje, ali ne i njihove grijehe. On ljubi čisto kod bližnjega i čini jedinstvo s čistim. I ako je moguće, on oslovljava nečisto kako bi njegov bližnji to pokrenuo i očistio, ako on to želi.

Tko živi u obilju, taj je u komunikaciji s Bogom, a Bog se objavljuje čistoj duši i objavljuje pročišćenoj svijesti čovjeka.

Ako molite Boga za zemaljske darove, klonuli ste vjerom i ne prepoznajete svoje djeteštvo u Bogu, svemirsku struju, iz koje ste proizišli i u kojoj živite.

Molite za duhovne darove, za buđenje u Duhu života, da se otvori vaša nebeska baština. Molite za ono što vam je iz Duha svojstveno, što vam je štoviše dano, tada ćete zadobiti i zemaljsko, ono što trebate - i povrh toga; jer Bog ne dopušta da nijedno dijete oskudijeva.

Čovjek je taj koji misli i teži za izvanjskim stvarima. Time on osiromašuje, jer zanemaruje svoju pravu baštinu.

Svojom zabrinutošću za sutra, svojim samoispitivanjem hoćete li ostati bolesni ili ćete se razboljeti ili kada ćete opet ozdraviti, sprječavate Boga, svemoćnog Duha da djeluje u vama i kroz vas, i sprječavate Mene,

Unutarnjeg liječnika i iscjelitelja, da vam preko vaše duše donesem olakšanje i izlječenje.

Te ljudske misli, želje i čežnje udaljuju vas sve više od Boga i vode vas u vrijeme siromašno svjetlom, u zemlju koja je već siromašna - toliko koliko ste vi osiromašili. Tada ćete u budućnosti doživjeti svoju sadašnjost.

Znajte: svaki od vas nosi u sebi baštinu svemira i time je posjednik beskonačnosti.

Tko sebi prisvaja izvanjski posjed, tko je na Zemlji posjednik zemljišta koje on čuva i naziva svojim posjedom, taj će se tako dugo vraćati dok ne spozna da je Nebo njegov istinski posjed. Pustite da Zemlja i zemaljski život postanu samo most preko kojeg idete na drugu stranu. Ipak, ne stvarajte si tamo veliku imovinu - jer ćete si inače stvoriti mjesto za sljedeće utjelovljenje.

Prepoznajte Me u sebi - tada ćete Me gledati kao svojeg Brata; tada ćete gledati Nebo; jer je u svakome od nas cijeli Bitak kao snaga i svjetlo, u svakome je od nas beskonačnost, baština, naše duhovno vlasništvo. Mi smo jedno kao snaga i svjetlo, jer Ja Sam u vama i vi ste u Meni.

Tako je u čitavoj beskonačnosti: sve je u svemu. To je unutarnje bogatstvo - to je naš istinski Bitak; to je naš posjed; on je naše vlasništvo.

Ja vam kažem: ako vas netko moli kaput, dajte mu uz to i kabanicu. Ali jao onima koji posjeduju kaput i kabanicu i varajući mole za sebe drugi kaput ili kabanicu. Jao onima koji bi sami sebi mogli pomoći, a unatoč tomu uzimaju. Oni će biti pozvani na odgovornost - onda kada ih sustigne njihov vlastiti sud sjetve i žetve.

Zato ostvarujte Svete zakone da biste postali oni što gledaju - ujedno oni što opažaju - i prepoznali za i protiv u čovjeku.

Gabriele:

Riječi Gospodnje glase: *„Ali jao onima koji posjeduju kaput i kabanicu i varajući mole za sebe drugi kaput ili kabanicu..."*

Svatko tko posjeduje jedan kaput i jednu kabanicu, ne bi trebao zavaravati ljude oko sebe pretvarajući se da nema ni kaput ni kabanicu. Ako ti je poklonjen kaput ili kabanica, zahvali Bogu na tome, te idi potražiti posao kako bi si sam mogao kupiti drugi kaput i drugu kabanicu. Jer onaj tko nema kaput i kabanicu, trebao bi dobiti taj kaput i tu kabanicu koje si ti varkom isprosio.

Krist Božji nastavlja nas učiti: „Jao onima koji bi sami sebi mogli pomoći, a unatoč tomu uzimaju."

Čovjekova lijenost proizlazi iz svijeta njegovih misli.

Ako čovjek zbog svoje lijenosti ne želi raditi da bi si sam pomagao izići iz svoje nevolje, tada krši zakon ljubavi prema bližnjemu, jer pomoći treba onomu tko si ne može sam pomoći, bez obzira na razloge. Tko zavarava druge ili uzima od drugih zbog svojeg nera-da , iskusit će svoj vlastiti sud tada kada sazriju uzroci i prema zakonu sjetve i žetve doživjet će svoj sud.

Bog je obilje. Tko se drži svojih želja, čežnji i strasti, taj je zakriven; on nosi odjeću svojih želja i strasti - i tako ne prepoznaje Bitak, život, koji je Duh Božji. On se povjerava svijetu, a ne Vječnomu, koji prebiva u njemu.

Stoga učite crpiti iz Duha života tako da sve svoje brige i želje povjerite Bogu; On, svemirski Jedan, poznaje vas i umije vas voditi.

Tko crpi iz Duha života, taj živi u Meni, Kristu, i crpi iz Duha ljubavi i daje iz Duha ljubavi. On neće biti osobenjak, već duhovno bogat čovjek. On će živjeti na ovoj Zemlji, ali neće biti s ovim svijetom.

Čovjek Duha izvršavat će svoj posao i dati najbolje od sebe. No on nije samo građanin materijalnog svijeta - štoviše, on je građanin Kraljevstva Božjega, jer on živi u Bogu i crpi iz izvora, Boga.

Primite ove Moje riječi kao pomoć i kao životnu snagu u svoje zemaljsko postojanje. Tada ćete kao čovjek činiti djela ljubavi, stajat ćete usred svijeta i svoje obveze izvršavati s Bogom.

Dajte najbolje! To možete samo ako ste ujedinjeni s najboljim, s Bitkom. Ne zadovoljite se nikad ni osrednjim ni pogrešnim - dajte najbolje.

Gabriele, proročica učiteljica i izaslanica Božja,
objasnila je:

Dati od sebe ono najbolje znači pružiti bližnjemu
ne samo materijalnu pomoć i materijalna dobra, ne
samo obaviti dobar posao na radnom mjestu već to
znači božansku snagu položiti u sve, u materijalna
dobra, u svoj rad, u svoje razgovore i u bilo koji po-
stupak. Tada držimo pravu mjeru u davanju - u mate-
rijalnoj pomoći za svoje bližnje, u poslu, u razgovori-
ma i u svemu što činimo.

*Trudite se svakog trenutka crpiti iz djela ljubavi i
time prožeti svoj rad, svoje mišljenje i djelovanje; tada
ćete biti Bitak u struji Bitka i crpit ćete iz svemira, koji
je zakon, Bog.*

*Sjetite se Mojih riječi: nije stvar u vanjštini, nego je-
dino u nutrini, u tome što hram sadrži, obilje, Boga.
Stoga čistite svoj hram da biste našli pristup u svetište.*

Nikada ne budite zlovoljni; inače će vas zausta-viti prolazno, stvari i događaji koji pripadaju prolaznomu.

Tko živi u Bogu, živi u obilju, u vječnom zakonu, Bogu. On neće nikada pitati „kako" i „zašto", jer on je Bitak, koji zna sve.

Zlovoljni svjedoči o samome sebi, jer svoj oslonac traži još u izvanjskim stvarima.

Zlovoljan čovjek uvijek je u traganju i stoga nesta-lan, jer sigurnost i oslonac traži u svijetu. Materija ne nudi čovjeku trajno ni sigurnost ni oslonac, jer materi-ja je samo privid, a ne Bitak.

Zato vježbajte sačuvati unutarnji mir u svakoj si-tuaciji da biste prepoznali stvari i događaje u svjetlu istine.

Bog zna za svakoga pojedinoga. On poznaje Svoje dijete i pomaže mu.

Gabriele, proročica učiteljica i izaslanica Božja,
objasnila je:

Zadržati unutarnji mir, dakle zauzeti stav, znači suzdržavati se u govoru i činjenju i prvo zapitati sa-mog sebe: „Zašto to želim reći i zašto to želim učini-ti?" Odgovara li moj način govora i djelovanja Božjim

zapovijedima ili želim samo predstavljati svoje ljud-
sko ja? Što želim time za sebe?

„Tko se ne želi suzdržati, taj je zlovoljan i neobuz-
dan. Svaka neobuzdanost opasnost je za samog sebe
i svoju okolinu.

*ko je naučio gledati, ne optužuje svojega bližnje-
ga, jer ga poznaje. Samo duhovni slijepac optu-
žuje svojega bližnjega jer ne poznaje ni sebe ni svojega
bližnjega.*

Gabriele, proročica učiteljica i izaslanica Božja,
objasnila je:

Krist je objavio: *„Tko je naučio gledati, ne optužuje
svojega bližnjega, jer ga poznaje."* Znači: tko postupno
otvori svoju božansku svijest tako da očisti svoje gri-
jehe i više ih ne čini, taj stupa u komunikaciju sa Sve-
mudrim, Duhom istine. Duh istine potom struji preko
pročišćenih čovjekovih osjetila i pomaže čovjeku sve
na ispravan način prepoznati, gledati i osjetiti. Tko je
u komunikaciji sa Svemudrim, Bogom, taj neće lju-
de oko sebe podcijeniti i odbaciti. On ih razumije jer
ih poznaje, a to znači, on ih prozire. Takvom čovjeku
daje Bog. Takav čovjek gleda u duboke osnove bo-
žanskog i ljudskog Bitka i zna da Bog nema tajni.

Budeš li optužen, tada ispravi i upozori općenito na ono krivo i podmetanje, ali nikada ne imenuj tužitelja; to bi bilo osobno. Ostani neosoban, jer ako ga osloviš imenom, a on ti ne oprosti pravodobno, moguće je - ovisno o uzroku - da u nekome drugom zemaljskom životu nosiš njegovo ime. Njegovo ime, koje tada budeš nosio, prizvat će uzroke koji vas vezuju jednoga za drugoga. Zračenjem može tada biti privučena duša ili čovjek kojega si nekada poimence optužio. Ti i tvoj bližnji bit ćete dovedeni jedan drugomu preko zakona sjetve i žetve da biste očistili ono što sada, u drugom utjelovljenju, postaje djelotvorno.

Gabriele:

Ako tužitelj želi ostati nepoznat, ne bismo ni mi trebali otkriti njegovo ime. Međutim, ako tužitelj iziđe u javnost, onda je sam otkrio svoje ime. Tada i optuženi može objaviti njegovo ime. Tada optuženi nije otkrio ime tužitelja, već se tužitelj sam predstavio svojim imenom.

Stoga se drži zlatnog pravila:
šuti. Govori samo ako je bitno i zakonito.
Stoga ne budi nikada zlovoljan. Povuci se i ostani neosoban u svakoj situaciji.

Upamti: govori o sebi samo onda ako možeš dati razjašnjenje i protumačiti stvarno stanje ili ako svojom samospoznajom i njezinim ovladavanjem možeš služiti i pomoći svojemu bližnjemu. Inače ne govori nikada osobno o sebi, jer sve što govoriš o sebi, govoriš istovremeno opet sebi. To ostaje prianjati uz tebe i pojačava tvoj ja-kompleks.
Ponavljam: ostani neosoban u svakoj situaciji, tada ćeš naći unutarnju tišinu i prebivati u hramu Božjem.

ateria ne nudi čovjeku trajno ni sigurnost ni oslonac, jer prolazno je samo privid, a ne Bitak, stvarnost, vječno.

Svjetlo obasjava stvari i događaje koji se pokazuju u materiji i dopušta ti da ih vidiš. No ako se hoćeš čvrsto držati zrake svjetla, past ćeš. Stoga se nauči kretati u zraci svjetla.

Gabriele, proročica učiteljica i izaslanica Božja,
objasnila je:

„Držati se zrake svjetla" znači zadovoljiti se samo božanskim riječima, i Božje riječi, koje su zakon života, ne ispunjavati. Kretati se u zraci svjetla znači ispunjavati Božje zapovijedi tako da sve više i više postajemo zakon ljubavi i da se tako krećemo u blistavom svjetlu ljubavi.

*Ne oslanjaj se nikada na materiju; ne potvrđuj is-
ključivo izvanjsko, privid, jer ćeš se prije ili kasnije okli-
znuti na onomu na što si se naslonio - jer svako na-
slanjanje vodi vezanosti, a svaka vezanost je odvajanje
od povezanosti.*

Gabriele:

Osloniti se na materiju znači uzimati isključivo od
nje, pozivati se na nju i graditi na njoj. Na taj se način
vežemo za materiju i gubimo vezu s Bogom, komuni-
kaciju s božanskim. To je onda odvajanje od Boga, a
ne povezanost s božanskim preko božanskoga.

Vezanost je materijalna; ona biva ozračena, povezanost je zajedništvo, te je prosvijetljena.

Ako gledaš i slušaš samo izvanjsko, ti si površan i tvoja osjetila okusa, mirisa i opipa bit će kao tvoja osjetila vida i sluha.

Ti određuješ svoj život u vremenu ili u vječnosti, jer posjeduješ zakonitost slobode i time se možeš odlučiti - za božansko ili za ne-božansko. Božansko te prosvjetljuje; protivno te samo osvjetljuje. Ti odlučuješ tko si, što si - i na kraju krajeva što hoćeš.

Ti si svjetlo u svjetlu; stoga se ne trebaš ničega i nikoga čvrsto držati.

Ti si sloboda u Božjoj slobodi.

Ti si mudrost u Božjoj mudrosti.

Mudrost Božja zna sve; zato ti, mudrac, niti ćeš se vezati za ljude niti grčevito držati za ljudsko i nazivati ga svojim posjedom.

Ti nisi više ni osobno u osobi; ti si čovjek i stoga osoba - ali ne više osoban.

Gabriele:

Tko hoda u svjetlu Božjem, taj postiže slobodu i mudrost i božansku ljubav iz Boga, što je njegova baština. Neosobno je uvijek – darujuće, koje ništa ne očekuje. Budući da ništa ne očekuje, taj će čovjek u pravoj mjeri primiti ono što mu pripada.

Osobno je grješno, ja, moje i meni, koje se odnosi isključivo na vlastitu osobu. Čovjek koji osobno razmišlja zaboravlja čovjeka kraj sebe ili ga se sjeti kada ga želi imati za sebe ili nešto od njega što ne posjeduje, na što ga njegova osobnost sili.

Biti mudar znači živjeti bogosvjesno, ne ulaziti u grijeh, već u božansko u čovjeku, koje je neosobno. Neosobnost je jednakost, jer Bog svima daje jednako. Osobnost je nejednakost; uzima ovisno o svojem egu, svojem grijehu.

Ako želimo postati božanski, onda moramo težiti božanskoj ljubavi i mudrosti kao svojem cilju, koji je neosoban.

Ti, mudrac, svjestan si svega, jer živiš svjesno u Bogu i svjestan si svih stvari - svega što jest, jer sve prozireš. Mudrac ima pogled kroz stvari i uvid u stvari koje ga okružuju i koje mu prilaze.

Onaj tko miruje u Bogu i crpi iz vječnoga zakona, rijetko govori o sebi. On je neosoban jer je onaj koji prozire, on je i ono shvatljivo, i riječ svemira sama. Mudrac govori o sebi samo onda kad time može biti vodičem, ali ne da bi rekao nešto o sebi.

Govori li čovjek svoje osobno ja, tada govori svoje niže sebstvo, koje izgovara iz sebe i koje istovremeno govori opet sebi, jer ljudsko ja nije božansko i time pripada njemu, koji još nije božanski.

Gabriele, proročica učiteljica i izaslanica Božja,
objasnila je:

Sve dok mi ljudi ne prihvaćamo božansko u svojemu bližnjemu, mi ćemo o Bogu samo govoriti i potvrđivati Ga kao Oca sve djece, ali mi nećemo biti djeca. Isus je u skladu s tim rekao: ako ne postanete poput male djece, ne možete ući u Kraljevstvo Božje. - Dijete se predaje ocu i majci kako bi ga vodili za ruku. Sve dok se čovjek ne povjeri sveznajućem Bogu i ne dopusti da ga On vodi putom postupnog ispunjavanja Deset zapovijedi, nije također svjesno dijete, svjesni sin i svjesna kći Božja. Tada se čovjek klanja grijehu i kleči pred grješnikom koji mu nameće svoje upute i koje zatim on također ispunjava kako bi postao poput onoga koji mu zapovijeda.

Tko si dopusti da mu zapovijeda nisko ja, grijeh, taj griješi također i sam da bi se popeo na ljestvicu zemaljskog uspjeha i postao ono što se u vremenu naziva gospodarom i učiteljem. Tada on govori samo iz svojeg grijeha, iz svojeg ega, a ono što govori, to kao energija ponovo ulazi u njega, jer ona ne dolazi od Boga, već iz grijeha, a grijeh opet privlači grješno.

Morali bismo češće biti svjesni; da se ni misli, ni riječi, ni djela ne gube. Grijeh koji potječe od grješnika vraća se grješniku. Svjetlo koje zrači od osobe koja postaje svjetlija ulazi u srce bližnjega. Ona donosi nadu i snagu, ali se također vraća i onomu od koga je i proizišla tako da i on dobiva povećanu snagu kako bi postao svjetliji.

Svjetlo ne govori o sebi, jer sve osvjetljava i o svemu sve zna. To je Božja mudrost, a mudrac Božji jest taj koji je rasplamsao Božje svjetlo. Sjena ne može sjati; ona je mračna i može opet donijeti samo mračnost. Budući da sjena traži energiju, ona želi samu sebe potvrditi. Sjene privlače samo sjene, a obje sjene potvrđuju samo sebe. Svjetlo privlači svjetlo, a oba se svjetla sjedinjuju i ulaze u Svemudrost, u Boga.

Nebožansko, ljudsko ja, koje izlazi iz tebe, ulazi ponovo u tebe. Tako proširuješ i pojačavaš svoj ja-kompleks, nebožansko u sebi i time stvaraš sve veća polja duše, na koja pada tvoja ja-sjetva i gdje ona niče.

Stoga razmisli prije nego progovoriš, što želiš reći, jer je svaka riječ energija koja ima svoj odjek. Ostani dakle u svakoj situaciji neosoban; tada ćeš naći unutarnju tišinu i boravit ćeš kao mudrac u hramu Božjem, u svetoj tišini.

Gabriele:

Sve što je osobno, odnosi se na osobu, na njezino mišljenje, govor i činjenje. Budući da su mišljenje, govor i činjenje kod ljudi često dvosmisleni, jedna je strana privid, a druga vrednovanje. Znači, čovjek govori ljubazno, a misli zlobno. Razmišlja prijateljski, a osjeća neljubazno. Zadržava privid nesebičnog djelovanja, a očekuje priznanje i pohvale. Ako se očekivanje ne ispuni, tada slijedi omalovažavanje bližnjega. To je ono osobno što izlazi iz osobe. To je usredotočenost na sebe, koja želi uvijek samo uzimati. Iz toga se razvija zavist, škrtost i tvrdoća srca.

Neosobno je božansko, jer Bog ne sudi i ne vrednuje. On je ljubav, mir i harmonija, Sunce pravednosti. Bog vječno zrači iz Svojeg zakona ljubavi, mira i harmonije. Želi li to osoba, čovjek, prihvatiti ili ne, bilo da je čovjek protiv ili za Boga, grješnik ili pročišćena osoba - Bog svima daje isto.

Jedan primjer za bolje razumijevanje: Sunce, koje sja na Zemlju, daje Zemlji svoje zrake. Ono osvjetljava sve i ne pita treba li ovo ili ono, jedno ili drugo, manje ili više Sunčeve svjetlosti. To je neosobno zračenje. Iz Vječnoga struje vječno neosobne zrake ljubavi, mira i harmonije. Ako se okrenemo od ljubavi prema Bogu kako bismo izgradili ljubav prema samome sebi, nju promicali, s njom živjeli, onda je to naš osobni, naš vlastiti ego.

Je li Sunce odgovorno ako odemo u hlad i tako primimo manje Sunčeve svjetlosti? Je li Bog, vječno zračeća neosobna ljubav, odgovoran ako mi izgrađujemo svoju ljubav, dakle svoj ego, kojemu dajemo prednost?

Dakle, ono što odgovara našem egu jest osobno, jer ga je stvorila osoba odgovarajućim čuvstvovanjem, osjećanjem, mišljenjem, govorom i činjenjem. Bog, božansko, jest neosobno, jer Bog daje svima i svemu jednako, a ne osobi kao takvoj.

Pravi mudrac nije pustinjak; on živi u svijetu, ali ne s ovim svijetom. Budući da je čovjek, on se obvezao dati caru što caru pripada, a Bogu će dati što pripada Bogu. Tko se drži zemaljskih zakona koji nisu suprotni božanskima, taj može obvezati i cara da mu dadne ono što mu kao čovjeku pripada.

U mnogim ponavljanjima Ja, Krist, poučavao sam, kao Isus, Svoje apostole i učenike zakon Božji i zakon sjetve i žetve. Unatoč svemu tomu oni su stalno govorili o nebitnim stvarima i o sebi samima da bi sebe pokazivali. Stalno sam im govorio i upozoravao ih na nebitno, na osobno:

Kad govorite o sebi samima, tada izgovarate samo ono što vi sami još jeste. Kome želite time pomoći?

Sve što nije ostvareno - prazno je, takoreći šuplje i nije ispunjeno snagom i mudrošću. Ako ste malo ostvarili, niste ispunjeni ni snagom ni mudrošću, već ste ispunjeni ljudskim ja, koje ima svoje iluzije.

Na prazne, tako reći šuplje riječi, nasjeda opet onaj koji je sam prazan i šupalj; jer on vidi samo riječ i onoga koji govori, jer on sam sebe niti čuje niti vidi. Možda će vas on izabrati za vođu i tada je - onaj zavedeni. Obojica su onda slijepci koji padaju u jamu svojega ja i tamo su prikovani jedan za drugoga jer se slijepac oslonio na slijepca.

Stoga ispraznite najprije svoju posudu od svojega ljudskoga, očistite dakle prvo svoje pehare i zdjele, čestice svoje duše i stanice svojega tijela, dakle svoj hram od mesa i kostiju, tako da nađete pristup u svetište, odakle ćete biti u stanju svojim bližnjima dati ono što im je potrebno i moći im ponuditi nesebičnu uslugu, čime ćete im pomoći u duhovnom usponu.

U svemu što vam prilazi najprije pogledajte najunutarnjije u čovjeku. Ispunite vječni zakon dakle na svakome koji vam priđe, pa makar i jednom nesebičnom riječju, nesebičnom gestom ili nesebičnim pružanjem ruke. Te su male nesebične usluge za spas njegove duše i za njegov duhovni život vrjednije nego kada mu u vanjštini mnogo toga poklonite i time mu prema prilikama pomognete da dođe do ugleda, bogatstva i moći. To zemaljsko opterećenje moglo bi ga navesti u još dublji pad.

Najmanje iz zakona Božjega, nesebično pruženo, najveće je; to služi duši i daje joj snagu. Najmanjom nesebičnom uslugom i vi ćete ostati u tišini, u sigurnosti Božjoj, u Njegovu obilju, jer ste neosobno dali.

Gabriele, proročica učiteljica i izaslanica Božja, objasnila je:

Krist, veliki Duh u vječnom Ocu, objavio nam je: „*U svemu što vam prilazi najprije pogledajte najunutarnjije u čovjeku.*"

Mi ljudi imamo naviku dopustiti da samo vanjski dio našega bližnjega utječe na nas. No mi znamo da nutrina oblikuje vanjštinu, a vanjština izražava nutrinu, duhovno stanje čovjekove svijesti. Ipak, ne bismo trebali isključivo gledati vanjštinu, već si predočiti da je neopterećeno, božansko u ljudima oko nas, dio našega istinskog bića. Ako toga postanemo svjesni, onda nam se postavlja pitanje: kako želimo svoje istinsko sebstvo susreti u bližnjemu? Želimo li to podcijeniti tako da omalovažavamo čovjeka ili pak želimo s neopterećenim u svojemu bližnjemu, koji je također dio našega istinskog sebstva, miroljubivo, s puno ljubavi i stoga svjesno komunicirati? Komunicirati znači također komunikaciju održavati tako da unutarnje vrijednosti svojega bližnjega prihvatimo kao dio sebe.

Ako toga postanemo svjesni i toga se držimo pri svakom susretu s ljudima oko sebe, u razgovorima i na radnom mjestu, tada učimo razumjeti svojega bližnjega. Mi ćemo ga u njegovu istinskom sebstvu, koje je također i dio nas samih, susretati prema zapovijedi dobrote, ljubavi i milosrđa. Ovisno o tome kako nam se bližnji obraća, dajemo mu mali dar ljubavi, srdačno mu pružimo ruku, jednu Bogom ispunjenu riječ, jednu nesebičnu gestu ili mu možemo pružiti veću nesebičnu uslugu. Sve ovisi o situaciji i volji našega bližnjega.

Ne dopustimo da nam govori samo vanjština našega bližnjega, pogledajmo dakle dublje, tada osjećamo što je našemu bližnjemu potrebno. Ono što mu dotakne srce, u njemu pušta korijenje, ali istovremeno povećava također i našu korijensku kuglu.

Bog se daruje - ali od onoga što Bog kao cjelokupnost izlijeva, svatko može primiti samo onoliko koliko je u stanju primiti u svoju duhovnu svijest. Ako vjeruje da bi morao uzeti više da bi stekao kapital za sebe - izgubit će to, a i ono što je s mukom zaradio.

Jer tko s božanskim, s istinom, teži izvanjskom ugledu i pravi poslove, taj će izgubiti samoga sebe i sve ono što je stekao za svoje osobno. Stoga provjerite što mislite i razmislite prije nego progovorite i postupite.

Čuvajte tišinu koja nije ni ljudski osjećaj ni ljudska misao.

Budi tih. Povjeri se Bogu - da, vjeruj Mu i ti ćeš od struje života primiti ono što trenutno trebaš reći i izvršiti.

U svemu što Bog dahne u tebe postoji mjera i količina. Ti primaš dakle samo onoliko koliko trenutno trebaš dati i govoriti.

Budi tih i znaj: ti si vođen. „Ti" tvoje duše zna sve; ono poznaje sve - ono je u svemu.

Kao Isus iz Nazareta, Ja sam stalno podsjećao Svoje apostole i učenike da je sve to dano samo onima koji predaju svoje ja, koji nisu više osobno u osobi, nego Bitak, istinsko sebstvo.

Tko živi u Bogu, živi u obilju i crpi iz obilja jer živi u izvoru koji je Bog, a on, biće, božanski je.

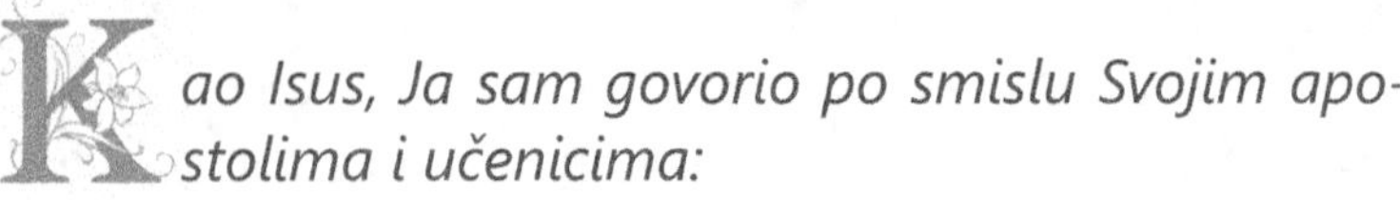

ao Isus, Ja sam govorio po smislu Svojim apostolima i učenicima:

vaši osjećaji, misli i riječi alati su vašeg tijela. Oni su vaši predradnici; vi ste svojim postupkom samo pomoćni radnici, prerađivači svojih osjećaja, misli i riječi. Vaši osjećaji, misli i riječi predvode vaše postupke i vaša djela.

Bez svojih predradnika, svojih osjećaja, misli i riječi, vi ne možete izvršiti ništa. Vaše osjećanje, mišljenje i govor priprema vam dakle ono što vi zatim izvršavate - ili osobno, svojim razumom, ako su vaši predradnici bili osobni, ili svojim srcem ako su vaši predradnici bili neosobni, dakle božanski.

Onako kako ti je danas, u ovom utjelovljenju, to si stekao u svojim prethodnim egzistencijama pomoću svojih predradnika, svojih osjećaja, misli i riječi, a zatim svojim prerađivanjem, svojim postupcima. Svoj rad, svoj nerad, svoje brige, svoje probleme, svoje udarce sudbine i teškoće, svoje tuge i svoje radosti, svoje zdravlje i svoju bolest stvorio si sebi već u prethodnim egzistencijama. Ništa ti ne može prići što već prije nisi unio.

Ono što si dakle unio u prethodnim egzistencijama, to si predodredio za ovo i eventualno za daljnja utjelovljenja. U svojim daljnjim zemaljskim životima ti ćeš ponovo osjećati, misliti, govoriti i činiti jednako ili *slično. Nitko drugi ne može govoriti tebe; svatko govori samoga sebe, ono što je predodredio u prethodnim egzistencijama ili u ovom utjelovljenju, znači to što je utjelovio.*

Svaki je ljudski osjećaj i svaka ljudska misao, svaka ljudska riječ i svaki ljudski postupak kao utjelovljenje: čovjek svojoj duši pripaja svoje ljudsko. Time on obilježava svoje sadašnje i možda svoje buduće zemaljsko tijelo.

Ono što si bio jučer, dakle u prošlom zemaljskom životu, to si ponovo danas - osim ako su duša i čovjek to pravodobno očistili snagom vječnog zakona.

U tome kružnom tijeku duša i čovjek mogli bi se nalaziti i tisućama godina. Oni stalno dolaze i stalno su oni isti. Danas oni određuju svoje sutra. Oni stalno dolaze s drugim licima i drugim tijelima, s drugim imenima i prezimenima, a u stvarnosti su oni isti, jer opet jednako osjećaju, misle, govore i čine kao jučer. Njihovo lice, njihovo tijelo, njihovo ime i prezime odgovaraju njihovim jučerašnjima, to jest zračenju njihovih prethodnih egzistencija.

Ono što čovjeka danas iskazuje, njegovo današnje mišljenje, govor i postupanje, to bi on trebao danas prepoznati, očistiti i ispuniti. Tko to ne ispuni danas, tko dakle ne iskoristi dnevnu energiju koju mu pokazuje njegovo mišljenje i postupanje, taj neće ni zemaljsku školu završiti uspješno. Takav čovjek već danas ponovno određuje što će biti sutra.

Svaki čovjek određuje svakoga jutra sebe samoga, jer što mu ovaj dan donese danas i kako će on postupiti sa sadašnjošću, takav će biti njegov dan sutra, a takav i njegov zemaljski život. Jer je dan svakoga pojedinog čovjeka njegov život, ono što je on sam unio u zviježđa.

Svaki čovjek može danas očitati na samome sebi tko ili što će biti sutra. Onako kao što će sutra, dakle u jednom daljnjem utjelovljenju - osjećati, misliti, govoriti i postupati, tako je danas - u ovom utjelovljenju - osjećao, mislio, govorio i postupao. Njegova današnja djelatnost može biti njegova sutrašnja djelatnost.

To što čovjek stvori svojom niskošću, svoja djela, nisu djela vječnosti. Ona nestaju - a s njegovim djelima i njegovo niže sebstvo.

Gabriele, proročica učiteljica i izaslanica Božja, objasnila je:

„Svaki čovjek određuje svakoga jutra sebe samoga." Kad se čovjek ujutro probudi, tada je duša poduzela jedno malo ponovno rođenje. Energija, Bog, vratila se preko ponovno utjelovljenje duše u ljudski omotač kako bi čovjeku podarila njegov dan, onakav dan kakav si je čovjek dao u ovom zemaljskom postojanju ili predodredio u prethodnim egzistencijama na Zemlji. Svaki čovjek izlaže se dakle svako jutro onome što mu dan donosi. On ne može dan promijeniti ako se

on ne mijenja tako da svoje ljudsko, grješnost, prepozna, za to se pokaje, očisti i to više ne čini. Na taj način njegova budućnost postaje svjetlija i put duše do Boga jest slobodan.

Tko svoja vlastita pohranjivanja, dakle ono što mu dan od grješnoga zrcali, pojačava tako da jednako ili slično opet čini, taj može već danas nazrijeti svoj sutra.

Jer ono što čovjek danas osjeća, misli, govori i čini u smislu grješnosti, to će mu sutra, dakle u budućnosti biti zrcaljeno.

Kružnim tijekom rođenja i smrti nastao je kotač ponovnog utjelovljenja. Čovjek uvijek iznova unosi u svoju dušu ono što iz nje izlazi, čime ju je on jednom programirao. Odgovarajuća zviježđa prihvatila su dotične programe, čime je nastala moćna kauzalna komunikacijska mreža. Ta je kauzalna komunikacijska mreža zakon uzroka i posljedice, koji iznova stvara kotač ponovnog utjelovljenja.

Gabriele, proročica učiteljica i izaslanica Božja, objasnila je:

Krist nam je objavio: *„Kružnim tijekom rođenja i smrti nastao je kotač ponovnog utjelovljenja."* Naša duša ne doživljava samo jedno utjelovljenje, već često i mnogo smrti i rođenja, jer: onako kako drvo padne, tako ostaje i ležati. Iz već postojećeg korijena izlazi i jednaka vrsta. Slično je i s našim životom. Život ne završava smrću. Smrt je samo dušino odlaganje tijela. Ako čovjek nije iskoristio svoje zemaljsko postojanje, nego je svoju dušu opteretio grijesima, protivnim božanskomu, tada je također i svojim mislima i željama izgradio zemaljska odredišta gdje će se u svojim sljedećim utjelovljenjima, dakle rođenjima, ponovo nalaziti ako kao duša u područjima čišćenja ne pročisti i otplati ono što oblikuje njegovo duhovno tijelo: grijeh.

Kotač ponovnog utjelovljenja, zakon sjetve i žetve, sastoji se od bezbrojnih grubotvarnih i finotvarnih Sunčevih sustava. Nakon tjelesne smrti dušu magnetski privlači ona razina i onaj planet koji je pohranio njezine programe koji su aktivni i kojima predstoji čišćenje. Kotač ponovnog utjelovljenja - sa svojim finotvarnim razinama čišćenja, i grubotvarnom materijom - veliko je spremište koje registrira svaki neočišćeni uzrok svake pojedine duše i svakog čovjeka i ponovo ih zrači natrag na dušu i čovjeka.

Duša koja je u onostranome očistila malo ili ništa od svoje krivice, ponovo sa sobom donosi u svoj daljnji zemaljski život ono što uz nju prianja. Ona će tada kao čovjek biti ono što je kao duša i kao čovjek bila u svojim prethodnim egzistencijama. Svaki čovjek može sam iščitati iz svojeg mišljenja, govora i ponašanja, tko je bio nekada, a možda je još i danas, i tko će biti sutra.

Uvlačenje u tijelo i izvlačenje iz njega zbivat će se sve dok čovjek uspješno ne prođe životnu školu Zemlju, a njegova duša s duhovno božanskim darovima i vrijednostima ne bude bila u stanju potražiti više svjetove, koji postoje izvan kotača ponovnog utjelovljenja.

Tada će kružni tijek rođenja i smrti doći kraju. Duhovno biće, očišćena duša, vraća se natrag svojem izvoru, Bogu, svojem Ocu, u vječni zakon, jer je ponovo postalo vječni zakon, istinsko sebstvo, koje ponovo govori jer je ono zakon.

Kao Isus iz Nazareta, Ja sam dao tu i daljnje za-konitosti Svojim apostolima i učenicima za nji-hov životni put na Zemlji i, kao Krist, Ja ih dajem svim ljudima kako bi išli putom prema Unutarnjem životu, na kojem ih pratim Ja, Krist.

Sve je svijest. Tako si i ti svijest. Ti, svijest, sastojiš se od svojih aspekata svijesti, od svojih osjećaja, misli, riječi i postupaka; to si ti. Tamo kamo vuku tvo-ji osjećaji, misli i riječi, tamo si ti, jer si ti svijest. Tvoji predradnici, tvoje osjećanje, mišljenje i govor, i tvoji po-moćni radnici koji obrađuju, tvoji postupci, jesu svijest.

Svojim osjećajima, mislima i riječima odašilješ sa-moga sebe, jer tvoje osjećanje, mišljenje i govor jesi ti sam, svijest. Budući da je sve svijest, ti, svijest, bit ćeš tamo kamo ti, čovjek, odašilješ.

Gabriele, proročica učiteljica i izaslanica Božja,
objasnila je:

Mnogi ljudi još do danas nisu shvatili da je njiho-vo tijelo energija koja se sastoji od njihovih čuvstava, osjećaja, misli, riječi i djela. Ljudska aura jest svijest, a to je opet energija. Ako je čovjek na jednom mjestu, a njegovi osjećaji i misli kruže negdje drugdje, tako je jedan veliki dio njegove aure, njegove svijesti, tamo. Dakle, tijelo je ovdje, ali je velik dio svijesti ovdje i tamo. Znači: mi sami sebe odašiljemo, mi smo doduše svojim omotačem, tijelom, prisutni ovdje, ali ne i u nutrini. Ako se sada upita tjelesnu svijest, onda se u mnogim slučajevima ne može računati na odgovor, osim ako ona u sekundama ne vrati svoju auru da čuje pitanje i odgovori na njega.

Kamo odašilješ, tamo jesi, tamo izgrađuješ svoj magnetizam - odatle ćeš jednom biti privučen.

Ako si odaslao jednu ljudsku misao, tada je tvoje tijelo doduše ovdje, ali je jedan dio tvoje svijesti tamo; to je onaj dio koji je u tvojem osjećanju, mišljenju i govorenju. Time si višestruko podijeljen: na ovdje, gdje je tvoje tijelo, na tamo, gdje su tvoji osjećaji, na ondje, kamo te odvlače tvoje misli i riječi. Ti možeš biti dakle višestruko podijeljen, jer tvoji osjećaji mogu biti, npr. kod tvojega bližnjega, tvoje misli, npr. na radnom mjestu, a tvoje riječi kod tvojega bližnjega s kojim govoriš.

Ta višestruka podijeljenost može dovesti do teških smetnji u čovjeku. Mogu nastupiti takozvane smetnje ravnoteže; time može biti poremećen tvoj živčani sustav; posljedica mogu biti daljnji uzroci i odgovarajuće posljedice. Zbog toga čovjek ne može više jasno i logično misliti, a njegovi su postupci tada polovični.

Gabriele:

Višestruka podijeljenost, o kojoj Krist Božji govori u svojoj objavi, može dovesti do poremećaja naravi.

Psihički bolesnik opušta se puno puta i često dopušta da se oko njega svašta događa jer je zbog svoje letargičnosti prema svemu ravnodušan. Ali može također tu i tamo planuti i činiti stvari koje mogu biti neobične. Ako ga se na to upozori, on ili padne u letargiju ili prijeđe u odgovarajući napad. Ta kolebanja raspoloženja mogu dovesti do poremećaja ravnoteže, jer time se opterećuje i živčani sustav.

Zbog kolebanja naravi mogu se poremetiti i životni ritmovi - jer život se sastoji od ciklusa i ritmova. Ti neharmonični ritmovi uzrokuju često oslobađanje potpuno suprotnih tijekova misli tako da je ljudsko biće lišeno svake logike. Rečenice koje izgovara neuravnotežene su. Usred rečenice prestaje razgovarati i započinje opet drugu temu. Započinje jedan posao, ali ga ne dovršava jer ga tijekom njegova obavljanja potiču druge ideje i želje, koje on sluša i slijedi.

Spoznaj: ako si rascijepan istovremenim odašiljanjem ljudskih osjećaja, misli i riječi, tada si dakle ovdje i ondje; istovremeno si na ovim i na onim mjestima. Tim istovremenim, višestrukim odašiljanjem koje je ljudsko, dakle osobno, ti postavljaš takozvane zemaljske postaje. U daljnjim inkarnacijama, ti ćeš - gotovo magnetski - biti tamo privučen i potražit ćeš mjesta koja si magnetizirao svojim osjećajima, mislima i riječima da bi tamo očistio ono što si prouzročio u svojim prethodnim egzistencijama, kamo si dakle odašiljao.

Hoćeš li dokučiti gdje ćeš biti sutra, u nekom drugom utjelovljenju, tada ispitaj danas svoje osjećaje, misli, riječi i djela. A ako hoćeš dokučiti s kim ćeš sutra biti zajedno u najužem prostoru, tada ispitaj svoje osjećanje, mišljenje, govorenje i postupanje prema svojemu bližnjemu - ispitaj dakle što te vezuje za tvojega bližnjega i što veže tvojega bližnjega za tebe.

Tko se ne uzda u hram nutrine, već živi u vanjštini, taj živi ovdje i ondje i u sadašnjosti kao čovjek ponovo stvara svoja odredišta i postaje za svoje sljedeće inkarnacije, gdje će tada prebivati ili koje će on morati proputovati da bi uklonio ono što je stvorio u svojim prethodnim egzistencijama.

Sve to i daleko više od toga poučavao sam, kao Isus, Svoje učenike i sada, kao Krist, to poučavam sve ljude koji su dobre volje.

Tko se nastanio u najdubljoj nutrini svojeg hrama, održavat će red hrama, koji glasi: To što činiš, čini potpuno.

Tko živi u najunutarnjijemu, u Presvetomu, u Bogu, uspostavlja odnos s predmetom, s događajem i sa situacijom. Njegovi osjećaji misli i riječi istječu iz svetog hrama; oni su vječni zakon. Zakonito osjećanje, mišljenje i govorenje jesu svete snage, koje se kreću u sveprisutnoj struji i nalaze pristup i ulaz u ljude, stvari, događaje i situacije.

Bogom ispunjeni, koji prebiva u Presvetomu, odakle odašilje nesebične osjećaje, misli i riječi, unatoč izvanjskom kretanju, unatoč valovima svjetskoga mora, ostaje u najunutarnjijemu svojeg hrama jer on živi u Bogu, u obilju, i nije podijeljen, već je ujedinjen u Bogu, u struji života, u Bitku.

Nesebični, Bogom ispunjeni osjećaji, misli, riječi i postupci jesu u vječnoj struji i djeluju iz vječne struje i donose opet vječno, zakonito, u Božju struju, jer sve što je čisto, vraća se ponovo u čisto. Kada će se i kako Bogom ispunjeni vratiti u vječnu struju, to pravi mudrac prepušta Vječnomu.

Što mudrac ostvaruje, to on izvršava za vječni zakon, za vječnu struju, u kojoj živi.

*ve izvanjske, dakle naniže transformirane ener-
gije, moraju se transformirati i vratiti u Božju
struju, gdje je njihov izvor.*

Gabriele, proročica učiteljica i izaslanica Božja,
objasnila je:

Naniže transformirane energije jesu odvojene i transformirane božanske energije, koje više ne vibriraju božanski, već grješno, ne više visoko, već nisko. Ako griješimo, onda s jedne strane gradimo na već postojećim istim grijesima, znači povećavamo niske energije, s druge strane uzimamo božansku Riječ, visoke energije, za svoje niske svrhe uvažavanja, znanja i novčanog dobitka. Na taj način transformiramo visoke energije naniže u niskost grijeha, pretvaramo ih u grijeh i time se opterećujemo. To su onda naniže transformirane energije.

Bogom ispunjeni osjećaji, misli i riječi jesu svijest jedinstva jer su zakon u struji Bitka. Ljudski osjećaji misli i riječi jesu naprotiv individualisti koji se pridružuju opet sebi srodnim osjećajima, mislima i riječima, odakle se ponovno vraćaju odašiljaču. No prije nego što pronađu odašiljač, oni će se umnožiti. Oni se umnožavaju time što prijamnici misle jednako ili slično, što se također povratno odražava. Tada se kao kompleks vraćaju odašiljaču i kao kompleks djeluju na odašiljač. Znači da će njemu, čovjeku, tada biti znatno lošije nego što mu je bilo prije toga.

Takvi su individualisti svadljivci, to su uporno navaljujuće misli koje hoće utjecati na odašiljač. One se nameću jer su im potrebne energije odašiljača da bi i nadalje ostale aktivne i dalje se aktivirale. Tko prihvati te uporno navaljujuće misli, taj misli jednako i slično. Time on pojačava uporno navaljujući kompleks, zbog čega čovjek istovremeno postaje ono što je mislio i što misli.

Tko svoj život ne posvećuje, izgubit će ga, i morat će ga, već prema opterećenju duše, ponovo steći, možda putom više rođenja u tijelo - prolazeći tada kroz svoj vlastiti pakao, kroz svoje vlastite muke i patnje, kroz ono što je unio u samoga sebe.

Gabriele:

Krist nam je objavio da kada naviruće misli zamjenjujemo jednakim ili sličnim mislima, onda povećavamo misaoni kompleks. Taj grješni kompleks tada utječe na nas i čini nas svojim sadržajem. Tada smo ono što smo mislili, govorili i činili: zavidni, zlobni, svadljivi, ljubomorni, ratoborni, agresivni, zahtjevni, bezobzirni i još mnogo toga.

Stoga koristite dane i sate jer ne znate kada će duša biti pozvana i što će morati nositi i eventualno opet ponijeti sa sobom.

Želite li naslutiti što vaša duša nosi, tada možete dokučiti jedan ili više segmenata svojega duševnoga ja tako što svojem osjećanju, mišljenju, govoru i postupanju postavite mjerilo Deset zapovijedi.

Čovjek sam jest pouzdan znak ili od Ja Jesam ili od svojega ljudskoga ja. On se može sakriti samo onima pred kojima se može pretvarati - koji su sami kao i on, koji se sami prelijevaju u duginim bojama i kite mnogim riječima i gestama da bi skrenuli pozornost na sebe.

Maska takvoga čovjeka može se usporediti s kućom od karata. Jedan udar vjetra „Ne-biti-zapažen" - i kuća od karata se urušava. To što preostane jest raspadajuće, zajedljivo ja, koje odjednom govori drugim jezikom; jer su maske tada pale i čovjek se ponaša onako kakav jest: razočarano i rezignirano, jer nije više zapažen, jer njegovo ja nije više visoko cijenjeno, jer on nije više središte.

*maš li nešto sakriti, hoćeš li dakle sebe sakriti, po-
tražit ćeš neko sigurno mjesto. Činiš ga svojom
izabranom domovinom i nazivaš ga skrovištem u ko-
jem ti, niži Bitak, vjeruješ da si sakriven.*

*Skrivenost u skrovištu je ipak vidljiva, jer zviježđima
ništa nije skriveno. Ti, koji se želiš sakriti, unio si u zvi-
ježđa ono što želiš sakriti pred svijetom. Na taj si način
ti s njima u stalnoj komunikaciji, svejedno gdje si.*

*Pred kim ili pred čim se želiš sakriti? Zviježđa u koja
si unio to što jesi, naći će te u pravo vrijeme - smatrao
se ti ovdje ili ondje skrivenim. Ne postoji mjesto gdje
se možeš sakriti od samoga sebe; jer to što si unio u
osjećaje, misli, riječi i djela, to si ti; to i nosiš sa sobom.*

Gabriele, proročica učiteljica i izaslanica Božja,
objasnila je:

Kao sigurno mjesto skrivanja našega grješnoga,
našega ljudskoga, često se koristi naša podsvijest.
Često potiskujemo svoje niske sklonosti i pohlepne
želje te ih guramo u podsvijest. Preko toga položimo
privid harmoničnosti, susretljivosti, mnogo „dobrih"
riječi, koje varaju neprosvijetljene. Prevareni tada če-
sto vjeruje finom govorniku i na taj je način vezan na
njegove slike prijevare sve dok ih se ne oslobodi i ne
krene putom koji mu se pokaže. Taj je put popločen
njegovim osjećajima, mislima, riječima i postupcima,

u kojima tada može sam sebe spoznati. Čišćenjem uz pomoć Krista Božjega, on tada dolazi k sebi i oslobađa se onoga što je potisnuo i poljepšavao, onoga što je podsvijest pohranila.

Prosvijetljeni prepoznaje onoga koji je potisnuo i uljepšao, jer svaki čovjek crta samoga sebe i svjedoči o pohranjivanjima u svojoj svijesti - i podsvijesti i o unosima u svojoj duši. Zato ne bismo trebali skrivati svoju grješnost, već je s Kristom očistiti i više ne činiti. Tko se toga drži, taj može govoriti o svojem još postojećem grijehu, jer on radi na tom kompleksu, on korak po korak uz pomoć Krista radi na tome i ono što je očišćeno, više ne čini. On je dakako još uvijek grješnik, ali on već ima pogled jasnoće, sluh probuđenoga, senzitivan osjet za mirise i nijanse okusa i uravnotežen osjet dodira.

Gabriele, proročica učiteljica i izaslanica Božja, objasnila je:

Naučiti prepoznati samoga sebe znači ispitivati svoje osjećaje i savjest. Ako zastanemo i kontroliramo svoje misli i ponašanje koje iz toga proizlazi; pokrete tijela, reakciju nogu, ruku i šaka; tada osjećamo jesu li naše misli grješne ili božanske.

Grješne misli i osjećaji čine nas nemirnima. Mi prekrižimo noge i ruke; igramo se predmetima koji leže ispred nas, naši su prsti dakle stalno u pokretu. Također neprestano pomičemo noge i stopala. Ako su one prekrižene jedna preko druge, tada tapkamo jednom nogom ili pomičemo nožne prste. Ako su stopala na tlu, tada pomičemo stopala; stružemo po podu, tapkamo nogama ili pomičemo nožne prste. Ako stojimo, prelazimo s jedne noge na drugu i naslanjamo se najprije na jedan pa onda opet na drugi predmet. Ako sjednemo, premještamo se na stolici naprijed-natrag, mi smo dakle nemirni. Isto doživljavamo kada se promatramo pri govoru, djelovanju, radu, razgovoru ili u drugim situacijama.

Tada doživljavamo sami sebe i znamo tko smo.

Tada smo zrcalna slika onoga kako stvari u nama stoje, mi smo dakle sami svoje ogledalo. Po tome nas prepoznaju i svi oni koji gledaju dublje.

Tada si sam sebi ogledalo i sve manje ćeš gledati u ogledalo svojega bližnjega, jer imaš dovoljno posla s čišćenjem svojega ljudskoga ja. Svladaj to što prepoznaš na samome sebi, tada ćeš se razvijati prema božanskome - poput cvijeta kad ga dotiču tople zrake Sunca.

Tko se otvori Unutarnjem svjetlu, taj stječe unutarnju ljepotu jer njegova duša postiže čistotu. Ljepota odnosno čistota jest atribut istinskoga Bitka. Istinska ljepota i čistota ne mogu se oponašati, jer je unutarnje ruho kozmički zračeća ljubav.

Ako je fizičko tijelo prosvijetljeno sjajem nutrine, čovjek je krepostan i nesebičan. On stječe unutarnju ljupkost, koja je ukras njegove vanjštine. Nakit duhovno sazrelog čovjeka sastoji se od skupocjenih dragulja: od nesebičnih misli, riječi i djela.

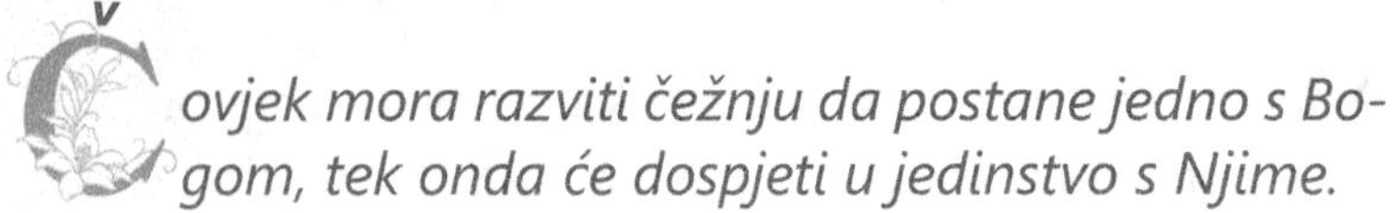

ovjek mora razviti čežnju da postane jedno s Bogom, tek onda će dospjeti u jedinstvo s Njime.

Gabriele, proročica učiteljica i izaslanica Božja,
objasnila je:

Čežnju za Bogom čovjek razvija jedino time da poduzima korake ostvarenja, dakle svakodnevno prepoznaje vlastite grješnosti, okaje ih, očisti i više ih ne čini. Na taj način putuje prema Unutarnjem svjetlu, pri čemu duša također postaje sve svjetlija i bogosvjesnija. Bogosvjesna duša i čovjek koji teži Bogu osjećaju što znači biti odvojeni od Boga i čeznuti za tim da postanemo jedno s Bogom.

Onog dana kad budeš potpuno živio u Meni, bit ćeš uzdignut do istine i bit ćeš istina.

Istina ne treba pitati; ona ne treba više tražiti; ona zna sve, jer ona jest istina.

Ako si uzdignut do istine, tada si božanski.

Pravi mudrac zna sve, jer ima uvid u sve stvari života, jer je postao istina.

Prosvijetljenomu nisu potrebna objašnjenja; on živi vječni zakon i jest vječni zakon ljubavi. On biva prepoznat po tome što je takav kakav jest, iskren, čestit, koji nesebično ljubi – a ne po mnogim riječima ljubavi.

ovjek u svjetlu istine govori drugim jezikom. To što kaže, prožeto je svjetlom istine i time nesebično. Istinoljubivi ne poznaje samoprikazivanje - on jest.

Tko vidi samo izvanjsko, zaslijepljen je priviđenjima ovoga svijeta i obmanu smatra realnošću, a za sebe vjeruje da je realist, jer vjeruje samo u ono što njegove oči reflektiraju: privid Bitka.

Naprotiv, onaj koji gleda, koji pogled okreće prema unutra, shvaća Bitak, istinu, i vidi vanjštinu, privid.

Onaj koji gleda, gleda tebe u sebi kao dio sebe. On vidi i tvoju vanjštinu i vidi kakav si i prepoznaje te u tvojem svijetu privida. On zna odakle dolaziš i kamo ideš, jer je njemu očigledan tvoj svjetlucavi omotač koji teži samo vanjskom sjaju.

Pravi Bitak jest unutarnja svjetlo. Nisu mu potrebne mnoge riječi - on sjaji. On ne traži ulje za svoju svjetiljku – on jest jer je istinski, lijep, vječan i vječnost, svjetlo koje se nikad ne gasi, jer je božanski. To si ti u svjetlu istine.

Istina se ne razmeće; ona jest. Ona zrači i obasjava sve duše, ljude i bića, sav Bitak.

Tko žudi za istinom, taj prema svojoj duhovnoj zrelosti prima iskre iz svjetla istine. Što je više iskri u stanju primiti, to svjetlo njegove duše postaje intenzivnije i dalje doseže. Ono mu svijetli na putu prema unutra k

Bogu kako bi se sve više približavao Vječnomu. Svjetlo istine puni svjetlom osjećaje, misli, riječi i djela čovjeka koji teži Bogu tako da je njegovo mišljenje, govorenje i djelovanje istinito.

Ljudi u Duhu istine ne trebaju više šibicu bližnjega, mali plamen dizanja vrijednosti i priznanja, kojim se toliko ljudi još uvijek dopusti zavesti. Komu je taj plamičak potreban, taj se zadovoljava tim kratkim bljeskom. Njime on biva upaljen - i njime on pali opet istomišljenike.

Što čovjeku donosi taj plamičak, koji kratko zabljesne? Koliko dugo gori šibica? Ona plane i smjesta izgori.

Slično je s ljudskim ja. Ono plane i kratko svijetli; potom klone. Ponovo je mračno u onome koji se zadovoljava veličanjem i priznanjem - dok ne dođe netko drugi i opet mu ne upali na kratko plamičak veličanja i priznanja.

Ta žudnja za plamičkom veličanja i priznanja traje tako dugo dok se duša ne razvije u Meni, Kristu, i ne postane svjetlo iz Mojeg svjetla. Tada je duša upaljena na Meni i svijetli vječno u Bogu. Tko se upali na Mojem svjetlu, taj će ponovno svijetliti sam od sebe - onako kako je kao čisto biće svijetlio i kako će kao čisto biće svijetliti: sam od sebe, vječno.

Kako je međutim siromašan „donositelj šibica" i kako je siromašan onaj koji se mora upaliti na šibici da bi kratko zasjao, kako bi se mogao kratko prikazati, kako bi dakle nakratko došao na svjetlo! Obojica, donositelj i onaj koji se dopušta upaliti, još su siromašne duše, bez svjetla, duhovno mrtve, koje same sebe sažalijevaju i oplakuju i kratkotrajno se raduju plamičku veličanja i priznanja.

Tko tako misli i postupa i od bližnjega očekuje plamičak, taj ne živi. Tko ne živi, ne poznaje ni sebe, ne poznaje ni svojega bližnjega, a nema ni oko za istinito i lijepo. On govori o Bitku, a misli na svoje ja. On govori o sebstvu, a misli na sebe. On radi jedino za samoga sebe i ulaže krajnji napor da bi bio viđen.

Zamračeni, slijepi čovjek vidi samo svoje niže sebstvo, a ne gleda svoje istinsko sebstvo. On ostaje tako dugo slijepac dok ne sazna tko je i dok ne počne živjeti to što on jest - božanski.

Sve dok ne počne crpiti iz istine, čovjek želi dokazivati sebe. Postane li istina, on je tad istina i istinski Bitak, život u Meni koji je neosoban.

Tko postane istinski Bitak, istinsko sebstvo, niti se treba dokazivati niti se treba dokazivati svojemu bližnjemu, jer on je istinsko sebstvo, istinski Bitak. Istina se ne mora dokazivati - ona jest.

Tko je iz istine, taj je istina; on ne mora za istinu ni pitati.

Istiniti svojemu bližnjemu čini samo dobro i to samo onda kad ovaj to zamoli. Istinoljubivi ostaje bližnjemu uvijek odan i dobar - i onda kad ovaj njega i njegovu pomoć odbija.

Gabriele, proročica učiteljica i izaslanica Božja,
objasnila je:

Krist nam je objavio: *„Istiniti čini svojemu bližnjemu samo dobro i to samo onda kad ovaj to zamoli."* Time nam pokazuje zakonitost slobode Kristova Božjeg Duha. Njegove riječi znače: mi ne bismo trebali prisiljavati svojega bližnjega ni na što, čak ni onda ako vjerujemo da bi mu naša pomoć dobro došla. Bogom ispunjeni uvijek je spreman pomoći i služiti koliko god može. To će prenijeti i svojemu bližnjemu koji bi trebao pomoć dajući mu do znanja riječima poput: „Uvijek sam spreman pomoći ti. Ako zatrebaš pomoć, dođi k meni. Kako i kada ovisi u potpunosti o tebi." Na taj način mudar čovjek poštuje slobodu svojega bližnjega, a time i Božju zakonitost, slobodu. Čak i ako nas bližnji odbije - istinski mudar ostaje mu u svojem srcu vjeran i spreman služiti i pomoći ako ovaj to želi.

im duša u čovjeku postane Ja Jesam, istina, zakon svemira, tada će ona stalno i susretati Ja Jesam, jer živi u struji Ja Jesam i jer je ona oko Ja Jesam.

Ja Jesam istinsko je sebstvo; ono susreće stalno samo sebe jer je božansko i jer je sve božansko sadržano u svemu. Ti si nositelj istinskog sebstva, božanskoga, svemirskog života.

Gabriele:

Susreti velikoga, moćnog, sveprisutnog Duha Ja Jesam, znači živjeti u Bogu koji Ja Jesam, ispuniti Njegove svete zakone tako da oko, sluh, okus, miris i dodir postaju istančani organi zapažanja kroz koje protječe moćno Ja Jesam. Tada duhovno oko gleda Ja Jesam u bližnjemu. Tada duhovno uho sluša Ja Jesam iz riječi bližnjega. Tada istančana osjetila mirišu i kušaju božansko u mirisu i okusu, a užareni osjet dodira ne poseže nasumice, već je svjesno vođen Božjom strujom. Na taj način pravi mudrac doživljava uvijek iznova Ja Jesam u svemu što vidi, čuje, miriše, okusi i dotakne.

Također vidi i čuje nezakonito. No s tim se on ne poistovjećuje, ali je uvijek spreman pomoći ako njegov bližnji želi svoju grješnost prepoznati, pokajati i očistiti.

Ja Jesam jest istinsko sebstvo, to je Bitak, to je istina, to je zakon svemira. Ja Jesam jest sve u svemu; stoga je to sebstvo. Ako si opet božanski, ti si sebstvo, Bitak, istina, zakon ljubavi, jer si baštinik beskonačnosti i slika i prilika svojega vječnog Oca.

Kako na Nebu tako i na Zemlji: božansko susreće stalno božanskoga - sebe samoga. Ljudsko sebstvo, nisko ja, susreće stalno opet sebe samoga, nisko ja.

oji apostoli i učenici pitali su Me kako se mogu osloboditi vezanosti i težnje za priznanjem:

Vi ćete se osloboditi vezanosti i težnje za priznanjem ako ljudima oko sebe dopustite slobodu, a svoje razmišljanje usmjerite na sebe da biste ostvarivanjem i ispunjavanjem zakona Božjih postigli svjesno sinovstvo i kćerinstvo Božje, jer u Bogu sva bića žive slobodno. Ona nisu vezana ni za što i ni za koga. Ona su bogata jer ispunjavaju zakon Božji.

Ne ispunjavaju li duša i čovjek zakon Božji, tada će osiromašiti i vezati se za ljude i stvari koje ih okružuju i koje će im prilaziti.

Tko dopusti da njime upravljaju svakodnevna zbivanja i ljudi, taj je ispustio iz ruke svoje životno kormilo i nema dara razlikovanja. Takvi se ljudi odvajaju od jednoga i vezuju za drugoga.

Gabriele:

Tko izgubi iz ruku kormilo svojeg života, taj prepušta svoj životni brod drugima, koji ga onda usmjeravaju u smjeru koji odgovara njihovim osjetilima i težnjama. Tko se dakle prepušta pučini oceana da ga nosi, taj uskoro neće više ni znati dolazi li to što misli, govori i radi od njega ili od kormilara, kojemu je prepustio svoj životni brod.

Poštujte sljedeći jednostavni princip:

Uzdaj se u Boga, Vječnoga. Ne očekuj ništa od svojega bližnjega, tada se nećeš razočarati.

Ne trebate praviti usporedbe ni s čim i ni s kim. Jednako pretpostavlja jednako.

Spoznajte, Unutarnje svjetlo, Krist u vama, koji Ja Jesam, neusporediv je.

Tko je probuđen u svjetlu istine, on više ne uspoređuje - on jest.

nogi su ljudi uvijeni u tamu jer se potpuno otvaraju u vanjštini. Oni nemarno prolaze pored svojega bližnjega ne znajući da prolaze pored Boga.

Tamni, a time i slijepi, kakvi jesu, oni se ogrješuju o najviše životne snage, o zakon spasenja. Oni ne znaju za svoje najunutarnjije, za skupocjeno blago, za dragulj, koji je poput Boga, iz kojeg su duhovno rođeni i tako postali božanski.

Stoga učite hodati u svjetlu, u Vječnom bitku. Očuvajte svoj život tako što crpite iz života. Pođite u tišinu, postanite tihi i djelujte iz tišine. To je istinsko djelo; to znači biti ispunjen Bogom.

Gabriele, proročica učiteljica i izaslanica Božja,
objasnila je:

Svaki je dan čovjekov učitelj. Svaki nas dan uči pokazujući nam aspekte našega za i protiv. Za je pozitivna strana našeg života, ono božansko. Protiv je negativna strana našeg postojanja, to su naši grijesi. Grijeh je sjena, a božansko je svjetlo.

Želimo li putovati u svjetlo, u Vječni bitak, tada bismo trebali osluškivati glas dana, koji nas oslovljava preko našega živčanog sustava, preko naših akcija i reakcija, našega fizičkog tijela. Uzbudimo li se, tada je naš dan oslovio naše negativno. Ako želimo pronaći izlaz iz te tamne strane, tada bismo uz pomoć Krista Božjega trebali pronaći korijen svojeg uzbuđenja, očistiti tu grješnost i to više ne činiti. Na taj način izlazimo iz sjene, iz negativnoga i hodamo sve više i više po svijetloj strani, u pozitivnome, u z a.

Dan nas dakle poučava. Ako iz toga učimo, tada postajemo osjetljiviji i s vremenom vrlo brzo osjećamo otvaraju li se sjene ili nam se pokazuje svjetlo, svijetla strana našeg života.

Ono što čovjek zrači, to on privlači i samo to vidi. Svatko vidi sebe samoga u bližnjemu, onaj božanski i onaj nebožanski.

Ono što čovjek misli, to on susreće, jer jednako privlači uvijek jednako i vidi jednako.
Ti vidiš sebe samoga u svojemu bližnjemu.
To što vidiš i zbog čega se uzbuđuješ, to si ti, čovjek. Tvoje fizičke oči reflektiraju samo tebe samoga i ono što je oko tebe i što te uzbuđuje - a to si opet ti.

Onaj tko istinski gleda, istinsko sebstvo, gleda i vidi istovremeno zato što duhovno oko sve prozire i ima pregled svega.

Onaj tko istinski gleda, ima oko za istinski Bitak. On gleda u dubine života i u njima vidi sebe i svojega bližnjega i sav Bitak jer duhovno oko opaža sve jer je istovremeno oko vječnog zakona: istinski Bitak, istinsko sebstvo.

Onaj tko uistinu gleda ne sudi, jer on je mudrac koji gleda u dubine života i sve prozire. No onaj tko pogleda samo površinu života, taj sudi, jer još nije dokučio dubine života.
Onaj tko gleda ne poznaje pojmove jer on ne mora ništa shvatiti - on jest.
Onaj tko gleda nema mišljenje jer je mudar.

Tko jest, taj je u Bitku, a Bitak zna sve, jer je to On sam, sam sebe gleda i sam sebe opaža, zakon svemira, koji je sve u svemu.

Gabriele, proročica učiteljica i izaslanica Božja,
objasnila je:

Mudri ostavlja znanje iza sebe.

Tko samo zna, taj ne prepoznaje pozadinu zemaljskog postojanja. On pogledava samo površinu, on vidi samo ogledalo i ne gleda kroz njega, dakle ne shvaća što se događa iza ogledala, iza izgrađene egoistične fasade. Mudar čovjek pretražuje pozadinu. Pogledava kroz fasadu, tako reći kroz ogledalo, i tako vidi najskrivenije stvari. On ne sudi jer je i sam prošao sve uspone i padove i poznate su mu poteškoće tog putovanja. Iz toga proizlazi razumijevanje i shvaćanje. Iz toga je on u stanju pomoći svojemu bližnjemu koji ima još dio puta pred sobom.

Međutim, tko ima samo znanje, taj još nije išao putom uspona i padova. Taj govori o putovanju, a ne putuje. Taj ima svoje predrasude i sudove. To je razlika između „biti mudar" ili samo „znati".

Mudri ostavlja znanje, ostavlja ga dakle iza sebe, jer je preko znanja došao do mudrosti.

Budući da je Bog sve u svemu, sve je također Bog - u čovjekovoj duši i u svakoj stanici fizičkog tijela. Ako čovjek osjeća, misli, govori i postupa protiv Bitka, zakona, Boga, tad on postupa protiv samoga sebe.

Tko je protiv svojega bližnjega, taj je i protiv samoga sebe, jer u bližnjemu je Bog i u njemu samome jest Bog - sve u svemu.

Podcjenjuješ li svojega bližnjega, podcjenjuješ samoga sebe. Grdiš li svojega bližnjega, tada grdiš samoga sebe. Postupaš li protiv svojega bližnjega, tada postupaš i protiv sebe.

Gabriele, proročica učiteljica i izaslanica Božja, objasnila je:

Bog je u svemu kao cjelina, dakle nedjeljiv i time beskonačnost kao esencija i snaga. Bog, sveprisutnost, ono čisto, vječno, beskonačno, On je također i u negativnomu pozitivna snaga, koja nam pomaže da omotač, grješnost, rastvorimo, dakle preobrazimo kako bi jedino Ja Jesam zračilo.

Spoznaj: ako je u tebi svemirska snaga, Bog, tad je i u tvojemu bližnjemu svemirska snaga Bog.

Ti, Bitak, biće u Bogu, jesi esencija beskonačnosti jer je i u tvojem bratu, u tvojoj sestri esencija beskonačnosti. Ti postupaš protiv sebe ako si protiv svojeg brata.

Tko je dakle protiv svojega bližnjega, taj je i protiv sebe samoga.

Suprotni pol je protivnik, koji je protiv Boga. Tako si i ti protiv Boga ako ne poštuješ Njegove zakone. Na taj način stvaraš sebi svoj vlastiti ljudski zakon - koji ti jesi, u kojemu živiš i koji utječe i na tebe.

Htjeti se vratiti Bogu znači vratiti se ljudima, naučiti ih poštovati i nesebično ih ljubiti. To je povratak u jedinstvo, jer Bog ujedinjuje sve.

U Njemu si ti i ja sam. U Njemu su svi ljudi i bića, zviježđa i carstva životinja, biljaka i kamenja.

Ti si moj,
ja sam tvoj,
u toj se svijesti kreće
Vječni bitak.
Ja sam u svemu,
ti si u svemu;
sve što jest,
si ti
i ja sam.

Ne postoji ništa u čistoti što nije u meni.
Ne postoji ništa u čistoti što nije u tebi.

Mi smo jedno u struji Jednoga,
koji je vječan,
koji tebe i mene štiti,
iz kojega sam ja
i ti jesi -
jer mi smo božanski.

On je spasenje i sigurnost
On je ljubav i zaštićenost.

Iz Njega sam ja,
iz Njega si ti.
Nas povezuje ono što jest,
Vječni i vječnost;
jer ti i ja
smo vječno božanski.

Ako ti je tvoj bližnji blizak, tad si ti Bogu blizak. Ako ti je tvoj bližnji dalek, tad si ti Bogu dalek. U svakom trenutku ti sam određuješ koliko ti je Bog blizak ili dalek.

Ako si naučio unijeti se u dušu svakog čovjeka, tad ćeš u samome sebi doživjeti osnovu duše svojega bližnjega i saznati što trebaju duša i čovjek. Samo time što se staviš u položaj svojega bližnjega, možeš ga razumjeti i postati jedno s njim.

Gabriele:

U našem trodimenzionalnom svijetu naš je pogled ograničen. „Trodimenzionalan" znači da se mi nalazimo u postojanju vremena i prostora, da živimo u granicama koje smo si sami postavili, našim egocentričnim čustvovanjem, osjećajem, mišljenjem, govorenjem i djelovanjem. Konačno, mi gledamo isključivo samo vanjštinu. Bilo da gledamo gore ili dolje ili udesno ili ulijevo, natrag ili naprijed - uvijek vidimo samo vanjsku stranu i konačno zidove, svoje granice, svoje grješne unose. Oni su naš svijet u kojem postojimo.

Duša - a nadasve osnova duše - jest naddimenzionalna. Ona ne poznaje ni vrijeme ni prostor. Ona nije vezana za prepreke, predmete ili zidove. Ništa i nitko ne može je zaustaviti, osim ako je opterećena grijehom, koji čovjek zbog svojeg ograničenja, koje je sam stvorio, sve više i više čini.

Svaki se čovjek, manje ili više, pozicionirao u trodimenzionalni svijet. Time je postao jedan kamenčić u mozaiku. Taj život kamenčića on potvrđuje i dalje izgrađuje tako da vrijeme i prostor priznaje kao mjerilo svojeg života. Međutim, ipak u trenutku kada čovjek sebi kaže: „E, pa ja sam sad čovjek i krećem se unutar ovog mozaika vremena i prostora, ali to neću potvrđivati kao svoj život, jer je Bog naddimenzionalan, dakako, njegov će se zemaljski život i nadalje odigravati u vremenu i prostoru, u trodimenzionalnosti, ali on to neće smatrati bitnim. Svakodnevnim čišćenjem svojih prepoznatih grijeha, koje on više ne ponavlja u svakodnevnom životu, on proširuje svoju svijest i sve više otkriva svoj božanski Bitak.

Što više božanska svijest čovjeka počinje zračiti, to dublje on osjeća. To je onda opažanje njegove duše, koja ne gleda samo zidove i predmete, koja ne vidi samo fasadu ljudskog ega već je u stanju stupiti i u komunikaciju s osnovom duše bližnjega kako bi osjetila njegove dublje osobine Bitka. Jednako uvijek komunicira s jednakim: površina s površinom, površnost s površnošću, osnova duše s osnovom duše, a time božansko s božanskim.

Vlastitim iskustvom „prepoznaj svoje grijehe, pokaj se, očisti ih i ne čini ih više" čovjek aktivira božansku svijest, koja je u stanju naslutiti sve stvari, također i u osnovi duše bližnjega.

Ako si svojega brata, svoju sestru doživio i gledao u sebi, tada kao da si gledao Boga; jer Bog je božansko u tebi i tvojemu bližnjemu.

Obaraš li svojeg brata - bilo u mislima ili mačem - tad kao da obaraš samoga sebe; jer je pozitivna strana tvojeg brata božansko u tebi.

Ako si protiv svojeg brata, tada si dakle protiv dijela svojeg brata u sebi.

To što danas razoriš, moraš sutra ponovo sagraditi.

*J*a, Krist, kao Isus, učio sam Svoje apostole i učenike gledanje, koje je istovremeno opažanje, jer su osjetila duše i čovjekova osjetila organi opažanja.

Tko je produhovio svoja ljudska osjetila, taj gleda i čuje najunutarnjiji Bitak, svoje istinsko sebstvo, a njegova osjetila mirisa, okusa i opipa bit će usmjerena samo na ono što je božansko.

Gledanje je opažanje Bitka u struji Bitka. Hoćete li vježbati ispravno gledanje, božansko opažanje, da biste otvorili oko istine, koje je Bitak, tad potvrđujte - isprva još slijepi – Bitak, koji je u svemu što vidite.

Na taj ćete način iskusiti u sebi da Bitak ne poznaje razlike. No on ima dar raspoznavanja te gleda i shvaća različite stupnjeve svijesti evolucijskih faza koje sazrijevaju do savršenstva.

Ne pravite razlike među svojim bližnjima; jer ako vam je jedan od vaših bližnjih bliži od drugoga, tada drugoga odbacujete i umišljate da ste veći od onoga koji vam je konačno jednakovrijedan, taj drugi. Sve dok pravite razlike nećete postići sposobnost razlikovanja i stoga ćete u svojem mišljenju i postupanju različito reagirati jer niti vidite cjelinu u svemu niti ste u stanju opažati.

Potvrđujte u svemu cjelinu, tada ćete održavati red hrama i naučit ćete gledati i stupnjeve svijesti i postići dar razlikovanja te naučiti govor zakona, koji nije govor ljudi.

Gabriele, proročica učiteljica i izaslanica Božja,
objasnila je:

„Potvrđujte u svemu cjelinu" znači: Bog je nedjeljiv. U svemu, čak i u najmanjem gradivnom bloku, Bog je cjelina, vječni zakon. Ako u jednom životnom obliku svijetli samo jedan aspekt cjeline, jer je on stanje svijesti oblika, ipak je Bog, cjelina, sadržan u tom obliku. On je u evoluciji sve dok se sve fasete vječnog zakona, Boga, nisu razvile a oblik, koji je tada postao duhovno biće, nije postao božanski.

Budući da je Bog u svemu cjelina, a naša je duša esencija cjeline, mi bismo trebali u svemu potvrđivati cjelinu. Time također i mi sami sebe potvrđujemo kao božansko biće u Bogu.

Govor zakona jest otvorena božanska svijest, kamen mudraca koji zrači u beskonačnost sve fasete istine i time zna sve, jer je on zakon, svemir.

Oko zakona ujedno je i uho zakona: to što gledaš, to i čuješ.

Tko gleda, taj sluša, registrira i reagira istodobno. Ono što gleda, to i registrira i to što sluša, to i čuje.

On gleda Bitak jer on je Bitak i čuje Bitak jer on govori Bitak, koji je život.

Tko je istina, taj vidi i svojega bližnjega kakav jest. On čuje to što njegov bližnji ne govori, a kad ovaj govori, on razabire iz toga što bližnji kaže, tko je ovaj.

Onaj koji gleda, prozire sve jer ima pregled nad svime. Svjetlo tvojih očiju jest svjetlo tvojega ja ili Ja Jesam.

Gabriele:

„Ti gledaš Bitak" znači: ti čuvstvuješ život, koji govori također i tebi. Gledanje i slušanje uvijek je cjelina, jer Bog je vječna objava. Kada bi samo gledao, a ne i slušao, tada bi opažao samo materiju, dakle vidio bi samo nju. Ako čovjek gleda samo omotač Bitka, materiju, tada često vjeruje da su oblici života poput biljaka i životinja samo stvar.

Međutim, tko gleda životne oblike očima života, taj istovremeno osjeća i čuje, jer Bog nije nijem, već neprestano svjetlo i objava. To isto vrijedi i za bližnjega. Tko gleda samo ljudsko, on čovjeka doduše vidi, ali ga ipak ne razumije. I ako mu ovaj govori, on neće razumjeti njegove riječi.

Pravi mudrac vidi i gleda čovjeka. On ga istovremeno osjeća kao energiju koja mu se priopćava. Mudri zna: sve je energija objave. Božansko govori samo sebe i objavljuje se božanskomu. Ljudsko, grješno, govori samo sebe i objavljuje se grješnomu – ono se također objavljuje i božanskomu, koje ima dar razlikovanja između Božje objave i objave grijeha.

To što vidiš i što te uzbuđuje, to si ti privukao.

To što prisluškuješ, što te uzbuđuje, to si ti privukao.

To što govoriš, ti jesi, a i s onima što jednako govore ti si skupa.

Refleksivno svjetlo tvojega fizičkog oka, tvojega fizičkog sluha, tvoje fizičke riječi i tvojih fizičkih želja i strasti jest svjetlo tvojega ja. Tim refleksijama svojega ljudskoga ja privlačiš jedino jednake ljude ili one slične sebi. Jednakog si nazora kao i ljudi koji reflektiraju jednako ili slično kao ti. On je ljudski i nema pristupa Nebu.

Gabriele:

Bog jest i budući da je mudar, On zna o svemu. On također zna da će se sve grješno preobraziti u Njegovu svjetlu, jer On ne gleda na grijeh, već na savršeno u duši svakog čovjeka. On gleda božansko, koje On jest, Bog, sveprisutnost, u svakom čovjeku, u svem Bitku. Oblik iz Boga stoga je božanski.

Bog se ne uzbuđuje zbog nesavršenoga, jer on gleda samo savršeno. Samo se nesavršeni uzbuđuje zbog nesavršenosti, jer gleda očima nesavršenosti, sluša sluhom nesavršenosti i reagira na svojega bližnjega sluhom nesavršenosti i drugim osjetilima nesavršenosti. Ako bližnji reagira na njega, tada se nesavršeni uzbuđuje jer je njegov bližnji oslovio nesavršenost, odgovaranje, koje je opet projekcija na drugoga. Svako odgovaranje reflektira svoj sadržaj u mislima, riječima i postupcima.

Pravi mudrac ne reflektira; on prožima sve jer je on vječni zakon, koji sve prožima.

Čisto prožima čisto, ne pravi razlike; čisto je čisto. Ono prožima svemir i sve čiste.

Božanski princip - odašiljanje i primanje – prožima svemir.

ečisti u svojemu bližnjemu uvijek vidi samo sebe - svoje nečisto. On to zrači - on to jest.

Tko potvrđuje sebe, svoje nisko ja, taj razumije samo sebe, svoje nisko ja. Time je on na ljudskoj razini.

Gabriele:

Tko svoje ljudsko ja smatra besprijekornim i apsolutnim, vrti se samo oko vlastitih briga i nema nikakav pristup svojemu bližnjemu. Održava prijateljstvo samo s onima koji ga jačaju u njegovu ja, u njegovoj grješnosti, i time ga i razveseljuju. Takve on naziva svojim prijateljima.

Tko jest, ne treba razumjeti jer je mudar. On je božanska esencija u svojemu bližnjemu, a njegov je bližnji opet božanska esencija u njemu. Obojica zrače jedan drugoga, i obojica zrače svemir, a svemir njih obojicu, a obojica i svemir zrače sav Bitak, oblikovani Bitak, duhovna bića i duhovna carstva prirode. A sav oblikovani Bitak zrači opet njih dvojicu, jer je sve u svemu sadržano. Ne postoje dakle razlike, samo sposobnost razlikovanja stupnjeva svijesti.

Kako gore tako i dolje.

*Postoji samo jedan zakonski princip: to što oda-
šilješ, to primaš.*

*Ništa što je vječno nije izvan tebe. Ono što je Nebo,
vječni zakon, to je u tebi, to si ti, sebstvo, a to te i okru-
žuje jer je sve sadržano u svemu i u svemu djeluje Bi-
tak, zakon.*

*Ono što je na Zemlji - zgusnutost, materija - nastalo
je prepolariziranim principom „odašiljanja i primanja",
niskim ja, koje sebe obilježava osjećanjem, mišljenjem
i govorom pojedinca. Ono što je čovjek prisvojio od
ljudskoga, nebožansko je. To opterećuje njegovu dušu i
njegovo tijelo; to on zrači. Preko nebožanskoga nasta-
la je zgusnutost, materija, koja je samo zrcaljenje.*

*Božanski princip jest čisto – nebožanski princip jest
nečisto, iz čega je proizišla materija. Božanski princip
može zračiti kroz prepolarizirani, nebožanski, ljudski
princip - nebožanski, ljudski, međutim ne može zračiti
kroz božansko.*

Gabriele, proročica učiteljica i izaslanica Božja,
objasnila je:

Svaki čovjek ima svoj osobni svijet, koji se sastoji
od njegovih predodžbi, koje su slike. Jer se svi osje-
ćaji, misli, riječi i postupci grade kao slike, koje se

zatim nalaze u auri čovjeka te ga okružuju i djeluju na njega. Na taj način čovjek živi u svojem svijetu, u slikama koje je stvorio sam sebi. Tko živi u svojem svijetu slika, živi kao u zatvorenom prostoru, jer on nema pristupa svijetu slika svojega bližnjega i time je razdvojen i ograničen i bavi se samo svojim vlastitim svijetom, svojim vlastitim projekcijama.

Tko imitira takvog čovjeka, stvara reprodukcije. Tko želi učiniti jednako, nikada neće moći biti jednak. Reprodukcija je nešto imitirano, što ima čak i manje vrijednosti od stvaranja grijeha. Proizvođač i reproducent vežu se jedan za drugoga, jer jednako uvijek privlači jednako.

Budući da je božansko u materiji i zrači kroz materiju, ogledala koja tvore materiju kao cjelinu s vremenom će postati slijepa; jer prije ili kasnije promijenit će se svako ogledalo u apsolutnom principu zato što Duh prožima materiju i sjena ne može trajno postojati.

Tada će sve opet biti Bitak u struji Bitka.

Čisti koji žive u čistom principu, u struji Bitka, i utjelovljuju Bitak, apsolutni, čisti princip, govore jezikom praosjećaja koji se izražava u njima samima, jer su oni sami riječ istine, koja se u njima objavljuje.

Odašilje li čisti, tada čisti u sebi samome prima riječ čistoga jer je njegov bližnji - i jezik njegova bližnjega - božanski, a opet dio onoga koji prima. U božanskoj riječi sadržan je cijeli zakon, jer je sve u svemu cjelina.

Nečisti princip jest ljudsko ja; to je ono što je izvana; on je zgusnutost, ljudsko postojanje, ljudsko osjećanje, mišljenje, govorenje i postupanje - što je opet sam onaj koji ga odašilje i projicira na svojega bližnjega. Tada on i čuje samo govor svojega bližnjega, koji je opet i njegov govor, jer jednako privlači jednako.

Tvoji osjećaji, misli i riječi dio su tebe. Tako kako ih odašilješ, tako se oni i ponašaju prema tebi, tako ti se vraćaju. Kako dakle odašilješ, tako primaš i tako ćeš se ponašati i prema svojemu bližnjemu: pozitivno, božanski - ili nebožanski, ljudski.

Tvoji ljudski osjećaji, misli, riječi i djela utiskuju ti pečat koji si ti sam.

Tvoj životni svijet, koji se sastoji od zbroja tvojeg osjećanja, mišljenja, govorenja i postupanja, iz kojih proizlaze i tvoje čežnje, strasti i želje, stalno te prisiljavaju da jednako ili slično osjećaš, misliš, govoriš i činiš. Bit ćeš tako dugo spirala svojega ja sve dok ne iziđeš iz tog vrtuljka i ne odupreš se zavodniku - koji si ti sam, koji je tvoje ljudsko ja.

Zavodnik je tvoj mali, sebični svijet misli što se sastoji od bezbrojnih niti i užadi tvojega ljudskoga ja, koje te uvijek iznova uhvate i privežu za ono što osjećaš, misliš, govoriš i činiš. Samo sa Mnom, Kristom, možeš razvezati lance svojega ljudskoga ja da bi došao u vječni princip, u vječni zakon, Boga, koji sam sebe govori, jer postoji samo jedan princip: odašiljanje i primanje.

Spoznaj i doživi sebe kao principa Boga; tad ćeš prozreti spletke i dvoličnost protivnika. Jer on se ušulja u tebe preko tvojih ljudskih čuvstava i misli kako bi opustošio tvoj hram.

Zato nauči sljedeće i primi to k srcu: tvoja si misao ti. Ono čime opremiš svoju misao, to će ona prouzročiti u ovom svijetu, na tebi, u tebi i u tvojoj okolini.

Hoćete li se prepoznati u svojoj misli, tada stavite tu misao pred sebe na razmatranje. Razmotrite je pažljivo; tada ćete se začuditi koliko mnogo sadržaja ona skriva u sebi.

Gabriele:

Svaki čovjek, jedan više, drugi manje - to ovisi o opterećenju ili neopterećenju njegove duše - ima u sebi antenu, koja se također može nazvati seizmografom. To je razina osjećaja koja vibrira u blizini duše.

Razmatrati jednu misao znači staviti je ispred sebe, nju zadržati u svijesti s molbom Kristu Božjem da nam pomogne pronaći korijen svoje misli, dakle sadržaje jedne ili više misli. Ako naša duša nije previše opterećena, ako smo mi, čovjek, moralno i etički razvijeni, tada je naša razina čuvstava, antena ili seizmograf, također finije prilagođena božanskomu. Božansko u duši, Krist Božji, tada će nam preko naših čuvstava pomoći. On će potaknuti naš seizmograf čuvstava, koji će zatim u našim mislima ili naše misli listati poput knjige kako bismo list za listom mogli pronaći korijen svojih misli. Znači da možemo pogledati svaki list kako bismo prepoznali kako je izgrađena naša misao, odnosno misli. Tada ćemo često doživjeti da je na početku prema prilikama bio samo neupadljiv događaj, koji smo osobno izgradili i koji je nastao jednim osjećajnim kompleksom, koji nas uvijek iznova opterećuje i često čini život teškim.

Listamo li dakle knjigu tih svojih misli, onda bismo se trebali i osjećajno unijeti u njihov sadržaj kako bismo vidjeli nema li tu i tamo izjava o jednomu od naših bližnjih ili postupaka prema njemu, zbog čega bismo se trebali ispričati. Ako dođemo do korijena, tada prepoznajemo navike, loše stavove, koje bismo također trebali započeti mijenjati kako jednako više ne bismo ponavljali. To je duboko razmatranje jedne misli ili misaonog kompleksa.

Ja, Krist, kao Isus, učio sam Svoje apostole i učenike dalje: vaše je zemaljsko tijelo misaono tijelo. Onime što ste osjećali, mislili, govorili i činili u prethodnim egzistencijama, a što niste očistili, time ste danas opremljeni.

Vaše tjelesne stanice i tjelesni organi, što se formiraju još u majčinom tijelu, obilježava duša koja se priprema useliti u kuću. To što trebate očistiti u ovom zemaljskom životu, to obilježava vaše tijelo od rođenja. Hoćete li saznati što ste sa sobom donijeli i što je iz onoga života, tada čitajte svoju životnu sliku: skalu svojih ljudskih osjećaja, misli, riječi, djela, želja, strasti i čežnji.

Spoznajte: duša dakle donosi sa sobom svoj pečat i još u majčinom tijelu obilježava svoje tijelo. Iako su moždane stanice djeteta još bez pohrane, ipak je to što čovjek saznaje u ovom životu već pohranjeno u tijelu, u tjelesnim stanicama.

Duša koja se priprema za utjelovljenje već pri oplodnji unosi u prvu diobu stanica ono što je donijela sa sobom - to što je za nju važno u ovome zemaljskom životu. Ona dakle određuje svoje tijelo već u majčinom tijelu.

Svijetla duša određuje finu strukturu čovjeka, plemenite crte, koje se mogu primijetiti tek u kasnijim godinama kada tijelo odraste i čovjek otkrije finoću duše. Kakva je struktura tijela, tako čovjek i vibrira; tako on i zrači; takav i jest; tako se i ponaša.

Opterećena duša određuje grublju strukturu koja je već i u mladim zemaljskim godinama zamjetljiva, često onda kada zemaljsko ruho stupi u razvojnu fazu puberteta. Pritom nije uvijek važna tjelesna debljina, naročito ne u razvojnoj fazi puberteta.

Međutim slučajevi ne postoje; zato i nije slučajno da jedan ima finiju strukturu, drugi grublju; da je jedan finih udova, drugi teži, da je jedan siromašan, a drugi bogat; da se jedan rodi bolestan, drugi zdrav.

Vrlo malo ljudi razmišlja zašto je tako kako jest. Za većinu je važno da je njima dobro. Bližnji koji prosjači kraj puta, koji leži bolestan ili kojega ljudi oko njega zlostavljaju i preziru, zanima vrlo malo ljudi - jednako tako ponaša se masa ljudi prema životinjskom i biljnom svijetu.

Gabriele:

Mnogi se ljudi okreću oko svoje vlastite osi, koja je iskovana isključivo iz njihovih obrazaca mišljenja. Ta im je misaona os mjerilo, njome mjere i važu sve što ih susreće. Tko nije kao oni, biva podcijenjen i što se može uzeti, uzimaju. To onda nazivaju svojim vlasništvom. Na taj se način Zemlja iskorištavala i još se iskorištava. Svatko pokušava učvrstiti svoju vlastitu os tako da joj donosi sve što naziva svojim vlasništvom. To postaje uvijek iznova njegovo mjerilo, kojim mjeri svoju okolinu.

Kako može čovjek razumjeti svoje bližnje na rubu puta ako ima odnos samo prema samome sebi, prema svojem mjerilu? Kako on može razumjeti Zemlju s njezinim biljkama, mineralima i životinjama ako se okreće samo oko svoje osi, koja mu je jedino mjerilo?

Tko je sam sebi vlastiti horizont, taj ne vidi dalje od njega i dopušta da ga uvijek iznova obasjava sunce njegova ega. Sve to spada u zakon: što čovjek posije, to će i žeti.

Također i nezainteresiranost spada u zakon „Što siješ, to ćeš žeti". Tko vidi da ljudi zlostavljaju ili ubijaju ljude; tko vidi da ljudi zlostavljaju ili ubijaju životinje i oskvrnjuju prirodu; tko vidi da se ljudi svjesno ogrješuju o zapovijedi Unutarnjega života i zatvori oči, dakle ne prigovori - taj nije bolji od počinitelja. Zračenje njegove duše, njegovo ponašanje i njegov oblik tijela pokazuju jednako tako tko je on.

Iako je Zemlja sama materija i sve na njoj materija, strukture pojedinih ljudi i svih ostalih oblika života pokazuju znatne razlike. Svaki čovjek dakle sa sobom nosi iskaznicu duše. Struktura tijela identificira ga u tom pogledu, onako kako se čovjek tada ponaša, onako kako je stvoren: fin, plemenit, pun razumijevanja - ili surov, grub i netolerantan.

„Po plodovima ih trebate prepoznati" među ostalim znači i: čovjek pokazuje tko je - onim što kaže, kako to kaže, što čini i kako to izvodi, kako se oblači i kime ili čime se okružuje.

On u svemu jasno pokazuje ili atribute Ja Jesam, unutarnjeg bića - ili atribute opterećene duše.

Tko u svojim mislima sudi o svojemu bližnjemu, jer smatra da je bolji od svojega bližnjega, taj je štoviše još gori. To što on želi sakriti u svojim mislima, to on jasno izlaže svojim atributima i svoju neiskrenost vidljivo pokazuje pravom mudracu. Jedan govori slatko, a misli kiselo i pokazuje se kao lukavac koji prima svoje vlastite udarce. Ljudi obilježeni neiskrenošću šuljaju se uokolo, lukavi su, žele sve oslušnuti da bi se zatim uzdigli iznad ljudi oko sebe dok o njima govore slatko - zapravo kiselo - i omalovažavaju njihov život i postojanje.

Iskreni, koji sve oslovljava jasno i neosobno, nije ponosan, ohol. Čestiti su ljudi iskreni, ljudi jasnog uma, koji su dalekovidni.

Uzvišeni, ljudi koji sebe pokazuju, dakle ljudi koji si umjetno nameću visok položaj, jesu ljudi nejasnog razmišljanja, koji svoju uskogrudnost skrivaju tako što govore mnogo o sebi, uslužno i marljivo rade. To su vlastoljupci i ljubomorni koji imaju malo unutarnjeg života - ali utoliko više izvanjskoga privida.

Ljudi okrenuti prema van traže izvanjski sjaj i stvaraju sebi ono što većina ljudi nema: bogatstvo. To su ljudi grube strukture koji se i prerušavaju i zaogrću u purpur, zlato, baršun i svilu da bi prekrili ono što jesu: grubi, vlastoljubivi, ljubomorni, zavidni i netolerantni.

Svejedno čime se čovjek nastoji sakriti - čovjekova je iskaznica uvijek njegovo mišljenje, govor i činjenje; i onda kad se ponaša intelektualno i razmeće znanjem i ukrašava riječima koji finom čovjeku nisu svojstveni, jer on je fin te se tako i ponaša - plemenito. Riječi plemenitoga sadrže sjaj nutrine, jer i njegovo osjećanje i mišljenje nosi sjaj svijetlih svjetova.

To i drugo učio sam Svoje apostole i učenike. Stalno je međutim prethodila opomena: tko sudi o svojim bližnjima i osuđuje ih, gori je od onoga koga je osudio.

Učenja iz Apsolutnoga zakona i iz kauzalnoga zakona kao i daljnje slikovite upute davao sam Svojim apostolima i učenicima da ponesu na svoj životni put - za samospoznaju i spoznaju. Jer tko spozna sebe samoga i spoznato očisti, taj postiže sposobnost razlikovanja dobra od zla.

eke od Svojih apostola i učenika poučavao sam odašiljanju osjećaja, misli i riječi. Istovremeno sam ih upozorio na opasnosti koje leže u bavljenju energijama osjećaja, misli i riječi, dakle u odašiljanju i primanju.

U sadašnjosti [1991] mnogi ljudi slušaju i čitaju Moju riječ, koja Ja, Krist Božji, Jesam, i koju dajem preko Svojeg instrumenta. Sve koji Me čuju preko Mojeg instrumenta ili čitaju Moje riječi također upozoravam na opasnosti koje djeluju u odašiljanju i primanju osjećaja, misli i riječi.

Svaki je osjećaj, svaka misao i svaka riječ odašiljač koji traži sebi odgovarajući prijamnik da bi se ostvario.

To što čovjek odašilje naći će prijamnik koji se sastoji od jednakog ili sličnog misaonog potencijala. Budući da svaki prijamnik sadrži i odašiljač, njega potiče onaj koji odašilje i odašilje natrag opet jednako ili slično. Tom razmjenom misli nastaje sve veći odašiljački kompleks, program koji će potom i duša prihvatiti kao opterećenje, kao uzrok. Iz toga proizlaze udarci sudbine, bolesti i nevolje koji odgovaraju onome od čega se sastoji kompleks ili kompleksi, opterećujuće ili opterećenja.

Protivnik nastoji upravljati čovjekom tako da ovaj neumorno misli protivno i da zbog toga protivno i prima. Time se u čovjekovu mozgu i u njegovoj duši izgrađuju komunikacijska polja, koja on zatim i sam koristi. Preko negativnih komunikacija, koje - dok je duša opterećena - pripadaju i njegovu odašiljačkom potencijalu, događaju se takozvana ubrizgavanja, znači da protivnik pušta da njegove želje i njegova volja utječu u čovjekove tekuće negativne programe.

Tko to dopusti, njegov će se život mijenjati sve više i više u negativno. Na kraju on neće više prepoznati jesu li to njegovi vlastiti negativni programi ili protivnikovi ili od duša koje vise na njemu da bi preko čovjeka ispunile ono što nekada u zemaljskom postojanju, u svojim utjelovljenjima, nisu bile u stanju.

Čuli ste: sva su bića i sav Bitak komunikacijom povezani jedno s drugim. Princip komunikacije glasi: odašiljanje i primanje.

To što duhovno biće odašilje, može se vidjeti kao savršena slika tamo kamo je odaslalo, npr. u duhovnom biću koje prima.

Svaki je kozmički impuls zakon koji se očituje kao savršena slika. Svaki je kozmički impuls proživljeni zakon i stoga je prožet svjetlom i snagom. Impuls koji duhovno biće odašilje nikad ne promaši prijamnik, jer je impuls slika koja je Ja Jesam, život.

U prepolariziranom, sotonskom principu zbiva se slično: odaslano ljudsko ja jednako je tako slika. Što više odašiljač živi taj impuls, ljudsku sliku, to je više ona prožeta onim koji odašilje. Što je više odašiljući živi, to mu se brže ona vraća.

Zakon glasi: To što odašilješ dolazi od tebe i ti to živiš.

Prepolarizirani princip kaže: to što misliš i govoriš moraš razumjeti u sebi, to moraš slikovito doživjeti u sebi, to će ti tada to brže prići. Tko izvede taj prepolarizirani princip, koji je zadao demon, morat će ga podnositi.

Kamo čovjek odašilje, odatle prima odgovor. Za odašiljanje izvan Vječnog bitka moraju duša ili čovjek pružiti odgovarajuće protuusluge.

Gabriele, proročica učiteljica i izaslanica Božja, objasnila je:

U Vječnom bitku svaki je zakoniti potencijal odašiljanja odmah vidljiv, jer su odašiljač i prijamnik Božji zakon. U ovom svijetu, prepolarizirani princip, grješno odašiljanje i grješno primanje, nije odmah prepoznatljivo jer čovjek živi u ritmu sjetve i žetve. Može proći mnogo godina dok ne dođe do žetve onoga što on danas od negativnoga posije. Stoga mnogi ljudi misle da su u pravu i vjeruju da je ispravno ono što misle, govore i čine, jer posljedice ne doživljavaju odmah.

Ne morati tako brzo iskusiti posljedice znači živjeti u rasponu milosti, koja nam omogućuje svoju grješnost, sjetvu, na vrijeme prepoznati kako ne bi došlo do posljedice, do žetve.

Spoznajte i shvatite: duša koja ide u utjelovljenje gradi svoje nastajuće tijelo već u majčinu tijelu. Organi i tjelesne funkcije već tvore magnete za materijalno zračenje. Čim se dijete rodi, dojenče prima od duše preko organa i tjelesnih funkcija zračenje duše. Time duša stupa u neposrednu vezu s tijelom.

Sve dok dijete nije u stanju razlikovati dobro od zla, roditelji snose odgovornost za svoje dijete. Tako kako se oni ponašaju s dojenčetom, kako s njime postupaju, što mu govore ili o čemu razgovaraju u njegovoj prisutnosti - to dojenče isprva prima preko organa i tjelesnih funkcija. U daljnjem tijeku ukorjenjivanja duše u tijelo tjelesne funkcije utiskuju se u moždane stanice djeteta.

Spoznajte: jednako privlači jednako. Nije slučaj da dijete dolazi upravo u obitelj u kojoj se sada rodilo. Stoga se dobar ili manje dobar razvoj djeteta ne može povezivati samo s roditeljima, nego s ukupnim energetskim volumenom obitelji. Jer kad duše kao ljudi, dakle u svojem utjelovljenju stvaraju obitelj, tada svi članovi obitelji imaju zadaću provjeriti svoju obiteljsku odašiljačku stanicu i od nje načiniti ono što će pojedincu pomoći da postane duhovni čovjek.

Obitelj - dakle svi članovi obitelji - tvori mjesto rođenja, ili za pozitivno ili za negativno, za i protiv, koje se potom prenosi na sljedeća utjelovljenja pojedine duše. Gdje će biti duša nakon ovog utjelovljenja, to odlučuje svaki čovjek sam. Jer svatko je odgovoran za ono što je kao duša ponio sa sobom iz područja duša i za to kako se kao čovjek ponaša u ovome zemaljskom postojanju.

To što duša sadrži, svjetlo ili sjenu, čovjek je sam sebi nametnuo. Članovi obitelji imaju jednako ili slično zajedno otplatiti ili zajedno podnositi. Stoga bi obitelj trebala biti klica dobroga, čistoga, lijepoga i plemenitoga.

Tko kontrolira svoju odašiljačku i prijamnu stanicu, shvatit će što odašilje. Taj onda zna i što prima. To što prima, to je on danas i to će biti i u budućnosti - ili svjetlo i sloboda ili tama i vezanost, iz čega opet proizlaze patnja, bolest i nevolja.

Protivnik želi da čovjek neumorno odašilje protivno da bi ga - prema zakonu „Što siješ, dakle odašilješ, to ćeš žeti, dakle primati" - vezao za sebe i za kotač ponovnog utjelovljenja. Vezujućim ponašanjem čovjek vezuje za sebe i slabije i vuče ih takoreći opet naniže, znači preko kotača ponovnog utjelovljenja u sljedeća utjelovljenja. Tada je moguće da se u jednome drugom utjelovljenju sadašnja obitelj ponovno nađe na okupu samo u drugačijem sastavu - otac ili majka mogu sada biti djeca nekadašnjeg djeteta.

Tko samoga sebe ne spozna, taj ne poznaje ni onoga nasuprot sebi; on će time biti podijeljen - jednom za Boga, onda opet protiv Boga. Tako on ostaje trska koja se njiše na vjetru, kojoj je zatvoren pogled za istinu.

Dvostruko ili višestruko podijeljeni zovu „Gospodine, Gospodine", pa ipak nisu kod Mene. Oni jednom hoće pripadati Meni, onda opet svijetu. To su neodlučni koji govore o svjetlu istine, ali ne žive u svjetlu istine i ne poznaju svjetlo istine. Oni govore o kraljevstvu nebeskom, ali su daleko od njega jer žive udaljeni od Boga. Oni su jednom topli, onda opet hladni; oni nisu pouzdani jer se ravnaju po mijeni vremena i po onima koji su jednaki kao i oni: jednom topli, pa opet hladni.

Dvostruko ili višestruko podijeljeni imaju još malo svjetla u svojim dušama. Oni ostaju vezani za kotač dolaženja i odlaženja dok ne dostignu jedinstvo sa svim životnim oblicima i time budu jedno s Bogom i sa svim bićima i ljudima.

Budi sebstvo u svakom osjećaju, svakoj misli i u svakoj riječi i u svemu što činiš. Tada se ne trebaš naslanjati na svoje bližnje, ti si jedno i jedinstvo u jedinstvu, jer ti si sve što je vječno.

Gabriele, proročica učiteljica i izaslanica Božja, objasnila je:

Riječ Božja, vječni, sveti zakon ljubavi, jest istinsko, vječno sebstvo. Tko je pročistio svoju svijest i podsvijest toliko da je ona jedno s Vječnim, sebstvom, njegovi su osjećaji, misli, riječi i djela božanski, jer se božansko, Bog, objavljuje preko ljudskih osjećaja, misli, riječi i djela.

Ljudsko biće tada je božansko, jer vrši volju Božju. To je čovjeku uistinu moguće jer mu je Isus tu mogućnost položio u srce. Riječi Isusa iz Nazareta glase po smislu: „Stoga trebate biti savršeni, baš kao što je i vaš nebeski Otac.“

Savršenstvo je čista duša, koja je sebstvo i živi u sebi, u Bogu.

O sutra se brine samo onaj tko nije svjestan istin-skoga sebstva u svojem osjećanju, mišljenju, govore-nju i postupanju. Moraš razviti Bitak, sebstvo, u svojem osjećanju, mišljenju, govorenju i postupanju da bi tada mogao govoriti jezikom Bitka, sebstva. Tada ćeš osje-ćati, misliti, govoriti i postupati sebe samoga jer si ti pravo sebstvo, Bitak, sveobuhvatni zakon.

Ti, istinsko sebstvo, jedinstvo u Bogu, tada si opet kao cjelina u svakom osjećaju, u svakoj misli, u svakoj riječi i u svakom postupku.

Jer zakon, Bog, jest nedjeljiv - on je sve u svemu. Onako kao što si ti Bitak, sebstvo - sve u svemu i u svakome sve - tako si ti sve i u svakom osjećaju, u sva-koj riječi i u svakom postupku. Ti sam si kao esencija u onome što izlazi iz tebe.

Odašilješ li sebe, istinski Bitak, istinsko sebstvo, za-kon, Boga, tada si u komunikaciji s istinskim Bitkom, sa sebstvom, sa zakonom.

Gabriele:

Komunikacija s istinskim Bitkom, vječnim sebstvom, komunikacija je s cjelinom. Znači: svaki je božanski impuls esencija beskonačnosti, sveobuhvatnog, vječ-nog zakona, čitavog Neba. U svakom je ljudskom po-tencijalu odašiljanja opet esencija beskonačnosti.

Čisti dakle odašilje uvijek čitav zakon i dopušta nekim fasetama zakona da intenzivnije sjaju. To je onda pitanje u impulsu, na koje odgovor slijedi na isti način.

Kamo ti, istinski Bitak odašilješ, tamo se izgrađuje zračenje tvojeg sebstva kao slika i oblik, također i u materijalnom svijetu, na Zemlji. S vremenom dolazi do djelovanja onoga što si ti, sebstvo, izgradio u zračećoj slici i u zračećem obliku. To što tada bude povratno zračilo na tebe i tvoju okolinu i što se time bude manifestiralo na Zemlji, ponovo je vječni zakon, sebstvo, Bitak.

Tvoje istinsko sebstvo, tvoj božanski mentalitet, to su tvoje božanske sposobnosti, to si ti sam kao biće u Bogu. To što jesi i što odašilješ, to se realizira, jer svaki osjećaj, svaka misao i svaka riječ sazrijeva da bi se ispunila. To je zakon odašiljanja i primanja.

Na Zemlji se može dakle izgrađivati i pozitivno, božansko, i suprotno, mračno. Ti to određuješ, jer ti si onaj koji određuje za sebe i za svoju okolinu - i ti sam pridonosiš izgradnji svjetla ili propasti materijalističkog svijeta.

Spoznaj dakle što znači odašiljanje i primanje: u potencijalu odašiljanja i primanja istovremeno je od-

govornost za tebe samoga. Što odašilješ, to ćeš i primati. Ono što teče iz najdublje nutrine, ulazi opet u najdublju nutrinu i izgrađuje se kao svjetlo i snaga u vanjštini.

Ni jedno odašiljanje ne promašuje svoj cilj jer je odaslano svjesno cilja. U svemu što se odašilje nalazi se cilj.

itava beskonačnost izgrađena je na Ocu Majci principu, na polaritetu i dualnosti, na odašiljanju i primanju, na pozitivnim i negativnim polovima. Taj se princip izgrađuje i na evolucijskim stupnjevima minerala, biljaka i životinja, sve do savršenoga duhovnog bića.

Gabriele, proročica učiteljica i izaslanica Božja, objasnila je:

Ono što nam je Krist objavio u svojim velikim kozmičkim učenjima, znači: rođenje duhovnog tijela odvija se u evolucijskim koracima, poput evolucijskih stupnjeva; jer se svako duhovno tijelo sastoji od nebrojenih snaga minerala, biljaka i životinja. Preko minerala, biljaka i životinja gradi se dakle komunikacija duhovnog tijela za čitavo stvaranje, za sva carstva Bitka. Ako je duhovno tijelo otvorilo sve faze evolucije i na taj način u sebi ujedinilo sve stvoriteljske snage, tada je ono toliko sazrelo da se može podići u duhovno biće, u duhovno dijete. To se ostvaruje po principu Oca Majke, preko dualnosti dvaju božanskih bića. Duhovno dijete aktivira još jednom sve stupnjeve zakona beskonačnosti i tada je postalo zrelo duhovno biće, koje je jedno s beskonačnošću, jer je esencija beskonačnosti, s kojom je u komunikaciji.

Pad je prisvojio božanski princip i primijenio ga na sebi. On je poduzeo sljedeću prepolarizaciju: iz božanskoga „Poveži i budi" postalo je „Razdvoji, veži i vladaj".

Znači da misao pada ima također sposobnost da samu sebe ostvaruje, dakle da izvrši ono što joj je zadano. Zadano se vraća opet onomu tko odašilje po principu odašiljanja i primanja.

Prepolarizirani princip postoji tako dugo dok su ljudi za njega prijamne stanice, dakle prijamnici koji opet odašilju jednako ili slično.

Ja, Krist, kao Isus, došao sam ljudima da ih učim zakon Božji i da ga za primjer živim: Poveži i budi.

Ja Sam Krist, Duh što se objavljuje, koji ponovo poučava: Poveži i budi.

Preko voljnih ljudi, Ja, Krist, preobražavam zakon pada, zakon Razdvoji, veži i vladaj.

Ja preobražavam sve protivno u božansko. Niske energije transformiraju se u visoke, čime se zakon pada - Razdvoji, veži i vladaj - raspada i sve je ponovno Bitak, čisti, vječni zakon: Poveži i budi.

Čovjek u promjeni od protivnoga k božanskomu, od „ja hoću" ka „Neka bude", postaje sve finiji u svojoj strukturi. On se uzdiže k istinskom Bitku, koji nema misao.

Svaka je misao sadašnjost, prošlost i budućnost u jednome, a nosi je održavajuća energija, duhovna svijest.

Gabriele:

Sve dok čovjek ima opterećenu podsvijest, on će također griješiti u svijesti, dakle svjesno. Grješna ga podsvijest uvijek iznova potiče na grijeh, jer i podsvijest i svijest mogu biti pod utjecajem Božjeg protivnika, i to sve dok su u komunikaciji preko grijeha. Tko čisti svoju podsvijest, taj živi svjesno i odlučno u skladu s voljom Božjom.

Čistiti podsvijest znači svakodnevno prepoznate grijehe očistiti, okajati ih i više ne činiti. Tada će mnogi grijesi postati sjećanje, koje nam pomaže da prema svojim bližnjima budemo tolerantni, puni razumijevanja i dobronamjerni. Ako se podsvijest pročišćava, tada se pročišćava i budna svijest i duhovna svijest nadvlada.

ko živi u Meni, Kristu, kroz njega živim Ja.

On je postao mudar i nije mu više potrebno mišljenje njegovih bližnjih, jer on sve prozire i sve zna. On više nije ni stvaratelj mišljenja, jer: tko misli, taj ne zna. Pravi mudrac zna i ne misli.

Čovjek probuđen za neosobnost pronašao je kamen mudraca. Iz svega što se govori, on čuje zakonitost i u tome prepoznaje opet cjelinu, jer se vječno, istina, priopćuje uvijek cjelovito.

Gabriele, proročica učiteljica i izaslanica Božja,
objasnila je:

Neosobno nema ništa zajedničkoga s osobom. Neosobno je osnova duše, jest ono božansko u čovjeku, što ne pravi razliku između jednoga i drugoga. Neosobno daje bez očekivanja. Samo osobno, ono što je prilagođeno osobi, osobnim osjećajima, mislima, željama i egu, odbacuje jedno, a preferira drugo. Od jednoga očekuju, a drugomu daju.

Neosobno pak, božansko u osnovi duše svakog pojedinca, uvijek potvrđuje dobro u čovjeku i potiče dobro u njemu, ali ne previdi loše.

Dakle, osoba nema ništa zajedničko s neosobnim. Neosobno je u osobi, u omotaču i božansko je.

Ako je osoba dospjela k osnovi, k osnovi duše, tada je otkrila i podigla kamen mudrosti. Tada čovjek ne samo da zna, on je postao mudar, jer u svemu prepoznaje božansko i također pronalazi rješenje u svim problemima i poteškoćama, koje opet odgovara zakonu, Bogu.

Svako rješenje s gledišta osnove duše, prepoznavanje istine, uvijek sadržava čitav vječni zakon. Aspekti za rješenja ili za istinski, svjesni razgovor svijetle iz cjeline i osvjetljavaju rješenje u smislu vječnog zakona, kako bi rješenje, dobar razgovor i još mnogo toga, izišlo na površinu, dakle na vidjelo.

A da bi se to postiglo, potrebno je posjeći džunglu ega kako bi se dospjelo do kamena mudrosti, do neosobnoga, božanskoga, do osnove duše. To znači: osoba je pronašla božansko, neosobno, kamen mudrosti, u osnovi duše. Osoba, čovjek, živi tada također plemenito i dobro, dakle moralno i etički prema zakonima ljubavi i pravednosti.

Budući da je sve u svemu sadržano, da biste dospje-
li do spoznaje svemirskog Jedinstva, trebate poštovati
sljedeće:

Što god siješ, u tome Sam i Ja.
Kamo god ideš, tamo Sam i Ja.
Što god dakle siješ, gdje god siješ –
u svemu Sam Ja.
Kuda god ideš - Ja idem s tobom.

Ti Sam Ja, jer Ja Jesam u svemu;
i Ja si ti, jer Ja sam u svemu.

Ti si tu i tamo, i Ja Sam tu
i tamo.
Ne postoji dakle mjesto
gdje nisam Ja i gdje nisi ti.
Stoga nađi se u Meni,
a Ja Sam Ti u tebi.
Kuda ti misliš - tamo Sam Ja,
Što ti govoriš - u tome Sam Ja.

Kome god govoriš, to sadrži Mene, sebstvo, Ja Jesam
- koje i ti jesi, koje je u tvojemu bližnjemu i koje je u
svim stvarima, događajima i zbivanjima.
To je zakon. Tako su mislili i tako misle, tako su ži-
vjeli i tako žive proroci Božji.

Gabriele:

Istinsko sebstvo jest Bog, Ja Jesam, koje je u svim stvarima materije, u svakom čovjeku, u svim materijalnim zvijezdama, ali i u svim oblicima i dušama razina čišćenja. Istinsko sebstvo, koje Ja Jesam, jest nedjeljivo. Stoga je i u najmanjemu najveće, čitav božanski zakon, beskonačnost.

Sve je energija. Izvor energije uvijek je Bog. Čovjek je uzeo aspekte vječnog zakona, kao npr. Red vječnog sebstva i od njega je napravio nered. Uzeo je aspekte iz struje božanske Volje i od nje učinio samovolju, koja je tako postala jedan aspekt ljudskog ega. Prema tome, u svemu što je vezano jest jezgra Bog, izvor, život, čitavi zakon. U svakom čuvstvu, u svakoj riječi, u svakom ljudskom djelovanju sažet je čitav vječni zakon. Čak i kad smo aspekte pretvorili u svoje ego-sebstvo, Bog ostaje uvijek u svima i svemu cjelina. Svaka riječ koju izgovorimo sadrži Boga, cjelinu. U svakoj misli koju pomislimo Bog je cjelina.
Razlikujmo ponovo svjesno između : „Bog jest" i „Bog je u". Bog je Bitak, sebstvo i svi koji žive u Bitku, u sebstvu, sva bića Neba, kao i svi čisti božanski oblici, jesu božanski. Tko se grijehom postavi izvan božanskog sebstva, taj svojim grijesima omata vječni zakon, sebstvo. Zato se kaže: Bog je u ljudima, Bog je u mislima - a ne: Bog je misao, Bog je riječ, Bog je činjenje.

Oni koji teže savršenstvu prepoznat će: Bog je u svima i u svemu što je grubotvarno i finijetvarno, kao npr. razine čišćenja s njihovim dušama. Ako govorimo, mislimo i djelujemo, Bog je uvijek cjelina u svakom aspektu.

Zapamtite: ne možete služiti dva gospodara. Jednako tako ne možete ni dva čovjeka različito ljubiti. Tko to čini, taj će jednoga prihvatiti, a drugoga prezrivo odbiti.

Zbog toga zapovijed života glasi: ljubi svakoga i sve jednako. To je neosobni život; to je Nebo, koje dolazi na Zemlju.

Ujedinjeni je sebstvo, on je jedinstvenost, on je postao svjetlo, on je božanski, jer on živi u struji, u Bogu. On živi u Meni, a Ja živim kroz njega i mi se poznajemo jer poznajemo Boga, jer smo božanski.

Gabriele, proročica učiteljica i izaslanica Božja,
objasnila je:

Pročitali smo da zapovijed života glasi: „Ljubite sve i svakoga jednako."

Božja ljubav jest porijeklo izvora. Ona struji u beskonačnost i daje svima i svemu jednako. Božja ljubav, kao što je već opisano, ne pravi razlike. Ona ne obraća pažnju na osobu – ona daje.

Božju ljubav ne prihvaća i ne prima svaki čovjek. Svatko tko se od nje odvraća, griješi i tako gradi svoj podrum, koji je možda višestruki bunker. U njemu se tada čovjek osjeća sasvim ugodno. To je tada njegov život i njegova kvaliteta života. Unatoč svemu tomu, unutarnje sunce obasjava dušu i čovjeka svim svojim obiljem svjetla. Tko se međutim nalazi u podrumu, odnosno bunkeru, taj je otišao u sjenu; taj se okrenuo od Boga poput dijela Zemlje koji se navečer okreće od zemaljskog Sunca. Noć je tada podrum - poput bunkera života. To je ljudsko osobno postojanje.

ko sije na Duha Božjega, taj će i žeti od Duha Božjega.

Tko sije na čovjeka i na ljudska djela, taj će i žeti samo od čovjeka i samo ljudsko. Jedno je vječno - drugo prolazno.

Gabriele, proročica učiteljica i izaslanica Božja, objasnila je:

Bog je vječan i vječnost. Tko sije na Boga, na vječnost, taj živi također sve više i više u Vječnomu i s Njim, jer je njegovo sjeme vjera i povjerenje u Boga. U vjeri i povjerenju čovjek tada sve više ispunjava Božje zapovijedi i Isusov Govor na Gori. To je dobro sjeme, koje on unosi u polje vječnosti. Plod, koji je tada on sam, jest božanski. Sve božansko jest od Vječnoga za vječnost.

Tko sije na ljude, taj gradi na ljudima. Taj vjeruje u previše ljudsko i uzda se u previše ljudsko, u grijeh bližnjega. Tko gradi na grijehu bližnjega, grješnik je koji nastavlja griješiti jer ne vidi kroz zidove grijeha čovjeka koji se svojim egom postavio ispred njega i nudi se kao štap i potpora.

Tko sije na ego, taj prihvaća mišljenja drugoga, a drugi prihvaća njegova mišljenja. Obojica su tada vezani jedan za drugoga, jer je jedan drugomu prenio svoje nebožansko sjeme.

Sve nebožansko jest prolazno, jer je loše sjeme, koje pripada prolaznoj njivi, samom čovjeku.

ovjek i materija samo su projekcije nutrine. Kako čovjek misli, takav je. To je projekcija njegova osjećajnog i misaonog svijeta, njegovih riječi i postupaka.

Stoga se privid ne može nikada podići protiv Bitka, nikada sjena protiv svjetla. Sjena se na svjetlu raspadne.

Duh našega vječnog Oca jedina je realnost, jedina stvarnost, koja jest i vlada vječno.

Na ovoj svetoj, vječnoj svijesti, Bogu, razmrskat će se materija i razbiti svi koji se vezuju za materiju.

Gabriele, proročica učiteljica i izaslanica Božja, objasnila je:

Predočimo si dubinu riječi: „Bog jest." U tim dvjema riječima nema ni prošlosti ni budućnosti, jedino ima sadašnjosti. Ono što nema prošlost i budućnost, što dakle jest, to je savršeno, dakle neuništivo, a samim tim i neopozivo. Što je za čovjeka danas stvarno, postupno odlazi u prošlost i postaje nestvarno, jer čovjeku postaje nebitno. Ono što je čovjeku danas, može također biti i njegova slika budućnosti, koja se nikada ne može postići u toj mjeri u kojoj se – npr. kao slika želje –projicirala u budućnost. Ili se slika budućnosti promijeni ili se dokida jer čovjek ne može odrediti svoj zemaljski život, to jest ne može projicirati u budućnost. Za svakog čovjeka njegovo ljudsko postaje danas ili prošlost ili budućnost. Zbog toga tada nosi samo sjenu današnjice.

Bog jest, a to Jest ostaje sadašnjost. To „Jest" neopozivo je jer ne poznaje ni prošlost ni budućnost. Zapisano je u svemu i u svima, slično Deset zapovijedi, koje su bile uklesane u kamen.

Čovjek ne može upravljati ni svojom prošlošću ni budućnošću. Jedino kratkotrajno vlada nad svojom kratkom sadašnjošću, jedino nad danas. Već u sljedećih nekoliko minuta ona nestaje jer njezin sadržaj tada pripada prošlosti ili budućnosti. Ali budući da Bog jest i uvijek je sadašnjost, On je uvijek cjelina u svima i u svemu. On je život i vladar čistoga. Nečisto nestaje jer - kroz prošlost i budućnost - nema stvarnosti. Samo je vječna sadašnjost nepovrediva i nepromjenjiva, koja je prisutna u svima i u svemu, stvarnost - vladavina, koja vječno vlada.

Kao Isus iz Nazareta, Ja sam poučavao Svoje: doći će vrijeme u kojem će sve više ljudi uranjati u svjetlo istine, u Ja Jesam. Oni će živjeti u Ja Jesam, u Meni, Kristu, i na ovoj Zemlji utjelovljavati Unutarnje svjetlo i Unutarnji život, koji Ja Jesam.

Ja Sam put, istina i život. Ja dolazim Svojima i donosim im Ja Jesam. No Ja neću više dolaziti u tijelu; Ja ću u Duhu biti među njima - među onima koji nose svjetlo, Ja Jesam.

Gabriele, proročica učiteljica i izaslanica Božja, objasnila je:

Uroniti u svjetlo, u istinu, u Ja Jesam, znači svaki dan Božje zakone, Deset zapovijedi i Govor na Gori ispunjavati na običnom i jednostavnom putu, koji nas je učio i koji je živio Isus Krist. On glasi: svakodnevno prepoznaj aspekte svoje grješnosti, pokaj se i očisti ih i nemoj ih više činiti. Umjesto tih grijeha, ispunjavaj postupno Božje zakonitosti vječnog života.

Na taj način, koji je put u vječnu istinu, duša i čovjek počinju živjeti u Kristu. To su ljudi koji Unutarnji život, koji je Krist Božji, utjelovljuju vršeći volju Božju. Kada dođe dan i čas ponovnog dolaska Krista Božjega, tada će On biti također među onima koji nose svjetlo Ja Jesam, odnosno utjelovljuju ga.

Ja, Krist, došao sam u Isusu na ovaj svijet da služim ljudima, a ne njihovu ljudskomu. To isto vrijedi za sve istinske proroke. Oni su došli na ovaj svijet služiti ljudima, ne njihovu ljudskomu.

Tko se drži vječnih zakona, taj će se ponašati jednako kao što sam se ponašao Ja i svi proroci. Mi smo došli na ovaj svijet da bismo služili ljudima, ne njihovu ljudskomu.

Gabriele, proročica učiteljica i izaslanica Božja, objasnila je:

Veliki Duh, Krist Božji u Isusu iz Nazareta, i svi koji su služili i služe Vječnomu došli su i dolaze na ovaj svijet kako bi služili čovjeku, osobi, naviještali ljudima zakonitosti ljubavi i mira tako da ih se korak po korak drže i da se približuju Bogu, vječnom i ljubljenom Ocu.

Nisu i ne služe čovjekovu ljudskomu, znači da oni ne služe čovjekovoj grješnosti, egu, koji čovjek umnožava. Oni su došli i dolaze na ovaj svijet kako bi poticali dobro u čovjeku, učili ga razumjeti i u svakodnevnici primijeniti ljubav i mir Božji kako bi se čovjek uzdignuo u duhovnog čovjeka, a ne da ostane previše ljudski čovjek.

U jeziku Duha Božjega čovjek je osoba koja obavija dušu. Ljudsko je previše ljudsko, grješno, koje opterećuje dušu i oblikuje čovjeka.

Krist Božji želi da se čovjek uzdigne u duhovnog čovjeka. U toj svijesti Isus je služio čovjeku, a u jednakoj svijesti služili su i služe čovječanstvu svi sluge i sluškinje Vječnoga.

Mojim spasiteljskim činom raspast će se nisko ja i sve što je ono proizvelo.

List se okrenuo. Ne raspada se Božje stvaranje kao što je neprijatelj dobra imao za cilj: raspadanje božanskog stvaranja da bi sam bio Bog. Raspada se ljudsko ja i sve što je ono proizvelo i što proizvodi.

Neka se list okrene u svakome od vas: otpustite ljudsko, nisko ja - tada ćete pronaći Ja Jesam, u kojem Ja, Krist, živim i Jesam.

Kristov Božji Duh, koji živi u Ocu, mora doći do punog procvata u ljudskoj duši.

Gabriele:

Isus iz Nazareta govorio je po smislu: Otac i ja smo jedno. Pod tim je mislio na sveobuhvatnu i sveprisutnu, vječnu struju ljubavi i mira, apsolutni, savršeni nebeski zakon. Ta je struja jedan Duh, koji prožima sva carstva i sav Bitak, koji je aktivan u cijelom stvaranju, koji djeluje u materijalnim prirodnim carstvima, i koji također prebiva u duši svakog čovjeka i u svakoj stanici fizičkog tijela.

Pročitali smo: Bog jest. Svako duhovno biće, svi čisti oblici Bitka zakon su ljubavi i mira, neomotani, čisti i bistri poput najplemenitijeg i najfinijeg kristala. Bog jest. Njega ne omata čisti Bitak, jer sve što je čisto, jest komprimirani, zračeći, vječni zakon, poput finog, zračećeg kristala.

Svaki je čovjek i svaka duša na putu prema Vječnomu, koji jest. Sve dok su duša i čovjek opterećeni, to jest dok je duša obilježena grješnošću, Bog, Koji Ja Jesam, jest u duši, jer Bog ne može u potpunosti prožeti dušu, jer je slobodna volja sagriješila i samovolja, grijeh, sjena, nadvile su se nad svjetlo. Svaka je duša i svaki čovjek na putovanju kako bi se Bogu, Ja Jesam, približio i uronio u struju, u Duha Svetoga, koji je vječan.

Ako je duša opet božanska, ako je postala zakon ljubavi i mira, onda je sveblistajući kristal - bez sjene. Znači da je duša tada ponovo potpuno procvjetala u Duhu Božjemu i da je čisto duhovno biće, svemirski kristal, u Duhu Svetomu, u božanskoj struji komprimirana struja, sam Božji zakon, božanski oblik, bez sjene, vječno u vječnosti.

Čim duša uroni u savršenstvo, u struju Vječnog bitka, i čovjek će znati istinu i izraziti je u mislima, riječima i djelima, jer on tada crpi iz svijesti savršenstva, iz Vječnog bitka.

Ako duša i čovjek još nisu razvili Kristov Božji Duh, koji živi u Ocu i prebiva u svakoj duši, tada čovjek neće razumjeti vječne zakone koji su istina. Pa ipak, Duh je živi izvor u svakoj duši i u svakom čovjeku. Unatoč tami i ignoranciji ljudskoga ja, Sveti Duh ostaje u duši i čovjeku.

Tko Mene, Krista, samo primi, a ne prihvati u svojem srcu, taj postaje sudac samomu sebi.

Gabriele:

Mnogi ljudi vjeruju da ako sebe nazivaju kršćanima, da bi to trebalo biti dovoljno u svakodnevnom životu. Tako su mnogi crkveni kršćani uvjerenja da je vjera dovoljna; i da oni ne bi trebali biti odgovorni za svoje grijehe, pogotovo ne tada ako se u času smrti za njih pokaju i tako se predaju u ruke Božjeg Duha.

Tko vjeruje u to, Krista je samo primio. No u Govoru na Gori Isus je govorio o ostvarivanju Njegova učenja: tko sluša ove Moje riječi i postupa po njima, on je poput mudrog čovjeka koji je svoju kuću sagradio na stijeni.

Tko postane svjestan tih riječi Isusa Krista Božjega, taj spoznaje da vjera sama nije dovoljna. Riječi Gospodinove o ostvarivanju Njegova učenja kažu: trebamo se svakodnevno u svemu što mislimo, govorimo i činimo orijentirati po Deset zapovijedi i Govoru na Gori, dakle držati se tih Božjih zakonitosti. Dakle, tko to čini i time poštuje Njegovo učenje, ne samo da je u misaonom činu vjerovanja primio Krista Božjega nego Ga je prihvatio u svoje srce, što znači: on čisti svoju dušu i pročišćava svojeg čovjeka uz pomoć Krista Božjega - jer Njegov Duh prebiva u svakom čovjeku i u svakoj duši.

Što se duša više oslobađa grijeha, čovjek se dakle pomoću snage spasenja, koja stanuje u njemu, oslobađa grijeha, tim više zrači Krist Božji kroz dušu i kroz fizičko tijelo. Kao rezultat tog usmjerenja na Krista Božjega, čovjek sve više ispunjava volju Vječnoga. On je dakle prihvatio Krista Božjega jer čini ono što Bog želi.

Tko Mene, Krista, ljubi, taj ljubi i svoje bližnje. Tko Mene, Krista, ne ljubi, taj ne ljubi ni Oca ni Njegovu djecu, ljude, koji su među sobom braća i sestre.

Gabriele:

Zakon ljubavi jest Bog i Bog je ljubav. Krist Božji u Isusu utjelovio je vječni zakon ljubavi. Učio nas je glavnoj zapovijedi, ljubavi: ljubi Boga svim srcem, svom svojom dušom, svom snagom i bližnjega kao samoga sebe.

Znači: tko ne teži toj glavnoj zapovijedi ljubavi prema Bogu i bližnjemu, ostaje u samoljublju i razmišlja samo o svojemu niskomu ja. Tim svojim niskim ja on vrednuje i manje više odmjerava i procjenjuje bližnje. Pri tome on se odvaja od svojih bližnjih i žigoše ih kao „druge", odnosno „strance".

Međutim, u Božjem Duhu svi su ljudi braća i sestre jer svi mi imamo jednog Oca. Bez obzira na to nazivamo li ga Bogom, Jehovom, Alahom, ili nekako drugačije – to je uvijek jedna velika svemirska ljubav, jedan Otac, a svi su ljudi Njegova djeca. U toj svijesti Oca i djeteta svi smo međusobno braća i sestre.

Bog, Vječni, ljubi svu Svoju djecu jednako. On ne pravi razliku između božanskog bića i grješnika. Sve dok mi ljudi pravimo razliku ljubeći jednoga i odbijajući drugoga, ne volimo obojicu. Ono što nazivamo ljubavlju, tada je samo naša sebična ljubav, koja se odnosi samo na nas same, koja misli samo na sebe i želi osvojiti bližnjega tako da služi sebičnoj ljubavi našega niskoga ja. Sve dok se čini da volimo jednoga i prezirimo drugoga, omalovažavamo ga ili ostavljamo po strani, mi također ne ljubimo Krista Božjega i Boga, našeg Oca.

Voljeti bližnjega kao što nam je Bog zapovjedio znači: prvo osvijestiti najvišu zapovijed ljubavi, težiti k njoj, pročišćavati se sve više i više od ego-ljubavi i tako postupno uroniti u veliki zakon ljubavi.

To dovodi do toga da tada radimo sve manje i manje razlike između jednoga i drugoga. Tek tada počinjemo ljubiti ljude oko sebe, to jest više ih ne podcjenjujemo, ne želimo im utisnuti pečat svojeg ega, ostavljamo im slobodu u odlukama kako bi i oni mogli slobodno odlučivati – pa bilo to krivom odlukom koju prepoznaju, pokaju se, očiste i više to ne čine.

Dakle, tko pravi razlike između jednoga i drugoga, ne ljubi Boga i ne kreće se prema zakonu ljubavi, najvišoj zapovijedi: ljubite Boga svim srcem, svom svojom dušom, svom svojom snagom, a svojega bližnjega kao sebe samoga.

Ljubav je zakon života. Tko nesebično ljubi, taj živi. Tko ne ljubi nesebično, taj ne živi, on se uputio među duhovno mrtve.

Svatko tko teži nesebičnoj ljubavi, prepoznaje glas ljubavi preko ljudi i preko svih stvari, jer Bog je sve u svemu, zakon, glas ljubavi.

Ostanite u Mojoj ljubavi, jer Moja je ljubav ljubav Oca Majke Boga.

Tko se drži zapovijedi nesebične ljubavi, taj ostaje u Mojoj ljubavi i jest u ljubavi vječnog Oca.

Uistinu, uistinu, Ja vam kažem: tko ove Moje riječi čuje i pročita te shvati smisao toga što sam mu Ja zapovjedio i ispuni ga, taj je uistinu mudar čovjek koji gradi na Meni, stijeni Kristu.

Daljnje preporuke knjiga

Ovo je Moja Riječ
A i Ω

Evanđelje Isusovo

Kristova objava
koju u međuvremenu poznaju
istinski kršćani u cijelome svijetu

Jeste li se i Vi već zapitali što je Isus iz Nazareta uistinu poučavao? I tko nama ljudima može istinu bolje prenijeti od samog Isusa Krista?

Krist, Suvladar Božjeg kraljevstva, objavljuje u našem vremenu preko proročice i izaslanice Božje Gabriele, činjenice o Svojem životu i djelovanju kao Isusa iz Nazareta. Saznajte istinu neposredno od Krista samoga – nesputani teološkim mišljenjima i tumačenjima!

U ovome moćnom djelu objave, u Proročkoj riječi preko Gabriele, Krist oslovljava prošlost, sadašnjost i budućnost.

On, Krist Božji, poučava o smislu i cilju Svojega zemaljskog života; o krivotvorenju Njegova učenja u prošlih 2000 godina; o smrti, reinkarnaciji i životu, zakonu sjetve i žetve, koji vrijedi i u ophođenju prema stvaranju, o stvarnom značenju Njegova Djela spasenja i mnogo toga više ...

Njegova Vječna riječ jest učenje ljubavi prema Bogu i bližnjemu za čovjeka, prirodu i životinje, učenje slobode, mira i jedinstva.

On je govorio i govori za sve ljude o Jednom Bogu ljubavi – Bogu u nama.

Iz sadržaja: Smisao i svrha zemaljskog života · Učenje o „vječnom prokletstvu" jest izrugivanje Boga · Borba tame protiv Božjeg plana i Njegovih pravednih proroka · Isus je volio životinje i zalagao se za njih · O smrti, reinkarnaciji i životu · Istinsko značenje Spasiteljskog čina Isusa Krista · i mnogo toga više...

Knjizi je priložen i audio CD s Vječnom riječi iz Kraljevstva Božjega: „Poziv Krista Božjega" i „Dolazak", danom preko Gabriele.

1016 str., tvrdi uvez, Nar. Br. S 007 ISBN 978-953-59224-1-4
Kn 199,90 (26,53 Eur)

Svemirsko jedinstvo, koje govori

Riječ Univerzalnog Duha Stvoritelja

Kozmički udžbenik i priručnik iz škole Božanske Mudrosti

Iz razgovora
s Gabriele
sastavili
Martin Kübli i Ulrich Seifert

U cijeloj je prirodi živa kozmička svemirska komunikacija: to vidimo, npr. kod jata ptica koje lete u ogromnim formacijama bez sudaranja. Kako je to moguće? Gabriele objašnjava kako su prirodna carstva, biljke i životinje kao i čista duhovna bića povezani svemirskim komunikacijama međusobno i s Bogom Stvoriteljem, svemirskim Jednim. Ona nam poklanja pogled kroz duhovna vrata u sedmerodimenzionalno Kraljevstvo Božje i pokazuje put kako i mi ljudi možemo ponovo doći u svemirsko jedinstvo života.

Iz knjige: Većina ljudi se okrenula od svemirskog jedinstva, od svemirske komunikacije povezivanja i povezanosti s drugima, i stvorila svoj osobni mali ja-svijet tako da jedan drugoga jedva ili uopće ne razumije. Ako se mi ljudi hoćemo vratiti u svemirsko jedinstvo da bismo naučili razumjeti sebe same i ljude oko sebe, ali i naše sustvorove; životinje, biljke i mineralna carstva, sve čiste snage bitka, vječnoga sveopćeg kozmosa, tada nas uvijek iznova čeka pitanje: što me odvaja, što nas još uvijek odvaja od života svemirskog jedinstva?

Knjizi je priložen audio-CD
s dvije meditacije iz božanske svijesti:
1. „Posvuda cvjeta", meditativna virtualna šetnja
2. „Naš istinski bitak", meditativni kozmički pogled
360 str., tvrdi plastificirani uvez, s brojnim fotografijama u boji
Nar. br. S 173, ISBN 978-953-3284-32-0
Kn 180,00 (23,89 Eur)

Unutarnji put u kozmičku svijest

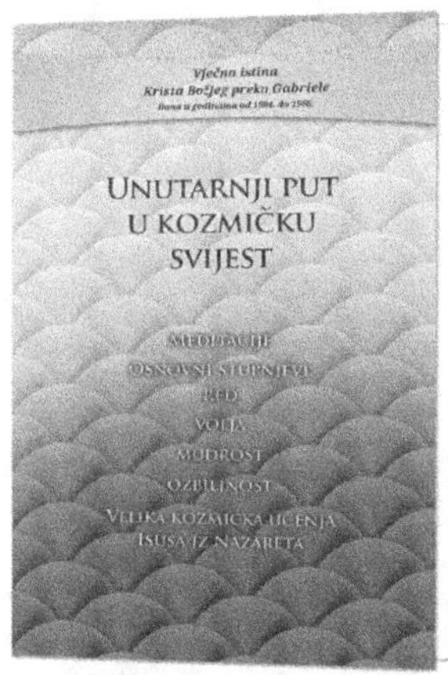

Unutarnji put u kozmičku svijest je put Krista Božjega, koji nas vodi do Slobodnog Duha, Boga u nama. To je put ljubavi prema Bogu i bližnjemu za ljude Novog doba, koji teže višoj kulturi i miroljubivom čovječanstvu. Unutarnji put je ponuda iz Kraljevstva Božjega, iz božanske Mudrosti, objavljen preko Gabriele, proročice učiteljice i izaslanice Božje, za sve ljude koji su spremni ići tim putom čistoće i ljubavi u mesijanskom i sofijanskom dobu. Čitajte opsežnu knjigu školovanja „Unutarnjeg puta u kozmičku svijest". Ona sadrži školovanje, vježbe i mnoge pomoći vezane uz osnovne stupnjeve Reda, Volje, Mudrosti i Ozbiljnosti. Na primjer, učimo istražiti same sebe, dovesti misli u red, očistiti svoju prošlost, shvatiti situacije u danu te iz toga naučiti kako bolje razumjeti svoje bližnje i kako se približiti Bogu, Sveopćoj snazi i Sveopćoj mudrosti u svojoj nutrini. Duh Krista Božjega u Univerzalnom životu poučava Unutarnji put kako bi ljudi što traže Boga mogli naći pozitivan, osmišljen život u Bogu i svjesno provoditi u djelo Kristovo naslijeđe.

Ovim izdanjem, u tri dijela, obuhvaćeno je svih 7 knjiga Unutarnjeg puta:
1. Prvi i drugi tečaj prakršćanske meditacije.
2. Osnovni stupnjevi: Stupanj Reda, Stupanj Volje, Stupanj Mudrosti, Stupanj Ozbiljnosti.
3. Velika kozmička učenja Isusa iz Nazareta svojim apostolima i učenicima koji su ih mogli shvatiti.

ISBN 953-6284-14-6, Nar.br. S150kr-1
1244 str., tvrdi uvez sa zlatotiskom i zaštitnim omotom
Kn 250,00 (33,18 Eur)

Rado ćemo Vam poslati
naš katalog svih knjiga, CD-ova i DVD-ova,
i male besplatne brošure različitih tema
kao probu za čitanje.

Gabriele naklada Riječ
Martićeva 67, 10 000 Zagreb
Tel. 01/6446-695, 098/9425-777

www.naklada-gabriele.com
www.gabriele-publishing.com

www.ingramcontent.com/pod-product-compliance
Lightning Source LLC
Chambersburg PA
CBHW071550150726
48000CB00004B/1417